les Malheurs des temps

les Malheurs des temps

HISTOIRE DES FLÉAUX ET DES CALAMITÉS EN FRANCE

sous la direction de

Jean Delumeau
professeur au Collège de France

et **Yves Lequin**
professeur à l'Université Lumière, Lyon

Larousse

Direction de l'ouvrage

Jean Delumeau,
professeur
au Collège de France

Yves Lequin
professeur
à l'université Lumière, Lyon

Ont collaboré à cet ouvrage

Jean-Noël Biraben,
directeur de recherche
à l'Institut national d'études démographiques

Jean Céard,
professeur de littérature de la Renaissance,
Paris-XII

Robert Fossier,
professeur d'histoire du Moyen Âge,
Paris-I – Sorbonne

François Guéry,
maître de conférences en philosophie des sciences,
université Jean-Moulin, Lyon

François Lebrun,
professeur d'histoire moderne,
Rennes-II

Yves Lequin,
professeur d'histoire contemporaine,
université Lumière, Lyon

Claude Nières,
maître de conférences d'histoire moderne,
Rennes-II

Hugues Neveux,
professeur d'histoire économique et sociale moderne,
Paris-X

Michel Rouche,
professeur à Lille-III
et directeur du Centre de recherches sur le haut Moyen Âge

Jacques Verger,
maître de conférences d'histoire médiévale
à l'École normale supérieure

ISBN 2-03-523109-4

Préface

Pourquoi une histoire des « malheurs des temps ? » Que le lecteur se rassure : ce n'est pas pour céder au facile tropisme de la catastrophe. Des chercheurs conscients de la dignité de leur métier n'ont pas à jouer la facilité et la carte de la mode, et ils ne le veulent pas. En revanche, ils mesurent, mieux peut-être que leurs prédécesseurs, grâce à la documentation étudiée depuis une cinquantaine d'années, combien le « malheur » était présent dans le quotidien d'autrefois. Si bien que faire revivre « le monde que nous avons perdu », c'est presque nécessairement placer au centre de la fresque les disettes et les épidémies, les méfaits des gens de guerre, la peur du loup, ce « tigre de l'Occident », les incendies et ces phénomènes célestes – éclipses, comètes, conjonctions planétaires – qui terrorisaient nos ancêtres.

Le présent ouvrage, qui rassemble les contributions de dix historiens qualifiés et se conclut par la réflexion d'un philosophe, se présente avant tout comme un corpus de faits, c'est-à-dire comme une description à la fois des calamités vécues par la France et des réactions de nos ancêtres face à celles-ci. Nous nous sommes donc volontairement donné un objectif limité ! Nous offrons d'abord et surtout une information désintéressée. Ce qui ne veut pas dire que celle-ci soit sans rapport avec les préoccupations et les inquiétudes qui sont notre pain de chaque jour. Car n'est-ce pas précisément la fonction de l'historien dans la société de fournir à ses contemporains les lumières sur le passé dont ils ont besoin pour comprendre le présent, prendre du recul par rapport à lui et, en même temps, inventer l'avenir ?

Cette intention générale une fois déclarée, il nous faut encore apporter dans ces pages d'ouverture plusieurs explications à ceux qui nous liront et justifier les partis adoptés. Et d'abord : pourquoi nous être limités à la France ? D'une certaine façon ce choix est paradoxal. Notre pays n'a connu aucun séisme comparable aux tremblements de terre de Lisbonne (1755), de Messine (1783 et 1908) et de San Francisco (1906). Les éruptions du Vésuve et de l'Etna, les explosions du Tambora (1815) – la plus grosse jamais enregistrée –, du Krakatoa (1883) et de la montagne Pelée (1902) lui ont été épargnées. Certains Français d'autrefois, notamment entre 1450 et 1550, eurent même le sentiment de vivre dans un pays aimé des dieux et favorisé par la nature. Ce n'est pas sans raison qu'ils vantèrent « la doulce France ». Dans le *Débat des hérauts d'armes de France et d'Angleterre,* rédigé vers 1450, le premier dit à son adversaire anglais :

« Le royaume de France est trop mieux assis que vous n'estes, car il est entre les chauldes et les froides régions. Les chauldes qui sont delà les mons sont fortes à endurer pour les grandes et excessives chaleurs, et les froides en quoy vous estes sont fort nuysans à corps humain, car l'hyver y commence si de premier et dure si longtemps que les gens y vivent en doleur de froidure et n'y peut croistre comme nulz fruictz et ce qui y croist est mal aptemcé et asaisonné (mal venu et mal mûri).

« Mais France qui est entre deux et au mellieu, là se repouse vertu, et y est l'air doulx et plaisant et tous fruicts y croissent habondamment et sont vertueux et délicieux et les gens y vivent plaisamment et actrempeement (avec modération), sans trop grand chaleur ne trop grand froideur. »

Un siècle plus tard, dans l'*Hymne de France,* Ronsard constate avec émerveillement que les Français sont plus nombreux que les abeilles et les fourmis. Il chante « la France aux belles villes », ce pays épargné par la cruauté des vents malicieux » et où se plaît « Cérès la blonde ». « Mille troupeaux frisez de laines fines » campent dans ses plaines. Au dos de ses monts « les grandes forests verdoyent » ; « à leurs pieds les belles eaux ondoyent ». « Le feu et l'airain [...] sont les biens de ses riches rognons ». « Maint grand vaisseau se promène en ses flots, et dedans l'enclos de ses villes mille et mille arts sont exercitez ». Vers 1572, Brantôme estime que la France est « pleine comme un œuf ».

Au-delà de l'hyperbole et d'un incontestable chauvinisme, reconnaissons une part de vérité dans les éloges que nous venons de lire : la France a été longtemps le pays le plus peuplé d'Europe. N'est-ce pas que les conditions générales y étaient meilleures – ou moins mauvaises – qu'ailleurs ? Néanmoins, on le verra tout au long du livre, notre pays a connu, lui aussi, dans les siècles passés, sa bonne dose de « malheurs », justiciables par conséquent d'une remise en situation. D'autre part, l'historiographie française a tellement travaillé depuis un demi-siècle, elle a tellement fait progresser nos connaissances sur l'économie, la démographie, la santé et les mentalités de nos ancêtres qu'il était logique et souhaitable de tirer parti de la masse documentaire ainsi mise au jour et de croiser les informations dont nous disposons désormais. Il n'était donc pas nécessaire de nous évader hors de l'espace français pour fournir à nos lecteurs une histoire convaincante des « malheurs des temps ». Une limitation géographique raisonnable était dans le cas présent une garantie d'efficacité.

Un second éclaircissement apparaît nécessaire au sujet de la place relativement modeste que nous avons accordée à la guerre et de l'absence de commentaires sur la Terreur, sous la Révolution. Est-ce que la première ne comptait pas autrefois ? Est-ce que la seconde n'a pas marqué durablement les esprits ? Est-ce à tort que la mémoire collective et les manuels scolaires mettent en relief la guerre de Cent Ans, les guerres de Religion et les excès sanguinaires de la Révolution ? Non, assurément. Mais des correctifs s'imposent. Car le plus grand des désastres qui s'abattirent sur la France dans le sinistre siècle qui court de 1348 à 1453 ne fut pas la guerre mais la peste. D'autre part, si dramatiques qu'aient été certains épisodes des guerres de Religion – massacre de la Saint-Barthélemy, siège de Paris en 1590, etc. – la période 1562-1598 ne semble avoir induit un recul significatif de la population française que dans certaines régions.

Une vue aérienne du passé lointain et proche de la France révèle un fait essentiel, peut-être insuffisamment perçu par nos contemporains : jusqu'au XIXe siècle les malheurs des hommes furent principalement causés par la nature. S'est produit ensuite un « effacement du risque naturel » sur lequel insiste notre livre. De nos jours, en revanche, les calamités et les menaces d'anéantissement viennent avant tout de l'humanité elle-même. La nature autrefois n'a jamais provoqué d'hécatombes pareilles à celles qu'ont causées les deux guerres mondiales. Jamais n'avaient été perpétrés des génocides comparables à ceux du XXe siècle. Si cruelle qu'ait été la guerre de Vendée sous la Révolution, on ne peut la comparer aux massacres des Arméniens, des Juifs et des Cambodgiens de notre époque. Autrefois, on redoutait – ou on croyait déjà apercevoir – les « quinze signes de l'Apocalypse », eux-mêmes prologue du Jugement dernier. Maintenant nous savons que nous pouvons nous-mêmes déclencher les réactions en chaîne conduisant au cataclysme final. Notre époque a donc introduit une césure décisive et une modification radicale dans l'histoire des malheurs. C'est de nos jours et seulement de nos jours que la guerre est devenue la calamité qui dépasse toutes les autres.

Le lecteur retiendra-t-il du film que nous lui présentons le sentiment d'une certaine monotonie du malheur autrefois ? Peut-être ? Il n'aura sans doute pas tort. Mais nous lui devons, à cet égard aussi, l'éclairage des explications nécessaires. Tout d'abord, nous avons mis en relief, quand il le fallait, plusieurs catastrophes limitées dans le temps : les invasions de sauterelles en Auvergne et en Limousin au VIe siècle, l'incendie de Troyes en 1524 qui sema la panique à Paris, le roi étant en Italie, la grande inondation de Toulouse en 1634 (982 maisons écroulées, 2 000 morts), l'incendie de Rennes en 1720 qui détruisit ou endommagea 32 rues et 945 maisons.

En second lieu, nous connaissons beaucoup mieux que les historiens du siècle dernier les embellies qui ont ensoleillé notre longue histoire. Non seulement nous parlons avec raison du « beau XIIIe siècle », en l'arrêtant toutefois vers 1270, mais encore nous parvenons désormais à deviner, au moins dans ses grandes lignes, le décollage de la France et de l'Occident au cours des XIe et XIIe siècles. Nous savons aussi qu'après la grande crise des années 1350-1450, le royaume des Valois parvint à reconstituer son stock humain, à restaurer son agriculture, à revitaliser son économie. C'est au terme de cette reconstruction que Ronsard compose son *Hymne de France* (1549) et s'émerveille devant la prospérité d'un pays qu'il juge plus heureux que tous les autres. Une histoire des malheurs n'est crédible que si elle souligne, chemin faisant, les séquences d'accalmie et les temps de relative prospérité. Et surtout, elle n'a de sens que si elle suit de l'Ancien Régime à nos jours la progressive victoire sur les forces hostiles qui dressèrent des obstacles renouvelés devant la marche d'une civilisation conquérante.

La mise en valeur des embellies permet alors de mieux individualiser les périodes les plus dramatiques. Ainsi, à l'intérieur de la courbe globalement ascendante des années 1450-1550, la recherche historique parvient-elle à isoler aujourd'hui des moments d'assombrissement qu'on ne soupçonnait guère auparavant. On songe ici à la séquence 1520-1535, située pourtant en pleine Renaissance. Des intempéries, des disettes et des pestes ajoutèrent leurs effets à d'autres malheurs durement ressentis par l'opinion : la présence des ennemis, en 1523, à proximité de la capitale, l'incendie de Troyes en 1524, la conjonction de planètes la même année, qui parut à beaucoup l'annonce d'un nouveau déluge, les progrès de la syphilis, la défaite du roi à Pavie suivie de sa captivité, le sac de Rome par des troupes « luthériennes », dont on crut à Paris qu'il avait provoqué la mort de 40 000 personnes, etc. De même, ce sont les travaux récents sur la peste qui ont révélé la gravité de l'épidémie européenne des années 1630, à propos de laquelle on parle parfois de « seconde peste noire » et qui dans l'Empire ajouta ses effets multiplicateurs aux dévastations de la guerre de Trente Ans.

Mais ce qui ressort de tous les dossiers historiques rassemblés dans nos archives et nos bibliothèques, c'est la gravité de la crise subie par le royaume au cours du long siècle commencé en 1347, avec à la fois la prise de Calais par les Anglais, le 4 août, et l'arrivée, le 1er novembre, à Marseille, des galées génoises porteuses de la peste noire. Déjà, antérieurement, le malheur couvait. Une population trop nombreuse pour l'époque était arrivée aux limites des possibilités de défrichement. Des intempéries cumulées expliquent que la période 1277-1343 ait comporté au moins trente-quatre années difficiles et qu'une véritable famine ait sévi dans le royaume en 1315-1317. Sur ce terrain déjà miné, la peste, qu'on avait connue aux Ve et VIe siècles mais qu'on avait ensuite oubliée, déploya ses immenses ravages de 1347 à 1352. Ce fut un « choc gigantesque », une chute dans l'Apocalypse.

Or non seulement la peste revint ensuite périodiquement visiter les diverses provinces du royaume, mais, en outre, de multiples calamités s'abattirent sur le pays exsangue : les défaites militaires – Poitiers en 1356,

Azincourt en 1415 –, les ravages des routiers, la capture de Jean le Bon et la folie de Charles VI, les surcharges fiscales imposées à une population raréfiée, les trente-neuf années du Grand Schisme (« le scandale des scandales », de 1378 à 1417), les progrès des Turcs culminant avec la prise de Constantinople en 1453, etc. Comment les contemporains auraient-ils pu porter sur leur époque un autre diagnostic que celui d'Eustache Deschamps, qui constatait : « Hui est li temps de tribulacion ? »

Le bilan fut lourd, désormais attesté par les estimations les plus vraisemblables des démographes. La population du royaume, qui se situait à la fin du XIIe siècle aux environs de 20-22 millions d'âmes, ne devait guère dépasser 10 ou 12 millions à la fin de la guerre de Cent Ans. Il fallut un siècle à la France pour récupérer. Dans le second volume de son *Identité de la France,* Fernand Braudel qualifie cette longue crise de « processus diabolique » et la prend comme pivot de toute son analyse. Depuis l'an mille, le pays était sur une trajectoire ascendante. Or cet essor démographique, économique, politique et culturel fut cassé pendant une centaine d'années. Sans cette cassure non seulement française mais européenne, la Renaissance aurait sans doute commencé un siècle plus tôt. Mais, à partir du milieu du XVe siècle et en dépit de rechutes ponctuelles – et parfois graves – dans la dépression, le marasme, les épidémies et l'anarchie, la France reprit globalement sa marche en avant. En tout cas, le survol de la longue durée française met désormais en évidence dans notre histoire une séquence d'une exceptionnelle gravité : en gros une centaine d'années entre le milieu du XIVe siècle et le milieu du XVe. Jamais depuis la France n'est passée par une conjoncture aussi dramatique, même à l'époque des guerres de Religion. Il n'est pas inutile que cela soit dit et démontré à ceux – et ils sont nombreux chez nous – qui s'intéressent à l'histoire.

Mais, en dehors même des périodes plus ou moins longues où s'accumulaient comme à plaisir les dangers de mort et les causes de décès, l'homme d'autrefois vivait dans un environnement menaçant. Il était fragile à longueur de vie. Le malheur le guettait presque quotidiennement. Aussi bien savons-nous maintenant qu'au XVIIe siècle encore un enfant sur deux n'atteignait pas vingt ans. Cette durable impuissance devant le destin explique non seulement la permanence et la diffusion du thème pessimiste

« la vie est un songe », mais aussi la forte croyance aux étoiles qui commandent les existences particulières, et enfin la conviction que Satan est « le prince de ce monde ».

Une histoire des « malheurs des temps » conduit donc nécessairement à nuancer les idées reçues sur la Renaissance. Celle-ci a bien existé. Il s'est produit un moment où la civilisation européenne a, en tous domaines, devancé ses concurrentes et cheminé plus loin que ses devancières. Mais ne croyons pas que ces progrès aient toujours été réalisés dans un climat d'allégresse. Les hommes du XVIe siècle se croyaient arrivés à la dernière période de l'histoire. Ils étaient persuadés du vieillissement de l'humanité. Ils étaient convaincus que la nature s'épuisait et que la taille des individus était plus petite que celle de leurs prédécesseurs. La notion d'un avenir riche de progrès techniques et moraux ne faisait pas partie de leur outillage mental, même s'ils avaient conscience d'être allés en de nombreux secteurs beaucoup plus loin que leurs ancêtres. En d'autres termes, n'imaginons pas que l'optimisme ait été la note dominante de la séquence historique que nous appelons « Renaissance ». En réalité, l'optimisme et la notion de progrès n'ont vraiment percé qu'au XVIIIe siècle dans les mentalités collectives, c'est-à-dire au moment où les menaces sur la vie quotidienne ont commencé à diminuer d'intensité.

Cette vérité psychologique qu'il fallait restituer me conduit à mettre en relief une des insistances majeures du présent volume : celle qui, tout au long de l'ouvrage, souligne les réactions face au malheur. Pour la commodité de l'exposé, il faut distinguer les réactions devant des catastrophes et celles, plus discrètes, devant des dangers de moindres dimensions.

Les dossiers rassemblés par ce qu'il est commode d'appeler aujourd'hui « l'histoire des mentalités » éclairent désormais d'une lumière intense, et dans une longue suite de siècles, les attitudes collectives devant le plus grand des malheurs d'autrefois : la peste. Ces attitudes étaient, à nos yeux, caractérisées par l'impuissance. D'où le réflexe très légitime de fuite. D'où aussi des réactions d'agressivité tantôt contre les autres – les lépreux, les Juifs, les sorciers –, tantôt contre soi-même, au cours des célèbres processions de flagellants. On oscillait entre la conviction d'un complot et l'autoculpabilisation. On mettait aussi en cause l'influence néfaste de conjonctions stellaires. Mais, en amont de cette action des causes secondes, l'Église apercevait l'évidence de la colère divine irritée contre les péchés des hommes. Pourtant, reprenant l'attitude de Job, Jésus, à trois reprises selon les Évangiles, s'était élevé contre le lien causal qu'établissaient ses contemporains, et même ses apôtres, entre le péché et le malheur identifié comme punition. Mais on oublia ensuite cette prise de position très moderne du Christ et on rechuta dans l'explication si fréquemment présentée par les prophètes de l'Ancien Testament. Le visage redoutable du Dieu-père fouettard a été ainsi très longtemps associé aux catastrophes dans l'imaginaire du malheur.

En outre, la lecture sans cesse recommencée de livres eschatologiques, en particulier celui de l'Apocalypse, entretint, tout au long des âges chrétiens, dans les monastères, mais aussi dans certaines sphères dirigeantes de l'Église, la conviction que les « malheurs des temps » annonçaient l'imminence du Jugement dernier. Longtemps on a bloqué cette croyance sur l'an mille. On aperçoit mieux aujourd'hui la carrière étendue de cette peur, il est vrai, doublée d'espérance. Il apparaît même que la période où elle fut le plus diffusée dans les milieux laïcs est celle qui court du milieu du XIVe au milieu du XVIIe et donc qui coïncide avec les difficiles débuts de la modernité occidentale, entre la Peste Noire et la fin de la guerre de Trente Ans. Les études récentes sur les *mirabilia* – traduisons : les prodiges et les monstres – révèlent l'extraordinaire importance qu'on leur accorda, grâce notamment à l'imprimerie, à l'époque de la Renaissance et au début de l'âge classique. Une histoire des malheurs ne pouvait que prendre en compte cet acquis tout récent de l'historiographie contemporaine. Vu avec le recul qui est le nôtre, l'effondrement des appréhensions apocalyptiques judéo-chrétiennes est un phénomène récent.

Si l'on dirige à nouveau le projecteur sur l'époque de la peste triomphante, on découvre que celle-ci, conjuguée avec les autres calamités, suscita – ce qui était assez logique – une véritable « culture de mort ». Les danses macabres, les représentations de transis (cadavres non encore devenus squelettes), les représentations sadiques de martyres, les procès de sorciers et de sorcières, la place faite par l'élite à la roue de la Fortune qui brise les destins glorieux, le rêve de l'impossible âge d'or furent les éléments constitutifs de cette « culture de mort », dont nos archives, nos musées et notre littérature conservent d'innombrables vestiges. La Renaissance consista – mais ce ne fut pas facile – à se dégager de ce discours morbide sur l'homme et sur le monde.

Mais l'étude des réactions françaises – et occidentales – face aux malheurs montre aussi que l'Église, en dépit d'un langage rude, parsemé de menaces éternelles, fut quand même la grande source de consolation pour les populations affligées. Elle n'obtenait pas toujours du ciel la fin des calamités, mais elle tenait un langage finalement rassurant. Elle disait, en substance, aux fidèles que le seul grand danger qui les menaçait était la perte de leur âme. Or, contre ce danger, elle était armée. À tous ceux qui se repentaient, elle apportait le pardon et la promesse d'une éternité bienheureuse.

En outre – et nous voici maintenant au niveau des sécurisations plus quotidiennes –, elle possédait dans ses rituels et dans ses liturgies une large panoplie de bénédictions des champs et des maisons, d'exorcismes des orages et des tempêtes, de processions pour les biens de la terre, qui répondait à toutes les occurrences, qui prévoyait toutes les difficultés, qui secourait chacun en ses misères, de la naissance à la mort. L'Église intervenait ainsi à tous les moments dangereux de la vie. Elle ne cessait d'accompagner ses fidèles au cours de leur difficile pèlerinage ici-bas.

Vint pourtant une période où nos ancêtres se mirent à prendre davantage en main la lutte contre les fléaux qui les accablaient périodiquement. Au fatalisme et au refuge dans l'imaginaire succédèrent progressivement des réactions plus positives et plus objectives, mais qui eurent du mal à s'imposer, qui furent ici plus précoces et là plus tardives, et qui furent traversées de rechutes dans les comportements antérieurs. Les XVIIIe et XIXe siècles virent ainsi se mettre en place, lentement d'abord, plus efficacement ensuite, des dispositifs convergents qui, ensemble, finirent par modifier la relation de l'homme aux calamités. Significative à cet égard est l'invention du paratonnerre expérimenté à Marly, en 1752. Les rendements des sols s'accrurent et firent reculer le spectre des disettes. De meilleures routes et des ponts plus nombreux permirent une circulation plus rapide des denrées. Dès le début du XVIIIe siècle, les intendants se préoccupèrent de prévoir les récoltes. La multiplication des pompes dans les villes et la diminution de la part faite au bois dans la construction, l'obligation du ramonage, amenèrent la diminution des incendies. Le casernement des troupes, dès l'époque de Louvois, contrecarra le vagabondage des soldats. L'isolement de plus en plus strict en lequel on confina les villes et les provinces infectées par la peste limita la propagation de ses ondes mortifères. La santé publique devint progressivement affaire d'État. Á la fin de l'Ancien Régime, elle comptait parmi les attributions des intendants, qui faisaient, en cas de nécessité, distribuer les « remèdes du Roi ». La nomination, vers 1750, dans chaque intendance d'un « médecin correspondant des épidémies », et la création de la « Société royale de médecine », en 1776-1778, marquent des étapes décisives dans l'intervention de l'État en matière de santé publique, que la Révolution ne désavoua pas.

Le XIXe siècle vit encore plus nettement se préciser les avancées de la modernité. Désormais, la carence alimentaire ne fut plus le multiplicateur des épidémies. Si grave que fût la contagion cholérique de 1832, elle ne dérégla pas l'ensemble des comportements de la vie. La mobilisation scientifique et administrative qu'elle suscita permit de maintenir les populations dans un calme relatif. Quelques dates jalonnent notre histoire de la santé au XIXe et au début du XXe siècle. En 1800, le premier Français est vacciné contre la variole. Laennec, en 1819, assure le diagnostic de la tuberculose grâce au stéthoscope. Le chloroforme est appliqué dans les opérations à partir de 1847. La médecine acquiert à partir de 1860-1865 une « efficacité rationnelle » (Jean Bernard). L'élévation générale du niveau de vie et le recul de la maladie donnent aux Français de 1914 une espérance de vie de 46 ans. Atteignait-elle trente ans à l'époque de Louis XIV ?

N'imaginons pas cependant que ces progrès indiscutables et mêmes spectaculaires aient engendré un sentiment général d'euphorie chez nos prédécesseurs du XIXe siècle et du début du XXe. À certains égards, leurs alarmes en matière de santé ou devant la menace d'autres périls continuèrent à ressembler à celles de leurs ancêtres. Ceux-ci, même à l'époque de la Renaissance, eurent fréquemment l'impression de vivre « un temps calamiteux » et d'être « persécutés de toutes les plaies ». La formule « le monde à l'empire », c'est-à-dire « qui empire », leur était familière. Ils appelaient leur époque un « siècle de fer ». De la même façon, les Français (et les Occidentaux), que la science et la technique soulagèrent au XIXe siècle de tant de fardeaux millénaires, prirent néanmoins conscience que des maux nouveaux les accablaient ou les menaçaient : la puissance allemande ou le péril jaune, mais aussi diverses tares et maladies qui leur parurent envahissantes. En un siècle, 9 millions de Français seraient morts de tuberculose. Les maladies mentales s'accrurent de 400 p. 100 entre 1835 et 1900. L'alcoolisme, au XIXe siècle, fit chez nous plus de victimes que les épidémies de choléra. En 1915, la France était identifiée comme le « pays le plus alcoolisé du monde ». L'obsession de la syphilis grandissait. N'assurait-on pas, en 1920, que « le tréponème menace d'anéantir l'espèce humaine » ? Ajoutez encore que les suicides auraient quintuplé de 1825 à 1890, que la criminalité atteignit un sommet vers 1895, et qu'en 1900-1910 la France ne pouvait aligner que 800 000 naissances annuelles face aux 1 200 000 du Reich. L'addition de ces faits alarmants ne pouvait engendrer l'optimisme. Les Français de la « Belle Époque » étaient au contraire angoissés par le sentiment d'une inéluctable décadence. Ceux qui en avaient les moyens oubliaient ces sombres perspectives dans la griserie de plaisirs faciles.

Une leçon se dégage d'un tel bilan : dans l'histoire des collectivités, les peurs se modifient – et encore pas toujours –, mais la peur demeure. L'homme est engagé dans un dialogue permanent avec elle. Il nous faut donc toujours surmonter les peurs anciennes ou nouvelles qui risquent de nous paralyser. N'est-ce pas l'expérience que nous sommes en train de vivre présentement ? Au cours du XXe siècle, nous avons vaincu la tuberculose et la poliomyélite, inventé les antibiotiques et porté l'espérance de vie à un niveau jamais atteint dans le passé (71 ans pour les hommes, 79 ans pour les femmes). Tous les sondages prouvent par ailleurs que nos concitoyens ne redoutent pas véritablement une nouvelle guerre mondiale qui leur paraît impossible, car elle signifierait un suicide collectif de l'humanité. Mais les voici aujourd'hui confrontés à un chômage redoutable et envahissant, à l'insécurité aggravée par le terrorisme, aux pollutions engendrées par les avaries des centrales nucléaires et des usines chimiques, à la dure offensive du cancer, à la progression du sida.

Face à ces « malheurs » présents ou proches, la mémoire du passé peut nous être utile et le travail des historiens s'avérer nécessaire. Nous sourions du haut de notre XXe siècle finissant lorsque nous lisons les

« canards » du XVIe et du XVIIe siècle remplis d'anecdotes à dormir debout, toutes plus affreuses les unes que les autres, et de prédictions terrifiantes. Mais, nous aussi, nous mettons la catastrophe à la une. « Bientôt près de 1 million de sidaïques contagieux en France », lit-on dans un mensuel tiré à 200 000 exemplaires. « Demain, 400 000 morts par an (à cause du sida) en France ? ». « C'est pire que la guerre nucléaire. » L'inflation du verbe et des chiffres reste un procédé sûr pour allécher la clientèle. En tout cas, les médias ont désormais une responsabilité à la mesure de leur écoute.

Rappelons-nous aussi ce qui s'est passé au cours de la grande crise des années 1350-1450, lorsque se développa dans l'art et la littérature une véritable « culture de mort ». Ne sommes-nous pas en train de réinventer une telle culture ? L'érotisme débridé, la violence quotidiennement présente sur nos écrans, la chute de la natalité, l'augmentation des suicides, les progrès alarmants de la drogue et des maladies sexuellement transmissibles : autant d'éléments – hélas ! cohérents entre eux – d'un ensemble où la mort l'emporte sur la vie.

Ce diagnostic, éclairé par les expériences anciennes, ne signifie-t-il pas que nous avons besoin d'une nouvelle Renaissance fondée sur la lucidité, le courage et – n'ayons pas peur des mots – d'un retour à l'éthique ?

Que ta foi se réveille ! Le Christ commence à te parler. Pourquoi te troubler...
(Saint Augustin, « Serm. ». 81,8 P.L.XXXVIII, 504.)

LACTEUS CIRCULUS

Je suis Dieu lui-même.
Cet être aux régions célestes,
parmi les constellations
et dans la Lune,
je suis cet être, je suis cet être même...
Cet être –souffle, espace, ciel, éclair–
que l'on voit dans l'éclair,
je suis cet être, je suis cet être même.
(« Chândogya Upanisad », VI, 12, I,
Ier millénaire av. J.-C.)

Arrière ! Hors de ma vue ! Que la terre te cache !
Car tes os sont sans moelle, et ton sang est froid,
Et il n'y a pas de pensée dans ce regard
Que jettent sur moi tes yeux !
(Shakespeare, « Macbeth », III, 4.)

Alors surgit [...] un cheval rouge-feu ; celui qui le montait, on lui donna de bannir la paix hors de la terre, et que l'on s'égorgeât les uns les autres ; on lui donna une grande épée.
(Apocal. VI, 4.)

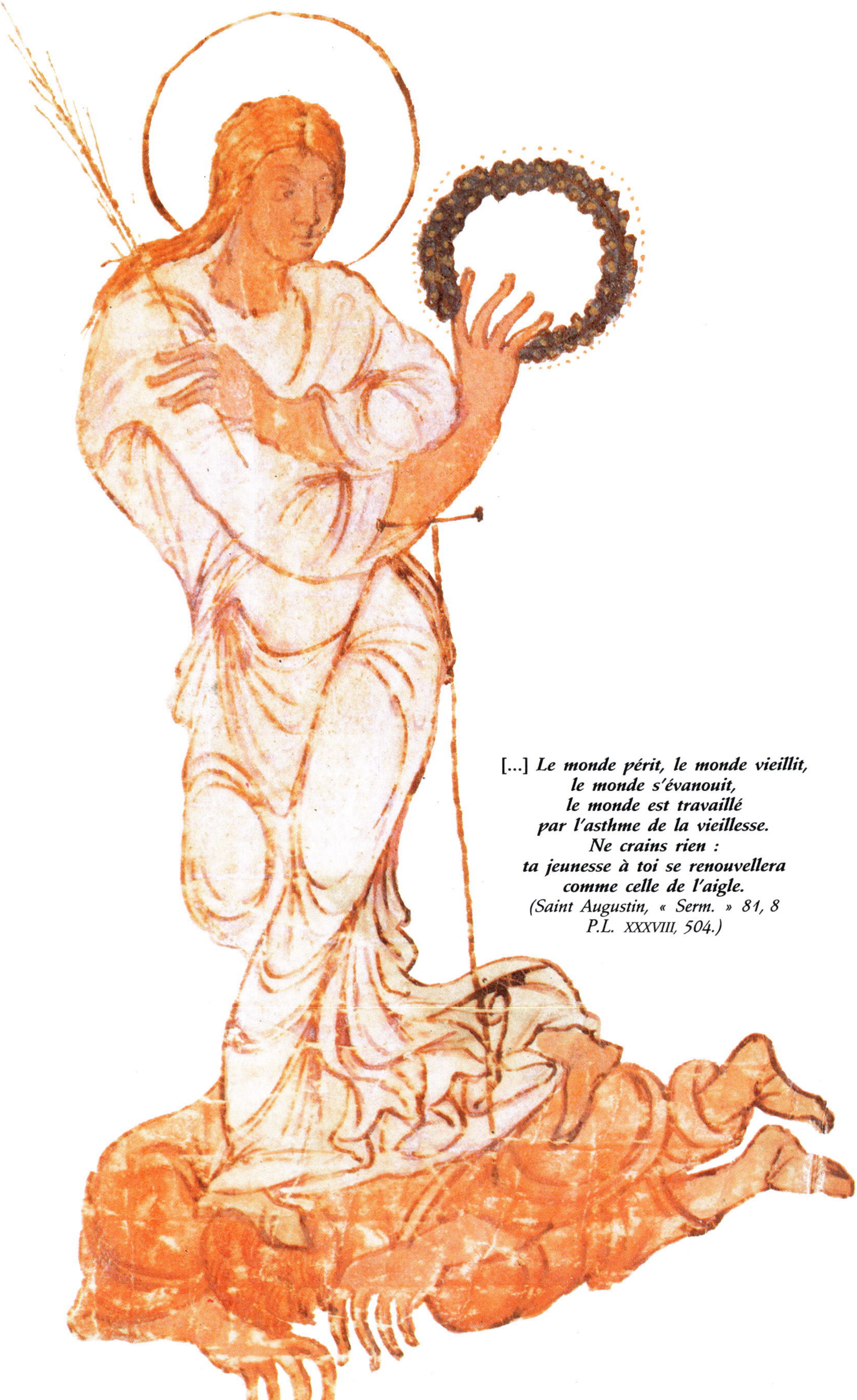

[...] Le monde périt, le monde vieillit,
le monde s'évanouit,
le monde est travaillé
par l'asthme de la vieillesse.
Ne crains rien :
ta jeunesse à toi se renouvellera
comme celle de l'aigle.
(Saint Augustin, « Serm. » 81, 8
P.L. XXXVIII, 504.)

Ire PARTIE (V^e^-Xe s.)

un Dieu de barbarie

page 17. – *Psautier de Charles le Chauve, plat de reliure. B.N.*
page 18. – *« Phénomènes » d'Aratos ; miniature, v. an 1 000 B.M. Boulogne-sur-Mer.*
page 19. – *Saint Jean, « Évangile d'Ebbon », prov. abbaye d'Hautvillers, IXe s. B.M. Epernay.*
page 20. – *Pierre runique, détail ; prov. Arhus. Musée d'archéologie de Moesgard, Danemark.*
page 21. – *Épées de fer, prov. Jutland ; période viking. Musée de Moesgard, Danemark. – Casque de guerrier du trésor de Vendel, 500 à 800 apr. J.-C. Musée historique, Stockholm.*
page 22. – *Prudence, « Pyschomachie », manuscrit carolingien. Bibliothèque de Berne.*
page 23. – *Le sacrifice d'Abraham, carreau de terre cuite, prov. Hajeb el Aioun, art chrétien, Ve s. Musée du Bardo, Tunis.*
page 24. – *L'esprit du Mal sort de la bouche du possédé. Ivoire, Milan, vers 970. Landesmuseum, Darmstadt, R.F.A.*

Introduction

« Vois avec quelle soudaineté la mort a pesé sur le monde entier, combien la violence de la guerre a frappé de peuples. Ni le sol raboteux des bois épais ou des hautes montagnes, ni le courant des rivières aux tourbillons rapides, ni l'abri que constituent pour les châteaux leur site, pour les villes leurs remparts, ni même les cavernes que surplombent de sombres rochers, n'ont pu échapper aux mains des Barbares. Plusieurs périrent victimes d'une feinte fidélité, plusieurs du parjure, plusieurs dénoncés par leurs concitoyens, beaucoup dans des embuscades, beaucoup par la violence de l'État. Ceux qui n'ont point été dominés par la force l'ont été par la famine. La mère a succombé misérablement avec ses enfants et son époux. Le maître, en même temps que ses esclaves, a été réduit en esclavage. Certains ont été la pâture des chiens ; beaucoup ont vu leurs maisons en flammes leur ôter la vie, puis leur fournir un bûcher. Dans les bourgs, les domaines, les campagnes, aux carrefours, dans tous les districts, çà et là, tout le long des routes, c'est la mort, la souffrance, la destruction, l'incendie, le deuil. Toute la Gaule, en un seul bûcher, est partie en fumée. »

Cinq siècles, trente générations : ce qu'il est convenu d'appeler les « temps barbares » s'ouvre sur une inimaginable catastrophe, et qui doit tout à la méchanceté des hommes, le déferlement barbare, celui qui en 406 franchit le Rhin et que décrit ici Orens, évêque d'Auch et, en 410, la chute de Rome. Dépassant largement ce qui sera la frontière de la France ; mais celle-ci n'est encore qu'un nom que nous donnons à un ensemble de territoires parcourus de peuples mal fixés et de royaumes errants, jusqu'à ce que la domination carolingienne contribue à stabiliser les uns et les autres, mais toujours au cœur d'un espace politique plus large. Un univers en perpétuel mouvement donc, où la fuite, qui fait abandonner familles, biens et maisons est, souvent, le seul moyen d'éviter la catastrophe, si tant est qu'on puisse désigner ainsi la permanence des guerres et des querelles familiales qui ne connaissent d'autre victoire que la destruction physique des gens et des populations. Même les famines y sont moins l'effet de la médiocrité des récoltes, dans une économie qui revient périodiquement au nomadisme, que des gens d'armes et des pillages. La nature – la peste, dès 442, qui arrive, déjà, par Marseille ; les mouvements du sol et les anomalies météorologiques ; et ces criquets qui viennent obscurcir le ciel et dévorer les champs –, qui n'est pourtant pas avare de ses dégâts, y apparaît finalement moins terrible que les hommes ; le pouvoir lui-même, par le biais de la fiscalité, est souvent la pire des calamités.

Dans cette France d'avant la France, comment ne pas lire aussi le dérèglement général de l'ordre des choses dans les éclipses, les pluies de sang, les comètes chevelues qui ne sont que les signes de l'indifférence de Dieu : et si les Barbares, qui vont et viennent, n'étaient que les agents de son courroux, les rédempteurs sauvages et purs d'un monde qui, chez les lettrés, du moins, ne peut s'empêcher de regarder vers un empire romain de rêve ? Faux messies et faux prophètes jalonnent aussi une histoire imaginaire des malheurs, qui se réfère aux lectures de l'Apocalypse.

Il y a du mérite, chez certains, à dégager progressivement une eschatologie de l'optimisme, sur la confiance, malgré tout, en la miséricorde divine, par une régénération des hommes que tente, à sa manière, l'érémitisme. Voilà justement que la domination carolingienne marque les retrouvailles avec une unité du monde qui est celle de la chrétienté. Viking ou Hongrois, le Barbare est toujours là, et bien plus cruel encore : mais sa sauvagerie n'est aussi fortement ressentie que parce que, à l'intérieur de l'Empire, reculent massacres et famines. Faute d'épidémies, les chroniqueurs font écho aux épizooties ; où sont les siècles antérieurs, parfois marqués de la hantise du cannibalisme ? Pour les clercs, la dégradation du malheur, c'est la remise de la fin du monde à plus tard, et les faux prophètes ne font plus recette qu'aux marches forestières du christianisme. Les désordres renouvelés de la nature n'empêchent pas que le peuple de Dieu ne s'engage, sous l'aile de l'ange protecteur, vers la Jérusalem céleste à travers la purification de la vie terrestre. L'écho de la croisade qui vient n'a pas d'autre sens, qui laisse entrevoir l'espoir de la reconquête préalablement de la Jérusalem terrestre.

I

Malheurs des temps barbares

« Comme nous suivons l'ordre du temps, nous rapportons pêle-mêle et confusément aussi bien les miracles des saints que les massacres des peuples... Que le lecteur se souvienne aussi que du temps du prophète Élie, qui arrêtait les pluies quand il le voulait ou les faisait couler sur des terres arides quand il lui plaisait..., il y a eu des massacres de peuples et que la famine et la sécheresse ont désolé une terre misérable. » □

Ainsi parle Grégoire de Tours lorsqu'il commence à écrire l'histoire des Francs, au milieu du VIe siècle. Sa perspective est celle des contemporains. Notre Hérodote national ne fait que refléter l'explication commune : les malheurs des temps sont tous en rapport avec Dieu. « Cet horrible mélange d'os et de chair meurtris et traînés dans la fange » qu'est l'histoire possède un sens, jusque dans sa confusion. C'est pourquoi il nous faut suivre son itinéraire, massacres, famines et prodiges, pour mieux nous couler dans les souffrances et les délires des populations et comprendre avec elles le sens qu'elles donnèrent à leurs épreuves.

Le premier grand choc fut la prise de Rome, en 410, par les Wisigoths d'Alaric. La Ville Éternelle fut ensuite reprise par les Vandales de Genseric, en 455, enfin par les Burgondes de Gondebaud en 472. Chaque fois, les gigantesques pillages des vainqueurs furent précédés de famines et d'actes de cannibalisme durant le siège, d'incendies, de ruines et de viols après la victoire et d'incroyables rumeurs de trahison pour expliquer l'horrible nouvelle et surtout pour s'en disculper, une fois le choc émotionnel encaissé. De la ville éventrée sortaient alors d'un côté les chariots des vainqueurs, suivis d'hommes, de femmes et d'enfants ligotés, nouveaux esclaves des nouveaux maîtres ; de l'autre côté fuyaient ceux qui avaient échappé à la rafle, futurs réfugiés en des pays inconnus. Des ondes de panique se déclenchent là même où rien ne menace. Un évêque africain, Maxime, alla jusqu'à faire transférer sa communauté de religieuses en Égypte. Il eut trop confiance en un jeune moine, Daniel, auquel il confia ses tendres brebis, car il se révéla bientôt que le nouveau monastère égyptien n'était qu'un lieu de débauche sous la houlette du berger dévoyé. Tandis que craquaient ainsi les ressorts moraux chez certains clercs, des laïcs, réfugiés de Rome à Carthage, n'avaient comme premier souci que de remplir les gradins du cirque ou du théâtre pour s'y défouler en hurlements délirants, à la stupeur des habitants qui s'étonnaient de les voir ainsi oublier si vite leurs propres malheurs. Des détails de ce genre révèlent l'ampleur du choc mental sur les esprits. Les uns s'effondrent, les autres cherchent à oublier.

Nouveaux esclaves et nouveaux maîtres

Si les malheurs de Rome eurent valeur exemplaire, ceux de toute la partie occidentale de l'Empire et de la Gaule, en particulier, furent encore plus révoltants pour certains. Chaque fois, en effet, la catastrophe fait naître des maux ; de plus, l'attitude de ceux qui la subissent, ou n'en sont que les spectateurs, engendre stupéfaction, colère et indignation. Un moine comme Salvien, réfugié depuis Trèves jusqu'à Marseille, se penche sur les événements du milieu du Ve siècle et s'efforce de montrer où se trouvent les véritables responsabilités. Il cite par exemple ce qu'Orens appelle à la même époque « la violence de l'État » en montrant qu'il s'agit des injustices fiscales : « Qui serait en effet assez éloquent pour parler du brigandage et du crime suivant : l'État romain, déjà mort ou en tout cas exhalant son dernier souffle dans ce territoire où il paraît encore vivant, meurt étranglé par les liens des impôts comme par les mains des brigands... On trouve un grand nombre de riches dont les pauvres paient les impôts... »

La violence de l'État

Derrière le pamphlet du moine converti se cache en effet une réalité sociale propre à cette époque : l'oppression fiscale. Elle va, comme il l'indique fort bien, jusqu'à pousser les petits propriétaires à se soumettre à des patrons qui les fixent au sol, en échange de leur protection. De plus, ces patrons profitent seuls des exemptions fiscales. Si bien que nombre de paysans préfèrent s'enfuir chez les Barbares pour éviter de payer l'impôt. Cette solution extrême, qui va parfois jusqu'au brigandage chez ces fuyards appelés bagaudes, fut en effet courante à l'époque mérovingienne. Les révoltes anti-fiscales, accompagnées de fuite des populations, sont habituelles, comme à Limoges en 579, en Corse, en Sardaigne et en Sicile en 595. Abandonner sa terre et sa maison plutôt que de payer l'impôt est un fléau typique des Ve et VIe siècles, seule réponse possible, semble-t-il, devant la violence officielle. La terre était vide, sans que la guerre y soit pour quoi que ce soit.

Mais il y eut plus lourd encore que de perdre sa maison et sa terre, abandonner sa raison de vivre. L'ancien préfet de Rome, Sidoine Apollinaire, devenu évêque de Clermont-Ferrand, fut l'un des rares Gallo-Romains à soutenir désespérément un siège prolongé dans sa ville, avec une poignée

Les vainqueurs d'hier – ici des Romains s'emparant d'un village de Germains – vont bientôt quitter dans les chaînes le lieu de leur ancien triomphe. En Gaule, Rome voit à son tour ses « enfants » emmenés de force en captivité par les Wisigoths ariens.

(COLONNE ANTONINE, DÉTAIL. ROME.)

d'hommes contre les Wisigoths ariens. Ce patriote et ce croyant voyait dans ses adversaires deux raisons de les refuser : ils étaient barbares et hérétiques. Or il apprit bientôt que, malgré sa résistance victorieuse, sa ville allait être livrée par l'empereur en 471. « Est-ce là ce que nous ont mérité la disette, le feu, le fer, les épidémies, les épées grasses du sang des ennemis et les combattants amaigris par les jeûnes ? Est-ce en récompense de notre dévouement que l'on nous a jetés par-dessus bord ? » Y a-t-il de pires malheurs pour un résistant que d'être abandonné par sa propre patrie ? On mesure ici, à la profondeur du désespoir exprimé, combien les malheurs des temps barbares furent traumatisants d'autant plus, qu'ils ne tombèrent point sur des lâches.

Le commencement des douleurs

Une fois le calme revenu avec la royauté franque, sous la direction de Clovis, d'autres types de catastrophes se révélèrent inexorablement comme une conséquence inéluctable de la chute de Rome.

Grégoire de Tours, avec sa lucidité inspirée, le souligne nettement, à propos des guerres civiles qui ravageaient le royaume des Mérovingiens. Il faut savoir, en effet, qu'après la mort de Clovis, en 511, les fils du roi se partagèrent la Gaule en trois ou quatre royaumes, considérant l'héritage paternel comme une propriété privée. Les deux crises les plus graves éclatèrent de 562 à 613 et de 658 à 687. « Il me répugne, dit Grégoire de Tours, de rappeler les vicissitudes des guerres civiles qui épuisent fort la nation et le royaume des Francs. Nous y voyons déjà, ce qui est pis, arriver ce temps dont le Seigneur a prédit qu'il serait le « commencement des douleurs ». Toutes les fois que la ville des villes (Rome) elle-même, la capitale du monde entier, s'est fourvoyée dans des guerres civiles, elle s'est effondrée... » Et de faire remarquer, en outre, que tout cela se déroule au milieu de la prospérité. « Que n'avez-vous pas en abondance ? Il y a dans les maisons du luxe en excès, vos caves regorgent de vins, de froment, d'huile ; dans vos trésors, l'or et l'argent sont amoncelés. Une seule chose vous fait défaut : n'ayant pas la paix vous êtes privés de la grâce de Dieu. » Les guerres civiles furent en effet interminables et particulièrement sauvages. Même lorsqu'il s'agissait d'expéditions aux frontières, les troupes en revenant chez elles ravageaient tout sur leur passage. En 585, par exemple, de retour de Septimanie, (Bas-Languedoc), elles « commirent tant de crimes, d'homicides, de rapines et de brigandages dans leur propre pays qu'il serait trop long de les rapporter complètement. Notons toutefois, puisque nous avons raconté que les moissons de la Provence avaient été incendiées par eux-mêmes, que ceux qui périssaient ainsi de faim et d'inanition étaient abandonnés inanimés sur la route. Quelques-uns se noyèrent dans les fleuves, la plupart périrent dans des bagarres. Bref, quand ils arrivèrent chez eux, ils n'étaient plus qu'une poignée ». Curieux spectacle que celui d'une armée qui fond comme neige au soleil, en détroussant ses propres concitoyens ! Mais il semble que c'était là chose habituelle.

Guerrier mérovingien. Tout le désigne pour ce titre : ses armes – lance, poignard, bouclier – et le sexe apparent, symbole de la vertu fondamentale du combattant, l'agressivité. Cependant, la figuration d'un serpent, aux pieds du personnage, qui exprime la victoire sur le Mal, fait penser qu'il pourrait aussi s'agir d'un Christ paganisé.

(PLAQUE DE GRÉSIN, PUY-DE-DÔME, Vᵉ S. MUSÉE DES ANTIQUITÉS NATIONALES, SAINT-GERMAIN-EN-LAYE.)

Plus personne pour pisser contre la muraille

Plus habituel encore était le sort réservé aux femmes de l'adversaire, qu'elles soient celles de l'ennemi extérieur ou celles de son propre pays. Ainsi, lit-on dans un texte de Grégoire de Tours commentant la mort de l'usurpateur

Gondovald devant Saint-Bertrand-de-Comminges : « Après lui avoir enfoncé des lances dans le corps et lui avoir lié les pieds avec une corde, on le traîna à travers tout le camp de l'armée ; puis lui ayant arraché la chevelure et la barbe, on l'abandonna sans sépulture sur le lieu même où il avait été tué. Puis, la nuit suivante, ceux qui étaient les chefs emportèrent en secret tous les trésors qu'ils purent découvrir dans la ville ainsi que les vases sacrés de l'église. Le matin, quand les battants des portes furent ouverts et l'armée lâchée, on passa au fil de l'épée toute la population qui était enfermée, en massacrant également les prêtres du Seigneur ainsi que ses ministres, au pied même des autels des églises. Après qu'on eut tué tout le monde, de telle sorte qu'il ne restât personne pour pisser contre la muraille, on incendia la ville avec les églises et les autres édifices, sans rien y laisser que le sol vide. » Ainsi disparut une des plus belles villes romaines du sud de la Gaule. Il fallut attendre six siècles avant qu'elle ne réapparût. Ici, Grégoire de Tours, bien

LES INVASIONS BARBARES AU Ve SIÈCLE

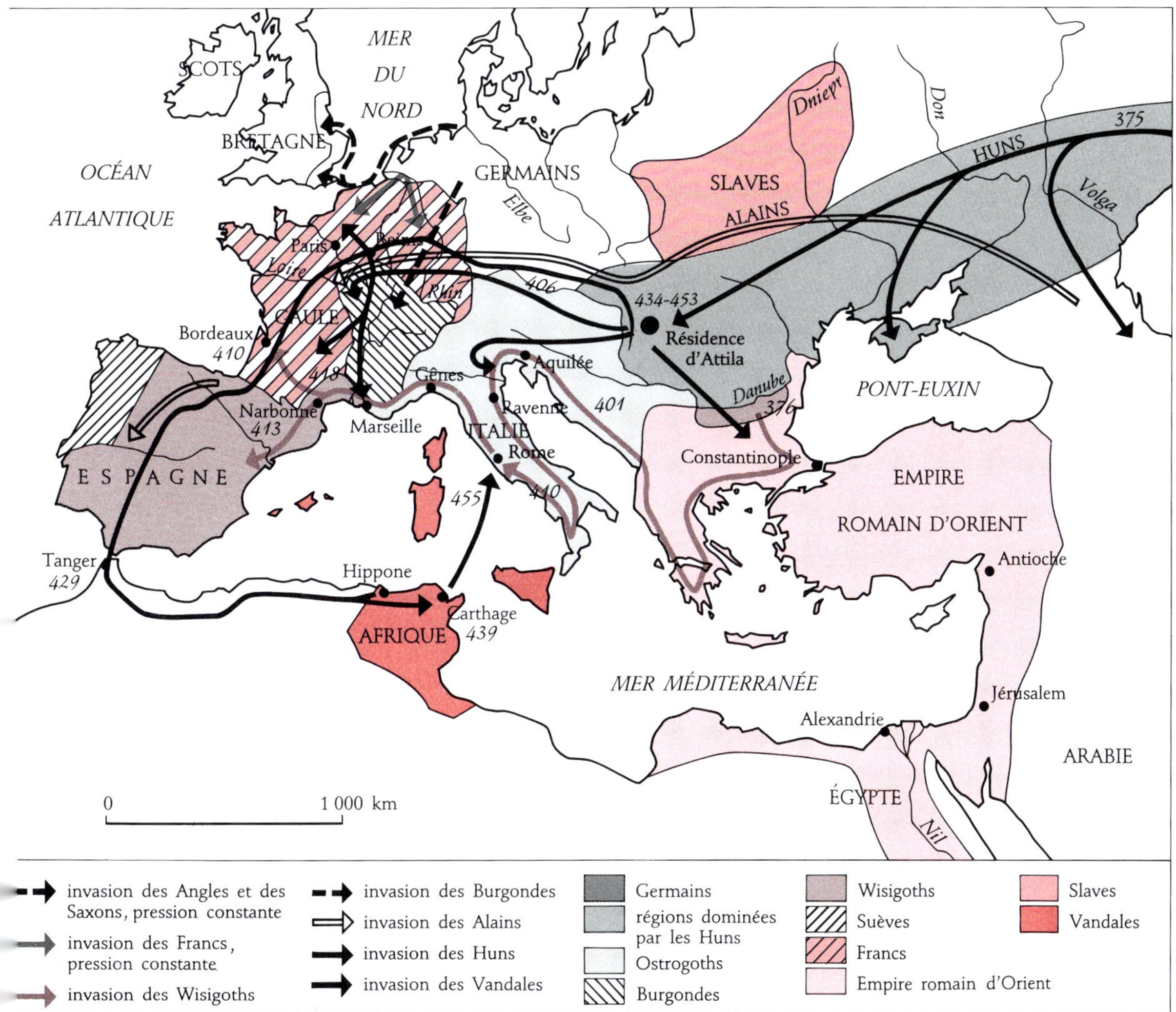

renseigné par un témoin oculaire, décrit avec précision la technique germanique de la terre brûlée, qui fut appliquée ailleurs en nombre d'occasions. Tout est méthodique en effet : la mort honteuse du chef, privé de son système pileux, symbole de virilité, puis le pillage, ensuite le massacre systématique d'une population masculine sans défense, enfermée dans ses murs. Si les Francs, pourtant officiellement chrétiens, ne respectent pas les clercs, en revanche, ils ne laissent personne capable de pisser contre la muraille, c'est-à-dire qu'ils épargnent les femmes, incapables d'une telle prouesse, et les enfants, encore au sein, c'est-à-dire de moins de trois ans, car l'allaitement dure aussi longtemps à cette époque pour lutter contre les épidémies. Ils se les réservent comme concubines et comme futures esclaves pour les emmener dans leur pays, au nord. Ainsi, après l'incendie, le sol est effectivement vide puisque les femmes et les bébés, seuls êtres encore vivants, sont emmenés en déportation. La victoire est donc définitive, puisqu'il n'y a plus un seul ennemi ! Cette pratique était habituelle en cas de guerre car la civilisation des royaumes latino-germaniques repose d'abord sur le potentiel humain, plutôt que sur l'infrastructure matérielle, laquelle, une fois incendiée, peut être rapidement et facilement reconstruite. Cette survalorisation du capital féminin, que dis-je, du cheptel femelle, est donc une des caractéristiques essentielles de la guerre civile. Dans le nord de la Gaule, les Saxons s'en prirent aux Suèves qui occupaient la région. Non contents d'obtenir, par négociation d'abord, un tiers du sol, puis la moitié, puis les deux tiers, ensuite la totalité de la terre avec tous les troupeaux, les Saxons voulaient les femmes des Suèves. Sûrs de gagner, avant même que le combat ne s'engageât, ils discutèrent entre

Wotan, le dieu germanique de la Guerre et de la Fécondité exprime, dans cette figure stylisée, toute la fierté du cavalier germanique. Sous les pieds de sa monture, les dieux infernaux vaincus, désignés par des entrelacs où s'exprime la conception païenne de l'Enfer, lieu souterrain où l'on n'accède que par des marécages.

(STÈLE DE HORNHAUSEN, VIIe S. MUSÉE DE HALLE, R.F.A.)

eux de la manière dont ils se les partageraient, et qui « prendra telle femme, après la mort des hommes » ! La guerre est donc une chasse pour attraper vivante une seule espèce de gibier à deux pattes porteuses de mamelles, laquelle, une fois parquée en captivité et bien ensemencée, permettra de repeupler la terre. On ne saurait être plus féroce en pratiquant la violence au niveau de la pure animalité.

Latente, imprévisible, brutale, la faide

Encore faut-il souligner que l'annonce d'une guerre par la rumeur publique permet au moins de fuir, ce qui explique l'importance, aux temps mérovingiens, des réfugiés, des exilés pour causes politiques et tout particulièrement des hors-la-loi condamnés à ne plus bénéficier de la protection de la société. Ces derniers, en particulier, peuvent être exécutés sans façon par le premier venu. Le meurtre, dans ce cas, est légal. Il en est de même pour une pratique germanique, la faide, qui ne tarda pas à s'étendre aux populations romaines. Chez les nouveaux venus, la répression des peines et des délits appartient en effet à la parentèle, structure familiale large, base des tribus germaniques. Le principe fondamental, d'origine religieuse païenne, en est la vengeance obligatoire de tout membre d'une parentèle. Un parent du mort doit aller tuer le meurtrier. Ce qui enclenche dans la famille de ce dernier le même réflexe de vendetta. Et ainsi de suite, pendant des siècles ! La faide fut un des fléaux les plus pernicieux du haut Moyen Âge, car elle était latente, imprévisible, brutale et sauvage, au point de laisser les pouvoirs publics dans l'impuissance la plus totale. À peine pouvaient-ils intervenir en proposant aux deux familles le paiement d'une compensation en or, le *wergeld,* pour calmer les offensés. Encore fallait-il que ces derniers acceptassent, ce qui souvent n'était pas le cas. En 585, en Touraine, un Gallo-Romain, Sichaire, est attaqué par un Franc, Austregisèle, qui lui enlève ses biens, massacre ses esclaves. Un procès commence pour décider du montant de la composition. Sichaire en profite pour se jeter sur le meurtrier, le tue ainsi que son fils et lui enlève ses biens. Le juge intervient et parvient à faire partager la composition entre les deux parties et à faire signer aux deux familles une charte de sécurité. L'affaire étant close, Chramnesind, le fils survivant d'Austregisèle, devint l'ami de Sichaire. Malheureusement, deux ans plus tard, au cours d'une beuverie commune, Sichaire se vanta d'avoir enrichi Chramnesind, grâce au meurtre de ses parents. Ce dernier se dit : « Si je ne venge pas le meurtre de mes parents, je ne mériterai plus de porter le nom d'homme mais d'être appelé une faible femme ! » Tout est là. Être viril, c'est tuer. Être fidèle à ses parents passe avant la fidélité à sa parole. La voix du sang, dans les deux sens du terme, est toujours la plus forte. Et Chramnesind d'empoigner le premier instrument venu, une scie, puis de découper la tête de l'ivrogne.

Le sang appelle le sang

Combien d'autres exemples pourraient être donnés de ces vengeances inextinguibles qui débutent même sur de simples soupçons. À Paris, une parentèle prétendit qu'une jeune épousée était devenue adultère. Elle obligea les parents de cette femme à la justifier. Les deux groupes se présentèrent dans la basilique Saint-Denis et le père jura, les mains levées sur l'autel, que sa fille était innocente. Les autres hurlèrent alors au parjure. Chacun tira l'épée et massacra l'autre. « Beaucoup sont blessés par les glaives, la sainte basilique est arrosée de sang humain, les portes sont labourées par les javelots et les épées et les traits malfaisants font rage jusque sur le sépulcre du saint. » La pauvre femme finit étranglée avant même que le procès n'ait lieu. Vaines sont les protestations du clergé devant des mécanismes meurtriers inexorables. Le sang doit rester pur, sinon, il faut le verser. Le sang appelle le sang.

Cette guerre civile qu'est la faide est donc générale. Elle frappe tout le monde, y compris les familles royales. L'exemple le plus connu est évidemment l'assassinat de Galeswinthe, femme de Chilpéric, sur l'instigation de Frédégonde et la faide qui s'ensuivit, menée par Brunehaut, sœur de la première. La lutte dura trois générations et se termina en 613 par l'arrestation de la vieille reine ; l'arrière-grand-mère comparut devant son neveu Clotaire II, qui l'accusa d'avoir tué dix rois. Il la fit torturer pendant trois jours puis attacher à un cheval vicieux par les cheveux, un bras et un pied. Elle fut déchiquetée par les pierres du chemin. Belle vengeance pour celui qui n'avait pas connu son père Chilpéric, assassiné quelques mois après sa propre naissance, en 584. Le régicide se hisse alors, en effet, au rang d'un des beaux-arts. Il y eut au moins cinq rois mérovingiens assassinés, sans compter les princes qui le furent avant de pouvoir régner. À un certain moment, l'épidémie de régicides fut telle que le roi Gontran en fut réduit à s'adresser un jour à la foule, en pleine messe, à Chalon-sur-Saône : « Je vous adjure de ne pas m'assassiner, comme vous l'avez fait récemment pour mes frères ; qu'il me soit permis au moins pendant trois ans d'élever mes neveux qui sont devenus mes fils adoptifs. » Et le peuple adressa alors au Seigneur une prière pour le roi. À de telles supplications, on peut percevoir la présence de la mort qui rôde et frappe subitement. Le poignard empoisonné, le scramasaxe prestement enfoncé sous l'aisselle sont omniprésents : les conseillers royaux arrêtent les moindres suspects et les torturent avec une telle violence que certains n'hésitent point à se donner la mort. La violence entraîne la violence, sans connaître de fin. Comment l'arrêter, puisque la peur d'être assassiné engendre la mort d'autres personnes ?

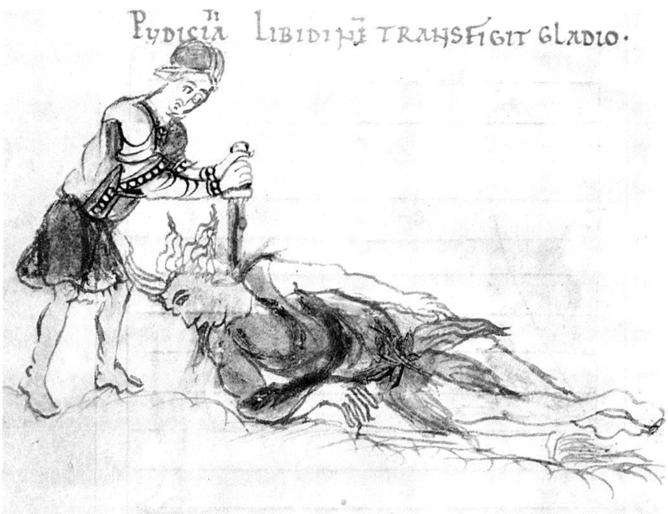

À la manière des Barbares réglant leurs comptes selon les rigueurs de la *faide*, et vengeant le sang par le sang, le Vice et la Vertu se combattent : Pudeur pourfend Luxure (à gauche), Foi foule au pied Idolâtrie et l'écrase (à droite). Ici, la violence quotidienne a inspiré la pédagogie de la Vertu.

(PRUDENCE, « PSYCHOMACHIE », FIN IXᵉ S. REIMS.)

Tuer et piller sont donc liés par la même avidité et la même agressivité, lesquelles sont d'ailleurs considérées comme des qualités. Mais la mort n'a pas besoin de la main de l'homme pour frapper. Les maladies et les famines sont de meilleures alliées.

Telles les dix plaies d'Égypte

Ces calamités travaillent d'ailleurs la main dans la main, puisque la sous-alimentation prépare le terrain aux microbes. Dès 442, le bacille de la peste, porté par les puces et les rats, partit d'Égypte pour atteindre, par les routes maritimes, l'Italie, la Gaule et l'Espagne. Cette première alerte passa inaperçue mais, avec les mauvaises récoltes de la fin du règne de Théodoric, en Italie, et l'arrivée des troupes byzantines par convois réguliers depuis Constantinople, Alexandrie et Carthage, la peste bubonique, qui suivait les mêmes routes, se déchaîna brutalement en 542-543. À douze reprises, elle se répandit en Europe occidentale par de courtes et brèves explosions, en été. En 543, par Rome, elle contamina la Toscane et la plaine du Pô, tandis que par Marseille, elle remonta le Rhône et la Saône, puis descendit la rive gauche du Rhin, pour s'arrêter aux portes de Trèves et de Reims. En 544, elle toucha même les côtes d'Irlande et du pays de Galles. En 559, une deuxième vague se déclencha en Istrie et à Ravenne. Elle rebondit en 570 à Ostie et à Gênes, en 571 à Marseille, atteignant cette fois-ci l'Auvergne, le Berry et la Bourgogne. En 580-582, Narbonne et Albi sont touchées, ainsi que l'Espagne centrale, la Carpétanie. En 588-591, venue simultanément d'Antioche et d'Espagne, elle traverse la péninsule italienne de Ravenne à Rome et, par Marseille, remonte jusqu'à Viviers. En 599-600, elle ravage encore les mêmes zones italiennes mais ne dépasse plus la Provence. Puis la violence du bacille paraît s'atténuer. En 654, la Provence est atteinte une nouvelle fois, tandis que le Latium et Pavie sont contaminés. En 664, un foyer anglo-saxon se déclenche en Wessex puis irradie jusqu'en Northumbrie, au pays de Galles et en Irlande. En 694, l'attaque en Narbonnaise paraît moins grave.

Au total, cette vague de peste ravagea surtout les régions urbaines méditerranéennes, le long des routes commerciales et des fleuves navigables les plus fréquentés. Elle s'arrêtait souvent aux limites de partage. L'Italie centrale et la Provence perdirent la majeure partie de leurs villes. Les pays germaniques et anglo-saxons furent épargnés ainsi que la partie occidentale de l'Espagne et de l'Aquitaine. Lentement, le centre d'équilibre démographique de l'Europe occidentale bascula au nord de la Loire et des Alpes, car les pertes durent être importantes, vu la manière dont l'épidémie se déroulait.

La mort subite

C'est ainsi qu'à Marseille « un navire venant d'Espagne avec son chargement habituel avait abordé au port de cette ville en apportant malheureusement avec lui le germe de cette maladie. Beaucoup d'habitants y achetèrent diverses marchandises ; une maison où il y avait huit personnes resta rapidement vide, tous les habitants étant morts par contagion. Cette épidémie incendiaire ne s'étendit pas immédiatement à toutes les demeures, mais après s'être interrompue pendant un certain laps de temps, elle se ralluma comme une flamme au milieu d'une moisson et embrasa toute la ville du feu de la maladie... Le fléau cessa complètement pendant deux mois et, tandis que la population rassurée rentrait dans la ville, la maladie sévit à nouveau et ceux qui étaient rentrés décédèrent ». L'aspect imprévisible du fléau frappa vivement les esprits. Beaucoup avaient fui la contagion en se réfugiant à la campagne et, trompés par l'arrêt de l'épidémie, revinrent pour trouver la mort. C'est là un phénomène classique : l'incubation prend un certain temps, puis de nouveau la mort frappe, les conditions optimales du développement de la maladie, manque d'hygiène urbaine, température estivale et groupement de personnes contaminées, étant alors réunies. « Comme on manqua bientôt de sarcophages et de planches (pour les cercueils), on enterrait dix morts et même plus dans une même fosse. On dénombra, un certain dimanche, dans la seule basilique du bienheureux Pierre (de Clermont-Ferrand), trois

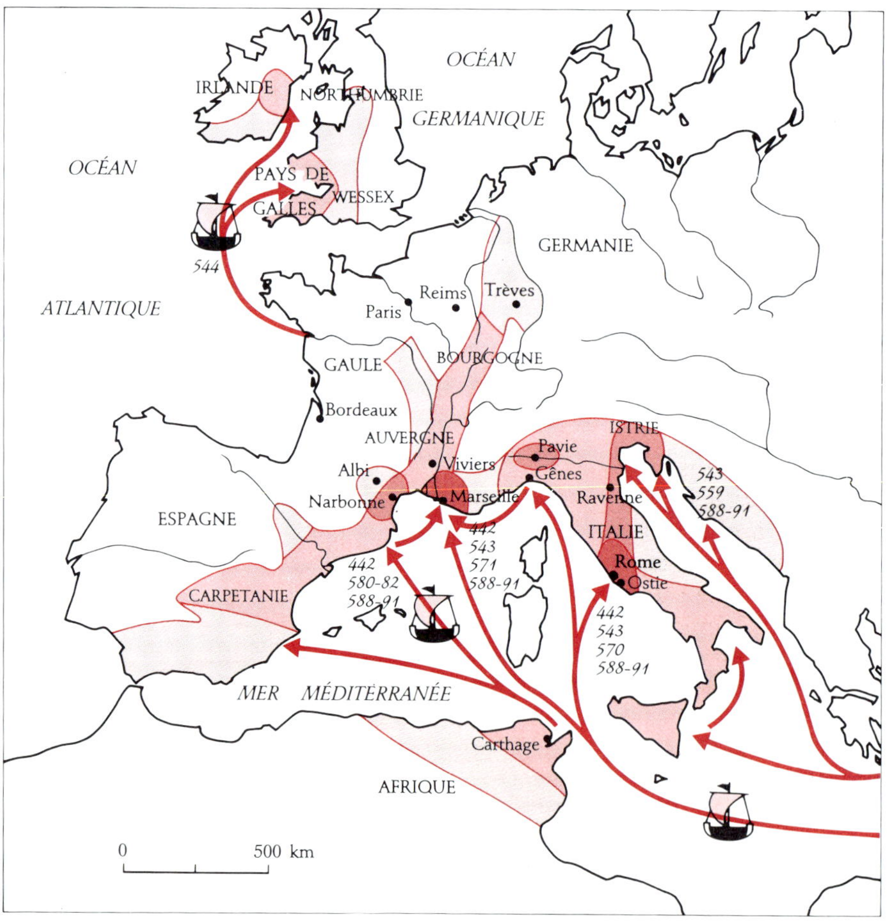

442 : LE BACILLE DE LA PESTE, PARTI D'ÉGYPTE ET DE CONSTANTINOPLE, SE RÉPAND EN EUROPE PAR LES VOIES MARITIMES ET RAVAGE EN PARTICULIER LES VILLES MÉDITERRANÉENNES.

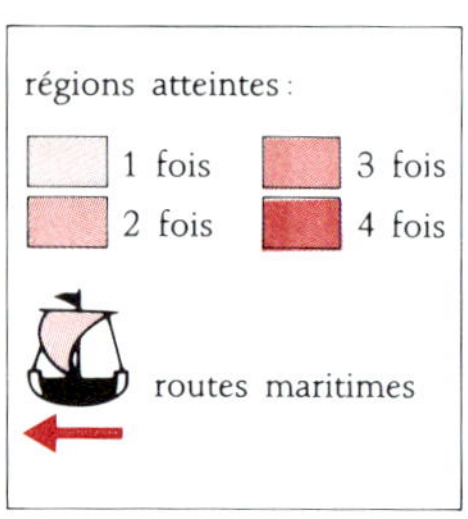

cents cadavres. La mort elle-même était subite, car il se produisait à l'aine ou à l'aisselle une blessure à la manière d'une morsure de serpent et on était frappé à mort par ce poison de sorte qu'on rendait l'âme le lendemain ou le troisième jour. En outre, la violence du poison enlevait le sens aux hommes. » Il y avait effectivement de quoi devenir fou devant de pareils ravages. Vu l'ignorance totale en matière de remèdes contre la peste bubonique, il ne restait plus qu'à prier Dieu. À Rome, en 590, l'épidémie frappa le pape Pélage, le 7 février. En même temps, une inondation du Tibre fut tellement violente « que les édifices antiques s'effondrèrent et qu'elle engloutit aussi des magasins à céréales de l'Église où furent détruits plusieurs milliers de muids de blé ». Le système romain des égouts ayant été perturbé, les rats et leurs puces commensales purent, grâce à l'humidité, proliférer sur le blé pourri et déclencher une effroyable mortalité. Un ancien moine, Grégoire, fut alors proclamé pape. C'est le célèbre saint Grégoire le Grand, premier pape d'origine monastique. Avant même d'être consacré, il décida de faire une grande procession de toute la population dans la ville pendant trois jours. Un témoin raconte que « pendant l'espace d'une seule heure, quatre vingts personnes étaient tombées par terre et avaient rendu l'âme. Mais celui qui allait devenir l'évêque ne s'arrêta pas de prêcher le peuple, dans la crainte qu'il ne cessât ses prières ».

Arrêtons là ces descriptions horrifiques qui n'en finiraient point et précisons cependant qu'outre la peste se déclenchèrent aussi en Gaule une épidémie de dysenterie, qui décima les jeunes enfants et, en 582, une épidémie de variole qui frappa « de mort beaucoup de gens. Beaucoup cependant, en prenant des soins, y ont échappé ». Les effets démographiques, difficilement chiffrables, n'en furent pas moins évidents. Baisse des revenus fiscaux et augmentation des charges pour les survivants, recul des villes méridionales et méditerranéennes, invasions ou infiltrations de nouvelles populations germaniques, en Italie, avec des Lombards et des Slaves, en Angleterre avec des Anglo-Saxons, etc. Ainsi, il y a de fortes chances pour que la terrible peste du VIe siècle ait profité surtout à l'Europe du Nord, qu'elle fût germanique ou germanisée.

Obscurcir le soleil

Quels que fussent les maigres barrages instaurés sur de rares routes, la peste progressait de manière tout aussi foudroyante qu'un autre fléau, qui fait penser à celui des dix plaies d'Égypte, les criquets... Les conditions de développement du criquet migrateur sont d'ailleurs identiques à celles du bacille de la peste : une température estivale, en général supérieure à 18-20°, et une forte humidité. Elles permettent la multiplication des larves qui se déplacent par groupes immenses dévorant tout sur leur passage ; puis, au bout de deux mois, les insectes s'envolent à partir de la bordure nord du Sahara pour venir s'abattre sur l'Espagne, l'Italie, la Gaule et l'Europe occidentale, en général. Ces armées d'acridiens, si épaisses qu'elles en obscurcissent le soleil en plein jour, portées par le sirocco, se laissent tomber brusquement le soir, à la fraîche, sur le sol. Et là, elles commencent leur repas, faisant craquer entre leurs mandibules aussi bien les plantes vertes que l'écorce des arbres, lesquels ne tardent pas à crever. Elles profitent des zones marécageuses ou sableuses pour y pondre, créant ainsi des zones-relais, ce qui prolonge encore leurs aires d'expansion. En général, le vol se termine par un gigantesque suicide collectif quelque part dans la mer. Les criquets meurent victimes de prédateurs ou disparaissent par autophagie... Là aussi, l'homme est totalement désarmé. Qui plus est, les insectes ne laissant plus que le sol nu, ils créent disette puis famine, et de nouvelles morts d'hommes. En 560, « deux armées de sauterelles, après avoir traversé l'Auvergne et le Limousin, s'abattirent sur la plaine de Romagnat », en Limagne, au pied de Gergovie. Venues probablement chacune d'une direction opposée, elles se dévorèrent mutuellement, ainsi que la riche plaine environnante. De même, en 584, la Carpétanie, c'est-à-dire la Manche, sur la Meseta espagnole, fut ravagée par les sauterelles, « au point qu'il ne restait pas un arbre, ni une vigne, ni une forêt, ni un fruit, ni une verdure quelconque qui ne fût saccagée ». En 591 et 592, ce fut le tour de la Lombardie et du Trentin et, cette fois-là, les prés et les marécages, mais non les moissons, furent dévorés.

Au vu des événements qui marquèrent les Ve et VIe siècles et puisque nous ne relevons plus aucune invasion de criquets migrateurs durant le VIIe siècle, une première explication s'impose. Les ravages humains de toutes sortes, depuis les massacres et les déportations en esclavage jusqu'aux épidémies et aux autres causes de mortalité, ont probablement diminué le nombre des hommes, au point que les cultures ont reculé, que la sédentarisation a été réduite par un retour en force de l'économie pastorale et nomade. Les zones d'aridité ont dû remonter quelque peu vers le nord, ce qui expliquerait cette catastrophe, pour nous ahurissante, des sauterelles jusqu'en plein cœur du Massif central !

Des clameurs d'estomacs vides

La conséquence inéluctable était donc la famine, laquelle à son tour, par l'absence de résistance physique des hommes, accélérait les épidémies. Distinguons bien, cependant, disettes et famines. Les premières n'aboutissent pas forcément à la mort des habitants, tandis que les secondes y parviennent à coup sûr ! Trop souvent, nos sources confondent les deux, avec une exagération classique. Les clameurs des estomacs vides sont souvent plus fortes que les pleurs en faveur des disparus. Ainsi, pour arriver à une juste mesure dans l'appréciation du degré de gravité du manque de nourriture, vaut-il mieux faire d'abord l'analyse des éphémérides mérovingiennes. Les mentions d'hivers très durs et d'années pluvieuses sont en effet courantes. En 443, la neige demeura six mois sur le sol en Italie, au point que nombre d'hommes et d'animaux périrent de froid. Vers 500-510, en Espagne, le froid fit disparaître toutes les récoltes à venir. En 548, en Gaule, « il fit un hiver plus rigoureux que de coutume, en sorte que les torrents, durcis par le gel, offrirent un passage aux populations, comme le reste du sol. Les oiseaux aussi, affaiblis par le froid et la faim, se laissaient prendre à la main, sans que les hommes leur tendissent des pièges, tant la neige était abondante ». Mais il n'est pas précisé ici qu'il s'ensuivît disette ou mort d'hommes... En 566, la neige subsista pendant cinq mois, mais, cette fois-là, seuls les animaux périrent ! En 580, « de grands déluges s'abattirent sur l'Auvergne, au point que pendant douze jours il ne cessa de pleuvoir et la Limagne fut noyée sous une telle inondation que cela empêcha beaucoup de gens de faire les semailles ». La Loire, l'Allier, le Rhône dépassèrent des niveaux jamais vus jusqu'alors. Une partie des murs de Lyon s'écroula, leurs fondations étant affouillées par l'eau. En 584, ce fut une grande sécheresse, après des gelées et un orage qui détruisirent les vignes et provoquèrent une épouvantable épizootie. En 585, il y eut de grandes pluies « et les fleuves grossirent au point que de fréquents naufrages se produisirent ». « Ces fleuves débordants endommagèrent gravement les maisons voisines et les prés qu'ils inondaient et les mois de printemps et d'été furent si humides qu'on s'imaginait que c'était plutôt l'hiver que l'été. » En 586 et 587, « au printemps, il y eut de fortes pluies et alors que les arbres et les vignes étaient déjà couverts de feuilles, la neige tomba, qui couvrit tout ! Puis une gelée étant ensuite survenue, les pousses des vignes comme les autres bourgeons qui se montraient furent grillés et la rigueur du froid fut telle que les hirondelles, qui étaient venues des régions étrangères, périrent aussi par la violence du froid ». Enfin, en 591, la « sécheresse intense anéantit le fourrage, d'où il résulta une grave maladie parmi le bétail et les juments... En effet, non seulement les bêtes domestiques furent atteintes par cette peste, mais toute espèce de bêtes sauvages. On découvrit, sur des lieux éloignés de toutes routes, parmi les bois, dans le *saltus* (espaces incultes), une multitude de cerfs et autres animaux prostrés à terre. Le foin périt à cause des pluies qui l'avaient versé (sic) et des fleuves qui avaient débordé. Les moissons furent maigres, les vendanges en revanche furent abondantes ; les glands des chênes, pourtant formés, ne vinrent point à maturité », ce qui donna probablement, cette année-là, des porcs efflanqués ! En somme, une météorologie abracadabrante, excès d'eau en mai et juin, absence d'eau en juillet, août et septembre. Mais, comme on le voit, toutes ces indications de temps pourri ou torride n'affectaient guère les hommes. De plus, si ces mauvaises années sont concentrées sur la deuxième moitié du VIe siècle, le VIIe siècle dans sa presque totalité en est exempt et le Pseudo-Frédégaire, auteur tout aussi passionné par ce type de calamités, n'en parle guère.

De « très obscènes famines »

Les véritables famines furent donc rares mais violentes. Les causes n'en furent pas le mauvais temps, mais beaucoup plus souvent les guerres et les pillages. En 410, en particulier, après que les Gaules eurent été ravagées, un même spectacle a lieu dans les Espagnes. Alors « qu'elles sont livrées aux excès des Barbares, et que le mal de la peste n'en fait pas moins rage, les richesses et les approvisionnements stockés dans les villes sont extorqués par le tyrannique collecteur des impôts, puis dévorés par le soldat. Voici que rôde l'effrayante famine, au point que les humains dévorent la chair humaine, sous la pression de la faim. Les mères, elles aussi, se repaissent du corps de leurs enfants, qu'elles ont tués, puis fait cuire. Les bêtes sauvages elles-mêmes, dégoûtées des cadavres des victimes de l'épée, de la faim ou de la peste, car trop repues de leur chair, tuent sauvagement et indistinctement l'espèce humaine ». L'auteur fait ici certainement allusion aux loups, dont on sait aujourd'hui que leur instinct les pousse surtout à tuer tout être affaibli. Ainsi, les voit-on entrer froidement en 582 à l'intérieur des murs de Bordeaux, où ils tuent les chiens, « sans craindre le genre humain ». Quant au cannibalisme maternel, cette perversion n'avait rien d'exceptionnel dans de pareilles circonstances. Olympiodore signale un cas analogue. Une mère de famille romaine, en Afrique, durant un siège par les Vandales, avait dévoré

Une mère se nourrit de la chair de son propre fils...

(MANUSCRIT GREC, IXe S. B.N.)

successivement ses quatre enfants, à chaque fois sous le prétexte d'empêcher les enfants survivants de mourir de faim. Elle finit lapidée par la foule. Puis, vers 450, une famine « très obscène » fut telle que les parents allaient jusqu'à vendre leurs enfants aux Barbares, comme esclaves, pour acheter de quoi se nourrir, « car rien n'arrête celui qui a faim, ni la honte, ni l'interdit, ni l'espoir du salut ». Aussi, pour bloquer un tel phénomène, l'empereur Valentinien III prescrivit-il d'augmenter le prix de ces jeunes esclaves de 20 p. 100 ! La loi fut ensuite inscrite dans le *Bréviaire d'Alaric* à l'usage des Romains d'Aquitaine, preuve que les famines étaient toujours craintes, même si elles étaient rares. Sidoine Apollinaire nous rapporte comment, au cours des guerres contre les Wisigoths, qui incendièrent les moissons, en 474, en Auvergne, en Vivarais et en Provence occidentale, l'évêque de Lyon, Patiens, parvient à faire charger de blé des bateaux sur la Saône et le Rhône. Il distribua ensuite gratuitement ce froment aux pauvres, bloquant ainsi la disette, qui ne dégénéra point en famine.

En revanche, en 585, année de guerres civiles épouvantables en Gaule, « bien des gens firent du pain avec des pépins de raisin, des fleurs de noisetier, quelques-uns même avec des racines de fougère ; ils les faisaient sécher et les réduisaient en poudre, en y mêlant un peu de farine. Beaucoup encore, coupant les blés en herbe, faisaient de même ». La plupart du temps, ils en mouraient, empoisonnés ou épuisés. Il s'agit, cette fois-ci, d'une vraie famine.

De même, en Italie, lors de la guerre que menèrent les Byzantins contre les Ostrogoths, de 536 à 552, les innombrables sièges de villes et les ravages des campagnes déclenchèrent des scènes cauchemardesques. Les hommes,

L'image de la moisson et de l'abondance obsède les esprits. Au VIe siècle, intempéries, guerres, pillages dérèglent cette économie agraire et font « rôder l'effroyable famine », condamnant à plusieurs reprises les populations de la Gaule aux plus grandes extrémités.

(« PENTATEUQUE DIT DE TOURS », VIIe S. « HÉBREUX MOISSONNANT EN ÉGYPTE ».)

méconnaissables, décharnés, la peau ridée comme du vieux cuir, les yeux hagards et la voix inaudible, erraient sans but. Des monceaux de cadavres squelettiques s'accumulaient, dédaignés par les oiseaux de proie. Dans Rome, qui flotte dans ses murailles trop larges, les pauvres achètent du son pour faire des pâtés avec des orties. Les plus aisés mangent des chiens et des rats. Les aqueducs étant coupés, l'eau potable manque. Les uns meurent d'inanition, les autres délirent. Toute une famille nombreuse se donne la mort, chacun se jetant délibérément dans le Tibre, à la queue leu leu. Une fois libérés, les survivants tombèrent par terre et ne purent quitter la ville. À ce stade, l'horreur est sans nom. On comprend que de telles catastrophes aient marqué la mémoire collective, d'autant plus qu'elles étaient très exceptionnelles.

En effet, au total, nous ne trouvons entre 406 et 690 que trois authentiques famines, car le VIIe siècle, là encore, est totalement exempt de ce type de calamité.

Catastrophes et signes du Ciel

J'ai gardé pour la fin les calamités inévitables. Dans tous les cas précédents, la fuite permettait encore d'échapper aux guerres, aux violences, aux épidémies et aux famines. Mais que faire lorsque le sol s'ouvre sous vos pieds ? La méchanceté des hommes, la virulence d'un microbe, les ravages d'un insecte et la dureté du temps laissent quand même à la nature une place et son potentiel de richesses intact. Un nouveau départ est toujours possible, lorsque la tourmente est passée. En revanche, lorsque le théâtre d'opération des humains paraît basculer, toute échappatoire devient impossible et l'idée de la fin du monde s'impose aux esprits affolés. L'époque des invasions est comme fascinée par les manifestations extraordinaires, terrestres et cosmiques. Dès qu'une défaite ou une victoire ont lieu, elles sont immédiatement reliées à un épisode catastrophique, proche ou voisin. L'entrée des hordes d'Alaric en Italie fut mise aussitôt en relation avec le passage d'une comète en 400 et deux éclipses de lune en 401. Une éclipse de soleil survenue le 19 juillet 418 trouble certains, mais, malgré la sécheresse qui suivit, elle ne put être interprétée. En revanche, la dernière victoire « romaine », dite des Champs Catalauniques, remportée sur les Huns d'Attila, le 20 juin 451, fut aussitôt expliquée puis pressentie comme capitale lorsque se fut profilée dans le ciel une éclipse de lune, le 26 septembre 451, tandis que la comète de Halley apparaissait dans les Pléiades de mai à septembre 541. Le tout avait été en effet précédé par des tremblements de terre en Galice et une aurore boréale le 4 avril. Le ciel se mettait de la partie pour expliquer l'histoire.

Une interprétation identique fut proposée à propos d'un cataclysme montagneux en 563. Dans l'actuel canton de Vaud, en Suisse, une montagne dite de *Tauredunum* s'effondra, après 60 jours de grondements sourds. Elle se sépara de la chaîne alpestre, s'effondra en détruisant la fortification et le village qu'elle portait. Écrasant tous les habitants, elle boucha la vallée du Rhône, créant un lac de soixante milles de long, sur vingt de large (environ 89 km de long sur 30 km de large), lequel noya tout en amont. Puis l'eau dégringola par-dessus le barrage ainsi édifié, emporta tout vers l'aval, noyant les gens et les bêtes de somme. « Elle ravagea et anéantit, dans une inondation aussi soudaine que violente, tout ce qui se trouvait sur les rives, jusqu'à la ville de Genève. Beaucoup racontent que la masse d'eau y était si grande qu'elle pénétrait dans ladite ville par-dessus les murs. » Ce type d'accident, très rare, se reproduisit au XIIIe siècle, en 1248, lorsqu'une partie du Granier s'effondra sur Myans. Il était évidemment totalement imprévisible, même lorsqu'il s'annonçait comme ici, par des grondements... Néanmoins, Grégoire de Tours parvint presque à établir un lien de cause à effet entre cet effondrement montagneux et des phénomènes célestes, tels que l'apparition de trois ou quatre grands soleils autour du Soleil avec éclipse totale de ce dernier le 21 septembre 563, ainsi que celle d'une comète pendant l'année tout entière. Tous ces phénomènes sont en effet indiscutables. On y vit aussi l'annonce de la peste de 571. Mais tout cela prouve que les populations, aussi bien que les gens cultivés, s'accordaient pour donner à ce type de catastrophe une explication relativement simple. Les prodiges célestes, tout en les terrifiant, annonçaient d'autres destructions ou effondrements du

Grêle et feu mêlés de sang sont répandus par l'ange du Seigneur : « Malheur, malheur, malheur aux habitants de la terre... » (*Apoc.* VIII, 13).

(SCÈNE DE L'APOCALYPSE ; MINIATURE CAROLINGIENNE, IXe S. BIBLIOTHÈQUE DE CAMBRAI.)

monde. Tout devenait alors sujet de stupeur ou d'égarement devant l'inconnu : deux îles disparaissent dans la mer après avoir été incendiées pendant sept jours. Les hommes qui cherchaient un refuge dans la mer meurent immédiatement, brûlés par la chaleur de l'eau dans laquelle ils s'étaient plongés. Les autres décédaient des suites de leurs brûlures. La description du phénomène est si précise que l'on ne peut que supposer l'existence d'une éruption volcanique sous-marine.

Un étang de sang

Ailleurs, dans une île du golfe du Morbihan, où se trouvait un étang important rempli de poissons, l'eau fut transformée en sang, à la profondeur d'une brasse (un peu plus d'un mètre), « aussi, pendant bien des jours, ce fut un rassemblement d'une multitude incalculable de chiens et d'oiseaux qui léchaient ce sang et s'en retournaient repus, dans la soirée ». Qu'était-il arrivé ? On ne sait. Massacre de thons par des requins venus des profondeurs de l'océan ? Hypothèse invérifiable, mais le spectacle des rapaces criards tournoyant au-dessus des eaux sanglantes et s'abattant parmi les chiens au mufle rouge devait être dantesque.

Autre sujet d'étonnement, toujours en cette curieuse année 585 : un géant, qui fut amené au roi Gontran. Il faisait partie des serviteurs d'un général. Ce charpentier « était d'une si grande taille qu'il paraissait avoir deux ou

DES PLUIES, DES ÉCLAIRS ET MÊME UNE COMÈTE

La septième année du règne du roi Childebert, qui était la vingt-et-unième de celui de Chilpéric et de Gontran (582), il y eut au mois de janvier des pluies, des éclairs et de gros coups de tonnerre ; des fleurs se montrèrent aux arbres. Une étoile que j'ai dénommée plus haut une comète apparut de telle sorte qu'autour d'elle il y avait une profonde obscurité et elle comme placée dans un trou brillant ainsi au milieu des ténèbres, étincelante et étalant sa chevelure. Il émanait d'elle un rayon d'une prodigieuse grandeur qui comme la fumée abondante d'un incendie se voyait de loin. On la vit à l'occident pendant la première heure de la nuit. Le saint jour de Pâques (29 mars), dans la cité de Soissons, le ciel parut s'embraser si bien qu'on vit apparaître deux incendies ; l'un était plus grand, mais l'autre plus petit. Au bout de deux heures ils se confondirent ensemble et après avoir formé un grand phare, ils s'évanouirent. Dans la région de Paris, du sang véritable coula d'un nuage et tomba sur les vêtements de nombreuses personnes, il les macula de pus tellement qu'elles rejetèrent elles-mêmes leurs propres vêtements. C'est dans trois localités de la circonscription de cette cité que ce prodige apparut. Dans le territoire de Senlis l'intérieur de la maison d'un individu apparut arrosé de sang un matin alors qu'il se levait. Il y eut aussi durant cette année une grande épidémie dans la population : des maladies variées, des éruptions accompagnées de pustules et de tumeurs qui ont frappé de mort beaucoup de gens. Beaucoup, cependant, en prenant des soins, y ont échappé. Nous avons aussi entendu dire que pendant cette année la peste inguinaire a sévi durement dans la ville de Narbonne, au point qu'on n'avait pas de répit quand on l'avait attrapée.

Grégoire de Tours, « Histoire des Francs ».

trois pieds de plus que les hommes les plus hauts ». Si l'on compare la taille moyenne des squelettes masculins découverts dans les cimetières d'époque mérovingienne avec ses dimensions, il devait probablement dépasser deux mètres soixante ! Il mourut peu après et nous n'en savons pas plus sur cet individu qui passait pour un monstre.

Un serpent et un loir d'airain

Les prodiges sont en effet légions au VIe siècle et nos auteurs les collectionnent presque au titre de curiosités scientifiques. Le 11 novembre 577, des étoiles brillent sur la lune. En 580, tremblement de terre à Bordeaux, incendie de plusieurs villages dans la région, tandis que toute la ville flambait d'un seul coup, réduisant tous ses habitants à la misère, à l'exception d'une maison où se trouvaient les reliques de saint Serge. Orléans brûle en 580, Bourges en 584 et Paris en 585. Dans ce dernier cas, le feu prit par imprudence dans un tonneau d'huile et se propagea à travers l'île de la Cité. Seule, la berge nord, du côté du Châtelet, et les églises furent épargnées. Cela prouve que la majeure partie des maisons urbaines étaient faites de bois et couvertes de chaume, puisque seuls dans un espace aussi restreint, les bâtiments de pierre purent résister aux flammes. Mais l'opinion ne vit point dans ces faits la cause du succès de l'incendie : on préféra plutôt se tourner vers une explication magique, selon laquelle les incendies se seraient multipliés à partir du jour où, en nettoyant les égouts, on avait ôté un serpent et un loir d'airain qui s'y trouvaient, lesquels jusqu'alors avaient en quelque sorte consacré et protégé la ville. De même, à l'époque de saint Avit, lorsque la ville de Vienne avait été frappée par la foudre qui incendia le palais royal burgonde, tout cela avait été « annoncé » par des tremblements de terre, par l'entrée de cerfs et de loups dans l'enceinte de la ville. Tout est signe, tout est prodige...

Personnage pointant la main vers un astre : le monde est rempli de manifestations terrestres et cosmiques à interpréter.

(MONNAIE MÉROVINGIENNE DE BRIOUDE À L'EFFIGIE DE DIODÈME. DOCUMENT B.N.)

Des lueurs étincelantes en pleine nuit

Et il faut bien avouer que la collection qu'en fait Grégoire de Tours est impressionnante. À la fin de 584, « un grand phare parcourait le ciel » pendant la nuit, tandis qu'une colonne de feu, qui paraissait suspendue au ciel, brilla pendant deux heures, surmontée par une grande étoile. Pour notre auteur, ce météore signifiait la chute prochaine d'un usurpateur, chute qui eut lieu effectivement deux mois après. C'est le type même de la prédiction *ex eventu.* En tout cas, l'observation du ciel pour y déceler l'avenir est une pratique continuelle à l'époque mérovingienne, à laquelle Grégoire se livra lui-même. Il observa ainsi, à Ivois-Carignan, dans les Ardennes, pendant deux nuits des rayons lumineux au nord, entourés de nuages de sang à l'ouest et à l'est. La troisième nuit, l'aurore boréale fut encore plus éclatante. Ce phénomène se reproduisit encore plus tard. « Certains prétendirent avoir vu des serpents tomber d'un nuage... Beaucoup d'autres signes apparurent encore qui ont coutume d'annoncer le décès d'un roi ou une catastrophe frappant une région. » Et que dire alors de l'année 590 ? Tout parut déréglé... Lueur brillante en pleine nuit, comme un soleil, globes de feu se déplaçant dans le ciel, impossibilité de calculer la date exacte de Pâques, tremblement de terre le 14 juin (mais qui ne semble pas avoir fait de victimes), et, enfin, le 4 octobre, de l'aube à minuit, éclipse annulaire du soleil, la plus étrange qui soit puisqu'elle laisse filtrer la lumière « à peine autant que le fait le croissant de la lune, le cinquième jour après la nouvelle lune ».

Certes les connaissances scientifiques de l'époque sont suffisantes, comme en témoigne le *De Natura Rerum* écrit par Isidore de Séville quelques années plus tard, pour expliquer tous ces phénomènes astronomiques. Mais si le clergé, instruit de l'explication de ces faits, en donne néanmoins un sens astrologique à titre de signes prémonitoires, comment réagissaient les populations devant ces prodiges étonnants ? Nous verrons plus loin la réponse, mais d'ores et déjà nous pouvons sentir le malaise général qu'ils créaient. Le plus étonnant est cependant que ce type de mention disparaît dans nos sources au VIIe siècle. Fort curieusement Frédégaire, lequel prend la succession de Grégoire de Tours et constitue notre principale documentation, ne cite qu'un seul phénomène astronomique, une comète, en janvier 595. Après, et cela jusqu'au VIIIe siècle, il ne se préoccupe plus du tout des phénomènes astronomiques. Peut-être faudrait-il y voir la preuve que les temps de malheurs étaient finis ou qu'à tout le moins le siècle de Dagobert fut perçu comme une époque de prospérité, de bonheur retrouvé, ce que d'autres témoignages confirment par ailleurs.

Le résidu du résidu

Ainsi, pour avoir une juste mesure de ces calamités de toutes sortes qui faisaient dire à Grégoire que « la tempête a saccagé le résidu de la gelée et le résidu de la tempête a été brûlé par la sécheresse et le résidu de la sécheresse a été enlevé par les gens de guerre », essayons de prendre du recul et d'évaluer la portée réelle de leur impact. En totalisant massacres et pillages, guerres civiles ou externes, épidémies et famines, catastrophes et prodiges, nous pouvons déceler en Gaule quelques grandes périodes de ravages : 406-409, 418-420, 435-440, 450-451, 466-475, 507-511, 530-532, 556-560, 573-575, 577, 581-585 et 608-613 ; soit une première période de quarante ans de guerre, répartie sur deux siècles, sans que la paix ne parvienne, sauf à deux reprises, à dépasser dix ans. Pour l'Italie, ce fut davantage à cause des sièges de Rome et de la guerre byzantino-ostrogothique (536-552), au contraire de l'Espagne, qui, après les ravages du Ve siècle, eut un VIe siècle à peine entrecoupé de quelques années de révolte. Ajoutons-y pour l'Europe environ treize années de peste, presque toutes groupées au VIe siècle, de même que trois années de criquets. N'oublions pas trois grandes famines en 410, 450 et 585, malgré au moins dix années de temps pourri. Voilà pour la première phase. La seconde phase s'ouvre à partir de 658-661, avec au moins quinze ans de guerres civiles jusqu'en 687 ; puis le peuple franc est constamment en guerre, régulièrement, chaque année, de 714 à 751, cette activité devenant quasiment une industrie ou une récolte annuelle, comme on voudra... Les malheurs réapparaissent aussi, mais en moindre quantité : trois attaques de peste, les dernières, une véritable famine, en Espagne, en 749-50, à la suite des levées d'impôts faites par les musulmans et, de-ci de-là, sécheresse en Auvergne, entre 680 et 700, en 709 en Austrasie, suivie ici d'inondations terribles en 711. Poussons cependant jusqu'en 763 : « Grande gelée dans les Gaules... Beaucoup d'oliviers et de figuiers périrent par le gel. La semence des moissons se dessèche et, l'année suivante, l'Illyrie et la Thrace furent gravement oppressées par la famine, au point que beaucoup d'hommes périrent faute de pain. » Comme on peut le constater, cette fin de siècle mérovingienne connaît moins de calamités que la première phase, mais certainement autant de ravages guerriers. Cette deuxième phase ne pouvait pas retentir dans les esprits avec la même force et la même violence que la première. Aussi faut-il maintenant passer à l'interprétation que donnèrent les contemporains de ces deux grandes phases de calamités et voir comment ils les perçurent. Ces deux grandes crises ont déclenché, à des degrés divers, dans les esprits des lettrés et des populations, des réactions qui forment en quelque sorte une histoire imaginaire des calamités. Pour être plus exact, il faudrait même décrire quelle fut l'histoire mythique élaborée pour expliquer, vivre, conjurer, digérer les calamités. Cette histoire pensée va nous montrer les répercussions des chocs événementiels sur l'esprit de nos ancêtres.

Cavalier montant à cru.
(ART MÉROVINGIEN, Ve S. MUSÉE HISTORIQUE, BERNE)

II

Fin du monde ou fin d'un monde ?

La première réponse instinctive au malheur est de frapper à son tour. À l'assassinat d'un roi, par exemple celui de Sigebert en 575, la réplique immédiate est de choisir un bouc émissaire. □

Ce fut Sigila, un étranger, un Wisigoth, que Chilpéric fit saisir : « Toutes ses articulations furent brûlées avec des fers rouges et, ses membres se séparant, il termina sa vie dans des souffrances cruelles. » On reconnaît là le supplice des régicides, dont la tradition s'éteignit, si l'on peut dire, avec le célèbre Damiens, en 1757. Le régicide ou l'exécution du régicide sont cependant cause et conséquence d'une seule et même croyance mentale : le meurtre du roi injuste ou l'exécution raffinée du meurtrier mettront fin au malheur. Cette pulsion viscérale s'enracine et se nourrit dans le cœur de l'homme au brasier de l'angoisse allumé par le coup de poing psychologique du malheur. Il faut tout de suite que la calamité cesse, tant elle est insupportable. Le premier but à atteindre est donc la fin des souffrances engendrées par la catastrophe. Puis, lorsque les événements malheureux se répètent, durent et se prolongent, disparaissent pour revenir subitement, au point que l'impuissance de l'homme apparaît aveuglante, l'intensité des angoisses et des incertitudes amène alors à chercher d'autres réponses. Au couple action-réaction succède le couple action-explication. Le traumatisme individuel ayant fait place au traumatisme collectif, la réaction violente s'efface devant le mythe explicatif valable pour la communauté. Alors que la conscience, en état de choc, croit encore en l'efficacité de son action, la conscience malheureuse, au spectacle de son impuissance face à la réalité, se réfugie dans l'imaginaire, pour y élaborer une solution. Puisqu'il n'y a point de fin des malheurs, c'est la preuve que la fin du monde est proche et qu'il faut se préparer à un écroulement prochain de l'univers, d'autant plus que les signes célestes anormaux qui apparaissent ne sont que les prémices des fractures prochaines de la terre. Au mythe de l'assassinat comme fin des malheurs succède le mythe de l'effondrement politique, social et moral comme fin des temps. Qu'il s'agisse des païens, des chrétiens ou des hérétiques, le même schéma mental explicatif se déroule, mais comme nous allons le voir, il connaît d'innombrables variantes et aboutit à une transformation de ce monde, ébranlé et malheureux, après force échecs.

Puisque les terribles événements engendrent des mythes explicatifs et des révolutions mentales, examinons chacune des époques de crise décrites plus haut, pour nous permettre de comprendre comment les populations se sont adaptées aux calamités et ont fini par les dominer grâce aux mythes explicatifs, souvent pessimistes, qui furent alors élaborés.

Chute de Rome et fin du monde

Les auteurs païens, au cours de l'Antiquité romaine, et cela jusqu'à Zozime et Eunape, avaient élaboré toute une série de théories niant déjà l'éternité de Rome. L'idée classique du retour éternel s'incarnait dans des mythes du genre de celui des douze vautours. Certains identifièrent le passage du douzième vautour avec l'achèvement du douzième « siècle », en 454,

« Dieu dit : « Qu'il y ait un firmament au milieu des eaux et qu'il sépare les eaux d'avec les eaux » et il en fut ainsi ». (Gen. I, 6). Sous la forme d'une colombe, l'Esprit plane sur les eaux, tourné vers le Grand Architecte muni de ses instruments de mesure, compas, balance... On lit ici une affirmation du temps chrétien, linéaire (contrairement au temps païen), et dont le début, la Création, implique une fin des temps que le haut Moyen Âge crut imminente.

(PSAUTIER DE BURY SAINT EDMUNDS ; MINIATURE, VIIIe S.)

avec l'assassinat d'Aetius, le dernier grand général romain. L'étude des phénomènes astronomiques était une science antique déjà très au point. Tite-Live avait utilisé dans ses *Histoires* les observations de Julius Obsequens sur les *mirabilia* célestes. La traduction latine des *Phénomènes* célestes du Grec Aratos fut utilisée, et bien connue, durant tout le haut Moyen Âge. Aussi ne faut-il point s'étonner si Hydace met en relation, comme nous l'avons vu, la comète de Halley et la défaite des Huns. Mieux encore, le pessimisme de cet auteur est tel qu'à la fin de sa chronique, il signale une pêche de quatre poissons marqués de lettres hébraïques, grecques et latines ainsi que de chiffres dont l'assemblage forme le nombre 365. Il s'agit d'une très vieille croyance magique selon laquelle les 365 révolutions (apparentes) du soleil autour de la terre en un an symbolisaient un âge complet et sa fin. Incontestablement, notre auteur est persuadé que cela signifie la fin du monde, d'autant plus que les quatre poissons renvoient aux prophéties de Daniel (VII, 1-8) sur les quatre bêtes et les quatre royaumes dont le quatrième sera le dernier. Alors que le texte biblique identifiait la quatrième bête au royaume hellénistique des Séleucides, déjà un auteur chrétien l'identifie à l'Empire romain. Il n'y a donc apparemment plus rien à faire, sinon qu'à attendre la fin.

Cela nous amène à expliquer maintenant quels sont les textes prophétiques bibliques et chrétiens qui alimentèrent l'imaginaire des temps de la chute de Rome. Outre le noyau de spéculations païennes qui courait à travers tout l'Occident, en particulier les traductions latines des chants sibyllins attribués par un auteur syrien des années 378-390 à la sibylle païenne de Tibur, qui aurait vaticiné à Baalbeck, au Liban, dans le temple du Soleil, nombre de prophéties avaient en effet prédit la fin des temps en des visions effrayantes ; certaines prédictions d'Isaïe et d'Ézéchiel (38), en particulier celle sur Gog, le conquérant qui fera subir les dernières épreuves à l'humanité, jointes à celles de Daniel, du discours du Christ sur le Jugement dernier (Matthieu XXV, 31-46), culminent évidemment dans l'Apocalypse de saint Jean, révélation prophétique finale sur le jour de Jahvé, le grand jour où toute justice sera faite. Cet ensemble de textes, difficiles à interpréter, fournira évidemment, lors des grands malheurs du Ve siècle, une ample matière à explications grâce au symbolisme polysémique qu'ils contiennent ainsi qu'à leur imprécision historique, laquelle permet évidemment des réadaptations continuelles en fonction des besoins du moment...

La force des Barbares

Déjà Ambroise avait identifié Gog avec le roi des Goths et annoncé leur prochaine défaite. Puis, revenu de son erreur, il avait tiré une conclusion beaucoup plus pessimiste : « Des paroles célestes, nul n'est témoin mieux que nous, qui touchons à la fin du monde, car que de batailles et de bruits de batailles. » En réaction contre cette vision pessimiste, saint Jérôme, qui n'était point sans ironiser devant cette interprétation des événements de 378-390, s'écrie en 396 : « Le monde romain croule et pourtant nos têtes superbes ne savent pas encore se ployer. » Il proposa, en effet, une autre attitude : « Ce sont nos péchés qui font la force des Barbares, ce sont nos vices qui causent l'infériorité de l'armée romaine. Nous déplaisons tant à Dieu que la rage des Barbares est l'instrument de sa colère à notre endroit. »

Ce passage fut, par la suite, constamment repris par nombre de clercs désireux d'expliquer à leurs fidèles la cause des calamités qui s'abattaient sur tous. Contrairement aux apparences, cette explication n'a rien de défaitiste ni de pessimiste. En effet, pour les Anciens, frottés de culture biblique vétéro-testamentaire, tout malheur, quel qu'il soit, est la conséquence d'une faute des hommes. Il ne peut se produire qu'avec la permission de Dieu, lequel donne ainsi un avertissement positif aux hommes. Il leur appartient de se convertir et ils obtiendront la victoire par leur repentir et leur nouvelle attitude plus lucide sur les maux qu'ils auront alors repoussés de leur cœur et de leur corps. Donc, contrairement à l'anachronisme vulgaire selon lequel tout regret des péchés ne peut être qu'une culpabilisation stérilisante, dans l'esprit des Pères de l'Église, et cela jusqu'au XVIIIe siècle, l'appel à la pénitence constitue en réalité une exhortation au redressement. Incontestablement, tel est l'esprit de Jérôme en ces années. Il n'empêche qu'à d'autres moments, il succombe à une autre attitude, l'interprétation des prophéties de Daniel et des passages apocalyptiques du Nouveau Testament dans une perspective pessimiste, puisqu'il fait de l'Empire romain non point le colosse aux pieds d'argile, mais tout simplement l'argile elle-même, symbole de l'écroulement prochain. Ainsi, dans une même personne, nous retrouvons deux attitudes radicalement opposées : l'une optimiste, invitant à un examen critique des erreurs et à la résistance, l'autre pessimiste, expliquant les événements par un mécanisme irréversible, à partir de textes prophétiques ambivalents. On remarquera que ces deux attitudes mentales existent aussi bien chez les païens que chez les chrétiens. Les premiers sont partagés entre le mythe de la Rome éternelle, proclamé depuis Virgile, et celui de la ruine de Rome, que véhiculent les oracles sibyllins. Les seconds sont divisés entre l'affirmation biblique que le peuple de Dieu sera sauvé et l'annonce, par les Prophètes et l'Apocalypse, de la fin du monde. Chacune de ces attitudes engendre des mythes explicatifs de tonalité optimiste ou pessimiste.

À l'époque de la chute de Rome, saint Jérôme procède à la traduction latine de la Bible hébraïque. L'auteur de la Vulgate propose une vision qui est à l'origine de la double interprétation des Écritures : celle, pessimiste, de la fin du monde, celle, optimiste, qui affirme que dans l'épreuve Dieu soutient sa créature.

(VIE DE SAINT JÉRÔME ; « BIBLE DE CHARLES LE CHAUVE », IXe S.)

Dieu n'a pas secouru les siens

Suivons d'abord les récits à tendance pessimiste pour apercevoir les craintes qu'ils enregistrent et les effets d'écho qu'ils répercutent. Et commençons par le traumatisme par excellence que fut la chute de Rome en 410, avec ses répercussions et ses séquelles au Ve siècle. Par le biais des oracles sibyllins, l'auteur latin chrétien Lactance avait écrit au IVe siècle : « Il paraît visible que le monde est menacé d'une chute prochaine : la seule circonstance qui puisse annuler notre crainte est que la ville de Rome subsiste encore dans un état florissant. Mais quand cette capitale de l'Univers aura été renversée et qu'elle ne sera plus qu'un amas de ruines (selon la prédiction des sibylles) il ne restera plus aucune raison de douter que la fin de l'Univers ne soit arrivée. Cette seule ville conserve et soutient tout. » L'auteur anonyme des oracles sibyllins affirmait en effet que Rome ne serait plus qu'une simple rue (Ρωμη, ρυμη). Lorsque arriva sa chute, tellement redoutée, ce fut une commotion générale, tant dans l'opinion que chez les écrivains. Comme le fait remarquer saint Augustin, chacun de s'écrier : « Quel malheur des temps, temps cruels, temps importuns, temps d'épreuves ! » Les derniers païens, furieux de voir leurs autels abandonnés et la pénurie quotidienne, constatent, avec un malin plaisir, que ces défaites coïncident avec l'époque où l'Empire est devenu chrétien. « Tous ces maux datent de l'époque chrétienne ; avant les temps chrétiens, comme nous regorgions de biens ! Il faisait meilleur vivre autrefois ! ». « Avant que cette doctrine ne fût prêchée par le monde, le genre humain ne souffrait pas tant de maux. » Le pessimisme ambiant réagit donc en réinventant le mythe de l'âge d'or. Avant, tout était mieux. Maintenant, tout va de mal en pis. Nombre de correspondants de saint Augustin lui rapportent les propos de l'opinion païenne, qui va même jusqu'à influencer les chrétiens, lesquels répètent avec eux... Rome est tombée parce que le culte des dieux fondateurs a été abandonné. La morale chrétienne ne convient « nullement à la conduite de l'État. Comment lutter contre le Barbare qui

Au jour du Jugement dernier, Dieu accueille les purs, sa main les attire à lui. Près de l'entrée de sa Cité, une image de douceur, le poulain tétant sa mère, exprime la relation confiante de l'homme à Dieu. Contre les mauvais – ceux qui ont manqué de confiance ! –, l'ange lance ses foudres. Entre les deux, les Barbares, simples instruments, hésitent, inquiets.

(PSAUTIER D'UTRECHT ; MINIATURE CAROLINGIENNE, IXe S.)

rôde aux portes de la cité si l'on fait ce que dit le Christ ? Tendre l'autre joue quand on a été frappé sur la première, abandonner son manteau à celui qui veut prendre votre tunique, bref, aimer ses ennemis (Matthieu V, 39-41). Tout cela est néfaste pour la conduite de l'État. Car qui souffrirait que l'ennemi lui enlève quelque chose ? Qui ne voudrait, en vertu du droit de guerre, payer de retour le pillard d'une province romaine ? » En somme, non seulement le christianisme est une religion de lâches, mais de plus, le Christ n'a pas secouru les siens. Pourtant, Dieu avait promis à Abraham (Genèse XVII, 23-32) que, pour dix justes, il ne ferait point périr Sodome. Or, dans Rome où se trouvaient tant de pieuses religieuses, « ne s'est-il pu trouver cinquante justes, ni quarante, ni trente, ni vingt, ni dix ? Beaucoup ont été emmenés en esclavage [...] Beaucoup ont été tués [...] Beaucoup ont subi des tortures variées [...] On nous a rapporté tant d'horreurs, massacres, incendies, vols, meurtres, tortures ! »

Sans compter ceux qui eurent la vie sauve grâce aux asiles chrétiens, tout en étant païens... « Pourquoi cette divine miséricorde s'est-elle étendue jusqu'aux impies et aux ingrats ? » Quant au patronage des Apôtres, Pierre, Paul, Laurent et tous les martyrs qui gisent à Rome, ils n'ont en rien empêché le carnage. « Rome souffre tant de maux, à quoi servent les tombeaux des Apôtres ? » On croirait entendre déjà les arguments qu'employa Voltaire à propos du tremblement de terre de Lisbonne, en 1755. Dieu est parfaitement indifférent aux maux qui peuvent arriver, aussi bien à ses fidèles qu'aux mécréants. Tant d'arguments accumulés ne pouvaient qu'enfoncer les contemporains dans le doute, la crainte de l'avenir et le pessimisme le plus noir. Paradoxalement, les meilleurs en conclurent : « Voici venir le jour du Jugement... tant il y a de maux, tant les tribulations se multiplient ! Voyez, tout ce qu'ont dit les Prophètes (allusion évidente à Isaïe, Ézéchiel et Daniel) est presque accompli : le jour du Jugement est imminent. » Tels étaient les reproches amers et les lamentations qui permettaient aux mythes pessimistes de la fin du monde de se développer. Il n'y a pas de Providence.

Barbare vertueux et bon sauvage

Si, elle existe, déclarent crânement ascètes et moines. Mais ils profitent de cette affirmation pour développer des mythes de salut désespérants par leurs conclusions. Salvien, par exemple, un moine chassé de Trèves après le quatrième sac de la ville par les Francs, écrit, vers 440-450, dans le midi marseillais, un ouvrage qui eut du succès, *Sur le gouvernement de Dieu.* Tranquillement, avec un cynisme parfois désarmant, il estime que l'anéantissement du monde romain étant proche, Dieu exerçant son jugement sans cesse et dès ici-bas, cette accumulation de catastrophes est due à l'ingratitude des chrétiens, dont l'assemblée n'est qu'une sentine de vices. Leur châtiment est mérité. Dieu a choisi les Barbares pour les châtier. Qu'ils soient païens ou hérétiques, ils sont supérieurs par les mœurs aux Romains. Les Goths détestent l'impureté et font un crime de la fornication. Les Francs sont hospitaliers, les Saxons chastes. « Presque tous les Barbares, pour peu qu'ils ressortissent à un même peuple et à un même roi, s'aiment les uns les autres. » Bien mieux, les Vandales ont interdit, en Afrique, la prostitution et l'adultère. Ils ont marié de force les prostituées et fait revenir la vertu. On aura reconnu ici, évidemment, le très vieux mythe du bon sauvage, déjà répandu par César et Tacite, puis par les néo-platoniciens. Le Barbare vertueux, plus dévôt que le Romain, thème de salon pour esthètes fatigués et auditeurs blasés, est ici le chat à neuf queues d'un Dieu père fouettard, rejoignant ainsi, au point de s'y confondre, l'autre mythe, celui du Barbare rôdant aux portes de la cité. Dans de tels cas, l'angoisse et l'abattement ne peuvent être que le résultat de telles justifications.

Ces justifications étaient cependant encore taxables d'illogisme ou de naïveté, tout comme celles de saint Jérôme, qui considérait que le général Stilichon, Vandale au service de Rome, était le traître qui avait introduit les loups dans la bergerie, alors même que ce dernier avait fait brûler les livres sibyllins. Mais, avec Commodien, ascète originaire de Gaza, qui se serait installé sur les bords du Rhône vers 450, ce reproche tombe, vu l'utilisation qu'il fait de l'Apocalypse. Salvien n'avait pu terminer son réquisitoire et on ne sait s'il était persuadé que les Barbares allaient provoquer la fin du monde. On ne sait pas non plus qui qualifia Attila de « Fléau de Dieu ». Mais cette idée se retrouve chez Commodien, en plus fanatique, en plus exaspérée. Le Barbare est l'instrument du châtiment de Dieu. L'apôtre Jean, dans l'Apocalypse, précisait que les préliminaires du « Grand Jour » seraient annoncés par sept trompettes. Les trois dernières sonneraient trois malheurs. Viendraient ensuite la Femme et le Dragon. Ce dernier transmettrait son pouvoir à « la Bête », aidée par de faux prophètes. Elle disparaîtrait ensuite ainsi que Babylone, lors d'un premier combat eschatologique. Au bout de mille ans (et c'est de là que partit plus tard le mythe millénariste) un deuxième combat eschatologique verrait la défaite de Satan, puis le Jugement des nations, enfin l'entrée du Christ dans la Jérusalem nouvelle.

Le septième ange de l'Apocalypse sonne de la trompette. Jour d'épouvante... Mais, par sa dextre, Dieu soutient celui qui a confiance en lui.

(APOCALYPSE DE SAINT-AMAND, IXe S.)

Une vague d'érémitisme

Commodien se place au tout début de ces événements, au premier malheur annoncé par la troisième trompette (Apocalypse IX, 1-11). « Il y aura quantité de signes pour marquer le terme de cette ruine immense. Mais le début en sera la septième persécution dirigée contre nous. Voici déjà qu'elle frappe à notre porte sous l'effet d'une nécessité, elle qui promptement passera le fleuve, tandis que les Goths feront leur ruée. Ils auront avec eux Appollyon, nom funeste (le Destructeur), pour disperser les armes à la main la persécution des saints. » Pour notre ascète vengeur, les Goths, que ce soit le Danube qu'ils passent en 378 ou le Rhône qu'ils menacent de franchir en direction de la Provence vers 455 en s'alliant avec les Gallo-Romains, sont là pour détruire Rome et le monde « par une décision de Dieu », afin d'égorger les impies avec lesquels ils ont fraternisé, impies qui ont persécuté les ascètes et autres ermites, solitaires ou moines qui dénonçaient leurs péchés. Les saints étaient, en effet, dans le vocabulaire de l'époque les véritables convertis, les moines par opposition aux mondains, les *saeculares*, les laïcs séculiers, chrétiens de surface seulement. Commodien prend ici la succession de Salvien en entretenant un état d'esprit qui augmentait le défaitisme. La crise eschatologique opposait les moines assoiffés de pureté absolue aux pasteurs, évêques et théologiens qui ne tenaient point le même discours pessimiste et cherchaient à crever le mythe de la fin du monde.

Le détachement du monde

L'influence des ascètes sur l'opinion était en effet très grande. Mais tous n'étaient point pessimistes. Eucher, de Lyon, par exemple, dans son éloge du désert, vers 428-430, enseignait un mépris du monde qui n'avait rien de misanthrope. Le détachement des biens terrestres est montré comme une libération par rapport aux malheurs du temps. La vague d'érémitisme qui se développa dans le nord de la Gaule, en liaison plus ou moins étroite avec saint Remi, fut des plus constructives. Pourquoi, dans ces conditions, le désespoir n'a-t-il point triomphé ? Incontestablement, le mérite en revient à saint Augustin et à ses disciples. Dès 416-417, l'optimisme revenait. L'évêque d'Hippone se mettait à la rédaction de *la Cité de Dieu*, vers 413, et montrait que biens et malheurs frappaient indistinctement tous les hommes ; les hommes pieux sont les premiers à commettre des péchés. La mort, les souffrances les rapprochent de leur modèle, le Christ. Le suicide n'est qu'une faiblesse de l'âme, incapable de supporter l'épreuve. La morale chrétienne qui demande de reconnaître ses péchés et de rendre le bien pour le mal ne peut que fortifier l'État par cet appel à la concorde. Bref, il faut être prêt à tout et considérer que ce qui a péri dans Rome, ce sont des édifices de pierre et de bois, des hommes mortels mais non l'Empire lui-même. « Peut-être n'est-ce pas la fin de la cité, mais un jour, la cité aura une fin. » Ce n'est pas la fin du monde, mais la fin d'un monde. Encore Augustin est-il persuadé que la cité subsistait en esprit, nous dirions aujourd'hui par sa civilisation.

Le Barbare est un enfant de Dieu

Il fut relayé par des écrivains qui propagèrent la même espérance. Vers 416, un inconnu rédige un poème *Sur la Divine Providence*. Dieu dirige le monde et sa bonté se manifeste sans cesse. Il faut avoir en lui la confiance d'un Daniel dans la fosse aux lions. Orens, évêque d'Auch, dans son *Avertissement,* répond aux mêmes questions. Les malheurs des invasions et les privations sont une invitation à repousser la cupidité et la violence, car « à quoi bon raconter la mort d'un monde qui s'écroule suivant la loi ordinaire de tout ce qui périt ? À quoi bon rappeler le nombre de ceux qui meurent par tout l'univers, quand toi-même, tu vois ton dernier jour arriver à grands pas ? » La mort renvoie chacun à sa destination : le royaume de Dieu. Il est donc encore plus superflu de s'interroger sur la grâce que Dieu accorde à ce moment, comme le fait, vers 430, Prosper d'Aquitaine, un disciple d'Augustin. Puisque Dieu l'offre à tous, le jugement personnel est bien plus important que le jugement final : « Ainsi, le dernier jour sur lequel se fermera l'époque du monde a beau ne pas être connu par nous, la foule des saints ne souffre pas cependant avec impatience devant ce secret. » Le coup de patte de Prosper aux ascètes pessimistes est ici très net. Il existe des moines qui n'aspirent point à la catastrophe finale, laquelle pourtant, dans leur logique, les délivrerait. Pourquoi ? « Parce qu'il est évident que, même à notre époque, l'Évangile du Christ n'a pas été répandu en même temps sur le monde entier. Car l'ordre d'annoncer l'Évangile à tous a certes été prononcé en un temps précis, mais n'a pas pu être réalisé dans le même temps. » Prosper ne fait ici que reprendre un thème augustinien, diffusé par Paul Orose : « Si les Barbares ont été envoyés sur le sol romain à seule fin que les Églises chrétiennes d'Orient et d'Occident se remplissent de Huns, de Suèves, de Vandales, de Burgondes et de divers peuples innombrables de croyants, il faudrait louer et exalter la miséricorde de Dieu, puisque fût-ce par notre écroulement, tant de nations se verraient révéler la vérité et ne pouvaient sûrement la découvrir qu'à cette occasion. » Sans bien s'en rendre compte, Orose et Prosper dissocient monde romain et monde chrétien. Tout est encore

Daniel, au roi Darius qui l'a condamné : « Mon Dieu a envoyé son ange ; il a fermé la gueule des lions et ils ne m'ont pas fait de mal. » (Dan. VI, 23) Le même message de confiance qui soutint les Juifs au temps de la persécution d'Antiochos IV Épiphane doit soutenir l'homme du Ve siècle dans ses épreuves.

(DANIEL DANS LA FOSSE AUX LIONS ; ART CHRÉTIEN, Ve S. CARREAU DE TERRE CUITE. MUSÉE DU BARDO, TUNIS.)

à faire. Le Jugement dernier ne peut pas encore avoir lieu tant que la Bonne Nouvelle n'a pas été annoncée à tous les hommes. La peur de la fin du monde est ainsi brisée, puisque la chute de l'Empire romain n'est pas celle du monde chrétien, lequel sera forcément plus vaste et plus complet que le premier. L'appel à la mission donne brusquement un sens à l'histoire qui est loin d'être finie.

De l'espérance

Avec de pareilles réponses, les contemporains pouvaient prendre de la distance par rapport aux malheurs du temps. L'iconographie romaine, par ses mosaïques ou ses bâtiments religieux, allait dans le même sens. Le mausolée de Galla Placidia, terminé vers 430-440, comporte une mosaïque aux motifs originaires de Syrie qui représente le Christ debout, une grande croix sur l'épaule. Il revient pour juger les hommes. Majestueusement, il apporte l'espérance de la Vie éternelle. Il n'a rien d'un juge terrible. Au-dessus de lui, la fontaine de vie entourée de colombes constitue un autre symbole du paradis. De même, toute l'architecture du Baptistère de Santo Stefano Rotondo, construit en 455, n'est qu'une ample introduction au thème de la Jérusalem céleste par la science arithmologique des nombres et le symbolisme de la Résurrection annoncé par la piscine baptismale. Et combien de sarcophages en Espagne, en Gaule, en Italie, de boucles de ceinturons même, portèrent gravés sur leurs flancs le sacrifice d'Isaac ou Daniel dans la fosse aux lions, vivants symboles de l'espérance, au-delà des tribulations et de la mort !

L'autorité ecclésiale se mit de la partie. Gennade, un prêtre de Marseille, fut chargé de rédiger une explication de l'Apocalypse de Jean qui fut envoyée au pape Gélase. Le synode romain de 494 ordonne d'interdire et de faire disparaître toute une série d'ouvrages annonçant l'humiliation de la Ville et

Un Christ triomphant et joyeux apporte la Parole qui sauve des épreuves (symbolisées par les flammes), l'Évangile, trésor conservé dans une armoire dont les portes ouvertes sont une incitation à la lecture. Jusqu'aux confins du monde, il faut la répandre ; alors seulement aura lieu le Jugement dernier. Pour l'heure, l'angoisse de la fin du monde est stérile.

(TOMBEAU DE GALLA PLACIDIA, RAVENNE ; MOSAÏQUE, MILIEU DU Ve S.)

l'écroulement du monde. Parmi eux, se trouvaient Lactance, Commodien, Tychonius que nous retrouverons, etc. L'encadrement du peuple chrétien par les théologiens et les pasteurs permettait de faire reculer les mythes catastrophistes et de faire oublier les grandes peurs. Ainsi, l'espérance est toujours présente, même en 593, lorsque le pape Grégoire le Grand se lamente sur les conséquences du siège de Rome par les Lombards : « Rome paraissait autrefois maîtresse du monde... nous voyons ce qu'il en reste... Rome vidée brûle. Maintenant, personne n'accourt plus vers Rome. » Grégoire pleure sur la fin de Rome. Il sait qu'il a reçu « un vieux navire sérieusement endommagé dans lequel entrent les eaux et dont les planches pourries, secouées par une tempête quotidienne et violente, annoncent le naufrage ». Il n'hésite pas à dire : « Le monde n'est plus à annoncer sa fin, il la montre ostensiblement. » Mais la lucidité avec laquelle il juge son temps n'engendre pas le désespoir. La tension eschatologique se révèle au contraire chez lui chargée non d'un poids d'angoisse, mais d'une force qui appelle un changement des mentalités en fonction des promesses de la Vie éternelle. L'horreur du jour présent et la souffrance d'être arraché à son monastère suscitent en lui littéralement l'action sociale. Ainsi, l'eschatologie est créatrice, lorsqu'elle est prise dans sa signification optimiste, c'est-à-dire lorsqu'elle n'insuffle plus qu'une seule obsession qui n'est en rien morbide mais toute de santé : seul compte le salut de l'homme. La première crise eschatologique avait donc bien été jugulée dès la fin du Ve siècle et sa leçon léguée aux générations suivantes, leçon que nous retrouverons.

Mouvements messianiques et renaissance de l'angoisse

Mais il suffit que les calamités réapparaissent pour que, dans le cadre des civilisations germano-latines en voie de christianisation, l'angoisse renaisse. Des appréciations pessimistes des événements malheureux pouvaient encore être combattues au Ve siècle et même redressées grâce à d'autres explications optimistes partant de la même matrice de textes prophétiques. Au VIe siècle, face aux guerres civiles, pourtant moins graves que la chute de Rome, et aux cataclysmes, les autorités ecclésiales n'ont plus la culture et la taille d'un Augustin pour répondre. Le dernier théologien, Boèce, est mort en 525. Les derniers évêques capables de donner des définitions théologiques se réunissent à Orange en 529. Les nécessités de l'évangélisation privilégient alors une pastorale aux arguments simples et le troupeau, faute d'un berger bien formé avant que les écoles cathédrales ne fassent sentir leur influence au VIIe siècle, se trouve vite affolé. La deuxième moitié du VIe siècle offrit ainsi un vide intellectuel favorable aux mouvements populaires. Les foules désorientées accrochent alors un mythe de salut à la personne d'un leader charismatique enthousiasmant. C'est le mouvement messianique issu de la conscience malheureuse.

Grégoire de Tours sentait bien que quelque chose n'allait pas chez ses contemporains : « J'ai voulu aussi, pour ceux que désespère l'approche de la fin du monde, indiquer clairement le nombre d'années qui se sont écoulées depuis le commencement du monde. » Éviter le calcul des années qui rapprocheraient de la fin, tel est son premier but. Puis il donne une courte explication sur la fin du monde : d'abord viendra l'Antéchrist, « puis il placera dans le temple de Jérusalem sa statue pour qu'on l'adore ». Mais le jour du Jugement est inconnu après cet événement. Une apologétique très simple, qui se révéla rapidement mise en question par les mouvements messianiques.

Pseudo-Christ et pseudo-prophètes

En effet, dès 580, un homme dépendant de la domesticité de l'évêque de Bigorre, originaire vraisemblablement d'un pays encore païen, arrive à Paris, où il tente de singer l'évêque ; il porte sur lui des reliques de saints, mais aussi un sac, rempli d'herbes diverses, ainsi que des dents de taupes, d'os de souris, de graisse et de griffes d'ours. Il fut rapidement arrêté. Pseudo-Christ ? Pseudo-prophète ? Grégoire n'eut pas le temps de s'arrêter à ces questions que, dès 586 – et on voit ici le lien de cause à effet avec les événements cités plus haut –, un dénommé Didier se donnait pour thaumaturge et prétendait faire des miracles. « Il portait un capuchon et une tunique de poil de chèvre et, en public, s'abstenait de nourriture et de boisson. » Puis il disparut.

Plus grave fut en revanche en 591, après la peste et la famine, l'apparition d'un homme, originaire du Berry, qui, rendu fou par les mouches qui l'avaient piqué au fond des bois, s'habilla de peaux, vécut comme un religieux « sans craindre de se faire passer pour le Christ ; il avait pris avec lui une femme, sa prétendue sœur, qu'il faisait appeler Marie ». Il prédisait l'avenir, guérissait les malades, distribuait aux pauvres l'argent qu'on lui donnait, dévalisait les gens qu'il rencontrait et faisait largesse du butin aux malheureux. Il se faisait adorer avec sa Marie, dont il affirmait qu'elle avait part à sa divinité. Il avait autour de lui plus de trois mille personnes. Mais l'évêque du Puy le fit arrêter et tuer par ses hommes. Ces trois exemples ne sont qu'un échantillon, car au dire de Grégoire, ces phénomènes étaient légion. Incontestablement, ils sont le résultat d'ébranlements profonds de l'âme collective. Pour notre évêque de Tours, ce sont évidemment des antéchrists « inspirés par Satan », l'auteur du mal, de qui procèdent de telles choses, et qui se donnera, à la fin des siècles, pour le Christ. Allons plus loin dans l'explication de ces mouvements dont les leaders attiraient les foules.

La deuxième parousie

Le messianisme en général a deux causes : le déséquilibre d'une société et la prise de conscience de ses frustrations. Les événements calamiteux n'en sont que l'occasion. On aura remarqué la progression dans la prétention des messies populaires : le premier imite le comportement épiscopal, le second s'affirme égal aux apôtres. Le troisième saute le pas et se fait adorer comme le Christ.

Nous avons donc affaire à des messies annonçant le « Grand Jour », soulageant les foules par leurs dons, miracles, dévoilement de l'avenir, etc. Ils s'habillent comme des ascètes pour mieux s'identifier avec les marginaux et mettent en pratique, le second surtout, leur programme de nouvelle société égalitaire. Deux d'entre eux sont accompagnés de femmes, au contraire de celui qui affecte de jeûner, ce qui semblerait prouver qu'il s'agit de mouvements soit hédonistes, soit puritains. Licence sexuelle ou refus de la chair ne forment qu'une seule et même réaction issue de la peur de l'avenir et des malheurs du présent, qui oblitèrent le futur. Le bonheur, par anticipation ou abstention, est souvent un réflexe des mouvements messianiques, qui nient l'événement pour mettre à la place l'avènement. Les populations frustrées, mentalement et physiquement, se donnent littéralement à leur leader charismatique et cherchent un message guérisseur apporté par un ancêtre réincarné, lequel fait advenir le nouvel âge. Avec les annonces qu'ils font de leurs visions, de leurs miracles ou de leurs prédictions, ils forment eux-mêmes le message des temps nouveaux dans leur propre personne, qu'il s'agisse du prophète porteur des reliques de saint Vincent et de saint Félix, de Didier, véritable apôtre réincarné, ou du Christ berrichon. Ce dernier « est » lui-même la deuxième parousie de Jésus, l'annonce de la fin des temps et du paradis des élus. Chacun d'entre eux possède une connaissance réelle du christianisme, de ses textes liturgiques et bibliques. Tous font preuve d'une grande habileté dans leurs emprunts à la religion établie, pour mieux la contrebattre : culte des reliques, pratiques rituelles proches des anciens cultes païens, guérisons et prédications populaires de ces marginaux chrétiens que sont les ascètes dont ils prennent le costume. Ces trois épisodes messianiques naissent donc lentement, à partir d'un sombre temps de troubles, passant par l'effervescence prophétique, pour éclater enfin, après des traversées du désert comme celle du Berrichon, qui s'est retiré en Arles avant son équipée triomphale en Gévaudan, en une cristallisation autour de chefs fétiches annonçant le « Grand Jour », l'abolition de la souffrance, de l'injustice sociale

Le paradis. Dans la symbolique mérovingienne, il est évoqué par des colombes. Elles s'inscrivent ici sur la dalle gravée d'un sarcophage de guerrier où est relatée la translation des reliques de saint Maurice d'Agaune à Mallecey.

(ART BARBARE, VIe S, MUSÉE VIVANT-DENON, CHALON-SUR-SAÔNE.)

et du temps. Grégoire de Tours avait donc intuitivement bien senti ce qu'ils signifiaient, ces mouvements eschatologiques ne supportant plus l'histoire et proclamant la fin des temps.

Le glaive de la colère divine

Pourtant tous ces mouvements ont échoué. La disparition, violente ou non, du chef prestigieux fait tout s'évanouir. Le stade de l'institutionalisation n'a jamais été atteint. Comme si le contact avec la réalité faisait volatiliser l'utopie. L'ébranlement de l'inconscient collectif n'est pas assez puissant pour aboutir à une création durable, car l'aventurier, même lorsqu'il tente de s'idendifier au couple primordial, tel le Christ berrichon et sa Marie, sorte de Mapa (Mater-Pater) à la manière de Charles Fourier, ne peut se faire reconnaître comme un père bénéfique et protecteur. L'évêque mérovingien est en effet devenu le père des pauvres. Son action, en faveur des victimes des guerres civiles, de la peste et autres malheurs, aboutit chez saint Salvi, évêque d'Albi, par exemple, à un très grand prestige doublé d'un don de prophétie et d'une force de conviction apaisante. Grégoire de Tours en atteste à la vérité de l'histoire en citant Salluste, pour affirmer qu'en tant que témoin oculaire il l'a entendu dire, dans le palais de Berny en Champagne : « Je vois le glaive de la colère divine, tiré du fourreau, qui est suspendu sur cette demeure. » Or la parole de l'évêque ne fut pas mensongère car vingt jours plus tard décédèrent les deux fils du roi... Et un peu plus loin, il nous raconte comment le même Salvi, que l'on croyait mort, revint au bout de trois jours à la vie et raconta, avec des larmes dans la voix, à ses compagnons quel merveilleux et céleste séjour il avait entrevu parmi les élus. Un évêque père des pauvres et maître de l'avenir ne pouvait que briser dans l'œuf les tentatives de création d'un paradis terrestre par des messies de pacotille. Il était donc impossible de tuer le père.

Le double meurtre rituel de Brunehaut

Aussi finit-on, pour sortir de la crise, par tuer la mère. Le soi-disant jugement de la reine Brunehaut est en effet un véritable meurtre rituel destiné à rallier tous les sujets et rassembler la violence issue de l'ébranlement sur un authentique bouc émissaire. La vieille reine avait en effet dominé toute la crise grâce au plus long règne qu'une femme eût jamais exercé en France : quarante-six ans. Trois fois régente, elle avait dirigé son fils, ses petits-fils et ses arrière-petits-fils. Une telle puissance ne pouvait qu'attirer un malheur exemplaire. Aussi fut-elle mise à mort deux fois : la première fois attachée sur le dos d'un dromadaire, la tête tournée vers la queue. Elle fut symboliquement tuée comme maîtresse du royaume, car c'était là le châtiment des usurpateurs à Rome. La deuxième fois, elle fut attachée par un pied, un bras et les cheveux à la queue d'un cheval vicieux qui l'emporta au grand galop. Son corps fut brisé sur les pierres du chemin. Telle était la mise à mort des usurpateurs chez les Germaniques. Ainsi Brunehaut fut-elle deux fois assassinée, la première fois pour ses sujets gallo-romains, la seconde pour ses tribus germaniques. Elle réconciliait par là les deux populations. Les mythes messianiques et créatifs ayant échoué, il fallait revenir au mythe du régicide pour arrêter les malheurs. Ainsi prit fin cette deuxième crise consécutive aux malheurs de la deuxième moitié du VIe siècle, dans la violence réconciliatrice.

La chute de Jérusalem et le crépuscule mérovingien

Le retour à l'équilibre dura environ deux ou trois générations. Les incertitudes réapparaissent, nous l'avons vu, avec les temps troublés des prétendus « rois fainéants », les querelles interminables en Angleterre saxonne, en Espagne wisigothique entre les rois respectifs et, brochant sur le tout, les invasions musulmanes. Un nouveau choc mental a lieu en 638, avec la chute de Jérusalem dans les mains des Arabes. Chute perçue comme définitive, puisque l'Égypte et la Syrie tombent à leur tour et que Constantinople, la capitale de l'Empire romain d'Orient, est assiégée plusieurs fois, en particulier entre 669 et 677. Tombent ensuite l'Afrique, l'Espagne en 711, la Septimanie (Languedoc méditerranéen) en 718, ce qui menace directement la Gaule, atteinte à diverses reprises par des raids musulmans de 721 à 793. De nouveau, le Barbare païen est aux portes de la Cité, de nouveau la capitale du monde est menacée, mais, surtout, un cran inconnu dans l'horreur a été franchi : Jérusalem, la Ville sainte, est aux mains des idolâtres, chose inouïe, inédite, scandaleuse par excellence. Déjà, le patriarche Sophrone, obligé d'accueillir le calife Omar dans Jérusalem, ne s'était-il point écrié : « En vérité, voici l'abomination de la désolation, prophétisée par David, qui se tient dans le lieu saint. » Désormais, le retour à l'Apocalypse s'impose pour répondre aux inquiétudes, devant ce qui, cette fois, ne peut être que le dernier délai avant la fin du monde.

Que pensent en effet clercs et laïcs durant le crépuscule mérovingien ? Comme à chaque fois, les uns réagissent de manière optimiste, les autres de manière pessimiste. L'évêque Didier de Cahors, dont le temps fut plus tard célébré comme un âge d'or, n'hésitait pas à dire, peu de temps avant sa mort, en 655, alors qu'il entendait parler des irruptions des païens aux alentours : « Les Barbares sont courageux à cause de nos péchés. C'est à cause de nos vices que l'Empire romain succombe. Malheureux que nous sommes pour avoir déplu à Dieu au point que sa colère sévit contre nous par l'intermédiaire de la peste des Barbares. Faisons donc pénitence pour que Dieu, nous ayant réconciliés ; nous accorde son pardon pour toujours. » Nous retrouvons ici la même réaction que chez saint Jérôme. La chute de l'Empire romain, qu'il soit d'Occident ou d'Orient, est un appel à la conversion. La colère de Dieu est ici l'image mystique et anthropomorphique utilisée pour provoquer un changement d'attitude. Plusieurs vies de saints de cette époque vont dans ce sens. Mais d'autres n'ont point ce sursaut, tel l'abbé Mellebaude, qui fait sculpter sur les jambages de la porte de son tombeau près de Poitiers, au début du VIIIe siècle : « Je suis l'alpha et l'omega, le commencement et la fin. Puisque tout va chaque jour de mal en pis, puisque la fin approche. » Cette impression d'angoisse gagne les scribes notariaux rédigeant les formules juridiques de donations ou de ventes, que ce soit à Tours ou à Saint-Denis.

Cette croix d'Espagne wisigothique, portant l'alpha et l'oméga de l'Éternel en sa partie supérieure, exhorte à la conversion.

« Déjà des signes certains manifestent que la fin du monde approche car les ruines s'accumulent », ou encore : « et l'on sait ce qu'a dit Notre Seigneur dans ses Évangiles, il y a longtemps, pour ébranler les âmes paralysées des infidèles, cela est maintenant imminent ». Trop souvent, ces affirmations pessimistes laissaient de côté la deuxième phase, celle de la conversion. Elles devaient entretenir une atmosphère de malaise d'autant plus que ces textes étaient lus en public.

Naissance des visions

Dans le désespoir gît le renouveau. La renaissance pré-carolingienne prépare alors un redressement en cherchant la conversion à tout prix, par tous les moyens possibles et en donnant une nouvelle explication globale de la fin des temps. Visions et sermons donnent ici la main aux explications et exégèses prophétiques. S'ouvre en effet l'ère des visions. Qu'elle soit œuvre d'un laïc ou d'un clerc, la vision, que Grégoire de Tours avait quelque peu utilisée, devient une technique exhortative efficace. Le goût pour les voyages d'outre-tombe avait été mis à la mode par les missionnaires irlandais. Saint Fursy, mort en 648-649, enterré à Péronne, avait raconté comment son âme ayant été emportée loin de son corps, il dut contempler, sur l'ordre des anges, le monde, qu'il aperçut comme une vallée ténébreuse. Quatre feux y brûlaient. L'un représentait le mensonge, c'est-à-dire le refus de renoncer à Satan, prononcé au baptême ; le second la cupidité, parce que les hommes préfèrent les biens de ce monde à ceux de l'au-delà ; le troisième la discorde, le quatrième, enfin, l'injustice, issue de la spoliation des faibles. « Il vit aussi les démons volant dans le feu, provoquant l'incendie des guerres contre les justes. » Et il avait beau raconter cela au témoin qui transcrivait, dehors, en plein hiver, au milieu des glaces et légèrement vêtu, il n'en transpirait pas moins à grosses gouttes, de peur et de joie mêlées, rien qu'à ce souvenir !

Les portes de l'enfer

La brûlure de l'enfer va donc être utilisée tel un cautère, pour guérir et prévenir la punition du Jugement dernier qui menace. Un laïc converti,

« Convertissez-vous ! » En écho à l'appel du Baptiste au désert, les meneurs d'âmes exhortent inlassablement au renouveau intérieur, capable de transformer en saint le plus grand persécuteur, ici Paul de Tarse, cloué par la lumière de Dieu.

(CONVERSION DE SAINT PAUL SUR LE CHEMIN DE DAMAS. « PREMIÈRE BIBLE DE CHARLES LE CHAUVE », IXe S.)

noble franc devenu moine, à Meobec dans le Berry, décrit vers 678-679 un autre voyage dans l'au-delà. Les péchés qui lui sont reprochés sont d'ordre sexuel. « Il a eu trois femmes, ce qui ne lui était pas permis », et a commis en outre des adultères. Accompagné par l'ange Raphaël, il place l'enfer dans l'espace. Il y aperçoit « des milliers d'hommes gémissant avec tristesse, ligotés et garrottés par des démons, qui tournent en rond comme des abeilles autour de leur ruche [...] écrasés par les supplices, ils émettaient de longs hurlements. » Ces diables sont noirs, ils déchirent leurs proies des ongles et des dents. Parmi elles, Baronte reconnaît des parents, des évêques, tels ceux de Poitiers et de Bourges. Toujours guidé par Raphaël, après avoir passé trois portes, il arrive à la quatrième et dernière, gardée par saint Pierre, qui lui en interdit l'entrée à cause de ses péchés et lui indique le moyen de se repentir lors du répit qui va lui être accordé au retour dans son corps. Bref, le paradis est volontairement voilé, tellement sa lumière est aveuglante, afin de mieux mettre en valeur l'enfer et ses terreurs.

La pastorale du jugement personnel

Le même type de pédagogie est utilisé par saint Éloi, qui se heurta à des ouailles têtues et bornées dans ses diocèses de Noyon et de Tournai. On a gardé de lui un sermon sur les fins dernières, écrit probablement avant sa mort, en 660, et sans cesse réutilisé par la suite. « Considérons quelle terreur il y aura en ce jour lorsque le Seigneur descendra du ciel pour juger ce monde. Il y a longtemps que la voix divine menace [...] La vengeance divine est déjà là [...] la colère de Dieu s'approche [...] Dépêchons-nous donc, mes frères, tant que nous en avons encore le temps : détestons ce monde que nous ne pouvons posséder plus longtemps. » Et si personne ne veut comprendre, « les damnés n'auront d'autres consolations que les flammes et les terreurs des châtiments ; les malheureux brûleront sans fin dans le feu éternel pour toujours dans les siècles des siècles ». Saint Éloi ne se donne même pas la peine d'évoquer le séjour des élus. Le but poursuivi étant la conversion du pécheur, Éloi, comme Baronte, veut préparer chacun à la crainte de Dieu, à « craindre constamment le jour du Jugement et [à] avoir chaque jour sous les yeux l'imminence du jour de la mort ». Certes, il n'ignore point la pédagogie optimiste de ses prédécesseurs, et il rappelle combien le Père est miséricordieux, bon et clément. Mais les temps paraissent si durs qu'il en oublie la bonté de Dieu et que, comme chez Baronte, l'enfer devient le repoussoir pédagogique. La crainte comme commencement de la sagesse implique, chez ces missionnaires d'un monde déboussolé, le sentiment qu'ils s'adressent à de véritables enfants, à des pauvres en connaissances religieuses. Effectivement, comme l'a bien montré Pierre Riché, la fin du VIIe siècle voit disparaître le laïcat cultivé. Il n'y a plus que des fidèles en proie à leurs pulsions instinctives, au retour au paganisme, à la canonisation populaire et spontanée de saints qui n'ont rien de vertueux mais sont en réalité des « martyrs politiques », tels Léger ou Dagobert II. Dans ces conditions, charité, fraternité, joies du paradis s'effacent devant l'évocation des peines de l'enfer. Une pastorale à l'usage des simples s'appuie sur le désir de régénération morale suscité par la peur du jugement personnel avant qu'il ne tombe comme un couperet.

Cette pastorale littérale du jugement personnel et de ses conséquences en enfer trouva plus tard son apogée avec *la Divine Comédie* de Dante Alighieri en une autre époque de crise, celle de l'effondrement de la chrétienté médiévale, au XIVe siècle. Dans les deux cas, la cause de l'attitude mentale était la même : l'effondrement de l'Empire. Les positions de Fursy, de Baronte et d'Éloi sont issues d'une seule et même explication de la situation du monde, venue d'Orient. La fin du monde menace parce que, comme nous l'avons vu, l'Empire romain s'écroule... Reprenons un texte syrien de la fin du IVe siècle (et nous voyons ici le lien avec la première crise eschatologique), attribué à Méthode, évêque de Patara ; un inconnu prédit après coup, c'est-à-dire après la chute de Jérusalem, ce qui va se passer. Ce texte fut connu dans toute l'Europe occidentale et répandu dès le début du VIIIe siècle. Le premier texte affirmait que la fin du monde était proche : « Lorsque le royaume des Romains aura commencé à être détruit par le glaive, voici qu'arrive le Mauvais. En effet, à l'achèvement du royaume romain, il est nécessaire que ce monde soit détruit. En ces jours, viendront au sommet du royaume romain deux frères (Constantin III et Héracleonas, février-mars 641) et ils commandent certes d'un seul cœur, mais, puisque l'un précède l'autre, une discorde éclate entre eux. Ainsi l'adversaire désagrège-t-il [...] Il y aura des troubles provoqués par les nations païennes [...] Lorsque les jours de ces nations païennes auront été accomplis après qu'ils auront brisé la terre, il y aura un temps de repos ; mais le royaume des Romains aura été enlevé du milieu des hommes et l'empire des Chrétiens aura été remis à Dieu le Père, puisque le royaume des Romains aura été détruit et que toutes les principautés et les puissances auront été exterminées. » Contrairement à l'explication augustinienne, ignorée évidemment par notre auteur oriental, la confusion est très nette entre empire des Romains et empire des Chrétiens. Les deux universalismes, romain et chrétien, ne font plus qu'un, ce qui explique qu'en Occident la confusion ait été faite aussi.

Le fils de perdition

Mais quelles sont ces nations païennes qui font s'écrouler l'Empire ? Pourquoi cette destruction est-elle liée à celle du monde ? Le visionnaire de la fin du VIIe siècle s'appuie alors sur la prophétie de Daniel, de la même manière dont certains s'en étaient servis au Ve siècle, à propos de l'invasion des Goths. « Se dresseront alors contre l'empire des Romains les fils d'Ismaël et les fils d'Agar, qui sont appelés dans l'Écriture, selon la prophétie de Daniel, le Bras du Midi. » Ce qui lui permet de décrire l'invasion musulmane depuis l'Arabie jusqu'à l'Espagne : « Le fils de perdition entrera dans Jérusalem et siégera dans le Temple de Dieu, comme s'il était Dieu, alors qu'il n'est qu'un homme de chair. » Cette allusion à l'entrée du calife Omar dans Jérusalem est, en même temps, destinée à montrer comment ces hommes, sortis du désert, sont les instruments divins de la correction des individus dépravés. La Ville sainte connaît une chute bien plus terrible que celle de Rome, puisqu'elle symbolise la Jérusalem céleste, près de laquelle, dans la vallée de Josaphat, aura lieu la Parousie dernière, le retour du Christ en Gloire pour juger tous les hommes, cette fois-ci, et non plus chacun. La catastrophe est pire que celle de 410, puisque l'événement historique prend figure d'avènement éternel, puisque « la Jérusalem céleste sera la demeure de Dieu avec les hommes » (Apocalypse XXI, 3). Cette démonstration était d'autant plus irréfutable qu'à la justification temporelle s'ajoutait la preuve spirituelle.

En effet, le pseudo-Méthode donne une explication tout à fait nouvelle d'une phrase de saint Paul, tirée de l'épître aux Thessaloniciens, en rapport direct avec ce siège du païen dans le Temple. Paul demandait à ses ouailles de ne pas se laisser abuser par des prophéties trop précises sur la fin du monde, car « auparavant doit venir l'homme d'iniquité, le fils de perdition, c'est-à-dire l'Adversaire, celui qui s'élève au-dessus de tout ce qui est dit Dieu ou reçoit un culte, allant jusqu'à s'asseoir dans le Temple de Dieu, se montrant lui-même comme s'il était Dieu. Maintenant, quelque chose le retient, mais que ce qui le retient vienne à être écarté, alors l'Impie apparaîtra. » Et le pseudo-Méthode d'expliquer : « Qu'est-ce donc qui le retient, sinon l'Empire des Romains ? » Puis il reprend un autre texte paulinien : « Lorsque toutes les principautés et les puissances seront détruites, alors le Fils livrera le royaume à Dieu le Père. De quel royaume s'agit-il ? C'est celui des Chrétiens. » Ainsi, la démonstration est irréfutable. L'Empire romain, voulu par Dieu, s'écroule sous les coups des musulmans, les principautés comme l'Espagne wisigothique ou la Gaule mérovingienne gisent à terre assommées ou moribondes. Le vide politique doit attirer le néant terrestre inéluctablement.

La joie des Élus

Voilà pourquoi le pessimisme l'emporte devant cette interprétation nouvelle. La confusion des deux universalismes engendre un historicisme fondamentaliste. On s'habitue aux prophéties de malheur. On accepte la chute de l'Empire romain, puisque ce qui retenait l'Impie était l'Empire. Cependant, le mythe explicatif a beau susciter l'angoisse et provoquer l'appel à la conversion, comme le font Fursy, Éloi et Baronte, il ne va point jusqu'à la désespérance. En effet, un progrès se devine à travers les trois crises eschatologiques que nous avons décrites. La première avait vu les clercs nier que l'histoire soit finie en appelant à la conversion des païens. La deuxième avait révélé des populations refusant l'histoire. La troisième, en revanche, accepte l'histoire, si traumatisante soit-elle, puisqu'il s'agit de la chute de

Alors que Jérusalem, la Cité sainte, tombe aux mains des impies, que la puissance mérovingienne s'effondre... la statuaire reflète inlassablement l'optimisme : l'heure du salut arrive où les Élus siégeront aux côtés du Christ, au dernier Jour.

(« LA JOIE DES ÉLUS » ; SARCOPHAGE DE L'ÉVÊQUE AGILBERT, VIIe S. CRYPTE DE SAINT-PAUL, JOUARRE.)

Jérusalem et de la fin de l'Empire romain. Ainsi, une civilisation, un monde se sont écroulés, mais les temps nouveaux, annoncés par les faux messies, ne sont toujours pas là. La vision d'un jugement triomphal, apaisant et majestueux, qui est toujours attendu par les clercs du VIIIe siècle, comme le prouve la magnifique représentation de la *Joie des Élus* sur le sarcophage de la crypte de Jouarre, n'empêche point l'ardente nécessité de sauver son âme, puisque le salut a été annoncé à tous. L'angoisse est toujours là, avec les malheurs du temps. Elle avait été calmée lors de la première crise en faisant regarder l'avenir. Dans la seconde, elle avait fondu au feu de l'explosion de violence réconciliatrice sur la reine mère. Dans la troisième, par le mépris du monde, elle va se retourner en une curieuse transformation du monde.

En effet, le pseudo-Méthode explique que le temps des Ismaélites, celui des musulmans, constitue le septième millénaire, le dernier millénaire avant la fin du monde, avant l'arrivée de l'Impie... Les musulmans seront finalement écrasés, mais ce sera alors le commencement de la fin, avec un dernier répit. Les malheurs que sont les ravages des fils d'Ismaël, les abominations que sont les incestes, mariages consanguins (qui se multiplient, en effet, à cette époque) et autres inversions sexuelles, appellent donc à la transformation immédiate grâce à ce feu purgatoire que sont les calamités. L'or ne sort-il point purifié de la fournaise qui l'a cuit et recuit ?

Une nouvelle question se pose, à ce nouveau stade de l'interprétation eschatologique. Quand l'épreuve a-t-elle commencé et quand finira-t-elle ? Mille ans après, dira-t-on. Le chroniqueur Childebrand, qui décrit Charles Martel son demi-frère comme un nouveau Josué chassant les Sarrasins, tandis que ses soldats le surnomment Martel, c'est-à-dire le Marteau des rebelles et des infidèles, nous apporte la réponse. Quatre ans après la célèbre bataille de Poitiers, il écrit, en 736 : « Et pour que ce millénaire soit rempli, il manque soixante-trois ans. » Le millénaire d'épreuves et de répit se terminerait donc en 799 et la fin du monde commencerait en l'an 800 ? Décidément, il restait bien peu d'années pour se ressaisir, mais après tout, la chose était peut-être possible. Le mythe explicatif allait-il devenir créateur ?

Le Bon Pasteur

(ALBÂTRE, IVe-Ve S. COLL. SAMBON.)

III

Nouveaux empires, nouveaux malheurs

L'espoir forcené luit donc sous la cruelle incertitude des premiers Carolingiens. Charlemagne se devine sous Charles Martel. L'acceptation de la mort de Rome va provoquer sa résurrection. La Rome chrétienne va faire renaître l'Empire. □

La famille carolingienne trouve enfin sa légitimité royale en 751 avec l'onction qui lui est accordée en la personne de Pépin le Bref. Puis, après un apogée marqué par le grand Empire de Charlemagne (768-814) et de Louis le Pieux (814-840), elle retrouve les tempêtes, les divisions (partage de Verdun en 843), parvient péniblement à se maintenir dans le royaume de Francie occidentale au Xe siècle, pour finalement disparaître en 987 devant Hugues Capet, qui inaugure une nouvelle dynastie. Au même moment, tandis que l'Empire carolingien s'effondre en 888 et en 924 pour être remplacé par l'Empire ottonien en 962, la dialectique de l'âge d'or sortant de l'âge de fer et retournant au temps des troubles est de nouveau amorcée. L'unité retrouvée n'a qu'un temps ; les querelles des hommes font réapparaître d'innombrables pouvoirs locaux, en particulier la féodalité. Puisque la *Pax Romana* devient un mythe inapplicable, les malheurs des temps commencent à devenir moins difficilement explicables. Mieux encore, ils changent de nature ou sont perçus autrement. Certains disparaissent, d'autres, inconnus, se manifestent. Quelques-uns, tels les signes célestes, se banalisent. Incontestablement, les esprits s'habituent dans certains cas, se policent dans d'autres, ou bien se trompent sur l'importance de tel ou tel malheur. La Renaissance carolingienne est une époque de progrès dans la compréhension du présent, tout en conservant bien des aspects archaïques propres aux temps barbares.

La fureur barbare

Il est évident que tel est le cas de cette première cause de calamités, l'invasion. L'effort carolingien a repoussé loin des portes de la cité le rôdeur barbare. Le musulman, malgré la catastrophe de Roncevaux (778), est désormais bloqué sur l'Èbre ; les Germaniques et les Slaves sont repoussés ou conquis au-delà du Rhin et jusqu'à l'Elbe. Mais cela dure peu. Dès 840, Vikings et Sarrasins se précipitent au pillage, puis d'horribles nouveaux venus, les Hongrois, qui ne furent éliminés que par Otton Ier, en 955 seulement. Pratiquement, l'époque est vécue comme un moment de victoire jusqu'au milieu du IXe siècle, puis comme un retour au désordre.

À la proue du drakkar, le dragon darde son regard sur l'ennemi... et répand l'épouvante.

(TÊTE DE PROUE VIKING, Xe S. MUSÉE D'OSLO.)

Néanmoins, la perception des événements malheureux n'est plus aussi tranchée. Le traumatisme mental ne vient plus automatiquement d'un événement-modèle qui symboliserait à lui tout seul le grand Malheur comme autrefois la chute de Rome ou de Jérusalem. En août 846, par exemple, les Sarrasins ravagent Rome, arrachent l'autel de Saint-Pierre du Vatican, dépouillent la basilique de ses richesses et de ses ornements, et, surtout, dispersent les reliques de l'Apôtre aux quatre vents, sacrilège que n'avaient point osé commettre même les Barbares, puisque les Wisigoths avaient respecté les grandes basiliques romaines en 410. Voilà qui aurait dû déclencher des pleurs unanimes dans une chrétienté qui perdait ainsi définitivement le corps de saint Pierre, véritable palladium de son Église ! Il n'en fut rien. Ce fut un malheur parmi d'autres « dont nous avons à peine entendu parler », avoue l'annaliste de Xanten, beaucoup plus préoccupé par les ravages danois autour de lui.

Même absence de réaction lors de l'occupation de la capitale de Charlemagne, Aix-la-Chapelle, en 882 par les Vikings. Ces derniers transforment la célèbre chapelle en écurie, mais, en réalité, cela fait partie des litanies concernant « la fureur des Normands ». La profanation d'un monument paraît moins grave que la désorganisation totale instaurée par les envahisseurs.

L'envahisseur viking. Tel le renne lancé au galop, il force tout obstacle, foulant dans sa course les dieux des Enfers (les entrelacs, indissociables de la mythologie païenne nordique).

(PIERRE TOMBALE D'ÉPOQUE VIKING TROUVÉE EN ANGLETERRE. GUILDHALL MUSEUM, LONDRES.)

Même la profanation d'un cadavre, fût-il le plus célèbre, celui du pape, laisse les chroniqueurs quelque peu blasés. En 897, en effet, le successeur du pape Formose avait fait sortir de son tombeau, neuf mois après sa mort, la momie de son prédécesseur. Il l'avait assise sur le trône et lui avait fait subir un procès devant des assistants terrorisés et l'avait condamné à disparaître de la mémoire. La populace arracha les vêtements du cadavre, le traîna dans les rues et le jeta dans le Tibre. « Pratique inconnue jusqu'alors », note simplement l'annaliste de Fulda ! En fait, il s'agissait de la vieille *damnatio memoriæ* du temps de l'Empire romain, lorsque les condamnés, criminels ou usurpateurs, étaient exposés étranglés sur l'escalier des Gémonies (gémissements) avant d'être traînés et jetés dans le Tibre. Les souvenirs de la Rome ancienne pâlissaient !

L'aigle de sang

L'exceptionnel ne fait donc plus recette parce qu'il est noyé dans une masse de faits qui accroissent dans les esprits le sentiment d'insécurité. Le ponctuel est effacé par le sériel, c'est-à-dire par les invasions scandinaves, œuvre d'un petit nombre de pirates décidés à revenir sans cesse piller, tuer, emmener les populations en esclavage ou, tout simplement, s'installer. Comme ils sont païens et que leur agressivité est bien plus forte que celle des sujets de l'Empire carolingien et des royaumes francs, leur sauvagerie frappe les imaginations. D'ailleurs, pour cacher leur infériorité numérique, ils utilisent sciemment la férocité, terrorisent les populations, les font fuir au fond des bois, afin de razzier tranquillement les tonneaux de vin des celliers monastiques et l'orfèvrerie liturgique des sanctuaires. Il leur arrive d'attraper un malheureux et de lui couper les côtes à coups de hache dans le dos de chaque côté de la colonne vertébrale. Par les deux ouvertures ainsi pratiquées, ils extirpent les poumons qui, dès lors, flottent sur le dos telles deux petites ailes roses. L'individu est ensuite laissé libre d'aller où il veut, répandant sur son passage la peur la plus abominable qui soit, jusqu'à ce qu'il meure d'inanition et d'asphyxie. Les Vikings appelaient cela le supplice de « l'aigle de sang ». Ils avaient en fait inventé l'arme psychologique absolue, la terreur au plus bas prix.

Les derniers de la race humaine

Aussi restèrent-ils impunis dans leurs raids pendant plus de quarante ans, propageant autour d'eux des ondes de choc, vidant villes, villages et monastères, obligeant les moines à fuir avec leurs reliques en des périples étonnants, dont le plus célèbre est celui du corps de saint Philibert, parti de Noirmoutier en 836 pour arriver à Tournus en 875, après être passé par les bords du lac de Grandlieu, Cunauld-en-Anjou, Messay en Poitou et Saint-Pourçain en Auvergne ! « Personne ne résiste », souligne le chroniqueur. Cela est vrai jusqu'aux premières réactions, vers 882, tandis que déjà certains Danois s'installent en Hesbaye dès 885. « Ils ramassent les récoltes de toute espèce, s'installent pour hiverner et habiter sans que presque personne ne leur résiste, et réduisent en esclavage, pour leur propre usage, les hommes et les femmes qu'ils peuvent trouver. » Effectivement, vu les fuites et l'exil, il ne devait plus guère en rester. Le choc psychologique semble donc avoir été plus grave que la ruine matérielle, les victimes riches et cultivées ayant été les plus gravement atteintes. Un sentiment général d'anxiété naquit devant ces êtres qui pratiquaient cyniquement la terreur, les derniers représentants de la race humaine, à n'en pas douter.

Les Hongrois, issus de l'âge du fer

Or, il y eut pire : les Hongrois. Venus non plus du Nord glacé, mais de l'Asie inconnue, débordant les Slaves, aiguillonnés par une tribu tout aussi nomade, les Petchenègues, les cavaliers hongrois s'installent dans la plaine du Danube dès la fin du IXe siècle, et, de là, ravagent chaque été la Germanie, l'Italie et la Gaule. Ici la terreur est pire, car au lieu de faire fuir les populations, les Hongrois s'en emparent, à la manière des premiers Barbares, pour peupler leur propre zone d'installation qui prit plus tard leur nom, la Hongrie. En 894, après avoir traversé le Danube, « ils tuent systématiquement les hommes et les vieilles femmes, gardant seulement les plus jeunes filles pour exercer sur elles, telles des juments, leurs désirs et, les emmenant vers la Pannonie, ils détruisirent tout jusqu'à l'extermination ». Nous reconnaissons ici la vieille pratique de la terre brûlée et la réduction de l'élément féminin à un rôle purement reproducteur. La majeure partie des chroniqueurs les présentent comme des bêtes sauvages, pires que les Huns ou les Avars. Ils boivent du sang, celui de leurs chevaux probablement, et se partagent le cœur de leurs

RAIDS BARBARES SUR L'HEXAGONE.

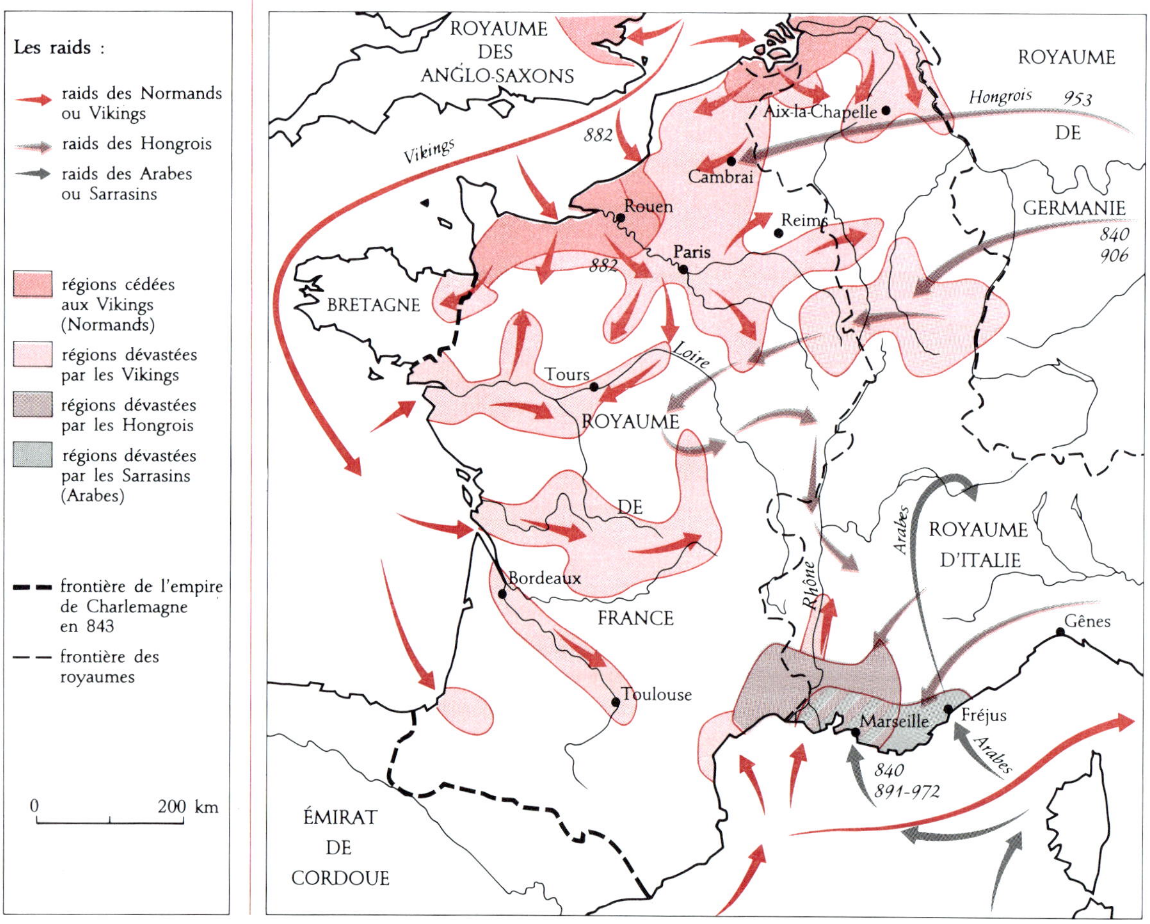

adversaires, qu'ils dévorent ensuite. En 906, en Saxe, durant leurs razzias, ils ramènent les femmes, nues, attachées par les cheveux les unes aux autres et à leurs chariots, comme du bétail. Ici, le contact avec une population issue de l'âge de fer provoque l'horreur.

À côté de cela, les ravages des Sarrasins sur les côtes méditerranéennes apparaissent comme un brigandage de bon ton. Ils se contentent de réduire la population en esclavage sans distinction de sexe ; même, lorsqu'ils s'installent à demeure dans le massif des Maures, à La Garde-Freinet, de 891 à 972, ils ont le bon goût de restituer leurs otages, tel l'abbé de Cluny, surpris au beau milieu d'un col alpestre, contre forte rançon.

La fin des régicides

Tout cela, par ailleurs, tranche avec l'indifférence des fonctionnaires et des seigneurs à l'égard des envahisseurs. Les guerres civiles ont réapparu, avec les querelles fratricides des fils de Louis le Pieux, des souverains carolingiens entre eux, des rois avec leurs fonctionnaires qui refusent obéissance et fidélité, des châtelains qui se battent entre eux et vont jusqu'à louer contre argent les services de quelques Vikings désœuvrés. Ces luttes décrites annuellement par nos sources prouvent qu'après la mort de Louis le Pieux, la violence individuelle est désormais une habitude. Elle est entrée dans les mœurs. Les faides continuent de plus belle et il faut même se demander si les querelles de palais, qui éclatèrent à Aix-la-Chapelle lorsque l'impératrice Judith voulut à tout prix que son fils Charles le Chauve obtienne un royaume, ne réveillèrent point une vieille vengeance des guelfes (Welf) bavarois contre les Carolingiens. Cependant, un net progrès a lieu lors des multiples renversements de Louis le Pieux par ses fils en 830 et 833. On ne le tue pas. Le parricide commence à passer de mode. Le régicide aussi. Le dernier que l'on puisse enregistrer est celui de Pépin le Bossu, qui fit l'union contre lui en tentant, en 792, de pratiquer à la fois un régicide et un parricide sur la personne de son père Charlemagne. Telle une explosion éteignant un incendie, l'effet fut salvateur. Pardonné, mais condamné à la vie monastique, il mourut à Prüm. Ce fut la dernière tentative de régicide.

Protégé par le sacre, inauguré en 751 et 754, répété en 813 et en 816 pour la première fois à Reims, le roi est désormais intouchable. Le régicide ne peut plus procurer la fin des malheurs. Il en provoquerait un pire en touchant à l'élu de Dieu. Incontestablement, l'œuvre éducatrice de l'Église réussit dans ce cas très précis : il n'y eut plus, par la suite, dans l'Empire et dans le royaume de Francie occidentale, une seule tentative d'assassinat du roi. Il fallut un autre traumatisme religieux, les guerres entre catholiques et protestants, pour qu'un moine, Jacques Clément, poignardât Henri III en 1589. Comme si le régicide étouffé dans un monastère ne pouvait qu'en ressortir !

La légitimité bafouée

N'en concluons point pour autant que les malheurs des rois cessèrent. Cet adoucissement des mœurs ne fut qu'un palliatif qui n'en continua pas moins à troubler les esprits. Le roi Charles le Simple fut, par exemple, à trois reprises, mis en prison par un seigneur révolté et mourut ainsi enfermé, à Péronne, en 929. De même, le dernier représentant de la famille carolingienne, Charles de Lorraine, fut emprisonné à Orléans en 997, par

Hugues Capet, son rival heureux. L'atmosphère de trahison, d'infidélité et d'impuissance qui entoura les derniers Carolingiens, sans cesse menacés par leurs rivaux, Hugues le Grand et son fils Hugues Capet, créa le trouble dans tout le royaume. Leur situation était identique à celle que leurs ancêtres les maires du palais avaient entretenue autour des derniers Mérovingiens. Ce rapport de mikado à shōgun était donc éminemment favorable aux troubles de toutes sortes. On avait même vu, en 942, le pape intervenir pour supplier les princes féodaux et Hugues le Grand de reconnaître leur roi Louis IV d'Outremer, sous la menace de l'excommunication. Ce fut peine perdue, car le roi fut détenu pendant un an par le même Hugues, en 946. Ainsi, même la légitimité renforcée par le sacre était ridiculisée !

Fabuleux trésors des Barbares

Même constatation dans le domaine des pillages. Les grands butins prennent à l'époque carolingienne des aspects fabuleux et paraissent tout aussi lointains que les grands massacres des temps barbares. Les huit années de terre brûlée et les trente-cinq monastères détruits en Aquitaine par Pépin le Bref, les trente-trois ans de conquête de la Saxe par Charlemagne ou les huit ans de raids chez les Avars, terminés par un prodigieux butin d'or et d'argent, transporté à Aix-la-Chapelle dans vingt-deux chariots à bœufs, prirent

« Tout pouvoir vient de Dieu » : par le rite du sacre du prince, inauguré en 751 avec Pépin le Bref, l'Église lutte contre le régicide, facteur d'instabilité politique chronique.

(SACRE DE PRINCE INCONNU ; MINIATURE CAROLINGIENNE, IXe S. ÉCOLE DE SAINT-DENIS.)

rapidement place dans les épopées. On ne revit plus jamais de tels amoncellements de trésors.

Les pillages des Vikings et des Hongrois ne leur sont point comparables. En effet, lorsque les Danois négociaient leur départ, ils réclamaient une certaine somme en poids d'argent : 7 000 livres en 845, 5 000 en 861, etc. Le plus gros tribut obtenu fut en 884 de 12 000 livres. Le total, prélevé entre 845 et 926, dut ainsi être largement supérieur à 50 000 livres, soit environ vingt tonnes ! Mais cela équivaut seulement à quatre fois le montant du trésor du monastère de Saint-Riquier, lequel n'était point une des abbayes les plus riches du royaume ! De plus, ces sommes furent levées comme impôts annuels, sans que cela ait provoqué comme autrefois des révoltes antifiscales ou des fuites de contribuables dans la nature inculte. De même, les trésors arrachés aux églises romaines par les Sarrasins en 846 furent engloutis dans le Tibre à la suite d'un naufrage dû à une fausse manœuvre des bateaux. Une partie en fut récupérée sur les cadavres remontés à la surface. Petits butins, par conséquent, par rapport au niveau moyen de fortune à l'époque, mais maigre butin aussi, puisqu'il est réparti sur quatre-vingts ans et qu'il n'arrive point à dépasser les vingt-deux tonnes du trésor des Avars, saisi dans la seule année 796 ! Les clameurs et les plaintes des écrivains du temps prouvent que la paix avait été telle que l'on avait perdu le souvenir des grandes catastrophes. Ils en donnent eux-mêmes la preuve quand ils prennent la peine de compter les morts sur les champs de bataille lors des premières et définitives défaites des Vikings : 150, 200 morts pour un effectif d'environ un millier ! Dès qu'ils décrivent des corps expéditionnaires de l'ordre de dix mille combattants, comme lors du siège de Paris en 885, ils ne font que traduire leur émotion et leur panique. Certes, les dégâts, les ruines, les appauvrissements subis furent réels, mais le choc psychologique fut bien supérieur. D'autant plus qu'il contrastait avec la paix intérieure, à peu près totale de 768 à 840. Enfin, et ce n'est pas là le moindre paradoxe, les violences guerrières qui avaient été reléguées aux frontières lors de l'apogée des Carolingiens devinrent purement intestines et, qui plus est, habituelles et régulières. Ainsi, massacres et pillages jouent-ils un rôle moindre aux IXe et Xe siècles qu'aux Ve et VIe siècles, tandis que leur perception psychologique est au contraire très amplifiée, malgré l'habitude de la violence.

Épidémies sans peste, famines sans mort

La même impression prévaut à l'examen des maladies et des crises frumentaires des temps carolingiens. Ces temps d'abondance poussent à décupler les plaintes lorsque l'état de santé et les récoltes sont moins bons que d'habitude. Ceci est particulièrement net lors de la première phase carolingienne, de 751 à 840.

En effet, le mot de pestilence recouvre quantité de maladies fébriles ou pulmonaires. Médicalement parlant, aucun texte, que ce soit des annales ou des descriptions de miracles avec diagnostic médical fait par des moines cultivés, ne permet de repérer un retour quelconque de la grande peste inguinaire qui frappa le VIe siècle. Pratiquement, les grandes mortalités épidémiques disparaissent, à quelques exceptions près, qui, la plupart du temps, sont postérieures au milieu du IXe siècle, une fois de plus.

Quelle fut, par exemple, en 856, après un hiver très dur et très sec, cette « forte pestilence de laquelle une partie des hommes périt » ? Grippe, coqueluche, on ne sait. En 877, « la fièvre d'Italie et une douleur des yeux affectèrent gravement le peuple germanique, en particulier les habitants des bords du Rhin ; une intense pestilence s'ensuivit aux dépens de l'armée de Carloman revenant d'Italie, au point que plusieurs rendaient l'esprit en toussant ». Ce ne fut sûrement pas la peste, mais probablement une attaque de tuberculose. Cette fièvre italique accompagnée de toux réapparut encore, mais ne paraît pas avoir été assortie de nombreux morts. En 927, par exemple, elle affecte les Gaules et la Germanie. En 956, elle en fait mourir quelques-uns. « Beaucoup sont atteints de langueur. » Ce type de maladie n'était en rien comparable à la peste inguinaire, pas plus que la dysenterie qui frappa les Hongrois en 924 dans le Bas-Languedoc, « accompagnée d'une enflure de la tête » et qui les fit presque tous périr.

Les chiens aussi...

Faute d'épidémie faucheuse d'hommes, nos chroniqueurs se rabattent avec empressement sur les épizooties. Elles sont légion et prouvent en même temps l'importance que l'on accordait à l'élevage et à l'alimentation carnée. En 810, une peste bovine venue des bords de l'Elbe atteignit les convois de l'armée de Charlemagne, puis se répandit dans tout l'Empire. Elle réapparut en 878, 880, 881, puis en 936 et 942. En 942, en Italie, ce furent les chevaux qui furent frappés. Mais, en 942, au nord de la Loire et en Bourgogne, « la majeure partie des bovins mourut au point qu'il n'en resta que très peu sur les terres ». Le bacille, dans certains cas, devait être particulièrement virulent puisqu'il se communiqua en 878 aux hommes, dont beaucoup moururent, et même aux chiens. Dans le pays de Worms, « tandis que l'on traînait chaque jour hors des étables les animaux morts, les chiens, selon leur habitude, mangeaient ces mêmes cadavres en les déchiquetant ; mais un jour, tous ceux qui s'étaient rassemblés en ce lieu disparurent au point qu'on ne put plus en trouver par la suite un seul, vivant ou mort ». Souvent, donc, ces infections endémiques restent latentes, dégénèrent en brefs accès, frappant le bétail et provoquant parfois des famines.

Tyrannie de la faim

Là encore, en apparence, les famines seraient nombreuses d'après les chroniqueurs et les annalistes. À les en croire, au moins seize famines auraient eu lieu entre 793 et 995, dont cinq seulement avant 840, les autres étant surtout concentrées dans la deuxième moitié du IXe siècle, pendant précisément la désorganisation provoquée par les guerres civiles et les Vikings. Or, une première constatation s'impose. Bien des famines signalées ne sont pas suivies de morts d'hommes. En 829, par exemple, l'empereur Louis le Pieux parle dans une lettre grandiloquente à ses nobles de tout l'Empire d'une

« famine continuelle, d'une mortalité des animaux et d'une épidémie frappant les hommes ». En réalité, l'effet rhétorique d'amplification littéraire ne doit pas faire illusion. Si l'inquiétude est réelle, les morts de faim sont absents. Il suffit de comparer avec d'autres affirmations de famine pour s'apercevoir qu'elles n'ont réellement existé que dans quatre cas. En 845, toute la Gaule de l'Ouest est frappée par la famine, au point que « plusieurs milliers d'hommes en moururent ». Celle qui touche la Germanie, en 850, n'est qu'une disette provoquant l'augmentation du prix du muid de blé. En 873-874, en revanche, en Gaule et en Germanie, « presque un tiers de l'humanité périt ». Mais en 895, en Bavière, seuls quelques villages comptèrent des morts. Une famine accompagnée de cannibalisme paraît avoir éclaté en 916, en Aquitaine, ainsi qu'une autre en Bourgogne, en 995. « Beaucoup de gens du peuple périrent par privation de nourriture. Alors, à de multiples endroits, cette horrible faim poussa les hommes à chercher leur nourriture dans la chair d'animaux immondes ou de reptiles et même dans celle de femmes et d'enfants vivants, les liens familiaux n'y faisant même pas obstacle. La tyrannie exercée par la faim poussa même, en effet, des fils adultes à dévorer leurs mères, qui, elles-mêmes, ayant chassé tout amour maternel, faisaient de même à l'égard de leurs plus jeunes enfants. » Ce fut incontestablement la plus grave de toutes. Mais, de quatre à seize, la distance est nette. Il faut en réalité parler de quatre authentiques famines pour douze disettes.

Une effrayante gloutonnerie

La peur de mourir de faim était donc bien plus grande que la mort par épuisement. Elle était accentuée par la peur de manquer et par un régime alimentaire très particulier. L'époque carolingienne fut un âge d'or et les épopées n'ont rien inventé dans ce domaine. Si tant est que les mesures réformées par Charlemagne puissent être converties dans celles du système métrique, on constate une nette augmentation des rations alimentaires par rapport à l'époque mérovingienne. En moyenne, les trois repas quotidiens reposent sur un kilo et demi de pain, un litre et demi de vin, ou, pour la bière, jusqu'à plus de deux litres. Le tout, chaque jour. En plus s'ajoute le companage, ce qui va avec le pain, c'est-à-dire les purées de légumes secs, le porc salé et le fromage. Mais tout cela est visiblement secondaire ; l'essentiel demeure le pain et le vin. Du coup, ces rations sont très pauvres en vitamines, favorisent les carences et la moindre résistance aux maladies, même si elles atteignent six mille calories, neuf mille lors des repas de fête pendant lesquels on force sur la viande, les œufs, et les pâtisseries. Les rois et les empereurs fondèrent souvent dans les monastères des repas de fête qu'ils offraient aux moines en échange de leurs prières pour leurs anniversaires, ceux de leur sacre, de leur mariage, de la mort de leurs parents, etc. La dernière fondation de ce type fut faite par Louis IV d'Outremer, en 945. Incontestablement, l'idéal alimentaire était au niveau de ce que nous considérons aujourd'hui comme une effrayante gloutonnerie. Ces repas devaient procurer, surtout chez nos écrivains monastiques, de la boulimie, des déchaussements de dents, des siestes importantes avec lourdeurs d'estomac, et, du coup, des humeurs pessimistes, des bouffées d'écœurement et, en général, une forte propension à l'humeur atrabilaire. De plus, à la moindre perspective de mauvaise récolte, l'angoisse de voir sa ration de pain diminuer était intolérable, alors que pour nous, aujourd'hui, elle aurait permis le retour à l'équilibre. Ainsi s'explique que, dans certains cas, les annalistes aient écrit que, telle ou telle année, les famines furent si graves que les évêques avaient autorisé la rupture du jeûne du Carême, c'est-à-dire la consommation de viande !

Famine signifie en réalité manque de pain, l'essentiel du repas. La peur de manquer, de se retrouver sans sa miche quotidienne, telle est la motivation fondamentale d'un peuple de paysans déshabitués des secousses d'une conjoncture économique ou climatique imprévisible et brutale. Voilà pourquoi ces famines ne comportaient point de morts. Elles n'étaient que des disettes de pain. Mais elles étaient perçues comme intolérables. Le régime alimentaire entretenait l'insatisfaction. Sauf dans les quatre cas cités, sur deux cents ans, la surconsommation eut pour effet d'engendrer les fantasmes d'être épuisés, à l'agonie, alors que seules étaient bien réelles les affres des gros.

Un feu intérieur mortel

Cette malefaim de pain eut, en revanche, des conséquences absolument épouvantables. Il semble, en effet, qu'en liaison avec l'augmentation de la population, qui se déclenche vers le milieu du Xe siècle, avec les hivers froids, pluvieux, la culture du seigle, céréale très résistante à l'humidité et au froid, ait été multipliée. Or cette expansion du seigle provoqua une maladie qui surprit les gens du temps. Flodoard, un chanoine de Reims contemporain des événements, en signale l'apparition pour la première fois en 945, dans la région parisienne et aux alentours : « Un feu intérieur envahit les membres des hommes ; insensiblement brûlés, ils finissaient par être littéralement consumés jusqu'à ce qu'enfin la mort mette fin aux supplices. » Les extrémités inférieures finissaient par tomber en morceaux. Cette horrible maladie réapparut plus tard en 994 et en 997, en Touraine et en Limousin, puis, durant le XIe siècle, où elle finit par être appelée le mal des ardents ou le mal saint Antoine. La cause en était la consommation de pain de seigle ergoté. L'alcaloïde contenu dans l'ergot du seigle déclenchait des brûlures intérieures, des tétanismes musculaires et des visions colorées analogues à celles que provoque aujourd'hui le L.S.D., qui fait partie de la même famille de corps chimiques. Face à des hallucinations du type de celles des drogués aujourd'hui

Au Xe siècle, l'extension de la culture du seigle fut à l'origine du « mal des ardents ».

(« ASTRONOMIE », DÉTAIL ; MINIATURE CAROLINGIENNE, IXe S.)

LE MAL DES ARDENTS

A cette époque sévissait parmi les hommes un fléau terrible, un feu caché qui, lorsqu'il s'attaquait à un membre, le consumait et le détachait du corps ; la plupart, en l'espace d'une nuit, étaient complètement dévorés par cette affreuse combustion. On trouva dans la mémoire de nombreux saints le remède à cette peste terrifiante ; les foules se pressèrent surtout aux églises de trois saints confesseurs : Martin de Tours, Ulric de Bayeux, enfin notre vénérable père Maïeul (de Cluny) ; et l'on trouva par leurs bienfaits la guérison souhaitée.

Raoul Le Glabre, « Histoires », II, 2, V, 1 et II, 7.

et devant cette paralysie brûlante avançant avec des périodes de rémission, les gens de la fin du Xe siècle étaient totalement désarmés. Cette nouvelle épidémie, d'origine alors inconnaissable, fut interprétée comme une possession diabolique, que seule la prière du père des moines, saint Antoine, pouvait guérir. De même, faisait-on appel depuis 743 au patron des chasseurs, saint Hubert, pour guérir les hommes et même les bêtes mordues par un animal enragé. Dans ce cas très précis et fort proche, où la mort progressait lentement par tétanie, la désespérance devait être totale.

Des vers volants aux dents plus dures que la pierre

La même impression d'impuissance était ressentie devant le vieux fléau biblique, les sauterelles. En 873, elles provoquèrent en Italie et en Germanie, puis en Gaule une famine mortelle pour beaucoup : « À l'époque des moissons, un nouveau genre de plaie, aperçu pour la première fois chez les Francs (effectivement, trois siècles, c'est un peu trop pour une mémoire courte), frappa durement le peuple germanique à cause de ses péchés. En effet, des sauterelles, comme des vers, volant avec quatre ailes et portant six pattes, arrivèrent de l'est. Elles couvrirent toute la terre comme de la neige, dévastant dans les champs comme dans les prés tout ce qui était vert. Elles avaient la bouche large, un intestin très étendu, deux dents plus dures que la pierre, avec lesquelles elles pouvaient ronger les écorces les plus tenaces des arbres. Elles étaient de la longueur et de la grosseur d'un pouce humain. Leur multitude était telle qu'elles dévorèrent en une heure deux cents arpents de moisson près de Mayence (50 ha !) Quand elles volaient, elles couvraient tout le ciel comme d'un voile sur un mille (1 482 m), au point que la splendeur du soleil apparaissait à peine à ceux qui se tenaient sur la terre. Quelques-unes furent tuées en divers endroits. On s'aperçut qu'elles avaient dans le ventre des épis entiers avec les grains et les barbes. Celles-ci étaient déjà parties vers l'ouest que d'autres survinrent. Pendant deux mois, presque tous les jours, elles offrirent par leur vol aux hommes qui les observaient un horrible spectacle. » Ce récit d'un témoin oculaire prouve que nous avons affaire cette fois-ci à des criquets des steppes de l'Asie centrale. Ils passèrent au-dessus de Fulda, puis de Mayence pour disparaître à l'ouest après des ravages ponctuels. L'annaliste de Xanten, un peu plus au nord, sur les bords du Rhin, les signale lui aussi la même année. « En volant, elles émettaient un son subtil comme de petits oiseaux [...] En de nombreux endroits, les pasteurs des églises et tout le clergé accoururent à leurs devants avec des croix et des reliquaires, implorant la miséricorde de Dieu, pour qu'il les défende de cette plaie. Elles firent du mal non point partout, mais par endroits. » Leur trajectoire se poursuivit en Gaule du Nord, puis elles se noyèrent dans la Manche. Bref, les dégâts durent être importants ailleurs et l'impuissance tout aussi démoralisante. Mais il n'y eut qu'une seule grande pulsation de cette « plaie d'Égypte ».

Quoi qu'il en soit, si les épidémies de peste et les famines doivent être considérées comme absentes ou moins graves qu'aux temps barbares, les épizooties, quatre grandes famines, le mal des ardents et un retour offensif de sauterelles forment un ensemble de calamités concentrées à la fin du IXe siècle et durant le Xe siècle qui ne peuvent être sous-estimées car elles perturbèrent gravement et la société et les esprits.

	Comètes et éclipses	Hivers rigoureux	Hivers doux et pluvieux	Épidémies	É
750 790	*761, 763* Gaule du Nord *787* Germanie	*762, 764* Gaule du Sud, puis du Nord			
800	*806, 809* Lune		*801, 808* Gaule du Nord		
810	*810* Lune et Soleil • *812* Soleil *817* Lune et comète • *818* Soleil				*810*
820	*820, 824, 829* Lune	*821, 824* fleuves gelés	*820* Empire	*823* Francie	*820*
830	*832, 838* Lune *837* comète	*839* Gaule du Nord, Germanie	*838* Gaule du Nord, Rhin	*836* Italie	
840	*840, 843* comètes	*843, 845, 846* Gaule	*844* Gaule		
850		*856* Gaule		*856, 857* Gaule	
860	*860* Lune et Soleil *861* Lune • *868* comète	*860* Gaule	*868* Germanie		
870	*873* pluies de sang, Brescia • *878* Lune	*874* Gaule		*873, 874, 877, 878* Italie, Germanie	*878*
880	*882* comète, Germanie	*880, 887* Germanie		*889* Italie	*886* *887*
890		*893* Germanie			*896*
900	*905* comète				
910	*912* comète				
920	*926* Lune				
930	*939* Soleil, comète			*934* Gaule du Nord	
940	*942* comète *944* Soleil, comète	*942* Bassin de la Loire	*940* Bassin parisien	*945* mal des ardents	
950	*951* Soleil *954* pluies de sang, Sens			*956* Germanie, Gaule	
960	*968, 969* Soleil	*964* Gaule du Nord		*964* Germanie	
970					
980	*989* Soleil		*988* Gaule du Nord		
990				*997* mal des ardents, Limousin	
1 000	*1 000* Soleil				

RDINAIRES AUX IXe ET Xe SIÈCLES

oties	Inondations	Tremblements de terre	Famines ou disettes	Sécheresse	
			750 Espagne *793* disette		750 790
		801 Italie	*805, 807* disettes		**800**
ovins	*815* Rhin	*815* Saintes			**810**
mpire	Empire	*823, 829* Aix, Toul, Aix	*820, 829* disettes		**820**
	834, 835, 838 Frise	*837* Tessin *838* Worms, Spire			**830**
	841, 846 Auxerre	*842, 845, 849* Gaule	*842, 845* Gaule de l'Ouest		**840**
	850, 858 Rhin, Liège	*858, 859* Mayence	*850, 852, 853* disettes	*850, 852* Gaule du Nord, Rhin	**850**
	863 Rhin	Germanie	*868* disette		**860**
ermanie	*873, 875* Rhin, etc.	*870, 872* Mayence	*873, 874* famine Gaule, Germanie	*874* Gaule • *879* sauterelles, Gaule, Germanie	**870**
aule Nord	*886* Rhin, Pô (Alpes) *889* Thuringe	*881, 886* Mayence	*880* disette, Germanie		**880**
evaux, ermanie	*896* Germanie	*895* Germanie	*895* Bavière		**890**
					900
			916 famine		**910**
		922 Cambrai		*921* Gaule du Nord	**920**
					930
		944, 947 Reims	*942* disette		**940**
		982, 987 disettes			**950**
					960
					970
					980
			995 famine *999* disette		**990**
		1 000 Gaule du Nord			**1 000**

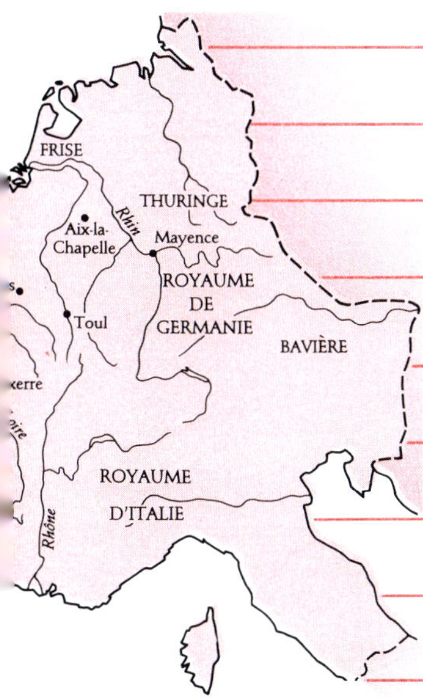

N. B. L'état actuel de la recherche ne permet pas de localiser tous les phénomènes.

Calamités et prodiges

Comme toujours, sauterelles et mauvaises récoltes sont liées au mauvais temps. L'invasion d'acridiens qui avait eu lieu en août 873 avait été précédée à la fin de l'hiver par des inondations énormes dues à la fonte des neiges au dire des témoins. Elles furent particulièrement graves sur les rivages et les bords du Rhin. « Le gonflement des eaux fit périr une multitude d'hommes avec leurs maisons et leurs récoltes. » Derrière cette catastrophe maritime et fluviale, peut-être faudrait-il voir une des phases de ce qui fut appelé la transgression dunkerquienne.

Comme l'a démontré Adriaan Verhulst, une deuxième remontée de la mer derrière les dunes flamandes et frisonnes avait eu lieu lentement vers 400. Là où le cordon de dunes avait été rompu, des « chenaux » parcourus par des courants de marée avaient découpé des îlots bombés formés de tourbe, notamment du côté de Furnes et de Bruges. À l'époque carolingienne, les marais mouillés furent asséchés et mis en culture. Puis, au cours du IXe siècle, des inondations successives, dont sûrement celle de 838 qui détruisit 2 437 maisons, et probablement celle de 873, crevèrent de nouveau le cordon de dunes en deux endroits, à la hauteur actuelle de la Zélande, de Knokke et de Nieuport. La fin du IXe siècle vit donc monter de nouveau la mer en une troisième phase de transgression. Peut-être était-ce dû à une série d'années particulièrement pluvieuses, au point d'en frapper l'imagination ? En 889, trois villages de Thuringe virent dégringoler sur eux une masse d'eau qui arracha d'un seul coup toutes les maisons et jeta dans la plaine trois cents cadavres. De même, le printemps de l'année 860 avait dû être particulièrement humide après que la neige eut tombé continuellement, du 1er novembre au 1er avril ! Même chose pendant l'hiver de 874 – décidément, une année terrible –, pendant lequel des hommes et des animaux moururent de froid, tandis que le Rhin et le Main, complètement gelés, furent utilisés comme des chemins pour les piétons. Bref, les éphémérides furent riches en catastrophes à la fin du IXe siècle et il serait par trop fastidieux de les étudier les unes après les autres. On se contentera de les comparer avec les autres phénomènes climatiques, épidémiques, sismiques, etc., qui figurent sur le tableau (p. 78-79).

Trois cents loups en colonne sur une route

Prenons simplement la peine de considérer ce qui frappait l'imagination. La transgression dunkerquienne, qui fut un phénomène lent, ne donna point naissance à l'idée d'un temps pourri alors que pourtant elle correspondait à une période de réchauffement. En 846, en revanche, les trois cents loups qui, chassés par le froid, s'avançaient en colonne sur une route en Aquitaine durent épouvanter. De même, en 882, les pierres brutes et rugueuses qui tombèrent, le 21 juillet, sur une armée assiégeant une ville restèrent mystérieuses pour les victimes. Il s'agissait probablement, vu la description, de météorites, à l'instar de celles qui tombèrent sur Reims en 919. Elles étaient plus grosses qu'un œuf de poule ! Parmi d'autres signes, en 944, « une tempête excessive se déclencha dans le territoire de Paris et un tourbillon extrêmement violent renversa de fond en comble les murs d'un palais très ancien qui, édifiés avec un ciment très solide, étaient demeurés très longtemps intacts. Il se trouvait sur la colline que l'on appelle Montmartre. On raconte même que l'on aperçut alors des démons sous l'aspect de cavaliers qui, en détruisant l'église voisine (Saint-Pierre de Montmartre), arrachèrent les poutres desdits murs pour qu'ils s'écroulent, déracinèrent les vignes de cette colline et saccagèrent tous les jardins. » Une trombe pareille ne pouvait être que satanique et annoncer, par l'écroulement des monuments antiques, une autre fin, celle du monde actuel.

Tout s'écroule

Pourtant, un tel raisonnement n'avait pas été suivi par le chroniqueur de l'archevêque de Lyon lorsqu'il écrit, en 840, année qui demeure le commencement de la fin pour les Carolingiens : « Une éclipse de soleil eut lieu le jour des Litanies, le mercredi 5 mai, vers la huitième heure du jour (huit heures du matin). Elle dura presque une demi-heure. Il fit sombre au point que les étoiles apparurent dans le ciel de manière très brillante. Cette année, Agobard, de sainte mémoire, évêque de Lyon, mourut le 6 juin. De même, l'empereur Louis décéda le 20 juin. Et l'admirable et mémorable monument que l'on appelait le vieux Forum (Fourvière) s'écroula, à Lyon, le premier jour de l'automne (21 septembre) ; il s'était tenu debout depuis les temps de l'empereur Trajan, pendant presque sept cents ans. » Là où d'autres écrivains auraient mis en relation l'éclipse avec la mort de l'évêque et celle de l'empereur pour en faire une annonce de la chute de l'Empire à l'instar de celle du Forum construit par le meilleur des empereurs romains, nous n'avons qu'une brève énumération de faits énoncés avec une précision mathématique étonnante d'exactitude. Aucun lamento, aucun reproche sur l'incapacité des contemporains à entretenir le bel édifice. Ainsi, l'écroulement d'un forum antique sur la colline de Fourvière, ici, laisse froid, tandis qu'ailleurs le renversement quasi céleste d'un temple antique sur la colline

Le froid fait sortir le loup, fantasme permanent de la mémoire collective. En 846, c'est par troupeaux que se déplaça ce grand prédateur.
(APOCALYPSE DE SAINT-AMAND, IXe S.)

de Montmartre provoque les imaginations. En 840, l'on raisonne sèchement. En 944, l'on interprète par le surnaturel. Selon la mentalité collective d'une époque, un même fait catastrophique est vécu sans heurt ou dans l'inquiétude. Ceci corrobore ce que j'ai déjà démontré, à savoir que les années postérieures à 840 jusqu'à la fin du Xe siècle sont perçues dans une atmosphère de temps de trouble, même si les calamités sont moins graves et moins nombreuses qu'aux époques précédentes. Les réalités sont une chose, leurs perceptions en sont une autre.

Le ciel des étoiles fixes

Compte tenu de ces observations, l'étude des incendies, tremblements de terre, comètes, éclipses de lune ou de soleil, aurores boréales, pluies de sang, comme à Brescia en août 873, pendant trois jours et trois nuits (dues probablement au sirocco venu d'Afrique transportant des poussières de sable rouge) et autres phénomènes cosmiques et célestes, n'apporterait pas grand-chose de nouveau à mon propos, car elle devient de plus en plus, pour les écrivains et les lettrés des VIIIe, IXe et Xe siècles, un objet d'étude scientifique, que l'on utilise tantôt de manière astrologique et tantôt dans un but astronomique. Charlemagne, en particulier, s'était fait enseigner soigneusement l'astronomie par Alcuin et avait étudié la course des astres. Parmi ses trésors se trouvait une table d'argent, sur laquelle étaient représentés, selon les trois cercles concentriques du système de Ptolémée, la terre et l'atmosphère céleste, les « ciels » de la lune, du soleil et des planètes avec leurs « trajectoires », enfin le ciel des étoiles fixes. Elle demeura au palais d'Aix-la-Chapelle jusqu'en 842, date à laquelle elle disparut au cours d'un pillage effectué par Lothaire. Les connaissances scientifiques astronomiques ont donc été répandues dans les milieux intellectuels carolingiens. À cet égard, le biographe de Louis le Pieux, à juste titre surnommé l'Astronome, parsème

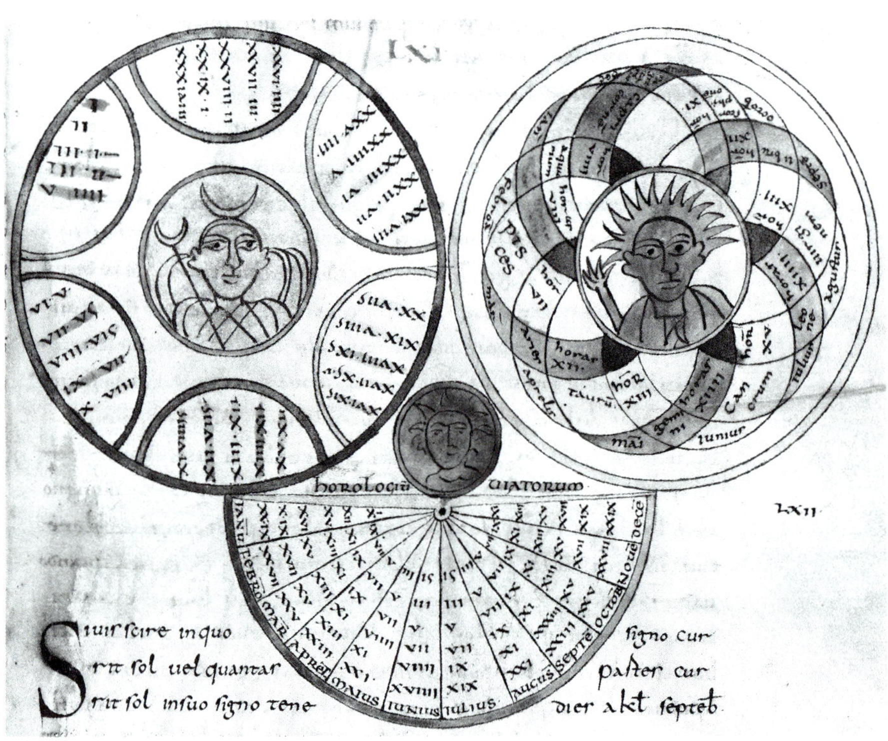

Au VIIIe siècle, le peuple a une approche quasi magique des phénomènes célestes que les clercs s'efforcent de corriger par la rigueur mathématique. Ci-contre, les « ciels » de la la Lune et du Soleil déterminent les divisions d'un gnomon, où l'ombre de l'homme remplace la barre du cadran solaire.

(ISIDORE DE SÉVILLE, « DE NATURA RERUM » ; MINIATURE CAROLINGIENNE.)

son histoire de multiples notations sidérales. Mais, alors qu'Eginhard relève les nombreux présages et autres signes qui auraient pu annoncer la mort de Charlemagne, tout en avouant que l'empereur s'en moqua éperdument, l'Astronome, qui ne considérait pas une éclipse ou une comète comme l'annonce de la mort d'un roi, se vit interroger par Louis le Pieux, très inquiet et qui, lui, y croyait.

Les prophètes astrologues

Un homme très cultivé comme Loup de Ferrières, constatant que l'Écriture ne disait rien sur ces phénomènes, se ralliait à l'opinion des auteurs anciens : « Ils ont rapporté que les comètes présagent les épidémies, la famine ou la guerre. » En 843, le diacre Florus de Lyon considère que le célèbre partage de Verdun a été annoncé par une comète à longue crinière flamboyante qui embrasa l'espace d'une splendeur funeste. En 905, Reginon, moine de Prüm, n'hésite pas à dire : « Cette année-là, une comète apparut au mois de mai, et au mois d'août s'ensuivit ce changement de règne » (celui de Bérenger comme roi d'Italie). Le moine Raoul Le Glabre, un Bourguignon, se laisse lui aussi influencer par l'opinion commune. À propos d'une comète apparue sous Robert le Pieux (996-1031), il explique : « Quant à savoir si c'était une étoile nouvelle que Dieu envoyait ou une étoile dont il avait simplement multiplié l'éclat en signe miraculeux, cela n'appartient qu'à Celui qui dans sa sagesse règle toutes choses mieux qu'on ne saurait le dire. Ce qui toutefois est sûr, c'est que chaque fois que les hommes voient se produire dans le monde un prodige de cette sorte, peu après s'abat violemment sur eux quelque chose d'étonnant et de terrible. » Il avoue ainsi avoir appris qu'on ne peut sonder la volonté de Dieu, mais il sait bien que l'opinion interprète d'elle-même les phénomènes célestes. Thietmar de Mersebourg, à propos de l'éclipse de soleil de 989, proteste contre la croyance qu'elle fut provoquée par les maléfices d'une femme et affirme qu'il suffit de lire Macrobe pour savoir que c'est un phénomène naturel.

Voisine de l'attitude « scientifique », la lecture au ciel des présages. Ici, les constellations annoncent des atrocités commises par les Mauvais contre un sanctuaire. Le Mal se déchaîne mais n'a pas de prise sur les Bons (à gauche), attentifs au prophète.

(PSAUTIER D'UTRECHT ; MINIATURE CAROLINGIENNE, IXe S.)

Des navires voguant sur les nuages

Cette pression de la croyance populaire était donc très nette. Agobard raconte que, dans son diocèse de Lyon, tout le monde croyait à l'existence de faiseurs de tempêtes qui déclenchaient le tonnerre et la pluie, vendaient ensuite les récoltes détruites à des hommes venus d'un pays de Magonie, dans des vaisseaux volants. La croyance aux soucoupes volantes et aux O.V.N.I. ne date donc pas d'aujourd'hui. « Nous avons même vu, ajoute-t-il, plusieurs de ces fous, qui croient à la réalité de ces choses aussi absurdes, qui montraient à la foule assemblée trois hommes et une femme soi-disant tombés de ces navires voguant sur les nuages. Depuis quelques jours, ils les retenaient dans les fers lorsqu'ils les amenèrent devant moi, afin de les lapider. » Agobard, qui, lui, n'y croyait pas, parvint à arracher des mains de leurs tortionnaires ces nouveaux extraterrestres. Mais cela prouve combien grande était la coupure entre la culture populaire et la culture savante. Le combat entre astrologie et astronomie, qui avait paru pencher du côté des savants au cours de la première moitié du IXe siècle, entra donc au Xe siècle dans une deuxième phase propice aux prophètes de malheur, malgré les attitudes scientifiques de Gerbert et d'autres.

Ambivalence du monde, absurdité du présent

Au total, l'examen des calamités des temps carolingiens prouve que, si la violence ne connaît d'adoucissement que pour le régicide, en revanche, la période de paix intérieure a rendu insoutenables les guerres civiles puis féodales, et surtout les cruautés des Vikings et des Hongrois. Une plus grande christianisation en décupla la perception psychologique alors même que ces calamités étaient moindres qu'aux temps barbares. La même amplification se produisit à propos des épidémies sans peste et des famines sans mort d'hommes, qui souvent n'étaient que des tuberculoses et des disettes. Paradoxalement, l'apparition du mal des ardents est le résultat d'un progrès des cultures, ici, celle du seigle. Les nouveaux malheurs sont alors interprétés en liaison avec les phénomènes météorologiques et cosmiques. Tandis que les uns, fidèles aux connaissances astronomiques des savants de l'Antiquité romaine, les considéraient comme des événements naturels, d'autres y virent des présages ou des signes de Dieu. Mais cette dernière tendance se développa surtout lors du temps des troubles, lors de la triste fin des Carolingiens. Comme le prouve en effet le tableau p. 78-79, les calamités furent graves surtout entre 840 et 900. Puis elles diminuèrent pour devenir peu importantes après 950, date à laquelle, effectivement, commença la grande phase de développement économique de l'Europe occidentale. Néanmoins, le passage des malheurs aux bonheurs n'a été ni compris ni ressenti. Le discours reste pessimiste, car le changement heureux dans le progrès peut tout autant être perçu comme traumatisant que le changement malheureux dans le désordre et l'insécurité. Ambivalence du monde et absurdité du présent, tels sont les premiers enseignements des souffrances des temps carolingiens. De l'objectif au subjectif, voyons maintenant la médiation qu'en fit l'imaginaire.

IV

Vers la Jérusalem terrestre ou vers la Jérusalem céleste ?

« Ainsi, le Seigneur affligea avec insistance son peuple de diverses plaies » et « Il punira du fouet leurs iniquités et de coups leurs péchés » *(Ps. 88).* □

L'annaliste de Xanten, qui termine son ouvrage en 873, exprime ici sa mélancolie sur les maux de son temps et surtout, comme le prouve l'emploi du futur dans la citation du psaume, sa conception mystique de l'histoire. Dieu permet les catastrophes pour faire comprendre aux hommes qu'ils ne suivent point les voies qu'il leur recommande. Il leur faut donc changer d'attitude, faire pénitence pour retrouver enfin la prospérité et le bonheur qui consistent à suivre la volonté de Dieu. On reconnaît là le vieux refrain de saint Jérôme : « Ce sont nos péchés qui font la force des Barbares »... Tous les écrivains de l'époque, et même un théologien comme Paschase Radbert, attribuent les invasions normandes aux iniquités des chrétiens. En 845, les évêques réunis à Meaux considèrent les Normands comme le fléau de Dieu parce que les fidèles « n'ont pas obéi aux commandements de Dieu et de l'Église ». En 884, le roi Carloman déclare qu'il est impossible de vaincre les païens puisque les grands oppriment les pauvres. Il s'agit donc d'un appel à la conversion en profondeur et c'est pourquoi j'ai déjà qualifié cette attitude mentale de réaliste et d'optimiste puisqu'elle vise à provoquer le changement. Elle demeure une constante de l'époque carolingienne.

Le retour de la fin des temps

Mais si dans cette première attitude la colère de Dieu monte vivement pour mieux retomber ensuite, dans l'hypothèse pessimiste elle tourne à l'aigre. Le refus de faire pénitence engendre la peur de l'au-delà et la crainte du Jugement dernier. L'angoisse issue de ses propres péchés et du spectacle des malheurs fait alors craindre la fin du monde, se développer le millénarisme, se multiplier les interprétations historiques d'une fin des temps imminente, naître des visions prophétiques, accentuer le rôle des femmes, pour déboucher finalement sur une entreprise inattendue, la croisade, preuve paradoxale d'une meilleure christianisation et d'une attente transformée en action. En effet, une première crise eschatologique tourne autour de Charlemagne. Elle se termine par la paix des cœurs grâce au rétablissement de l'Empire tourné vers Rome et Jérusalem. L'imaginaire religieux est alors fasciné par la construction augustiniennne d'une civilisation qui mélange les deux cités, la Jérusalem terrestre (Rome en fait) et la Jérusalem céleste (le Paradis). Une deuxième crise eschatologique est provoquée par l'effondrement du colosse carolingien. Elle provoque de nouveaux remous et la prise de conscience qu'il faut passer de Moïse, constructeur d'un Israël terrestre, au Christ, bâtisseur d'un Israël céleste ouvert à tous.

C'est dans ce difficile passage de l'Ancien Testament au Nouveau Testament que nous pourrons démontrer si les terreurs de l'an mille ont existé ou non. La question qui se pose de manière insistante dans un monde maintenant christianisé est la suivante : tout est-il déclin et fin ? (interprétation pessimiste), ou bien tout est-il crise et sommation de changement (interprétation optimiste).

Charlemagne, empereur de la fin des temps

Nous avions noté les chocs répétés de la fin du VIIe siècle et du début du VIIIe siècle et nous avions remarqué que dans le désespoir gisait le renouveau. On avait accepté la chute de l'Empire romain, que ce soit à Rome ou à Jérusalem. L'idée du millénaire de répit avait été reçue comme normale et la fin des temps ne devait donc commencer qu'en l'an 800. Le mythe eschatologique explicatif avait alors pris une double tournure créatrice intellectuelle et politique.

Vers la demeure de Dieu ou Satan enchaîné

Déjà peu avant 690, Julien, archevêque de Tolède, avait écrit un *Prognosticon*, dans lequel, pour rassurer ses contemporains, il avait expliqué l'origine de la mort, ce que deviennent les âmes avant la résurrection, et comment cette dernière aura lieu. Puis ce fut un homme des îles du Nord, l'Anglo-Saxon Bède le Vénérable, qui rédigea, vers 716, à Jarrow, *l'Explication sur l'Apocalypse*. Vers 758, le Provençal Ambroise Autpert compila les œuvres de ses prédécesseurs en dix livres d'*Explication sur l'Apocalypse*. Enfin, entre 776 et 780, l'Espagnol Beatus de Liébana fit une nouvelle *Explication sur l'Apocalypse*, dont le contenu iconographique, copié et recopié jusqu'au XIIe siècle, eut bien plus d'influence que son argumentation textuelle.

Tous sans exception refusent de tirer du livre de l'Apocalypse un commentaire historico-prophétique. Ils en proposent une signification symbolique, non corporelle, purement spirituelle. Il est impossible, pour eux, d'en tirer des enseignements politiques pour tel ou tel jour. On se rappelle (chapitre II, p. 53) les principales étapes qui, selon l'Apocalypse, mènent au Jugement dernier. Après un premier combat eschatologique, Satan est enchaîné pour mille ans. Relâché au bout de ce millénaire, il est vaincu dans un second combat. Suit le Jugement des Nations. Apparaît enfin la Jérusalem céleste, c'est-à-dire la demeure de Dieu avec les hommes. Là, Dieu « essuiera toutes larmes de leurs yeux ; de mort il n'y en aura plus... car l'ancien monde s'en est allé » (XX, XXI, 1-4). Face à cette ultime étape, tous nos commentateurs reprennent la réfutation du millénarisme dans les mêmes termes que saint Augustin, au livre XX de *la Cité de Dieu*, écrit vers 426. Celui-ci précisait qu'il ne faut pas entendre mille ans au sens strict, mais « pour l'ensemble des années de ce siècle en vue de marquer par un nombre parfait la plénitude même du temps ». Satan demeure donc entravé depuis qu'a commencé la prédication du royaume de Dieu. Il sera délié pour un temps bref de trois ans et demi, chiffre là encore symbolique. Puis la venue du Christ sera précédée par celle de l'Antéchrist et aura lieu, alors, au bout de ce temps de lutte, le Jugement dernier. Mais, au total, comme le dit Beatus : « Le temps restant de ce siècle est incertain aux investigations humaines [...] Si ce temps est rempli, Dieu seul le sait. » Aussi, avec Bède et les autres qui refusent d'interpréter les six âges de l'Apocalypse comme des étapes historiques, Beatus précise-t-il bien : « Il ne faut pas écouter ceux qui disent que, de la nativité du Christ jusqu'à la deuxième venue du Christ, il y a mille ans. »

Seules la puissance symbolique et la portée spirituelle de l'Apocalypse retiennent les commentateurs anciens des visions de Jean. Toute récupération historico-politique est à l'opposé de leur exégèse. On lit ici le combat des rois et de la bête contre l'ange ; l'acharnement des rapaces contre les Mauvais ; la victoire sur la bête, puis la venue de pseudo-prophètes et le sort qui les attend : le supplice, dans un étang de feu.

(BEATUS DE LIÉBANA, « COMMENTAIRES SUR L'APOCALYPSE » ; MINIATURE, XIe S.)

Bref, il est inutile d'aller plus loin. Tous les penseurs carolingiens sans aucune exception présentent une conception optimiste et dédramatisante de la fin des temps. Le millénarisme ne peut pas se développer parmi les gens cultivés et surtout pas la peur de l'an mille, comme Beatus en démontre l'inanité. Mais justement, comme il le laisse échapper, il y a des gens qui font des supputations chronologiques sur la fin des temps. Dans ces conditions, comment les faire taire ?

L'ère de l'Incarnation

La Rénovation, pour les Carolingiens, est la construction d'une civilisation chrétienne par le baptême qui fait naître une deuxième fois la personne humaine. Cette personne est alors ré-novée. Elle naît une seconde fois ; elle renaît. Nous en avons tiré le mot Renaissance. Tout ceci implique un temps christianisé, qui éliminera les faux calculs des millénaristes. Depuis la chronique d'Eusèbe, on utilisait un comput chronologique considérant que de la création du monde à sa fin il y aurait six mille ans. Bien des chroniqueurs l'utilisaient et c'est pourquoi Childebrand, le demi-frère de Charles Martel, prévoyait la fin du sixième millénaire pour notre année 800. D'autres la mettaient en 801, 806, 811, 833 ou 839 ; incontestablement, il fallait faire disparaître ces calculs d'origine païenne. Bède le Vénérable, qui sait que « ce jour viendra comme un voleur » (I. Petr. III, 10), propose alors dans son *Calcul du temps* une nouvelle datation, l'ère de l'Incarnation, une nouvelle ère qui partirait de la naissance du Christ, c'est-à-dire l'an 759 de la fondation de Rome et non plus d'une prétendue date de création du monde. Déjà le concile de Leptines, en 744, avait adopté cette nouvelle manière de compter les années. Puis tous les auteurs de chroniques et d'annales suivirent. Et l'on sait que nous comptons toujours les années de cette façon. Ce fut une première manière de briser la pensée millénariste. Restait à exorciser l'année 800. Le style chronologique nouveau devait être totalement chrétien et donc fondé sur la naissance du Christ. Le début de chaque année fut alors déplacé, et, là encore, pour effacer les fêtes païennes, du 1er janvier au 25 décembre. Or, comme tout le monde le sait, Charlemagne fut sacré empereur à Rome le 25 décembre de l'an 800. Le symbolisme chrétien de cette cérémonie, longuement préparée par les clergés franc et romain, prit toute sa dimension quand arrivèrent deux moines, l'un de l'abbaye du mont des Oliviers, l'autre du monastère Saint-Saba, envoyés par le patriarche de Jérusalem pour apporter au futur empereur les clefs du Saint-Sépulcre et du Calvaire, ainsi que celles de la ville de Jérusalem et du mont des Oliviers avec un étendard. Il n'importait donc pas tant que ce fût un Germanique qui restaurât l'Empire à l'endroit même où le roi Alaric, autre Germanique, avait frappé Rome à mort. Cet aspect de réparation était secondaire. La Renaissance de Rome et de l'Empire était liée à la mort et à la Résurrection du Christ à Jérusalem, à cette vallée de Josaphat, entre la ville et le mont des Oliviers, où devra avoir lieu, d'après l'Apocalypse, le Jugement dernier. Charlemagne prenait ainsi un nouvel aspect. En tant que restaurateur de l'Empire, il bloquait toute libération du diable aux yeux de ceux qui croyaient que l'Empire tenait enchaîné l'Adversaire. Il supprimait toute croyance millénariste en montrant que le sixième millénaire n'était point fini. Enfin, il pourrait mener l'humanité vers sa destinée finale puisqu'il était le maître de Jérusalem. Seule une pareille hypothèse permet d'expliquer la curieuse arrivée de ces deux moines orientaux qui, comme par hasard, rencontrent le roi franc juste avant le couronnement impérial. Par ce lien symbolique avec Jérusalem, Charlemagne deviendrait donc l'empereur de la fin des temps, du grand répit avant le Jugement. Tel est le point de départ de sa légende, qui en fit plus tard un pèlerin à Jérusalem, dans l'épopée en particulier. Quoi qu'il en soit, le mythe eschatologique avait été transformé, grâce aux clercs intellectuels et politiques de son entourage, en une fresque grandiose de paix et d'ordre, de foi au sein d'un Empire chrétien rénové. Ainsi s'acheva la crise eschatologique de la fin des temps mérovingiens, matée une fois de plus par les théologiens augustiniens secondés par le plus grand historien du Moyen Âge, Bède le Vénérable, et son disciple Alcuin. Avec elle disparaissait la vieille conception païenne du monde qui vieillit, sans aucun espoir, jusqu'à sa fin inéluctable, tandis que Jérusalem à la fois cité terrestre et cité céleste prenait le relais d'une Rome chrétienne dont les malheurs étaient relativisés puisque l'Empire y était rénové, c'est-à-dire mieux christianisé. Ce retour à l'ordre mental fut en même temps marqué par une interdiction efficace du mouvement érémitique.

Il faut, pour accéder à la vision de l'Agneau et à la Jérusalem céleste, passer par les Évangélistes dont les symboles forment un robuste entablement à cette architecture onirique de la ville, vue comme un décor de théâtre d'inspiration romaine.

(ÉVANGILES DE SAINT-MÉDARD DE SOISSONS ; MINIATURE CAROLINGIENNE, DÉBUT IXe S.)

Messies et mystiques

Mais, si l'obsession de la date de la fin du monde avait été repoussée, le millénarisme, lui, pouvait toujours resurgir, ne serait-ce qu'à la chute de l'Empire carolingien, en 888, par exemple, ou à la mort des derniers empereurs, Gui de Spolète ou Arnulf de Carinthie. Croire le contraire serait oublier, comme je l'ai montré plus haut, qu'il n'y a plus de choc ponctuel, mais des séries de malheurs, traumatismes ressentis avec d'autant plus d'acuité qu'ils ont lieu après un apogée de prospérité, et que les deux cultures, intellectuelle et populaire, s'influencent ou se combattent, en particulier en période de malheurs, d'invasions et de guerres civiles.

Le mythe explicatif destiné à apaiser le sentiment d'angoisse et d'inquiétude change alors, selon les régions de faible ou d'ancienne christianisation. Les messies caractérisent les premières ; les mystiques, les secondes. Une littérature de visions prémonitoires se développe avant et pendant les catastrophes. Elle repose toujours sur une spiritualité « à deux étages », l'une pessimiste, au ras des textes, l'autre optimiste, au niveau du cœur. Plus le soubassement païen est proche, plus le millénarisme est présent.

Les cas de faux prophètes

Incontestablement, en effet, les sermons carolingiens qui ont été conservés prouvent une optique optimiste dans l'explication des fins dernières : sans qu'aucune allusion aux supputations chronologiques (sixième et septième âge, etc.), n'y ait été faite, il y est recommandé de bâtir dès ici-bas la Jérusalem céleste en utilisant ce passage *(transitus)* qu'est la vie humaine pour améliorer l'homme. Bref, comment faire son salut, telle est la pédagogie carolingienne. Elle se heurta, dans les régions fraîchement christianisées, à des messies populaires qu'elle qualifia publiquement de faux prophètes. Ainsi Ambroise Autpert, quand il définit le faux prophète : « La Bête, c'est-à-dire le Diable, est l'Antéchrist. Les pseudo-prophètes prêchent l'Antéchrist. » Il faut donc poursuivre ces individus qui, en réalité, sont les propagateurs du culte de Satan. En 744, saint Boniface dénonça au pape Zacharie deux faux prophètes, Aldebert et Clément, dont le premier ressemble étonnamment au prophète berrichon du VIe siècle. Aldebert, en effet, prêchait dans le nord de la Germanie à tout un peuple qui le suivait. Il se faisait adorer comme un saint vivant, distribuait ses cheveux et ses rognures d'ongles comme reliques. « Il consacre des églises en son nom, il prétend connaître les noms des anges. » Il affirme avoir reçu de l'un d'eux, dès son enfance, des reliques d'une sainteté extraordinaire. Enfin, il montrait partout une lettre de « Notre Seigneur Jésus-Christ, Fils de Dieu, tombée du ciel à Jérusalem » : on a là le portrait complet de l'Antéchrist puisqu'il n'y manque même pas l'aspect sexuel, ce prêtre vivant avec des femmes perdues de mœurs. Il fut emprisonné à Fulda, s'enfuit, pour finir assassiné par des bergers pillards. Il est évident que ce faux prophète, qui fut condamné à la fois parce qu'il pratiquait le culte des démons et parce qu'il fondait une autre Église, traduisait le malaise des populations devant un rapide changement de civilisation. Car ces peuples n'adoptaient pas une attitude millénariste, mais se lançaient dans un syncrétisme pagano-chrétien qui évacuait la personne du Christ.

La femme qui prêche

En revanche, le phénomène millénariste réapparaît à propos de deux autres cas de faux prophètes. En 782, l'archevêque de Tolède, Élipand, avait accusé Beatus de Liébana d'avoir fait un sermon, la veille de Pâques, dans lequel il aurait prophétisé la fin du monde, ce qui aurait terrorisé le peuple. Mais il est difficile de croire à l'authenticité de cette affirmation, car son auteur lui-même fut en même temps accusé d'hérésie. Une chose est sûre, en tout cas : l'autorité ecclésiastique ne peut pas tolérer de pareils sermons, puisque annoncer la fin du monde peut devenir un chef d'accusation. Nous en avons la preuve avec l'affaire suivante, celle qui concerne une femme alémanique, Thiota, et qui éclata en 847. « Elle vint à Mayence après avoir beaucoup troublé le diocèse de l'évêque Salomon (Constance) par ses prophéties. En effet, elle avouait qu'elle savait le jour certain de la fin de cet âge ainsi que d'autres choses connues de Dieu seul, comme si elles lui avaient été révélées divinement. Elle prêchait que cette même année allait arriver le dernier jour du monde. C'est pourquoi, beaucoup de gens du peuple des deux sexes, frappés de terreur, venaient auprès d'elle et lui offraient des cadeaux. Ils se recommandaient à ses prières ; et ce qui est plus grave encore, méprisant

DE GAUCHE À DROITE : Une interprétation millénariste de l'Apocalypse voit, dans la Bête à sept têtes, Rome, et plus précisément les sept empereurs responsables des persécutions chrétiennes ; une vision manichéenne du Texte : les hommes, créatures immortelles (dotées d'ailes), sont jugés sur leurs actes : les Mauvais sont précipités dans les abîmes et les Bons appelés à la paix du paradis. Une dédicace postérieure surcharge le document ci-dessous.

(APOCALYPSE DE SAINT JEAN ; MINIATURE, IXe S.)

les doctrines ecclésiastiques enseignées par le clergé, ils la suivaient comme une maîtresse *(magistra)* directement inspirée du ciel. Amenée en présence des évêques à Saint-Alban (cathédrale de Mayence) et diligemment interrogée sur ses doctrines, elle avoua que cela lui avait été suggéré par un prêtre et qu'elle racontait cela par appât du gain. Pour cette raison, sur le jugement du synode, elle fut publiquement flagellée ; elle perdit avec déshonneur le ministère de prédication dont elle s'était emparée illégalement et qu'elle avait osé réclamer contre les usages de l'Église. Ainsi confondue, elle mit fin à ses prédictions. » Cette femme, dont nous ne connaissons même pas le nom (puisque Thiota, en vieil-haut-allemand, signifie « du peuple », *deutsch* aujourd'hui), s'adressait probablement aux populations dans leur propre langue dans une région où le baptême datait de moins de cent ans. Sur l'instruction d'un prêtre sans doute peu cultivé, elle annonçait la fin du (sixième) âge et le jour de la fin du monde pour l'année 847 et cela depuis au moins 839 ! De plus, elle fondait une Église, se laissait vénérer et s'y enrichissait. Elle avait donc tout de la fausse prophétesse qui se prend pour Dieu en prétendant connaître et vendre des secrets que le Christ a déclarés inconnaissables. Ainsi s'expliquent son châtiment et sa dégradation, ce qui nous permet d'apprendre en même temps qu'une femme laïque pouvait en temps normal obtenir un ministère de prédication. De toute façon ces messies populaires n'eurent de succès que dans des régions récemment christianisées, là où une première lecture publique des textes de l'Apocalypse prêtait immédiatement le flanc à une compréhension littérale et fondamentaliste.

La destruction du monde par le feu

Un exemple éclatant de ce millénarisme pagano-chrétien dans des régions de christianisation récente nous est donné avec le *Muspilli*. Ce poème bavarois a survécu dans un manuscrit daté de 850. Il dépeint la destinée de l'âme, puis la destruction du monde par le feu au cours d'une fantastique bataille. L'Antéchrist combattra Élie le prophète, lequel lutte pour la vie éternelle. « Mais beaucoup d'hommes de Dieu croient qu'Élie sera blessé dans la bataille, de telle sorte que son sang dégoulinera sur la terre (faut-il voir là une interprétation des pluies de sang ¿). Puis les montagnes prendront feu, plus un seul arbre ne se dressera sur la terre, les eaux sécheront, les marais les avaleront, le ciel s'embrasera, la lune tombera et la terre brûlera. Plus une pierre ne tiendra debout, puis le jour du Jugement traversera le pays avec une langue de feu qui visitera son peuple. Alors il n'y aura plus aucun secours face au Muspilli (fin du monde ¿). » De toute évidence la catastrophe est ici absolue, totalement pessimiste et, derrière l'habillage chrétien, totalement païenne. La nécessité d'un combat militaire, l'affirmation des liens de parenté et le déchaînement des éléments, les uns vénérés (montagnes et arbres, ciel et lune), les autres redoutés (eaux et marais, ces derniers étant la porte d'entrée des enfers), sont caractéristiques d'une cosmogonie païenne, bien loin de l'apocalyptique chrétienne. Ils constituent bien le terrain favorable aux interprétations millénaristes. Les messies populaires ont germé sur un terrain encore peu christianisé, où la croyance aux dieux païens, qualifiés de démons par le concile *in Trullo* de 695, était latente.

J'avais déjà fait cette constatation pour ceux du VIe siècle. Un tableau des événements catastrophiques, en particulier ceux de la deuxième moitié du IXe siècle, les plus nombreux, permet de constater qu'ils sont particulièrement bien répartis, en Alémannie, Bavière, Haut-Rhin et Franconie. Or la Germanie privilégie les événements à résonance eschatologique, alors qu'ils diminuent en revanche en Gaule du Nord. Ceci correspond bien à l'histoire de la christianisation. Plus elle progresse, plus elle fait reculer le millénarisme, mais l'eschatologie est perçue de manière terrorisante.

Un lieu pour les visionnaires

Corrélativement, les visions prémonitoires sont plus nombreuses en Gaule du Nord qu'en Germanie. Sur plus de trente-quatre visions s'échelonnant du VIIIe siècle à l'an mille, sept ont lieu en Grande-Bretagne et dans le nord de la Germanie, quatre en Germanie proprement dite. Le reste, donc la grosse majorité, se produisit en Gaule. Elles sont en général l'indice d'une forte influence des événements catastrophiques sur les visionnaires, mais, en même temps, elles constituent une réponse mystique aux questions que se posent les théologiens dans leurs monastères, où ils

POUR N'AVOIR PAS FAIT RECULER LA SOUFFRANCE EN CE MONDE

Alors que lui aussi était également relâché dans le sommeil après une telle lassitude tant de l'esprit que du corps, vint le même ange qui, dans la vision précédente, lui était apparu, se tenant à ses pieds ; vêtu de pourpre, enveloppé de vêtements éblouissants, il se tenait à sa tête, brillant d'une splendeur incroyable ; et s'adressant à lui avec de douces paroles, il le loua d'avoir trouvé son refuge dans le Seigneur, tant par l'étude de la psalmodie que de la lecture, alors qu'il se trouvait angoissé [...]

Après ces paroles, l'ange le prit avec lui et le conduisit par une route extraordinairement plaisante ; et là, pendant le trajet, il lui montra des monts très élevés et d'une incroyable beauté qui semblaient être comme de marbre. Un très grand fleuve les entourait, dans lequel était tenue plongée pour son châtiment une multitude innombrable de damnés, dont il avouait avoir connu beaucoup. Et dans les autres lieux il apercevait des gens en proie à d'innombrables tourments de tous genres ; parmi eux se trouvaient de très nombreux hommes, tant des ordres mineurs que de l'ordre majeur des prêtres ; fixés à des troncs et liés étroitement par des courroies, ils étaient plongés dans le feu ; et il vit les femmes qu'ils avaient souillées, enchaînées de la même manière devant eux, plongées dans ce feu jusqu'aux parties sexuelles. L'ange lui dit que sans interruption, à l'exception d'un jour sur deux, le troisième jour leurs parties sexuelles étaient battues de verges. Il disait que plusieurs d'entre eux lui étaient connus.

« La plupart des prêtres, dit l'ange, qui convoitent les biens de ce monde et exercent des fonctions palatines, tandis qu'ils se font valoir par la recherche dans les vêtements et par une table trop bien garnie, pensent que la piété réside pour eux dans les avantages matériels. Ils ne veillent pas au bien des âmes et s'occupant seulement de leurs plaisirs ils se précipitent chez les prostituées, et il arrive ainsi qu'ils ne peuvent intercéder ni pour eux ni pour les autres. En effet, par leurs prières, ils auraient pu être un secours pour le siècle qui souffre de la peste et de la famine, s'ils avaient voulu de tout leur pouvoir rapporter tout avantage à Dieu. Voici finalement la récompense qui leur est donnée, et ils sont enrichis puisqu'ils supportent une telle punition en raison de leurs mérites antérieurs. »

Extrait de la « Chronique de Saint-Maixent »

collectionnent ces récits. Le monastère, en effet, est défini comme étant déjà une anticipation de la Jérusalem céleste, un lieu privilégié où l'on recherche le ciel. Smaragde écrivit d'ailleurs pour ses confrères un petit ouvrage, *Du désir céleste*, qui est une invitation à méditer sur le ciel. Dom Jean Leclercq a d'ailleurs fait remarquer combien, dans les prières monastiques, la méditation du ciel était plus fréquente que celle de l'enfer. La vie mystique déborde donc des monastères sur les laïcs qui viennent s'y instruire. Les visions, qui sont issues de méditations sur les psaumes, ou de tout autre texte spirituel, ne sont jamais des commentaires de l'Écriture sainte. Mais elles décrivent toutes des voyages dans l'au-delà, un passage de l'enfer vers le ciel, en esprit, hors du temps. Leurs allusions à l'actualité restent transparentes ou opaques selon les cas. Elles ont lieu, souvent, au cours de la prière, en pleine nuit, ou un jour saint, en des moments propices à une inspiration eschatologique. Ces récits, vécus par des chrétiens, laïcs, moines ou prêtres, hommes ou femmes, n'ont rien de prophétique. Leurs auteurs se reconnaissent pécheurs et veulent simplement transmettre un message, un appel à la pénitence. À ce titre, ils relèvent d'une pédagogie qui repose sur l'espérance dans le repentir.

Convertissez-vous !

Comme il serait trop fastidieux de répéter ce que nos visionnaires aperçoivent, prenons simplement quelques exemples. Déjà, un moine et une pauvre femme de Laon avaient eu des visions qui portaient sur la damnation de Charlemagne à propos d'un péché concernant probablement sa vie conjugale, dont le modèle polygamique ne répondait plus du tout au type chrétien, monogamique. En 824, un moine de la Reichenau (encore l'Alémannie) eut une série de visions. Dans l'une, en particulier, il vit le grand empereur « se tenant debout, les parties génitales déchiquetées par les morsures d'un animal, le reste du corps indemne de toute lésion ». Nous assistons là, malgré tout le respect montré envers le grand empereur, à la naissance d'une légende qui devait prendre plus tard son envol et qui précisa avec force détours que le péché de Charlemagne aurait été un inceste avec sa sœur. Dans cette allusion se cache le désir de protéger le mariage.

De même, le moine Wetti voit les châtiments auxquels sont soumis en enfer les clercs de tous ordres : « Fixés à des troncs et liés étroitement par des courroies, ils étaient plongés dans le feu. Et il vit les femmes qu'ils avaient souillées, enchaînées de la même manière devant eux, plongées dans ce feu jusqu'aux parties sexuelles. L'ange lui dit que le troisième jour leurs parties sexuelles étaient battues de verges. » Et pourquoi un tel châtiment ? Pour leur immoralité ? Non, mais plutôt parce qu'avec l'aide de leurs prières « ils auraient pu être un secours pour le siècle qui souffre de la peste et de la famine ».

Nous sommes ici en plein cœur du sujet. C'est l'argument de saint Jérôme, retourné cette fois du fond de l'enfer : le malheur arrive parce que les prêtres n'ont pas joué leur rôle d'intercesseurs. La souffrance terrestre qu'ils auraient pu faire reculer est payée, au centuple et plus, par une douleur éternelle. Les calamités ne sont donc pas une fatalité. Elles peuvent être évitées. Tout dépend de la foi des hommes. Le cri de colère de Dieu est toujours fait d'un appel identique : convertissez-vous.

Dans ce Jugement dernier, couleurs et formes sont à clé. Le rouge (en bas), c'est l'Enfer et la mort ; le bleu (au centre), la Terre et sa vocation au divin ; l'or (en haut), le Ciel. Un unique cercle englobe Ciel, Terre et Enfer ; car la Création forme un tout où Bien et Mal sont mêlés. Tout est donc possible, et le malheur n'est pas une fatalité. (LIÉBANA, « JUGEMENT DERNIER », VIIIe S. CATH. DE GÉRONE.)

La vision de Wetti est en réalité un terrible catalogue de règlements de comptes adressés à des puissants du temps, dont les noms devaient être décryptés avec un malin plaisir par les contemporains. Elle révèle surtout l'inquiétude d'une âme pieuse devant la pourriture interne de la cour, la soif de richesses, l'injustice, la sodomie que son ange accompagnateur lui demande de fustiger. Bref, l'enfer de Wetti n'est pas seulement un lieu de supplices ; il est aussi un incommensurable état de tristesse, conformément d'ailleurs à ce qu'en disait déjà Grégoire le Grand dans ses *Dialogues.* Il claque comme la cravache destinée à galvaniser les troupes rétives au moment le plus difficile. En effet, huit récits de visions furent composés entre 850 et 888, époque, nous l'avons vu, des pires malheurs, et ces visions s'arrêtent légèrement avant l'amélioration qui suivit, puisque la première défaite des Danois eut lieu en 881 à Saucourt en Vimeu et que leur élimination date de 911. Les visions ont donc bien une fonction exhortative. Terrifiantes, elles proposent par le regret et le pardon des péchés un itinéraire à suivre. En termes sociologiques, je dirais que le mythe du visionnaire débouche directement sur l'action quotidienne, au point de modifier l'histoire, grâce aux nouvelles attitudes mentales et aux nouveaux comportements qu'il a provoqués.

La prière et l'aumône

En effet, chacun de nos visionnaires suit toujours le même chemin depuis l'enfer jusqu'au paradis. Les descriptions de ce dernier sont d'une immense variété dans le flou et l'indicible. On y voit le Christ siégeant en majesté, des multitudes de saints et de vierges, des anges, des vieillards habillés de blanc, de nature incorporelle, etc. Dieu lui-même n'est suggéré que par une lumière puissante. En somme, le paradis est d'autant plus inaccessible et lointain qu'il ne pourra être connu qu'au Jugement dernier, lequel, pour nos visionnaires, n'a pas encore eu lieu. Il est normal que sa description en soit très imprécise, puisqu'ils expliquent bien que les malheurs sont des signes annonçant la fin du monde ; celle-ci est donc forcément toujours à venir. Entre les deux, l'enfer à éviter, le paradis à rejoindre, se place alors un passage intermédiaire, à travers « le feu purgatoire ». Anschaire, dans sa vision, qui date de 876, précise qu'avec son accompagnateur « ils parvinrent en un certain lieu qui était le feu purgatoire ». L'expérience intérieure du mystique est exprimée ici d'une manière contradictoire et pour tout dire maladroite. Éprouver une sensation de feu intérieur qui purifie ne peut être défini comme un lieu. Une phase de purification ne peut pas être un endroit situé géographiquement. Mais, en même temps, l'imaginaire, par cette confusion de l'espace et du temps, cherche à exprimer l'ineffable expérience. Le visionnaire cherche à décrire, par ce langage mystique déroutant, la plus ancienne attestation du phénomène chez Grégoire le Grand, quand celui-ci déclarait qu'avant de contempler Dieu, l'âme, assoiffée de son consolateur, éprouve l'ardeur du feu purificateur et purgatoire.

Dès 720, nos visionnaires décrivent ces antichambres du paradis, lieux passifs situés sur les routes qui y mènent. En particulier, Bernold (878) dépeint à quatre reprises des endroits où les pécheurs souffrent de froid, de chaleur ou de saleté, ou même, autre souffrance, attendent, privés de Dieu. Ces lieux sont en général situés dans une vallée à deux versants, chacun bordant soit l'enfer, soit le paradis. Bref, l'eschatologie des visionnaires est une invitation au cheminement, en compagnie de l'ange protecteur, avec les armes de l'intercession que sont la prière et l'aumône. Finalement, ce purgatoire paraît être cette terre où tant de souffrances sont subies, mais sur laquelle en même temps la Jérusalem céleste commence à être bâtie. Ce que le gros bon sens traduirait par : à quelque chose malheur est bon.

La mystique laïque féminine

Ce grand essor visionnaire carolingien est par la même occasion l'aube de la mystique laïque féminine. En 825, à Commercy, diocèse de Toul, « une jeune fille d'environ douze ans, après avoir reçu la sainte communion de la main du prêtre le jour de Pâques, commença à s'abstenir de pain, puis de toute nourriture et de toute boisson au point qu'elle passa trois ans sans prendre aucun aliment pour son corps et sans aucun désir d'une quelconque nourriture ». D'autres cas seraient à signaler comme, par exemple, en 920, cette jeune fille dénommée Ozanne, née dans le pays de Voncq : « Ne mangeant ni viande ni pain depuis plus de deux ans, elle avait reçu de nombreuses visions. Alors qu'elle reposait immobile depuis une semaine complète, elle sua du sang à l'étonnement de tous, au point que tout son front et son visage furent couverts de sang jusqu'au cou. Elle demeurait vivante seulement par la chaleur et une très légère haleine qui émanaient d'elle. Elle raconta qu'elle avait vu beaucoup de choses dont elle décrivit certaines mais elle affirma ne pas oser dire beaucoup d'autres choses qu'elle avait vues. » L'auteur, Flodoard, est un témoin oculaire. Son témoignage ne peut être mis en doute. Ces faits constituent les premières manifestations historiques des stigmates et de l'*inédie* (absence de toute nourriture), phénomène encore inexpliqué aujourd'hui. Il va souvent de pair avec des phénomènes mystiques. Ici, il semble que la première communion de la jeune fille ait constitué le point de départ du phénomène, la nourriture spirituelle remplaçant celle du corps. Dans le deuxième cas, l'inédie est accompagnée de visions et surtout des stigmates de la couronne d'épines du Christ sur le front. Il s'agit donc d'une aspiration à se conformer au Christ ressuscité, incorporel, mais toujours marqué par la souffrance. De telles manifestations ne peuvent pas être taxées de possessions diaboliques comme la folie, car elles sont l'aboutissement du jeûne et de la prière. Elles annoncent enfin des phases partielles ou même une absence totale de nourriture, comme chez Catherine de Gênes (1447-1510), Nicolas de Flüe (1417-1487) ou encore Lidwine de Schiedam (1380-1433) pour culminer avec Marthe Robin (1902-1981). On remarquera que ces personnages, comme nos jeunes filles de l'époque carolingienne, sont tous en communion profonde avec la crise de civilisation de leur temps et les malheurs qui l'accompagnent. Ils sont à la fois échos de compassion, au sens de souffrance avec leur temps, et contre-échos de conversion, au sens de retournement vers l'avenir, la Jérusalem céleste où les nécessités matérielles seront abolies.

Nonne de la fin de l'époque mérovingienne tenant un livre saint dans les mains. Le haut Moyen Âge donne aux femmes une relative liberté, celle notamment de refuser la volonté des parents.
(« FRÉDÉGAIRE » ; MINIATURE MÉROVINGIENNE, VIIIe S.)

L'An mille ou la marche vers la Jérusalem céleste

Plus on se rapproche de la fin du Xe siècle et plus les malheurs du temps sont interprétés comme une invitation à la transformation des cœurs. Une nouvelle vague d'érémitisme éclate au cours du Xe siècle comme si, pour mieux transformer le monde, il fallait l'abandonner. Elle est, de plus, contrairement à celle du VIIe siècle, composée en grande partie d'hommes d'origine noble. Les femmes en sont absentes car la plupart du temps, recluses ou moniales, princesses ou jeunes filles du peuple, elles se font entendre autrement.

Une authentique prédiction

Ainsi, Flothilde, « vierge très pauvre » au village d'Avenay près de Reims, eut plusieurs visions pendant le jeûne du Carême du 1er au 29 mars. Toutes les caractéristiques du prophétisme féminin sont ici réunies. Il ne s'agit plus, cette fois, d'un voyage dans les enfers jusqu'au paradis, mais de plusieurs visions très curieuses. Elle se voit d'abord l'objet d'une âpre poursuite de la part de cavaliers qui cherchent à la saisir ou la jeter dans un puits. Puis elle voit saint Remi « disant avec tristesse que la terre de France allait perdre son honneur et son pouvoir à moins que le peuple ne se mette à prier Dieu et à jeûner », se plaignant « de ce que les Francs voulaient faire de leur roi, lui qui avait traversé la mer à leur demande et auquel ils avaient prêté fidélité par serment » et gémissant « parce qu'ils avaient menti à Dieu et à leur roi, et parce que le roi ne pourrait pas régner par-dessus celui-là (Hugues le Grand ?) tant qu'il vivrait, si ce n'est avec l'aide de Dieu ». Défilent ensuite tous les saints patrons du royaume qui reprochent aux clercs de Reims de vivre avec des femmes, de laisser le sanctuaire dépouillé et ses insignes reliques volées. Témoignage là encore contemporain, puisque son auteur mourut deux ans après. De plus, le silence terrifié sur le nom du puissant du moment, Hugues le Grand, père de Hugues Capet, qui vient de s'emparer de Reims et a trahi en prêtant hommage au roi de Germanie Otton Ier, est une preuve supplémentaire que nous n'avons pas affaire à une prédiction *ex eventu*, arrangée après coup. Il n'est pas question en particulier de l'arrestation du roi Louis IV d'Outremer par Hugues, qui eut lieu six ans après. Nous sommes donc en plein cœur d'une époque d'angoisse collective sur le devenir du royaume, comme nous l'avions vu plus haut. Flothilde, d'ailleurs, en annonçant les malheurs qui tombent sur Reims, ne faisait qu'inviter à la conversion sans proposer d'autre solution.

Un seul roi des Francs pour l'Empire romain tout entier

Une autre femme, Gerberge, épouse du roi Louis IV et sœur du roi Otton, relève le défi. Toutes ces incertitudes politiques, ce mal des ardents qui vient de naître, ne serait-ce point le temps de la venue de l'Antéchrist ? La reine posa cette question au moine Adson de Montierender, lequel lui répondit probablement entre 953 et 954, aux moments les plus sombres du semblant de règne de Louis IV, par une lettre *Sur la naissance et l'époque de l'Antéchrist*. De même que le vide politique du milieu du VIIe siècle avait provoqué la réponse du pseudo-Méthode de Patara, de même l'angoisse de voir l'Empire carolingien éclaté et deux rois, Louis IV et Otton Ier, porter tous les deux le même titre de « rois des Francs » devait inciter à renouveler la question sur la fin du monde que les visionnaires, eux, avaient repoussée au loin. Selon la réponse qu'allait faire Adson, auquel on demandait au fond quasiment une prédiction historique, la reine saurait quel serait le vrai roi et le véritable empereur. Or, Adson refuse de prendre en compte toute la littérature antérieure sur le sujet et se contente d'une exégèse stricte des textes en partant de l'épître aux Thessaloniciens de saint Paul. Passant outre à toute réflexion de type millénariste, ce qui prouve bien que l'inquiétude de ses contemporains ne portait point sur cette question, il s'intéresse exclusivement aux tout derniers temps, préoccupation typiquement augustinienne. Foin du sixième millénaire, et autres supputations ! L'Antéchrist viendra après l'Apostasie générale, après que tous les royaumes soumis à l'Empire romain auront disparu : « Or, ce temps-là n'est pas encore venu, parce que, bien que nous apercevions combien l'Empire romain est détruit en grande partie, cependant, tant que les rois des Francs dureront, ils doivent tenir l'Empire romain. Certains de nos docteurs disent qu'un seul des rois des Francs tiendra l'Empire romain en entier. Il sera le plus grand et le dernier des rois. Après avoir gouverné son royaume heureusement, il viendra enfin à Jérusalem et déposera son sceptre et sa couronne sur le mont des Oliviers. Ce sera la fin et la consommation de l'Empire des Romains et des chrétiens. » Viendra ensuite l'Antéchrist qui se fera adorer à Jérusalem. Après qu'il aura été tué par l'archange saint Michel, il restera encore quarante jours pour faire pénitence, avant le jour du Jugement dernier.

Nu, entre deux femmes

Comme on le voit, Adson refuse de donner une date précise : « Personne ne le sait. » Il est même très sceptique à l'égard de « certains docteurs prétendant qu'un seul des rois tiendra l'Empire romain ». C'est pourtant ce qui se produisit puisque, dix ans après, le 2 février 962, Otton Ier fut couronné empereur à Rome, fondant ainsi l'Empire romain germanique qui ne disparut qu'en 1804 !

Comme pour le couronnement de Charlemagne, qui avait étouffé le mouvement millénariste, le couronnement d'Otton dut arrêter les spéculations de ceux qui prétendaient que la fin de l'Empire était proche. De toute façon, quelle que fût la solution événementielle, l'explication d'Adson tenait toujours bon. Purement religieuse, elle échappait à toute récupération politique et calmait les esprits. Une preuve symbolique en fut donnée en pleine cathédrale de Reims, la même année que celle du sacre impérial, le 8 septembre, date anniversaire de la naissance de la Vierge Marie : « Un démoniaque, esclave de la reine Gerberge, courut nu à travers toute l'église jusqu'à l'autel. Là, prostré, il gisait comme mort ; enfin, il se leva, purgé de ce mauvais esprit. » Placé entre deux femmes, la reine et la Vierge, l'Antéchrist, le diable, avait été vaincu par ses deux maîtresses en plein lieu du sacre et par l'invocation de celle dont il était dit qu'elle écraserait le serpent de son talon. Telle est, probablement, l'explication que le clergé donna aux témoins ahuris.

Le coup de barre théologique d'Adson fut donc non seulement monnayé, explicité aux yeux du peuple par des miracles de ce genre, mais il fut aussi diffusé et admis dans tout le monde intellectuel. Plus de cent-soixante et onze manuscrits, ce qui est considérable pour l'époque, véhiculèrent ces idées à travers l'Europe chrétienne. De nombreux aménagements en furent réalisés au cours du XIe siècle sans interrompre pour autant la recherche sur les fins dernières qu'il prônait, et, surtout, sans aucune allusion aux mille ans qui précèdent la fin des temps.

La légende des terreurs de l'an mille

Ainsi s'explique le silence total de nos sources sur les prétendues terreurs de l'an mille qui auraient agité les foules à l'approche du millième anniversaire de la mort du Christ. Ce sont là pures inventions des historiens romantiques du XIXe siècle, à partir d'un unique témoignage que voici. Il émane d'Abbon, moine de Fleury, qui écrit cela en 998 : « À propos de la fin du monde, j'entendis prêcher au peuple dans une église à Paris que l'Antéchrist viendrait à la fin de l'an mille, et que le jugement général suivrait de peu. Je combattis vigoureusement cette opinion, en m'appuyant sur les Évangiles, l'Apocalypse et le Livre de Daniel. » Ceci se passait vers 975. Deux autres témoignages, dus à Sigebert de Gembloux et Raoul Le Glabre, ont beaucoup moins de valeur car ils écrivent bien après le millénaire ; encore parlent-ils simplement de tremblement de terre, de signes et de prodiges, ces années-là, en 1000 et 1033, mais jamais de terreurs populaires. Tout se réduit finalement à un prêtre qui fait un sermon annonçant la fin du monde pour l'an mille. Encore se fait-il vertement reprendre. L'armature intellectuelle monastique a probablement permis de freiner l'incompétence exégétique de certains curés. De même, la déchéance des Carolingiens ne fut pas interprétée comme une annonce de la fin du monde. Le couronnement de Hugues Capet provoqua seulement la colère des Aquitains devant la « fourberie des Francs » et la trahison de l'évêque de Laon, Adalberon, le nouveau Judas, qui livra l'héritier carolingien. De même, la famine de 995 n'eut pas de répercussions mentales. Le millénarisme avait donc bien été arrêté depuis Charlemagne grâce à deux

« Avant même qu'ils eussent atteint le fond de la fosse, les lions s'étaient emparés d'eux et leur avaient broyé les os » (Dan. VI, 25). Le sort des calomniateurs de Daniel fait toute la lumière aux yeux du roi Darius sur l'innocence du Juste. Aux temps carolingiens, le récit biblique sert toujours l'interprétation optimiste du monde sauvé par la confiance en Dieu.

(« BIBLE SACRÉE DE RODA », X[e]-XIe S.)

résurrections opportunes de l'Empire romain en 800 et en 962, et surtout grâce à une contre-culture savante eschatologique repoussant la fin des temps par l'appel à la pénitence jusqu'au moment où Satan serait définitivement éliminé à Jérusalem.

Il ne pouvait donc pas y avoir de peurs de l'an mille, mais bien plutôt une attente, comme le dit Georges Duby. Tous les cycles eschatologiques des Apocalypses copiés et recopiés autour de l'an mille présentent une iconographie où sont jumelées les scènes du Jugement dernier et de la Passion. À chaque fois la peur du châtiment et la joie des élus sont dosées selon une parfaite égalité. À Saint-Benoît, les fresques peintes en 1027 sur l'ordre de Gauzlin de Fleury sont très sereines. Si le manteau impérial d'Otton III (996-1002), ce jeune empereur de seize ans, élevé et porté au pouvoir par deux femmes, Théophano et Adélaïde, est orné des scènes de l'Apocalypse, c'est, là encore, dans le but de consolider l'Empire comme instrument de Dieu, d'autant plus que la capitale en est de nouveau Rome, puisque Otton III

Au Sinaï, Moïse reçoit des mains de Dieu la Loi et la transmet au peuple d'Israël, représenté ici par la cour de Charles le Chauve. L'Empire carolingien réalise sur Terre la promesse de Dieu si la Loi est observée.

(« PREMIÈRE BIBLE DE CHARLES LE CHAUVE » ; MINIATURE, DÉBUT IXe S. ÉCOLE DE TOURS.)

a décidé de vivre à Rome, pratique abandonnée depuis le premier empereur chrétien Constantin. Comme le conseiller ecclésiastique de l'empereur, Gerbert, a pris le nom de Silvestre II une fois devenu pape, et que le premier Silvestre était le pape contemporain de Constantin, le parallèle ainsi voulu est nettement anti-eschatologique. L'Empire est toujours debout.

Mais, par ailleurs, Otton III a lui-même ouvert le tombeau de Charlemagne à Aix-la-Chapelle, guidé par un songe personnel, et il lui a pris sa croix d'or, qu'il porta par la suite. Otton III voulait-il par là symboliser, en sa personne, qu'il était l'empereur de la fin des temps, celui qui consolidait tout avant d'aller déposer sa couronne au mont des Oliviers ? On ne sait exactement quelle était la pensée de l'empereur. Mais de toute façon, en désaccord ou non avec Adson, sa dénonciation de la fausseté de la donation de Constantin montre qu'il refuse un pouvoir exclusivement temporel et se tourne vers une eschatologie de pénitence, tendue non vers Rome mais vers Jérusalem.

Qu'allait-il faire à Jérusalem ?

N'oublions pas, en effet, que ce même Adson, après avoir été le correspondant de Gerbert quand celui-ci était maître des écoles de Reims, termina sa vie tendu vers Jérusalem. En 992, il partit pour faire un pèlerinage sur le tombeau du Christ avec une brute soldatesque, le comte Hilduin qu'il avait converti. Il mourut en chemin et fut enterré dans une île des Cyclades, Stampalia. Qu'allait-il donc chercher, lui, l'un des plus savants de son temps, à Jérusalem ? Il n'était pas le premier d'ailleurs. Dès le milieu du Xe siècle, comme si la prédication, faisant appel à la conversion du cœur lancée par les visionnaires, les mystiques et les ermites, portait enfin ses fruits, un mouvement général de pèlerinages se déclenche vers Jérusalem. Pêle-mêle, chevaliers et moines se lancent en cortèges compacts, tel le réformateur Richard de Saint-Vanne, qui mit six mois pour atteindre Jérusalem avec des pèlerins originaires de Trèves et d'Angoulême. Le comte d'Anjou Foulques Nerra (987-1040) fit trois fois le voyage et mourut au retour du troisième. C'est alors qu'eut lieu la destruction du Saint-Sépulcre par le calife Al-Hakim, en 1009. L'événement eut un énorme retentissement qui fit fantasmer les

« Viens des quatre vents, esprit, souffle sur ces morts, et qu'ils vivent » (Ezéch. XXXVII, 9). Et les ossements qui, dans la vision d'Ezéchiel, jonchent la vallée de Josaphat, reprennent vie. Il y a là une promesse de résurrection propre à balayer toute crainte de fin du monde.
(« BIBLE SACRÉE DE RODA », X^e^-XIe S.)

esprits au point d'aller rechercher les coupables d'un pareil sacrilège chez les Juifs. Mais il n'interrompit point les pèlerinages, bien au contraire. Le duc de Normandie Robert le Diable (1027-1035) partit pour la Terre sainte, mais il mourut à Nicée. Enfin, l'un des chroniqueurs qui nous renseigne le mieux sur l'Aquitaine, Adémar de Chabannes, qui avait eu à vingt-deux ans la vision nocturne d'une croix, partit à son tour, comme son père, vers la Cité sainte, peu après 1028. Il mourut à Jérusalem en 1034.

Tel est le principal résultat de cette attente de l'an mille : désirer mourir à Jérusalem, près de la vallée de Josaphat, là où aura lieu la Résurrection, où se tiendra le Jugement dernier. Toute la croisade est en germe dans ce grand ébranlement de foi. La vie est un passage depuis la Rome terrestre jusqu'à la Jérusalem céleste. Et le meilleur moyen d'atteindre cette dernière n'est-il point de passer par la Jérusalem terrestre ? Il n'est donc pas étonnant qu'une eschatologie faisant accepter la vie, « cette vallée de larmes », comme un chemin vers le paradis ait fini par déclencher ce mouvement de foules qui surprit le pape Urbain II lui-même, en 1095. Logiques avec eux-mêmes, les pèlerins, avant d'attaquer la Ville sainte le 15 juillet 1099, interrogèrent l'ermite du mont des Oliviers, qui les fit jeûner et faire pénitence pendant trois jours.

De la colère de Dieu à l'appel du Christ

L'attente s'est donc muée en mouvement. Une fois de plus le mythe religieux donne une porte de sortie aux angoisses et les fait déboucher sur l'action. Le thème de la Jérusalem céleste l'emporte sur celui de l'empereur de la fin des temps, dont quelques avatars se produisent encore aux XIe et XIIe siècles, notamment avec Frédéric Barberousse : disparu en pleine croisade, en 1189, celui-ci serait, par la suite, toujours vivant au fond d'une grotte des montagnes de Thuringe, attendant le moment venu pour réunifier l'Empire tandis que sa barbe continue à pousser et s'enroule autour des pieds de la table. Certes, cette tension vers Jérusalem n'est point exempte de l'attente du Jugement dernier, mais elle n'a plus rien de millénariste. Le messianisme en est absent et les quelques messies populaires qui apparurent, comme Liutard, vers 1017, échouent encore plus vite que leurs prédécesseurs mérovingiens et carolingiens. En réalité, nous assistons, au tournant du millénaire, à un approfondissement de la foi chrétienne, qui vient de passer de la colère de Dieu à l'appel du Christ, du châtiment à la rédemption. Il ne peut plus y avoir de fin catastrophique du monde puisque Charlemagne et Otton l'ont exorcisée. Désormais l'ère de l'incarnation du Christ ouvre un autre chemin ; la victoire des mystiques sur les messies fait accepter l'écoulement du temps, qui n'est pas un écroulement mais une mort à petit feu.

Mort, où est-elle, ta victoire ?

Nous avons donc tenté dans ces pages de rapprocher une analyse objective des calamités de l'interprétation subjective qu'en donnait l'imaginaire païen et chrétien du haut Moyen Âge. Incontestablement, les malheurs des temps barbares, invasions, prises de Rome, guerres civiles, pestes, famines, chute de Jérusalem, etc., ont gravement atteint l'humanité et cela par trois fois, en 406-511, 552-613 et 661-751. Ces maux ont été largement supérieurs aux calamités des temps carolingiens, pendant lesquels les invasions n'ont point la gravité des assauts du Ve siècle, tandis qu'aucun événement profondément traumatique n'a lieu, que nulle épidémie ne comprend la peste ni que les famines ne dégénèrent automatiquement en mortalités. Au lieu de trois phases de malheurs, il n'en existe pratiquement qu'une, qui va de 840 à 962. Incontestablement, la phase carolingienne constitue un progrès par rapport à celle des temps mérovingiens.

La réponse au malheur fut d'abord la violence (régicide, etc.), puis la croyance païenne en la fin du monde, enfin la croyance chrétienne en la fin d'un monde. Mais, selon les auteurs, cette dernière est colorée tantôt par le pessimisme le plus noir tantôt par l'espérance. Au mythe de l'Âge d'or s'oppose celui de la fin des temps. Au mythe du Barbare rôdant aux portes de la Cité répond celui du bon sauvage. Seul saint Augustin finit par l'emporter avec son ouvrage *la Cité de Dieu*, qui jugule le millénarisme et les peurs par l'appel à la conversion des Barbares. Cependant, le paganisme provoque la montée des messies aux pouvoirs charismatiques et la violence réconciliatrice, tandis que la chute de Jérusalem est perçue comme la fin de l'Empire romain, le dernier répit pour sauver son âme des flammes de l'enfer, juste avant la fin du dernier millénaire, en 800.

Le retentissement psychologique des calamités de l'époque carolingienne fut bien supérieur à leur réalité. Cette prise de conscience collective vient d'une meilleure christianisation, en Gaule surtout. Elle explique que le millénarisme ait été étouffé par la restauration ou plutôt la rénovation de l'Empire carolingien, véritable triomphe du christianisme sur le paganisme et ses messies, et qu'elle ait empêché toute peur de l'an mille. Un flot de livres commentant l'Apocalypse supprime toute application historique immédiate de la fin des temps. La pensée eschatologique écrase ici la pensée constantinienne. En détournant les yeux des chrétiens de Rome vers Jérusalem, ces auteurs proposent, et avec eux les visionnaires, les mystiques, les femmes et les pèlerins, un idéal de construction de la Cité du salut dès ici-bas, transcendant les malheurs par l'appel à la pénitence, seule manière optimiste de libérer l'homme, et dans l'espérance que le Christ des derniers temps « essuiera toute larme ». Le haut Moyen Âge s'ouvrait sur la soudaineté de la mort qui frappait Rome. Il se ferme sur le pèlerin à Jérusalem répétant : « Mort, où est-elle, ta victoire ¿ »

M.R.

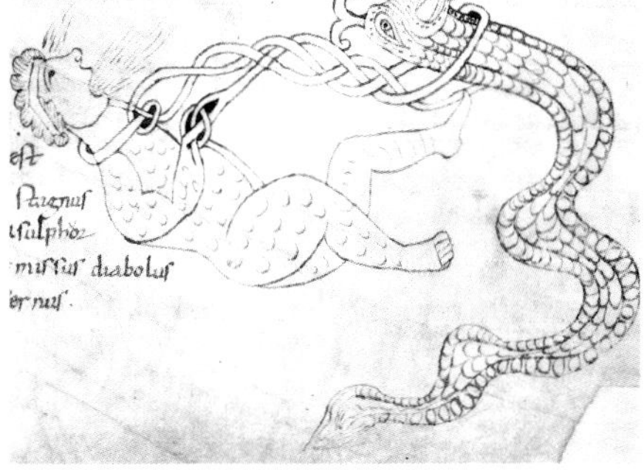

Traîné vers le lieu de la seconde mort, celle qui coupe définitivement de Dieu, vers l'enfer, étang de feu et de soufre...

(APOCALYPSE DE SAINT-AMAND, IXe S.)

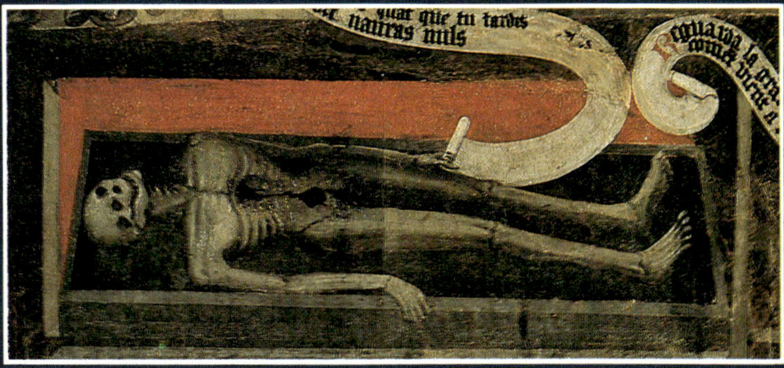

Je suis l'Alpha et l'Oméga, le Principe et la Fin [...].
Dehors les chiens, les sorciers, les impurs,
les assassins, les idolâtres ! (Apoc., 22, 13)

Alors le tiers de l'humanité fut exterminé
par le feu, la fumée et le soufre
vomis de la bouche des chevaux. (Apoc. 9,18)
Instigateur de ce tumulte,
l'Esprit du mal a fui.

BENT LORICAS IGNIAS
CINCTINAS ET SULPHU
REAS
PARS

***Les cadavres des morts,
que leur multitude obligeait à abandonner çà et là
sans sépulture, servaient de pâture
aux loups.*** *(Raoul le Glabre.)*

***Léviathan devient féroce quand on l'éveille [...].
La terreur règne entre ses râteliers !
De sa gueule jaillissent des torches.*** *(Job, 41,2,6,11)*

Il est arrivé le Grand Jour de sa colère et qui donc peut tenir ? (Apoc. 6,17)

Heureux ceux qui lavent leurs robes, ils pourront pénétrer dans la Cité. (Apoc. 23,13)

Et le Dieu de tendresse essuiera toute larme de leurs yeux.
De mort, il n'y en aura plus ;
de pleur, de cri, de peine, il n'y en aura plus.
De malédiction, il n'y en aura plus. (Apoc. 21, 4 ; 22, 3)

Dieu de tendresse Dieu de crainte

IIe PARTIE (X^e - XVe s.)

page 105. – *Relief sur émail limosan, XIIe s. – Fresque du Jugement dernier, Saint-Victor d'Ennezat, XVe siècle.*
page 106. – *Les Quatre Cavaliers de l'Apocalypse ; miniature attribuée à Étienne Garsia, XIe siècle. – Notre-Dame de Paris ; vitrail, détail de la rosace sud.*
page 108. – *Le Déluge. « Apocalypse de Saint-Sever », miniature, XIe siècle, attribuée à Étienne Garsia. – « Le Jugement dernier », vitrail du XIIIe siècle, détail. Cathédrale de Bourges.*
page 110. – *Gilles li Muisit, « la Peste de Tournai », miniature, XIVe siècle. – « Antiquitates », de Gilles li Muisit ; Miniature, XIVe siècle : procession de Flagellants. – Nef de Notre-Dame d'Amiens, XIIIe siècle.*
page 112. – *Statuaire de la cathédrale d'Amiens, détail, XIIIe siècle.*

Il est partout.

Introduction

« Tandis qu'approchait la troisième année qui suivit le millénaire..., le monde, secouant sa poussière pour rejeter sa vétusté, parut se revêtir partout d'un blanc manteau d'églises. » Ainsi s'exprime le moine bourguignon Raoul le Glabre dans un texte fameux et cent fois cité. Mais trouverait-on meilleur témoignage contemporain que celui-là ? Naturellement porté au pessimisme qu'entraîne la colère de Dieu, l'homme d'Église a été sensible à l'embellie qui marque, dès l'an mille, le monde tourmenté d'où naît alors l'Europe. Dans l'histoire des hommes s'ouvre une clairière de deux siècles et demi où s'inversèrent les signes qui marquaient son destin. Certes, le froid ou la sécheresse, l'inondation ou la tempête sont de tout temps et sévissent toujours. Mais la situation des groupes humains s'est globalement améliorée.

Ce qui frappe d'abord, c'est le nombre croissant des hommes ; pendant deux siècles au moins. Partout où on a pu en calculer le rythme, on rencontre une constante au-delà de fluctuations inévitables : de 0,5 à 0,8 p. 100 d'individus en plus chaque année, plus qu'un doublement en 200 ans, de quoi porter sans doute la population du royaume de 12 à plus de 25 millions d'hommes. Bras disponibles, mais bouches à nourrir aussi. Si la production des vivres n'arrive pas à croître au même rythme – ainsi jusque vers 1150 – ou à suivre cette croissance – ainsi après 1250 –, le gonflement des chiffres peut devenir une calamité. Au moins rencontre-t-on une phase optimale entre ces deux écueils. Et comme la croissance des biens à consommer est liée à celle du nombre des hommes, ces derniers ont pris conscience, phénomène nouveau, des nécessités de la rentabilité. Les voici attentifs désormais au profit et aux exigences économiques. Un Suger, abbé de Saint-Denis, un Conan de Bretagne, un Philippe d'Alsace en Flandre, un sire de Rohan sont préoccupés par l'exploitation des bois, l'occupation des sols neufs, l'élevage chevalin. On lit des « chatonnets », ces dystiques attribués à Caton et qui donnent force recettes pour la culture, jusque dans de modestes châteaux. On tente des croisements d'animaux, des sélections d'espèces céréalières ; on s'achemine vers des monocultures. On prend conscience des forces humaines, de celle de l'outillage aussi, face aux exigences de la nature, qui ne semblent plus insurmontables.

Une si profonde modification du sentiment, préalable obligé à toute défense contre les calamités naturelles ou humaines, n'est pas sans poser à l'historien des problèmes de causes. On en a proposé beaucoup, mais aucune n'est pleinement satisfaisante. On a fait valoir que, passé l'an mille, l'Europe n'a plus été victime d'invasions ou de bouleversements comparables à ceux du haut Moyen Âge : une phase de stabilité « politique » aurait permis à l'effort de production de surmonter les handicaps naturels d'une économie mal armée ; toutefois, comme on le verra, le calme n'est pas le trait dominant de la vie quotidienne. On a, d'autre part, expliqué le réveil du XIe siècle par l'accumulation antérieure de richesses provenant des raids de pillage du temps carolingien ; leur mise en circulation à la faveur d'une période moins troublée a enclenché un mécanisme de croissance ; mais la discordance entre les besoins et l'offre durera encore longtemps. Certains historiens ont donné la première place aux modifications du système familial : un « modèle » matrimonial unissant une fille très jeune et un homme largement son aîné aurait eu un effet nataliste et doté l'Europe d'un surcroît de main-d'œuvre ; mais les causes ou les étapes de la désagrégation du système tribal nous échappent.

Reste une hypothèse, séduisante et dangereuse, « naïve et stérile », dit E. Le Roy Ladurie. L'essor démographique et économique ne devrait-il pas quelque chose à une phase climatique optimale, favorable aux êtres vivants, qu'ils soient hommes ou céréales ? Nous ne manquons pas d'indices, dont, depuis peu, on relève soigneusement les données : courbes des pollens arboréens ou herbacés, examen des paléosols sur les sites d'occupation ancienne, allusions anecdotiques sur les intempéries, relevé plus ou moins sériel des dates de vendange ou de la qualité des récoltes. Le rapprochement de ces éléments épars permet d'avancer quelques constatations sans pousser jusqu'au niveau des conséquences ; et l'étude du climat, dans la perspective d'une histoire des calamités, est une base qu'il ne peut être question d'écarter. Le rythme d'ensemble que l'on croit observer est pluriséculaire. Qu'il faille l'imputer à la marche solaire dans l'infini, donc sans périodicité, ou que les effets en proviennent des activités internes de l'astre, la période 1000-1300 a certaines caractéristiques reconnues. En premier lieu, une forte intensité du champ magnétique provoqué par le rayonnement solaire, supérieure de 22 p. 100 à celle que nous connaissons ; les variations thermiques et les indices hygrométriques paraissent dessiner, avant 1100, une phase de réchauffement due au glissement des eaux océaniques équatoriales au-dessus des eaux polaires, mais de sécheresse relative ; une période brève, 1100-1170, se marque ensuite par des hivers rudes et des étés pluvieux, que suit une nouvelle phase tiède mais plus humide, avant de connaître entre 1200 et 1260 un retour vers le froid mais sans excès, puis, avant 1310, le début d'une phase chaude et humide. Ces observations sont confirmées par les mouvements des glaciers alpins, dont la descente est particulièrement marquée au XIIIe siècle, ou par les transgressions marines, par exemple sur les côtes flamandes, où, après un net recul du niveau de la mer du Nord, les assauts marins reprennent lors des fortes marées d'équinoxe dès 1134 (un « zeegang » destructeur) et surtout au XIIIe siècle finissant. Naturellement, toutes ces remarques doivent être localement nuancées : lorsque les flots rompent les digues de Flandre, ils épargnent celles du Marais poitevin et, en Méditerranée, tolèrent même l'ensablement d'Aigues-Mortes ou de Ruscino, port de Perpignan. C'est dire qu'une généralisation serait périlleuse. Du moins a-t-on le sentiment que cette évolution a été profitable à la croissance végétale et qu'on tient peut-être là une explication causale. Plus sensibles à l'immédiat, les hommes du temps ont surtout noté les accidents : hivers rudes gelant le grain et les fleuves, comme en 1043, 1124, 1150, 1225, 1306 ; printemps pluvieux pourrissant les semailles d'automne et empêchant celles de printemps de 1068, 1134, 1151, 1174, 1230, 1315, sans compter les années noires où se conjuguent les calamités naturelles, ainsi en 1033, 1077, 1196, 1246. Comme on le voit, l'étreinte des contingences ne se relâche en aucun siècle, même si on a le sentiment que le XIIIe siècle a été un peu moins touché ; et je reviendrai sur les effets d'une saison gâtée : la rareté et la cherté des grains dans la plupart des cas, litanie que le scribe d'église égrène avec résignation puisque c'est le châtiment que Dieu envoie à une humanité pécheresse.

Pendant longtemps, en effet, les textes, œuvres de clercs dans leur quasi-totalité, ne font entendre d'autres échos que ceux de la peur, de la résignation, du « mépris du monde ». Malheurs et calamités y sont les signes des temps que l'Église déchiffre, parfois avec complaisance, pour appeler les hommes à la pénitence. La précarité de l'existence entretient les pressentiments de l'Apocalypse. L'espérance, lorsqu'elle existe, ne peut guère s'inscrire qu'au registre du miracle ou de l'utopie.

À la longue, cependant, le desserrement des contraintes naturelles et sociales, les reculs de la peur et de la faim donnent naissance à des accents nouveaux. Une perception plus exacte de la nature concrète des fléaux, une confiance – souvent encore hésitante – dans les moyens techniques ou humains d'y faire face suscitent la compassion pour ceux qui en sont victimes et le désir de les secourir, amènent à rechercher, en ce monde et dans l'autre, les parades possibles, qui donnent quelque prise sur l'avenir. La seconde moitié du XIIe siècle – car c'est alors que cette inflexion des mentalités devient manifeste – est à la fois le temps de l'émergence mieux assurée de l'individu et celui du renforcement des solidarités, qui offrent à l'homme leur réseau protecteur : les associations jurées de toute sorte (confréries, ghildes, communes) ici-bas, le Purgatoire dans l'au-delà sont autant de recours contre les coups du destin ou la colère divine. Les monstres qui hantaient les imaginations romanes cèdent la place au « Beau Dieu » d'Amiens, qui, sans cesser d'appeler les hommes au salut, les invite aussi à jeter un regard apaisé sur la nature qui les entoure.

Mais, dès le tournant des années 1280, se dessine une période de sourdes inquiétudes, d'alertes menaçantes. Après 1340-1350, les fléaux se déchaînent. Plus brutaux, plus massifs que ceux des siècles antérieurs, mieux connus aussi, ils frappent désormais la quasi-totalité de la population.

Mais ce n'est pas la seule raison de leur impact exceptionnel : leur action vient se greffer sur des mutations économiques et sociales profondes : stagnation économique, surcharge démographique, montée de l'État monarchique entraînant partout la désorganisation des vieilles structures féodales ou communales. Les repères traditionnels se dérobent donc, et c'est cette conjonction permanente de catastrophes soudaines et de mutations plus lentes mais profondes qui dut accentuer chez beaucoup de contemporains l'impression décourageante de crise générale et sans issue.

V

la Peur de tous les instants

Des sentiments qui agitent le cœur de ces hommes démunis, la peur est sans doute le plus violent et le plus constant. « Ce n'était pas l'angoisse du danger, atroce mais collectif..., que recèle un monde de nations en armes. Ni non plus, ou du moins ce n'était pas surtout, l'appréhension des forces économiques qui broient le petit et le malchanceux. La menace qui était de tous les jours pesait sur chaque destin individuel », disait Marc Bloch. □

L'impérieuse nécessité de la dominer pour parvenir à surmonter les pièges de la nature est un des moteurs essentiels du comportement social. Mais cette peur lancinante, à laquelle tous succombent, le seigneur comme le pâtre, n'a pas toujours la même face.

En premier lieu et tout matériellement, les groupes humains sont isolés les uns des autres, sans relations autres que d'occasion et au milieu d'une nature redoutable.

Le monde sauvage

Tout autour de la clairière où l'homme a planté ses cabanes, la nature vierge forme l'horizon obligé. En beaucoup de lieux, sa barrière sombre interdit les déplacements, les contacts, les échanges. On a tenté de mesurer l'étendue des formations sauvages à l'aube d'une phase de lutte contre l'arbre. Dans l'est de la France, entre le tiers et la moitié du sol est recouvert par une forêt dense de chênes et de hêtres ; moins étendue à l'ouest, elle s'associe à la lande de bruyère et d'ajoncs, tandis qu'au sud le maquis, produit d'une destruction ancienne de la forêt, occupe la plupart des pentes. Chacun de ces types forestiers recèle son originalité et distille ses craintes. À l'est, on peut marcher plusieurs jours sans sortir des couverts, et la forêt est un monde à part, où la fillette des contes de fée, le chevalier des cycles courtois, le pèlerin ou le marchand ne redoutent pas tant la majesté menaçante de la futaie que les fondrières, les troncs morts, les buissons d'épines qui entravent la marche et où l'on voit les pièges du Malin. Plus à l'ouest, les brumes océaniques s'accrochent aux touffes d'arbres, plongeant la forêt dans l'atmosphère maléfique où se distraient Merlin, Mélusine ou Obéron. Moins dense, le bois est moins pénétré et, pour qui ne craint pas les sortilèges, c'est un refuge pour l'homme en fuite, pour Tristan et Iseut dans la forêt du Maurois, pour Lancelot ou Perceval dans les forêts de Brocéliande ou de Bouconne, la « gaste forêt » pour Huon de Bordeaux livré aux maléfices d'Obéron. Quant au maquis méditerranéen, son épaisse carapace stérilise les versants des collines, et seul le pâtre s'y aventure.

Des groupes isolés

Pourtant, cette forêt manteau n'est pas un lieu vide. Toute une foule d'hommes y vivent et l'animent : paysans qui glanent les baies, déterrent les racines comestibles et mènent le troupeau au pacage ; charbonniers et forgerons, dont l'art est une sorcellerie et que l'opinion tient à distance ; boisilleurs et quêteurs de miel sauvage qui dressent leurs cabanes à l'orée du bois ; inquiétants ermites, que l'on consulte comme des médecins ou des sorciers ; et, naturellement, hors-la-loi, pillards, exclus, mendiants qui y vivent de la cueillette et de la rapine. S'aventurer dans le bois pour y découvrir « les plus belles choses qui sont », affirme Perceval, c'est s'exposer à mille surprises, tenter le démon aussi, qui y demeure maître de tous les sorts. Au milieu du XIIIe siècle encore, le bois, aux yeux des prédicateurs dominicains, est l'antre du Malin.

Il n'y a pas que des pièges à en craindre. Le bois est aussi la réserve des bêtes sauvages. Non tant les cervidés, que le noble chasse en groupe, mais les sangliers, dont les ravages sur les courtils paysans exigent des battues régulières, les ours gourmands et bonasses mais qui peuvent devenir dangereux. Venir à bout de la « grosse bête » est la tâche des maîtres, et la chasse, exercice physique, préparation au combat et butin alimentaire apprécié, anime la forêt. Mais l'homme en Occident a trouvé plus fort que lui : les hordes de loups sans cesse renouvelées par l'est et dont les ravages n'ont pas fini de meubler les contes ou les peurs enfantines. Cruels, courageux, organisés, rapides, les loups n'hésitent pas à attaquer l'homme isolé, l'enfant, le vieillard. Dès le début du XIIe siècle, on multiplie les pièges, les battues, et la crainte que provoque le « tigre de l'Occident » reste constante au cours de la période.

Le poids des morts

Une végétation abondante qui enserre le groupe humain, n'est-ce pas déjà une forme lancinante de la peur ? Mais, au village même, dans les clairières où s'élèvent les cabanes, une autre force pèse sur l'esprit et le cœur : les morts sont au milieu des vivants. On n'est jamais tout à fait mort, au Moyen Âge. Lorsque arrive le terme du « passage » ici-bas commence la vraie vie, celle, douloureuse, qu'on passe en l'attente du Jugement, plus tard celle de l'éternité. C'est pourquoi les hommes de ces temps ne craignent pas une fin qui n'est à tout prendre qu'un début. Les morts se prolongent dans

Les groupes humains vivent isolés au sein d'une nature sauvage où règnent encore cervidés, sangliers, ours, loups.
(CHAPITEAU DE LA TOUR-PORCHE, SAINT-BENOÎT-SUR-LOIRE, XIe S.)

les vivants en attente. On s'accoutume aisément à l'idée que, même enfouis au cimetière, les défunts continuent à vivre au milieu des autres : d'ailleurs, on conserve rognures d'ongles et cheveux dans la demeure du mort, témoignage, par ces cellules qui croissent encore après la mort, que rien n'est vraiment fini avec le décès. Le cimetière, l'aître autour de l'église, est un lieu de rencontre et de convivialité, une terre de paix, antichambre de l'au-delà.

Les morts ne sont pas au repos ; ils errent, la nuit surtout, autour de leur ancienne demeure, sans trêve, sans le calme qu'on leur prêterait volontiers ; ils attendent des vivants des prières pour fléchir le Jugement s'ils n'ont pas su se prémunir durant leur vie contre la menace d'une damnation. Mais ils sont déjà en contact avec l'autre monde et on se convainc qu'ils savent ce qu'ignore le vivant : c'est pourquoi on les consulte, on les supplie, on les flatte. L'enfant, la femme, l'idiot, tous ceux qui sont vulnérables sont les dépositaires naturels de leur message ; ils peuplent les songes, ils s'expriment par mille signes, un meuble qui craque, un souffle de vent, les cris d'une bête. Il faut interpréter leur désir, écouter leur enseignement, évoquer leur souvenir ; l'Église s'indigne, tempête, sermonne sans pouvoir déraciner ce culte qui lui a emprunté la croyance en l'au-delà et aussi le souci d'un intermédiaire entre ici-bas et la vie éternelle.

Dévier du mort revenant jusqu'au sorcier qui l'invoque est aisé. Le monde est empli de prodiges, de symboles, d'apparences que le vulgaire renonce à comprendre. Il s'en remet à ceux qui savent évoquer les morts et décrypter les mystères naturels. C'est quelquefois un ermite qu'on va questionner sur la récolte, sur une passion, sur un malaise, plus souvent une femme réputée pour sa clairvoyance ou sa subtilité. L'Église est assez indulgente pour ces sorcières. Certes, leurs prophéties, leurs recettes sont une insulte à la foi et l'excès en est souvent châtié durement ; mais elles tissent un lien entre le fidèle ignorant et le surnaturel. Dieu, finalement, aura toujours le dernier mot, un Dieu terrible, magique et vengeur qui domine l'homme et l'écrase. Ce qui traduit le mieux la peur de l'au-delà, c'est l'irrationnel et l'instabilité. L'irrationnel, car un monde qui approche de sa fin – « Nous qui sommes placés à la fin des temps » dit un chroniqueur vers 1170 – ne peut plus tenir qu'en la main de Dieu ; le surnaturel et l'inconnaissable, mieux : l'étrange et l'extraordinaire, dominent la terre ; le chrétien est écrasé par le mystère que ses yeux ne peuvent entrevoir mais qui s'étend au-delà de l'apparence par le miracle, qui manifeste la providence divine, par le symbole, où se réfugie l'incompréhensible. L'instabilité ensuite : dans la recherche d'un ailleurs qui peut être un mieux-être matériel ou une voie de salut ; les hommes ne tiennent pas en place ; chevaliers errant vers l'aventure, clercs gyrovagues, pèlerins ou paysans changeant de village vont et viennent sans trêve ; insensibles au temps qu'ils ne savent mesurer, aux intempéries que l'inconfort général leur rend supportables, aux souffrances familières, ils jettent mal leurs racines, rompent aisément leurs liens, attendent tout du secours divin ou de la charité des hommes.

La menace, quotidienne, pèse sur chaque destin. La peur habite les regards. Visage de femme, au-dessous d'un bénitier.
(SAINT-ANDRÉ, SORÈDE, PYRÉNÉES-ORIENTALES, XIIe S.)

Les faiblesses du clan

Rien ne rend davantage compte de cette instabilité que l'histoire de la famille. Le stade de développement qu'elle a atteint autour de l'an mille est celui du clan, intermédiaire entre la très vaste tribu et la cellule du couple.

Non que cette dernière ne forme le noyau dur de la famille, mais la juxtaposition des groupes conjugaux à l'intérieur d'un plus grand ensemble tend à dissoudre son originalité et à diluer ses intérêts propres. Un groupe de plusieurs dizaines de personnes encore étroitement liées par le sang, se reproduisant sur lui-même, hermétiquement clos. Les usages matrimoniaux concourent à maintenir cette attitude et cette structure défensives : l'endogamie, qui perpétue la pureté d'un seul sang, est la règle ; d'un seul sang et d'un seul patrimoine. Car l'intérêt l'emporte évidemment sur le sentiment. Les effets de tels usages s'imaginent bien : le consentement des êtres n'est pas recherché, le mariage est imposé par les vieux ; non qu'une mutuelle affection ne puisse naître entre conjoints, mais ce n'est qu'un accident heureux ; dès lors, la solidité de ces cellules conjugales est discutable. En outre, la prédominance des anciens, qui marient, jugent, commandent, introduit le germe de l'insubordination des jeunes, cause toujours latente d'un éclatement. On ajoutera que la supériorité des mâles découle implicitement de la structure classique : ils défendent le groupe, organisent l'exploitation des biens et choisissent les épouses et les mères. Ces dernières subissent ce joug avec humeur, et l'histoire des lignages princiers, mieux connus que d'autres, le montre à l'évidence.

Quand toute la vie du groupe est repliée sur elle-même dans une attitude conservatrice et défensive, bien des conséquences concrètes s'en suivent. En premier lieu, la structure de l'habitat. Les maisons sont des halles capables d'abriter cent personnes en un immense dortoir qu'on partage avec les bêtes. Les foyers sont rejetés au dehors, la construction est légère, provisoire ; et, en effet, la médiocrité des techniques culturales contraignant à ne solliciter la terre qu'un an sur deux, l'itinérance des labours entraînera celle des maisons. Les villages, qui regroupent quelques halles, des enclos, des fonds de cabane

Les défunts vont bientôt fixer les vivants. Autour du cimetière s'organisent le village, l'église, les champs.

(« LA RÉSURRECTION DES MORTS », FRESQUE DE ST-PIERRE, XIVe S., MARTAILLY, SAÔNE-ET-LOIRE.)

réservés à l'artisanat domestique, ne sont pas occupés au-delà de quelques siècles. Sur la clairière culturale, leurs sites se déplacent quand la terre est épuisée, même par des façons extensives. Cette itinérance, que prouvent les fouilles sur force lieux d'habitat de ces temps, pose, évidemment, des problèmes techniques qui accroissent le sentiment de fragilité et d'inconfort ; passe encore là où l'on construit en bois, tout le territoire au nord de la Garonne et de l'Isère ; mais, au sud, la pierre domine et l'itinérance est plus incertaine.

Un village mobile, des groupes fermés, un terroir mal ou pas du tout dominé non plus. Si la culture se déplace, aucune armature de dessertes rurales n'est possible, aucun parcellaire durable. Ici et là, certes, les restes de la cadastration antique, comme en Languedoc, soutiennent toujours le partage des sols. Ailleurs, le dessin des champs varie sans cesse. L'effet n'en est pas seulement le manque de maîtrise de la terre, donc de la production vivrière, c'est aussi la difficulté d'une appropriation individuelle. Le bien est collectif ou n'est pas. Élément de renforcement du clan peut-être, mais gêne évidente pour toute entreprise nouvelle. La structure clanique est par essence conservatrice.

On peut déplacer les champs, les maisons, voire le lieu de culte ; on ne peut pas déplacer les morts. Certes on peut imaginer que lors d'une création nouvelle on y porte les corps de quelques ancêtres déterrés pour l'occasion : on en a des preuves certaines, témoignage supplémentaire du poids des défunts sur le groupe vivant. Mais la nécropole est fixe, souvent placée au point de contact de deux clairières, de deux clans qui y mêlent leurs morts à défaut de mêler les vivants. Au-delà du rôle d'intermédiaire ainsi joué par les ensevelis, on discerne bien dans le cimetière le seul point fixe autour duquel pourraient un jour se regrouper les autres. Je pense que ce sont les morts qui ont attiré les vivants.

La violence au quotidien

Mal outillée, cette humanité souffrante n'est pas capable de mesurer les lentes modifications de son environnement ; elle a un sentiment aigu de sa dépendance à l'égard du monde qui l'environne ; et, dans son anxiété, elle croit davantage à la preuve par le miracle qu'au raisonnement ; c'est fort simplement qu'à ses yeux les calamités naturelles se confondent avec les calamités spirituelles ou sociales. La violence où baigne sa vie de tous les jours est donc une manifestation de la volonté de Dieu.

Justice et injustices

Tous les manuels l'enseignent encore aux enfants des écoles : le Moyen Âge est l'anarchie, car la notion d'État s'y est perdue. Ce jugement est surtout propre à nos compatriotes ; nos voisins, que n'a pas touchés autant que chez nous la notion de centralisme et d'intérêt public, en jugent autrement. Sans entrer dans une querelle qui serait, ici, oiseuse, force m'est de rappeler que l'autorité peut connaître des faces diverses sans qu'une hiérarchie toute « jacobine » frappe d'anathème des formes où l'on ne discerne pas de pouvoir central. Tel est bien le cas des temps médiévaux : il s'écoulera un long temps avant que le prince ne réincarne, comme chez les Romains, la notion de pouvoir dominant. Avant cette « Renaissance », au reste discutable, l'autorité, déléguée le plus normalement du monde, descend du prince au potentat régional et, de celui-là, au maître de village. Nulle anarchie ici ; au contraire, rarement société fut aussi étroitement surveillée et commandée que celle des temps « féodaux ». Et il faut comprendre et admettre qu'un pouvoir de commandement n'est efficace qu'à la mesure de ses moyens. À quoi bon parler d'État quand il n'existe aucun organe solide charpentant le corps social ? En revanche, au niveau local, celui de la cellule villageoise ou « seigneuriale », l'autorité s'exerce pleinement.

C'est la justice qui incarne le mieux cette situation. Il persiste bien l'idée et même les rouages d'une justice publique supérieure, celle du prince, voire celle du comte, mais on sait bien qu'au cœur d'une zone rurale, loin des palais et des cours, il est vain d'en espérer secours ; et il en sera ainsi jusqu'au milieu du XIIIe siècle pour le moins. Il faut donc s'en remettre à la justice locale, celle que rend le seigneur. Ici aussi, il convient de balayer quelques idées fausses : la justice seigneuriale n'est pas un caprice de tyran ; elle se veut efficace et morale ; d'ailleurs, « faire bonne justice » est une conduite qui vous assure le salut et tout incline à penser que la bonne volonté n'a pas manqué. Pénétré de principes chrétiens, l'homme qui juge est même très sensible, attitude curieusement « moderne », aux circonstances psychologiques de la faute au lieu d'appliquer comme un préteur romain un texte pour un délit brut. Replacée dans son contexte du moment, la justice des hommes n'est pas pire qu'une autre.

C'est la justice du seigneur qui, selon la faute, inflige le châtiment : la mutilation est du nombre des peines encourues.

(MINIATURE ; « COUTUMES DE TOULOUSE », XIIIe S.)

Pas pire, mais à nos yeux bien décevante. Car le juge peut être animé des meilleures intentions, les moyens d'appliquer sa volonté lui font défaut ou altèrent son jugement. D'abord, il n'a pas toujours, matériellement, la possibilité de faire exécuter une sentence nuancée : il manque de juristes, d'avocats comme de procureurs ; il ne dispose que de quelques sergents passablement brutaux parce qu'ils se croient dépositaires à leur bas niveau d'un peu de la justice publique. Mais, surtout, l'atmosphère générale où l'on rend la sentence n'incline pas à la compréhension et à la clémence. Partout règne le culte de la force et de la violence ; et l'explication en est aisée : dans un monde où l'on mange mal, où les dangers sont permanents, quel autre recours que d'être fort ou de se placer aux côtés de qui l'est, guerrier capable d'attaquer et de défendre, puissant qui vous nourrira et vous logera ? Or qui est riche mange à sa faim, et qui mange domine les autres ; la justice qu'il rend est celle du plus fort, la violence qu'il exerce est légale. Malheur au faible et à l'isolé ; qui ne peut fournir de garant, de champion ou d'argent risque fort d'être mal jugé. Ce n'est pas qu'on n'en ait eu quelque conscience : les codes rédigés dans le haut Moyen Âge, lorsqu'il avait fallu composer entre la coutume germanique et le droit romain, continuent toujours à servir, et l'Église a multiplié les pénitentiels, qui tarifient les châtiments spirituels.

Or le rapprochement des moyens brutaux d'établissement de la preuve et du souci de respecter la volonté divine aboutit à de bien étranges usages où la justice stricte a toutes les chances de perdre sa route. D'abord, on peut toujours payer : les tarifs de composition pécuniaire n'ignorent aucun forfait, et cette prime au riche ou au moins pauvre est déjà source d'injustice, même si au départ elle s'inspire du souci de ne pas verser le sang. S'il faut prouver, on s'en remettra au jugement divin : les adversaires se battent ou en chargent des professionnels ; à l'un Dieu apportera le secours qui fera triompher une des causes. Ou encore, le prévenu se soumettra à quelque ordalie, supplice du fer rouge ou de l'eau bouillante où Dieu, toujours, saura sauver l'innocent. Mais qui ne verrait que, sous le voile qu'a jeté l'Église, le droit qui triomphera sera celui du plus fort ? Et puis le goût du sang est profondément ancré dans les cœurs : les châtiments par mutilation encombrent le monde d'estropiés ; encore heureux s'ils l'ont été avec raison.

Le profit déchaîné

C'est un intéressant problème psychologique que celui des origines de l'idée de profit. Est-il chevillé au cœur de l'homme, avec son cortège de défauts majeurs où l'envie tient la tête ? Ou bien certaines conditions économiques et sociales peuvent-elles expliquer son essor ? Pour les temps que je parcours, la seconde hypothèse ne se discute guère : le médiocre niveau où se tient le marché des biens exacerbe les convoitises ; on prend ce qui vous tente et qu'on n'a pas ; c'est à peine si on s'efforce de couvrir la saisie du voile d'un prétexte. Quand on passe en revue une liste des coups de force par lesquels un homme ou plusieurs font main basse sur le bien d'autrui, on voit se dégager, aux XIe et XIIe siècles en tout cas, des catégories très précises de biens : le bétail, qu'on saisit au bois ou à la pâture et dont la possession, au moment de l'essor agricole, est une nécessité ; quelquefois, l'argent, dont la rareté signale encore le peu de rôle qu'il joue dans la société ; souvent, le grain et le vin au moment de la rentrée en grange ou au pressoir ; les filles également, bien précieux jalousement gardé et dont la prise assurera à la famille la descendance souhaitée. Naturellement, ces captures peuvent s'entourer d'un décor formel : gagner une fille, ce peut être au terme d'une « stratégie matrimoniale » et non pas forcément par un rapt. Obtenir vin et chevaux peut être le fruit d'une longue transaction où l'on cède en échange, parce qu'on en est riche, des lopins de terre ou de bois. Mais ces transactions elles-mêmes s'appuient sur la force, quand bien même on l'aurait seulement montrée, sans en faire preuve.

Or il ne faut pas oublier que tout homme est armé. L'obligation du service de guerre, imposé à tous les libres, subsiste même si, techniquement, elle ne débouche pas sur une « mobilisation » efficace. Convoqués, les hommes se présentent avec des couteaux, des faux, des arcs et généralement à pied. Qu'en faire à la bataille ? Ils restent donc au village, à patrouiller dans le bois ou à curer les fossés, mais armés. Les rares inventaires de biens paysans qu'on a pour le XIIIe siècle montrent même qu'ils ont parfois chez eux cuirasse et chapeau de fer ; quant aux actes de franchises villageoises du même moment, ils débordent d'allusions aux « mehaing avec sang », les « mêlées chaudes » où l'on joue du couteau et de la hache. La violence est de tous les temps, mais ici on l'a favorisée.

S'aventurer seul dans les bois, ou même sur la route, est courir un risque grave. Les bêtes sauvages sans doute, mais les hommes, sauvages aussi. Le brigandage est la plaie des campagnes médiévales : on devient voleur par nécessité mais aussi, comme le paysan Helmbrecht, dans l'espoir d'échapper à sa classe sociale. Détrousser un marchand peut même passer pour fort

Un refuge contre la violence : l'Église, ouverte aux faibles, aux repentants, aux convertis.

(BAPTÊME DE DRUSIANE ; « APOCALYPSE DE SAINT JEAN » ; MINIATURE ANGLAISE, XIIIe S.)

excusable, et Renart, sympathique miroir du commun, en tire honneur et gloire. La chose devient plus grave s'il y a bande, association de voleurs, et on sait l'importance des regroupements au Moyen Âge. Il faudra donc que s'associent aussi les marchands, les pèlerins, les clercs qui voyagent, car franchir une barrière forestière, un marais, un col sans encombre est un exploit qu'on assimilera volontiers au miracle. Il est vrai qu'il ne manque pas de lieux de refuge, points forts seigneuriaux dont le maître assure un « conduit » armé à qui traverse ses terres, asiles religieux, également. Comme le dit Ferdinand Lot, c'est « un spectacle émouvant que de voir la férocité haletante s'arrêter devant un autel qu'embrasse un misérable ». Sans doute, des téméraires forcent-ils parfois l'asile, sans doute aussi des seigneurs abusent-ils de leur force pour rançonner les passants au pied de leur tour ; mais, finalement, ces cas sont plutôt rares entre 1100 et 1300. La police se fait presque spontanément : nous ne sommes plus dans la violence du Xe siècle, pas encore devant les ravages organisés et les fuites éperdues des XIVe et XVe siècles.

Toujours et partout, la guerre

Le ressort principal de la période carolingienne avait été la guerre de pillage. Pour être obéi, le prince devait chaque année mener ses hommes vers le butin, et naturellement en armes. La razzia était érigée en moyen de gouvernement. Imposée par la rareté des biens de consommation, cette conception de la guerre a, pour les mêmes motifs, survécu à la décomposition postcarolingienne. Piller et, pour cela, faire la guerre au voisin sont la base de la consommation, et l'absence d'une autorité supérieure ramène le geste guerrier au niveau du village.

Ce n'est pas qu'ait disparu l'expédition « officielle », le *bellum* des chroniqueurs, où les princes sont mêlés et dont les prétextes invoqués touchent à des problèmes politiques. Pour régler leurs rivalités, les rois et les grands feudataires y ont souvent recouru : ils rameutent alors leurs vassaux et les hommes libres dont j'ai dit plus haut quelques mots. Dans une telle entreprise, la parole est aux vieux, aux sages qui sauront garder raison et mener la campagne. Normalement, une bataille véritable doit terminer la guerre et elle prend volontiers l'aspect d'un jugement de Dieu : la victoire reviendra à la cause la plus juste. Mais, en vérité, ces guerres sont peu nombreuses et généralement très brèves, une campagne en été, c'est tout. Ce sont souvent ces conflits d'occasion que narrent les chroniques, toutes d'Église ou royales. Et une part du désordre qu'offre au premier regard la vie politique et militaire du Moyen Âge central provient de la brièveté, voire de la vanité de ces engagements. Au reste, au moment de la bataille, les pertes en vies humaines ne sont jamais lourdes. La raison en vient des conditions mêmes du combat : la tactique qui l'emporte après l'an mille est la charge de cavalerie. Les hommes qui la mènent s'y sont exercés ; ils connaissent voisins et chevaux et, pour donner tout son poids à l'action, ils se protègent par des cuirasses. Certes, ils ne sont pas invulnérables ; jetés à terre, il peuvent y être immobilisés sans peine et, là, égorgés par les piétons. Mais, le plus souvent, ils ne sont qu'estropiés et on les capture : tuer est sans intérêt et surtout sans profit. Or c'est le profit qu'on recherche et la rançon est d'un bon rapport. Alors, les « batailles » ne laissent pas de nombreux morts sur le terrain, moins de dix par exemple en 1119 à Brémule, au terme d'un engagement opposant les rois de France et d'Angleterre. Par la suite, au XIIIe siècle, on s'acheminera vers des résultats plus sévères, des centaines, voire des milliers à Bouvines, en 1215 ; mais le caractère exceptionnel de ces engagements persiste.

Aussi bien la guerre, la *werra*, est-elle autre chose. C'est le moment des raids de pillage, au retour de la belle saison, en mai et en juin, quand on peut aller capturer chez le voisin du grain, des bêtes ou même les filles. Les prétextes sont toujours bons qui jettent au travers des campagnes les jeunes guerriers ; ils s'y exercent à la vraie guerre en ces expéditions annuelles, cette véritable chasse au butin. Il y a rarement mort d'hommes : à cet égard, l'enseignement des cimetières est bien différent du spectacle offert pour le haut Moyen Âge : moins de membres brisés, moins de poitrines enfoncées, moins de crânes fendus. Mais pour l'homme désarmé les périls sont bien présents. Sans qu'il puisse le prévoir tant le mobile est futile ou brusque, le paysan ou l'homme des villes est traqué, rançonné, malmené. D'ailleurs, quand lui-même n'est pas soumis à des sévices, il doit payer pour la rançon de son maître si ce dernier est capturé. Mais les dégâts causés par cette guerre permanente sont bien plus durables : les maisons de bois, les lardiers et les réserves brûlent aisément. Le bétail est saisi ou crevé ; le moulin est détruit ou privé de son appareillage en métal ; le puits est comblé ; les blés sont foulés ou coupés. D'une année sur l'autre, la tyrannie des hommes d'armes fait revenir implacablement le désastre et, si l'on peut relever la maison ou se passer de pain, le renouvellement du cheptel et la remise en état des machines demandent un temps précieux. Qu'une calamité naturelle se greffe sur les calamités que provoquent les hommes, et le peuple des pauvres est acculé à la faim ou à la fuite.

ORIGNY CRAQUE, FLAMBE ET FUME

« Sire, on massacre tes hommes ! » Raoul l'entend ; le sang lui monte à la tête ; il lève les poings et crie à pleine voix : « Armez-vous, chevaliers ; je veux saccager Origny sur l'heure ! » [...] Sous les cognées et les coins d'acier, la palissade s'abat de toutes parts ; les chevaliers traversent le fossé, pénètrent par toutes les brèches et se précipitent en criant dans les rues, la lance baissée. Des femmes, des enfants, des vieillards essaient de fuir : ils sont cloués contre leurs murs et contre leurs portes... On se bat dans les rues, dans les chambres, sur les toits. Le sang coule partout... Les écuyers jettent des charbons ardents dans les granges : ils dispersent les braises des âtres sur les planchers. Et les salles s'allument, les solives craquent, les planchers s'effondrent ; les tonneaux d'huile et de lard prennent feu en crépitant dans les lardiers. Tout Origny s'embrase ; les petits enfants – grand deuil et grand péché – brûlent dans leurs berceaux. La flamme court, dévorant les toits ; elle atteint l'abbaye. Origny craque, flambe et fume : rien ne vit plus dans le bourg ni dans l'abbaye ; l'odeur de l'incendie et de la chair grillée se répand dans la campagne. Raoul est content.

Raoul de Cambrai, chanson de geste du XIIe siècle finissant, adaptée par P. Tuffrau dans « Documents d'histoire vivante », Paris, 1924.

Clartés dans la nuit

Tout n'est pas noir dans la vie quotidienne des hommes du temps. Les besoins de la présentation des périls m'ont amené à n'introduire aucune notion d'évolution ; il est temps de le faire, en soulignant d'indiscutables progrès dans la lutte contre les calamités.

La maîtrise du sol

Le phénomène le plus important de l'histoire d'Occident durant les mille ans du Moyen Âge se manifeste au XIe siècle et fait reculer quelque peu les « terreurs de l'an mille » ou ce qui en tient lieu : c'est l'encellulement des hommes, c'est-à-dire l'établissement de cadres désormais fixes sur le sol où sont regroupés les individus. Entre 950-980 au Languedoc ou en Auvergne et 1050-1080 plus au nord et à l'ouest, le village prend sa position définitive, tel qu'on le voit aujourd'hui encore même là où le perchement sur une rocca, l'« incastellamento », a perdu de sa tyrannie et laissé redescendre l'habitat en plaine. Le regroupement peut avoir été spontané, par exemple à la suite de l'implantation d'un artisanat de transformation, forges, fours à potiers, qui attirent utilisateurs et producteurs ; mais en de nombreux cas le regroupement a été provoqué par le maître, qui établit plus aisément son autorité seigneuriale sur des groupes humains mieux surveillés. On prendra donc mieux garde à ne pas retenir comme signe d'échec des hommes l'abandon, aux XIe et XIIe siècles, de nombreux sites habités : il s'agit d'un recentrage de l'habitat et non d'une désertion calamiteuse.

Le mouvement d'encellulement a été favorisé par l'établissement de points d'ancrage préférentiels autour desquels les hommes se sont pressés. Le château, dont je parlerai tout à l'heure, n'a peut-être pas eu le rôle moteur qu'on lui prête à l'ordinaire ; lui-même s'est implanté en relation avec deux autres piliers du regroupement, l'église paroissiale, le cimetière. Ce n'est pas avant ces dates, en effet, que le maillage paroissial s'est définitivement mis en place. L'érection d'églises en pierre est devenue la règle, et l'un des premiers lieux de convivialité des hommes est l'édifice du culte. J'opine cependant à considérer la nécropole comme ayant joué un rôle identique, peut-être même préalable. C'est un phénomène capital que celui de presser les maisons autour du cimetière : les morts sont en résidence surveillée ; ils sont domestiqués, ils sont familiers, et ce que j'ai dit plus haut de leur rôle montre l'importance de cette articulation dans l'histoire des mentalités.

En même temps que le village prend sa place et sa forme définitives, son terroir est également pris en main. Les sources abondent, pour le XIIe siècle à tout le moins, qui portent sur les bornages, les limites de parcelles, de bois ou de paroisses, comme si le souci de clarté se transportait sur la terre elle-même. Les chemins durables naissent, jalonnés de croix ou de signes de reconnaissance indiscutés ; mieux encore : l'arpentage, négligé depuis la cadastration antique, reprend ses droits. Une pareille métamorphose des mentalités n'a pas, sans doute, que des causes économiques ; le souci du chiffre et l'esprit de géométrie envahissent le cerveau des hommes et c'est également un tournant capital dans l'histoire de la pensée.

Nécessité vivrière, pression des bras en surnombre, progrès de l'outillage, libération des craintes ancestrales, ce temps est aussi celui d'une conquête raisonnée des sols. Le recul du monde sauvage a pris plusieurs aspects successifs entre 1025-1050 et le XIIIe siècle. On a d'abord élargi le terroir cultivé aux dépens des friches et des landes parce que la fixation des cultures contraignait à développer la zone ensemencée. Puis on s'est attaqué aux bosquets isolés, obstacle à un meilleur contact avec la terre arable ; enfin on a porté la hache dans le bois ou le maquis. Ces « défrichements » nous importent ici en ce qu'ils témoignent d'un recul des peurs provoquées par la forêt : on ose s'aventurer sous les couverts, y surveiller le bétail au pacage ; la chasse paysanne, celle qui vise la petite bête, s'étend dans les bois, où elle rencontre les chasses « nobles ». Rien ne montre mieux la transformation de la mentalité que deux types de faits en deux registres différents : tout d'abord, au XIIIe siècle en tout cas, l'idée que le bois est une richesse à exploiter et non pas seulement le refuge des lutins, entraîne celle d'une protection des arbres ; les cisterciens ont beaucoup fait pour maîtriser la richesse en matière première que nourrit la forêt. On a même avant 1250 des exemples de réglementation interdisant le défrichement ou l'emploi d'appareils trop « performants », comme la scie hydraulique. Par ailleurs, la littérature aristocratique valorise désormais le cadre forestier ; c'est par excellence le lieu des aventures chevaleresques et courtoises des hommes de la Table ronde : certes, ils y rencontrent encore dragons et monstrueux guerriers, mais ce monde leur est désormais familier, presque ,accueillant.

La paix du seigneur

Emblème du Moyen Âge, le château seigneurial domine le village ou la ville. Toutefois, plus on en poursuit l'étude, plus se révèlent des aspects neufs de son histoire et de son rôle. Le mouvement d'érection castrale a débuté vers 925-950 et bat son plein à la fin du XIe siècle. En cent ans, toutes les

En créant l'espace à cultiver, le défrichage fait reculer la barrière de la forêt, l'étouffement, l'isolement, la peur, la faim.

(« JUSTINIANI IN FORTIATUM » : DÉTAIL DE MINIATURE, XIVe S.)

régions de France ont été touchées, plus vite au sud et à l'ouest, où l'autorité princière est médiocre, plus lentement et incomplètement au nord, où restent présents le roi et de puissants princes locaux – Flandre, Normandie, Champagne. Juché sur sa motte, le château semble écraser les chaumières, et c'est bien là, en effet, que réside la force brutale. Mais s'en tenir à cet aspect de son rôle serait le minimiser. Il est au moins autant protection et recours, et sa basse-cour, où logent des guerriers stipendiés, peut accueillir les villageois et leurs bêtes. D'ailleurs, il ne faut pas oublier le rôle d'habitat qui est le sien : c'est la demeure du maître et les descriptions qu'on en a, comme celle du donjon d'Ardres, montrent bien que le rôle militaire n'est que second.

Pour se protéger, des bêtes au moins, les paysans et plus encore les gens des villes élèvent des enceintes. Simples palissades parfois, mais dont le rôle psychologique est fondamental. La « muraille » et, en ville, les tours ou les portes qui la flanquent sont biens de la communauté ; leur entretien, leur défense éventuelle appartiennent à tous et le droit commun leur confère une valeur juridique essentielle : en deçà ou au-delà des croix qui en marquent l'emplacement, qui, parfois même, en sont les seuls témoignages, la loi n'est pas la même, la « paix » règne ou non.

La notion de paix n'a pas au Moyen Âge le sens que nous lui donnons : elle n'est pas seulement l'intervalle plus ou moins long entre deux conflits ; à ce compte, on l'a vu plus haut, elle n'existerait pas dans les temps médiévaux. Elle signifie le maintien de l'ordre social, la garantie que la société établie n'est pas perturbée : elle est par essence conservatrice et n'a rien à voir avec les armes. L'établissement de cette « paix de Dieu » a demandé cent ans, entre l'an mille et les premières décennies du XIIe siècle. Son point de départ

Depuis le château, le seigneur étend sa protection. Vienne le danger, c'est vers les fortes murailles que l'on court s'abriter, poussant ses bêtes devant soi.
(CHÂTEAU D'ORTENBOURG, BAS-RHIN, XIIIe S.)

est l'inefficacité de l'ordre royal au Xe siècle. La mise en place progressive du système seigneurial et les violences qui l'accompagnaient avaient causé ici et là de graves difficultés aux faibles et notamment aux hommes d'Église. C'est pourquoi le mouvement de régularisation des institutions nouvelles a débuté dans les rangs ecclésiastiques. Dans un premier temps, il s'agit, vers 1010, de protéger les clercs, les femmes, les pauvres ; puis, vers 1035-1040, de limiter les excès des nouveaux seigneurs, notamment en armant les paysans contre eux ; enfin, après 1060, d'établir, toutes aristocraties confondues, un ordre social nouveau. Cette « normalisation » s'est donc coulée dans le cadre seigneurial nouvellement mis en place. La paix est devenue l'ordre. Ses manifestations les plus visibles et qui importent à notre propos sont des serments prêtés par les hommes libres de respecter les usages établis, de recourir à l'arbitrage, de participer aux expéditions destinées à rétablir la paix menacée.

On rangera au même plan les groupements de piété alimentés à la même source, qui naissent au même moment. Confréries, fraternités, charités, ces associations caractéristiques du Moyen Âge rassemblent sur un pied théoriquement d'égalité les habitants d'un lieu, qui s'engagent à se porter aide et secours en tout temps. Le Moyen Âge a été féru de ces liens horizontaux entre les hommes ; on n'a pas de moyens de savoir si leur efficacité était à la hauteur de leurs intentions, mais voilà encore une garantie contre les dangers du siècle.

Vivre à feu et à pot

Au reste, d'autres entraves tombent aussi. Si la vie de clan offrait quelques garanties de sécurité et d'entraide à ses participants, elle jugulait l'initiative individuelle en la soumettant au bon vouloir, assez rare, de trop nombreux parents. Or ce carcan s'assouplit. La dissolution des liens de parenté large n'a jamais été totale, notamment dans les classes sociales où l'intérêt commun exigeait l'accord de tous, chez les nobles par exemple ; mais, même là, la rigueur des obligations familiales s'est assouplie. Les causes de cette évolution ne sont pas très claires. Il est certain que l'Église y a poussé : en sacralisant le mariage par consentement mutuel, elle a porté un coup très dur aux unions préparées par les anciens sans souci de consulter les futurs époux. La notion du couple, noyau familial de base, a été valorisée par elle. Toutefois, on ne peut se satisfaire de cette seule action. Il paraît légitime d'y adjoindre au moins l'évolution économique, qui tend à conférer un rôle premier à la cellule de production conjugale et pas seulement à l'occasion d'une conquête de sols neufs. C'est désormais autour du « ménage », du « feu » que se concentre l'intérêt social, et les rites matrimoniaux qui l'accompagnent ne font que renforcer la notion de « feu et pot », qui caractérise le couple désormais triomphant.

Les interventions des parents reculent en conséquence. C'est ainsi que s'estompe la coutume ancienne et tenace de la *laudatio parentum,* l'approbation par les parents de toute action, par exemple foncière, qui jusqu'alors, paralysait force transactions. Le nombre des actes où on l'observe passe, au XIIe siècle, à 15 ou 20 p. 100, et tombe au XIIIe siècle à quelques unités. C'est désormais l'individu qui agit, seul ou en couple, et le symbole même de cette évolution sera le jeune ménage allant planter sa cabane dans une clairière qu'on défriche.

L'un des effets essentiels de la mutation touche la position de la femme dans la société. Il ne faut certes pas tomber dans un angélisme trompeur : aux yeux de l'Église, à ceux de la plupart des hommes, la femme demeure créature accessible à la tentation, incapable d'égaler le mâle, confinée à ses tâches d'enfantement. Mais de plus en plus on lui accorde une place dans l'économie – agricole ou artisanale, c'est tout un –, où elle occupe des positions fondamentales, sans compter son rôle comme maîtresse de la maison.

En somme, lorsque s'ouvre le XIIIe siècle, par de nombreux canaux creusés dans la masse de ténèbres où il se débattait, l'homme a pu évacuer en partie la peur qui étreignait ses parents. Il a su domestiquer la nature environnante, surmonter les contraintes tribales, tisser des liens de protection mutuelle. Encore faut-il qu'il mange à sa faim.

L'Église exalte l'image du couple.
(LECTIONNAIRE ; MINIATURE, XIIe S.)

VI

le Temps de la faim

C'est une des contradictions les plus connues de l'historiographie médiévale que l'inégale répartition des sources. Dans le domaine fondamental de l'alimentation comme en d'autres, les temps carolingiens nous ont laissé bien plus de données que le XIIe siècle, et il est difficile de parcourir entre 900 et 1300 ce triste désert documentaire. □

Problème pourtant quotidien que celui de l'alimentation ; et tout de suite éclate à l'évidence la hantise de la faim, qui taraude tout le monde chrétien : privilégiés qui ont peur de manquer un jour, paysans et citadins qui manquent souvent, errants et exclus qui n'ont rien. Toute la littérature est imprégnée de cette idée lancinante : manger ; les miracles nourriciers, les ripailles gargantuesques, l'angoisse de Renart au ventre creux, les exploits de Renouart au Tinel, qui mangeait un paon en deux bouchées. Le prince qui peut nourrir les pauvres s'auréole d'une nouvelle vertu, de Charlemagne, le « sage agriculteur », au bon comte de Flandre, Charles, qui fait distribuer en 1125 des stocks de grains saisis en passant par le roi Robert de France, dont une des marques de piété, à en croire Helgaud, était de laisser infirmes et mendiants se nourrir sous la table des restes de son repas.

La faim est la rançon du péché originel, assure Honorius Augustodunensis, et la condition naturelle de l'homme. Mais cette appréciation résignée ne prend pas en compte les efforts des paysans ni, inversement, le courroux divin qui les ruine.

Produire...

Arracher ses fruits à la terre au prix d'un effort raisonné est le symbole de l'humanité, la tâche qui la distingue des bêtes, l'obligation biblique. Les gestes médiévaux prolongent ceux de l'époque protohistorique ou antique : retourner le sol, semer, herser, moissonner, rien là que de coutumier. Mais chaque période historique atteint un niveau plus ou moins élevé de production selon l'équipement qui est le sien. Sans entrer dans des explications techniques hors de propos, il me faut souligner les conditions de travail de la terre.

Si le grain ne meurt...

Partout où il a été possible de mesurer le rendement de grain, on a observé une hausse lente mais continue des chiffres. Dérisoirement bas au IXe siècle, du 3 ou du 2 pour 1, le rendement grimpe à Cluny vers 1150 à 4 pour 1, un peu plus tard en Picardie à 6 pour 1 et atteindra même, à la fin du XIIIe siècle, du 10 ou 12 pour 1 grain de froment aux environs de Lille ou de Paris, chiffres comparables à ceux de la France rurale de 1900, entre 10 et 15 quintaux à l'hectare, sous réserve de la qualité botanique de la céréale, que nous ignorons.

Il est assez aisé de fournir les explications qui s'imposent. Une évolution des structures d'abord : l'agriculture du haut Moyen Âge, extensive faute de moyens profonds de culture, dévorait l'espace ; entre les semis médiocres, sur les terres au repos, l'élevage sauvage régnait, nourricier et commode. Mais si l'aspect pastoral de l'économie bipolaire du Moyen Âge, labours et pâturage, atteint le stade de l'organisation, en d'autres termes si l'élevage en forêt, à l'étable ou sur terre vaine, c'est-à-dire provisoirement vide de semences, devient chose que l'homme domine, le labour, libéré, peut espérer à force d'attention parvenir à un niveau de rendement satisfaisant. On a aussi évoqué l'amélioration des conditions pédologiques et on ne manque pas de preuves d'un essai de soins enrichissant le sol : des pratiques comme le chaulage ou le marnage sont certaines et, au XIIe siècle, on peut les tenir pour courantes dans les pays de grande culture, Beauce ou Picardie. Le recours aux déjections, à l'engrais humain, animal, voire végétal est indiscutablement plus fréquent par épandage sur les champs ; enfin, le parcage des bêtes sur le sol au repos permet à la fois le piétinement des chaumes ou du regain et le dépôt des excréments azotés ou potassiques. Mais le volume de la fumure ne peut suffire à expliquer des rendements élevés : aujourd'hui, on croit autant ou davantage aux « façons » répétées qui ameublissent le sol : la pratique de trois, voire

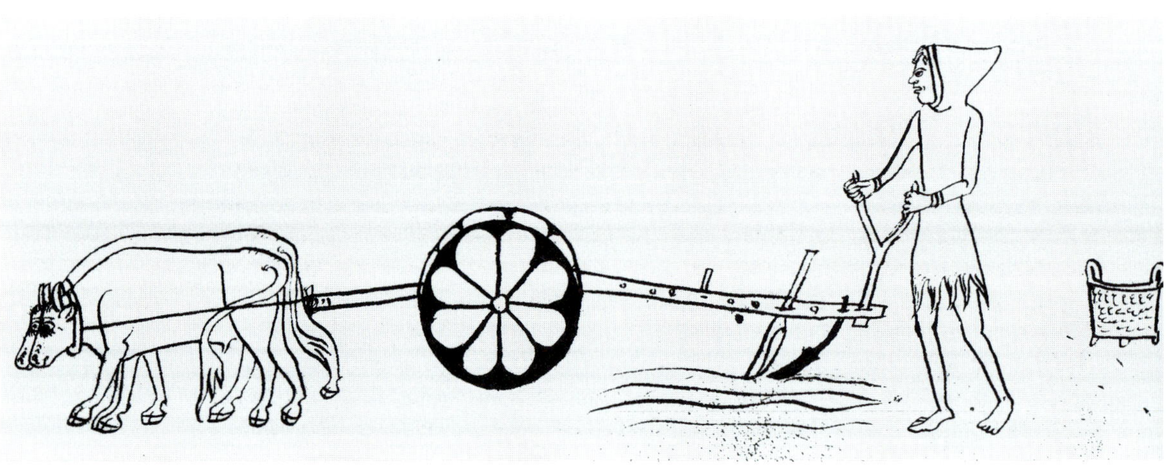

Poussant sa charrue à coutre et versoir, le paysan pratique plusieurs labours successifs pour préparer le sol.

(PIERRE LOMBARD, « COMMENTAIRES SUR LES ÉPÎTRES DE SAINT PAUL » ; MINIATURE, XIIe S.)

quatre labours successifs semble devenir courante. Enfin, la densité des semailles s'accroît : au IXe siècle, on semait de 0,8 hl à 1,5 hl à l'hectare en blé d'hiver, ce qui est bas et correspond à des semailles lâches ; mais, au début du XIIIe siècle, on atteint de 2 à 3,60 hl, selon les blés, ce qui est convenable pour une moisson serrée, mais risque de fatiguer le sol.

On ne peut négliger non plus les progrès accomplis par l'instrument de labour. La culture à l'araire, comme dans l'Antiquité, trace dans le sol une saignée rejetant la terre en parts égales à droite comme à gauche de l'instrument. Lentement tiré à bœufs, deux, quatre ou six encore en plein XIIe siècle, l'appareil ne peut pénétrer profondément dans le sol, à moins que l'homme n'exerce sur les mancherons une pression constante, physiquement épuisante. Mais un soc dissymétrique précédé d'une lame ouvrant le sol et accompagné d'une large oreille versant la terre sur un côté et loin, en un mot l'emploi de la charrue, permet une aération du sol, un labour profond, des semailles fécondes. De surcroît, la substitution du cheval au bœuf, là où son élevage se pouvait, près des champs d'avoine et des bonnes litières, a produit des effets aussi positifs. Cette substitution a peut-être été lente, entre 1160 et 1190, sur les meilleurs sols. L'adaptation du parcellaire aux performances des appareils est un aspect bien cerné de l'amélioration : les labours croisés, qui se maintiennent en zone méditerranéenne, s'accommodent bien de l'araire, qui gratte ainsi le sol en tout sens, tandis que le labour en planches convient bien pour le puissant soc de la charrue.

À lire ce tableau idyllique, on pourrait s'étonner des mauvaises récoltes. C'est qu'il faut bien admettre que de tels progrès n'ont pas eu lieu partout ni totalement. Ici, l'engrais manquera ; là, les semailles seront lâches ; ailleurs, le grain est mal recouvert par la herse ; autre part, la terre sera mal retournée. Et, à côté de rendements satisfaisants, des chiffres de 3 à 5 pour 1 pour le froment, par exemple, sont courants. On a tenté de calculer à ce niveau la surface minimale qu'il fallait travailler pour nourrir un couple et ses enfants ; les résultats concordent un peu partout : de 3 à 5 hectares par ménage. Or les registres terriers de la fin du XIIIe siècle montrent qu'à peine un tiers des paysans disposaient de ce minimum ; les autres sont acculés aux travaux saisonniers, à l'artisanat et, s'ils ne le peuvent, à la disette.

... ou perdre

Un système agricole aussi fragile ne se maintient que par un subtil équilibre entre bois et champs. Qu'il vienne à être brusquement perturbé et le désordre apparaît avec son cortège de fléaux. Un « cycle infernal » peut alors être enclenché : mauvaises récoltes, cherté, disette, mortalité, mauvaises récoltes, etc. Rien ne montre mieux la faiblesse de l'agriculture médiévale que cette vulnérabilité aux intempéries, inévitables sous nos cieux quel que soit l'aspect d'ensemble de ces climats dans une phase quelconque. Les historiens médiévistes tirent des enseignements capitaux des situations tout à fait contemporaines où de nombreux peuples sont confrontés, comme l'Occident médiéval, au problème d'un accord entre les besoins et l'outillage.

Les données climatiques fournies par nombre de chroniqueurs ont pu être mises en rapport avec les moissons ; malheureusement, ces faits concernent, jusqu'au terme du XIIIe siècle, l'Angleterre, riche, et elle seule, en comptes manoriaux. Mais l'enseignement paraît pouvoir être extrapolé :

un automne tardif et humide peut empêcher les semailles d'hiver en temps utile ; les pluies excessives de décembre ou janvier accroissent l'acidité des sols et pourrissent le grain, alors qu'un hiver froid et même sévère protège les semences ; toutefois, des gels intenses ou prolongés peuvent tuer les graines. Une chaleur inhabituelle en février, suivie d'une période de refroidissement, gâte la croissance, comme un début d'été pluvieux rendra l'épi court et maigre ; les sécheresses d'été après un printemps médiocre ne sont pas à craindre en revanche pour la future moisson : celle-ci souffre davantage de l'humidité. Naturellement, les hommes de ces temps n'ont pas toujours su rapprocher l'accident météorologique subit et qui les frappe, gel d'un fleuve, tempêtes du printemps, pluies denses, du résultat sur les récoltes. Sans compter l'explication surnaturelle qu'ils sont amenés à évoquer, liant plus volontiers le mauvais grain ou la vendange exécrable à la colère divine. On sait d'autre part combien le monde paysan est enclin à la lamentation devant les caprices de la nature et il ne faut pas toujours retenir les allusions aux malheurs du temps. L'expérience agronomique contemporaine a établi, au-delà des réactions propres à tel ou tel grain, que, sur quatre années de moisson, deux sont normales (= 100), une est excellente (de 130 à 170), une exécrable (de 50 à 70). Tout au plus faut-il évidemment rappeler que l'absence de tout stock compensatoire et de commerce interrégional pouvait aggraver les effets d'un déluge ou d'un coup de froid.

Pluie de feu et de sang sur la Terre. L'homme du Moyen Âge, si vulnérable aux intempéries, s'en donne spontanément une représentation surnaturelle.

(BEATUS DE LIÉBANA, « COMMENTAIRE SUR L'APOCALYPSE » ; ABBAYE DE SAINT-SEVER, XIe S.)

UNE FAIM ENRAGÉE

La famine se mit à étendre ses ravages et l'on put craindre la disparition du genre humain presque entier. Les conditions atmosphériques se firent si défavorables qu'on ne trouvait de temps propice pour aucune semaille et que, surtout à cause des inondations et des pluies continuelles, il n'y eut pas moyen de faire des récoltes [...] Quand on eut mangé les bêtes sauvages et les oiseaux, les hommes se mirent, sous l'empire d'une faim dévorante, à ramasser pour les manger toutes sortes de charognes et de choses horribles à dire [...] Chose rarement entendue au cours des âges, une faim enragée fit que les hommes dévorèrent de la chair humaine. Des voyageurs étaient enlevés, leurs membres découpés, cuits au feu et mangés. [...] Les corps des morts eux-mêmes furent en bien des endroits arrachés à la terre et servirent également à apaiser la faim. Beaucoup de gens tiraient du sol une terre blanche et la mêlaient à ce qu'ils avaient de son et faisaient de ce mélange des pains grâce auxquels ils espéraient ne pas mourir de faim. [...] On ne voyait que faces pâles et émaciées ; beaucoup présentaient une peau distendue par des ballonnements ; la voix humaine elle-même devenait grêle, semblable à de petits cris d'oiseaux mourants. Les cadavres des morts, que leur nombre obligeait à abandonner sans sépulture, servaient de pâture aux loups... On creusait des charniers dans lesquels les corps des morts étaient jetés par cinq cents et plus, pêle-mêle, nus et sans aucun voile ; les carrefours, les bordures des champs servaient aussi de cimetières...

Chronique de Raoul le Glabre, trad. J. Le Goff, « la Civilisation de l'Occident médiéval », Paris, 1964.

Toutes ces précautions prises, il est possible de dresser un état crédible des soubresauts climatiques dans notre période. Entre 975 et 1325, sur une durée de trois siècles et demi, les chroniqueurs ont relevé neuf années de sécheresse catastrophique, 993, 1023, 1039, 1063, 1076, 1112, 1136, 1250, 1304, quatorze années de pluies torrentielles ou d'inondations, 991, 1003, 1013, 1020, 1086, 1097, 1117, 1144, 1152, 1174, 1195, 1246, 1248, 1285, sans préjudice d'une vingtaine d'années déclarées mauvaises à un titre quelconque mais apparemment sans cause évidente. Au rapprochement de ces dates, il apparaît assez nettement que les XIe et XIIe siècles jusque vers 1195 rassemblent avec quelque régularité l'essentiel des mauvaises années, tandis que la première moitié du XIIIe siècle jusque vers 1280 est relativement épargnée, et cela ne tient pas à une moindre abondance des sources.

Manger quand même

Assez naturellement, la vulnérabilité des hommes du temps aux accidents météorologiques soulève le problème de leur alimentation. Il peut être admis que c'est le déséquilibre de cette alimentation qui a accru leur faiblesse. De ce que l'on sait des rations de moines ou de corvéables au IXe siècle se dégage l'impression d'une suralimentation occasionnelle : l'énormité du total, près de 4 kg à absorber, dissimule une prépondérance abusive des glucides, pain ou légumes secs ; le caractère indigeste et finalement peu nutritif de ces lourdeurs saute aux yeux. Par malheur, il faut attendre la seconde moitié du XIIIe siècle pour trouver des points de comparaison : à Beaumont-le-Roger, en 1268, la ration d'un ménage de corvéables est d'une miche et deux petits pains (env. 2,250 kg), un gallon de vin ou de bière (4 l), une demi-livre de viande ou des œufs, un boisseau de pois. Il y paraîtrait un léger fléchissement des pains, bouillies et féculents, une augmentation des rations de vin et un doublement probable des protides animaux par rapport au IXe siècle. La teneur calorique d'une telle ration pourrait être estimée à 4 400 par personne, ce qui implique un notable réajustement diététique. Mais, avant cette étape, le trou documentaire est presque total : 300 g de pain pour les moines de Cîteaux, mais dont le sort n'est pas celui des autres ; des pains de 2 livres distribués aux pauvres en Flandre par le comte en 1125, mais sans autre précision.

En réalité, les buts essentiels des recherches en ce domaine risquent d'être difficiles à atteindre : d'une part l'ambiguïté des mots interdit toute estimation plausible de la qualité, donc de la valeur énergétique des vivres. Le *bladum* du seigneur est-il celui du vilain ? Le vin du XIe siècle s'apparente-t-il ou non à un simple jus de fruit ? D'autre part nous échappe totalement la part de nourriture sauvage : « herbes » et « potage » tirés des clos derrière la maison, lapin braconné, poule échappant à la réquisition du maître, surtout racines et fruits de plein vent que les droits d'usage arrachés au XIIe siècle permettent au rural d'obtenir pour rien. Cette part de la cueillette dans l'alimentation a même pu, lorsque menace la disette ou s'approchent les guerriers, fournir l'essentiel de la survie paysanne. Ce n'est pas seulement le vertueux ermite installé en forêt qui se nourrit de noisettes, de raves, de miel et de quelques œufs dérobés au nid voisin.

Cependant, une conclusion paraît s'imposer : l'amélioration de la nutrition est liée à l'essor de l'Europe. Voulant résumer la vigueur nouvelle

Des siècles de faim... contrastent avec d'occasionnelles ripailles. Irrégularité et déséquilibre caractérisent l'alimentation.

(A DROITE, CHAPITEAU DU CLOÎTRE DE NOTRE-DAME, ST-BERTRAND-DE-COMMINGES, XIIe S. CI-DESSOUS, « LE FESTIN DE HASTINGS » ; BAYEUX, « TAPISSERIE DE LA REINE MATHILDE », XIe S.)

dont le Xe siècle était le théâtre, un auteur américain a écrit : « Ce siècle est bourré de pois », soulignant l'apport de protéines végétales. Il n'en faut pas moins modérer l'enthousiasme : les calories ne sont pas tout, surtout si leur provenance est déréglée ; encore faut-il que tous les absorbent. Il n'y a aucun moyen de savoir si les 6 000 calories des moines et des chevaliers étaient payées par les 1 500, aux limites de la dénutrition, des pauvres hères. En tous les cas, pourtant, on doit souligner la prééminence des céréales. Et un système alimentaire établi ainsi est à la merci de tout ce qui peut altérer la production, le climat sans doute, mais aussi tous les aléas d'une monoculture fragile : les criquets (1197), les rats (1277), les hannetons (1309), qui anéantissent les récoltes. Comment s'étonner de la fragilité du groupe humain ?

Pestilence et mortalité

La peste, dans l'esprit de nos contemporains, est volontiers assimilée au Moyen Âge. On a vu, on verra ses abominables ravages. Cependant, la tranche chronologique que je parcours ne l'a pas connue, et c'est l'une de ses particularités. En revanche, il est frappant que le souvenir des désastres du haut Moyen Âge soit resté vif dans la mémoire des hommes : *pestilentia* désigne les épidémies, quelles qu'elles soient, ou ce qui y ressemble.

Avoir faim...

Comme une lugubre litanie, les chroniqueurs enregistrent les disettes ou même les famines générales. Ils n'en donnent pas toujours l'explication, non plus que la description : il faut un malheur puissant et durable et un bon observateur comme le moine bourguignon Raoul le Glabre pour nous transmettre quelques détails. En général, le scribe se borne à indiquer la région touchée, celle à laquelle il appartient, et, de ce fait, les vides sur la carte des famines sont souvent des vides documentaires.

L'historien allemand Cürschmann a relevé tous les textes du IXe au XIVe siècle qui nous donnent des indications frumentaires sur toute l'Europe moyenne, France du Nord, Allemagne, ce qui retranche de notre bilan toute l'Europe méditerranéenne. Le rapprochement des années de disette des phénomènes météorologiques paraît valoriser l'association gel hivernal – été pourri. Dans une conjoncture différente où un seul de ces éléments existe, ou d'autres moins nets, on enregistre seulement pénurie de céréales ou de vin et cherté, mais sans aller jusqu'à la famine. Raoul le Glabre nous a laissé de la famine de 1032-1033 un tableau saisissant, que renvoie la désolante image en plein XXe siècle des pays atteints par le même fléau. Des êtres titubants et hâves, au ventre gonflé de paille et de terre, à la voix inaudible, errant au milieu des corps décomposés, sans sépulture, et des loups affamés sortis des bois et attaquant les cadavres ou les vivants ; des gestes de violence pour se procurer des feuilles ou des racines ; et pourquoi ne pas admettre sur ce témoignage que, pour la dernière fois peut-être en France, réapparurent, l'anthropophagie et la vente de chair humaine.

Sur trois siècles et demi couverts par notre période, il y eut onze années de famine absolue et générale, en 1005-1006, 1032-1033, 1043, 1076-1077, 1095, 1124-1125, 1139, 1145, 1197, 1233-1234, 1315-1316. Dans cette énumération réapparaît un trait déjà observé, et pour cause, dans l'examen des variations climatiques : une régularité lugubre au XIe et dans la première moitié du XIIe siècle, une assez longue période de rémission dans la seconde moitié du XIIIe siècle. On est fondé à dire que, à l'exception de ce dernier moment, aucune génération n'a été épargnée. Il est vrai qu'on a pu avancer que les famines du XIIe siècle en plein essor économique, étaient dues, plus qu'aux accidents de climat, à la discordance entre une production qui ne croît que lentement, et une population qui devient pléthorique eu égard à cette production. Encore ne fais-je pas allusion aux années simplement « mauvaises », plus de 70, ce qui est proche de la proportion d'une sur quatre rappelée plus haut.

... à en mourir

Si l'examen des cimetières du Moyen Âge médian est, faute d'exemples suffisants, plutôt décevant, nous sommes en revanche largement éclairés par les récits des miracles accomplis par la Vierge ou quelque saint guérisseur. Il s'est même établi progressivement au XIIe siècle une sorte de carte de la maladie et de la guérison selon la « spécialité » de telle sainte relique, saint Laurent pour l'eczéma, saint Sylvain pour l'érysipèle, saint Guy pour l'épilepsie, saint Luc pour les convulsions, saint Blaise pour les catarrhes, Notre-Dame pour n'importe quoi. Or à l'examen des miracles, il est possible de se faire quelque idée des maladies les plus courantes, les plus typiques que le chroniqueur retient justement parce qu'elles sont le lieu commun. Par exemple, les miracles de Notre-Dame de Chartres concernent dix « paralysés », dix accidentés ou atteints de déficience osseuse, un sourd-muet, un malade atteint du feu Saint-Antoine. La prédominance des affections par carence énergétique paraît évidente : coxalgie, fractures, auxquelles un autre saint ajoutera dysenterie, « flux de ventre », typhoïde, « langueur ». La dénutrition enlève certes en période de famine les faibles et les pauvres, les deux mots ont le même sens au Moyen Âge, mais hors ces périodes l'insuffisance ou le déséquilibre caloriques entraîne aisément mort d'homme. La mortalité infantile considérable – un enfant sur trois meurt avant cinq ans – y plonge ses racines et on a le sentiment d'une absolue résignation devant ce désastre.

Les chroniques sont volontiers disertes sur les *pestilentiae* qui ravagent une contrée ; quelquefois, des descriptions nous permettent d'identifier par exemple le choléra, mais sans certitude : ainsi des épidémies, humaines et animales, qui ont sévi en 989, 1007, 1059, 1062, de 1087 à 1094, en 1109, 1129, 1162, 1277, 1299, 1315, avec la traditionnelle rémission sur l'essentiel du XIIIe siècle, que l'on appelle *pestis ignea* et qui peuvent être n'importe quoi mais probablement pas la peste elle-même, laquelle aurait été durablement récurrente. Deux affections aujourd'hui disparues de nos contrées semblent avoir sévi avec force et longtemps. La première est étroitement liée à la culture céréalière : il s'agit du « feu Saint-Antoine », ou encore « mal des ardents », qui a sévi après 1080-1090 sur les rives méditerranéennes, puis vers Tournai et le Rhin entre 1090 et 1098, à Chartres en 1109, à nouveau dans le Midi au XIIe siècle. Le champignon hallucinatoire qu'est l'ergot de seigle semble avoir existé depuis longtemps en terre germanique, où l'on avait appris à le déceler sur les épis noircis ; mais, inconnu plus au sud, il n'a pas été décelé en temps utile et a provoqué d'affreux mouvements de panique ; injustifiés au reste puisque le parasite n'atteint que le consommateur individuel de seigle avarié ; mais sa rapidité de reproduction, contaminant des terroirs entiers, a provoqué l'impression de contagion. Le « feu » dévore le malade, pourrit ses membres, puis, atteignant les centres nerveux, le livre à des convulsions mortelles.

L'autre affection, la lèpre, est, comme la peste mais avec plus de raisons, volontiers attachée au souvenir du Moyen Âge. Sa persistance aujourd'hui dans certaines contrées du globe permet de mesurer sa gravité et son origine. Cette fois encore, la dénutrition est un terrain tout trouvé de développement du bacille. Introduite d'Orient durant le haut Moyen Âge, puis largement développée au XIe siècle à l'occasion des croisades, elle a régné jusqu'au XIVe siècle sur toute l'Europe. Son éviction après 1310-1330 pourrait être due au bacille de Koch alors en pleine expansion et qui l'élimine. La lèpre a beaucoup frappé l'imagination médiévale, probablement plus par le symbolisme biblique qu'elle comporte que par son réel danger. Au XIIe siècle, on pense que 3 à 5 p. 100 de la population était atteinte, et tout le monde a vu représenté le lépreux, le « mazal » au nez rongé, aux mains et aux pieds bandés, dont la crécelle qu'il agite annonce la présence. Mais il nous est difficile de connaître son réel niveau de gravité : des lépreux témoignent au bas des actes ; le roi Marc les convoque pour leur livrer Yseut ; à Jérusalem, le roi Baudouin IV, assez atteint pour ne circuler qu'en litière, vit au milieu de ses sujets. Peut-être conviendrait-il d'englober dans la même crainte des affections dermiques

Aux lépreux les portes se ferment. C'est au XIIe siècle que sont appliquées les premières mesures d'isolement contre la maladie.

(VINCENT DE BEAUVAIS, « LE MIROIR HISTORIAL ». MINIATURE, XIVe S.)

spectaculaires mais non contagieuses, eczéma, lupus, impétigo. Les léproseries sont connues dès le IXe siècle, mais c'est le XIIe siècle qui les a vues se multiplier : en Artois, la première est de 1106 et il y en a 15 en un siècle ; en Anjou, on en crée dans plusieurs villes après 1120 ; au diocèse de Paris, leur nombre passe de 8 en 1150 à 20 en 1175 et 53 au terme du XIIIe siècle. Ce n'est qu'à l'occasion du IIIe concile de Latran, en 1179, qu'on prit les célèbres mesures d'isolement, crécelle, crémation des habits et de la maison, vêtements et cimetières spéciaux, cabanes isolées, toutes mesures relevant d'une technique prophylactique à retardement et bien incapables d'arrêter le fléau.

D'autres pièges encore

Même si le niveau de l'alimentation n'en est généralement pas la cause, d'autres fléaux physiologiques sont discernables. La tuberculose est mal connue avant le XIVe siècle : il est possible que les « écrouelles » soient une affection tuberculeuse, et on sait qu'un traitement névropathique pouvait y porter au moins provisoirement remède : la réputation de thaumaturge des rois de France à partir de Saint Louis s'est fondée sur ce type d'action. Et on peut aussi ranger dans le domaine tuberculeux les « langueurs », probablement une phtysie chronique. La variole, la rougeole, la coqueluche n'ont pas laissé de traces certaines ; en revanche, l'hydropisie a atteint nombre de grands de ce monde : au XIIe siècle, où elle semble largement répandue, elle atteint Louis VI comme Henri II et, au XIe déjà, Philippe Ier et Guillaume le Conquérant ; il est difficile de ne pas établir un lien entre l'affection et une alimentation déréglée.

On aimerait être disert sur deux des fléaux de notre temps et qui existèrent au Moyen Âge comme en tout temps. L'alcoolisme est lié, lui aussi, aux régimes alimentaires, et l'énorme quantité de vin absorbé, y compris par les moines et les femmes, de 1,5 à 2 l par jour, aurait suffi à provoquer des ravages si la teneur en alcool y avait été comparable à celle de notre siècle. Tout au plus nous laisse-t-on entendre que Philippe Auguste ou Jean sans Terre buvaient trop et ont dû succomber à une cirrhose. La drogue est plus insaisissable encore. Il n'est pas possible de savoir si la consommation du haschisch, systématique en Orient au moment des croisades, a essaimé en Europe. Dans la plupart des cas, les chroniqueurs rangent ces éventuels déportements soit dans le domaine du « feu Saint-Antoine », à cause des hallucinations provoquées par l'ergot, soit dans celui de la folie. Nous ne pouvons pas savoir s'il s'agit d'un accident involontaire ou d'une consommation consciente d'herbe à effet psychopathique.

Le cas de la folie est aussi digne d'intérêt ; on sait que les asiles psychiatriques ne datent que du XIIIe siècle finissant, ce qui ne préjuge pas que la santé morale des hommes qui vécurent auparavant fût meilleure. Peut-être peut-on voir dans une si tardive prise de conscience non l'indifférence ou l'ignorance, mais une vision plus nuancée et, somme toute, plus « moderne » de la folie. On a le sentiment que les siècles médians du Moyen Âge ont su distinguer, dans les formes d'aliénation que la claustration « soignera » par la suite indifféremment, celles qui étaient « irrécupérables » des autres ; les idiots, les « innocents » occupent une place au milieu de la société : ils sont soignés, nourris ; on voit souvent en eux le tabernacle de l'Esprit saint, et leurs avis font l'objet d'un examen sérieux. Les déments actifs, volubiles et imprévisibles, sont plus encore écoutés, tel le « dervès » d'Adam de la Halle ou les bouffons inspirés dont commencent à s'entourer les grands : on attend d'eux des prophéties et des jugements hors du commun, au travers desquels perce à nouveau un avertissement de l'au-delà. En revanche, les psychopathes sont regardés avec méfiance : on les soupçonne d'agir sous la pression du Malin ; les déportements sexuels ou sadiques qui saisissent les striges, vampires, loups-garous sont manifestement des signes du Mal. Ces déments sont rejetés hors du groupe, assimilés aux esprits diaboliques, intouchables ; ils errent la nuit dans les cimetières, aux lisières des bois ; au XIIIe siècle encore, Étienne de Bourbon stigmatisera tous ceux qui cherchent leurs services comme ceux d'un sorcier. Restent les furieux, les frénétiques, ceux-là sont « possédés » par le démon ; on les livre à l'Église, et, comme le latin de l'exorciste les calme mal, on les enferme, mais eux seuls.

Le bon temps Mon seigneur Saint Louis

Le milieu du XIIIe siècle, le règne de Saint Louis, est comme un point d'orgue dans l'histoire médiévale. Si, comme on le verra, les faiblesses structurelles ne sont pas niables, l'aspect positif du progrès ne l'est pas davantage. À défaut des contemporains, comme toujours critiques sur leur temps, ceux qui suivirent rappelleront en soupirant « le bon temps Mon seigneur Saint Louis ». Il est relativement facile de survoler après tant d'observations pessimistes le tableau d'honneur du XIIIe siècle.

On mettra en avant une prise de conscience certaine des problèmes réels de la société ou de l'économie. Qu'ils aient été ou non guidés par l'esprit de profit, les hommes de 1250-1260 sont attentifs à la productivité, à la technique ; c'est le moment de la diffusion des traités théoriques d'agriculture,

Le Moyen Âge a distingué parmi les cas de folie ; seuls les furieux, réputés « possédés du Malin », subirent la claustration, effective à partir de la fin du XIIIe siècle.

(TÊTE DE FOU, MUSÉE DU HAUBERGIER, SENLIS, XIIIe-XIVe S.)

éclos en Angleterre mais rédigés en français, la *Fleta*, la *Housebondrie*, qui remettent à jour les recettes antiques accrues de l'expérience médiévale ; le moment aussi où on lit les traités scientifiques, ceux du moine Théophile, ceux d'Alexandre de Halès ; les « chatonnets » sont dans toutes les bibliothèques d'abbayes et peut-être de seigneurs curieux auxquels la tradition ne suffit plus. On parle d'amendement, de semailles serrées, de « réponse » des blés ; on applique de nouvelles méthodes de fumure en réservant la colombine des pigeons au courtil du maître. C'est alors que sont atteints ces rendements dont je rappelais qu'ils seront ceux de 1900 ou à tout le moins de 1800 ; alors aussi que les pratiques d'assolement et de rotation, la diffusion de la charrue et de la traction chevaline placent la France du Nord au premier rang des zones céréalières, alors que la France du Midi amorce un glissement qui ira s'accélérant dans les siècles suivants.

L'un des éléments les plus neufs se trouvera dans les pratiques alimentaires. À défaut de données sur les rations et les menus, les péages et leurs tarifs révèlent la multiplication et la diversification des produits : la consommation de la viande fait des progrès, en ville d'abord, où les bouchers commencent leur ascension sociale ; viande de bœuf, abats de mouton concurrencent le « bacon », le lard. Les laitages suivent : la France amorce sa carrière de pays fromager, et plusieurs espèces sont redevables du tonlieu en Artois, en Anjou, en Bourgogne, en Brie. Qu'une meilleure alimentation ait renforcé la résistance humaine aux caprices de la nature en est à coup sûr l'effet.

Il est possible que cette amélioration générale ait induit les chroniqueurs à prêter moins d'attention aux calamités naturelles. On a observé combien tendaient à se raréfier au XIIIe siècle les mentions d'inondations, de sécheresse, de tempêtes, alors qu'il n'y a pas de motif de se croire dans une période climatique franchement meilleure ; mais il se peut que les progrès de la production aient atteint un niveau suffisant pour nourrir le plus grand nombre ; ainsi, par son caractère apparemment accidentel désormais, la calamité devient le signe du péché : elle atteint des coupables, et les prédicateurs comme Jacques de Vitry exhortent les hommes à élever leur cœur pour y faire face ; ils ne sont plus prosternés dans la crainte face à un Dieu vengeur.

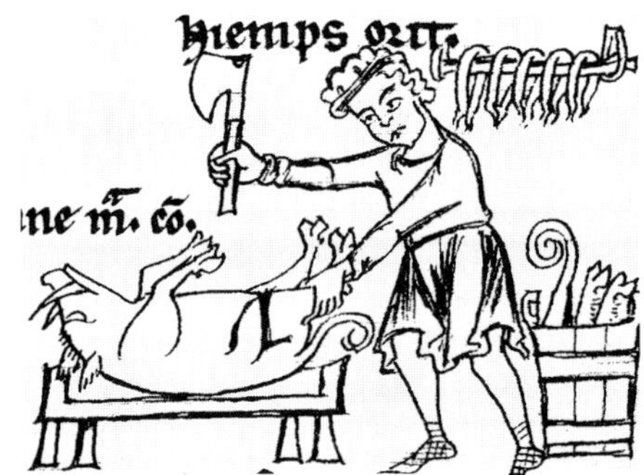

La consommation de viande entre dans les usages vers le XIIIe siècle.

(PSAUTIER DE CITEAUX ; MINIATURE, XIIIe S.)

VII

la Fin d'une embellie

La Divine Comédie de Dante symbolise, plus que ne le fera aucun autre poème, l'angoisse d'un monde parvenu à l'extrême limite de ses possibilités et qui retrouve soudain les ténèbres, les peurs et les calamités auxquelles il croyait avoir définitivement échappé. □

Depuis bien des années, rejoignant les hommes du temps, les historiens cherchent les racines des fléaux qui ont ravagé la France des XIVe et XVe siècles. Ils regardent en amont : la guerre rebondissante n'est pas le fruit de brusques caprices princiers ; la disette n'arrive pas sans motifs et le virus pesteux lui-même a besoin d'un terrain d'accueil. À étudier jusqu'où plongent les origines, force est bien d'englober la seconde moitié du XIIIe siècle, de lui arracher son masque béat de siècle des cathédrales pour qu'on voie mieux se creuser les rides qui y dénoncent fatigue et vieillissement.

Bel édifice que cette France triomphante de Saint Louis et de saint Thomas d'Aquin, qui a conquis ses rives et le temps, qui offre au voyageur le visage placide et lisse du Beau Dieu d'Amiens. L'ordre règne.

Au premier abord, la France de 1270 ou 1280 offre une avenante figure. L'effort entamé depuis deux siècles continue sur son erre, la culture progresse, la bonification aussi. On constate même un souci croissant d'adapter le produit aux aptitudes particulières d'un sol, qui joue au profit d'espèces nouvelles ou peu connues, s'inscrivant alors dans les listes de ces traités d'agriculture dont on raffole : le houblon apparaît aux bords du Rhin, l'épinard en Provence, le sarrasin commence sa carrière sur les rives atlantiques. La diversification de la demande explique le soin exceptionnel qu'on apporte au potager, au verger : on nous parle de fraises, d'abricots, de salades mais aussi de plantes tinctoriales, pastel toulousain, guède picarde, garance rhénane. La vigne amorce son ajustement aux conditions géographiques – il témoigne de clairvoyance plus que d'esprit spéculatif. D'ailleurs, l'équipement campagnard se poursuit : c'est entre 1250 et 1290 que le triennal s'implante sur les beaux terroirs céréaliers. L'attelage chevalin suit : mais il ne faut pas dissimuler qu'on reste ici et là fidèle au biennal et à la traction bovine, là où la qualité du sol, son aspect pentu, ses pierrailles s'en accommodent mieux. L'artisanat connaît aussi un vigoureux essor : le développement des foires rurales en témoigne, en Savoie, au Berry, en Dauphiné, en Artois ; on place vers 1300 l'introduction du rouet à pédale dans les foyers campagnards, avec son cortège d'heures gagnées, de travail égal et aussi, il est vrai, d'aliénation féminine à l'intérieur de la chaumière.

Une structure déficiente

On a longtemps parlé de l'écosystème médiéval, où bois et labours se partagent le paysage et les intérêts : équilibre difficile, s'offrant aisément aux coups d'une conjoncture mal dominée ou de besoins imprévus. Or, passé 1250, le monde est « plein » eu égard aux moyens du temps. Mais d'abord, il l'est très inégalement ; l'économie médiévale a toujours été compartimentée, sans réserves de secours, sans régulation des flux producteurs ; si l'essor enfle et se perpétue, ce n'est ni partout ni également : en Île-de-France ou en Champagne et Val-de-Saône, le Hurepoix et la Brie orientale ou la Puisaye et les Dombes voisinent avec des sols saturés d'hommes et de moissons. Le tissu social est donc très disparate, très vulnérable et il n'existe aucun pouvoir capable de faire face à une disette ou à une révolte. Ensuite, la part du bois, ou du moins des terres retournées à la friche parce que trop médiocres, tend à croître ; dès 1230 autour de Paris, 1250 au Poitou, en Picardie, Normandie, Provence, 1290 en Sologne, dans le Bordelais et le Limousin, les « gagnages » s'arrêtent. C'est qu'on a atteint un seuil au-delà duquel on ne trouverait plus assez de bois pour le pacage et le produit des usages, ou pour la chasse et les exercices guerriers du seigneur. À l'abattage abusif se substitue la protection et la gestion plus sage des coupes. Mais, dans ces conditions, et pour peu qu'on multiplie les interdictions ou les limitations des usages paysans dans le bois, on provoque une très grave perturbation de l'équilibre agraire. Or, au même moment, les progrès des techniques culturales, qui ne fléchissent nullement, permettent d'utiliser la sole en jachère pour des « cultures dérobées », pois, lentilles, vesces, que la Flandre connaît dès 1270 et bien d'autres régions ensuite. Où mettre le bétail, alors qu'au même moment croît l'exigence en viandes rouges de la ville proche ? Pour faire face à cette amputation et à cette demande, une seule solution : convertir en pâtures des zones vivrières et, de surcroît, les clore pour éviter une surprise ou un vol. On fait de l'embouche en Albigeois, au Cantal, au Ponthieu dès 1290, puis autour de Toulouse et dans le Hainaut ; en Picardie, en Champagne du Sud, des « parcs » de plusieurs centaines d'hectares, ceints de haies, sont édifiés par les plus riches, – princes, seigneurs, gens des villes –, coupent le paysage et ruinent l'assolement.

Malgré l'amélioration des pratiques agricoles et de l'équipement au XIIIe siècle, l'espace vivrier tend à devenir insuffisant.

(MOULIN A VENT ; DÉTAIL DE MINIATURE FLAMANDE. « LE VIEIL RENTIER » D'AUDENARDE, XIIIe S.)

Trop d'hommes, pas assez de terres

On voit sans peine les extrémités où le monde paysan va être acculé. Devant cette réduction du terroir vivrier que ne peuvent plus compenser les progrès techniques, les menus n'ont guère d'autres ressources que de s'entasser sur les tenures, et l'élévation des taxes de justice ou de mutation, âprement exigées par des maîtres inquiets, leur rend pratiquement impossible le dégagement du minimum indispensable pour s'insérer dans une économie de marché. Pis encore : soit en raison des pratiques d'héritage, soit du fait d'un progressif éclatement de la cellule familiale, la pulvérisation parcellaire atteint des proportions presque caricaturales : ainsi on a pu calculer le long de l'Escaut ou de la Meuse que, vers 1300, les tenanciers de parcelles – ici, des lanières de quelques mètres de large, dont le total pour un « feu » atteint à peine 2 hectares, tout juste de quoi souffrir de la faim – représentent 70 à 80 p. 100 des ménages connus. Or les salaires d'appoint sont de peu d'intérêt ; l'immigration rurale entasse dans les villes un prolétariat sans compétences et sans revenus. Comment s'étonner alors des soubresauts de la faim, qui reprennent quand bien même la nature n'y concourrait pas : les bandes de pastoureaux et d'hallucinés qui écument les campagnes après 1270 sont formées de paysans affamés et déracinés. Seule résiste une élite paysanne, agents du maître, riches de passe-droits, marguilliers de paroisse qui ont saisi les outils de la confrérie locale, gens de la ville, anciens noblaillons tombés dans la roture, fermiers habiles. Ceux-là introduisent un écran entre le maître et le commun, ils peuvent louer à haut prix, prêter sur gages, racheter les parcelles abandonnées. Alors se trouve rompue la communauté du village et hâtée sa dissociation en deux groupes rustiques. Rustiques ou urbains, parce qu'il est bien visible qu'en ville la même fragilité existe entre les travailleurs, les métiers, les maîtres et les pouvoirs établis dans la cité.

Une cellule seigneuriale vieillie

Dans ce qui précède, on a vu déjà poindre une dimension psychologique, une « superstructure », le consensus social. L'ordre chrétien repose sur un

Les parcelles se multiplient, simples lanières de quelques mètres de large parfois, mal adaptées à la progression de la demande.

(MINIATURE TIRÉE D'UN OUVRAGE DU XVe S., « LE TRAITÉ D'ARPENTAGE » D'A. DE VILLENEUVE.)

certain nombre de données consensuelles et techniques dont la mise en place, au XIIe siècle, a permis à quatre ou cinq générations d'atteindre à un certain niveau de stabilité sociale, économique ou morale. Les unes tiennent aux conditions de la production et des échanges : l'homme, dont la force de travail s'est trouvée affermie par le perfectionnement de son outillage et la dilatation des ressources accessibles, demeure l'élément premier du système économique ; la machine, à la ville ou à la campagne, ne le soulage que de son temps, nullement de ses frais, au contraire. Une trop modeste circulation du numéraire le contient au niveau d'une simple reconduction de son capital mobilier. L'équilibre de la « cellule seigneuriale » est donc des plus fragiles : socialement parlant, les versements et les prestations au maître n'ont de justification qu'autant qu'ils assurent au travailleur justice, protection et garantie d'un minimum vital ; économiquement, le système implique que l'on préserve terres vaines et labours, équilibre délicat, on l'a vu, dont la rupture est aisément provoquée par une excessive faveur envers l'élevage ou par une demande pressante de céréales. Les conditions climatiques, les conditions démographiques sont alors des éléments très sensibles de rupture.

Or, parvenue à maturité vers 1240 ou 1250, la production a atteint un seuil en volume qu'aucune technique neuve, et il y en a, ne fera franchir avant longtemps. Si le maître, à la recherche d'argent pour s'équiper ou servir le prince, multiplie ses machines, se tourne vers la culture spéculative ou l'herbage, clôt ses terres ou élève les amendes, la pression exercée sur le paysan deviendra intolérable. Le contrat est rompu. Il le sera d'autant plus que faiblit l'utilité du seigneur au moment où se réveillent pour se substituer à lui les rois et leurs gens de guerre, de justice et de finances. Dès lors se rompt l'équilibre fragile entre les intérêts des maîtres et ceux des hommes, entre une production menacée et des nécessités pressantes. Faussés sur le plan économique, les rapports entre les hommes l'ont été dans le domaine humain : pour faire face à ses besoins, le seigneur pousse son roi à la guerre, qu'il espère fructueuse ; battu, ses terres ravagées, ou, pis encore, mis à rançon, il élève ses exigences d'autant plus fortement que l'impôt royal pointe à l'horizon. Mais ses hommes, riches ou ruinés, là n'est pas le problème, résistent et s'insurgent, ou fuient s'ils n'ont d'autre ressource. Politiquement prépondérante, la noblesse devient économiquement fragile et socialement parasite.

Les chemins s'encombrent alors de fugitifs, de misérables, de « pauvres ». En ville s'ajoute, en plus de l'écroulement du système, une dimension qui explique peut-être l'aspect plus fréquent, plus aigu aussi, des soulèvements urbains : le chômage, donc la faim, qu'en plat pays la forêt peut tenter d'apaiser. Or le reflux en ville de tant de campagnards durant les troubles ou les épidémies accroît cette masse de travailleurs sans emploi, au moment où les maîtres multiplient les perfectionnements techniques, source d'une division croissante du travail, et où, pour les basses œuvres, ils préfèrent s'en remettre à quelques villageois sûrs et qu'on paiera peu. Aux périls connus s'ajoute une vive hostilité entre la ville et la campagne.

L'atmosphère générale en est tout alourdie. La crainte, un moment conjurée, reprend, accrue par la déficience des magistères spirituels. La mort redevient présente, mais désormais hideuse dans ses manifestations, la guerre,

Une économie sans réserve de secours, un tissu disparate et vulnérable... visage de la France à la fin du XIIIe siècle ! Les chemins s'encombrent de fugitifs et de pauvres. (« SAINT MARTIN PARTAGEANT SON MANTEAU », MINIATURE D'UN « RECUEIL D'IMAGES DU NORD DE LA FRANCE », XIIIe S.)

la faim, l'épidémie. Dans une vie menacée et plus courte, les vices et les vertus sont plus proches et la voie à suivre moins nette. Dans le doute, il faut songer à soi : le pauvre n'est plus l'envoyé de Dieu, c'est un fainéant ; l'infirme n'est plus un frère qui souffre, c'est une bouche inutile ; l'homme de bonne volonté n'aura pas la paix ici-bas, c'est un timide sinon un traître.

Le prélude à la désolation

Au début du XIVe siècle, tensions et incertitudes, jusque-là épisodiques et contenues, se transforment en secousses violentes ou en conflits sanglants, plus fréquents, moins bien maîtrisés, qui affectent chaque fois un plus grand nombre d'hommes. C'est que la lente maturation des déficiences structurelles exacerbe sans cesse davantage les effets des aléas conjoncturels, car elle restreint les marges de sécurité, exaspère les antagonismes latents et de la sorte accroît et généralise la précarité des conditions de vie. En conséquence, ce qui depuis un bon siècle ne provoquait plus que des difficultés passagères, au pire des ébranlements locaux, se résout à nouveau en dévastations d'autant plus cruellement ressenties qu'elles apparaissent maintenant largement répandues.

La chaîne des fléaux

Il convient cependant de se garder de deux erreurs d'appréciation. D'abord, si graves soient-elles, les difficultés ne déclenchent pas encore de cataclysme général et permanent, même si elles le laissent redouter ; pour en arriver là, il faudra l'action conjuguée des pestes et de la guerre franco-anglaise. Ensuite, ces difficultés ne constituent nullement une exacte réplique de celles qui sévissaient aux Xe et XIe siècles, même si elles en reprennent quelques aspects caractéristiques : famines, flambées de mortalité, déprédations des guerriers. Deux raisons en effet se conjuguent pour les en distinguer. D'un côté, les modifications, tant économiques que politiques, qu'a subies le royaume depuis lors les a en même temps multipliées et rendues plus solidaires, créant entre elles des chaînes d'interactions plus complexes ; une mutation monétaire inopportune peut ainsi transformer une récole médiocre en catastrophe. De l'autre, l'accoutumance à une sécurité mieux assurée les fait percevoir comme des phénomènes anormaux, signes de la colère divine ; aussi s'accompagnent-elles cette fois d'explosions de haine et de chasses aux boucs émissaires ; de là de nouvelles calamités.

De ce retour en force des calamités, les contemporains, et les historiens à leur suite, ont surtout retenu l'aggravation des disettes et des ponctions démographiques et, parmi elles, ils ont mis l'accent sur la grande crise de 1315-1317, où des moissons désastreuses additionnent tragiquement leurs effets. La production céréalière, médiocre dès 1314, s'écroule en 1315 et 1316 sous les déluges renouvelés de deux étés pourris. La malnutrition et les maladies qui se greffent sur elle s'accompagnent de véritables hécatombes. En 1346, lorsque Jean de Venette poursuit la chronique autrefois commencée par Guillaume de Nangis, il ne peut s'empêcher d'évoquer les années dramatiques de son enfance lorsque, en France, affirme-t-il non sans exagération, « la majeure partie des hommes périt de faim et de disette ». Pourtant, cette crise ne fut pas isolée ; quelques-unes l'annoncèrent ; d'autres, de plus en plus nombreuses, la suivirent. Ainsi, en Forez, de 1277 à 1343, au moins 34 années furent difficiles. D'où provient donc l'exceptionnelle célébrité de 1315-1317 ? D'abord, de l'universalité de la crise, qui sévit dans presque toute l'Europe, et singulièrement dans celle du Nord ; ensuite, de son ampleur inattendue et, par là, pour les contemporains, stupéfiante (Ypres aurait perdu 10 p. 100 de sa population en quelques mois) ; encore, de la lenteur de la récupération (il faut attendre 1318 pour que les cours des céréales redeviennent normaux) ; enfin, du fait que cette universalité, cette ampleur et cette difficile convalescence révèlent brutalement la vulnérabilité d'un équilibre économique menacé par les contradictions qui le minent. On prend soudain conscience que quelque chose a changé, que rien n'est plus, peut-être ne sera plus, comme avant.

Dans quelle mesure les contemporains pouvaient-ils maîtriser cette recrudescence de famines et de mortalités ? Et jusqu'à quel point parvinrent-ils à en dominer les effets ? Il n'est pas aisé de répondre.

Si la mauvaise alimentation et un brusque déficit énergétique facilitent et provoquent à coup sûr la propagation des maladies, on ne sait pas si, à cette époque, les épidémies sont capables de déclencher des hécatombes

Pluies torrentielles, printemps pourris, moissons désastreuses, malnutrition, épidémies, chutes démographiques : le cycle infernal s'installe lors de la crise de 1315-1317.

(« APOCALYPSE » D'ANGERS ; TENTURE, XIVe S. DÉTAIL DU NAUFRAGE.)

de grande ampleur sans le concours d'une pénurie céréalière, comme ce sera incontestablement le cas de la Peste Noire quelques décennies plus tard. S'il en était ainsi, leur impact démographique aurait été *de facto* incontrôlable au regard des pratiques médicales contemporaines. Certains chroniqueurs le laissent entendre, comme l'Anonyme de Paris, qui constate pour 1334 tout à la fois une abondance de blé et de vin et une mortalité élevée à travers tout le royaume, et spécialement au sud, de la Pentecôte à la Saint-André. Néanmoins, la récolte de 1333 avait été désastreuse en Forez et, à Saint-Denis, on enregistra une forte montée des prix céréaliers. On ne peut donc écarter toute relation entre les deux sortes de calamités.

Une amélioration, mais trop faible

La crise de 1315-1317, la fréquence accrue des pénuries alimentaires ultérieures, enfin la récupération plus rapide et la bonne résistance d'ensemble des régions les plus riches, comme l'Île-de-France ou la haute Normandie, suggèrent plutôt que les contradictions économiques jouent le rôle déterminant dans l'aggravation des disettes et des mortalités. Une atténuation de ces deux dernières passait donc obligatoirement, en cette première moitié du XIVe siècle, par une amélioration de la production et de la productivité, singulièrement dans le secteur agricole, largement dominant. La saignée générale de 1315-1316 et les hémorragies locales postérieures, en rétablissant momentanément les équilibres, octroyaient un répit nécessaire à la transformation de systèmes de production parvenus aux limites de leurs possibilités. Quelques remaniements, une réduction sensible de la jachère sur telle ou telle exploitation ou une tendance à une spécialisation plus poussée sur tel ou tel terroir indiquent qu'ici ou là ces systèmes amorçaient déjà une évolution. Toutefois, pour se généraliser et porter ses fruits, celle-ci exigeait du temps, un temps qui lui a sûrement manqué. Mais en eût-elle disposé, il n'est pas certain qu'elle fût parvenue à son terme. En effet, elle se heurtait à d'autres calamités qui entravaient son développement. Surtout, elle dépendait de la volonté des hommes. Certains s'y opposèrent, défendant leurs propres intérêts, sociaux en particulier. Tous interprétaient les difficultés en fonction de représentations bien spécifiques ; celles-ci ne favorisaient pas toujours les aménagements souhaitables, quand elles n'entraînaient pas à leur tour des désordres, voire des fléaux, facteurs de blocages.

Pression fiscale et mutations monétaires

Aux disettes et aux mortalités, les chroniqueurs ajoutent volontiers les pratiques financières et fiscales du monarque, parfois simples expédients répétés sans fin à cause de leur bon rendement initial. Ils les placent sans sourciller au rang des calamités les plus redoutées. Ils dénoncent, quelquefois violemment, l'augmentation ininterrompue des tailles royales, des gabelles sur le sel ou des prélèvements sur les marchés ; ils s'en prennent à la monnaie divisionnaire de mauvais aloi et aux changements continuels et désordonnés du cours des pièces en circulation. Ils accusent tous ces procédés d'appauvrir le peuple, qui « gémirait » sous leur poids et en supporterait difficilement les charges. Ces attaques relèvent sans doute pour une part d'effets de rhétorique, plus sûrement encore de la peur des innovations. Mais elles expriment aussi une incontestable réalité. Pression fiscale et mutations monétaires sont réellement des calamités, de nouvelles calamités nées, en ce premier XIVe siècle, de l'extension du pouvoir royal. Elles atteignent en effet des hommes dont, en raison même de la détérioration du climat économique, la marge de sécurité, voire de survie, ne cesse de se réduire considérablement. Dans ces conditions, une ponction supplémentaire, ne serait-ce que de quelques deniers, suffit à détruire un équilibre précaire et à transformer en errants honnis et en déracinés des manants qui parvenaient jusqu'ici à vivre tant bien que mal de leurs tenures. Comment payer la dernière taille ou la gabelle sur le sel quand il n'y a presque plus de blé à vendre, quand il faut d'abord nourrir sa famille, satisfaire le décimateur et le seigneur, quand la production s'amenuise au fur et à mesure des partages successoraux et peut-être aussi d'une surexploitation des censives ? Et, en cas de disette, que faire, alors que les subsistances elles-mêmes deviennent insuffisantes ? Que pense l'artisan, pour ne pas parler du manouvrier urbain, de ces suppléments exigés par le roi même en temps de pénurie, lorsqu'il se procure à grand-peine les denrées indispensables ? Que dit-il des statuts qui lui commandent d'acquitter son loyer en bonnes espèces sonnantes et trébuchantes et non avec ces pièces de cuivre que le souverain a répandues et dont personne ne veut tant elles sont dévaluées ? Quand, en 1306, Philippe IV le Bel prend une décision de cet ordre, qui se serait traduite, aux dires des chroniqueurs, par un triplement des redevances locatives, les Parisiens se précipitent en foule au Temple, où se trouvait le monarque, et en bloquent les portes « afin que personne ne puisse ravitailler le roi ».

Pourtant, les pressions catastrophiques exercées par l'essor de la puissance royale en France et ailleurs ne se limitent pas à des pratiques financières et fiscales lourdes à supporter. La politique de Philippe le Bel et de ses successeurs visait aussi à mettre la main sur le duché de Guyenne et sur la partie du comté de Flandre relevant du royaume (en gros, à l'ouest de l'Escaut),

Le fléau fiscal s'abat sur les faibles, tandis que circule une monnaie de mauvais aloi. Le décimateur, lui, n'accepte que les bonnes espèces.

(« LE PAIEMENT DES IMPÔTS » ; LIVRE JURATOIRE D'AGEN ; MINIATURE, XIIIe S.)

accessoirement sur le Ponthieu. Cette politique se heurta à de fortes résistances en particulier locales. Elle se compliqua en outre, dans les années 1330, des prétentions d'Édouard III, roi d'Angleterre, sur la couronne de France, et de sa volonté de la conquérir sur son rival, Philippe VI de Valois, les armes à la main. Ainsi se succèdent des campagnes militaires répétées, fort coûteuses en hommes et en argent. Celles-ci touchent déjà la population par le biais des contributions financières. Elles aboutissent surtout à des dévastations plus ou moins systématiques, d'abord aux marges du royaume (Flandre, Guyenne, Tournaisis, Bretagne), puis, en 1345, avec la chevauchée de Derby, en Angoumois et en Périgord ; enfin, en 1346, au cœur même du pays, Normandie, Île-de-France et Picardie.

Une nouvelle forme de guerre : la chevauchée

Renaissant après une paix d'un siècle environ, cette guerre est ressentie comme une calamité d'autant qu'elle revêt un nouveau visage. Elle n'est plus endémique (elle le redeviendra plus tard) ; elle ne se divise plus en une poussière de petits conflits locaux, plus ou moins indépendants ; elle n'oppose plus des détenteurs de la force armée groupés autour d'un lieu fortifié, agissant pour leur propre compte et pour réaliser leurs propres fins. En un mot, elle n'est plus « privée ».

La « nouvelle guerre » enregistre les changements politiques de la France du XIIIe siècle. Elle répond désormais aux besoins de princes devenus puissants qui tentent de mettre à merci des adversaires non moins puissants. Elle est lutte de rois, et derrière eux d'États aux moyens accrus. La « nouvelle guerre » constitue une nouvelle source de calamités. Pour le comprendre, il suffit de voir comment la pratiquent maintenant les chefs militaires.

L'arme offensive, la pièce maîtresse, en est la chevauchée. Une armée de plusieurs milliers d'hommes, pas toujours bien disciplinés, déferle sur le territoire ennemi ; elle le parcourt, parfois fort avant. Son commandement ne cherche pas tant à affronter l'armée adverse dans une bataille rangée. Il ordonne plutôt de rançonner, mieux de piller et de détruire. Il s'efforce également de conquérir des points d'appui, pour étendre le rayon d'action des soudards, tout en démantelant le réseau défensif de l'ennemi. En un mot, il vise à épuiser l'adversaire pour l'abattre. Celui-ci, de son côté, ne provoque également de rencontre que contraint et forcé quand, comme en 1346, l'attaquant s'approche trop des centres vitaux du royaume (Édouard III avance jusqu'à Poissy). Au contraire, autant que faire se peut, il préfère abandonner le plat pays, porter le plus grand nombre de richesses à l'abri des murailles et tenir derrière les seuls lieux fortifiés capables de résister à pareille marée. En d'autres termes, il attend que son adversaire s'épuise de lui-même au cours de ses pérégrinations. C'est cette double recherche de l'épuisement de l'autre qui transforme toute chevauchée en calamité. En effet, elle laisse les mains libres à l'attaquant ; il peut piller, saccager, incendier, éventuellement rançonner à sa guise. Et il est capable de le faire sur une grande échelle ; l'église fortifiée, la tour isolée, la motte sommairement mise en défense, efficaces autrefois contre les petits effectifs des hommes d'armes du voisinage, ne suffisent plus maintenant à arrêter le rouleau compresseur des troupes adverses. Il est dorénavant nécessaire de se retirer de larges secteurs et de se replier sur les ensembles les plus sophistiqués, plus rares mais désormais les seuls qui soient encore à peu près sûrs. La destruction, peut-être moins fréquente qu'auparavant, devient plus systématique, plus complète, partant plus déstabilisatrice et plus grave. Elle exige plus de convalescence et une santé économique moins fragile pour que ses séquelles s'estompent et disparaissent. Or cette santé économique manque au royaume.

À la recherche des boucs émissaires

Crises frumentaires et démographiques, politique royale, fiscale et monétaire, campagnes militaires qui, plus lentement et plus tardivement, leur surimposent des destructions systématiques n'épuisent cependant pas la brutale recrudescence des calamités en ce premier XIVᵉ siècle.

Les réactions qu'elles provoquent en entraînent parfois d'autres, peut-être moins apparentes, à coup sûr moins générales, mais qui se conjuguent à elles, en accentuant ici ou là les dramatiques effets. Pour le comprendre, il faut se souvenir qu'environ un siècle de moindres difficultés alimentaires, de moindres mortalités, de protection relativement efficace d'un roi qui assure la paix et la justice et sanctionne les abus sous son chêne de Vincennes avait accoutumé les habitants du royaume à plus de sécurité et à moins de précarité. Désormais, cette « embellie » est perçue comme normale, comme souhaitée et désirée par Dieu. Dans ces conditions, survenant sur le pesant malaise ressenti depuis 1280-1290, la flambée de violence de la décennie 1310 et les soubresauts postérieurs sur fond de menaces militaires grandissantes surprennent, étonnent, désarçonnent. Ils deviennent signes parmi d'autres signes d'un monde qui se corrompt. Cette avalanche de malheurs n'apparaît pas extraordinaire dans un monde et à une époque où les contemporains voient les croyances et les mœurs orientales contaminer un ordre religieux, le Temple ; le pape quitter Rome pour Avignon et brimer les « inconditionnels » de la pauvreté évangélique, les « spirituels » ; les brus du roi prendre

Par l'épée ou la corde, les représentants du pouvoir royal exécutent des Pastoureaux, coupables de multiples désordres à travers le royaume.

(« LIVRE DES FAIZ MONSEIGNEUR SAINT LOUIS ». DÉTAIL DE MINIATURE, XVᵉ S.)

des amants ; ses cousins, Mahaut et Robert d'Artois, se livrer à l'envoûtement et aux pratiques diaboliques ; le poison constituer partout le procédé ordinaire pour se débarrasser de rivaux gênants, au moins le croit-on. Il semble donc bien aux contemporains qu'« il y a quelque chose de pourri au royaume » de France, sinon, dans l'ensemble de la chrétienté. Dieu d'ailleurs condamne les rois de France qui pressurent leurs sujets au lieu de les défendre : Philippe IV meurt brusquement d'une maladie étrange et ses trois fils disparaissent jeunes, sans laisser d'héritiers mâles.

Certains estiment alors qu'un âge s'achève et qu'un autre, meilleur, s'annonce. Plus nombreux vraisemblablement sont ceux qui pensent que les calamités constituent autant de fléaux envoyés par Dieu pour châtier les péchés des hommes, les conduire à s'amender, éventuellement à purifier la société de ses éléments corrompus. Et c'est cet ébranlement des consciences qui va engendrer des mouvements dont les meilleurs exemples sont celui des vagagonds illuminés en 1320 et celui des pogroms de 1321 contre des collectivités marginales, juifs et lépreux.

Des lépreux auraient empoisonné puits et fontaines en Aquitaine. D'ordre du roi, ils sont arrêtés et interrogés par tout le royaume. Hors des enceintes citadines, les bûchers s'allument.

(MINIATURE DE JEAN FOUQUET POUR LES « CHRONIQUES DE SAINT-DENIS », XVe S.)

En mai 1320, des hommes d'humble origine, en particulier des pâtres, se rassemblèrent dans le Bassin parisien, peut-être en Normandie. Munis d'une besace et d'un bâton, ils entreprirent de traverser le royaume, mendiant leur pain. Déployant des bannières, dont au moins une représentait la crucifixion, ils prétendaient partir combattre les Infidèles et, si possible, les chasser de Terre sainte. Les autorités, prises au dépourvu, ne réussirent pas à leur interdire l'accès de Paris. Méfiantes cependant, se remémorant un mouvement semblable de même composition sociale qui avait troublé le royaume environ soixante-dix ans auparavant (les premiers Pastoureaux), elles tentèrent de tirer profit de leur séjour dans la capitale pour briser leur élan en en incarcérant quelques-uns discrètement, « sans émouvoir le peuple ». La réaction fut vive et immédiate : les geôles furent forcées, les prisonniers libérés.

On préféra alors composer, et les nouveaux Pastoureaux, libres, quittèrent Paris et poursuivirent leur route. Descendant vers l'Aquitaine, ils commencèrent à s'en prendre aux « Infidèles » qu'ils avaient sous la main : les juifs. Ils en molestèrent, en tuèrent un certain nombre, s'appropriant leurs biens par la même occasion. Ils en assiégèrent même dans une tour appartenant au roi et les y enfumèrent, se transformant progressivement en véritable fléau. Employant la manière forte, les représentants locaux du pouvoir royal parvinrent à les maîtriser dans les régions de Toulouse et de Carcassonne ; non sans mal d'ailleurs, car la foule, « se réjouissant du massacre des juifs », ne coopéra, semble-t-il, que mollement avec les autorités. Que ces Pastoureaux aient été avant tout des déshérités, qu'ils se soient regroupés au moment de la soudure entre deux récoltes ne relève sans doute pas du hasard. Quoi qu'en pensent les chroniqueurs, qui les accusent d'avoir abandonné leurs troupeaux, il est à parier que ces hommes n'avaient pas grand-chose à perdre. Population flottante, victime des épreuves des années 1310, ils se sont sans doute expliqué leurs malheurs comme une conséquence de l'abandon de la lutte contre les Infidèles et comme un appel à combattre ces derniers ; en la personne des juifs, ils avaient cru les rencontrer.

Les événements de 1321 s'expliquent plus simplement. Les malheurs qui viennent d'assaillir le royaume paraissent trop anormaux pour qu'on ne recherche pas des coupables et qu'on ne craigne un nouveau malheur aussi inattendu, aussi grave et meurtrier que les précédents. Le bruit se répand soudain à partir du Poitou, où séjourne alors le roi de France (Philippe V), que les lépreux auraient tenté d'empoisonner les puits et les fontaines dans toute l'Aquitaine. On en saisit, on en torture. La rumeur se gonfle et s'étoffe ; on chuchote qu'à Parthenay des lépreux auraient avoué que des juifs leur avaient suggéré de se venger ainsi de la quarantaine dans laquelle ils étaient tenus. Il leur suffisait de verser dans l'eau une poudre de leur façon, mélange de sang humain et d'urine séchés additionné de trois herbes mystérieuses. Un lépreux aurait même été surpris alors qu'il transportait un breuvage noirâtre, fétide et évidemment incombustible, où nageaient une tête de serpent, des pattes de crapaud et des cheveux de femme. Philippe V lance l'ordre de les arrêter tous et de les interroger par tout le royaume. Les on-dit n'en sont qu'amplifiés. On murmure maintenant qu'à Grenade, bastion musulman de la péninsule Ibérique, le roi, se voyant dominé en Castille par les chrétiens, aurait décidé de les exterminer en les empoisonnant ; on montre même un document de sa main, un faux bien entendu. Les juifs lui auraient servi d'intermédiaires et auraient sollicité les lépreux. Ceux-ci, ou plutôt leurs chefs réunis en conseil, auraient décidé, à l'unanimité sauf un, d'accepter la proposition. Ainsi, les chrétiens se voyaient-ils victimes d'un lâche complot qu'ils pensaient avoir évité de justesse : n'avaient-ils pas, cette fois, découvert à temps la conjuration ? Le résultat fut terrible. Les bûchers s'allumèrent un peu partout, pour les lépreux d'abord, pour des juifs ensuite. En ce qui concerne les premiers au moins, si ce ne fut pas une extermination totale, ce fut au bas mot un grand massacre. Crut-on la société purifiée ? Ce n'est pas une certitude, quoiqu'on puisse le supposer.

Dans la première moitié du XIVe siècle, le renouveau des calamités s'explique par l'existence d'une société et d'une économie nouvelles et maintenant minées par leurs propres contradictions, donc sensibles aux aléas de la conjoncture économique, politique et militaire. Il se comprend également par l'interprétation qu'en donnent les contemporains et qui, à son tour, crée de nouveaux fléaux.

Dominée par un malaise grandissant, la décennie de 1310, avec ses disettes et ses mortalités, avec ses troubles, est donc une période où se trouve sérieusement ébranlée une structure fragile ; néanmoins, celle-ci ne s'effondre pas. Survient alors une période de calme relatif surtout scandée par des crises spasmodiques locales et régionales, ici ou là aiguës. Pourtant, le ciel s'obscurcit lentement ; les demandes royales s'accentuent ; les chevauchées se multiplient et cernent de plus en plus près le royaume. Mais l'édifice tient encore, même si sa résistance diminue sous l'effet conjugué des assauts qu'il subit et des contradictions qu'il ne parvient pas à dominer. Qui aurait pu prévoir le déchaînement de calamités qui allait survenir ?

R. F. – H. N.

La fureur de la chevauchée.

(SARCOPHAGE DU SIRE DE PALAYS, DÉTAIL, XIIIe S. MUSÉE DES AUGUSTINS, TOULOUSE.)

VIII

Terreurs romanes, espérances gothiques

Les siècles centraux du Moyen Âge semblent d'abord des siècles immobiles, uniformément placés, pour la grande masse, sous le signe permanent de l'insécurité, de la crainte, de la misère physiologique et morale face à l'implacable régularité des mauvaises récoltes et des épidémies et aux débordements trop prévisibles des violents. □

Mais à qui prend au sérieux les lentes transformations dont les chartes gardent l'écho et dont l'archéologie révèle aujourd'hui la trace matérielle, ils semblent aussi des siècles en progrès. Le climat s'y fait plus clément. L'évolution sociale et politique générale, les indéniables améliorations techniques, même limitées et inégalement diffusées, allègent la peine des hommes, leur donnent les moyens d'une meilleure maîtrise du sol, leur offrent quelques recours contre l'injustice et la force brutale de ceux qui possèdent armes, chevaux et châteaux.

Il est donc malaisé de mesurer la situation réelle des hommes de ce temps face aux fléaux de toutes sortes. Il est plus malaisé encore de savoir quelle conscience ils ont eue de cette situation. Comment ont-ils exprimé leurs angoisses et leurs espoirs ? Ont-ils perçu ces progrès que croit discerner l'historien d'aujourd'hui ? Et, surtout, leurs représentations, leurs discours, l'idée même qu'ils se faisaient des dangers qui les menaçaient sans cesse ont-ils eu un effet pratique sur leurs attitudes vécues ? Ont-ils contribué aux transformations évoquées plus haut ?

La difficulté ne tient pas ici seulement à l'inertie, peu mesurable, des mentalités et du langage toujours enclins à perpétuer des schémas anciens. Elle tient plus encore à la nature de nos sources, principalement ecclésiastiques. Auteurs de traités mystiques ou théologiques, de poèmes religieux ou de sermons, ordonnateurs des programmes iconographiques sur les pages des manuscrits ou aux façades et aux voûtes des églises, clercs et moines nous parlent certes, et même d'abondance, des fléaux et des calamités. Mais leur témoignage est rien moins que réaliste et objectif. Les mots et les images dont ils se servent sont empruntés au fond traditionnel de la culture chrétienne, c'est-à-dire à la Bible – qui, de la destruction de Sodome aux ravages de l'Antéchrist, est en effet pleine de fléaux envoyés par Dieu aux hommes pécheurs – et aux Pères, qui, de saint Augustin à Grégoire le Grand, ont volontiers pris argument des malheurs de leur temps, du sac de Rome par les Wisigoths (410) à la peste du VIe siècle, pour appeler les hommes à la pénitence. Car, sous la plume des gens d'Église, l'évocation des malheurs n'est jamais neutre. Châtiment des pécheurs invétérés ou terrible avertissement de la Providence, les calamités s'inscrivent pour eux sur un registre familier, celui des « signes des temps » et d'une théologie de l'histoire tout entière ordonnée à ses fins dernières. On voit combien il est délicat de chercher à travers ces documents remplis de références bibliques et d'intentions moralisantes non seulement une évocation concrète des calamités historiques des XIe-XIVe siècles mais même un écho direct des attitudes et des réactions de la masse des contemporains. Le discours clérical en porte certes le reflet, comme il a dû contribuer en retour à les façonner, mais au prix de bien des distorsions.

Le témoignage de la littérature vernaculaire, des chansons de geste au Roman de la Rose, est sans doute plus proche du vécu, encore que les auteurs en soient souvent, eux aussi, des clercs et non dépourvus d'intentions religieuses. Mais le public aristocratique, auquel elle s'adressait le plus souvent, représentait précisément la catégorie relativement la mieux protégée des calamités naturelles ou sociales ; et cela limite la portée de son témoignage.

Le mépris du monde

Notre documentation, en particulier, ne nous livre qu'exceptionnellement la réaction première, brute, des hommes soudain confrontés aux fléaux : horreur qui paralyse, fuite panique vers la ville voisine, la forêt ou le maquis, débrouillardise cynique, geste brutal et irraisonné de rage et de révolte – l'incendie volontaire, le viol, le guet-apens – pour se venger du seigneur ou de son prévôt, responsables réels ou supposés des calamités. Tout cela n'affleure que fugitivement dans les textes. Le plus souvent, il faut nous contenter d'un discours déjà élaboré, qui ne sépare pas l'évocation du malheur de la leçon qu'il entend en tirer.

Une pédagogie de la peur

Ce discours n'enjolive certes pas le tableau. Pour mieux amener les hommes à se tourner vers le Ciel, les appeler à l'aumône et à la pénitence, il ne cesse de leur rappeler que le mal est partout présent, prêt à fondre sur eux à l'improviste, à leur arracher leurs maigres biens, leurs pauvres joies pour les entraîner dans les épreuves, les tourments, la mort. La présence du mal dans le monde n'est évidemment pas, en ce temps, le fait du hasard ou de la nature, elle a une figure concrète, celle du Diable. Parfois séducteurs, le plus souvent agressifs, terrifiants ou répugnants, sous mille apparences diverses, humaines ou animales, les démons sont embusqués partout. Ils grimacent horriblement aux chapiteaux des églises, étreignent les hommes dans leurs gueules ou leurs mains puissantes, comme au tympan d'Autun. Leur apparition, aux confins incertains de la plaine et de la forêt, du jour et de la nuit, terrifie mais ne surprend pas. Comme tant de ses confrères, le moine bourguignon Raoul le Glabre a vu personnellement, nous dit-il, et à trois reprises, le démon qui hantait son couvent, ricanant dans le dortoir des moines ou bondissant hors des latrines ; il le décrit avec une précision clinique : « Une espèce de nain horrible à voir [...] de stature médiocre, avec un cou grêle, le visage émacié, des yeux très noirs, le front rugueux et crispé, les narines pincées, la bouche proéminente, les lèvres épaisses, le menton fuyant et étroit, une barbe de bouc, les oreilles velues et effilées, les cheveux hérissés, des dents de chien, le crâne en pointe, la poitrine enflée, une bosse dans le dos, les fesses frémissantes, des vêtements sordides. »

La sculpture, la fresque, l'art du vitrail insistent sur l'omniprésence du démon, représenté sous la forme d'un être repoussant propre à frapper directement l'imagination commune.

(« VISION DE SAINT ANTOINE », CHAPITEAU DE L'ÉGLISE DE LA MADELEINE A VÉZELAY, XIIe S.)

Quatre-vingts ans plus tard, dans son *Autobiographie*, un autre moine, Guibert de Nogent, ne cite pas moins de vingt-deux apparitions diaboliques qu'il tient de témoins sûrs quand il n'y a pas assisté lui-même.

Mais, soucieux d'éviter toute accusation de manichéisme, les auteurs chrétiens s'empressent d'ajouter, en bonne théologie, que les démons ne peuvent agir en ce monde qu'« avec la permission de Dieu ». Agressions diaboliques, les fléaux sont aussi des avertissements divins. La foudre qui tombe sur l'église de Saint-Germer de Fly et tue trois moines aux côtés de Guibert de Nogent, l'épidémie de « mal des ardents » de 1045 racontée par Adémar de Chabannes, la famine qui ravage la Flandre en 1125, rien de tout cela, de l'accident local à la calamité universelle, n'a pu arriver que par la volonté de Dieu de punir de manière exemplaire les pécheurs endurcis et d'appeler au repentir ceux qui peuvent encore être sauvés.

Aucun thème n'est plus présent dans l'art des XIe et XIIe siècles que celui de l'Apocalypse. L'enseignement en est double : il y aura d'abord le temps des malheurs et de la tribulation, il y aura ensuite le retour de l'Agneau et le triomphe de la Jérusalem céleste. Mais, de ces deux aspects, c'est le premier que l'art roman illustre avec le plus de complaisance pour indiquer que le temps des épreuves est proche et sans doute même déjà là. Les ravages des

Visage humain, couronne d'or, crocs de lion, cuirasse de fer, les sauterelles de l'Apocalypse à corps de cheval et queue de scorpion ont pour mission de torturer les pécheurs. À chaque instant, l'homme du Moyen Âge est invité à méditer ces images et à faire pénitence.

(« APOCALYPSE DE SAINT-SEVER » ; MINIATURE, XIe S., ATTRIBUÉE A ÉTIENNE GARSIA.)

seigneurs-brigands annoncent ceux de l'Antéchrist. Les cadavres qui jonchent le sol sur telle miniature de l'admirable commentaire de l'Apocalypse peint au monastère de Saint-Sever vers 1050 ne devaient pas offrir une image très différente de celle que laissaient derrière eux épidémies, inondations et ravages des bandes armées.

« Pédagogie de la peur », dira-t-on. Sans doute, mais n'était-elle pas inévitable dans un monde ravagé par l'insécurité et corseté par la force brutale ? Et, au-delà des terreurs apocalyptiques, ce sont des attitudes plus permanentes qu'induisait nécessairement la précarité mal surmontée de l'existence.

« Frêle est la vie, ne durera longtemps »

Il n'est guère pensable en effet que les hommes de ce temps aient vécu perpétuellement dans la crainte, parcourue de brèves explosions de révolte. Le fond quotidien des mentalités paraît avoir été plutôt de résignation, de fatalisme, de pessimisme : une certaine accoutumance aux malheurs qui permet de s'accommoder de son impuissance. Cela surprendra peut-être. On imagine volontiers que cette tournure d'esprit, qui incite à la délectation morbide, au macabre, a été le propre des derniers siècles du Moyen Âge. Auparavant, au contraire, le poids des terreurs et des fléaux aurait été largement contrebalancé par un puissant appétit de vie, un optimisme conquérant, une véritable confiance en l'avenir. Mais c'est là, suscitée peut-être par l'état des sources, une opposition trop radicale.

Car à beaucoup d'hommes des XIe et XIIe siècles, leur monde, que nous jugeons en pleine jeunesse, paraissait vieillissant. La *Vie de saint Alexis,* un des premiers poèmes en langue française, développe déjà ce thème dans son préambule (je cite la version du XIIe siècle) :

> « Bon fut le siècle, au temps des anciens,
> On y trouvait foi, justice et amour,
> Croyance aussi, dont il reste bien peu ;
> Et si changé, perdu a sa valeur,
> . . . .
> De tout en tout se vont affaiblissant ;
> La foi du siècle va toute défaillant ;
> Frêle est la vie, ne durera longtemps. »

De manière saisissante, Honorius Augustodunensis (un moine sans doute allemand qui, au début du XIIe siècle, fréquenta les écoles du nord de la France) imagine une sorte de rabougrissement progressif de l'humanité : « Les anciens étaient plus grands que nous et ceux qui viendront après nous seront plus petits. »

Et son contemporain, le chanoine parisien Hugues de Saint-Victor, témoin pourtant de l'essor des royaumes de France et d'Angleterre, s'obstine à en tirer des conclusions pessimistes : « À mesure que le temps approche de sa fin, le gouvernement du monde se déplace vers l'Occident ; la fin du monde arrive, puisque le cours des événements a déjà atteint le but de l'univers. »

Hommes qui rapetissent, soleil couchant, toutes ces images de déclin suggèrent un monde crépusculaire où la mort rôde et peut frapper à l'improviste, le puissant comme le pauvre, le jeune avant le vieux. Vers 1190, bien avant les danses macabres du XVe siècle, Hélinand de Froimont, trouvère devenu moine cistercien, écrit ses *Vers de la mort* :

« Que vaut beauté, que vaut richesse,
Que vaut honneur, que vaut hautesse ?
Puisque la mort tout à sa guise
Fait sur nous pluie et sécheresse. »

Il y a dans ces textes bien plus que les lieux communs de l'éloge du temps passé et de l'égalité de tous devant la mort, un sens aigu de la précarité de l'existence, de la fragilité des réalisations humaines, alimenté au spectacle quotidien de la violence et des calamités imprévues.

On objectera que c'est là discours de clercs, c'est-à-dire d'hommes dont non seulement le devoir était d'appeler les fidèles à la pénitence et au salut mais dont la conception du temps relevait de la vieille idée des « âges » successifs du monde ; celui où ils vivaient, commencé avec l'Incarnation de Jésus, était le dernier, l'âge de la décrépitude et de la catastrophe terminale, préparée par une série accélérée de fléaux et de calamités en attendant le retour glorieux du Christ, la « rénovation de toutes choses ».

On objectera aussi, plus concrètement, que, loin de refléter les mentalités communes, ces discours s'y opposaient peut-être. Si les auteurs ecclésiastiques martelaient les thèmes apocalyptiques, n'était-ce pas en visant tous ceux, nouveaux ambitieux, nouveaux puissants, nouveaux riches, qui parvenaient précisément, en tirant parti de l'évolution économique et sociale générale, à alléger un peu les vieilles contraintes, à acquérir plus de sécurité, plus de prise sur l'avenir ? Il est sûr qu'on trouverait également, au moins à partir des années 1130-1140, des textes – de clercs, eux aussi – célébrant à leur manière ces possibilités nouvelles. « Nous sommes des nains », concède Bernard de Chartres à Honorius Augustodunensis, dans une formule célèbre,

Illustrant deux siècles plus tard *les Vers de la mort* (1190), par lesquels le moine Hélinand de Froimont exhorte ses contemporains à la conversion, l'artiste oppose ici à l'enfer le purgatoire, lieu de transition imaginé dès le XIIe siècle.

(RECUEIL DE DIVERS TRAITÉS DE DÉVOTION EN PROSE ET EN VERS ; MINIATURE, XIVe S.)

« mais assis sur les épaules des géants [qui nous ont précédés] et nous voyons plus loin qu'eux. »

L'« embellie » que note l'historien de l'économie et de la société au temps de Philippe Auguste et de Saint Louis trouve son écho dans les textes savants, et les thèmes pessimistes et apocalyptiques reculent incontestablement à la fin du XIIe siècle. Recul mais non disparition. Bientôt, les doctrines du moine italien Joachim de Flore (v. 1135-1202), largement diffusées dans l'ordre franciscain et jusqu'à l'université de Paris, leur redonneront vie. Elles annonçaient à nouveau l'imminence des catastrophes, « les périls des derniers temps », en attendant l'avènement de l'âge de l'Esprit.

En tout cas, à s'en tenir ici aux XIe et XIIe siècles, il y a trop d'indices convergents pour qu'on puisse croire que réflexions pessimistes et craintes apocalyptiques aient été le monopole de quelques clercs moralisateurs. Sans même s'arrêter aux problèmes d'influences et d'antériorité, on peut dire que ce discours rejoignait des convictions très répandues dont témoignent des comportements attestés dans de larges catégories sociales.

« Courez aux villes de refuge »

Une formule du temps caractérise bien ces attitudes : « le « mépris du monde ». Certes, il s'agit, là encore, d'un mot et d'une idée de clercs. Jean, abbé de Fécamp (v. 990-1078), l'exprime bien lorsqu'il dit son dégoût de cette « vie misérable, vie caduque, vie impure que les humeurs souillent, les douleurs exténuent, les chaleurs dessèchent, les mets gonflent, les jeûnes macèrent, les plaisanteries dissolvent, la tristesse consume, les soucis angoissent, la sécurité émousse, la richesse enfle, la pauvreté abat ».

Le mépris du monde a pour corollaire logique la fuite du monde. Puisque celui-ci n'est qu'apparences et désillusions, que nos éphémères réussites y sont presque à coup sûr exposées aux coups imprévisibles de la fortune, que l'existence terrestre n'a finalement d'autre saveur que l'amertume des malheurs et de la souffrance, mieux vaut, pour se préparer au salut et en avoir, dès ici-bas, un avant-goût, dans la tranquillité de l'âme et du corps, fuir ce monde, renoncer aux aléas d'une quête incertaine. « Fuyez, fuyez et sauvez votre âme ; courez aux villes de refuge » crie saint Bernard dans son sermon aux écoliers parisiens, qu'il voyait dévorés d'ambition et exposés à tous les périls de la vie urbaine.

Les « villes de refuge », ce sont, bien sûr, les monastères ruraux. La doctrine du mépris du monde est d'abord une doctrine monastique. Son succès est lié au grand renouveau érémitique et monastique de la fin du XIe siècle (la Chartreuse, Cîteaux, Prémontré) qui peuple de cabanes d'ermites et de monastères neufs les « déserts » non encore défrichés des campagnes françaises. Il n'est pas possible d'avancer la moindre évaluation quantitative mais il est certain qu'au XIIe siècle (le recrutement s'est peut-être ralenti au XIIIe) des milliers et des milliers d'hommes et de femmes – d'origine aristocratique (moines et nonnes de chœur) ou paysanne (frères et sœurs convers) – ont choisi la vie monastique, c'est-à-dire l'ascèse et la pénitence, la pauvreté individuelle, la chasteté et l'obéissance, le rythme immuable des travaux et des heures liturgiques imposés par la règle. Quoi qu'il en ait été, en pratique, des multiples « abus » qui ont pu dégrader l'idéal, il est sûr que le rejet du monde et l'aspiration à cette forme de sécurité physique et morale que représentait la vie monastique et qu'illustre la robuste architecture des monastères romans ont, parmi d'autres motivations, contribué à inspirer ces « conversions » au cloître.

Plus largement, ces attitudes se retrouvent sans doute à l'origine de bien des comportements, au moins épisodiquement. Mépris du monde *in articulo mortis* chez celui qui disperse sa fortune en aumônes avant de mourir revêtu de la bure monastique. Mépris du monde chez tous ceux qui, abandonnant leur maison et mettant en péril leur avoir, prennent un jour l'habit du pèlerin ou du croisé, devançant en somme la calamité imprévisible par le risque volontairement choisi, celui, bien souvent, d'une aventure sans issue, comme ce fut le cas pour les participants des croisades populaires, compagnons de Pierre l'Ermite en 1096, « enfants » de 1212 ou « Pastoureaux » de 1251 ou 1320. Mépris du monde, enfin, de ceux et de celles qui, du XIe au XIIIe siècle, suivirent un jour ou l'autre les prédicateurs errants ou adhérèrent aux sectes hérétiques qui les rameutaient autour d'un idéal intransigeant de pauvreté, de pureté, de refus de se compromettre avec tous les aléas du sexe, de la violence et de l'argent.

On peut discuter de la portée précise de cette notion de mépris du monde. Certains y ont vu non un rejet global de toute la création, mais tantôt une

« Ville de refuge », vers laquelle Bernard de Clairvaux invite à se tourner pour fuir les illusions du monde, le monastère offre aussi une protection matérielle pour celui qu'il contraint à se présenter sans arme à sa porte.

(GAUTIER MAP, « LA QUÊTE DU SAINT GRAAL ET LA MORT D'ARTHUS » ; DESSIN, XIVe S.)

simple pratique ascétique, tantôt une attitude de protestation contre un ordre social oppressif, un refus des structures « féodales » ou de la puissance nouvelle de l'argent, autrement dit un appel à la réforme sinon à la révolte. Il y a sans doute bien des distinctions à faire. Mais le trait dominant paraît rester un pessimisme assez radical, un manichéisme latent – ou ouvert, on le sait, chez certains hérétiques – qui ne voit pas de remède à l'impuissance des hommes devant l'omniprésence du mal sinon dans la rupture, le rejet de toutes les pratiques normales de l'existence, une aptitude enfin au déracinement et à l'errance, qui en dit long sur l'insécurité permanente, la précarité matérielle, l'insuffisante maîtrise technique dans lesquelles vivaient les hommes d'alors.

Les domaines de l'utopie

La crainte et le pessimisme ne suffisent cependant pas à définir de manière uniforme l'attitude des hommes de ce temps face aux aléas de l'existence.

Comme il y a une peur, il y a une espérance romane ; face aux calamités, des recours ; malgré les fléaux, des entreprises qui résistent au temps. Malheureusement, c'est là un point sur lequel le décalage entre attitudes concrètes et documentation écrite est particulièrement évident. Qui nous dira jamais l'état d'esprit du paysan qui quitte son village pour la ville ou l'essart voisin, du seigneur qui rebâtit son château ou arrondit son domaine, du marchand qui se risque sur des routes nouvelles ? Il faut attendre le XIIIe siècle pour voir apparaître les premiers traités pratiques d'agronomie ou d'économie domestique qui formalisent un peu cette volonté de gestion rationnelle, de progrès technique et de profit. Jusque-là, nous avons surtout les sources cléricales et littéraires qui, lors même qu'elles nous parlent d'espérance, ne le font guère qu'en termes d'eschatologie ou d'utopie.

Laissons là, pour le moment, l'eschatologie, l'attente de l'au-delà et du salut. À en croire les textes des XIe-XIIe siècles – œuvres non seulement de clercs mais, parmi les clercs, d'une élite d'abbés et d'évêques, bien éloignés par leur culture et leurs préoccupations de l'humble clergé paroissial vivant au contact direct des fidèles –, le salut n'est guère assuré précisément qu'à cette élite. S'il est plus qu'à moitié acquis à ceux qui sont entrés dans le cloître, il est déjà plus incertain pour les évêques et les clercs séculiers, exposés aux dangers du monde, et il est quasiment inaccessible à la foule méprisée des laïcs, en dehors de quelques circonstances exceptionnelles : pèlerinage, croisade ou « conversion » à l'article de la mort, accompagnée de larges aumônes à l'Église et aux pauvres.

L'attente du miracle

Restons-en donc à ce bas monde. Quelles espérances l'Église y laissait-elle aux hommes de pouvoir alléger, avec l'aide de Dieu, les menaces qui pesaient constamment sur eux ? La plus courante, si l'on peut dire, était celle du miracle. Une littérature surabondante en témoigne : *Vies* de saints, recueils de *miracula* composés pour célébrer les mérites de tel ou tel sanctuaire, collections d'« histoires exemplaires » (*exempla*) à l'usage des prédicateurs. Le succès de ce type d'œuvres (sans doute les plus proches, dans la production ecclésiastique, des préoccupations spontanées des fidèles) montre que l'attente du miracle était une disposition quasi permanente des esprits. Une étude récente a recensé 4 756 récits de miracles dans le seul domaine français aux XIe et XIIe siècles. Naturellement, la fonction religieuse première du miracle est de servir à la révélation de la Vérité, de manifester la puissance des saints et de leurs reliques. Mais il a aussi une signification plus terrestre. Selon l'étude déjà citée, 57 p. 100 de ces récits rapportent une guérison, voire une résurrection, 16 p. 100 l'obtention d'une protection ou d'un avantage, 10 p. 100 le châtiment d'un impie. Ainsi donc, d'après ces textes, le miracle, individuel ou collectif, préventif ou curatif, apparaît comme un recours efficace. Il supplée pour les malades l'insuffisance de la médecine. Il arrête les épidémies : en 1125, les reliques de saint Grégoire, tirées en hâte du monastère Saint-Médard, stoppent devant Soissons le « mal des ardents ». Il protège moissons et vendanges ; c'est une des spécialités des reliques de saint Urbain de Langres, tandis que celles de saint Vigor, conservées au monastère de Saint-Riquier en Ponthieu, sont réputées efficaces pour éteindre les incendies. Souvent aussi, les saints se manifestent pour frapper miraculeusement les seigneurs-brigands qui violent la paix de Dieu et pillent les hommes et les biens de l'Église.

La mise en scène des miracles se fait selon des rites convenus. Le contact des reliques transmet la force mystérieuse du sacré. Les processions lustratives dressent autour des lieux menacés un rempart invisible. Le miracle est d'abord l'affaire des grands sanctuaires de la chrétienté, Jérusalem, Rome ou

S'il est enseignement, le miracle est aussi moyen de lutte contre le malheur. En cas d'incendie, on prie saint Vigor, ou saint Éloi, intermédiaires accessibles entre les hommes et le courroux divin.

(« VIE DE SAINT ÉLOI » ; DESSIN, XIIIe S. MUSÉE CARNAVALET, PARIS.)

Saint-Jacques. C'est sans doute l'espérance du miracle qui, bien souvent, lance sur les routes pèlerins et croisés, met en branle les foules à la suite des prédicateurs charismatiques. Mais mille chapelles locales et autres lieux consacrés, des gestes et des formules simples, des amulettes permettent aussi à chacun, pour peu qu'il ait su manifester envers les saints la dévotion suffisante, d'escompter raisonnablement leur aide miraculeuse. Le miracle apparaît alors comme l'anti-calamité par excellence, restaurateur et régulateur de l'ordre naturel sans cesse perturbé par les fléaux.

Ce sentiment de l'immanence du miraculeux s'inscrit plus largement sur un fond de croyances traditionnelles prêtes à admettre, derrière l'apparence des choses, le jeu de forces cachées et toutes puissantes, qu'il faut se garder de déchaîner mais qu'il est possible de capter à son profit. La littérature courtoise, où toute cette culture folklorique, sublimée en « matière de Bretagne », n'est que progressivement recouverte par le vernis des interprétations chrétiennes, nous renvoie ainsi à un monde où le merveilleux est sans cesse prêt à faire irruption, où les métamorphoses des êtres et des lieux se combinent pour conjurer les malédictions obscures et l'incohérence apparente des choses. L'arc magique de Tristan lui assure, au cœur du Morrois, une chasse abondante, le cor d'Erec délivre les prisonniers et, grâce aux fées Lunete et Laudine, Yvain découvre le secret des enchantements de la forêt de Brocéliande.

Âge d'or et pays de cocagne

Au fur et à mesure que l'on avance vers le XIIIe siècle, en relation sans doute avec l'essor économique et social général, ces attentes miraculeuses, ces aspirations à un monde de « merveilles » débarrassé comme par magie des peurs et des calamités prennent corps sous la forme de mythes cohérents, sinon réalistes.

Selon les œuvres, c'est-à-dire les auteurs et les publics considérés, ces mythes s'inscrivent sur des registres variés. Chrétien de Troyes et ses continuateurs ont imaginé, avec la cour du roi Arthur et la quête du Graal, une forme chrétienne et mystique de cette recherche de la réconciliation, de la fin des incertitudes et des aléas de l'existence. « Voici le Chevalier Désiré..., celui grâce à qui cesseront les aventures étranges que connaît ce pays » dit le saint vieillard qui présente Galaad au roi Arthur. Car la cité sainte, Sarras, et le « Palais spirituel » où se perpétue la liturgie du Graal, renouvelant entre Dieu et les hommes l'alliance eucharistique, ne sont accessibles qu'aux chevaliers désarmés, « sans écu ni épée », au cœur pur et à l'âme pacifique.

C'est cependant dans une perspective plus terrestre que se place la majorité des auteurs. Fabliaux et poèmes satiriques évoquent à l'occasion des pays de cocagne et d'abondance, des mondes à l'envers où les faibles prennent leur revanche et où les chevaliers, comme Aucassin, refusent de se battre et libèrent les prisonniers. Sur un mode tantôt religieux, tantôt plus laïcisé, on commence à célébrer la beauté de la création, la sagesse et la puissance de la nature. Déjà présent chez les Goliards, ce point de vue ne s'exprime nulle part mieux que dans la seconde partie du *Roman de la Rose*, due à Jean de Meung (v. 1270). On peut tenir cette œuvre pour assez représentative des mentalités nouvelles qui s'épanouissent au « bon temps de monseigneur Saint-Louis ». Jean de Meung n'est pas un libertin, sa critique des clercs et des religieux est traditionnelle, et l'effort auquel il appelle les hommes doit les conduire en définitive au salut et à la vie éternelle. Son originalité est d'abord dans l'évocation initiale de l'âge d'or de l'humanité, âge primitif d'abondance et de paix d'où toute violence était exclue par l'absence de toute hiérarchie sociale. Elle est ensuite dans l'éloge de dame Nature, de son harmonie, de sa fécondité sans cesse victorieuse de la mort. L'effort créateur de l'homme, symbolisé par la figure de Genius, doit se déployer dans la connaissance et le respect de cet ordre naturel ; il pourra ainsi vaincre tous les obstacles que l'humanité s'est suscités à elle-même et accéder à un nouvel âge d'or, surnaturel celui-ci, dans le jardin céleste.

Deux thèmes, on le voit, circulent à travers toutes ces représentations idéales : la paix et la fécondité. Par-delà les intentions moralisatrices et didactiques des auteurs, on sent à quel point ces thèmes – avec tout ce qu'ils suggèrent : l'opulence régulière des récoltes, l'abondance des vivres de toutes sortes, l'allègement du travail ingrat des hommes, la fin des violences quotidiennes des guerriers – répondaient à des aspirations sincères, concrètes, alimentées au plus profond des expériences vécues et des angoisses collectives.

Clercs pacificateurs et rois thaumaturges

De ces aspirations, certains groupes, ceux-là mêmes qui commanditaient les œuvres évoquées plus haut, se voulaient plus spécialement en charge. Il s'agissait d'abord de l'Église ou du moins, en son sein, des forces les plus neuves, évêques réformateurs, chanoines réguliers, moines (clunisiens au XIe siècle, cisterciens au XIIe, religieux mendiants au XIIIe). Ces groupes non seulement étaient les intermédiaires obligés du salut, mais ils se voulaient aussi agents de paix et de sécurité, garants de la cohésion des communautés villageoises et de la régularité de la vie agraire, organisateurs des assemblées

Un véritable culte s'attache à la personne du roi, défenseur de l'Église, protecteur des faibles et guérisseur. Révéré de son vivant, « li benoît Saint Loys » protège ses sujets par-delà la mort. On vénère ses reliques, on le supplie pour les malades.

(GUILLAUME DE SAINT-PATHUS, « VIE ET MIRACLES DE SAINT LOUIS » ; MINIATURE, XIVe S.)

et mouvements de paix, seuls capables d'imposer aux puissants le respect des serments et des lieux consacrés.

Clercs et moines n'étaient pas seuls à revendiquer ce rôle pacificateur. Si les textes du temps méconnaissent la fonction régulatrice – pourtant réelle – des seigneuries châtelaines, qu'ils peignent plutôt comme des foyers de violence et d'arbitraire, ils célèbrent en revanche celle du roi. C'est une originalité de l'histoire française que cette orchestration précoce, au profit de la dynastie capétienne, des différents thèmes de la « religion royale ». Dès le XIIe siècle, un homme comme Suger (v. 1080-1151), abbé de Saint-Denis, conseiller et biographe du roi Louis VI (1108-1137), s'y emploie de manière décisive. Or, dans les croyances et cultes populaires que l'on rattache alors à la personne royale, abondent des notions telles que celles de libération des opprimés, de fécondité des récoltes, de guérison des malades. Ainsi se constitue la figure idéale du roi capétien, pieux et défenseur des églises, victorieux des puissants rapaces, libérateur des serfs, nourrissier des pauvres, guérisseur des scrofuleux.

Suger, célébrant la victoire de Louis VI sur les seigneurs du Puiset, archétypes de ces châtelains malfaisants dont les exactions entraînaient « la dépopulation des biens ecclésiastiques, la désolation des pauvres et des orphelins, la perte des dons faits aux églises », peut écrire : « Le château du Puiset ayant été rasé en raison de ses iniquités, les terres des saints [= des églises] recouvrèrent leur ancienne liberté, perdue par la guerre, et s'épanouirent dans la paix ; de stériles, elles redevinrent fécondes par la culture. »

Liberté, paix, fécondité : à côté de l'Église et des saints, le roi thaumaturge se pose déjà, dans la France du XIIe siècle, en recours efficace contre les fléaux et les calamités, les caprices de la nature et les violences des hommes.

L'homme et son destin

Nous n'avons jusqu'à présent envisagé les attitudes face aux calamités que de manière globale, comme des réactions collectives à une donnée générale de l'existence. Mais catastrophes et fléaux étaient aussi partie de la destinée personnelle de chacun, éléments de sa réussite ou de son échec. Cette dimension de la question est d'autant plus importante qu'à partir du XIIe siècle on assiste, dans tous les domaines de la vie sociale, sinon à la « naissance de l'individu », à l'« éveil de la conscience », en tout cas au relâchement des anciennes contraintes collectives, lignagères ou autres, au profit de l'individu (ou du couple), davantage responsable, désormais, de son destin.

La roue de fortune

À dire vrai, la conscience de la précarité de l'existence pouvait d'abord être un frein à l'initiative individuelle, une constatation décourageante, propre à faire abandonner tout projet à long terme, tout effort pour améliorer sa condition. « L'avoir va et vient ; si j'ai perdu aujourd'hui, je gagnerai une autre fois » constate avec résignation le bouvier d'*Aucassin et Nicolette*, qui vient de perdre son bœuf et risque d'être chassé par son maître.

Un thème iconographique cher au Moyen Âge, celui de la roue de la fortune, traduit bien cette vision pessimiste des destinées individuelles : l'existence de chacun est livrée au hasard aveugle ; tel qui réussit aujourd'hui a toutes chances d'être demain jeté à bas. Une telle vue des choses n'encourage évidemment ni à l'épargne, ni au progrès technique, ni à l'ascension sociale. Et les documents d'archives confirment que la roue de fortune n'est pas seulement une image ou une mise en garde traditionnelle ; ils nous livrent en abondance des exemples de promotions amorcées puis brisées : une mauvaise récolte, une exaction seigneuriale imprévue suffisent bien souvent à ruiner le début d'enrichissement et les espoirs d'ascension d'un vilain ingénieux ou d'un ministérial ambitieux.

La révolution de la charité

Mais la prise de conscience du poids des calamités et des fléaux sur les destinées individuelles n'a pas eu pour seul effet de freiner initiatives et progrès. Elle a aussi amené à jeter un regard plus attentif sur leurs victimes, malades, infirmes, orphelins, mendiants, errants, paysans sans terre, ouvriers

Dame Fortune a le regard chagrin : Renart – ou Satan ? – trône au sommet de sa roue. Il règne sur le monde, vouant l'humanité à l'échec. Par l'allégorie, Giélée renouvelle le sentiment de pessimisme qui entoure la destinée individuelle.

(JACQUEMART GIÉLÉE, « RENART LE NOUVEL », 1288.)

sans travail, pauvres de toutes sortes. On n'y a plus vu seulement des réprouvés, des pécheurs frappés par la colère divine, mais aussi bien des malheureux que leurs souffrances même désignaient à la générosité, au respect, à l'amour de leurs contemporains. Les victimes des calamités sont non seulement des frères – car nul n'est à l'abri des coups du sort – mais des créatures que leur situation humiliée et dépouillée rapproche de Dieu. Cette découverte de la dignité, voire de la sainteté du pauvre incite certains à choisir de faire leur salut par la voie de la pauvreté volontaire (on songe aux ermites du XIIe siècle, Robert d'Arbrissel, Étienne de Muret et bien d'autres, en attendant les Franciscains, au XIIIe) et d'autres, plus nombreux encore, à répandre par leurs aumônes les fondations charitables en faveur des victimes des calamités.

Le XIIe siècle a vu une extraordinaire efflorescence de ces fondations. Des modestes « bassins des pauvres » des paroisses rurales aux grands hôpitaux urbains (les hôtels-Dieu de Paris ou Laon par exemple), les mentions se multiplient de maisons créées ou agrandies pour abriter malades, infirmes et mendiants. Des confréries et des ordres spécialisés, laïcs ou canoniaux, se créent. Les uns sont d'origine urbaine, comme celui fondé vers 1160 par Gui de Montpellier, qui deviendra l'ordre hospitalier du Saint-Esprit ; d'autres sont des fondations chevaleresques, comme l'ordre des Mathurins, établi en 1198 à Cerfroid (diocèse de Meaux) par Jean de Matha et voué aux soins aux pauvres malades et au rachat des chrétiens razziés par les Sarrasins. Les léproseries s'installent aux portes des villes ; vers 1200, il y en a sept près de Toulouse, en sus des douze hôpitaux de la ville. Les Antonites (ordre fondé vers 1150 dans le diocèse de Vienne) soignent les « ardents » frappés du « mal Saint-Antoine ». Le mouvement se prolonge au XIIIe siècle et on a pu parler d'une véritable « révolution de la charité ».

Des assurances sur l'avenir

Les attitudes nouvelles face aux risques qui menacent l'existence ne se limitent pas à des formes d'assistance, au demeurant insuffisantes dès que les fléaux se déchaînent vraiment. Elles visent aussi à s'assurer à soi-même, par avance, quelques recours contre le malheur. Cette quête a été lente et imparfaite. Elle ne se heurtait pas seulement à d'évidentes difficultés pratiques mais aussi à de fortes résistances des mentalités, notamment ecclésiastiques. Vouloir maîtriser l'avenir, « acheter » ou « vendre » le temps, qui n'appartient qu'à Dieu, semblait aux théologiens un orgueil sacrilège. Constituer, par serment ou par contrat écrit, de nouvelles formes d'associations garantissant à leurs membres l'entraide mutuelle irritait les juristes, qui ne voulaient connaître que la souveraineté – bien défaillante – de l'État ou les liens de dépendance verticale plaçant chaque homme sous la protection et le contrôle d'un supérieur. Attendre des « arts mécaniques », du commerce ou de l'argent une certaine amélioration des conditions d'existence bousculait les préjugés de clercs héritiers à la fois du mépris des philosophes antiques pour le travail manuel et de la suspicion chrétienne contre toute forme d'enrichissement matériel.

Pourtant, le souci d'une plus grande sécurité, la recherche de garanties en cas de malheurs, de revers de fortune, d'agressions, le désir de ne plus se retrouver seul face aux caprices des puissants ou aux coups écrasants des calamités naturelles ont certainement été, dès la fin du XIe siècle, autant et plus que l'aspiration à la liberté et à l'exercice du pouvoir, parmi les motivations qui ont poussé les hommes à se regrouper en associations jurées de toutes sortes, de nature et de finalité souvent voisines sous des noms divers : charité, confrérie, ghilde, métier, commune, université. C'est surtout au XIIe et au début du XIIIe siècle que les associations se sont multipliées, aussi bien à la campagne qu'en ville, sans d'ailleurs parvenir à encadrer la totalité de la population, loin de là. Dans le Midi, la renaissance précoce du droit savant, du notariat, du contrat écrit relève du même souci.

Ainsi donc, au fur et à mesure que l'évolution économique générale donnait davantage de possibilités d'accumuler un minimum de richesse par le travail de la terre, l'artisanat ou le commerce, les hommes cherchaient les moyens de garantir cette aisance naissante contre les catastrophes imprévues, les pillages ou les exactions. Et la légitimité de ces efforts était peu à peu reconnue. Les clercs cessaient de voir dans le gain et l'épargne une simple manifestation de l'esprit de lucre pour y reconnaître la récompense du travail et du risque et une contribution à l'utilité commune. Métiers et communes n'étaient plus unanimement dénoncés comme des « nouveautés détestables », des « conjurations » subversives. La pratique du crédit, solution parfois dangereuse mais souvent indispensable pour faire face aux mauvaises récoltes ou au manque d'outillage, est devenue plus souple et plus aisée au fur et à mesure que se sont allégées, sans disparaître, les condamnations ecclésiastiques traditionnelles contre toute forme d'« usure ».

En liaison avec ces accommodements pratiques, il arrive désormais à certains auteurs de faire, au moins épisodiquement, l'éloge du travail manuel, des échanges, de la navigation, de toutes ces techniques de plus en plus répandues qui n'ont rien de diabolique mais permettent, au contraire, de mieux nourrir les hommes et de les mettre à l'abri de certains fléaux. Dans un passage bien connu de son *Didascalicon*, Hugues de Saint-Victor énumère les sept « arts mécaniques », pendants des sept arts libéraux, également dignes d'être objets de connaissance car, dit-il (à propos de la navigation, mais la remarque vaut pour tous) : « La pratique de cet art rassemble les peuples, calme les guerres, affermit la paix et transforme en utilité commune à tous des biens individuels. »

On glanerait aisément des remarques analogues chez divers auteurs du XIIIe siècle, tous plus ou moins liés à l'université de Paris, de Roger Bacon, imaginant toutes sortes de véhicules rapides et d'engins de levage, Barthélemy l'Anglais (v. 1240), vantant l'utilité de la métallurgie : « Le fer est plus utile à l'homme que l'or ... Sans le fer, le peuple ne pourrait se défendre contre ses ennemis, ni faire prévaloir le droit commun ... Sans le fer, nul ne pourrait cultiver la terre ni construire une maison. »

N'allons cependant pas trop loin. Il ne s'agit de toute façon pas dans ce chapitre de mesurer les progrès objectifs des techniques et leurs effets positifs mais seulement de se demander jusqu'à quel point les contemporains en ont eu conscience et en ont effectivement attendu un certain mieux-être. À cet égard, les sources écrites, spécialement celles émanées de clercs et d'universitaires, restent ambiguës... Quelques allusions rapides, quelques textes relativement spécifiques, mais où il est difficile de distinguer ce qui est observation réaliste de ce qui est simple compilation d'auteurs antiques, une connotation incontestablement moins négative, dans les documents du XIIIe siècle, de mots comme « nouveau » ou « moderne » ne suffisent pas pour conclure à un franc déblocage des mentalités, à une confiance désormais assurée dans l'efficacité du progrès technique pour alléger les contraintes naturelles et faire reculer la menace des fléaux.

Ajoutons d'ailleurs que c'est hors de France, en Angleterre pour l'agronomie, en Italie pour les techniques commerciales et financières (débuts de la banque, des sociétés commerciales, des assurances maritimes) que les progrès ont été, à cette époque, le plus nets et que la réflexion sur leurs effets sociaux éventuels a été le plus poussée.

Les assurances pour l'avenir dont les hommes cherchaient à se pourvoir concernaient, autant que les lendemains terrestres, le temps de l'au-delà. Le XIIe siècle est, on le sait, celui de la « naissance du purgatoire ». À la convergence de multiples croyances populaires et du succès ancien des prières pour les morts, il a su élaborer un système théologique complet répondant à une exigence profonde des fidèles : comment échapper à l'enfer, c'est-à-dire aux ruses du démon, au risque de la mort subite, à la justice apocalyptique du jugement dernier ? Un lieu intermédiaire d'expiation offrait désormais une possibilité de sursis. Comme la justice humaine à la même époque, celle de Dieu, sous les espèces du jugement particulier, se faisait moins sommaire. Les mérites accumulés par le défunt et par les siens pouvaient raccourcir son temps de pénitence.

Le purgatoire renforçait évidemment le rôle salvateur de l'Église, dispensatrice obligée des indulgences et des suffrages pour les morts. Mais il répondait aussi à un refus nouveau d'être, en ce bas monde et en l'autre, écrasé sans recours par la colère divine.

La « naissance du purgatoire »

Les mentalités, en définitive, enregistrent assez fidèlement, même si on peut rarement parler de conscience claire, les grandes mutations économiques et sociales. Au cœur du « beau XIIIe siècle », même si bien des craintes et des réflexes archaïques subsistent, le pessimisme ancien n'est donc plus de mise. L'homme ne se sent plus sans recours à la merci des forces diaboliques et des catastrophes naturelles, que seul un miracle peut parfois détourner. Les dangers n'ont pas disparu mais leur menace est moins obsédante. Même mal assurée, une certaine confiance existe désormais dans l'efficacité des techniques de production et d'échange, une certaine aptitude à envisager, sinon à maîtriser, l'avenir. Le regard que l'on jette sur la nature est moins craintif. Aussi bien dans les encyclopédies du temps (Barthélemy l'Anglais, Vincent de Beauvais) que dans le décor peint ou sculpté des monuments gothiques, celle-ci est représentée de manière plus réaliste, débarrassée des présences monstrueuses et des surcharges allégoriques qui en faisaient, à l'âge roman, comme une inquiétante forêt. À l'université de Paris, Thomas d'Aquin et les maîtres ès arts aristotéliciens enseignaient une philosophie qu'on peut qualifier d'humaniste où la nature, le sensible, le corps étaient rétablis dans leur dignité et déclarés susceptibles d'une science objective. Partout, les forces obscures semblaient cantonnées, tenues en lisière.

Pourtant, cette assurance restait fragile. Les échos que trouvaient les flambées périodiques de joachimisme, notamment chez les franciscains « spirituels », témoignent d'angoisses persistantes. L'assaut des calamités pouvait reprendre. Au tournant des XIIIe et XIVe siècles, les forces sociales, politiques et spirituelles auxquelles on s'en remettait le plus pour assurer aux hommes les indispensables recours voyaient leur autorité contestée. L'Église de Boniface VIII, le royaume de Philippe le Bel et de ses fils sont des édifices ébranlés de secousses graves : débats idéologiques, luttes de clans, crise dynastique. Aux frontières de Gascogne et de Flandre, la guerre gronde de nouveau et les vieilles peurs, les vieux désespoirs ne demandent qu'à renaître.

Deux auteurs du temps de Philippe le Bel annoncent le retour des temps d'Apocalypse. Jacquemart Giélée de Lille écrit en 1288 *Renart le Nouvel*, dernier avatar des multiples aventures de Renart. Dans cette œuvre grinçante, le malicieux animal est devenu une véritable figure de Satan. Victorieux de l'armée des Vertus, prince du Mal, il a embarqué dans sa nef tous les vices et, désormais maître du monde, dominant le temps et l'espace, il a bloqué la roue de fortune en s'installant à son sommet. Seul Dieu pourra peut-être l'en jeter à bas.

Un peu plus tard (v. 1310), le notaire royal Gervais du Bus écrit le *Roman de Fauvel,* tout aussi sinistre. Il décrit la chevauchée de Fauvel, le « cheval fauve », symbole de tous les péchés, « messager et fourrier de l'Antéchrist » : lui aussi va mettre le monde à l'envers et bloquer la roue de fortune.

> « C'est Fauvel qui met tout à l'envers
> Nous sommes près du moment
> où le monde doit finir,
> car le mal est partout... »

Quelle qu'ait été, chez ces auteurs, la part des lieux communs moralisateurs, on est autorisé à y lire aussi, au moins rétrospectivement, quelques décennies avant la guerre de Cent Ans et la grande peste, une obscure conscience des menaces planant à nouveau sur le « monde plein » des années 1300 et de l'incapacité où serait celui-ci, malgré les acquis de trois siècles de progrès, d'y faire efficacement front, au moins aux premiers chocs.

J. V.

Le purgatoire, simple étape, est signe d'espérance.

(« TRÈS RICHES HEURES DU DUC DE BERRY », MINIATURE, XVe S ; CHANTILLY, MUSÉE CONDÉ.)

IX

les Temps de l'Apocalypse

De 1348 à 1440, les éruptions répétées de la peste frappèrent l'imagination des contemporains. Foudroyantes, meurtrières et, semblait-il, inéluctables, elles engendraient un sentiment d'insécurité, de panique, d'impuissance. Perçues comme fléaux envoyés par Dieu, elles furent passionnément transcrites à la mesure des terreurs qu'elles inspiraient. Elles sont donc largement connues à défaut d'être toujours bien connues. □

Les témoignages qui se recoupent, les quelques données précises qui survivent, les rares séries chiffrées qui subsistent attestent tous que la virulence de ces épidémies, même amplifiée par l'obsession, la peur et les souvenirs douloureux, suffisait à en faire une calamité majeure, en tout point exceptionnelle. Pourtant, à côté de la peste, et d'autres « mortalités », sévirent bien des fléaux redoutables : guerres et méfaits des gens de guerre, disettes et famines, explosions de violence mettant à sang et à feu une ville ou une région. Par eux-mêmes, ils constituèrent une source de ruine et de mort que la « primauté » de la peste n'autorise pas à oublier. Mais venons-en maintenant au fléau sinistrement célèbre.

On range à l'époque parmi les causes secondes que Dieu utilise pour répandre les épidémies les astres errants, c'est-à-dire les planètes, dont les conjonctions peuvent régler la salubrité ou la pestilence de l'air. Consultée par le roi sur les origines de la grande Peste noire, la Sorbonne, s'appuyant sur les plus grandes autorités scientifiques, déclare que ... « Aristote et Albert le Grand sont d'avis que les conjonctions d'astres errants peuvent engendrer un air malsain ; c'est pour cela que l'année a été chaude et humide, ce qui dispose à la putridité de l'air. » Or, le 24 mars 1345, Saturne, Jupiter et Mars se sont trouvées en conjonction dans le 14e degré du Verseau. « C'est ce qui émeut l'air comme l'aimant attire le fer ; puis la Nature, remise peu à peu, provoque alors bubons et autres aposthèmes », écrit Guy de Chauliac, médecin du pape Clément VI.

L'inexorable marche de la Peste noire

Après douze mois de siège, le port de Calais est pris par les Anglais le 4 août 1347. Cette longue résistance, comme le sacrifice des six bourgeois et surtout le sort des pauvres habitants chassés de la ville, occupe beaucoup les esprits. Pour reloger ces réfugiés, le roi leur attribue toutes les maisons qui lui reviennent par déshérence ; dispersés par petits groupes, ils sont accueillis et relogés peu à peu dans presque toutes les villes du domaine royal, d'Amiens à Carcassonne.

C'est sur ces entrefaits que, le 1er novembre 1347, jour de la Toussaint, douze galères génoises, venues de la Crimée infectée, arrivent à Marseille. Elles avaient été repoussées de Livourne et de Gênes parce que la rumeur les y avait précédées qu'à leurs précédentes escales, Constantinople et Messine en Sicile, elles avaient apporté, avec leurs marchandises, une épouvantable épidémie qui avait fait des milliers de morts. Marseille, en les accueillant, pense jouer un bon tour à ses concurrentes et ouvre son port. Quelques jours plus tard, elle a lieu de s'en repentir amèrement : non seulement l'épidémie, la peste, s'est répandue dans la ville, mais, dans cet hiver froid et humide, elle prend sa forme pneumonique, et ses ravages sont terribles : parler à un malade, même un bref instant, suffit pour contracter le mal, qui se répand de façon foudroyante, et sa létalité est telle qu'aucun malade n'en réchappe : tous meurent en deux jours au plus. En deux semaines, une rue entière voit périr la totalité de ses habitants : on la surnomme rue Rifle-Rafle. Les Marseillais, affolés, fuient de tous côtés et emportent le mal avec eux : dès le mois de décembre, il ravage la Corse et Aix-en-Provence, toujours sous la forme pneumonique ; au début de janvier, il atteint Arles et Avignon. À cette date, le roi de Hongrie, Louis Ier, après avoir traversé triomphalement toute l'Italie du nord au sud, arrive devant Naples, dont il revendique le royaume. La reine Jeanne s'enfuit de Naples le 15 janvier et débarque le lendemain à Marseille, alors en pleine épidémie : le 29, elle reçoit le serment de fidélité de ses vassaux de Provence, puis, courageusement, malgré l'épidémie, elle se rend en Avignon, où elle arrive le 15 mars, pour justifier son attitude au sujet du royaume de Naples devant le pape Clément VI et régler ses dettes, qui sont considérables, grâce à des emprunts pour lesquels elle laisse ses bijoux en gage. La veille de son arrivée, les anciens cimetières étant saturés, on en a ouvert un nouveau dans lequel 11 000 corps seront ensevelis en un mois et demi. Dès le début de février, l'épidémie atteint Montpellier, puis Béziers ; le 16, elle est à Narbonne ; au début de mars, à Carcassonne ; à la fin du mois, à Perpignan. Au début d'avril, la peste reprend sa forme bubonique ; elle accable Toulon, Lyon et Toulouse puis Montauban et pénètre en Auvergne, où elle atteint Saint-Flour. En mai, elle envahit le comté de Nice, le Dauphiné, le Lyonnais, elle est à Grasse, Draguignan, Die et, en Aquitaine, elle atteint Agen, Rodez, Auch, Tarbes puis, fin juin, Bordeaux.

Dès lors, de ce premier port atlantique atteint, la peste, qui se diffusait jusque-là lentement, au rythme des transports terrestres ou fluviaux, va s'accélérer grâce aux transports maritimes : le 24 juin, elle débarque en Angleterre, à Weymouth, dans le Dorset, et, le 25 juillet, à Rouen, alors que, remontant la Saône, elle n'arrive à Givry, dans le sud de la Bourgogne, que le 28, et c'est de Rouen, par Pontoise et Saint-Denis, qu'elle attaque Paris le 20 août. Ce même mois, de Bordeaux, elle remonte la Dordogne et envahit le Périgord, puis, en septembre, le Limousin et l'Angoumois, en octobre le Poitou, le 30 novembre Angers et l'Anjou, alors que, à l'est du Massif central, elle n'atteint toujours que le Forez, le sud de la Bourgogne, la Bresse et, en décembre seulement, les bords du lac Léman, et Calais où elle est apportée de Londres.

À cette date, les froids de l'hiver 1348-1349 semblent assez vifs et arrêtent partout sa progression : elle est stoppée au sud du Jura, en Bresse, dans le sud de la Bourgogne, dans la vallée de la Loire, en Picardie et dans l'ouest de la Champagne. Partout où elle sévit, elle arrête ses ravages et parfois même s'éteint. En janvier 1349 encore, elle pénètre à Amiens, mais n'y fait guère de victimes, et le fait qu'elle ne soit signalée nulle part en février et mars

LA PESTE NOIRE EN FRANCE (1347-1352).
Partie vraisemblablement d'un comptoir génois de Crimée, la peste, introduite en Europe par l'Italie et Marseille, gagne l'Angleterre dès juin 1348, puis, de là, les Pays-Bas, l'Allemagne, l'Autriche, tout comme l'Écosse et la Scandinavie.

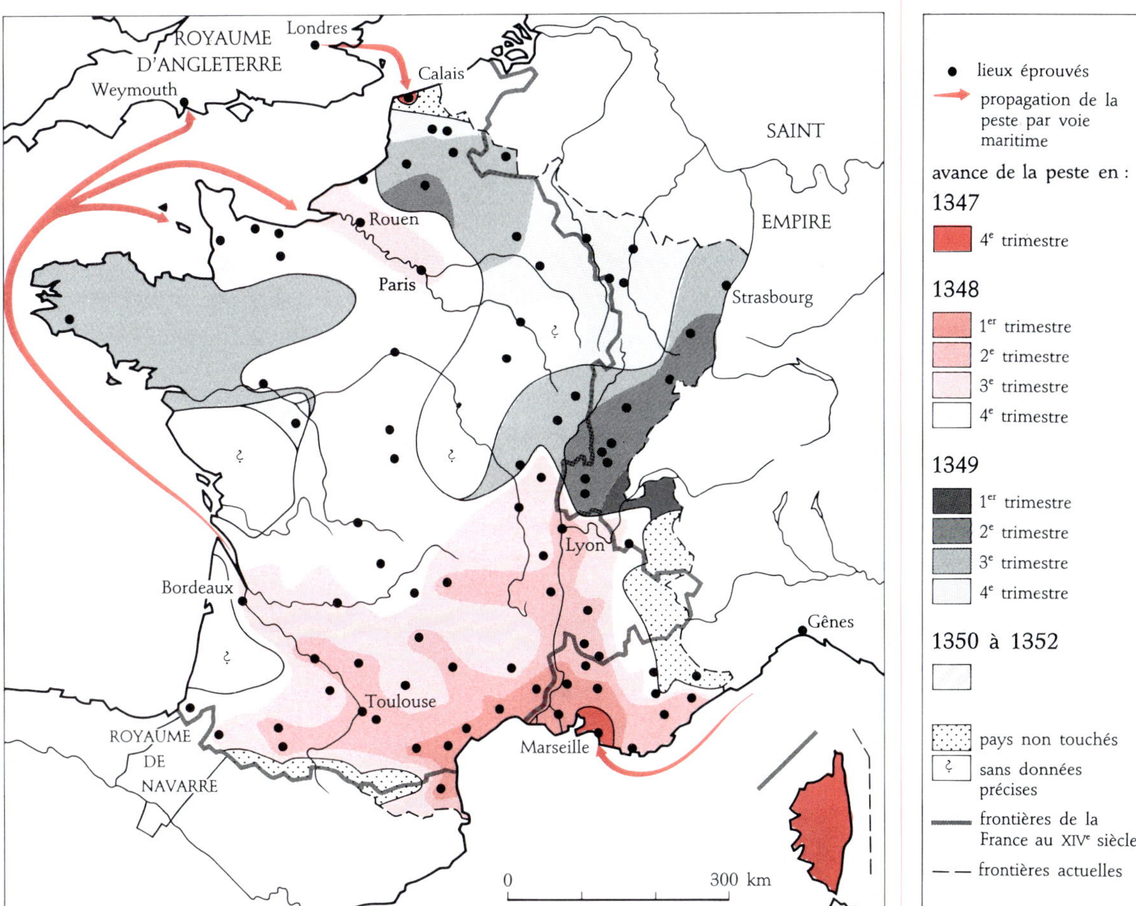

suggère que, cet hiver-là, elle n'a pas pris sa forme pneumonique, qui avait provoqué de si prodigieuses hécatombes au cours de l'hiver précédent.

Au printemps, cependant, dès le mois d'avril, elle resurgit en plusieurs endroits : à Bourg-en-Bresse et dans le Jura, d'où elle gagne vers le nord (Poligny et Arbois), en Lyonnais et en Bourgogne (à Paray-le-Monial et Beaune), à Paris, en Picardie (Abbeville), à Rouen et Caen en Normandie, à Angers ; dans le sud même, on observe des rechutes jusqu'à Marseille et, dans les Pyrénées, à Luz. Au cours des mois suivants, elle reprend sa marche vers le nord : elle frappe Salins, Besançon, Montbéliard, puis Colmar en juin et Strasbourg en juillet. De Beaune, elle passe à Dijon, Châlons-sur-Marne et Reims ; de Picardie, elle gagne Valenciennes et Maubeuge sans atteindre Lille. De son côté, la basse Bretagne est envahie par le fléau, en particulier Quimper. Au début de décembre encore, du Palatinat, elle parvient à Metz, puis, à nouveau, comme l'année précédente, s'estompe au cours de l'hiver et disparaît presque partout. En 1350, elle fait une brève et dernière réapparition en janvier à Marseille ; au printemps et en été, elle resurgit encore par endroits, à Paris, Rouen, Loudun et en Auvergne. En 1351, elle frappe Tonnerre, où elle fera une dernière apparition dans l'été de 1352 et disparaît enfin, laissant derrière elle un monde exsangue, appauvri, bouleversé.

La Peste noire, pourtant, ne s'est pas étendue d'une façon foudroyante ; en quelques jours, les ravages qu'elle avait occasionnés à Messine ont été connus à Livourne, Pise, Florence, Gênes et Marseille. Un mois après son apparition dans cette dernière ville, elle est connue de toutes les grandes cités : Lérida, Bayonne, Paris, où le roi Philippe VI consulte les médecins de la Sorbonne, Reims ; partout, on est inquiet de cette terrible épidémie qui ravage l'Italie et la Provence.

Terreur dans les esprits

Comme en Italie, cette épidémie nouvelle frappe les esprits par la fréquence et la rapidité avec lesquelles les malades meurent ; aucun traitement ne semble avoir d'action et les médecins sont désemparés. Le premier à réagir est Guy de Chauliac, le célèbre médecin du pape Clément VI, à Avignon, qui déclare sans réserves que cette épidémie ne ressemble à aucune autre : « Il n'y en a point de telles. Car celles-là [les autres épidémies] n'occupèrent qu'une région, celle-ci tout le monde, celles-là étaient remédiables en quelqu'un, celle-ci en nul. »

Cette situation crée dans les esprits la peur et l'angoisse, suscitant toutes sortes de réactions, parmi lesquelles la fuite, l'agressivité et la projection. La fuite est recommandée des médecins, qui s'appuient sur Galien. Partant de l'idée qu'une épidémie frappe les habitants de toute une région, Hippocrate a supposé que l'air qui se déplace dans toute la région peut à lui seul être porteur du mal, d'où l'idée de Galien qu'il faut se retirer dans une contrée éloignée où l'on pourra respirer un air sain. Et la fuite, hélas, assez générale, assure une diffusion plus large et plus rapide de la peste. Les riches, cependant, ont plus de facilités que d'autres pour fuir : ils disposent de propriétés de campagne et ont des revenus suffisants pour y subsister longuement. Les plus pauvres, que la désorganisation économique prive du gagne-pain quotidien, même pressés par la misère et la famine, sont contraints de rester : s'ils fuient, ils sont repoussés des villages à coups de fourche ; refoulés dans les forêts, ils risquent d'y mourir de faim ou d'être dévorés par les loups.

La fuite peut d'ailleurs être morale, par la recherche d'une protection exceptionnelle ou surnaturelle : on se précipite chez les médecins, les charlatans, on sollicite des illuminés, on prie les saints thaumaturges, on leur fait des vœux ; certains, qui ne supportent pas l'angoisse permanente de la présence de la peste et la mort de leurs proches, fuient par le suicide.

L'agressivité collective se tourne, en général, vers des populations marginales, qu'on accuse de semer le mal. C'est le cas des juifs, pris comme boucs émissaires : ils sont poursuivis et emprisonnés, ou même massacrés. Souvent médecins ou apothicaires, ils sont soupçonnés de pouvoir manipuler des poisons sans crainte et de souffrir peu de la peste ; souvent aussi, ils sont prêteurs, et les gens du peuple les considèrent comme des usuriers, ce qui peut expliquer pourquoi la foule libéra son agressivité contre les ghettos.

Le juif désigné

C'est à Toulon, dans la nuit du 13 au 14 avril 1348, à l'apparition de la peste, qu'éclatent les premiers troubles : 40 juifs, la majeure partie des israélites de la ville, sont massacrés et leurs maisons pillées. Malgré la

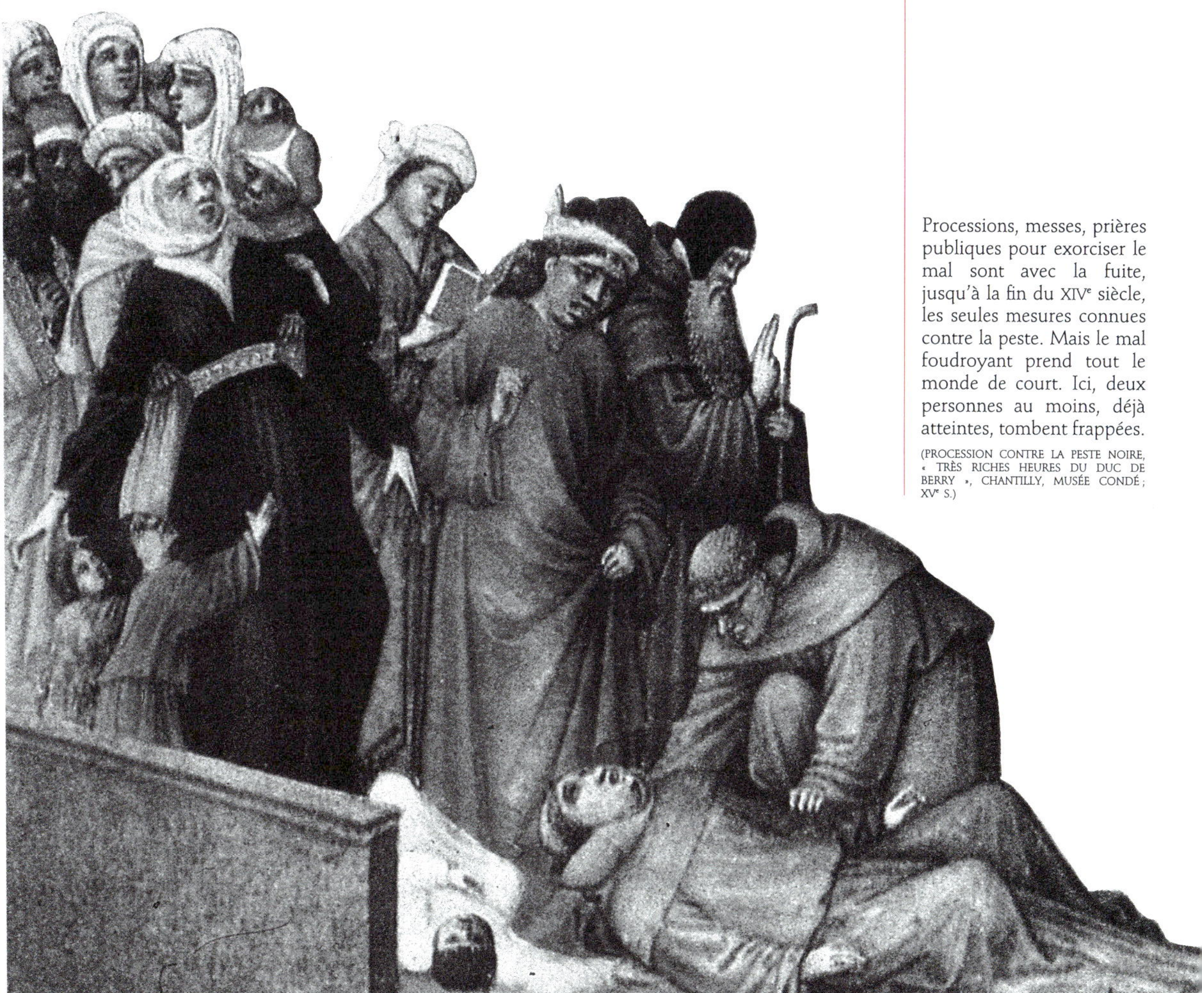

Processions, messes, prières publiques pour exorciser le mal sont avec la fuite, jusqu'à la fin du XIVe siècle, les seules mesures connues contre la peste. Mais le mal foudroyant prend tout le monde de court. Ici, deux personnes au moins, déjà atteintes, tombent frappées.

(PROCESSION CONTRE LA PESTE NOIRE, « TRÈS RICHES HEURES DU DUC DE BERRY », CHANTILLY, MUSÉE CONDÉ ; XVe S.)

protection des princes, qui obtiennent souvent d'eux des prêts rapides et importants, les massacres se multiplient très vite en Provence : des émeutes éclatent spontanément à Apt, Forcalquier, Manosque, débordant les autorités. La cour d'Aix engage aussitôt des poursuites contre les fauteurs de troubles et, dès le 25 mai, ordonne la restitution des biens. C'est peine perdue. En juin, les habitants d'Apt expulsent les enquêteurs envoyés par la reine Jeanne ; en juillet, l'agitation reprend. En Avignon, le 6 juillet, le pape Clément VI prévient le mouvement en lançant une bulle en faveur des juifs ; à la demande de leur syndic, la reine Jeanne, qui réside alors dans la ville, leur accorde la remise de la moitié de leurs tailles pour dédommager leur communauté de Provence. Mais, en Languedoc, à Narbonne, à Carcassonne, ils sont massacrés par la foule, et, en Dauphiné, le Dauphin Hubert, ne pouvant contenir les manifestants, fait arrêter les juifs pour les soustraire aux massacres et poursuit assez mollement les émeutiers, qui sont soutenus par l'opinion publique. Tour à tour, Buis-les-Baronnies, Valence, la Tour-du-Pin, Saint-Saturnin sont touchés par le mouvement. Au pont de Beauvoisin, plusieurs juifs sont précipités dans un puits qu'on les accuse d'avoir empoisonné. En août, c'est en Savoie que se produisent les troubles, qui désormais précèdent la peste, et le comte, qui avait tenté de faire protéger le ghetto de Chambéry par ses sergents, doit céder à la foule et laisser massacrer les juifs. Il en est de même pour ceux de Saint-Sorlin-en-Bugey.

Comme le Dauphin, le roi de France Philippe VI, cédant à l'opinion publique, ordonne le 21 juillet de traduire en justice les juifs accusés d'avoir empoisonné l'eau de certains puits ou fontaines ; six d'entre eux sont pris à Orléans, jugés sommairement et suppliciés à Paris. Cependant, aucun trouble n'éclate ailleurs, même à Reims, où pourtant on porte contre eux les mêmes accusations. Les poursuites cessent dans les terres du roi de France.

LA PESTE A FRAPPÉ À MONTAUBAN

Les comptes de Barthélemy Bonis, marchand de Montauban au milieu du XIVe siècle, font mention du passage de la « maladie », qu'on appellera plus tard Peste noire, par les achats de ses clients : « Le seigneur R. Gaustaut, bourgeois de Montauban, doit, comme reste de son arriéré, compte fait avec lui au 14 août... Item il doit pour un compte inscrit au journal E, page 145, pour les choses de sa maladie et de celle de la dame, son épouse, ordonnées par maître Paul Rustanh et maître P. de Martel au 18 avril de l'an 47 (1348) à 17 sous l'écu... 5 livres, 16 sols, 2 d... Item il doit, à 13 s. l'écu, pour un sirop et pour une médecine qu'a ordonné maître P. de Martel, au 11 mai, pour dame commère son épouse, l'an 48 (1348)... 12 s. Item il doit, à la page 117, au nom de dame Austorgue son épouse 1 écu et 4 s.

– Maître Pons de la Fage, notaire de Montauban, doit... pour un compte au cahier des funérailles, folio 1, pour les choses de la maladie de sa femme, maladie de laquelle elle est morte, et pour les choses de la sépulture, prises par Izarn Ebrart, au 8 janvier 48 (1349), témoins B. Molinier, de Lauzerte et Touzet Guasc, à 38 sols l'écu... 8 livres, 12 sols, 4d. »

En octobre, pillages et massacres reprennent dans le Bugey, à Miribel, et s'étendent en Franche-Comté, à Besançon et Vesoul. En janvier 1349, l'évêque de Strasbourg réunit à Benfeld les seigneurs, barons et délégués des villes pour leur dire que, depuis le mois d'août 1348, le bruit court à Strasbourg que les juifs ont empoisonné des puits et des fontaines. Dans « *Aspects économiques de la vie de Strasbourg aux XIIIe et XIVe siècles : baux et rentes* », H. Dubled a montré combien la situation était tendue entre juifs et chrétiens avant l'arrivée de la Peste noire : les juifs, enrichis aux XIIe et XIIIe siècles, avaient recherché la protection des autorités contre l'hostilité des populations en consentant des sacrifices financiers toujours plus élevés, mais ces sacrifices les avaient amenés à réclamer les sommes dues par les petits débiteurs avec plus de vigueur, et la tension était devenue intolérable. Contre l'avis des délégués de la ville de Strasbourg, l'assemblée se prononce pour la culpabilité des juifs. L'Ammeister, cependant, se montre trop lent à entreprendre des poursuites contre eux et, en février 1349, une révolution éclate, le destitue et met à sa place une nouvelle équipe, qui fait aussitôt arrêter, juger et condamner les juifs : sur 1 884 qui habitaient alors Strasbourg, près de 900 sont brûlés vifs le 14 février ; les autres ne sont plus tolérés dans la ville que de jour : ils doivent se retirer le soir dès que sonnent les trompes, les « judenhörner », du haut des tours de la cathédrale, et ne peuvent revenir le lendemain qu'après le lever du jour. Puis l'épidémie de peste accapare les esprits et, si elles continuent encore deux ans en Allemagne, en Autriche et en Espagne, les poursuites contre les juifs cessent en France.

L'agressivité des individus soumis à une forte angoisse peut aussi se retourner contre eux-mêmes, et la Peste noire fournit l'occasion de voir resurgir

Nul n'a de prise sur la maladie qui depuis 1347 ravage la France. Les juifs, entre autres, caricaturés ici entraînant cruellement le Christ prisonnier vers le lieu de la crucifixion, sont alors désignés à la vindicte des foules.

(BIBLE DU XVe S. MINIATURE.)

les mouvements de flagellants. Nés en Italie, ceux-ci obéissent à des règles très strictes qui en font une véritable secte mystique internationale. Recrutés par pèlerinages itinérants, les flagellants s'engagent pour 33 jours et demi (en souvenir des 33 ans et demi de vie terrestre du Christ) à suivre le pèlerinage comme pénitents. Un capuchon baissé sur les yeux, ils portent une croix rouge sur la poitrine, font des prières en commun, chantent des cantiques, écoutent un prêtre et, deux fois par jour, sur la place publique des villes ou des villages, ils subissent la pénitence infligée pour le pardon de leurs fautes : un certain nombre de coups d'un fouet à triple lanière terminé par des pointes de fer. Ils pensent acquérir ainsi une pureté qui les mettra à l'abri de la peste. Ils ne sont admis dans la confrérie que s'ils disposent d'une somme de quatre sols par jour pour tout leur engagement (ils s'interdisent de mendier), s'ils se sont confessés, regrettent leurs fautes, ont reçu leur pénitence et, pour les hommes mariés, s'ils ont le consentement de leur épouse. Leur troupe, généralement accueillie au son des cloches, ne reste qu'un jour et une nuit en un même lieu et reprend son pèlerinage permanent, chaque fois renouvelée par de nouveaux adhérents qui remplacent ceux qui, ayant achevé leur pénitence, retournent chez eux.

900 flagellants à Strasbourg

Répandus d'abord en Autriche, en Hongrie, en Moravie, en Pologne, en Bohême, puis en Allemagne, c'est seulement le 8 juillet 1349, qu'un petit groupe de 200 flagellants, venus de Lichtenau, en Bade, passe le Rhin et arrive à Strasbourg : la flagellation qu'ils se donnent sur le parvis de la cathédrale, devant une foule immense, impressionne tant les Strasbourgeois que plus de 900 entrent dans la confrérie et promettent obéissance au supérieur pour le temps marqué. Après quelques démonstrations en Alsace, ils se dirigent vers Aix-la-Chapelle ; leur affluence y est si grande que l'empereur Charles IV doit renoncer à entrer dans la ville pour son couronnement. Ils prennent enfin Tournai pour centre et, de là, se répandent dans le nord de la France, à Maubeuge, Lille, Douai, Valenciennes, Béthune, Saint-Omer, Arras. En septembre, une petite troupe d'une centaine de flagellants se rend jusqu'en Avignon pour obtenir du pape l'approbation de leurs statuts. Or, non seulement l'entrée de la ville leur est refusée mais, le 19 octobre, Clément VI les condamne pour leurs excès, le caractère secret de certains de leurs engagements et surtout les violences dont, par endroits, ils se sont rendus coupables envers les juifs.

Dès lors, le mouvement, qui, en Flandre, atteindra son apogée à Noël 1349, cesse de se propager. Des troupes, qui de Lille et Tournai ont pénétré en France jusqu'à Reims et Troyes, sont refoulées par ordre de Philippe VI ; certaines villes refusent de leur ouvrir leurs portes ; le clergé jusque-là réticent devient souvent hostile. Lorsque, au début de 1350, quelques troupes tentent de reprendre leurs pèlerinages, Philippe VI, ordonne, le 15 février, de les arrêter. Refoulés, pourchassés, emprisonnés, ils cessent bientôt toute activité et disparaissent avec la peste comme ils étaient venus avec elle.

La projection, enfin, troisième grande réaction à la peste, se manifeste dans l'œuvre des artistes, et les danses macabres en particulier ; elle effectue une sorte d'exorcisme magique du fléau mystérieux, qui sera examiné ultérieurement dans cet ouvrage.

L'esprit de lutte

Dès que l'extraordinaire mortalité provoquée par la maladie est connue, certains esprits lucides songent non à la fuite, mais à la lutte. C'est le cas du pape Clément VI en Avignon. Beaucoup de détails sur la Peste noire dans cette ville nous sont connus par une lettre du 27 avril 1348, due à Louis Sanctus de Beeringen, ami de Pétrarque et chantre de Saint-Donatien d'Avignon : tout de suite s'accumule un si grand nombre de morts que tous les services sont débordés ; les enterreurs étant morts dès les premières semaines, on fait venir pour les remplacer des montagnards des régions épargnées par le mal, pensant que le bon air de leur région les immunisait contre le mal, mais, dès leur arrivée, ils succombent aussi vite que les autres. Les cimetières paroissiaux sont trop pleins, il faut en ouvrir un nouveau hors la ville, qui, nous l'avons vu, recevra 11 000 morts en deux mois. La cour pontificale n'est pas épargnée : sur les 450 membres que compte la curie, 94 meurent de la peste. Le pape, cependant, conseillé par son médecin, Guy de Chauliac, refuse de fuir ; il reste dans ses appartements, entouré de deux domestiques porteurs de torches destinées à purifier l'air, et veut agir. Dans le domaine religieux, d'abord : pour éviter les processions, occasions de

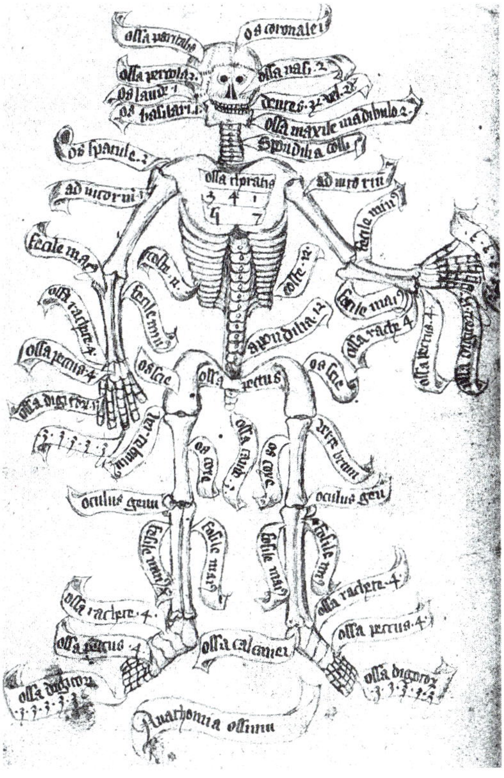

Au plus fort de la Peste noire en Avignon, Guy de Chauliac est l'un des premiers à penser à isoler les malades. Médecin du pape Clément VI, il est aussi chirurgien et il pratique des autopsies pour trouver les causes du mal. On lui doit un traité, « la Grande Chirurgie ».

(PORTRAIT ANONYME DE GUY DE CHAULIAC ET DESSIN (XVe S.) ILLUSTRANT « LA GRANDE CHIRURGIE ».)

rassemblement, il adapte la liturgie aux circonstances en instituant un office spécial pour la peste avec des prières pour supplier Dieu d'épargner les hommes. Dans le domaine médical, ensuite, Guy de Chauliac ne lui cache pas combien il est difficile de se prononcer : pour lui, la peste « fut inutile et honteuse pour les médecins, d'autant qu'ils n'osaient visiter les malades de peur d'être infectés et, quand ils les visitaient, n'y faisaient guère et ne gagnaient rien car tous les malades mouraient, excepté quelques-uns qui en réchappèrent sur la fin avec des bubons mûrs... ». Il ajoute : « Et moi, pour éviter l'infamie, n'osai point m'absenter : mais avec continuelle peur, me préservai tant que je pus moyennant les susdits remèdes. Ce néanmoins, vers la fin de la mortalité, je tombai en fièvre continue avec un apostème à l'aine et fus malade près de six semaines. » Les conseils qu'il donne à Clément VI sont pourtant fort judicieux et les mesures prises seront souvent imitées par la suite. Le pape achète un terrain bien clos compris dans une boucle des fortifications entourée par le Rhône, et y fait construire des cabanes en bois pour isoler les malades. Il engage aussi plusieurs médecins pour faire soigner gratuitement les pauvres et, nous dit le chantre de Saint-Donatien, il « fait faire des recherches sur l'origine du mal et a fait pratiquer des autopsies qui montrent soit des apostèmes, soit une infection des poumons ou des intestins ». Enfin, comme il pense que la peste peut être transportée par les hommes, il accorde le 17 août 1349 les grâces du jubilé de 1350 à l'Angleterre et à l'Irlande selon la demande que lui en fait l'archevêque Fitz Ralph, envoyé du roi Édouard III, pour éviter que les pèlerins ne répandent le mal sur leur passage.

À Paris, les maîtres de la Sorbonne, consultés par le roi Philippe VI sur l'origine de la peste et les mesures à prendre pour la prévenir ou la guérir, ne sont ni aussi modestes ni aussi sages dans leur rapport. Pour eux, la peste résulte d'une mauvaise conjonction de planètes et la fuite est le meilleur préservatif. L'explication tient peut-être au fait que, ne connaissant la maladie que par ouï-dire, ils ne peuvent donner qu'une réponse doctrinale. C'est regrettable, car leur audience est considérable ; leur texte sera recopié et diffusé dans toute l'Europe, de la Scandinavie à l'Italie, et de l'Angleterre à la Pologne. À l'issue de l'épidémie, cependant, le roi Jean II le Bon promulguera le premier édit sur l'hygiène publique s'étendant à un État entier ; il prescrit, en particulier, le nettoyage des rues s'il y a menace d'épidémie. Après de nombreuses recherches dans la littérature médicale antique, on avait découvert que le médecin grec Toxarès avait délivré Athènes d'une peste en faisant ôter toutes les ordures de la ville et asperger les rues avec du vin ; c'est cette indication des médecins qui inspira la mesure de Jean II le Bon.

Les villes, qui n'ont pas su mesurer à l'avance l'ampleur du désastre, sont le plus souvent désemparées devant cette première attaque. Les conseils de ville sont parmi les premiers et les plus gravement décimés : à Montpellier, 10 conseillers de ville sur 12 ; à Béziers, les 4 consuls... Par ailleurs, les recettes des villes sont brusquement réduites : à Nîmes, à partir de 1348, les fermes de la ville restent vacantes plusieurs années ; dans la Bresse et le Bugey, tous les comptes de ces années-là montrent une diminution des rentrées d'impôt variant de 10 à 50 p. 100 selon les lieux ; en Dauphiné, nombre de vérificateurs nommés par le Dauphin pour contrôler sur place les déficits budgétaires des châtellenies notent dans leurs rapports : « Omis pour raison de la peste, ainsi qu'il est apparu par les informations des commissaires. » Pourtant, plusieurs villes prennent des mesures adaptées aux circonstances. Certaines de celles-ci sont dictées par les événements : recrutement de fossoyeurs, commandes de linceuls et de cercueils ; d'autres cherchent à combattre la maladie : à Rodez, l'évêque Gilbert de Cantobre, fonde, par testament du 27 novembre 1348, un hôpital spécialisé de 30 lits pour isoler et soigner les pestiférés. À Bordeaux, d'après la *Petite Chronique de Guyenne*, on applique un moyen de purification radical : « L'an 1348 fut la grande mort par tout le monde, et fut si forte à Bordeaux qu'on brûla la Rousselle (principal quartier du port de Bordeaux à cette époque), le pont Saint-Jean et la rue Poitevine. » À Narbonne, au début de l'épidémie, l'un des consuls ayant suggéré de commander un grand nombre de cercueils, il échappe difficilement à la foule qui veut le lapider pour avoir proposé une mesure susceptible d'accroître la peur, car on est persuadé que la peur prédispose à la maladie. Quelques mois plus tard, tous les consuls ayant été emportés par la peste, les habitants qui les remplacent déclarent que, la moitié des habitants ayant péri, il convient de faire un recensement (le précédent datait en effet de 1336). La même idée anime d'autres communautés : ainsi, à Tournai, Gilles li Muisis raconte, en septembre 1349, qu'au début les obsèques se font en grande pompe, les cloches sonnent jour et nuit ; puis les magistrats, inquiets des conséquences que ce rappel permanent de l'épidémie peut avoir sur le moral de la population, prennent des ordonnances pour limiter les cloches aux messes du dimanche, interdire les vêtements noirs du deuil, simplifier les inhumations, qui seront identiques pour les riches et les pauvres ; et la population unanime loue ces mesures qui calment les esprits et par conséquent font reculer le mal.

Les mesures individuelles, prises par les familles en leur privé, sont variées. Ce peut être la fuite, conseillée par les médecins, mais plus couramment les exercices pieux : prières, vœu à un saint protecteur ou port

Des images prophylactiques circulaient pendant les épidémies. Faible soutien contre l'angoisse de la contagion. En cas de peste, les prières allaient à saint Valentin ou à saint Roch.

(BOIS GRAVÉ ALLEMAND REHAUSSÉ DE COULEURS ; XVe S. BIBLIOTHÈQUE DE L'ANCIENNE FACULTÉ DE MÉDECINE DE PARIS.)

d'un talisman. Plus important au point de vue collectif est l'engagement dans une confrérie charitable, dont les confrères, par dévouement, soignent ou enterrent les pestiférés. Cependant, ces confréries sont relativement peu nombreuses et très décimées par la peste, ce qui nuit à leur recrutement et à leur efficacité.

L'année de la grande mortalité

Dans l'immédiat, les pertes démographiques sont pour les témoins le fait le plus frappant. Tous s'accordent à dire que la mortalité est exceptionnellement élevée et de nombreux documents confirment ce jugement en se référant à l'« année de la grande mortalité ». Les chroniqueurs avancent assez souvent des données chiffrées sur le nombre de décès provoqués par la peste, mais ces chiffres, pour la même ville, diffèrent d'un chroniqueur à l'autre ; comparés aux recensements de l'époque ou aux témoignages des contemporains, ils paraissent souvent excessifs. Si nous reprenons l'exemple de Narbonne, les chroniques accordent à cette ville, les unes, 20 000, les autres 17 000 décès par peste. Même si nous ne retenons que le nombre le plus modéré de 17 000 morts, il semble trop élevé pour les 6 029 feux recensés en 1336, qui supposent 20 000 à 25 000 habitants (et probablement un peu moins douze ans plus tard), comme pour l'appréciation portée par les nouveaux responsables du consulat, qui estiment que la moitié de la population a été emportée par la peste. Contrairement à leurs désirs, d'ailleurs, le recensement suivant ne peut être opéré qu'en 1366, c'est-à-dire après le retour de la peste, en 1361, et aurait donné 2 500 feux seulement. Les listes de feux, établies en général pour des raisons fiscales, nous montrent toutes, à cette époque, une chute très importante du nombre des contribuables ; ainsi, à Albi, le compoix établi en 1343 avait donné 2 669 chefs de famille, celui de 1357 1 200 seulement. En Provence, Aix, qui avait 1 486 feux en 1345-1346, n'en a plus que 810 dix ans plus tard ; Apt, dans le même temps, passe de 926 feux à 444 ; Barjols, de 270 feux à 121 entre 1340-1341 et 1365-1366 ; Digne, de 444 feux à 260 entre 1340-1341 et 1355-1356, Forcalquier de 600 feux en 1340-1341 à 281 en 1350-1351, etc.

Nous avons encore pour cette époque deux registres de décès dont les séries démontrent l'ampleur des ravages de l'épidémie : celui des mariages et décès de Givry (Saône-et-Loire) entre 1334 et 1357, indiquant que, dans ce village de 2 000 à 2 200 habitants, la peste a provoqué plus de 600 morts entre la fin de juillet et le 19 novembre, où le registre des décès s'arrête brusquement alors que l'épidémie n'est pas encore terminée ; celui de la paroisse Saint-Nizier, à Lyon, où, sur environ 3 000 à 4 000 habitants, plus de 900 sont morts entre la fin d'avril, quand commence la peste, et le

27 octobre, où le registre, dont trois scribes successifs ont succombé, s'arrête sans que nous sachions si le quatrième est mort lui aussi de la peste.

De nombreuses séries de testaments montrent à quel point la mortalité fut exceptionnelle dans ces années de la Peste noire : à Besançon, l'official de la ville, qui avait reçu 14 testaments en 1347, en reçoit 161 en 1349, année de la peste, et 23 en 1350. À Paris, le registre marguillier de Saint-Germain-l'Auxerrois, qui est alors la plus peuplée des paroisses de la ville avec peut-être 30 000 habitants, contient la liste de tous les legs posthumes dont a bénéficié la paroisse entre les redditions de compte successives. Le nombre moyen de testateurs décédés, qui varie de 2 à 48 par an entre 1340 et 1347, monte à 92 en 1348 et à 582 au cours de l'été de 1349. Comme à Besançon, la croissance des testaments dépasse certainement celle des décès, et la peste, par la peur qu'elle inspire, doit stimuler le désir de faire un testament.

Si nous observons maintenant les groupes socioprofessionnels les plus exposés et les plus touchés, nous devons remarquer que ce sont aussi les plus souvent mentionnés dans les chroniques. Nous avons parlé des conseils urbains ; les communautés religieuses sont plus éprouvées encore : à Marseille, les 150 frères cordeliers meurent tous, de même tous ceux de Carcassonne et tous les augustins d'Avignon ; à Maguelonne, sur 160 frères, il n'en reste

« Rien n'étant plus certain que la mort ni plus incertain que l'heure d'icelle », il n'est que temps pour le malade de veiller à son testament. Détaillés, remplis de ferveur, les testaments des XIVe et XVe siècles, anticipant la peur de la maladie, décuplent.

(« JUSTINIANI IN FORTIATUM » ; MINIATURE, XIVe S.)

que 7 et à Montpellier, sur 140, 7 aussi. Le clergé séculier est un peu moins décimé : à Bordeaux, sur les 20 chanoines de Saint-Seurin, 8 survivent et à Paris, les 136 religieuses de Sainte-Catherine n'éprouvent que 32 décès... au lieu de 4 ou 5 les années précédentes. À Perpignan, cependant, sur les 10 prêtres de la paroisse Saint-Jean, 4 seulement échappent à la mort. Il en est de même pour les 10 notaires et, sur les 8 médecins de la ville, 2 seulement échappent. Dans le haut clergé, une recherche particulière sur les évêques a montré que, sur 125 évêques siégeant au début de 1348 (9 évêchés ne sont pas pourvus), 33 décèdent dans l'année, presque tous dans la moitié sud de la France, et, sur les 124 siégeant au début de 1349, on compte 15 décès cette année-là, presque tous dans la moitié nord du pays.

Bien que dispersées et fragmentaires, ces données, même si l'on tient compte du fait que quelques petites régions semblent avoir été épargnées par le fléau (la Flandre au nord de Lille, certaines vallées des Hautes-Pyrénées...), rendent vraisemblable une mortalité générale de l'ordre du cinquième ou du quart des habitants selon l'endroit.

La mort choisirait-elle ?

Même fruste et le plus souvent autarcique ou de marché local, l'économie ne pouvait échapper au cataclysme. Dès l'apparition de la peste en une région, la fuite des habitants, citadins ou ruraux, désorganise la production ; de plus la mortalité est sélective : certaines professions (forgerons, chaudronniers, chez lesquels le bruit fait fuir les rats) sont relativement épargnées ; d'autres (boulangers, bouchers, hôteliers, dont les stocks alimentaires attirent les rats, ou médecins, prêtres, notaires, fossoyeurs, très exposés à rencontrer les malades), terriblement décimées. Pendant la peste, le prix des produits vivriers monte beaucoup, alors que les autres marchés s'effondrent et les familles pauvres des journaliers se trouvent subitement dans la misère, ou même réduites à la mendicité. Ainsi, les communautés et les villes doivent prendre à leur charge la sépulture des pauvres. Une fois la tourmente passée commencent les bouleversements profonds et durables. Les plus touchés, dans un premier temps, sont tous ceux – État, villes, princes, seigneurs, prélats et chapitres – dont les revenus proviennent de prélèvements sur le travail ou l'activité commerciale : beaucoup de contribuables ou de censiers sont morts ou ont fui. À Nîmes, les fermes de la ville restent vacantes plusieurs années ; dans les campagnes de la Bresse et du Bugey, tous les comptes subsistant de cette époque, sans exception, montrent une baisse importante des rentrées d'impôt : le village d'Evosges, taxé à 13 quartauts d'avoine, ne paie que 6 quartauts et 4 bichets ; celui de Pérouge, qui payait auparavant 46 mesures de froment et 68 de seigle, n'en donne respectivement que 26 et 59 après ; à Corcelles, le nombre des mâles payant les droits de garde passe de 51 à 25. Pour le Dauphiné, nous connaissons déjà son déficit budgétaire : il est tel que le Dauphin doit nommer des vérificateurs spéciaux pour le budget des châtellenies.

Pour l'archevêché de Bordeaux, les comptes de cette période sont marqués par une baisse profonde, et les arrérages, ou retards de paiements annuels, atteignent leur sommet : 1 404 livres sur 2 786 en 1354. En fait, presque tous les revenus proviennent alors des redevances ecclésiastiques et de quelques arrérages et, plus que les maisons de la ville, dont le cens est assez faible, ce sont les exploitations rurales qu'on doit fortement dégrever.

Dès 1350, la plus répandue des redevances agricoles, l'agrière, est rejetée par les paysans. Les seigneurs sont contraints de la réduire ou de la supprimer et de la transformer en cens, c'est-à-dire de passer du métayage au fermage.

L'Église bénéficie d'un grand nombre de legs et l'État, ou les communautés, des « échoîtes », biens des contribuables décédés sans enfants et *ab intestat* ; mais, si importants qu'ils paraissent, legs et échoîtes, en général vendus rapidement à bas prix, ne constituent qu'un expédient immédiat et ne peuvent rapporter autant que les revenus manquants.

Pour faire face à leurs obligations malgré ces réductions de recettes, les communautés, comme l'Église, les seigneurs ou les souverains, sont amenées, soit à réduire leurs charges, soit, ce qui est le plus fréquent, à établir de nouveaux impôts. À Limoux, en décembre 1349, on crée un nouvel impôt sur les vendanges, car presque tous ceux qui payaient les taxes habituelles sont morts. Pour les souverains, cette procédure directe s'avère alors impossible : non seulement d'innombrables communautés, même des grandes villes (comme Montpellier, dès le 13 octobre 1348), réclament des diminutions de taille ou de feux taillables, car beaucoup de chefs de famille sont morts, mais les assujettis ont maintenant tendance à rejeter, par la fuite ou la révolte, ces nouvelles charges. C'est avec humilité, presque, que le roi de France doit réunir les états provinciaux et solliciter la levée de nouveaux impôts, qu'on lui mesure au plus juste. Malgré ces précautions, les Jacques se soulèvent dans le nord de la France, de même que les Tuchins dans le Massif central, comme les Lollards en Angleterre, les Tisserands à Gand ou les Ciompi à Florence. Leurs ravages et la répression qui suit amenuisent encore les rentrées d'impôts et alourdissent les dépenses, amorçant le cycle infernal d'une récession autoentretenue.

Pour les particuliers, cependant, les situations sont beaucoup plus variées. Dans les classes aisées, certains accumulent les héritages en chaîne et se trouvent en possession d'une fortune inespérée. Ainsi cette jeune fille de 16 ans, à Bordeaux, qui hérite successivement de ses oncles et tantes, de ses parents, de ses quatre frères et sœurs, au fur et à mesure de leurs décès et qui, riche héritière, se marie en 1349 avec un jeune seigneur désireux de redorer son blason. Certains, moins ambitieux, dilapident cet argent en prodigalités folles et contribuent d'autant plus à la montée des prix des objets de luxe que les commerçants, les artisans et la main-d'œuvre qualifiée d'une façon générale se sont beaucoup raréfiés. D'autres, moins fortunés, ont hérité en ville d'immeubles devenus invendables du fait de la diminution considérable du nombre des locataires : le prix des loyers urbains, déjà orienté à la baisse depuis une vingtaine d'années, chute nettement. De plus, les villes, dépeuplées par la peste , ne sont pas repeuplées par les campagnes, exsangues elles aussi, et beaucoup d'immeubles inhabités commencent à se dégrader.

Pour les pauvres, la situation est dans un premier temps assez ambiguë : pour les uns, la peste, en désorganisant la production et les marchés, ruraux ou urbains, a fait perdre le gagne-pain au moment d'une forte inflation des prix des produits vivriers et les a plongés dans la misère ; dans les campagnes, en plusieurs endroits, la peste a raréfié la main-d'œuvre au moment des récoltes, qui se sont en partie perdues, et les semailles n'ont pu être faites. Mais, pour d'autres, dans un second temps, cette raréfaction de la main-d'œuvre a été une occasion d'obtenir des avantages dans leur tenure, comme nous l'avons vu pour le fermage se substituant au métayage. Dans l'ensemble, cependant, l'appauvrissement est assez général et l'accroissement des impôts insupportable.

Cet appauvrissement est plus sensible encore dans le domaine culturel, où les élites spirituelles, intellectuelles ou administratives, relativement peu nombreuses à l'époque, se trouvent décimées par cette hécatombe. Qu'il s'agisse des cadres laïques ou religieux, la nomination massive de nouveaux responsables, trop jeunes et sans formation ni expérience suffisante, ne permet pas de maintenir le niveau de l'enseignement. Le chapitre général des Dominicains observe que, dans la plupart des couvents, les écoles ont perdu beaucoup d'élèves, et parfois tous leurs élèves. Plus du tiers des évêques, presque la moitié, ont été renouvelés en moins de trois ans ; il en est probablement de même pour les abbés et abbesses des monastères, et l'on va observer une remontée des superstitions cependant que l'élite intellectuelle et plus encore le corps social – où l'on pouvait déceler, comme en Italie, l'amorce de la Renaissance prochaine – voient cet élan brisé net.

Si, pour les hauts fonctionnaires royaux parisiens, la saignée semble moins forte, elle l'est suffisamment ailleurs pour désorganiser pendant un temps le corps administratif, surtout en Provence et Languedoc, régions les plus touchées, et nombre d'administrations seigneuriales sont décimées. Comme dans le clergé, les nouveaux nommés manquent d'expérience, et les moyens dont disposent la justice et les finances perdent subitement beaucoup de leur efficacité.

J.-N. B.

Veuve en voile de deuil.
(« JUSTINIANI IN FORTIATUM » ; MINIATURE, XIVe S. BIBLIOTHÈQUE ROYALE DE L'ESCURIAL.)

X

ce Siècle de grande désolation

Si grand, si éprouvant soit-il, le choc gigantesque de la grande Peste noire du milieu du XIVe siècle aurait sans doute été absorbé tant les moyens de régulation dont disposaient les populations du bas Moyen Âge étaient puissants. Comme dans toutes les populations anciennes, on y observe que la proportion des célibataires y est très faible et surtout que les remariages des veufs et des veuves, après une crise démographique, y sont extrêmement nombreux, rapides et sans doute suivis d'une remontée des naissances. Si ces mécanismes n'ont pas joué, c'est que la peste, appuyée sur les méfaits des gens de guerre, et revenant tous les dix ou douze ans, n'a pas laissé aux populations et aux institutions le temps de se remettre entre deux coups du sort. □

La généralisation de l'expression « gens de guerre », encore rare vers 1350-1380, prédominante au XVe siècle, traduit en fait la nécessité, à l'époque, d'une appellation d'ensemble pour désigner une réalité nouvelle que ne parvenaient plus à exprimer des termes anciens, au sens plus restreint, tels que « compagnons » ou « souldoyers », ou même plus large, comme « combattants » (*pugnati*). Et pourtant, en première analyse, rien de plus varié, rien de plus dissemblable que les troupes qui sillonnèrent le royaume et se multiplièrent sur son territoire, des chevauchées de 1345-1347 aux campagnes normandes et bordelaises de 1450-1453.

Une trêve avait été signée après la chute de Calais en septembre 1347 ; en septembre 1348, elle est prolongée pour deux ans, la peste ayant décimé les deux armées. Mais la trêve n'est pas la paix, et sur les frontières entre le roi de France et le roi d'Angleterre, les combats de garnisons, les coups de main persistent. La guerre reprend en avril 1351, suivie d'une nouvelle trêve, qui, malgré de graves incidents, va être renouvelée jusqu'en 1355. Pendant quelques mois, en Normandie puis en Anjou, avantages et revers se succèdent, mais la bataille décisive, à Poitiers en 1356, est perdue et le roi Jean II le Bon est fait prisonnier.

Aye Dieu, Aye as Compaingnies !

L'arrêt des hostilités, contrairement à ce que l'on pouvait espérer, ne ramène pas la paix pour les populations. Licenciés sur place, les mercenaires des armées anglaises, navarraises ou françaises vont en effet se transformer en routiers des grandes compagnies, qui, sous la direction de leurs capitaines, vont vivre sur le pays en mettant tout à sac, pillant, violant, rançonnant.

Ils nomment leurs bandes « sociétés », « compagnies », « routes » et eux-mêmes « compagnons sociaux » ou « hommes d'armes ». Leurs chefs sont de simples aventuriers ou d'authentiques capitaines, bâtards ou cadets de bonne noblesse : ce sont entre autres le Wallon Eustache d'Auberchicourt, le Hollandais de Herck, le Navarrais Enriquez de Pampelune, les Anglais Jean Hawkwood, Robert Knolles et Hugues Calveley, mais aussi les Gascons Jean

RAIDS, CHEVAUCHÉES ET SOULÈVEMENTS POPULAIRES DANS LA FRANCE DE LA DEUXIÈME MOITIÉ DU XIVe SIÈCLE.

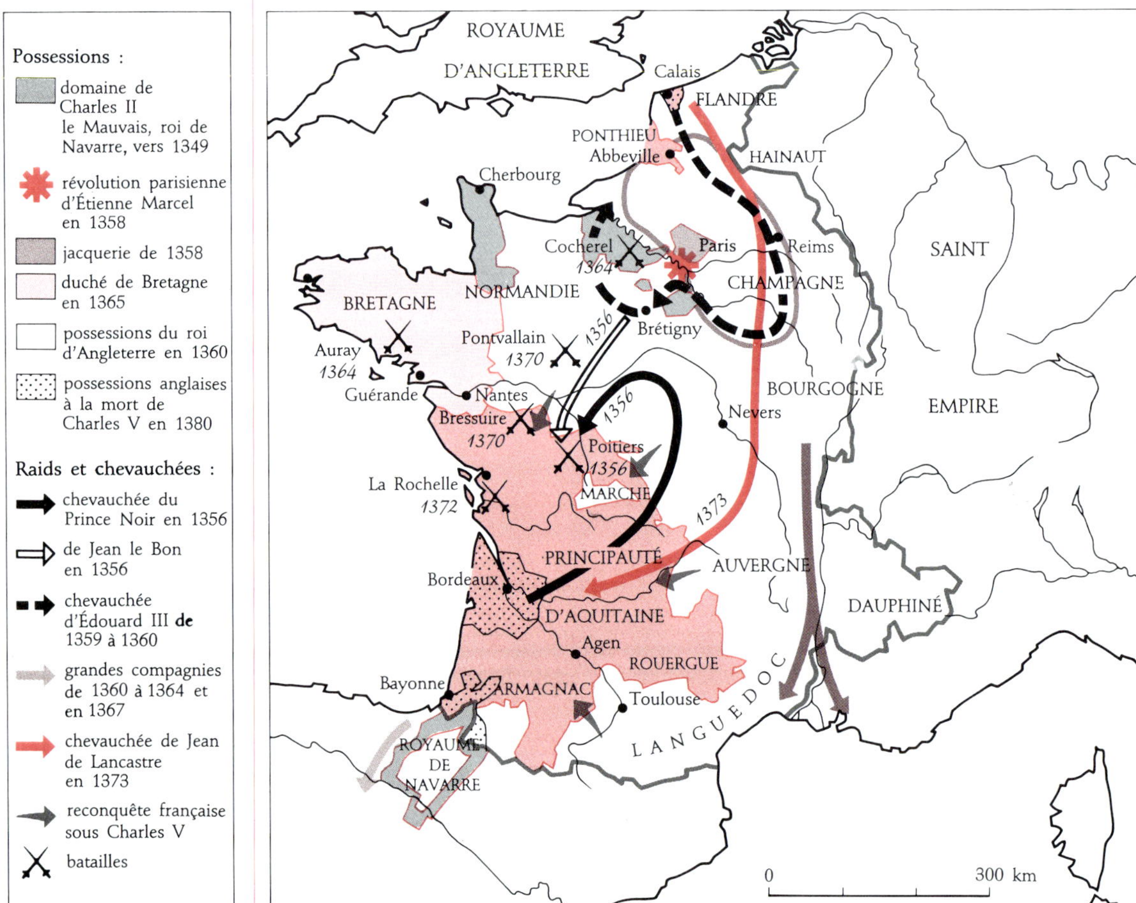

de Ségur et Bertrucat d'Albret, le Breton Crocquart, etc., et surtout de jeunes nobles périgourdins ruinés par les guerres : Hugues de Fages, Arnaud de Cervole, dit l'Archiprêtre depuis qu'il a hérité de son oncle archiprêtre de Vélines, et le plus grand de tous, Seguin de Badefol, ancien capitaine de l'armée française, surnommé le roi des grandes compagnies.

Dès 1357 commencent les premières exactions systématiques : la Bretagne, la Champagne, la Lorraine, l'Alsace, la Bourgogne, la Franche-Comté, le Nivernais, le Berry, le Limousin, le Forez, le Lyonnais, l'Auvergne, le Velay, le Valentinois, le Comtat, la Provence, le Languedoc, le Roussillon, le Rouergue sont ravagés en tous sens, les villes, les monastères et le pape lui-même rançonnés à plusieurs reprises. Les bandes, qui comprennent entre 500 et 600 hommes et jusqu'à 2 000 ou 5 000, se rassemblent ou se séparent, toujours informées les unes par les autres. La révolte d'Étienne Marcel à Paris et celle des Jacques en Île-de-France en 1358 paralysent le pouvoir royal.

La paix de Brétigny, signée le 8 mai 1360, enlève définitivement aux routiers l'espoir de trouver un emploi de mercenaire et c'est à leur compte qu'ils font la guerre, en professionnels, assiégeant et enlevant d'assaut de grandes places fortes comme Metz (l'Archiprêtre), Auxerre (Robert Knolles), Pont-Saint-Esprit et Brioude (Seguin de Badefol), poursuivant les transporteurs de l'impôt spécial levé pour payer la rançon du roi Jean.

Au plus fort des pillages, la peste, que l'on pensait éteinte pour toujours après ses ravages du milieu du siècle, reparaît, aussi terrible que la première fois. En 1359, elle arrive en Alsace, se répand sur l'est et le nord de la France en 1360, atteint Paris, Lyon et Avignon en 1361, l'Aquitaine et tous les pays de la Loire en 1362. Partout, la mortalité, si elle change de victimes, semblant cette fois, nous dit Guy de Chauliac, frapper davantage les riches et les enfants, est presque aussi élevée que lors de la grande Peste noire : d'avril à juillet, la peste aurait fait à Avignon 17 000 morts, dont 9 cardinaux et plus de 100 évêques de la curie.

Avec l'arrêt des hostilités, nombre de mercenaires désœuvrés et sans ressources vont grossir les rangs des bandes armées.

(ARMÉE EN CAMPAGNE ; « HISTOIRE DES NOBLES PRINCES DE HAINAUT » ; MINIATURE, XVe S., DÉTAIL.)

Li Franchois desconfi

Plus mobiles que jamais, les routiers semblent échapper au fléau, glisser entre les mailles des villes et des villages infectés : au début de 1362, en plein hiver, leurs bandes, sur un mystérieux mot d'ordre, refluent du sud au nord et se rassemblent en Lyonnais. Inquiet, le pouvoir royal décide le 25 janvier de former une armée en levant le ban et l'arrière-ban de la noblesse et d'en confier le commandement à Jean de Melun, comte de Tancarville, pour refouler les bandits vers le sud, où une autre armée, dirigée par le maréchal d'Audrehem, les prendra en tenaille en les refoulant vers le nord. Mais, alors que la concentration des troupes est presque achevée, le 23 février, les routiers s'emparent de Brignais, place très forte, à trois lieues au sud de Lyon, et qui commande la route longeant la rive droite du Rhône. À la noblesse et ses contingents féodaux, Tancarville joint l'Archiprêtre et ses routiers, qu'il engage comme mercenaires. Le 20 mars, il entre en campagne avec pour premier objectif d'investir Brignais pour en déloger les grandes compagnies, et les bourgeois de Lyon lui fournissent pour cela tout le matériel de siège et d'assaut.

Seguin de Badefol, qui a deviné son plan, bat le rappel des bandes dispersées, les cache dans des replis de terrain autour de la forteresse, ne laissant en vue qu'une petite troupe mal armée de 5 000 hommes. Lorsque, à son arrivée, Tancarville croit pouvoir engager la bataille, il est pris de flanc par des masses de routiers, qu'il n'avait pas vues et qui dévalent des hauteurs aux cris de « Aye Dieu, aye as Compaingnies ! »

Malgré des prouesses chevaleresques et la bonne tenue des mercenaires de l'Archiprêtre, l'armée royale est taillée en pièces, « Briefment, nous dit Froissart, li Franchois furent tout desconfi et obtinrent les compaingnies le journée, et prissent ou ochèrent à leur volonté les plus grans de l'ost, dont ils eurent puis tamainte bonne raenchon. » La noblesse féodale française y est aussi décimée qu'à Crécy ou à Poitiers, les cadavres des nobles jonchent le champ de bataille. Parmi eux, le jeune comte de Forez, le comte de Joigny, Jacques de Bourbon, comte de la Marche, et son fils Pierre. Tous les autres chefs, le vicomte d'Uzès, Renaud de Foez, Robert et Louis de Beaujeu et le comte de Tancarville sont prisonniers, même l'Archiprêtre, dont le cheval a été abattu et qui a été saisi par son compatriote le bâtard de Monsac. Lorsqu'il arrive, le 9 avril, le maréchal d'Audrehem, apprenant le désastre, n'a plus qu'à opérer une prudente retraite.

Peu de journées au cours de la guerre de Cent Ans furent aussi néfastes à l'ordre que celle de Brignais. La victoire des routiers sur les chefs les plus chevronnés de la grande noblesse signe, plus que toutes les défaites essuyées jusque-là, la déchéance de la puissance militaire française. Partout, dans les villes et dans les campagnes, dans les châteaux et dans les monastères, l'angoisse est immense. Nulle force ne peut s'opposer aux grandes compagnies. Il ne reste plus qu'à traiter avec les vainqueurs. On verse les rançons pour libérer les prisonniers, et, à prix d'or, les gens du roi achètent une trêve qui doit durer... un mois, jusqu'au 26 mai 1362, le temps de négocier un arrangement. À la fin de mai, rien n'est conclu et les routiers reprennent leurs déprédations, d'abord en Bourgogne, où Saint-Jean de Losne est méthodiquement pillé, puis détruit et brûlé, ensuite, dès juillet, en Auvergne et dans le Midi.

À cette époque, le Languedoc est éprouvé par les troupes d'Henri de Trastamare, refoulé par son frère, le roi de Castille Pierre le Cruel, et le maréchal d'Audrehem a l'idée d'engager les routiers à suivre Trastamare en Espagne pour combattre Pierre le Cruel. Le 23 juillet, un accord est signé, entre dix bandes de routiers et Trastamare, puis ratifié le 13 août par le roi : on paiera aux routiers 100 000 florins d'or, pris sur sa rançon lorsqu'ils passeront en Espagne. Le 15 novembre, ils reçoivent à Pamiers les sommes promises : aussitôt ils abandonnent Trastamare et refluent sur le Languedoc, où Seguin de Badefol est en train de rançonner Alès, après Mende. Et le cauchemar reprend : de Brioude, où il s'installe, Seguin, qui a 33 ans, règne par la terreur en potentat. Les 3 000 hommes de sa bande, « la Margot », sont les mieux armés, les mieux entraînés, les mieux payés, les plus somptueusement habillés de tout l'Occident, servis par de nombreux domestiques, jeunes gens et jeunes filles prisonniers qui n'ont pu verser de rançon. Parfaitement organisée, habilement dirigée, invincible, insaisissable,

Fondre sur une ville, briser sa résistance, faire la brèche, pénétrer, enfin la mettre à sac, s'emparer de ses réserves et de ses richesses : cet art où excellent les grandes compagnies fut longtemps pour certains l'art de survivre.
(« CHRONIQUES » DE FROISSART, XVe S.)

la Margot opère de brèves et sanglantes expéditions minutieusement préparées : bourgs et châteaux sont presque toujours enlevés au premier assaut.

Seul remède à un pareil fléau, la ruse et la trahison. Le roi de Navarre, Charles le Mauvais, parvient à inviter Seguin de Badefol et l'empoisonne le 18 janvier 1366, cependant que l'Archiprêtre, Arnaud de Cervole, qui ravage la Lorraine et l'Alsace, est assassiné par ses lieutenants le 26 mai suivant. Les autres compagnies, moins fortes et moins bien dirigées, sont rapidement matées ou embrigadées par du Guesclin en Espagne. Le peuple enfin respire et Charles V peut entreprendre une reconquête des terres cédées aux Anglais.

Le retour de la peste

Le duc de Lancastre réplique en 1369 par une grande chevauchée à travers la France, détruisant tout sur son passage. Plus grave est, en 1372, le déficit de la récolte, qui se renouvelle en 1373. Dans la moitié sud de la France, la famine, très cruelle, entraîne toutes les misères, tous les excès observés en pareille occasion. Dès 1373, la peste, qui a débarqué à Venise et Gênes l'année précédente, se déclare de nouveau à Avignon et envahit tout le sud et l'est de la France. En 1374, ses ravages, joints à ceux de la famine et d'une nouvelle chevauchée du duc de Lancastre, déciment les populations apeurées. Si le nord-ouest semble relativement épargné, en Aquitaine, Languedoc, Comtat et Provence, le désastre est cette fois irréparable ; la pauvreté s'installe pour longtemps : ces provinces vont sombrer dans un état de désorganisation économique et administrative dont elles ne sortiront qu'à l'issue de la guerre de Cent Ans. En 1382, nouvelle irruption de la peste, arrivée à la fois par l'Italie du Nord et l'Allemagne rhénane ; l'épidémie s'étend en 1383 et se complique de mauvaises récoltes et de disettes.

Raymond Chalmel, médecin du pape

À Avignon, le médecin du pape Clément VII, Raymond Chalmel de Viviers, compose à cette occasion, au cours de l'automne 1382, un savant *Tractatus de pestilentia*, dans lequel il reprend toutes les considérations astrologiques de la médecine et toutes les théories de l'homme microcosme tirées des Anciens et des Arabes. Brièvement, il fait le bilan des quatre épidémies qu'il a vécues. La première peste, sous le pontificat de Clément VI, en 1348, fut provoquée par la conjonction de Saturne, Jupiter et Mars dans le 19e degré du Verseau. La deuxième, en 1360-1361, sous Innocent VI, résulta en plus d'une opposition entre Saturne dans le signe de la Vierge et Mars dans celui des Gémeaux. La troisième, sous Grégoire XI, provint en 1373 de la conjonction de Jupiter et de Mars dans le signe du Taureau l'année précédente. La quatrième, celle de 1382, sous le pontificat de Clément VII, serait née de la conjonction de Jupiter et de Mars, mais cette fois dans le signe du Lion, et du passage d'une horrible comète à la queue immense.

L'épidémie de 1348 a été la plus terrible : elle a tué les deux tiers de la population, et tous les malades sont morts ; la deuxième n'a atteint que la moitié de la population et un petit nombre de malades a guéri ; la troisième n'a emporté qu'un dixième des habitants, car beaucoup de personnes atteintes ont survécu ; la quatrième, encore moins contagieuse et violente que les autres, n'a touché qu'un habitant sur vingt, et beaucoup ont guéri. Les jeunes semblent moins résistants à la maladie, et souvent ceux qui ont plus de quarante ans guérissent ; de même, le peuple, les juifs, les étrangers espagnols et les paysans, qui vivent dans l'inconfort et sont privés de secours médicaux, meurent davantage que les riches. Comme traitement, Chalmel conseille la saignée seulement chez les pléthoriques et, pour tous, la consommation de poissons et d'écrevisses ; comme boisson, de l'eau dans laquelle on a éteint de l'or rougi au feu ; sur les bubons, des applications de pierres précieuses (topaze ou diamant)... ou d'escargots vivants ; l'incision du bubon par le chirurgien ; enfin, la prise d'un électuaire à base de thériaque. Raymond Chalmel soignait aussi par la sudation ; il obtint ainsi de nombreuses guérisons, qui établirent son prestige. Mais, fait troublant, il meurt en octobre 1398 à Viviers, en même temps qu'un autre chanoine de la cathédrale, alors qu'une nouvelle épidémie de peste sévit dans la vallée du Rhône, première manifestation d'une poussée du fléau qui, en 1399, 1400 et 1401, va ravager toute la France avec une vigueur que rien ne laissait présager.

Paris, Lyon et la plupart des villes de France sont particulièrement éprouvées en 1400 et cette grande épidémie frappe d'autant plus les esprits qu'ils ne s'attendaient pas à voir la peste gagner en virulence et qu'elle survient

« Que le rustique ait paix à toujours ! » proclamait la charte de Bigorre au XIe siècle. Les événements et les hommes lui ont failli. Cent cinquante ans plus tard, le vilain est réduit à vivre sur une tenue misérable, heureux encore si la guerre ne l'a pas poussé de force vers une ville déjà surpeuplée, accablée par la famine, visitée par les loups.

(« FABLES DE BIDPAY » ; DESSIN, XVe S.)
(EUSTACHE DESCHAMPS, « LIVRE DE LA FRAGILITÉ D'HUMAINE NATURE » ; XIVe S.)

alors que le roi, dont la raison s'égare depuis déjà quelques années, n'est plus en état de gouverner. Mauvais présages ; 1412, 1420, 1425 : la peste renouvelle ses ravages, alors que les Anglais, qui ont pris Honfleur, écrasé l'armée française à Azincourt en 1415 et détruit la flotte française à l'Écluse en 1417, entreprennent de conquérir la France en jouant sur la rivalité des Armagnacs et des Bourguignons. Le temps des grandes chevauchées anglaises est revenu, et les grandes villes, comme Paris, Rouen, Amiens, dépeuplées par les pestes, sont épisodiquement envahies et surpeuplées par des flots de paysans réfugiés.

À Paris, « chacun était si grevé de payer sa maison que plusieurs renoncèrent en ce temps à leurs propres héritages pour la rente, et s'en allaient par déconfort vendre leurs biens sur le carreau, et se partaient de Paris comme gens désespérés. Les uns allaient à Rouen, les autres à Senlis ; les autres devenaient brigands de bois ou Armagnacs ». Après quelques brèves années un peu moins éprouvantes, la guerre reprend, plus violente, en 1429 ; la misère est à son comble. Par suite du dépeuplement en 1430, la ville de Paris ramène de 60 à 34 le nombre des vendeurs jurés de vin, parce que la plupart sont sans travail. En fait, alors que, pendant ces années d'occupation anglaise, le trafic du vin de Bourgogne vers la Flandre et l'Angleterre est une des principales activités de Paris, il ne reste plus que quatorze vendeurs jurés exerçant encore après 1430. Comme beaucoup de villes de province, Paris offre alors le spectacle presque uniforme d'un champ de désolation : selon les quartiers,

Un fossé, une muraille entrecoupée de tours défensives et de portes permettent à la ville de Clermont d'opposer une résistance efficace aux pressions des gens de guerre.

(GUILLAUME REVEL, « ARMORIAL D'AUVERGNE » ; XVe S.)

une maison sur deux ou trois est en ruine ; l'hiver, des loups rôdent jusque dans les rues.

À l'abri des bonnes murailles

Cependant, devant le danger des gens de guerre, les villes firent front. Elles en possédaient les moyens ; elles en eurent la volonté. Elles reconstruisirent, renforcèrent, parfois édifièrent de puissantes murailles. Elles réorganisèrent leurs milices, s'en dotèrent quand elles n'en possédaient pas encore, et celles-ci, disciplinées, se montrèrent somme toute efficaces. Tous ou presque participèrent à la défense de la cité et les femmes ne furent pas les dernières à prendre les armes. Selon Bernard Chevalier, cette réaction contribua pour beaucoup à la formation des « bonnes villes » qui, sauf exceptions, imposèrent silence à leurs dissensions, se regroupèrent autour des citadins « les plus apparents » et fournirent au roi de précieux alliés.

Il ne pouvait pas en être de même à la campagne. Le village n'offrait que des abris précaires, même là où l'église fut fortifiée. Quand surgissaient les « gens de guerre » qui incendiaient les chaumines, parfois les granges, coupaient le blé en herbe, fourrageaient la campagne, extorquaient les trésors, il ne restait bien souvent que la fuite, si possible avec le maigre troupeau et quelques effets. Si l'occasion se présentait, les paysans tendaient une embuscade où périssaient quelques damoiseaux et leurs valets. La plupart du temps, ils cherchaient refuge ailleurs. Surpris, ils trouvaient dans les bois une retraite temporaire. Mais, chaque fois qu'ils le pouvaient et que l'insécurité s'installait à demeure, ils se dirigeaient vers la cour des maisons fortes et, de plus en plus, vers les bonnes murailles des villes. De là, ils ne sortaient que pour quelques semailles furtives et de médiocres moissons. Ainsi, là où les troubles duraient, où la menace des soldats (le « doubte des gens d'armes », comme on disait en Cambrésis) pesait en permanence ou presque, les emblavures se rétractèrent et la production fléchit, au moment où s'accumulaient en ville ceux qui auparavant résidaient dans le plat pays. Il en résulta une accentuation de la disette et de la famine.

La montée des violences populaires

Disettes et famines frappèrent sans répit les habitants du royaume, ceux de la campagne comme ceux des villes. Et, à moins d'une illusion due à une inégale conservation des documents, tout porte à croire que les dernières décennies, celle de 1420 et plus encore la suivante, furent de loin les plus éprouvantes. Prenons l'exemple du Cambrésis pour la seule période 1400-1440. Environ un an sur quatre (un sur trois dans les années 1430), le déficit frumentaire y dépassa 20 p. 100 de la récolte moyenne, parfois de peu, parfois, comme en 1437, très largement (ce que confirment les rendements céréaliers autour de Bruxelles et de Louvain). Quant au prix du froment sur le marché de Cambrai, il subit des poussées d'une durée de deux à quatre ans, si bien que cette fois les chertés, nettement détachées sur des cours très spasmodiques, sévirent au minimum une année sur deux. Autant que l'on puisse en juger par les rares séries que l'on possède, ces flambées affligèrent au moins toute la France du Nord, de Paris et Rouen à Douai et Valenciennes. En 1437 et 1438, dans le Bassin parisien et ses marges septentrionales, le froment se paya de quatre à cinq fois ce que l'on en offrait en 1435.

Le spectre de la disette

Pourtant, une telle constance étonne si l'on se rappelle les conditions dans lesquelles éclatèrent les crises à la charnière des XIIIe et XIVe siècles. Ne découlaient-elles pas, selon toute vraisemblance, d'une distorsion latente entre la masse de la population et le volume des subsistances, à l'intérieur de rapports de production qui entravaient les évolutions et les adaptations indispensables ? Or, les hécatombes que provoquaient les « mortalités », les ponctions dues aux méfaits de la guerre et le déclin démographique qui, au-delà de reprises provisoires, se dessina ainsi tendanciellement eussent justement dû réduire les tensions de la première moitié du XIVe siècle : ils eussent dû permettre un meilleur rapport des besoins et des disponibilités et, en définitive, éloigner le spectre des disettes, sinon les faire disparaître. Il fallut cependant attendre le milieu du XVe siècle, donc une bonne centaine d'années, pour que cet équilibre se réalisât.

L'explication d'un pareil retard et de la persistance des disettes et des famines est à rechercher dans la manière dont les difficultés assaillirent alors le royaume. En effet, le repli démographique ne fut pas progressif ; il procéda par à-coups brutaux, périodiquement répétés au rythme des grandes vagues de « contagions ». De leur côté, les campagnes militaires touchèrent les régions en profondeur, les unes après les autres, favorisant une sous-exploitation, voire un abandon des campagnes, au moment où les villes, devenues refuges, ne nourrissaient qu'à grand-peine une population trop nombreuse. En conséquence, la violence des ébranlements ponctuels et la crainte qu'inspirait leur irruption soudaine délabrèrent les anciennes structures économiques, comme d'ailleurs l'encadrement social. Ces structures se délitèrent sous les effets conjugués de médecines trop fortes et de terreurs paralysantes. Ce sont donc les « mortalités » et les guerres qui, par leur mode d'action, contribuèrent à maintenir famines et disettes et retardèrent le retour à l'équilibre.

Les chocs de la fiscalité

Nées des besoins militaires et de la rivalité des rois de France et d'Angleterre, les exigences fiscales intervinrent dans ce retard, mais d'une manière moins continue. Elles avaient déjà crû notablement dans la première moitié du XIVe siècle ; elles s'alourdirent brutalement dans la seconde moitié ; il fallut verser des « fouages » (impositions sur les feux), puis payer la rançon du roi Jean, le vaincu, prisonnier à Poitiers ; selon les coutumes féodales, le « protégé » ne devait-il pas, dans ce cas, aide à son protecteur ? S'y ajoutèrent presque aussitôt des « aides » (impositions sur les transactions, de vin en particulier), justifiées plus difficilement par les nécessités de la lutte contre l'Anglais. Ce tour de vis inattendu, en raison même de sa soudaineté et de son ampleur conjuguées, secoua les exploitations agricoles, les ateliers artisanaux, les commerces, qui se trouvèrent « déstabilisés » du jour au lendemain. Il contribua, au même titre que la peste ou les exigences militaires, à désorganiser non seulement la production mais, plus grave encore, les réseaux du négoce et singulièrement celui du vin. Ce faisant, il étendit brusquement à de nouvelles couches sociales les conditions de vie précaires et dévalorisées qui frappaient auparavant les plus méprisés. La fiscalité royale leur apparut comme un fléau. D'ailleurs, le roi, maladroitement, en accusa les méfaits.

Répondant aux vœux des moralistes et désireux de mettre un terme aux désordres des décennies 1340 et 1350, il rétablit, à la fin de 1360, les « bonnes monnaies » et même, pendant quatre ans (1361-1365), une très bonne monnaie d'argent. La valeur métallique de la livre s'en trouva accrue mais, du même coup, le poids réel des redevances augmenta. Le roi alourdit ainsi tous les prélèvements prescrits « en argent » quels qu'ils fussent ; surtout, il accentua la brusque envolée de la fiscalité royale et sa dureté. Que cette fiscalité fût alors éprouvée comme une calamité n'a donc rien d'étonnant ; on la condamna du reste peu pour ses effets économiques et beaucoup pour son caractère d'innovation, très vite jugé répréhensible.

La tension devint si vive, et les conséquences si néfastes que, à la veille de sa mort, Charles V abolit les fouages ; quelques mois plus tard, sous la pression du mécontentement, les aides subirent un sort identique. Néanmoins, ces mesures ne tinrent pas devant les besoins financiers d'une monarchie menacée par ses adversaires. Les aides revirent le jour presque aussitôt malgré les troubles sévères qu'entraîna leur rétablissement. On attendit encore un peu pour lever des « tailles », qui ressemblèrent curieusement aux anciens fouages. Or, avec le temps, ces impositions, toujours mal supportées, furent moins ressenties comme des calamités. La reprise de la dévaluation monétaire y joua peut-être un rôle ; surtout, les hommes s'adaptèrent aux impôts ; ils ne furent plus « pris de court ». La pratique devint coutumière et acquit un semblant de légitimité, précaire, certes, mais assez fort pour que la permanence des « aides » et des « tailles » s'installât progressivement dans

Droits seigneuriaux et pression fiscale : l'étreinte qui pèse sur les paysans se fait plus lourde encore au long du XIVe siècle.

(AGENT SEIGNEURIAL ET PAYSANS AU TRAVAIL ; « PSAUTIER DE LA REINE MARY » ; MINIATURE, XIVe S.)

le royaume et y fût, dans l'ensemble, acceptée. Il est vrai qu'on ne vit plus de hausses rapides et aussi considérables des impositions avant Richelieu, soit plus de deux siècles après.

Des Jacques à Simon le Coutelier, dit Caboche

Cette combinaison de mortalités, disettes, brigandage et pillage, cette décomposition récurrente des cadres sociaux, cette désorganisation périodique de la vie ordinaire provoquèrent à leur tour des « séismes » qui atterrèrent les contemporains ; ils frappent encore les historiens par leur soudaineté, leur violence et les effusions de sang qui les accompagnèrent. Il s'agit de soulèvements brutaux et inattendus du « populaire », qui embrasèrent pour quelques semaines une ville, une région, plus rarement une province. Même si les Tuchins se manifestèrent dans le Languedoc durant plusieurs années à la fin du XIVe siècle, ils ne troublèrent cette province que par des soubresauts successifs plus ou moins largement répandus. Mais d'autres mouvements, localisés, ponctuels, apparurent à tel point imprévus et exceptionnels qu'ils reçurent des noms particuliers, sous lesquels ils ont transmis jusqu'à nous leur anormalité, la stupeur et l'effroi qu'ils suscitèrent. Ainsi, l'insurrection parisienne de 1382, survenue entre les deux troubles rouennais des harelles, porte le nom de révolte des « maillotins » pour évoquer les armes qu'utilisèrent les émeutiers, qui cassèrent les portes des habitations, les mobiliers, et les crânes des victimes. Deux autres mouvements de ce type, mieux connus parce

Les soulèvements populaires du Moyen Âge frappent d'autant plus que leur soudaine violence se manifeste après de séculaires patiences. En quelques jours, une région paisible s'enflamme ; hommes et femmes participent, armés à la diable d'objets lourds ou tranchants.

(« LIVRE DU ROI MODUS ET DE LA REINE RATIO » [1379] ; COMBAT DES VICES.)

qu'ils ont laissé plus de témoignages, méritent de retenir l'attention : la Jacquerie de 1358 et la Caboche de 1413.

Dans les campagnes de Picardie et d'Île-de-France, sages et tranquilles depuis nombre de décennies, explosa soudain pendant l'été de 1358 une révolte violente ; elle ébranla tout le plat pays au nord de la Seine jusqu'aux abords de Montdidier durant environ trois semaines. Elle laissa derrière elle un souvenir inoubliable et inoublié qui en fit le type même de l'agitation rurale et le symbole de référence de bien des conflits futurs. En effet, les exploitants agricoles – qui, tant bien que mal, vivaient des terres qu'ils travaillaient – se trouvaient alors menacés par les prélèvements pour la rançon du roi Jean, les chevauchées anglaises et l'absence des protecteurs traditionnels, vaincus à Poitiers ou réfugiés derrière les murailles des villes. Une rixe entre chevaliers et manants près de Saint-Leu-d'Esserent, où les seconds expédièrent les premiers vers un « monde meilleur », révéla un malaise, un mécontentement, des haines d'autant plus vives qu'elles étaient depuis longtemps contenues. En quelques jours, le pays s'enflamma. Les Jacques, armés de faux, de gourdins, de couteaux, s'emparèrent des châteaux, les pillèrent, les brûlèrent. Ils violèrent les femmes, exécutèrent les hommes, massacrèrent les enfants. Froissart les accuse même d'avoir fait rôtir à la broche certains de leurs prisonniers sous les yeux de leur famille. Ils étaient sur le point de capturer la Dauphine elle-même, qui, au dernier moment, se réfugia dans le château de Meaux, où ils l'assiégèrent en vain. À vrai dire, par un phénomène d'inversion qui en dit long sur les rancœurs accumulées, ils retournaient contre leurs seigneurs les procédés que ceux-ci leur appliquaient régulièrement en temps de guerre. Il fallut des campagnes militaires en règle pour venir à bout des insurgés ; elles allaient engendrer une répression impitoyable, nouveau fléau dévastateur.

En 1413, de la fin du printemps au début de l'été, Paris fut aux mains d'émeutiers qui, d'abord « manipulés » par la faction bourguignonne, échappèrent bien vite à son contrôle. Au cours de troubles renouvelés, de « journées » avant la lettre, bouchers et écorcheurs de bêtes – dont Simon Le Coutelier, dit Caboche, qui donna son nom au mouvement – tinrent le haut du pavé, et, par leurs coups de main, leurs tribunaux improvisés, exercèrent une véritable terreur. Soutenus par une bonne partie de l'artisanat, ils s'en prirent aux notables parisiens et à l'entourage d'un roi malade et d'un Dauphin détesté. Ils emprisonnèrent, taxèrent, assassinèrent, exécutèrent. Ils détinrent Charles VI en otage. Ils imposèrent le chaperon blanc, celui que les villes flamandes avaient arboré dans leur révolte contre leur comte, marquant ainsi leur volonté de changement politique, sinon social. Quand, enfin, le duc de Bourgogne les abandonna et qu'une armée menaça la ville, les modérés reprirent le dessus. Mais la terreur ne cessa pas pour autant : les Armagnacs, victorieux, la reprirent à leur compte jusqu'à ce que, s'emparant de la capitale en 1418, les Bourguignons y installassent la leur.

Un renouveau est-il possible ?

En 1432, la peste revient et, de 1437 à 1442, elle est plus vive que jamais dans ce pays exsangue et que la guerre empêche de se défendre par des mesures préventives. De larges zones du territoire sont presque désertes, surtout celles où la guerre et l'insécurité ont été les plus grandes. Ainsi, en

Périgord, sur les 19 paroisses de la châtellenie de Belvès, qui avaient recensé 1 328 chefs de famille en 1351, 2 paroisses seulement sont encore habitées ; dans les environs, la bastide voisine de Monpazier n'a plus que 8 habitants ; l'abbaye de Cadouin, qui a perdu presque tous ses moines, est en ruine, celle de Terrasson est totalement détruite, celle de Saint-Amand de Coly, en ruine, est déserte : la bastide de Domme, une des places les plus fortes de la région, compte « moins de six vingt habitants », la paroisse voisine de Caudon « est déserte depuis plus de dix huit ans ». Tous les terriers de l'époque décrivent, tant dans les villes que dans les campagnes, un nombre impressionnant de ruines.

Non seulement le nombre des intellectuels a baissé, mais aussi le niveau de leurs connaissances et de leurs réflexions. Si en 1348 on accusait les lépreux et les juifs de répandre la maladie, un siècle plus tard, ce sont les sorciers et sorcières que l'on poursuit. Alors que la peste vient à nouveau de se répandre en 1453 à l'occasion des dernières opérations militaires de la guerre de Cent Ans en Guyenne, Périgueux, en 1454, fait ouvrir une information sur les « fachilhieyras », ou sorcières, et mande une commission à Montignac et à Coulaure pour savoir si ces bourgs n'en abritent pas une, qui, par quelque sortilège, aurait provoqué l'épidémie. Désormais les procès en sorcellerie vont se multiplier.

Plus grave, un grand seigneur comme Gilles de Rais, ancien compagnon de Jeanne d'Arc, est assez convaincu des pouvoirs de la sorcellerie et de la magie pour sacrifier des enfants. Ces meurtres répétés, qu'il avouera à son

LA GUERRE A SEMÉ DES RUINES EN PÉRIGORD

Dans le terrier de la châtellenie de Belvès (Périgord), dressé 9 ans après la fin de la guerre de Cent Ans, nombreux sont les tenanciers qui déclarent des maisons en ruine : « Lo XI° jour del mes de haust l'an mccclxii, Arnaud Labastu, donsel, demourant à Belver, declara per son sagramen quel tenia en la castellania de Belver appartenant à Mosseigneur l'arcevesque de Bourdeux... Item ung ort et ayral sis en la parochia de Belver, el loc appelat à l'hospital vielh contenant dos jornals... »

« Raymond La Renye, laboureur demourant à Belver... ung hostel assis en la carrière de Maubec... ung ayral assis au dit lieu, rente rachetée... »

« Peyre Delvinhac, Peyre Laveyria, et Peyre de Puechrochi, totz tres per no devis egalmen, tenon ung mayne appelat le Borda... dos ayrals, une sesterada de terre laborant... am VI sous... paroisse de Sagelat »... « Ung mayne appelat de la Serna el qual ha ung hostal, ung estable de bestial et ung ayral et tros sesteradas de terra laboradeyre... paroisse de Carves... »

Pour l'ensemble des 424 déclarations, la proportion des ayrals, ou maisons en ruine, est un peu plus élevée que celle des hostels, ou maisons habitées, tant dans les carrières, ou rues de la ville, que dans les maines, ou propriétés de campagne.

Terrier de la châtellenie de Belvès. Archives départementales de la Gironde, G 177.

procès, le feront passer dans la mémoire populaire sous les traits de Barbe-Bleue. Néanmoins des mesures de prévention contre la peste vont être prises peu à peu, à l'imitation des villes étrangères, italiennes surtout.

Si l'on excepte les mesures prises à Avignon à l'initiative de Clément VI, presque aucune ville n'a essayé de résister à la Peste noire en 1348. Pour les hommes de ce temps, la lutte contre les maladies ou les épidémies appartient au domaine privé et les communautés ne s'intéressent qu'aux effets indirects sur les finances publiques (demandes de réduction de tailles) et le commerce (reports de foires). On peut citer comme un cas unique la réaction de la petite ville d'Uzerche (en Limousin), qui expulse ses malades dans l'espoir vain que la peste sortira de la ville avec eux.

Jusqu'à la fin du XIVe siècle, alors qu'en Italie, puis en Espagne et aux Pays-Bas, les villes vont multiplier les mesures pour tenter d'enrayer le mal, en France, accaparées par les charges et les soucis immédiats et pressants de sécurité que fait peser sur elles la guerre de Cent Ans, elles recourent à des mesures moins onéreuses : aux prières publiques, aux processions, elles font dire des messes ou font brûler des cierges.

En 1399 seulement, on voit Paris prendre une première et timide mesure consistant à interrompre les cours et fermer les universités, dont une bonne partie des professeurs et des étudiants ont d'ailleurs déjà fui. Cette même année, Auxerre ayant perdu tous ses médecins, la municipalité se trouve amenée à intervenir pour en faire venir un de Nevers et déclare même que, si les patients sont satisfaits de ses soins, elle prendra son séjour en charge. Mais, en 1400, il est décédé et elle doit en chercher un nouveau. En 1400 aussi, Lille, par mesure d'hygiène publique, interdit d'enterrer les pestiférés dans les églises et même autour des églises, ce qui oblige les curés à chercher un lieu de sépulture hors la ville. En 1410, à Angers, les magistrats municipaux se préoccupent, dans un souci semblable, du sang des saignées : certains barbiers s'en servent pour engraisser des porcs, d'autres le jettent dans la rue en sortant de chez leurs clients qui sont nombreux en temps de peste, et ce sang pourri répand, dans la ville, l'été, une puanteur innommable qu'on accuse de favoriser l'épidémie. Ils prescrivent que, en temps de peste, le sang des saignées devra être jeté à la rivière et il sera interdit de le jeter dans la rue ou de le donner aux pourceaux, dont la viande pourrait, ensuite, disent-ils, donner la maladie. Cette sage mesure sera imitée en 1426 par Chalon-sur-Saône et, plus tard, par d'autres villes, mais c'est bien peu pour lutter contre un fléau de l'importance de la peste.

Ce n'est qu'après la guerre de Cent Ans que les villes, peu à peu, vont imiter les mesures prises à l'étranger. À Séville, dès 1383, à Venise en 1403, à Livourne, à Gênes, à Barcelone, à Bruges..., des hôpitaux spécialisés reçoivent et isolent les malades de peste. En France, le premier sera celui de Bourg-en-Bresse en 1472, suivi par Lyon (1474), Marseille (1476), Carpentras (1481), Orange (1490), Bordeaux (1504).

À Diest, en Belgique, dès 1436, la revente de tous les objets ayant appartenu à des morts de peste est interdite ; Lille, la première, imitera partiellement cette mesure, devenue courante en Italie et dans les Flandres, en interdisant, en 1471, la revente des meubles, puis en 1484 celle des vêtements.

Les mesures d'isolement prises à Reggio Emilia dès 1374 et la quarantaine appliquée à Raguse dès 1377 ne pénètrent en France que dans la seconde moitié du XVe siècle : Brignoles, en Provence, la première, décide, le 28 février 1451, de fermer ses portes à ceux qui viennent de paroisses infectées ; en 1464, elle expulse les suspects et les étrangers pendant 40 jours pour éprouver s'ils sont ou non malades ; en 1494, elle exigera, pour la première fois en France, un billet de santé de tous les voyageurs, attestant que les lieux où ils sont passés sont en bonne santé. La désinfection, par des parfums soufrés, des maisons contaminées et des marchandises provenant de lieux infectés ou suspects de peste, pratiquée dès 1399 à Reggio, en 1402 à Milan, n'est imitée en France pour la première fois qu'en 1482 par Orléans.

Le recrutement de médecins et de chirurgiens pour soigner, de corbeaux pour enlever et enterrer les morts, de gardes pour empêcher le pillage des maisons désertes se répand et, peu à peu, ces mesures vont être, dans les premières décennies du XVIe siècle, rassemblées en forme de codes, appelés règlements de peste, qu'un « bureau de peste » ou un « capitaine de peste », munis de pouvoirs dictatoriaux, seront chargés d'appliquer. Mais les villes de la Renaissance disposent alors de moyens plus larges. Les secours à domicile aux pauvres – que la peste multiplie en paralysant le commerce – sera inauguré par Carpentras en 1481. Cette source de dépenses, dès la fin du XVIe siècle, contraindra les villes à demander non seulement des remises d'impôts, mais une aide des provinces, puis de l'État, et les épidémies deviendront alors pleinement une affaire publique.

Si à cette échelle municipale ces mesures sont insuffisantes, c'est leur extension au royaume et finalement à toute l'Europe occidentale qui, deux siècles plus tard, fera reculer la plus terrible des épidémies.

L'aube d'une période nouvelle s'ouvre au milieu du XVe siècle en France, et les guerres d'Italie vont donner à la noblesse française la mesure du retard culturel accumulé depuis le temps de la Peste noire.

H.N., J.-N. B.

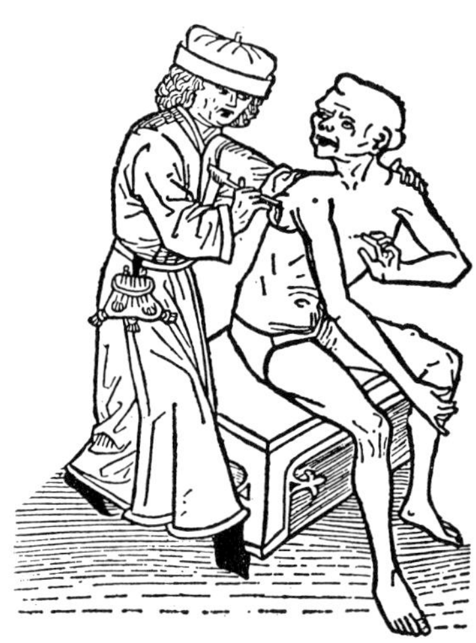

On incise désormais le bubon.

(MALADE ATTEINT DE PESTE BUBONIQUE. BOIS GRAVÉ, 1482.)

XI

Nouveaux fléaux, nouveaux recours

Si aucune période du Moyen Âge n'en a été épargnée, ce qu'on peut appeler le « siècle de la guerre de Cent Ans » a donc été à l'évidence marqué en France, comme dans toute l'Europe, par une recrudescence de malheurs inouïs. □

Ces malheurs frappèrent d'autant plus durement qu'ils apparurent dans un temps de grandes transformations économiques, sociales et politiques. Les accents du poète Eustache Deschamps expriment bien le sentiment de déréliction qui dut animer ses contemporains, lorsqu'il écrit : « Âge de plomb, temps pervers, ciel d'airain [...] Peuple maudit de toute doleur plain... »

Plus qu'à aucune autre époque, peut-être, les contemporains de la guerre de Cent Ans ont exprimé avec abondance, complaisance même parfois, leur conviction de vivre un temps de malheurs. La littérature et l'art de ce temps sont pleins de bruit et de fureur. Ce que nous savons des comportements concrets s'inscrit au même registre. Ces innombrables discours du malheur, écrits, figurés ou vécus, ne sont cependant ni neutres ni uniformes. La diversité des accents reflète celle des mentalités. Les lieux communs littéraires, les interprétations religieuses encombrent toujours les textes mais cachent moins que jadis les réactions concrètes, variables selon les groupes sociaux considérés.

Si l'ampleur des catastrophes – c'est-à-dire de la saignée démographique due aux pestes et des destructions provoquées par les guerres – ne fait aucun doute, l'écho qu'on en trouve dans les textes est parfois curieusement assourdi. On les mentionne certes, mais en termes brefs, de manière presque détachée.

Sur la peste de 1348 par exemple, délibérations municipales et ordonnances royales ne contiennent que quelques mesures d'hygiène ou de police économique, prises souvent assez tard. Les chroniques françaises ne sont guère plus bavardes : six pages chez Jean de Venette, le plus prolixe, trois chez Gilles le Muisit, moins de deux dans les *Grandes Chroniques de France,* douze lignes chez Jean le Bel et encore moins chez Froissart, dont le laconisme est exemplaire : « Car en ce temps couroit par tout le monde généralement une maladie que on clame épidémie, dont bien la tierce partie du monde morut. »

Discours du malheur

Les auteurs sont un peu plus bavards lorsqu'il s'agit d'évoquer les conséquences directes ou indirectes de la peste (massacres de juifs, manifestations des flagellants, modes nouvelles), de dénoncer les révoltes populaires ou de décrire les malheurs de la guerre ; Thomas Basin a laissé dans son *Histoire de Charles VII* un saisissant tableau de la Normandie des années 1430, dévastée par la guerre et les disettes. Mais tout cela est au total bien peu à côté de tant de pages consacrées aux prouesses militaires et aux intrigues de cour, de tant d'œuvres – derniers avatars, de Froissart au roi René, de la veine lyrique et courtoise née au XIIe siècle – dont le souci principal semble précisément être de refuser toute évocation concrète des malheurs du temps au seul profit de songes glorieux et de rêveries d'esthètes.

« Hui est li temps de tribulacion », s'écrie Eustache Deschamps au seuil du XVe siècle. Or jamais le discours du malheur ne relate de faits. Inlassablement, il exorcise, par l'intermédiaire d'images d'inspiration religieuse, dont celle-ci, héritée de l'Apocalypse de Jean : deux anges lançant des faucilles sur la terre.

(« HISTOIRE DE LA BIBLE » ; MINIATURE, XVe SIÈCLE. MUSÉE CONDÉ, CHANTILLY.)

Retenue et excès

Comment interpréter cette discrétion dans l'évocation des fléaux eux-mêmes ? Question de genres littéraires, bien sûr. Reflet aussi, sans doute, de certaines attitudes. Stupéfaction devant ces calamités nouvelles, aveuglement, incapacité à décrire avec les ressources ordinaires du langage de telles catastrophes, d'une ampleur inouïe ? Ou bien refus, négation magique de l'énormité du mal ? Ou encore accoutumance, vite acquise de la part d'hommes chez qui le vieux fatalisme ne demandait qu'à renaître ? Ou plus simplement, comme dit le chroniqueur liégeois Jean le Bel à propos de la peste de 1348 : « Si ne sçavoient les gens que penser. »

Les explications traditionnelles sont évidemment avancées. Pestes et guerres étaient couramment présentées comme des châtiments ou des avertissements de Dieu et, à partir de 1378, la conjonction de ce déchaînement de catastrophes avec le Grand Schisme a conforté beaucoup de clercs dans l'idée que la cause de tout le mal était dans un profond dérèglement moral de la société tout entière et que seule la réforme de l'Église « dans sa tête et dans ses membres » permettrait d'en venir à bout. D'autre part et plus immédiatement, on cherchait, plus sans doute qu'aux siècles antérieurs, des boucs émissaires, accusés d'empoisonner les puits et de répandre les maladies. Sans les reprendre franchement à leur compte, nos chroniqueurs rappellent avec une complaisance suspecte ces accusations. Lépreux et juifs en furent les principales victimes, ainsi que toutes sortes de malheureux accusés d'hérésie ou de sorcellerie. Les victimes des ravages des gens de guerre ou des aléas catastrophiques des mauvaises récoltes, des flambées des prix, des mutations monétaires ou des ponctions fiscales s'en prirent aussi parfois, collectivement ou individuellement, aux responsables supposés : guerriers, vulnérables lorsqu'ils étaient isolés, petits nobles dont la maison forte ne résistait pas à l'assaut des Jacques, agents du roi, financiers et artisans étrangers, d'autres encore.

Mais ces comportements prévisibles ne sont pas l'aspect le plus spécifique dans la réaction des hommes des XIVe et XVe siècles à la recrudescence des calamités. Celui-ci paraît d'abord résider dans l'abandon fréquent à l'excès, à la complaisance à soi-même. Est-ce seulement l'effet d'une documentation plus riche, ou bien la conséquence d'un desserrement des contraintes (et des garanties) religieuses imposées par l'Église aux individus ? Il semble en tout cas que beaucoup aient alors cherché dans une sorte de dramatisation théâtrale de l'existence les ressorts d'un « art de vivre par temps de catastrophes ».

De tels comportements pouvaient s'accommoder de toutes les contradictions. Ils revêtent parfois la forme d'une « fureur de vivre » qui scandalise les moralistes, incitation à jouir du présent quand le lendemain est si incertain. En 1348, en pleine peste, un moine de Saint-Denis, traversant un village d'Île-de-France, voit avec stupeur les paysans du lieu dansant « à tambours et à cornemuses » ; ils lui répondent, selon les *Grandes Chroniques de France* : « Nous avons veuz nos voisins mors et si les veons de jour en jour mourir, mais pour ce que la mortalité n'est point entrée en nostre ville, ne si n'avons pas espérance qu'elle y entre pour la leesce (= liesse, joie) qui est en nous, c'est la cause pour quoy nous dançons. »

C'est au même registre d'insouciance, de défi ou de dérision que s'inscrivent, à un niveau plus élaboré, tout au long des XIVe et XVe siècles, des phénomènes comme le faste croissant de la vie de cour, les extravagances de la mode ou le goût démesuré, notamment en ville, pour les fêtes, spectacles et représentations en tous genres.

Mais les hommes de ce temps se complaisaient tout aussi bien à l'exhibitionnisme macabre, au baroque funéraire, autre moyen d'exorciser, en les anticipant volontairement, les catastrophes à venir. Eux qui ont pratiquement tous connu l'épidémie ou la guerre, avec leur spectacle de ruine, d'incendies, de cadavres abandonnés à la rue, de cimetières surpeuplés et de maisons vides, ne s'en sont pas moins complu à organiser par avance l'ordonnance de leurs funérailles, à placer sur leurs tombeaux des « transis » (images de leur propre corps en décomposition), à multiplier les squelettes grimaçants sur toutes sortes d'objets décoratifs et aux fresques des grandes « Danses macabres ». L'Apocalypse redevient une source d'inspiration fascinante, comme le montre, parmi bien d'autres œuvres, la célèbre tapisserie d'Angers (vers 1380). Visions et prophéties diverses, souvent au service d'une propagande politique, circulent en abondance pour annoncer l'imminence de nouveaux fléaux. Et, si l'Église a généralement su récupérer ces divers thèmes et images pour les mettre au service d'une théologie orthodoxe de la mort et du salut, leur succès même montre qu'on ne saurait ignorer leur portée affective immédiate et leur signification existentielle.

La stupeur ou l'excès ne sont cependant peut-être pas le dernier mot des sensibilités « flamboyantes ». À travers ces outrances, ou à côté d'elles, on note aussi un effort de compréhension lucide, les balbutiements d'un discours rationnel. Si les médecins n'ont évidemment guère de remèdes efficaces à proposer, du moins un Guy de Chauliac à Avignon, un Pierre de Damousy à Reims, les maîtres des facultés de Paris ou de Montpellier

« HUI EST LI TEMPS DE TRIBULACION »

Age de plomb, temps pervers, ciel d'airain,
Terre sanz fruit, et sterile et brehaingne,
Peuple maudit de toute doleur plain,
Il est bien drois que de vous tous me plaingne :
Car je ne voy riens au monde qui viengne
Fors tristement et a confusion,
Et qui tous maulx en ses faiz ne compraingne,
Hui est li temps de tribulacion.

C'est par pechié, de ce soion certain,
Qui nous emfle plus que venin l'yraigne ;
De Dieu servir sommes recuit et vain,
Et d'obeir a ce qu'il nous enseigne.
Et pour ce vient toute guerre mondaine,
Faulte de biens, mort, persecucion
Qui nous destruit, d'adjuder nous souviengne :
Hui est li temps de tribulacion.

Et si n'avons point d'ui ne de demain,
Que li pechiez et la mort ne nous praingne,
En un moment et par un cas soudain,
Et si n'est nul qui du mal se restraingne ;
Or y pensons, car ja droitte est l'enseigne
Et li glaive de no pugnicion :
Cryons mercy, qu'enfers ne nous souspraingne,
Hui est li temps de tribulacion.

Eustache Deschamps, *Ballade contre le temps présent,* 1394.

sont-ils capables de dégager les notions de terrain favorable, de contagion et d'épidémie et de proposer quelques règles pratiques de prophylaxie et d'hygiène publique : la peste apparaît décidément justiciable d'un discours scientifique.

Il serait sans doute possible de trouver des attitudes analogues face aux ravages militaires, aux violences sociales, aux soubresauts économiques et monétaires. Il faut en tout cas les imaginer comme un préalable psychologique nécessaire à tout progrès technique, à tout effort pour trouver des moyens pratiques de prévenir certaines calamités ou d'en limiter les conséquences. Nous y reviendrons.

« Quadrilogue invectif »

Cette diversité d'accents dans les discours et les attitudes face aux malheurs des temps a une signification sociale.

Quelques exceptions, comme la pandémie absolument générale de 1348, mises à part, calamités et fléaux ont frappé inégalement selon les groupes sociaux et les régions. Ces différences, et plus encore celles liées aux références sociales et culturelles des groupes considérés, expliquent que les uns et les autres n'aient pas réagi exactement de la même manière.

Certes, les clercs moralisateurs, soucieux de rappeler la vanité du monde, soulignaient volontiers l'universalité des fléaux : sur la fresque peinte en 1424

« Qu'est devenue, dit la France, la constance et loyauté du peuple français, qui si longtemps a eu renom de persévérer, loyal, ferme et entier vers son naturel seigneur sans quérir nouvelles mutations ? » (A. Chartier). Elle connaît bien les haines qui, dans les temps de malheur, dressent les uns contre les autres le chevalier, le clerc et le peuple.

(ALAIN CHARTIER, « QUADRILOGUE DE L'ESPÉRANCE OU CONSOLATION DES TROIS VERTUS », XVe SIÈCLE.)

au cimetière des Innocents à Paris comme dans le poème de Gerson, la Mort entraîne dans sa *Danse macabre* aussi bien le roi, l'évêque ou le chevalier que le ménestrel, l'enfant ou le pauvre laboureur, sans oublier le clerc et le médecin lui-même.

> « Riens n'est d'homme, qui bien y pense ;
> C'est tout vent, chose transitoire.
> Chascun le voit par ceste danse. »

Mais, à cette confusion unificatrice des « états du monde », d'autres auteurs ont préféré une vision plus réaliste, où l'impact des malheurs du temps apparaît comme un facteur d'éclatement des mentalités et des comportements, un révélateur, voire un catalyseur des tensions et même des haines sociales. Dans son *Quadrilogue invectif* (1422), Alain Chartier met en scène, devant la France, noble dame en haillons, « le clerc », « le chevalier » et « le peuple », qui s'invectivent sans vergogne, chacun accusant les autres d'être responsables de ses malheurs. Une dispute analogue occupe le *Débat patriotique*, du même auteur, qui met aux prises « le héraut » (représentant du vieil idéal chevaleresque), « le vassal » (un jeune noble ambitieux, type de ces hommes nouveaux liés à l'essor de l'État moderne) et « le vilain », qui se lancent à la tête leurs griefs réciproques.

La masse de la population, « le peuple » d'Alain Chartier, était la catégorie la plus vulnérable, et ses peurs, « les peurs du plus grand nombre » (J. Delumeau), étaient avant tout celles des grands fléaux naturels ou sociaux. Elle en attendait avec résignation le retour inéluctable, elle en enregistrait sans surprise les effets dramatiques, elle n'y opposait que des recours simples, pratiques sinon efficaces, et surtout une longue patience.

Prenons le célèbre *Journal d'un bourgeois de Paris* (1405-1449), chronique anonyme que l'on peut considérer comme représentative des mentalités de la classe moyenne parisienne de ce temps. À peine y trouve-t-on une ou deux histoires de sorcellerie, quelques rapides allusions à la colère divine. En revanche, avec la précision d'une sobre lucidité, le « bourgeois de Paris » égrène la sombre litanie des calamités. Calamités naturelles d'abord : en quarante-cinq ans, huit grandes épidémies, huit hivers longs et rigoureux, quatre inondations, quatre invasions de hannetons, une grande sécheresse, un terrible ouragan. Fléaux dus aux hommes aussi : quinze années marquées par les pillages de la soldatesque à Paris ou sous ses murs, trois émeutes, le bannissement de certaines familles, l'afflux des réfugiés de la campagne voisine, sept mutations monétaires brutales, quatre années où furent levés des impôts exceptionnels. Tous ces malheurs ont cumulé leurs effets pour provoquer à près de vingt reprises des poussées de « cherté », dont quatre au moins engendrèrent de terribles disettes. C'est sur ce sombre et uniforme arrière-fond que viennent brocher, délicate mais fragile broderie, les récits des fantaisies des princes, de quelques faits d'armes, de quelques fêtes réussies ou de quelques faits divers extraordinaires.

Une culture de la peur

Sensiblement différent est le discours des élites, laïques ou ecclésiastiques. Moins exposés individuellement mais collectivement très sensibles aux conséquences sociales des fléaux, ces groupes, les uns en déclin (la vieille noblesse « féodale », les anciens « patriciats » urbains), les autres en mutation et essor rapides (noblesse de cour, gens de lois et d'offices, gradués d'université), interprètent volontiers les malheurs des temps en fonction de leur destinée et de leurs intérêts particuliers, y trouvant une explication commode à leurs propres difficultés ou, à l'inverse, un moyen supplémentaire d'étayer et de justifier leur ascension en contrôlant l'accès aux recours possibles contre ces malheurs mêmes. C'est ainsi toute une « culture de la peur » qui se développe, souvent avec complaisance. Les grandes pompes funèbres sauvegardent, jusque dans et par-delà la mort, la gloire, souvent contestée pourtant ou encore bien jeune, des puissants et de leurs familles. Les fastes des nouveaux « ordres de chevalerie » créés par les rois et les princes, la vogue persistante des romans de chevalerie font oublier, en même temps que la domestication amorcée de la noblesse, le caractère cruel et sordide de la guerre moderne. La grande peur des sorciers et des sorcières, des juifs, des lépreux, des hérétiques de toutes sortes, affublés d'épithètes approximatives (« vaudois », « béguins », « picards », « turlupins », « lollards ») est savamment orchestrée par les juges laïcs et ecclésiastiques, à grand renfort de traités et de manuels, du *Manuel de l'inquisiteur* du dominicain Bernard Gui (v. 1323) au traité *Sur les erreurs des sorciers* du juge dauphinois Claude Tholosan (v. 1436). Suspicions compréhensibles à l'égard de pratiques et de croyances populaires échappant au contrôle de l'Église et véritables fantasmes de clercs, alimentés à une culture juridico-théologique livresque, s'y mêlent inextricablement pour exprimer une exigence de police sociale renforcée, où la dénonciation des prétendus responsables de toutes les calamités est le prétexte pour réclamer, au moins en théorie, une « inquisition » généralisée au service de l'ordre social et politique établi.

Dans un décor floral tout de souplesse et de vivacité, la mort mène sa danse, poussant au trépas les vivants. Nul ne lui échappe. Fresques et miniatures le rappellent avec insistance.
(« HEURES DE PARIS » ; MINIATURE, XVe SIÈCLE. ATELIER DE BEDFORD.)

Les secours de la religion

Quelle qu'ait été leur situation personnelle, les Français de la fin du Moyen Âge n'ont de toute façon pas renoncé à chercher aussi les moyens qui les délivreraient des fléaux ou en allégeraient le poids.

Ces moyens pouvaient être de divers ordres. Encore une fois, les plus difficiles à saisir sont les plus pratiques, les plus immédiats, d'ordre concret et matériel. La culture savante en effet s'obstinait à professer mépris et ignorance à l'égard de tout ce qui paraissait relever de l'activité manuelle ou de la recherche du profit. Ce sont donc plutôt les documents notariés et comptables et l'archéologie qui nous font et nous feront mieux connaître les incontestables progrès techniques réalisés à la fin du Moyen Âge, tant dans l'agriculture (meilleure sélection des espèces animales et végétales, diversification des productions) que dans les mines, la métallurgie, les méthodes de construction navale et de navigation ou les techniques commerciales et bancaires (développement de l'assurance, de la lettre de change). Nul doute que, pour une part, ces progrès aient été suscités par les malheurs mêmes des temps : désolation des campagnes, accidents climatiques, effondrements de certains prix (céréales), dislocation des anciens circuits commerciaux, crises monétaires, pénurie de métal précieux.

Mais, si l'efficacité de ces progrès – d'ailleurs largement importés d'Italie et d'Allemagne, très en avance à cet égard sur le royaume de France aux XIVe et XVe siècles – est certaine, les textes sont rares pour établir qu'ils procédaient d'autre chose que d'une pratique empirique et morcelée et dénotaient une conscience claire des capacités de la technique à rendre moins précaire la condition des hommes.

Certes, la production de traités pratiques (se recopiant largement les uns les autres) augmente à cette époque. On traduit quelques classiques, comme le manuel d'agronomie de Pietro dei Crescenzi, dont le roi Charles V fit faire une version française en 1373. Plus important, les corps de métier les plus aptes à promouvoir de tels progrès, banquiers et marchands d'une certaine envergure, « ingénieurs » divers, marins, etc., commencent à se faire une place reconnue dans la société française.

Mais tout cela reste limité, surtout si l'on compare la France aux autres pays européens d'alors, et l'examen des textes incite à penser que c'était surtout des forces surnaturelles et de ceux qui revendiquaient le pouvoir de les capter que les hommes de ce temps continuaient à attendre quelques secours contre fléaux et calamités.

« Dieu, Notre-Dame et toute la cour céleste »

Ces forces mystérieuses que l'on invoque sont multiples, elles ne sont pas nécessairement lointaines. Partout existent des « arbres » et des « fontaines aux fées », des guérisseurs et des devins. Inoffensive magie blanche, vieille comme le monde, à laquelle on s'adresse volontiers pour guérir les maladies des hommes et du bétail ou prévenir les orages. Longtemps, l'Église s'est accommodée de ces « superstitions », parfois vaguement christianisées. Mais cette situation change à partir de la fin du XIIIe siècle. Magie et sorcellerie, assimilées à l'hérésie, deviennent avec elle la cible favorite des inquisiteurs. Figures presque banales de la société traditionnelle, sorciers et sorcières sont traités désormais en êtres redoutables, malfaisants, diaboliques ; on leur attribue la responsabilité de toutes sortes de catastrophes et on multiplie contre eux les procès : 258 personnes sont jugées pour sorcellerie en Dauphiné entre 1425 et 1450. Il est difficile d'interpréter cette poussée apparente de magie noire et de satanisme, qui se prolongera jusqu'au XVIIe siècle. Les malheurs des temps, l'angoisse des hommes, l'ébranlement des cadres anciens ont-ils réellement multiplié le nombre des sorciers et des sorcières, augmenté leur prestige et leur pouvoir ? Ou bien, comme nous l'avons déjà suggéré, tous les schémas imaginés par les clercs et les juges – la mythologie foisonnante du sabbat infernal, des chevauchées nocturnes, des orgies cannibalesques et des envoûtements – ne sont-ils que constructions fantasmatiques brusquement jetées sur un monde paisible de croyances et de pratiques immémoriales pour inspirer la terreur et imposer, à partir de la désignation de boucs émissaires, un contrôle systématique des élites sur une « culture populaire » jusqu'alors relativement autonome ? Au moins au regard de la documentation subsistante, c'est l'hypothèse la plus cohérente.

SORCIÈRE BRÛLÉE EN BEAUCE. DESSIN FIGURANT DANS LES MARGES DES MINUTES D'UN PROCÈS DE L'INQUISITION ; XVe SIÈCLE.

Mais il y avait d'autres moyens d'obtenir l'intercession des forces surnaturelles sans encourir les foudres de l'Église. Comme aux siècles précédents, on pouvait s'adresser à Dieu et plus encore à ses saints par la prière, la vénération des reliques, les processions ou les pèlerinages pour obtenir la grâce d'un miracle ou, en l'autre monde, ultime recours, celle du Purgatoire. Le propre des derniers siècles du Moyen Âge est sans doute ici l'extrême profusion des pratiques et des dévotions, la multiplication et la spécialisation des cultes prophylactiques : on invoque saint Christophe contre la mort subite, sainte Barbe contre les orages, saint Antoine, saint Roch et saint Sébastien contre les épidémies ; saint Jacques et plus encore saint Michel, l'archange psychopompe, sont les protecteurs des agonisants. C'est toute la cour céleste, anges et saints réunis, que l'homme peut invoquer contre le malheur, globalement ou en détail, et surtout celle qui la préside, la Vierge, Vierge douloureuse des *Pietà*, « Vierge au manteau » miséricordieuse et consolatrice, qui étend sa protection maternelle à toute l'humanité. Innombrables sont les prières qui requièrent l'« avocacie Nostre Dame ». Et autour de la Vierge, quelques autres figures féminines, sainte Catherine ou sainte Marguerite, se hissent au premier rang des intercesseurs que l'on invoque dans les difficultés.

Le fidèle et le clerc

Ce double trait – permanence et diversification des recours religieux contre les calamités – nous semble assez révélateur de l'attitude d'ensemble des hommes de ce temps.

Il traduit ce qu'on peut appeler les progrès d'un certain « individualisme », amorcés depuis le XIIe siècle et incontestablement accélérés par la dislocation des familles et des groupes sociaux traditionnels, elle-même engendrée par les pestes et les guerres et, plus largement, les mutations économiques et sociales de cette époque. Faut-il aller jusqu'à dire, avec

Philippe Ariès, que l'homme désormais, isolé, déraciné, menacé, « n'a plus confiance en personne » ? Formule excessive. Parentés et solidarités nouvelles se reconstituent au fur et à mesure que les anciennes s'effondrent. Les XIVe et XVe siècles sont l'âge d'or des confréries en tout genre, dont l'accueil et l'entraide mutuelle, au plan tant spirituel que matériel, sont la raison d'être première. Mais il est vrai aussi que le contexte du temps donne à chacun une conscience plus aiguë de son individualité. Heurs et malheurs sont d'abord affaire de destinée individuelle.

« Je suy franche (= libre) et franche vueil estre », dit la « Belle Dame sans mercy » d'Alain Chartier et avec elle, sans doute, beaucoup de ses contemporains. À chacun donc de tenter sa chance sur la Roue de Fortune. À chacun de prendre ses dispositions, en ce monde et en l'autre, pour prévenir les catastrophes qui le menacent personnellement ou en atténuer les effets, en fonction des conditions et des circonstances de sa propre existence.

Cela se traduit, de notre point de vue, par la multiplication des actes de dévotion individuelle : prières personnelles, souvent adaptées aux circonstances (on invoquait saint Nicolas contre la tempête ou la famine, saint Hubert contre la rage, saint Antoine de Padoue pour soutenir sa cause au tribunal), succès des reliquaires portatifs et amulettes en tout genre,

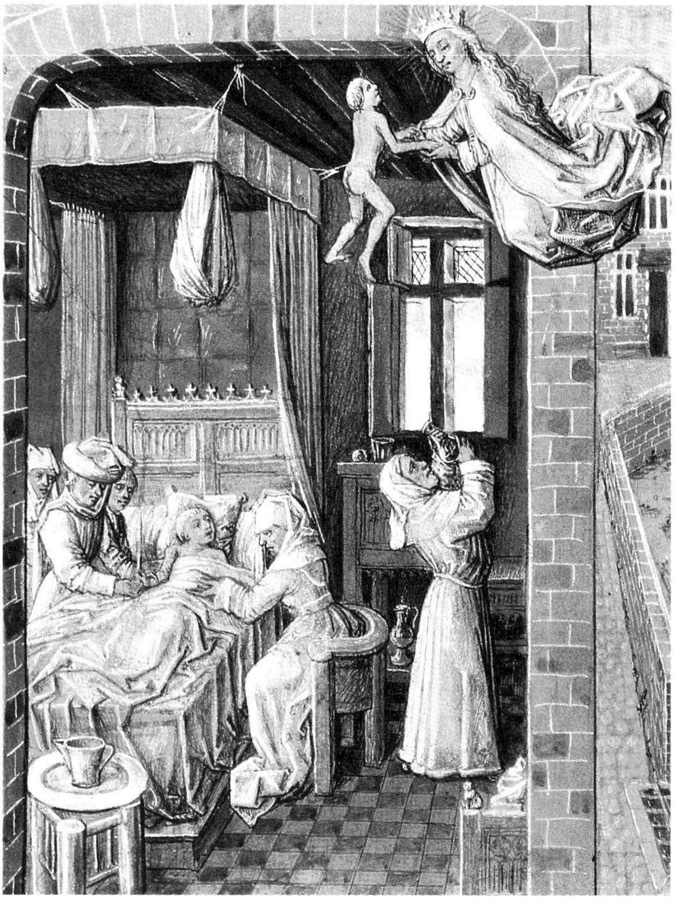

En ces temps où rien ne faisait obstacle aux ravages des épidémies, le malade implorait Marie, confiant dans « l'avocacie Nostre Dame », le recours suprême.
(JEAN MIÉLOT ; « VIE ET MIRACLES DE NOTRE-DAME » ; MINIATURE, XVe SIÈCLE.)

fondations privées de messes et de chapellenies. À chaque moment périlleux de l'existence (maladie, départ en voyage), on cherche à se concilier les faveurs de la Providence en prononçant des vœux (de pèlerinage, de croisade, de fondation pieuse) ; volontiers, on rédige son testament. Bien étudiés, spécialement dans les pays méridionaux de droit écrit et de notariat public, les innombrables testaments des XIVe et XVe siècles sont des textes d'une minutie presque maniaque : les longues invocations aux secours célestes y sont d'une incontestable sincérité ; les aumônes pieuses (pour l'église paroissiale, les couvents mendiants, les hôpitaux, les pauvres et toutes sortes d'« œuvres » dévotes) y sont détaillées jusqu'au moindre sol ; l'ordonnancement des funérailles et des anniversaires ultérieurs est rigoureusement prévu ; les legs aux parents et familiers sont également détaillés, ainsi que les noms et les obligations des exécuteurs testamentaires. Bref, des princes et des cardinaux aux plus modestes artisans ou agriculteurs, les testateurs témoignent ainsi à la fois de leur conscience aiguë de la précarité de la condition humaine – « rien n'étant plus certain que la mort ni plus incertain que l'heure d'icelle » – et de leur volonté de pourvoir personnellement, sans s'en remettre à l'initiative des autres ou aux usages traditionnels, à ce que les inévitables périls de l'existence ne risquent pas, en les prenant par surprise, de compromettre leur salut éternel.

Un apprentissage de la bonne mort

Cette responsabilité accrue de l'individu face à son destin est à replacer dans le contexte plus large de l'aspiration généralisée des fidèles, à la fin du Moyen Âge, à une relation plus directe et plus personnelle avec Dieu. Ne croyons pas, pour autant, que l'Église ait failli ou renoncé dans son rôle de dispensatrice des recours et des consolations. Dans l'ensemble, elle a au contraire su faire preuve, au prix de certaines concessions, d'une grande capacité d'adaptation. Ses agents privilégiés ont été ici les religieux des ordres mendiants, Franciscains et Dominicains, qui ont à l'occasion payé d'un lourd tribut aux mortalités leur présence permanente au milieu des fidèles. Spécialistes de la prédication, de la confession et de l'assistance aux mourants, ils ont su apporter aux hommes de ce temps le message que ceux-ci attendaient et qui les rassurait. En 1415, la ville d'Aix-en-Provence, en pleine épidémie, fait appel à un dominicain du couvent de Saint-Maximin « afin de prêcher pour la consolation de la ville ». Mais, à côté de ces grandes interventions publiques auprès des foules inquiètes, les religieux des ordres mendiants savaient aussi s'adresser à chacun personnellement. Confesseurs et directeurs de conscience jusqu'au lit des agonisants, ils soutiennent les fidèles dans les épreuves de leur existence et, par une pédagogie obsédante, sinon désintéressée (à en croire leurs adversaires), de la « bonne mort », ils s'efforcent de les prémunir contre le plus irrémédiable des malheurs, la mort subite, sans testament, sans prières, sans sacrements, sans repentir, qui laisse l'âme désarmée devant l'ultime assaut des démons.

On a pu suspecter cette pastorale de quelque facilité. Parfois complaisante envers les riches, prodigue à l'excès des indulgences qui permettent d'abréger, pour soi-même et les siens, les peines du purgatoire, elle n'aurait utilisé la peur que pour mieux l'apaiser et renforcer ainsi son pouvoir sur les dévots. Beaucoup de prédicateurs mendiants ne dissimulaient cependant rien des

Parallèlement à la dévotion individuelle qui se manifeste depuis le XIIe siècle, l'Église dispense, par l'intermédiaire des ordres religieux, les secours de la religion et la pédagogie de la bonne mort. Ici, une communauté entière accompagne les fidèles et prie pour la résurrection des morts.
(« HEURES DE LA DUCHESSE DE BOURGOGNE » ; MINIATURE, XVe SIÈCLE. MUSÉE CONDÉ, CHANTILLY.)

malheurs des temps. Conseillers des mouvements de pénitents, y compris les plus extrémistes (flagellants), souvent plus ou moins marqués eux-mêmes de joachimisme, ils annonçaient aux fidèles un sombre avenir. Le célèbre dominicain catalan Vincent Ferrier (1350-1419), dont les grandes tournées de prédication parcoururent à plusieurs reprises la France, se situait délibérément sur le registre apocalyptique et annonçait l'avènement prochain de l'Antéchrist avec son cortège de fléaux.

Quoi qu'il en soit, l'Église a su rester, pour les Français des XIVe et XVe siècles, la grande dispensatrice des recours contre le malheur. À l'attente plus personnelle, peut-être plus rationnelle, des fidèles, au trouble suscité par la perspective angoissante de la « mort de soi », elle a su répondre efficacement en proposant les variations ingénieuses d'une véritable « comptabilité de l'au-delà ». Nous sommes à l'époque où, dans cette « arithmétique du salut », les messes pour les morts, que l'on fonde par centaines et par milliers, dominent toute autre forme d'œuvre pie. Cette surenchère quantitative exprime sans doute l'angoisse d'hommes condamnés à formuler eux-mêmes les recours dont ils espèrent disposer pour assurer leur salut ; mais elle montre aussi que l'Église garde son rôle d'intercesseur nécessaire. Le désarroi des hommes de ce temps trouve là à la fois sa mesure et sa limite.

La protection de l'État

Depuis le XIIe siècle au moins, grâce à une efficace propagande bien relayée par l'Église, le roi capétien, plus qu'aucun autre souverain du temps, avait su revêtir la figure d'un roi bienfaisant, thaumaturge et pacificateur, garant de la prospérité de son royaume et de la sécurité de ses sujets. Cette image ne se dément nullement à la fin du Moyen Âge, même si le contexte politique change.

L'État moderne, Léviathan ou protecteur

À la monarchie féodale se substitue en effet progressivement, à partir de la seconde moitié du XIIIe siècle, l'État moderne naissant, avec ses objectifs et ses moyens de gouvernement propres. Ceux-ci lui donnaient-ils une prise efficace sur les calamités naturelles, les épidémies, les soubresauts économiques ? On est à première vue tenté de répondre non : surtout si on se réfère, par comparaison, aux énormes moyens d'intervention concentrés de nos jours entre les mains de l'État. Pire, le roi et ses agents sont alors souvent accusés d'ajouter lourdement aux malheurs des temps par leurs exigences nouvelles : les impôts « extraordinaires » et les mutations monétaires ruinent les gens plus sûrement que les mauvaises récoltes ; les ravages des gens de guerre, pendant les campagnes régulières et surtout après, lorsque les armées se disloquent en bandes incontrôlées qui pillent et rançonnent, laissent des régions entières appauvries et dépeuplées – moissons détruites, vignes arrachées, coffres éventrés, maisons incendiées. À un enquêteur pontifical qui l'interroge, vers 1390, un prêtre du diocèse de Cahors, qui se dit âgé de trente-cinq ans environ, répond que : « Tout le temps de sa vie, il n'a vu que la guerre dans le pays et le diocèse de Cahors et qu'il n'a jamais connu la paix dans ces régions [...]. Presque tous les environs immédiats de la ville de Cahors ont été pris et tenus par les Anglais, puis détruits, si bien que l'on n'y entend plus le chant du coq ou de la poule ; c'est au contraire très grande pitié pour celui qui voit à présent les lieux susdits détruits, attendu qu'ils étaient dans une belle région, que les terres étaient bonnes et fertiles et que personne n'y habite plus. »

Dans un discours de 1405, le chancelier de l'université de Paris Jean Gerson, après avoir évoqué les abus des gens de guerre et de finances, ironise : « Puy que s'ensuit au povre peuple ? Il s'en convient fuyr devant eulz comme brebis devant les loupz. Et ne vauldroit pas doncques mieulz au peuple estre sans deffance que [non] telz protecteurs, mais telz pilleurs avoir ? »

Certains partis, comme celui du duc de Bourgogne au temps de Charles VI, exploiteront volontiers ce mécontentement populaire en réclamant, au nom des vieilles « libertés » (ecclésiastiques, communales, féodales), la « réforme du royaume », c'est-à-dire, en fait, le retour à l'ordre ancien où le roi « vivait du sien » et n'accablait pas ses sujets.

Pourtant, malgré ses limites et ses faiblesses, malgré les crises multiples qui jalonnent sa naissance difficile – guerre anglaise, guerre civile, lutte de factions autour du pouvoir, indocilité des princes et des grands, folie du roi Charles VI – l'État devenait de plus en plus capable d'avoir quelque influence sur l'existence quotidienne de ses sujets. Le souci hautement proclamé du « bien commun de la chose publique » n'était pas qu'une formule creuse. Les rois de France et leurs conseillers percevaient, à travers les doléances des assemblées d'états ou, plus brutalement, les émeutes, jacqueries et autres « commotions » populaires, l'écho du mécontentement de leurs sujets et ne pouvaient les ignorer totalement. Dès que les circonstances s'y prêtaient, ils essayaient d'y porter remède. À partir de 1360, le roi Charles V rétablit pour près de cinquante ans la stabilité de la « bonne monnaie ». À sa mort, en 1380, le même roi abolit l'essentiel des impôts, « dont les povres gens sont tant travaillez » (J. Froissart), impôts vite rétablis d'ailleurs par son successeur.

Pacificateur et justicier, le roi, même et surtout en ces temps de troubles, se veut, au-dessus des luttes de clan, le gardien de la paix et du bon droit de ses sujets. Il s'efforce de chasser les Anglais et de mettre à la raison les « routiers » brigands. Même si en pratique les tribunaux royaux, y compris le premier d'entre eux, le parlement de Paris, ne font pas forcément « meilleure justice » que les tribunaux ecclésiastiques ou seigneuriaux, leur compétence sans cesse élargie impose à tous l'idée qu'il est toujours possible, contre les violences des puissants locaux, de recourir à la justice du roi. Et lors même que ce recours est épuisé, il reste encore celui de la grâce royale. Les « lettres de rémission », qui encombrent aux XIVe et XVe siècles les registres de la chancellerie, sont pour le roi un moyen d'essayer de briser la spirale infernale des violences et des désordres en réintégrant à l'ordre social normal ceux que bien souvent (du moins à les en croire) seuls les malheurs des temps, la violence d'autrui ou le dénuement ont jetés dans le crime.

Le roi veille aussi à l'ordre moral et religieux de son royaume et contribue activement par là au salut de ses sujets. Avant même que le Schisme ne lui donne l'occasion d'affirmer son rôle de chef de l'Église gallicane, il intervient contre les pécheurs publics, les hérétiques. Froissart note sobrement que c'est lui qui, en 1349, en pleine peste, a arrêté aux frontières les cortèges suspects de flagellants, générateurs de panique et de désordres : « Et n'en entra oncques nul [des flagellants] au royaume de France, car li roi le desfendi. »

Il est aussi le roi nourricier des pauvres dont les aumônes font vivre les hôpitaux comme l'Hôtel-Dieu de Paris.

Gerson le rappelle dans un discours de 1406 : « La noble maison de France a tousjours esté comme le temple de misericorde et de refuge à tous ceulxs qui ont eu besoing de secours. »

Naturellement, il s'agit là d'une image idéale du prince, bien souvent démentie dans les faits. Mais le plus important est sans doute la force de cette image.

« Sire, lève-toi, aide-nous... »

On sait que, dans « la naissance de la nation France », au long des XIVe et XVe siècles, le développement de l'État a été accompagné par celui

L'archange saint Michel terrassant le dragon... Lié au culte du roi, il devient le saint patron du royaume de France et, pendant la guerre de Cent Ans, ce sont les Anglais qu'il repousse.

(« TRÈS RICHES HEURES DU DUC DE BERRY ». MUSÉE CONDÉ, CHANTILLY.)

de toute une idéologie dynastique et nationale dont l'élément essentiel était précisément le véritable culte qui entourait la personne sacrée du roi.

Thaumaturge, on l'a dit, il guérit les écrouelles. Justicier et nourricier, il est pour ses sujets un père protecteur, doté de pouvoirs quasiment surnaturels. Parmi les saints liés à la dynastie dont le culte se développe pendant la guerre de Cent Ans, le plus important est saint Michel, « saint Michel du Péril » : l'archange de la bonne mort devient aussi le protecteur attitré du roi et du royaume, celui qui, des hauteurs où il siège, repousse les Anglais et arrête les fléaux.

Tout un réseau tutélaire, fondamentalement symbolique, se met ainsi en place pour donner aux Français l'idée rassurante qu'ils disposent, face aux malheurs des temps, non seulement de leurs faibles forces et de la miséricorde imprévisible de Dieu, mais d'un recours politique, d'une protection garantie par la cohésion même de la communauté nationale et la présence à sa tête d'un roi charismatique, capable de combattre ou de détourner les fléaux ou, dans le pire des cas, d'en prendre sur lui la charge. C'est ainsi que, pour beaucoup, le malheureux roi fou Charles VI ne cessa d'être « Charles le Bien-Aimé », le roi porte-douleurs qui assumait physiquement en sa personne les conséquences calamiteuses des péchés de son peuple.

> « Pour nos péchiez si porte la pénance
> Nostre bon roy qui est en maladie »

dit Christine de Pisan.

Et le *Journal d'un Bourgeois de Paris* rapporte en ces termes les lamentations du peuple parisien lors des funérailles de Charles VI : « A ! très cher prince, jamais n'arons si bon [...], jamais n'arons que guerre, puisque tu nous as laissé. Tu vas en repos, nous demourons en toute tribulacion et en toute douleur. »

Au tournant des années 1450, la guerre se termine, la courbe démographique amorce sa remontée. La « reconstruction » du pays commence. La menace des malheurs anciens ne disparaît pas pour autant à l'horizon quotidien des hommes. Mais la manière dont ils avaient su y faire face au cours du siècle écoulé, avec l'aide consolante de l'Église, sous l'égide de leur roi, attestait que cette crainte ne les détournerait pas de l'entreprise. Dans un discours de 1440, un des principaux conseillers réformateurs de Charles VII, Jean Juvénal des Ursins, apostrophe ainsi le roi : « Sire, lieuve toy, aide nous. »

Et c'est tout le royaume qui semble prêt à se lever avec lui.

J. V.

Le pauvre en sa cabane où le chaume le couvre
Est sujet à ses lois,
Et la garde qui veille aux barrières du Louvre
N'en défend point nos rois.

(*Malherbe, Consolation à Dupérier*)

Le port de toutes nos tempêtes
est donc au giron de la mort [...]

(Agrippa d'Aubigné,
Traité des devoirs des rois et des sujets)

Je vous ai appelés – dit la Sagesse – et vous ne m'avez pas répondu ;
Je vous ai tendu les bras tout le jour et vous m'avez méprisée ;
Je vous ai attendu, assise à votre porte, et vous n'êtes point venus à moi [...]
Et moi à mon tour je me moque de voux, je n'ai plus ni oreilles pour écouter
vos cris [...] *ni cœur pour être touchée de vos sanglots* [...]

(Louis Grignon de Montfort, Lettres)

IIIe PARTIE (1450-1660)

l'Offensive du Malin

Passants, souvenez-vous que nous fûmes ce que vous êtes et que vous serez ce que nous sommes.

(Cimetière de Fouillouze, vallée de l'Ubaye, v. 1600)

page 225. – *Germain Pilon, gisants de Henri II et de Catherine de Médicis ; marbre, 1570. Basilique de Saint-Denis. – « Enfant mort », école du Nord, XVIIe s. Musée des Beaux-Arts, Besançon.*
pages 226-227. – *Hans Baldung (1476-1545), « le Chevalier et la Mort » ; Louvre. « Lot et ses filles », détail ; anonyme, XVIe s. Louvre.*
pages 228-229. – *De haut en bas : P. Barthélemy, « Livre des propriétés des choses », XVIe s. – « Le Livre de Jésus historié pour les simples gens. » XVIe s. B.N. – « La Tentation de saint Antoine », gouache d'après la gravure de Callot, XVIIe s. Musée historique lorrain, Nancy.*
pages 230-231. – *Roger Van der Weyden (v. 1400-1464), polyptyque du Jugement dernier, détail ; Hôtel-Dieu de Beaune. – « Le Miroir de la vie et de la mort », gravure, XVIIe s. Musée Carnavalet, Paris.*
page 232. – *Renard de Saint-André, « Vanité ». Coll. partic.*

Introduction

À partir du milieu du XVe siècle, la guerre peut bien reculer – les Anglais boutés hors de France –, les disettes s'affadir au lendemain de la guerre de Cent Ans. Les épidémies qui demeurent – ce mal inouï rapporté de Naples par les soudards de Charles VIII et qui frappe si fort par sa nouveauté – et les dérèglements du ciel ou des eaux, qui sont de toujours, suffisent pour que les contemporains continuent de s'alarmer d'un si « pauvre temps ». Des hivers terribles, des rivières « grosses » et « engelées », les maux (mystérieux) de la « caquesangue » et de la « vérette » : mille événements suffisent à nourrir les inquiétudes, que relancent plus que jamais signes et prodiges. La chute de Constantinople (1453) renvoie à celle de Rome sous les coups des Barbares au début du Ve siècle. Ceux qui sentent la rémission des maux la jugent anormale et, avec les astrologues, guettent les signes avant-coureurs des retours du malheur.

Le retournement des années 1520-1535 ne surprend donc guère avec les premiers troubles religieux, les coups de main, les conduites profanatoires des nouveaux hérétiques, les incendies criminels (comme celui de Troyes en 1524). D'autant que le visage de la guerre se fait plus brutal et sa puissance de destruction plus totale, à quoi concourent la multiplication des armes à feu, l'artillerie, etc. Et puis voici à nouveau les étés pourris et les hivers glacés, les disettes qui naissent d'un monde trop plein, les grandes eaux et, toujours, les pestilences. La présence obsédante de la mort fait soupçonner la main de l'invisible ennemi, et les bûchers s'allument. La chrétienté n'est-elle pas en train d'éclater ? Au fur et à mesure que ses fractures s'écartent, le malheur redouble dans cette décennie de 1560 où les guerres de Religion donnent la main aux famines et aux épidémies pour déstabiliser et l'État et le corps social. L'équilibre des forces militaires empêche d'en imaginer la fin : voilà que l'exception est devenue la règle en un temps plus monstrueux que naturel.

Jamais n'a été aussi forte l'attention portée aux « prodiges », faits par Dieu moins pour avertir de l'imminence de la catastrophe que pour inviter au repentir. Les recueils de « merveilles » ne sont plus des compilations ancestrales de curiosités, ils organisent la lecture de la colère de Dieu : en 1568, les causes divines de la peste ne font pas de doute pour Ambroise Paré ; au mal des corps correspond celui des esprits : ne voit-on pas renaître le vieux fantasme d'anthropophagie ? Les désordres de la nature reflètent bel et bien ceux du monde des hommes, et le Diable est naturellement soupçonné de coordonner le malheur. De 1580 à 1610, plus que jamais flambent les bûchers des sorcières. Pour l'opinion de la grande masse des Français comme pour une partie de l'opinion lettrée, les échos de la Renaissance sont bien assourdis.

La première moitié du XVIIe siècle n'est guère plus riante, malgré l'accalmie des années 1600-1625/1630, avec le retour des désordres qui marquent le progressif affermissement de la monarchie. Et, jusqu'à l'avènement de Louis XIV, c'est toujours la même trilogie des guerres, des épidémies et des disettes qui, bon an mal an, dure depuis plus de dix siècles et dont la chronique tend à décrire l'éternel retour. À quoi attribuer, dès lors, le retournement des représentations ? On se fait moins avide des signes du Ciel, l'idée émerge lentement qu'il faut séparer la volonté de Dieu du jeu autonome des forces naturelles. S'il y a bien causalité entre l'apparition des comètes, l'état des récoltes et les propagations épidémiques, c'est de la seule volonté mauvaise de l'homme que naissent guerres, séditions, émeutes. Le mauvais état du royaume trouve sa source dans sa mauvaise administration, pas dans le dérèglement du monde ou l'indifférence de la Providence. Le récit des « merveilles » tourne à la belle histoire, on s'affole plus d'un incendie que d'une peste, et le *Canard,* cette feuille occasionnelle qui va vivre deux siècles, ne fait plus toujours trembler des prodiges qu'il raconte. L'épiphanie d'un nouvel esprit scientifique, qui sera celui de la modernité, chasse d'abord les terreurs avant de donner les armes de la réalité technologique.

XII

Rémission des fléaux et attente des merveilles

Les soixante-dix ans qui s'étendent du milieu du XVe siècle aux environs de 1520 occupent une place originale dans l'histoire. Contrairement à l'époque qui vient de s'écouler, les divers fléaux et calamités s'estompent et perdent considérablement de leur fréquence et de leur intensité. □

Les bandes de pillards s'évanouissent, les campagnes militaires deviennent exceptionnelles à l'intérieur du royaume, les disettes graves ne reviennent plus que très rarement et, si les épidémies, la peste en particulier, cèdent plus difficilement, elles provoquent moins d'hécatombes. L'économie repart, le volume de la population se gonfle, la paix est à peu près assurée. En bref, les contours d'une période de rémission se dessinent. Or, ce qui, au début du XIVe siècle, aurait passé pour un retour à la normale, pour la fin de la corruption du monde et des châtiments de Dieu ne s'accompagne d'aucun sentiment de sérénité reconquise. À l'inverse, la rupture qui se marque si clairement dans l'intensité et la fréquence des calamités ne semble pas se répercuter dans la conscience que l'on a de celles-ci. Il y a là, au contraire, une certaine continuité avec les années antérieures et vraisemblablement une intensification, et même une exacerbation des sensibilités. Contradiction ? Pour nous, peut-être, qui pensons prise de conscience comme connaissance *objective*. Pour les contemporains, c'est beaucoup moins sûr. Afin de le comprendre, essayons d'abord d'apprécier l'ampleur de la rémission.

Quand les fléaux s'apaisent

Autour de 1450, la guerre, qui sévit depuis 1415 environ, recule et – sous les deux aspects qu'elle avait alors revêtus : bandes de pillards à peu près incontrôlées et expéditions militaires plus ou moins importantes – s'efface, à quelques exceptions près : coups de main, expéditions sans lendemain. Elle reflue vers les frontières et vers l'Italie. Pour un temps, le temps de Louis XII, « père du peuple », l'espace français devient un espace de paix à peine troublée.

Ce revirement, tout compte fait assez brutal, n'a cependant rien de surprenant, car les facteurs qui en sont la cause cumulent leurs effets. En premier lieu, la guerre, au milieu du XVe siècle, n'est plus « rentable » en France. Ses « profits » s'amenuisent dangereusement au fur et à mesure que la désolation s'accroît, que la population s'effondre et déserte les campagnes, que les marchands se détournent des routes de France pour la vallée du Rhin ou la voie océanique. Que saisir, là où il ne reste plus rien à prendre, ou presque ? Le métier militaire ouvre de moins en moins le chemin de la fortune ou de la puissance. Force est de trouver une autre voie. Alors se manifeste la volonté, plus ou moins consciente, plus ou moins bien acceptée aussi, de se tourner vers la seigneurie et de la rénover. Il s'agit désormais d'y attirer les hommes, de remettre en culture les censives, parfois la réserve, et par ce moyen de jouir pacifiquement d'un revenu qu'on espère stable, d'accéder à un pouvoir que l'on souhaite réel, même s'il demeure d'horizon limité. D'un autre côté, le renforcement de la puissance royale, en partie lié à la mutation précédente, permet d'instaurer progressivement une paix effective, de « bouter les Anglais hors du royaume », de mater sans efforts excessifs la turbulence des grands vassaux et, en dernier lieu, de rejeter les combats avec les princes rivaux au-delà des frontières. D'une certaine façon, la fin des déprédations des gens d'armes découle de leur excès.

Déficit céréalier n'est pas disette

Presque aussi spectaculaire, la rémission des disettes caractérise bien les lendemains de la guerre de Cent Ans. Certes, il y eut encore de mauvaises récoltes, et les oscillations de la production céréalière, peut-être atténuées, survécurent néanmoins pour l'essentiel. Cependant, elles ne provoquèrent nulle part de réelles crises frumentaires. La seule exception notable frappe le nord du pays (et les Pays-Bas) entre 1477 et 1484. D'une gravité comparable à celle de 1437-38, cette crise se traduit par une chute si dramatique de la production qu'à plusieurs reprises les fermiers cambrésiens manquent de semences. De leur côté, les fortes poussées des cours des céréales sur les principaux marchés régionaux laissent entendre que les besoins sont très difficilement, sinon incomplètement, couverts. Le coefficient de dispersion autour de la moyenne décennale des prix annuels du froment monte à Cambrai à 64 p. 100 pour la période 1476-1485. Il s'oppose ainsi à celui de Paris (29 p. 100), qui avait pourtant grimpé à 56 p. 100, contre 48 p. 100 à Cambrai, de 1431 à 1440. Il se détache aussi nettement des décennies qui l'encadrent (20 p. 100 et parfois moins), tandis que son équivalent parisien se tient entre 27 et 32 p. 100 de 1451 à 1520. Mais, en dehors de cette poussée régionale, si douloureuse fût-elle pour les populations locales, les prix céréaliers suggèrent plutôt que la demande est satisfaite, même si d'une année sur l'autre l'approvisionnement ici ou là s'effectue avec plus ou moins de facilité.

En effet, la chute de la population a été vertigineuse, peut-être de 50 p. 100 en un siècle, entre 1340-1350 et 1440-1450. Les abandons de terre se sont accomplis au détriment des champs les moins productifs et les plus éloignés des bâtiments d'exploitation, donc de ceux qui livraient un plus faible volume de grains pour une même quantité de travail. Le rendement par homme s'en est considérablement accru. De plus, l'extension des friches offre la possibilité d'un élevage plus abondant, en conséquence celle d'un supplément de nourriture carnée. Elle autorise aussi une fumure plus copieuse des emblavures, par conséquent de meilleures moissons pour des volumes de semence identiques. L'ère de la surexploitation aux limites des exigences écologiques est terminée ; tout est dorénavant en place pour une productivité plus élevée de l'agriculture. Quand, à la fin de la guerre de Cent Ans, cessent les destructions et que s'atténuent également les ponctions démographiques périodiques, ces facteurs, sans doute déjà à l'œuvre antérieurement, bien que contrecarrés, se mettent à jouer à plein. Ils agissent d'autant plus efficacement que la réduction des prélèvements seigneuriaux, liée à la nécessité de trouver des hommes pour remettre en valeur les censives, pousse les paysans à mieux

Un mieux-être passager succède aux désastres dus à la Peste noire et à la guerre de Cent Ans. Paradoxalement, la forte chute de population qu'elles avaient entraînée favorise cette embellie. Dans les campagnes, l'élevage s'intensifie, l'agriculture s'améliore. La faim et son masque hideux reculent.

(PIETRO DEI CRESCENZI, LE « RUSTICUM » ; MINIATURE, XVe SIÈCLE. MUSÉE CONDÉ, CHANTILLY.)

cultiver leurs lopins, à davantage approvisionner les marchés. Les prix des céréales demeurent ainsi modérés. Les disponibilités alimentaires par individu en année moyenne, à la ville comme à la campagne, se situent donc à un bon, parfois à un excellent niveau. Surtout, sauf exception, comme dans l'extrême nord en 1477-1484, les mauvaises récoltes laissent encore un volant de consommation suffisant pour ne plus provoquer de disettes graves, même quand elles se succèdent sur deux ou trois ans ; elles n'entraînent au pire qu'une pénurie supportable. La faim s'éloigne donc ; moins parce que les oscillations de la production se seraient réduites sous l'action d'un climat plus favorable (ce qui n'est pas certain) que du fait du développement de la marge de sécurité dont disposent maintenant les familles, y compris, la plupart du temps, les plus pauvres et les plus défavorisées.

L'étau fiscal se desserre

Encore plus atténuées, peut-être, apparaissent les conséquences de la pression fiscale. Celle-ci n'est plus une innovation ; elle a un passé de bien plus d'un siècle derrière elle. Elle a aussi changé et n'a plus rien de comparable avec les tours de vis du XIVe siècle. Surtout, elle ne connaît plus de ces flambées brutales et durables qui firent la célébrité de la levée pour la rançon de Jean le Bon. Elle n'en demeure pas moins notable et s'accroît toujours, quoique plus lentement, avec des reflux passagers, des spasmes imprévus, des détentes

provisoires. D'abord, sous Charles VII, la taille, autrefois occasionnelle et en principe consentie, devient permanente et levée d'autorité par les agents du roi et non plus par les « élus » des États. Ensuite, elle progresse sensiblement en valeur nominale. Partie de 1 200 000 livres tournois en 1462, elle culmine une première fois en 1481 à 4 600 000 livres. Elle s'affaisse, dans les décennies qui suivent, autour d'un niveau moyen de 3 200 000 à 3 300 000 livres par an, non sans de très fortes fluctuations annuelles. Sous Louis XII, elle passe par un minimum de 1 700 000 livres en 1507 et un maximum de 3 700 000 livres en 1514.

La progression initiale de la taille puis les violents à-coups du début du XVIe siècle risquaient d'être plutôt mal perçus. De temps à autre, d'ailleurs, des protestations s'élèvent ; elles deviennent virulentes dans les années 1480. Néanmoins, malgré la vivacité de leur ton, les sujets ne considèrent jamais les demandes royales comme des calamités à écarter. On déplore un montant trop élevé, une augmentation un peu forcée ; on rappelle que, sauf exceptions, le roi devrait vivre du « sien », c'est-à-dire de ses domaines. Mais – au-delà de figures de rhétorique maintenant stéréotypées (et cette ritualisation est en elle-même signe d'accoutumance, voire d'acceptation) – ne se rencontre plus pour l'heure le sentiment que les exigences princières provoquent misère et désolation en déracinant des hommes devenus incapables de nourrir leur famille. Le volant de sécurité dont dispose une bonne partie de la population, la croissance de celle-ci, qui adoucit les « majorations » globales, rendent supportable la pression fiscale, au même titre, et en partie pour des raisons identiques, que la plupart des mauvaises récoltes. On ne peut en dire autant des mortalités et des épidémies.

Les grandes maladies contagieuses connurent au contraire une rémission moindre et se maintinrent davantage au-delà du milieu du XVe siècle.

Que se passe-t-il, par exemple, pendant le dernier quart du XVe siècle ? Sur l'échantillon étudié par J.-N. Biraben (les villes de plus de 10 000 habitants en 1861), la peste se manifeste dans trois places en 1476, réduites à deux en 1477, mais elle en touche une quinzaine les trois années suivantes, puis

PAGE DE GAUCHE : L'homme du XVe siècle est toujours à la merci des intempéries. Qu'un orage brûle ses récoltes et le voilà ruiné. La dévotion sera longtemps son plus puissant soutien : il faut, ici, l'intervention de Notre-Dame pour épargner la foudre à ce laboureur.
(JEAN MIÉLOT, « VIE ET MIRACLES DE NOTRE-DAME » ; MINIATURE, XVe SIÈCLE.)

Le vilain serait-il le jouet de maléfices ? Sous les traits d'une sorcière, la fiscalité lui fait un mauvais sort.
(ULRICH MOLITOR, « SORTILÈGE DE L'ARC » ; BOIS GRAVÉ, XVe SIÈCLE.)

19 en 1481, 27 en 1482, 22 en 1483. La décrue s'accentue ensuite – deux lieux touchés en 1487 – avant que le fléau n'atteigne une seconde pointe (18 en 1494). La peste plane donc toujours, semant une inquiétude sournoise, toujours prête à se résoudre en peur panique.

Des contagions moins virulentes

Il serait d'ailleurs dangereux de se limiter à cette maladie ; d'autres épidémies jouent vraisemblablement un rôle non négligeable. Cependant, mal connues, diagnostiquées très différemment de nous, elles s'identifient encore plus mal que pour les siècles postérieurs car elles se dissimulent derrière le terme vague de « mortalité », quand elles n'empruntent pas son nom à la peste elle-même. À toutes s'ajoute bientôt le « mal napolitain » (la syphilis). La tradition voudrait que les armées revenues d'Italie l'aient rapporté en France. Inconnu auparavant, il déconcerte ; vénérien, il inquiète ; il devient vite, lui aussi, fléau de Dieu. Une notoriété sulfureuse l'entoure, qui grossit incontestablement la moindre de ses manifestations et, de la sorte, nourrit abondamment l'imaginaire contemporain, dressant autour du mal un rideau de fumée que les chercheurs n'ont jusqu'à présent pas bien percé. « Vérolés illustres », combien étiez-vous réellement ?

Considérées comme des châtiments divins, ces épidémies continuent à tenir une place capitale dans l'histoire. La doivent-elles toujours à d'effroyables hécatombes ? Ou, au-delà d'une perte de virulence, au seul maintien des terreurs qu'elles avaient autrefois engendrées et qu'alimentent encore des saignées périodiques mais cependant supportables ?

Des faits ponctuels et quelques considérations générales rendent la seconde hypothèse plus vraisemblable dans l'état actuel des connaissances. Sans énumérer ici tous les indices, il suffit de remarquer que la peste n'est pas seule en cause et que, de plus, son extension ne préjuge nullement de son intensité. À voir les quelques données éparses sur les sépultures, force est de constater que la période 1450-1520 se caractérise par un faible pourcentage d'hécatombes véritables. À Cambrai, le nombre de fosses creusées par l'hôpital Saint-Julien pour les pauvres qui y meurent ne s'élève qu'une fois au-dessus du double de la normale entre 1440 et 1470, contre quatre fois, dont un triplement et un quadruplement, de 1410 à 1440. En Bretagne, de 1460 à 1520, deux années uniquement, 1472 et 1483, enregistrent une poussée généralisée de mortalité, les pointes de 1500-1501 et de 1510-1511 demeurant très localisées. D'un autre côté, les historiens admettent presque unanimement pour la période 1450-1520 une reprise puis un bond démographiques, même si quelques provinces, comme l'Anjou, suivent mal le mouvement. Si cet essor conduit à un doublement du nombre des Français, donnée plausible quoique conjecturale, il devient difficile d'admettre l'éventualité de coupes répétées semblables à celles que causaient auparavant les épidémies. D'ailleurs, la meilleure alimentation, le volant de sécurité mieux assuré offrent un terrain moins propice aux contagions.

L'eau et le feu

On trouve le même décalage – des faits aux terreurs éprouvées – pour les incendies et inondations. Nullement spécifiques de la période, ces malheurs tiennent alors une place considérable dans les appréhensions des contemporains ; ils susciteront d'ailleurs des craintes similaires tout au long du XVIe siècle. On y voit tantôt des avertissements divins, tantôt le témoignage de la vitalité débordante de la nature. De fait, ils prennent parfois l'allure de véritables catastrophes : le feu dévaste Toulouse pendant environ quinze jours en 1463 ; il réduit en cendres Bourges en 1487 et Troyes en 1524. En 1480, des pluies diluviennes sur toute la France gonflent inexorablement les cours d'eau ; les rivières emportent les ponts et balaient les maisons des bas quartiers. Ces événements spectaculaires s'incrustent dans les mémoires, et les contemporains, horrifiés, ne cessent de les donner en exemple. Or, en réalité, incendies et inondations présentent un aspect moins dramatique, quoique également redouté : celui du pâté de maisons dévoré par le feu ou miné par les eaux. Dans les villes, il ne se trouve guère d'années où ne disparaissent ainsi une ou deux habitations ; en un demi-siècle, Guingamp doit, par trois fois, faire face à des crues destructrices (1461, 1468, 1475). Mais, dans la mesure où il est possible de l'estimer, l'impact de ces sinistres demeure ponctuel. Ils causent peu de morts ; ils provoquent plus de destructions, mais qui n'entament qu'une partie minime du patrimoine immobilier. Mieux, au XVe siècle, dans le nord de la France au moins, on apprend à éviter le feu : à Cambrai, cheminées de brique et couvertures de tuile se généralisent. Là aussi, donc, en se représentant ces malheurs, les hommes en exagèrent la nocivité réelle. C'est peut-être que, comme pour les épidémies, la continuité de la menace, le caractère imprévisible du sinistre portent tout à la fois à

Maintes crues exceptionnelles, imprévisibles laissent paysans et citadins impuissants devant la brutale montée des eaux. Fuir – et abandonner là son maigre avoir – sera, pendant des siècles, la seule solution.

(« GRANDES CHRONIQUES DE FRANCE » ; MINIATURE, XVe SIÈCLE.)

en grossir le danger et à en surestimer les effets. Ceux-ci atteignent parfois des proportions gigantesques, mais c'est là une éventualité relativement exceptionnelle.

Terreurs et merveilles

Les contemporains eurent-ils le sentiment de vivre une période de rémission ? On aurait peine, dans l'abondante littérature de l'époque, à en recueillir quelque indice. On peut même se demander si, l'attention n'étant plus concentrée sur quelque grande catastrophe, quelque malheur aux effets amples et durables, les esprits ne sont pas désormais sans cesse sollicités par mille menus événements dont les effets immédiats, si limités soient-ils, entretiennent une inquiétude constamment renouvelée.

La chronique d'un bourgeois de Metz

Voici, par exemple, la *Chronique* du bourgeois messin Philippe de Vigneulles. S'il n'est pas un homme de grande culture, du moins a-t-il, dans sa jeunesse, voulu voir le monde « pour connaître et apprendre » ; revenu d'un long voyage de cinq ans en Italie, il s'est installé à Metz comme drapier ou « chaussetier », et a fort bien réussi. Ce bon compagnon a le goût des joyeusetés comme suffiraient à le prouver ses *Cent Nouvelles nouvelles,* écrites, au sortir d'une maladie, « en manière de passe-temps », à la façon des grands conteurs italiens. C'est pourtant à ce même Philippe qu'on doit aussi une monumentale *Chronique* de la ville de Metz, dont la vie au jour le jour entasse scandales, rixes, vols, procès, exécutions capitales et semble rythmée par les méfaits d'une nature malveillante. À l'en croire, il n'est guère d'année qui n'apporte son lot de mésaventures. Ainsi 1468 – qui n'a rien d'exceptionnel – accumule les désordres climatiques : « En celle année, au mois d'avril et partie du mois de mai, fit un très froid temps, et tellement que les biens de terre ne pouvaient amender ni venir à perfection. » Voici l'été, qui n'offre qu'« un très pauvre temps [...] car, tout celui été durant, le temps ne se tint point en chaleur quatre jours l'un après l'autre qu'il ne changeait incontinent. Et, avec ce, fit en cette année plusieurs grandes tempêtes et orages de grêle et de tonnerre, lequel fit plusieurs dommages ès vignes et ès autres biens ; et, davantage, en furent plusieurs personnes tuées. » L'automne n'est pas meilleur : « En celui temps, durant la vendange, les eaux étaient toutes hors de rive, pour la grande pluie qu'il avait fait. » Enfin, « l'hiver de celle année fut fort pluvieux ». À ces désordres du temps s'ajoutent, à la fin du printemps, « l'incendie de la Grande Église », et, « environ la Saint-Martin d'hiver », la crainte d'une guerre en raison des importantes bandes armées qui parcourent le pays, de sorte qu'« à celle occasion, l'on fit hucher aux forteresses, et se retirèrent toutes les bonnes gens en la cité avec leurs biens et bétail ».

La neige s'accumule dans le courtil, bêtes et gens grelottent. Toute démarche hors de l'abri se fait lente, simplement héroïque. Du moins le froid est-il une calamité prévisible. (« TRÈS RICHES HEURES DU DUC DE BERRY » ; MINIATURE, XVe SIÈCLE. MUSÉE CONDÉ, CHANTILLY.)

Philippe, qui rapporte ces événements, est né en 1471 et n'en a donc pas été le témoin oculaire. Il relate des informations recueillies de ses concitoyens, qui, on le voit, bien des années après, en gardent des souvenirs précis, soigneusement datés et toujours vivants dans leurs mémoires, comme sans doute dans les registres de la ville. C'est de ces petits faits que, jour après jour, année après année, est tissue leur vie quotidienne.

Qu'il survienne une année ou meilleure ou plus rude que les autres, et Philippe s'empresse de le noter, enregistrant ces petits détails qui font comprendre au lecteur d'aujourd'hui quelle importance revêtaient de tels événements pour ceux qui en ressentaient les effets concrets. Ce fut une belle année que 1473 : « À jour de Quasimodo, on avait le muguet tout fleuri ; et au premier jour de mai, on vendait des fraises devant l'Église et en plein marché. » En revanche, l'hiver de 1480-1481 a laissé un horrible souvenir : « Puis, tantôt après, l'hiver accomençait, si très âpre et si très froid qu'à peine le pouvait-on endurer. Et de la grande froidure qu'il faisait, les vins engelaient ès caves et ès celliers. Et fendaient les arbres aux champs, tellement que de loin l'on les oyait dépéter et rompre. Et encore, qui pis est, furent les vignes toutes engelées, tellement que force fut de les arracher. Pourquoi furent les vins fort renchéris ; et aussi furent toutes autres victuailles. »

Philippe de Vigneulles n'est pas le seul à garder mémoire de ce terrible hiver. Commynes signale qu'on vit, au détail, tripler le prix du vin de l'année précédente. Guillaume Le Doyen, notaire du comté de Laval, qui met en vers les événements dont il fut témoin, confie à sa maigre poésie ses souvenirs :

En mil quatre cent quatre-vingts
Gelèrent cidres et tous vins.
Il fit un hiver si terrible
Que d'échauffer n'était possible.
Et qui voulait du vin hucher,
Il fallait la broche chauffer
De fer, qui eût voulu boire ;
Autrement l'on perdait mémoire.
Vignes, romarins et genêts
Étaient commis à se chauffer.
De moutons, brebis et agneaux
Les pelletiers eurent les peaux.
Toutes avoines en quésirent,
Dont les chevaux si en mourirent.
Et pour en parler à bon droit,
Il fut bien vêtu qui n'eut froid.

Ce n'est pas que les chroniqueurs considèrent les seuls événements qui les touchent de près. Philippe est attentif à la politique, celle de sa cité comme celle des pays voisins. Mais, parmi les événements qu'il en retient, il note volontiers ceux dont les effets frappent durement. De la prise de la ville de Liège, en 1468, il retient d'abord un ensemble de scènes brutales et cruelles : « Car iceux satellites et gens d'armes n'espargnaient personne, même les petits enfants innocents ; ainçois les cruels souldards coupèrent la gorge à aucunes vierges, après qu'il les eurent violées et gâtées. Et encore ne furent les inhumains ennemis saoûlés de tant cruelle occision, car ils pillèrent toute la cité, faisant aux temples sacrilèges, brûlèrent la ville, abattirent les murailles, et des ruines remplirent les fossés. » On dirait, du reste, que la nature vient redoubler les coups des hommes : dans le même temps, la Hollande connut une violente inondation, « par quoi, ès dits pays qui sont sous la seigneurie du duc de Bourgogne, y eut plus grands dommages, destructions et nuisances, comme on disait, que ledit duc n'avait par fureur fait aux habitants de la cité de Liège ».

De la même manière, Guillaume Le Doyen, qui décrit d'abord les événements de son pays de Laval et note les décès des personnages importants, les sermons de carême et les représentations de mystères qui ont la cité pour théâtre, dirige aussi son attention vers des événements moins circonscrits et, dès les premières lignes, annonce qu'il dira « s'il a été stérilité ou fertilité des biens et fruits de la terre, et de chacune année ; s'il a été guerre ou paix ou mortalité ; le prix du blé et du vin de chacune année, cherté de vivres et du bois et déluges des grands eaux, et non pas seulement en ce pays-ci, mais universellement par tout le Royaume de France ». Guillaume et Philippe se montrent, tous les deux, soucieux de préciser si tel mal qui frappe leur cité étend plus loin ses ravages. À l'occasion de l'hiver 1480, Philippe observe qu'on en a, bien ailleurs qu'à Metz, ressenti les effets : « Spécialement en France, y eut une merveilleuse famine, et en Bourgogne pareillement, de laquelle moururent plusieurs personnes ; et principalement furent tourmentés de celle famine les Lyonnais, les Auvergnats et Bourbonnais. Ni jamais ne fut trouvée ni n'était mémoire d'homme vivant qui eût vu les grosses rivières de France, telles que Seine, Loire, le Rhône, la Gironde et plusieurs autres, aussi fort engelées comme à présent étaient. Et firent de grands dommages à dégeler. » Philippe n'oublie pas non plus divers événements qui, quels qu'en soient les effets, suscitent la frayeur ; c'est ainsi que, à la date de 1468, il note que « la veille de l'Ascension Notre Seigneur, la terre trembla moult fort à Tours en Touraine, à Amboise et plusieurs autres lieux », comme il fait observer les dangereuses conséquences des dissensions politiques : « Par quoi y avait en ce temps tant de larrons et de ribleurs par le royaume que c'était chose infinie. »

La « mortalité » est, pour nos chroniqueurs, l'objet d'une attention toute spéciale, comme si sa menace, certes apprivoisée, pouvait sans cesse s'appesantir. Ce sont, par exemple, à Laval, les cinq cents morts de l'année 1484 ou les trois mille morts de 1501. La crainte diffuse mais constamment présente qu'on en éprouve se reflète exactement dans un curieux récit de Philippe de Vigneulles. Nous sommes en 1473 et l'empereur conçoit le projet de se rendre à Metz ; il envoie donc un émissaire pour signifier sa volonté à la cité : « Mais, premier, il voulait savoir, devant toutes choses, si en icelle l'on se mourait fort, car il craignait merveilleusement la mortalité. » Son envoyé fait donc « quérir tous les curés de la cité, pour lui à vrai informer des gens morts en leur paroisse » ; l'enquête révèle qu'en six semaines il n'y a eu, en tout, que cent soixante morts : l'empereur décide donc de mettre son dessein à exécution.

Nos chroniqueurs marquent de façon assez lacunaire les raisons des recrudescences de la mortalité. Mais, aux morts naturelles, aux effets du mauvais temps et de la disette, ils ajoutent souvent l'action de diverses maladies, dont certaines paraissent plus ou moins endémiques. La caquesangue, la vérette (petite vérole) et la rougeole semblent, sous la plume de

Guillaume Le Doyen, particulièrement ravageuses. Ajoutons-y la coqueluche, qui, selon Guillaume, s'abattit soudain en 1510, et qui « prenait en la tête et reins/Tant que par terre en jeta maints » après leur avoir infligé une fièvre chaude avec délire, accompagnée d'un dégoût de toute nourriture. Mais n'oublions pas la peste, ce mal si prompt à « engraisser », à se déployer. Guillaume, de 1480 à 1537, signale quinze ou vingt ans de peste ; elle semble, de 1514 à 1522, frapper continûment :

La peste y acheva son cours
Qui avait eu huit ans le cours.

L'année 1517 nous vaut ce tableau désolant d'une mort qui frappe sans acception de personne :

Plusieurs maladies ci régnaient,
Dont beaucoup de gens ci mouraient,
Qui étaient bien d'autorité,
Et qui avaient grand liberté
A gouverner en plusieurs lieux.
Aussi d'autres maux dangereux,
Qui de Naples étaient venus :
Leurs corps étaient brochés menus,
En manière de gros rognats,
Plus gros que ne seraient limas ;
Pleurésie et la grand fièvre
Et goutte qui point ne nous fière
Régnaient impétueusement
En languissant piteusement.

Remarquons, dans cette liste, la mention du « mal de Naples », la vérole, avec ses boutons et ses ulcérations, dont on a dit plus haut que la nouveauté frappa les esprits et y fit apercevoir un fléau inouï. La diversité même des appellations, très nombreuses, que reçut ce mal est l'indice de la stupeur qu'il provoqua. Mais l'acharnement que mirent Français et Italiens à en préciser l'origine est révélateur de la nature de l'inquiétude qu'il suscita : pendant que les Français assuraient en avoir été frappés en Italie lors du « voyage de Naples », les Italiens voulaient que Charles VIII et ses troupes eussent introduit dans la péninsule ce qu'ils appelaient le « mal français ».

Attente du millenium ou crainte du Jugement dernier

Ce n'était pas là seulement une des formes de l'inimitié soupçonneuse naturelle à des adversaires ; pour bien des Italiens, avec la guerre et la famine, Charles VIII avait ainsi apporté dans leur pays, sous une forme sournoisement caricaturale, le troisième fléau, cette nouvelle peste qui, aux yeux des fidèles de Savonarole, le confirmait dans son rôle de *Flagellatore* et donnait crédit aux prophéties annonçant pour l'Italie quarante ans de malheur. Une atmosphère d'Apocalypse enveloppe de telles interprétations. Elles rencontrent des échos hors de la péninsule, même si elles ne revêtent pas toujours des formes aussi élaborées.

Jean Delumeau a montré que les prophéties apocalyptiques ont pu être lues de deux manières très différentes, selon que l'accent était mis sur l'attente du *millenium*, cette période de mille ans de bonheur qu'après les tribulations les justes connaîtront sur la Terre, ou, au contraire, sur les rigueurs du Jugement dernier ; mais il a aussi noté que ces deux visions, souvent, coexistent et s'interpénètrent. La première, alimentée notamment par les spéculations issues des œuvres du Calabrais Joachim de Flore, n'est pas étrangère au messianisme qui s'attache à Charles VIII – on a signalé, du reste, la forte influence que semble avoir exercée sur lui l'ermite calabrais François de Paule, le « saint homme » que Louis XI avait réussi, à force de diplomatie, à attirer auprès de lui – ; c'est au point que le froid Commynes, qui, en 1495, prend soin de visiter Savonarole et semble avoir été frappé par cet entretien, conclut que, sans aucun doute, le « voyage » de Charles en Italie « fut vrai mystère de Dieu ». Mais l'autre vision eschatologique ne rencontre pas moins de faveur, et l'attente des derniers jours se nourrit de la méditation des quinze signes annonciateurs de la fin du monde que propose, par exemple, en des gravures simples et fortes, l'*Art de bien vivre et de bien mourir* publié par Antoine Vérard, libraire qui, dans les années 1500, fait paraître des livres de grande diffusion. Les doctes comme les simples gens vivent dans la conviction que la fin du monde est proche ; Gerson, qui s'inquiète des fantaisies de la dévotion populaire, n'est pas surpris : le monde est près de la fin, c'est maintenant un vieillard qui délire ; Lefèvre d'Étaples estime, quant à lui, que voici le temps venu où les foules vont se presser autour de l'Évangile : comme, au jour de la multiplication des pains, elles allaient écouter avidement le Messie,

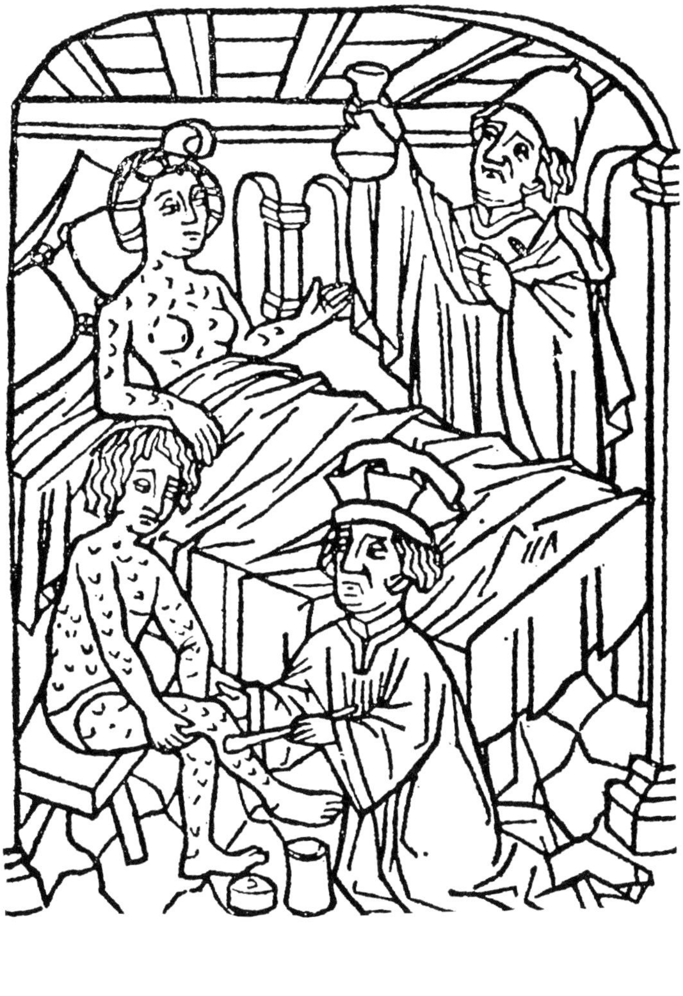

À côté de la peste, si foudroyante qu'on en a longtemps fait un nom générique désignant « des maladies », d'autres épidémies, tout aussi mal connues, déciment les populations. Parmi elles, le « mal de Naples ».

(TRAITEMENT DE LA SYPHILIS AU BAUME DE MERCURE. GRAVURE SUR BOIS, XVe SIÈCLE.)

« aussi sera-t-il au dernier temps de la foi, auquel nous sommes, comme je crois, ou fort proches ».

Dans ces conditions, comment ne pas être attentif aux signes, petits ou grands, qui peuvent annoncer la grande catastrophe eschatologique ? Il faut même dire que, de ce point de vue, l'accumulation des « signes » prend plus de sens que les effets immédiatement ravageurs de tel ou tel d'entre eux. Au lieu de livrer à la tourmente, elle fait vivre dans l'impression, infiniment plus obsédante, de sa proximité. Aux moralistes de tâcher de transformer cet intérêt en volonté de conversion, comme s'y efforce l'historiographe et astrologue Joseph Grünpeck dans un livre publié en 1508 et qui est un abondant catalogue de « prodiges » ; après avoir noté que, si toutes les époques en ont connu, l'âge présent en offre une collection incomparablement plus abondante (et il n'oublie pas d'y compter la syphilis), il s'écrie : « Ce sont là d'horribles présages, et personne ne s'en avise. Ils répandent plus largement la terreur qu'ils ne corrigent. Or il est manifeste qu'ils surviennent par la providence du Créateur en raison de l'utilité évidente qui devrait en résulter pour les hommes [...], parce qu'ils montrent que la colère de Dieu les menace. » Ce n'est pas un hasard si l'année 1508 est aussi

La recrudescence des malheurs renforce la hantise des rigueurs du Jugement dernier dans l'imagerie commune, comme en témoigne ce détail du Déluge, dans *l'Art de bien vivre et de bien mourir,* publié par Antoine Vérard (v. 1500).
(« LE DÉLUGE » ; BOIS GRAVÉ, XVIe SIÈCLE.)

celle de la première édition du *Prodigiorum liber* de Julius Obsequens, inventaire des « prodiges » qui ont ponctué l'histoire romaine. L'attention à ces présages est si grande qu'on en trouve trace même dans un recueil anonyme de rébus constitué au tournant du siècle ; l'une de ses compositions figure l'avertissement suivant : « En cette année grand signe tu verras. » Et il n'est peut-être pas insignifiant que, dans sa représentation, soit utilisé un *signet* : on dirait que, par cet objet destiné à sceller les actes importants, est marquée la main de Dieu, qui imprime son sceau sur l'histoire des hommes.

Le sens caché des signes

Les humbles chroniqueurs dont nous avons plus haut requis le témoignage et qui nous ont paru si attentifs aux maux qui les frappent de près, à la médiocrité de la récolte ou au vin qui gèle dans les tonneaux, savent pourtant lever les yeux pour enregistrer les « prodiges », même s'ils restent trop souvent discrets sur le sens qu'il convient de leur attacher. Philippe de Vigneulles note que, vers la Noël 1471, on vit « un merveilleux signe au ciel avec les étoiles » qui « avait une longue queue rouge et terrible et en manière d'un dragon, et se montrait en plusieurs manières, signifiant plusieurs choses à advenir ». Le signe apparu le 27 avril 1473 nous vaut un récit plus explicite ; après avoir décrit la « merveille » et relaté les discussions de ses concitoyens – on y reviendra plus loin –, Philippe rappelle la comète de 1471 et ajoute qu'il semblait qu'« elle avait aucunement démontré son effet et sa façon, pour la guerre en laquelle alors étaient lesdits de Metz ». Que dire alors des cas, nombreux, où les « merveilles » semblent s'accumuler ? L'année 1473 réunit un tremblement de terre, l'apparition de deux soleils – notre science parlerait d'un phénomène de parhélie –, d'importantes variations du temps, de fortes pluies, et, ajoute Philippe, la présence de bandes de « mauvais garçons » par les champs. Ainsi, ces bandes, quels que soient leurs méfaits, constituent un signe : elles témoignent d'un dérèglement, comme les bohémiens, les mendiants, les vagabonds de toutes sortes, dont un ouvrage célèbre, le *Liber Vagatorum*, détaille, au tournant du siècle, les tours, les ruses et les impostures ; ils constituent certes un danger social – de là la nécessité de mettre à nu leurs façons de faire –, mais, plus profondément, ils sont

La peur de l'inconnu, la souffrance réelle, la familiarité avec l'Apocalypse, une sensibilité aiguë que les sciences exactes n'ont pas entamée exacerbent chez l'individu une résonance immédiate aux signes. Les comètes paraissent chargées de présages et suscitent une immense émotion

(CONRAD LYCOSTHÈNES, « HISTOIRES PRODIGIEUSES » ; GRAVURE, XVIe SIÈCLE.)

Plusieurs ouvrages parus à l'aube du XVIe siècle révèlent l'intérêt pour les signes. Jusqu'à un recueil de rébus parmi lesquels figurent des présages.

(« REBUS DE PICARDIE » ; XVIe SIÈCLE.)

aussi ressentis comme des indices d'une sorte de désordre intime précurseur d'une grande mutation.

À ce titre, ils viennent grossir la troupe des signes, à laquelle on ne manque pas, du reste, d'adjoindre les juifs. Ceux-ci apparaissent comme inféodés à Satan et on les charge de crimes qui, à leur tour, attestent d'un dérèglement du monde. Les juifs et les marranes, chassés d'Espagne en 1492, passent parfois pour avoir apporté la syphilis en Italie. On connaît aussi l'histoire de la mort du petit Simon de Trente (1475) ; Philippe, qui l'a peut-être apprise lors de son voyage en Italie, n'omet pas de la rapporter à la date de 1479 : on assure qu'à Trente les juifs ont dérobé et crucifié un enfant. Le chroniqueur et poète Jean Molinet a soin de recueillir ce récit dans sa « Récollection des Merveilleuses advenues », qui fut composée après 1496, longue pièce de près de 1 200 vers qui mériterait ici toute une étude. Contentons-nous de remarquer que Molinet réunit d'importants événements politiques à d'autres événements que nous serions tentés d'appeler des faits divers s'il ne nous laissait entendre que certaines de ces « merveilles » ont quelque sens caché.

La merveilleuse advenue

Ainsi se modèle le pressentiment plus ou moins diffus de quelque changement inouï, dont un des grands signes annonciateurs fut, au moins pour certains, autant qu'on puisse en juger, la chute de Constantinople. Pie II considère cette avancée turque comme infiniment plus importante que la conquête arabe au VIIIe siècle et l'invasion mongole au XIIIe : « Jamais, en effet, nous n'avons perdu en Europe un lieu ou une ville comparable à celle de Constantinople. » C'est pour Molinet une des « merveilleuses advenues » de ce temps et il n'omet pas, parmi les « horreurs » qui l'ont marquée, la fin lamentable infligée au dernier empereur grec. En annonçant dans un manifeste à la chrétienté, le 22 novembre 1494, qu'il a dessein de mener la croisade et d'anéantir l'Infidèle, Charles VIII entend accomplir un des actes nécessaires du grand drame eschatologique, la lutte contre la bête de l'Apocalypse. La *Prophétie, vision et révélation* de Jehan Michel, médecin de Charles VIII, définit fortement la grande mission qui incombe à son roi.

Même chez ceux qui ne s'abandonnent pas à cette exaltation, on peut apercevoir divers indices du sentiment d'une grande mutation prochaine. L'un d'eux mérite d'autant plus d'être remarqué qu'il se manifeste pour la première fois en 1499, c'est-à-dire à la veille du siècle nouveau. C'est à cette date que, dans ses *Éphémérides*, l'astrologue Johann Stoeffler annonça que la grande conjonction prévue pour l'an 1524 – en février de cette année se produiraient seize conjonctions de planètes, dont celle de Saturne et de Jupiter, dans le signe des Poissons – provoquerait mutations, variations et altérations inouïes sur toute la Terre. Déjà la conjonction qui devait se produire en novembre 1484 avait vivement remué les esprits : elle ne signifiait rien de moins qu'un changement de religion. Celle qui était annoncée pour 1524 était encore plus considérable ; elle engendra une littérature extrêmement abondante et dont l'inventaire ne cesse de s'accroître : L. Thorndike, en 1941, dénombrait quelque cent trente ouvrages ; P. Zambelli, son plus récent historien (1982), a porté ce chiffre à plus de cent soixante opuscules, écrits par une soixantaine d'auteurs : abondance due notamment aux vives discussions des astrologues, qui, pour les uns, annonçaient un déluge universel comme celui de la *Genèse* et, pour d'autres, des « déluges particuliers » seulement, sinon simplement de fortes pluies. Chez certains, du reste, des spéculations apocalyptiques très précises s'attachèrent à l'événement : ils prédisaient qu'on verrait alors tous les signes et prodiges qui, selon Luc, devaient marquer l'imminence de la fin des temps. À la veille de la grande catastrophe, assurent divers récits, on vit çà et là la panique s'emparer de ceux qui s'estimaient les plus menacés. Bodin rapporte qu'Auriol, docteur régent au droit canon, à Toulouse, fut de ceux « qui firent des arches pour se sauver » ; et, selon Jean Bouchet, « plusieurs délogèrent de leurs basses demeurances, cherchèrent hauts lieux, firent provisions de farines, et si firent processions et oraisons générales et publiques, à ce qu'il plût à Dieu avoir pitié de son peuple ». Ne nous attardons pas aux justifications auxquelles s'essayèrent, après février 1524, les astrologues qui avaient provoqué cette panique. Au demeurant, avant même l'événement, il s'était trouvé de bons esprits pour démystifier la grande conjonction de 1524, comme le cordelier Jean Thénaud, qui, pour Louise de Savoie, composa une réfutation de cette prédiction : à l'Astrologue, qui énonce les trois raisons d'attendre un prochain déluge universel, le Pèlerin réplique par trois autres raisons, dont la dernière est la promesse faite par Dieu à Noé de n'en plus susciter désormais. C'est aussi ce que rappelait au Créateur, dans une de ses pièces, le poète Eustorg de Beaulieu, avant de l'assurer de son ferme propos de se repentir de ses fautes. Un si vif et si long débat prouve au moins que l'attente d'une catastrophe considérable n'était pas le fait seulement de quelques esprits échauffés. Du reste, la célèbre

Dans la quête angoissée des signes et de leur portée, on s'en prend aux « marginaux » – juifs, vagabonds, mendiants –, on leur consacre un ouvrage, le *Liber vagatorum.* Les juifs sont accusés des pires turpitudes. N'auraient-ils pas, à Trente, crucifié un enfant, Simon ?

(« CHRONIQUE DE M. SCHEDEL », NUREMBERG, 1493.)

peur de l'An Mille est, on le sait, le fruit de l'historiographie de l'aube de la Renaissance : la première description s'en trouve sous la plume du bénédictin Jean Trithème.

Ne croyons pas, d'ailleurs, que l'attente qui s'exprime à travers ces émotions ne soit faite que de crainte : à travers la conviction que Dieu se réserve la connaissance de l'avenir s'exprime une espérance surnaturelle. Les dérèglements mêmes dont nous avons parlé apparaissent comme une sorte de consentement de la nature, servante de Dieu, à la volonté du Créateur. Ainsi, dans les événements qui, du point de vue de l'intelligence naturelle, paraissent parfois extrêmement inquiétants, il faut apprendre à pressentir des significations cachées, même si celles-ci ne nous sont pas accessibles. Évoquant les débats suscités par le signe de 1473, Philippe de Vigneulles déclare : « Et disaient les aucuns que c'était éclipse ; et les autres disaient que c'était la conjonction de la lune qui se refaisait à celui jour ; et aucuns autres disaient que c'était un signe d'aucune chose à venir. » Pour la plupart des interprètes, ces explications ne sont pas du tout inconciliables, puisque, dit, par exemple, Grünpeck, « dans la plupart des prodiges surprenants nous voyons la vertu naturelle concourir à l'action de l'artisan éternel ». Il faut, du reste, remarquer que, pour désigner globablement des événements que nous aurions tendance à distinguer en heureux et malheureux, en naturels et surnaturels, les contemporains usent couramment du seul terme de *merveilles (mirabilia).* À travers eux, ils perçoivent certes des significations prochaines, souvent inquiétantes, mais ils inscrivent volontiers celles-ci dans une perspective eschatologique qui, au-delà des malheurs immédiats, est promesse d'une *renovatio*. L'idée même de Renaissance, qu'on entend trop souvent de façon uniquement profane, n'est certainement pas étrangère à cette considération.

H.N. – J.C.

Conjonction de planètes exceptionnelle surviendra en 1524.

(« CONCORDANCE DE L'ASTRONOMIE AVEC LA THÉOLOGIE », BOIS GRAVÉ, 1490.)

XIII

un Monde qui se dérègle

De 1450 à 1520, les fléaux s'étaient considérablement adoucis. Un monde plus calme, un monde « merveilleux », inattendu, était issu de cette accalmie. Ce monde si « anormal », on ne cessait d'en appréhender la fin et de traquer les signes avant-coureurs de sa disparition dans les prodiges terrestres et les conjonctions célestes. Toutefois, parce que celles-ci se montraient volontiers « exceptionnelles » et que ceux-là se révélaient parfois « monstrueux », les contemporains s'attendaient à un brutal bouleversement, à un cataclysme destructeur et meurtrier frappant, d'un coup, l'ensemble de la chrétienté ; la « fin des temps » approchait où la terre serait anéantie et les hommes, jugés. Une brusque résurgence des calamités dans la décennie 1520, renforcée des premiers troubles religieux, fit croire à la justesse de ces sombres pressentiments. □

Or, il ne survint ni tribulations dernières ni nouvel âge d'or, mais au contraire un lent processus de détérioration, une désagrégation sans grandeur.

Certes, chacun désigna encore son Antéchrist ; chacun continua à distinguer les faux chrétiens des vrais, les réprouvés des élus, les impurs des purs ; chacun contribua ainsi à développer les prémices d'une série de malheurs caractéristiques du siècle à venir : la violence religieuse. Mais la croyance que les temps étaient révolus perdit peu à peu de sa fermeté, les affirmations devinrent de moins en moins catégoriques. Les dates en furent repoussées ; le doute s'insinuait. Les Français prêtèrent alors plus d'attention à la pensée d'un Ficin ou d'un Pomponazzi ; ils remirent en question l'idée de nature ; ils collectionnèrent les prodiges pour les interroger systématiquement, pour en découvrir, « sériellement » dirions-nous, les vraies significations, ce qui ne se réalisa pas sans débats. Les intellectuels en vinrent, de cette manière, à se pencher sur les calamités avec une attention plus soutenue. Quelles étaient-elles donc ? Et qu'en retenaient-ils au cours de ce dérèglement progressif de l'ancien monde qui dura de 1520 à 1560 environ ?

Comment croire au merveilleux !

Assez curieusement en apparence, ce ne furent pas toujours les calamités les plus virulentes qui parurent les plus angoissantes ni surtout les plus dangereuses. La brutale multiplication des disettes, les ponctions renforcées opérées par les épidémies, si graves fussent-elles, retinrent moins l'attention que des flambées de violence sporadiques et des coups de main militaires épisodiques. C'est que, en réalité, si les émotions populaires et les armées en bataille demeurèrent encore rares dans le royaume, si leurs effets matériels restèrent bien circonscrits, elles évoquaient irrésistiblement des troubles plus sérieux et des ravages plus systématiques survenus aux portes de la France ou au cœur de la chrétienté. Or, ils furent nombreux. En 1525, les paysans se soulevèrent du Tyrol à la Thuringe, de l'Alsace à la Franconie : ils réclamaient une société conforme à la Parole de Dieu contenue dans l'Écriture sainte. Deux ans plus tard, les troupes du protecteur suprême de l'Église, l'empereur, prirent d'assaut la clé de voûte de la chrétienté, la Ville céleste, Rome, et la mirent à sac ; on les accusa des pires atrocités et des dérisions les plus sacrilèges. Et celui qui commandait ces soudards intrépides

La monarchie s'inquiète de l'influence croissante de la « venimeuse et dangereuse doctrine » de Martin Luther. Déterminé à la combattre, François Ier ordonne une cérémonie officielle de réparation pour la mutilation d'une statue de Notre-Dame, dont un luthérien se serait rendu coupable.

(PANÉGYRIQUE DE FRANÇOIS Ier ; MINIATURE, XVIe S., MUSÉE CONDÉ, CHANTILLY.)

(mais mourut dès les premiers combats) était un Français, d'ailleurs traître à son roi, le connétable de Bourbon. En 1534-1535, après avoir tenté sa chance à Amsterdam, un petit groupe d'anabaptistes crut, à Münster, réaliser la cité de Dieu, la forteresse des Justes, dans un monde perverti en attente de la colère divine ; leur expérience sombra dans la tyrannie, le sang et la famine. Plus généralement, les campagnes succédèrent aux campagnes, Habsbourg contre Valois, protestants contre catholiques. Enfin, la déchirure religieuse, qui depuis 1519-1520 ne cessait de s'agrandir malgré tous les efforts accomplis pour la réduire, provoqua dans les villes d'Allemagne ou de Suisse des prises de pouvoir tantôt pacifiques, tantôt violentes. Comme la réforme du culte y dépendait des organes municipaux, ne fallait-il pas les conquérir, soit pour purifier la religion, soit pour empêcher sa profanation, dans tous les cas pour écarter les fléaux que Dieu à coup sûr y enverrait si les suppôts du Diable y imposaient leurs vues ? En définitive, ce qui rendit en France le contemporain de ces événements attentif à la moindre agitation locale ou à la plus petite incursion de troupes étrangères fut la crainte, presque la peur panique, que, à l'instar de ce qu'il voyait au-delà des frontières, elles ne prissent un développement catastrophique ou ne fussent les prodromes d'un bouleversement autrement redoutable. Ces calamités ne frappaient pas *encore* la France, mais l'ombre de celles qui ravageaient l'Italie et l'Europe centrale plana sur le royaume tout au long de la période.

Montée des tensions

Incontestablement, ces appréhensions s'étayaient sur des faits bien réels, de plus en plus nombreux à mesure que s'avançait le siècle. Les tentatives de réforme provoquaient des tensions religieuses, des flambées de violence troublèrent le calme du pays ; et de temps à autre Impériaux et Anglais se risquaient maintenant sur le territoire du royaume. Dans le domaine religieux, aux noyaux luthériens, et peut-être aussi anabaptistes, implantés dans les milieux intellectuels et artisans succédèrent de fortes communautés calvinistes, socialement plus diversifiées, qui se fédérèrent dans les années 1550. Les uns et les autres se heurtèrent à une opposition orthodoxe précoce, capable dès le début de susciter des résonances populaires. Les incidents, minimes à l'origine, eurent vite des conséquences dramatiques et s'aggravèrent avec le temps. Essayant déjà de répandre leur doctrine par les livres et les sermons, les réformés provoquèrent aussi leurs adversaires, allant jusqu'à afficher leur « manifeste » sur la porte de la chambre du roi en octobre 1534. En réponse, les bûchers s'allumèrent et, à partir de 1539, les édits contre les réformés s'accumulèrent. Mais, sauf peut-être lors du massacre des vaudois provençaux en 1545, les événements n'eurent pas encore les effets dévastateurs qu'on leur connaîtrait plus tard. Il n'en reste pas moins que, par référence à ce qui se passait au-delà des frontières, les contemporains les interprétaient comme des signes avant-coureurs de grands malheurs. Ils entretenaient ainsi un climat de défiance et de haine qui joua son rôle après 1559-1560 dans la soudaine fureur de tueries et de pogroms dont la Saint-Barthélemy n'est que la péripétie la plus célèbre.

La violence au cœur des villes

Sans relation ou presque avec les tensions religieuses, des flambées de violence telles qu'on n'en avait pas vues depuis la première moitié du

XVe siècle éclatèrent deux fois au moins dans le royaume ; à Lyon, en avril 1529, et en Guyenne, en 1548.

À Lyon, la « Grande Rebeyne » succéda à une sévère disette. Trois jours, les émeutiers tinrent la ville ; ils en pillèrent les greniers, puis ceux, tout proches, de l'abbaye de l'Île-Barbe. Ils perquisitionnèrent également les maisons d'une bonne douzaine de marchands et en mirent quelques-unes à sac, dont celle de l'humaniste Symphorien Champier. Plus grave, la milice, composée en majorité d'artisans, convoquée par le consulat, autorité municipale suprême, n'intervint que le troisième jour, quand les déprédations s'étendaient dangereusement. Elle étouffa la révolte ; néanmoins, lors de la répression, le roi crut plus prudent de l'assister d'une formation de gentilshommes en armes.

En Guyenne, le soulèvement des pitauts a une tout autre origine : l'introduction du régime le plus sévère pour la perception de la gabelle dans des provinces qui jouissaient jusque-là d'un statut privilégié. Cette initiative avait déjà entraîné dès 1542 la rébellion de La Rochelle, vite matée et habilement apaisée. En juillet 1548, ce fut beaucoup plus grave. Les communautés villageoises d'Angoumois, de Saintonge puis du Bordelais organisèrent la chasse aux « gabeleurs », qu'elles poursuivirent et massacrèrent jusque dans les villes grâce à la complicité du menu peuple urbain. Bureaux et greniers à sel furent vidés et saccagés. Le roi envoya des troupes, fit exécuter les meneurs, imposa des amendes collectives et déménagea les cloches pour qu'elles ne puissent plus ameuter la foule au son du tocsin ; en revanche, il dut rétablir, dans leur presque intégralité, les avantages dont bénéficiaient auparavant ces provinces. Les effets de ces deux flambées demeurèrent évidemment circonscrits dans le temps et l'espace. Toutefois, ces accès de violence prirent une ampleur exceptionnelle par rapport à la période immédiatement précédente. Bien que localisés, ils devenaient, pour les contemporains, probables, au même titre qu'un incendie, une inondation ou une mauvaise récolte, voire une épidémie de peste.

L'art de la guerre : si grand, si redoutable !

Mais ce sont les campagnes militaires qui provoquèrent à cette époque les dégâts les plus sérieux. Elles n'affectèrent pas, il est vrai, le cœur du

royaume, mais le menacèrent à plusieurs reprises. En 1524 et 1536, les troupes impériales traversèrent toute la Provence et dépassèrent Aix. Mieux, par trois fois, elles approchèrent dangereusement la capitale, suscitant des débuts de panique. Toutefois, l'essentiel de ces actions militaires consista en campagnes répétées, dans les régions frontalières, celles du royaume bien sûr, mais aussi celles de l'étranger qui devinrent françaises par la suite. Au nord, les armées enfoncèrent plusieurs fois la ligne de la Somme, dont une fois dramatiquement en 1557, lors de la bataille de Saint-Quentin. À l'est, elles s'en prirent tantôt à la Champagne (incendie de Vitry-en-Perthois en 1544), tantôt à la Lorraine, théâtre d'opérations en 1552-1553 sans interruption hivernale. Plus au sud, les Français occupèrent la Savoie de 1536 à 1559 ; la Provence, deux fois ravagée, subit en plus la présence de la flotte turque à Toulon, de septembre 1543 à mai 1544, sans parler du siège de Nice de 1543. En bordure des Pyrénées, le Roussillon fut aussi touché, comme le Pays basque, où les Espagnols encerclèrent Bayonne en 1523. Enfin, à partir de Calais, qu'ils détenaient depuis 1347, les Anglais lancèrent périodiquement des raids sur Montreuil, Thérouanne et surtout Boulogne, qui demeura entre leurs mains de 1544 à 1550. Périphériques, toutes ces campagnes militaires, dont on vient de donner un très bref aperçu, firent peser une menace presque permanente sur l'intérieur du royaume ; surtout, elles provoquèrent de véritables ravages dans les provinces qui les subirent.

Il faut en effet tenir compte d'un art militaire en pleine évolution. Amorcées depuis le milieu du XVe siècle, les transformations de l'armement, et à leur suite celles des armées, commencèrent alors à faire sentir tous leurs effets. L'emploi, de plus en plus déterminant, des lances et surtout des armes à feu, quel que fût leur calibre, condamna la cavalerie lourde du XVe siècle et réduisit le rôle de l'archerie. En revanche, il accorda une place croissante à une artillerie sans cesse mieux équipée et à une infanterie dotée de piques et de hallebardes, très vite concurrencées par les arquebuses et, vers 1540, par les mousquets. Les modifications de l'armement provoquèrent en outre un gonflement des effectifs, en particulier autour de 1530, d'une part parce que les stratèges fondèrent le succès sur les manœuvres d'une imposante infanterie, de l'autre parce que l'artillerie exigea non seulement des serveurs

Au XVIe siècle, l'infanterie, qui adopte la hallebarde, et l'artillerie tiennent les premiers rôles dans les engagements militaires. L'artillerie est dotée d'un « canon à main », l'arquebuse, dont le système de propulsion est d'abord calqué sur l'arbalète, de flèches incendiaires et, vers 1570, du mousquet, de 200 à 300 m de portée.

DE GAUCHE À DROITE : GRAVURE B.N., 1580 ; G. LOPES, « LE MARTYRE DE SAINT-SÉBASTIEN », DÉTAIL, XVIe S. ; AQUARELLE DE MANUSCRIT ALLEMAND, 1570 ; GRAVURE B.N., 1580.

mais aussi des artisans, des piétons et des bêtes de trait pour assurer l'entretien et le transport des pièces. Du seul côté français, la campagne contre Maximilien en 1480 et encore celle de Pavie en 1524-1525 n'auraient mobilisé respectivement que 25 000 et 28 000 hommes. En 1536, en Provence, on aurait atteint 45 000 hommes et Charles Quint en aurait rassemblé 50 000 en 1552 pour tenter de reprendre Metz, soit beaucoup plus que la population de la ville. Or, tous ces soldats s'approvisionnaient sur le pays, soit directement par mise en coupe réglée (ou par pillage), soit indirectement par l'intermédiaire de marchands, fournisseurs intéressés de l'intendance. L'augmentation des besoins en hommes et en bêtes se traduisit ainsi par une intensification des prélèvements. Ceux-ci concernèrent les produits alimentaires, et au premier rang les céréales ; ils se portèrent aussi, artillerie oblige, sur les foins et les avoines, les bêtes de somme, voire les hommes, prévus pour tirer, déplacer, désembourber les pièces. De plus, ils atteignirent de vastes zones. En 1523, les Impériaux de Roye fourragèrent jusqu'à Pont-Sainte-Maxence et, en 1544, de Château-Thierry jusqu'aux portes de Meaux et au cœur de la Brie.

Encore était-ce là un moindre mal, que d'autres actions aggravaient parfois notablement. D'abord, par tactique ou par vengeance, le commandement ordonnait de temps à autre une destruction systématique par le fer et par le feu. Ainsi, en 1536, quand venant du Piémont les Impériaux descendirent les cols des Alpes, le connétable de Montmorency décida de se retrancher dans la vallée du Rhône et d'abandonner la Provence jusqu'au-delà d'Aix. Une fois la population évacuée avec tout ce qu'elle pouvait emporter, il fit couper les récoltes sur pied et incendier les villages. Au début de septembre 1554, les troupes du roi de France, furieuses d'avoir dû lever le siège de Cambrai et frustrées du butin qu'elle espéraient y trouver, se replièrent sur Le Cateau, massacrant la population, brûlant les maisons, les greniers et les granges pleines de la nouvelle récolte. À Cagnoncles, elles enfermèrent les habitants dans l'église et y mirent le feu. Le sort des villes ne valait guère mieux. En 1544, Vitry-en-Perthois partit en fumée. En 1553, les Impériaux rasèrent jusqu'au sol Thérouanne et Hesdin et mirent à mort les Thérouannais.

D'un autre côté, le développement de l'infanterie s'accompagna d'une augmentation des recrues et davantage encore des mercenaires, dont les célèbres lansquenets *(Landsknechte)*, en principe d'origine germanique. Ceux qui ne désertaient pas rapidement (en général pour rejoindre leur famille) adoptaient un mode de vie en totale rupture avec celui des civils. Certes, leur image littéraire a outré et surtout systématisé les traits qu'elle leur attribuait d'hommes de violence et de dangereux bravaches, amateurs de bonne chère et d'alcools, consommateurs de femmes et, à l'occasion, assassins sadiques. Ces traits cependant correspondaient à une réalité, sans doute moins sombre, mais réelle, où le désir de prendre une revanche sur un ancien déclassement social, matériel et moral jouait vraisemblablement un rôle. Or, guère payés, le plus souvent mal, et de façon irrégulière, indispensables néanmoins à la poursuite des opérations militaires, et de ce fait difficiles à contrôler et à discipliner, ces recrues et ces mercenaires détenaient des moyens efficaces de rançonner les populations, ne serait-ce que la menace de mettre le feu à la maison et aux réserves.

Dernière conséquence fâcheuse du développement de l'artillerie pour les habitants des villes et des campagnes environnantes, une armée pénétrant en territoire ennemi ne pouvait plus désormais abandonner derrière elle une place forte trop bien équipée en bouches à feu ; la prendre coûte que coûte s'imposait donc. Or, l'introduction de ces armes à feu avait modifié l'art des fortifications et rendu la prise d'assaut plus lente. Les sièges se multipliaient et s'éternisaient. La campagne proche en souffrait ; méthodiquement exploitée et brûlée, elle finissait exsangue et dépeuplée. La ville, de son côté, se mutilait, rasant les habitations qui, au-delà des remparts, auraient mis sa défense en péril. De plus, la durée même du blocus entraînait des difficultés d'approvisionnement et quelquefois, rarement il est vrai, l'expulsion des bouches inutiles. Surtout, cette résistance exaspérait les assiégeants, qui, une fois la cité conquise, se vengeaient sur les habitants et leurs biens, cherchant d'autant plus avidement le butin que le prince tentait d'en accaparer l'essentiel. D'où ces villes ruinées, telles Saint-Quentin et Noyon en 1557. Il arriva même, comme à Calais en 1558, que les résidents furent chassés.

Pour les contemporains, la montée des affrontements religieux, la réapparition des flambées de violence, le retour, sur le territoire du royaume, d'armées en campagne – des troupes régulières, la plupart du temps – firent l'effet de véritables calamités. Pourtant, à l'exception de la guerre sur les seules régions frontalières, ces événements firent peu de morts et peu de destructions. Leurs effets, en dépit des craintes volontiers proclamées, demeuraient ponctuels et limités. On a vu comment cette distorsion entre ce qui survint et la représentation que l'on s'en fit tient sans doute aux événements qui secouaient alors le monde étranger. C'est aussi que, après la merveilleuse rémission antérieure, disettes et épidémies reprenaient, créant un sentiment d'insécurité et une sensibilité aiguisée pour tout ce qui, à l'exemple de l'étranger, risquait d'engendrer de grands et nouveaux malheurs.

Trousse-galant et grande menaeson

Entre 1520 et 1535, les épidémies retrouvèrent leur agressivité. La peste connut alors deux importantes poussées, en 1521-1522 et 1530-1533. De

La médecine progresse très lentement, les épidémies persistent, ravageuses. En cas de syphilis (ou bien de « trousse-galant » ?), on attend le plus grand soulagement du bois de Guayac, dont l'écorce, réduite en poudre, fait de fort bonnes décoctions.

(STRADAN, XVIe S. OFFICE NATIONAL DES PHARMACIENS, PARIS.)

plus, elle s'accompagna d'une série de maladies, dont certaines nouvelles, mal identifiées, comme l'énigmatique « trousse-galant », à la fin de la décennie 1520. Au-delà de 1533-1535, la peste s'assoupit malgré une brève reprise autour de 1545 ; dans leur ensemble, les « contagions » desserrèrent leur étreinte. Plus exactement, elles affectèrent des aires plus restreintes, mais sévirent sans répit, frappant fort là où elles attaquaient. En Bretagne, l'épidémie de 1540, la « grande menaeson », aussi mystérieuse que le « trousse-galant », épargna certes la région nantaise, mais fit doubler le nombre des sépultures en pays rennais. Il semble pourtant que, sauf pendant la grande secousse de 1520-1535, les maladies transmissibles ne récupérèrent pas leur virulence des lendemains de la Peste Noire. Devenues plus redoutables qu'un demi-siècle auparavant, elles fauchaient à l'occasion largement les individus, mais ne répétaient pas périodiquement ces hécatombes générales qui, de 1340 à 1440, décimaient les générations les unes derrière les autres. En fait, ces contagions, à l'exception de la peste, n'agissaient en force que parce que le terrain était préparé. Elles trouvaient des hommes affaiblis par un approvisionnement devenu insuffisant à la suite d'un déficit frumentaire.

Retour des disettes

Cette dépendance, relativement fréquente, assez caractéristique de la période 1520-1560, suggère que la calamité qui commit le plus de ravages, est la série de disettes graves, souvent généralisées, qui s'abattirent alors sur

« J'ose bien dire qu'il n'y a ville soubs le ciel, où le soing des pauvres soit si grand, et la charité si ardente qu'à Paris », écrit Sébastien de Münster dans sa *Cosmographie*. Pourtant toutes les villes de France tentent de nourrir des ladres affamés, car la disette, un moment calmée, fait rage à nouveau, avec tous ses corollaires – indigence, brigandage, épidémies, chutes démographiques...

(DE GAUCHE À DROITE : « LA CHARITÉ », GRAVURE D'APRÈS BRUEGHEL, 1559 ; « LA POLICE DE L'AULMOSNE DE LYON », 1539, FRONTISPICE ; « LA FAIM », GRAVURE FLAMANDE, FIN XVIe S.)

le royaume, rompant nettement avec l'époque précédente. Les tensions répétées sur les prix révèlent la gravité du mal. Particulièrement sérieuses furent les années 1520-1535. Deux envolées des prix céréaliers (1521-1522 et 1528-1533) s'étendirent à la quasi-totalité du royaume, de la Bretagne au Lyonnais, de la Picardie au Languedoc, le Bassin parisien s'en adjoignant une supplémentaire en 1524-1525. En outre, au nord, elles dépassèrent largement le triplement et, au sud, représentèrent un bon doublement des cours antérieurs. Le pillage des greniers lors de la Grande Rebeyne se produisit donc en pleine phase ascendante de l'une de ces hausses. Mais, comme les épidémies, les crises frumentaires s'espacèrent, tendant à devenir décennales. À leur différence, elles touchèrent en même temps de vastes portions du royaume et maintinrent leur virulence avec une remarquable constance. Les deux alertes les plus graves, celles de 1545-1546 et 1556-1557, se firent sentir de Cambrai à Montpellier, n'épargnant peut-être que l'extrême Ouest, et les flambées des prix qu'elles provoquèrent se tinrent bien près d'un triplement des prix *moyens* annuels ; leur impact réel fut donc sans doute supérieur.

Ce net retour en force des disettes correspond à plusieurs effondrements spectaculaires du produit céréalier récolté. Il n'y a là rien de surprenant dans un monde où les grains procuraient aux hommes des deux tiers aux quatre cinquièmes de l'énergie calorique qu'ils absorbaient. Ces effondrements – des déficits moyens de 15 à 25 p. 100, exceptionnellement plus – ne provenaient pas encore d'un rafraîchissement climatique sur le long terme, qui ne se dessina qu'autour du milieu du siècle ; ils découlaient de séries noires de temps défavorable, étés pourris, gelées hivernales et, au sud, chaleurs torrides. Néanmoins, dans la mesure où l'on connaît les chutes réelles des volumes moissonnés, il ne semble pas qu'il y ait toujours eu étroite corrélation entre elles et les envolées des prix. Il n'y a donc rien d'impossible à ce que cette

recrudescence des disettes se soit enracinée d'abord dans une distorsion entre une population croissant « comme des souris dans une grange » (Seyssel) et une production qui, la reconstruction achevée, ne se développait pas au même rythme ; elle découla aussi d'une structure des rapports sociaux où le poids et la destination des prélèvements, comme la répartition des richesses, renforçaient très sensiblement les déséquilibres économiques qui se dessinaient. Retour au début du XIVe siècle ? Pour une part, oui ; pour l'autre, non, car au même moment apparaissaient d'autres sources d'approvisionnement (blé balte, poisson de Terre-neuve), tandis que la productivité des hommes s'accroissait par une industrialisation rapide de nombre de campagnes et par l'esquisse de spécialisations agricoles régionales. Il en aurait résulté, après les crises en série des années 1520-1535, une détérioration ralentie, mais, de ce fait, agitée de spasmes particulièrement violents.

Ainsi, à des tribulations d'ampleur moyenne succédait peu à peu un lent et irrémédiable dérèglement.

Le trouble des esprits

L'assombrissement des années 1520-1535 semble avoir été vivement perçu par les contemporains, et leurs récits laissent le sentiment qu'ils éprouvent comme une sorte d'accélération angoissante des « plaies » dont Dieu frappe le royaume. Il suffit, pour s'en convaincre, de laisser parler ces modestes témoins que sont maître Nicolas Versoris, avocat au parlement de Paris, qui, de 1519 à 1530, tient un précieux livre de raison, ou Pierre Driart, moine de l'abbaye de Saint-Victor, qui, au récit des menus faits de son couvent, adjoint de curieuses informations sur le « climat » social de la capitale, ou encore l'anonyme Bourgeois de Paris, qui, à la même époque, compile diverses pièces du temps et se trouve ainsi transcrire fidèlement le sentiment populaire. Âmes simples, esprits médiocrement cultivés, ce sont, si l'on peut risquer cet anachronisme, des Français moyens du temps.

Eux aussi, comme leurs prédécesseurs – car ces citadins sont encore des campagnards –, notent minutieusement les intempéries, pluies, orages ou sécheresses, qui compromettent les récoltes et dont l'effet se fait fortement sentir après Pâques, au moment de la soudure. C'est à cette période qu'en 1521 Versoris enregistre, « à Paris, merveilleuse cherté de blé et de pain » ; le lendemain de la Fête-Dieu, on porte en procession « la châsse de madame Sainte Geneviève », et voici que, selon le Bourgeois, arrivent dans la capitale cinq grands bateaux chargés de blé, signe que le ciel a exaucé les prières qui sont montées vers lui. En 1522, nouvelle disette, note Versoris, « à cause du temps qui était fort pluvieux et aquatique et contraire aux blés qui encore étaient sur les terres, en manière que l'on ne pouvait faire ni achever la moisson » ; cette répétition échauffe les esprits, d'après le Bourgeois, et l'on craint quelque temps une émeute populaire : « Je crois, si le temps eût duré en l'état, qu'on eût rompu les greniers. Mais Notre Seigneur y pourvut. » Dans ce climat de violence latente qu'entretient l'incertitude de la subsistance quotidienne, les passions sont prêtes à s'enflammer ; en 1521, des boulangers de la capitale sont soupçonnés d'avoir cherché à tirer parti de la situation et certains sont condamnés à faire amende honorable ; pourtant, dit Versoris, « le peuple n'était guère content de telle amende, mais eût bien voulu que l'on leur eût tranché les têtes ». Bien d'autres indices viennent attester de ces tensions qui conduisent, par exemple, riches et pauvres à attacher aux événements des significations contraires ; ce qui est malheur pour les uns peut passer auprès des autres pour une bénédiction divine. C'est ainsi que, le 16 mars 1519, « environ six à sept heures après dîner » – cette précision même montre l'intensité de l'attention portée à de tels événements –, il « fit si grand et merveilleux vent à Paris et aux environs, bien loin, et quasi par la plus grande partie de la France, qu'il fit à Paris plusieurs grands dommages aux maisons, abattit plusieurs cheminées ; et, par les champs et bois, les arbres furent déracinés et abattus en grand nombre » ; à une époque où les arbres sont une précieuse richesse – il faut, pour abattre des bois sans réflexion, être fou comme Panurge, qui, du reste, mange encore son blé en herbe ! –, de telles destructions sont une grave perte ; et pourtant, selon le Bourgeois, grâce à cette tempête, « plus de trois à quatre ans après, en vinrent les bois à plus bon marché qu'auparavant, et on disait que c'était une manière que Dieu envoyait pour secourir et aider son pauvre peuple, parce qu'auparavant on avait du bois fort cher et à grand-peine ».

Observons, en outre, combien ces événements peuvent occuper continûment les esprits. Le récit que N. Versoris, lui-même propriétaire de

Une « impression céleste », l'un de ces prodiges que l'homme du XVIe siècle scrute avec soin, cherchant sa signification et son enseignement, anxieux d'y découvrir l'annonce d'un malheur.

(CONRAD LYCOSTHÉNÈS, « HISTOIRES PRODIGIEUSES », BÂLE, 1557 ; GRAVURE SUR BOIS.)

quelques vignes, nous a laissé des gelées du printemps de 1529 le montre avec une admirable précision. Fin mars et début avril, le temps est « plus froid que de mémoire d'homme n'avait été vu », et tout le monde croit les vignes gelées « car les gros glaçons pendaient aux bourgeons et grappes » ; « toutefois, miraculeusement, ainsi qu'il est tout véritable, tous les matins survenait un brouillard qui faisait choir la glace et gelée ». Était-ce l'effet des « fort belles processions » que villageois et citadins multiplièrent ? Il est sûr, en tout cas, que, le 6 avril, après des « processions générales à Saint-Martin-des-Champs » où « de mémoire d'homme ne fut autant vu de peuple pour une procession », il plut, puis le temps se mit au beau. Certes la gelée revint ; mais on ne se relâcha pas et on fit « continuelles processions » – avec profit. Versoris conclut : « Il est certain que, sans la grâce de N.S., tout universellement était perdu. Dieu nous fit miracle tout évident, et fut cette année dite et jugée année des miracles. »

L'obsédante présence de la mort

À ces intempéries redoutées s'ajoute la présence permanente de la mort. Ne parlons pas de ces décès que les chroniqueurs égrènent avec une obsédante monotonie ; pourtant, plusieurs de ces mentions, sous la plume de Versoris,

L'imagerie populaire s'empare du thème de la Mort, triomphante.

(NICOLAS LE ROUGE, « GRAND CALENDRIER DES BERGERS », 1529 ; BOIS GRAVÉ.)

sont accompagnées de cette brève indication : « Non sans soupçon de peste. » Son récit de l'épidémie de 1522, avec ses précisions comptables, en montre la gravité et laisse deviner l'inquiétude des esprits ; après avoir relevé, en quelques jours, dans son entourage immédiat, une dizaine de morts, dont celle de sa propre femme, il ajoute : « Est à noter que durant ce temps, en la ville de Paris, régnait une merveilleuse et dangereuse peste, en façon que l'on disait qu'en l'Hôtel-Dieu de la ville trépassèrent plus de douze-vingts [= 240] personnes en trois jours. Au cimetière des Saints-Innocents, pour un jour furent enterrées plus de quarante, mais communément étaient enterrées vingt-huit ou trente personnes, qui était gros nombre en deux ou trois mois, sans compter les autres églises. » Versoris observe ensuite que les plus pauvres, « crocheteurs » et « gagne-deniers », furent particulièrement touchés et qu'« au quartier des Petits-Champs tout le pays fut nettoyé de pauvres gens qui auparavant y habitaient en grand nombre ». Et il conclut : « À bref parler, cette année peut être dite et appelée la grande mortalité, laquelle ne fut pas seulement en la ville de Paris, mais par tout le royaume de France et mêmement [= notamment] en Normandie et en la ville de Rouen. Dieu le Créateur ait pitié de leurs âmes ! » La terreur de l'épidémie inspire parfois de rudes mesures. En 1530, alors que les prisons étaient pleines, le bruit courut que la peste s'était mise à la Conciergerie du Palais ; on s'employa donc à faire, comme dit Versoris, « grosses justices de plusieurs mauvais garçons prisonniers » ; en d'autres termes, on les exécuta pour se débarrasser de ce dangereux encombrement : « Il n'était jour qu'il n'y en eût de pendus et étranglés et les autres brûlés. »

Si cruels ou meurtriers que soient ces maux, ils semblent pourtant jeter dans les esprits moins de trouble que ne le font les guerres et surtout leurs conséquences. On savait, dans la capitale, en 1523, comme le note Versoris, que « les Anglais, Bourguignons, gens de Hainaut, Flamands étaient au pays de Picardie qui gâtaient tout ledit pays, et étaient en nombre de vingt-cinq à trente mille hommes, tous bien décidés de faire du mal et de venir jusqu'en la ville de Paris », et on suit leur avancée avec une inquiète attention , d'autant qu'on ne se sent guère protégé par les forces royales, engagées ailleurs : « Il sembla pour un temps aux bourgeois de Paris être destitués et délaissés de tout confort et aide parce que, lors, la grande puissance de France était envoyée en Italie pour recouvrer Milan, ce qui affaiblissait le royaume. » Mais cette crainte est, à tout prendre, moins vive que le climat d'insécurité qui en résulte et que nos chroniqueurs rapportent aux entreprises des « mauvais garçons », prêts à profiter de la situation ainsi créée. Par cette expression, ils désignent aussi bien des gens de guerre non payés que les miséreux décidés à exploiter les difficultés présentes. « Ces jours durant, écrit Versoris, les mauvais garçons se retirèrent en Paris en grand nombre, désirant de jour à autre la venue des ennemis, pour que, joints avec eux, ils pussent à leur plaisir piller, dérober et gâter la ville, de sorte qu'en ce temps étaient plus craints les mauvais garçons de la ville que les ennemis. » On disait même qu'ils s'étaient organisés et s'étaient donné un chef. Des mesures sont prises contre eux : il leur est enjoint de quitter la ville ; le soir, on tend des chaînes aux carrefours et on perquisitionne dans les maisons ; les résultats alimentent l'appréhension, puisqu'on trouve dans une cave cinq cents arquebuses toutes chargées ; et l'on voit des bourgeois partir et se replier à Orléans. Au reste, ce n'est pas seulement de ces « mauvais garçons » qu'on craint les méfaits ; on redoute aussi que le « menu peuple », dont on sent la sourde agitation, ne fasse cause commune avec eux. Pierre Driart le note avec une rude franchise : « Aussi durant icelui temps on avait grosse peur audit Paris que le menu peuple, qui n'avait rien à perdre, avec les mauvais garçons pillassent les bonnes maisons, car le bruit en était qu'ils étaient bien décidés à faire bonne chère à la venue desdits Anglais et gens de Hainaut ès dites maisons. » Cette crainte est si vive que, contre la coutume, les sonneries de cloches sont interdites toute la nuit de la Toussaint, « ce qui fut fait de peur qu'on ne pillât les bonnes maisons durant la nuit » ; et le 10 novembre est « brûlé tout vif », place Maubert, un personnage soupçonné d'être le capitaine des mauvais garçons. Ce n'est pas assez, et, l'année suivante, alors qu'on vient d'apprendre les revers français en Italie et la mort de Bayard, on réitère l'ordre aux « aventuriers » de quitter Paris, on enjoint aux taverniers de ne pas les servir, aux sergents de ne pas les fréquenter et on interdit le port de « bâtons à feu ».

Le soupçon et la peur

Un peu plus tard survient la nouvelle de l'incendie de Troyes, le 24 mai 1524. Elle donne corps, et pour longtemps, au sentiment de la terrible menace que fait peser un ennemi d'autant plus redouté qu'on se le représente dissimulé, agissant insidieusement, fomentant de mauvais coups dont il confie l'exécution à des « boutefeux » d'une extrême mobilité. Le mal n'est pas seulement que la ville de Troyes ait été « quasi toute brûlée », et six ou sept églises et quelque quinze cents « maisons de valeur » livrées aux flammes, de sorte que, selon le Bourgeois de Paris, « on estime plus de vingt fois ce qui a été brûlé que ce qui est demeuré » ; c'est surtout que l'incendie ait été malignement entretenu, car, « quand on entendait à [= s'occupait de] éteindre le feu en un quartier, les paillards le mettaient en un autre quartier ». En outre, les « gens inconnus et déguisés » venus à Troyes pour y perpétrer ce crime en ont confié le soin à des enfants de douze à quatorze ans, « auxquels ils donnaient argent pour ce faire » ; et l'incendie a été propagé par le moyen de si pernicieuses « mixtions » de poudre à canon, de soufre et de poix que, pour vaincre le feu, « y fut mis et employé moult de vin pour l'éteindre, car l'eau ne le pouvait éteindre, attendu que c'était feu grégeois ».

Le Bourgeois de Paris à qui nous empruntons ce récit se fait l'écho des rumeurs qui couraient : elles font mesurer la nature et l'intensité de la frayeur ressentie ; plus que les dévastations de l'incendie, si grandes fussent-elles, c'est l'insidieuse présence d'un invisible ennemi que l'on retient. « On dit, rapporte le Bourgeois, que le déluge est advenu par boutefeux qui sont épandus par le royaume de France et mêmement [= notamment] par quatre ou six hommes qui étaient en la ville, que l'on n'a pu savoir ni connaître car tous les jours ils changeaient d'habillements : étaient aucunes fois vêtus en marchands, autres fois en aventuriers, puis en paysans, aucunes fois n'ont cheveux en tête et parfois ils en ont ; bref on ne les peut connaître. Il semble que ce soit punition de Dieu. » Que l'incendie de Troyes ne fasse que préluder à celui de « la ville de Paris et autres villes du royaume », on le craint d'autant plus qu'on se représente ces boutefeux comme aussi peu nombreux que supérieurement mobiles et aptes aux métamorphoses.

Assurément, les jeunes incendiaires sont arrêtés et interrogés puis souvent pendus ou brûlés ; leurs pères, « questionnés », subissent souvent le même sort ; l'un d'eux y échappa en s'engageant à désigner des coupables. À Paris, on prend nombre de mesures préventives. « Marchands, bourgeois et habitants de la ville » reçoivent l'ordre « de faire le guet de nuit parmi les rues ; ce qui fut continué de faire toutes les nuits par l'espace de deux ans » ; chacun doit, la nuit, tenir devant sa porte une lanterne allumée et, en tout temps, des récipients pleins d'eau ; les soupiraux des caves et les fenêtres basses sont bouchés ; les hôteliers ne peuvent, après neuf heures du soir, accepter des hôtes inconnus d'eux ; les vagabonds sont mis en prison, « par soupçon et par peur», comme dit le Bourgeois ; enfin, les traditionnels feux de la Saint-Jean sont interdits. « Item, ajoute sobrement notre chroniqueur, il y en eut en la ville de Paris tout plein de brûlés et pendus qu'on disait être boutefeux. » Il s'installe dans la capitale un esprit qui n'est pas sans évoquer le sombre récit des plaies d'Égypte, puisque, selon Versoris, le premier juin, « furent trouvées grandes quantités de maisons signées aux huis de l'entrée de croix rouges et noires bourguignonnes, que l'on pensait ce avoir été fait par les traîtres boutefeux, afin qu'en une nuit à eux opportune ils pussent jeter leurs fusées et feu aux maisons ».

L'appréhension d'une catastrophe, qu'on se représente d'autant mieux que des huissiers ont été envoyés à Troyes pour examiner les dégâts et faire rapport, est aggravée par le sentiment que l'on ne peut guère recevoir secours que de soi. Les troupes royales, pour l'essentiel, font campagne en Italie et,

« ... De ce temps, chacun pensait à son profit particulier »..., note le chroniqueur Versoris. Ainsi de Monsieur le connétable de Bourbon, traître à son roi, qui mit le siège devant Rome, et aussitôt périt... Le feu, image parfaite de la calamité sans remède, ravage la Ville sainte.

(MORT DU CONNÉTABLE DE BOURBON LE 6 MAI 1527, GRAVURE B.N.)

si l'on s'afflige de leurs revers, on en ressent aussi quelque amertume ; d'une part, les efforts consentis ne sont pas récompensés : c'est de 1522 que date le premier emprunt forcé, et N. Versoris, qui a dû payer sa part, ne l'a fait que parce que, dit-il dans sa simple sagesse, « il vaut mieux tirer que rompre » ; d'autre part, l'« inconstance » du connétable de Bourbon apparaît comme un exemple éclatant de ces dissensions dont la France paie le juste prix. Ces réflexions inclinent à une sorte de découragement dont on retrouve l'expression dans divers pamphlets du temps, comme *le Monde qui est crucifié*, où Labeur, le troisième ordre du royaume, vient dire notamment son ressentiment à l'encontre des gens d'armes, dont l'entretien lui coûte si cher et qui ne savent même pas l'emporter sur l'ennemi :

> Bien l'ont montré aux pays d'Italie.
> À dire vrai ce ne sont que menteurs,
> Pillards, larrons, de tous maux inventeurs.
> À temps présent chacun me crucifie.

Ce n'est là qu'un des motifs du pessimisme de Labeur ; il s'estime, en effet, livré à toutes les calamités, dont il n'oublie pas de reprendre la liste classique :

> Tous les assauts de diverses fortunes
> Me sont venus ; pas il ne s'en faut une :
> Famine, peste, guerre et affliction.

De la chronique à la réflexion

C'est aussi le sentiment de N. Versoris. Lui qui suit généralement la pratique des chroniqueurs et note successivement les faits retenus, il s'arrête, exceptionnellement, au milieu des événements de l'an 1524 pour récapituler les malheurs du temps ; cette curieuse page mérite d'être citée tout au long : « En ce temps était estimé le royaume de France avoir été et être persécuté de toutes les plaies et persécutions que Dieu a accoutumé d'envoyer sur le peuple sur lequel il a l'indignation : premièrement furent envoyées les guerres, lesquelles furent commencées environ l'an 1520 et ont duré toujours depuis, puis famine, pestilence, mêmement en années 1519 et 1522, puis grandes eaux, vents et tremblements de terre en plusieurs pays, puis séditions intestines, c'est à savoir prince contre prince, comme le Roi de France contre Monsieur de Bourbon et autres grands personnages. Outre, et qui pis est, survint l'erreur et venimeuse et dangereuse doctrine de Luther avec commotions, pilleries et mangeries de peuple, foulé de tous côtés de tailles et larcins de gens d'armes. Après ce, advint la misérable fortune universelle sur les blés déjà ensemencés du royaume, à cause de la gelée advenue au commencement de l'hiver précédent, puis la conspiration des ennemis qui avaient conspiré de brûler et gâter toutes les bonnes villes du royaume. À bien parler, les riches et pauvres de ce temps avaient bonne cause et argument de s'ébahir, outre qu'il n'y avait espoir de paix, ni bruit qu'aucun voulût prendre le soin ou la sollicitude du royaume, mais de ce temps chacun pensait à son profit particulier, mêmement les personnages qui de leur état et office devaient penser au régime, état et prospérité de la chose publique et des pauvres. »

Peu de textes montrent mieux que le sentiment de vivre en un temps « calamiteux », pour reprendre un mot courant de cette époque, prend sa source dans l'impression d'être persécuté de « toutes les plaies » à la fois, quelle que soit la gravité de chacune d'entre elles, et sans qu'on se préoccupe d'en dénouer le tissu en les rapportant à des ordres différents de causalité. C'est dans la même phrase que Versoris signale les maux qui accablent le peuple et les débuts de l'« erreur » de Luther. De la doctrine de celui-ci, il ne sait rien et ne s'en soucie guère, comme la plupart de ses concitoyens ; quand Berquin est exécuté pour crime d'hérésie, notre homme note qu'« il ne fut guère plaint, car, ajoute-t-il avec humeur, supposé qu'il fut savant en lettres, toutefois il abusa méchamment de son savoir ». Et quand un luthérien brise une statue de la Vierge, il est indigné « de l'injure faite à l'image et représentation de la belle dame » et ne se rassérène qu'avec les solennelles cérémonies qui sont célébrées en réparation de ce sacrilège. Les « moult piteuses et douleureuses nouvelles » de la prise de Rome, où il dénonce une conséquence de l'« erreur » de Luther, le troublent : la ville, note-t-il, « fut toute pillée, brûlée et plus de quarante mille personnes tuées, qui est un cas moult pitoyable, et mêmement les lansquenets, que l'on dit suivre le parti de Luther ennemi des gens de l'Église, tuèrent et occirent tous les prêtres et gens d'Église qu'ils trouvaient ». Si préoccupé soit-il des événements qui le touchent de près, il est attentif, comme tout le monde, à ceux qui, pour être lointains, lui paraissent porter un coup dangereux à l'ordre établi et légitime. On le voit noter, en 1522, la défaite de Rhodes devant les Turcs : de cet « inconvénient et dommage, le royaume fut, écrit-il, universellement moult troublé et non sans cause ». Tous ces événements s'assemblent pour faire craindre quelque grand malheur dont on pourrait ne pas se relever. La défaite de Pavie lui en semble un moment une expression. Il donne une très longue liste des grands personnages tués ou faits prisonniers et conclut : « À bref parler, toute la fleur et chevalerie de France fut prise ou morte, ce qui sera, si Dieu par sa grâce, bonté et miséricorde n'y remédie, la perte et destruction totale du royaume. »

À travers les récits de nos chroniqueurs, on ne perçoit guère, avouons-le, les échos de ce qu'il est convenu d'appeler la Renaissance. Ces humbles narrateurs sont pourtant les exacts contemporains de Rabelais, à qui l'on doit l'introduction, dans la langue française, du mot de *catastrophe*, certes au sens théâtral que ce terme a longtemps conservé. L'activité littéraire de cet écrivain couvre à peu près les décennies qui conduisent des quelque quinze années sombres enregistrées par nos chroniqueurs aux prodromes des guerres de Religion. Si elles n'ont pas été sans troubles, parfois angoissants, elles ne ressemblent pas à la secousse des années 1520-1535. Est-ce pour cette raison qu'il faut, en France, attendre les années 1540-1550 pour voir s'accumuler les indices d'une large interrogation sur la nature et le sens des « merveilles », qui s'intensifiera dans la décennie suivante ?

Du prodige au présage

Assurément, il ne s'agit pas, dans ces débats, de déterminer les causes prochaines des événements calamiteux ; physique et médecine proposent depuis longtemps des raisons dont on se suffit, même si l'examen en est souvent repris et suscite de vives discussions. La question est plutôt de savoir si ces événements s'insèrent nécessairement ou providentiellement dans la trame de l'histoire. Aussi en aborde-t-on volontiers l'étude du point de vue de l'astrologie, comme le fait, par exemple, Calvin, qui, en même temps qu'il condamne l'astrologie judiciaire, admet sans réserve que « l'influence du ciel cause souvent les tempêtes, tourbillons et temps divers, item les pluies continuelles », tout comme « elle amène bien la stérilité et les pestilences », mais ajoute que, le monde étant soumis à la volonté de Dieu, il faut en dernière analyse lui rapporter ces événements et y reconnaître sa main. Il est toujours difficile de savoir si ces débats expriment ou non, fût-ce indirectement, des intérêts ou des sentiments suscités par l'appréhension de l'histoire contemporaine. Toutefois, il est rare que la seule curiosité intellectuelle les engendre et les nourrisse et, du reste, les auteurs poursuivent le plus souvent quelque projet d'édification. Il est donc très significatif de les voir concentrer leur attention sur ce qu'on appelle alors les *prodiges*, entendant par là des événements rares ou extraordinaires qui ont valeur de présages. Ces événements, quelle que soit la cause physique qu'on puisse assigner à la production de chacun d'eux, ont en commun de survenir contre l'« ordinaire cours de choses ». Le nom de prodige, en ce sens, convient à des réalités pour nous aussi différentes qu'un grand vent par temps serein et un

« La face du ciel a esté tant de fois défigurée par comètes barbues, chevelues, torches (...), dragons, duplication de Lunes, de Soleils et autres choses semblables »... Et Boaistuau de citer maints prodiges « espoventables », tel le parhélie de 1514 (phénomène lumineux dû à un jeu successif de réflexion et réfraction). Son souci était d'avertir ses contemporains, de les inciter à la réflexion et au repentir.

(P. BOAISTUAU, « HISTOIRES PRODIGIEUSES », 1560.)

tremblement de terre, une éclipse et une inondation, une comète et une naissance monstrueuse. La portée de chacune d'entre elles ne se mesure pas tant à la plus ou moins grande gravité de ses conséquences immédiates qu'à la capacité qui lui est reconnue de *signifier* d'importants événements.

On a vu au chapitre précédent que l'attention à ces signes n'est pas nouvelle, qu'elle avait même connu, au tournant du siècle, une recrudescence. Et les modestes chroniqueurs, dont nous avons plus haut requis le témoignage, ont continué, conformément à une tradition fort ancienne, à enregistrer les faits de cette nature ; Nicolas Versoris, qui reproche à Léon X d'avoir nui aux intérêts du roi de France, note sobrement que, « le jour qu'il mourut, fut ouï grand vent tant en France qu'en Italie ». Hors de France, le froid Machiavel lui-même, même s'il s'abstenait de se prononcer sur la nature de tels événements, ne mettait aucunement en doute leur réalité et assurait, par exemple, que la venue de Charles VIII en Italie avait été précédée, en Toscane, d'« impressions célestes » : on vit, dans les nues, des hommes en armes se livrer combat. Que dire de Luther qui, en 1523, consacre un petit livre à interpréter la naissance d'un monstre, le Veau-Moine, et indique, dans une lettre, qu'il n'est pas douteux qu'« il annonce pour l'Allemagne quelque immense calamité militaire ou même le dernier jour » ? L'idée plaît assez à Calvin pour qu'il donne son approbation à la traduction française de cet ouvrage en 1557.

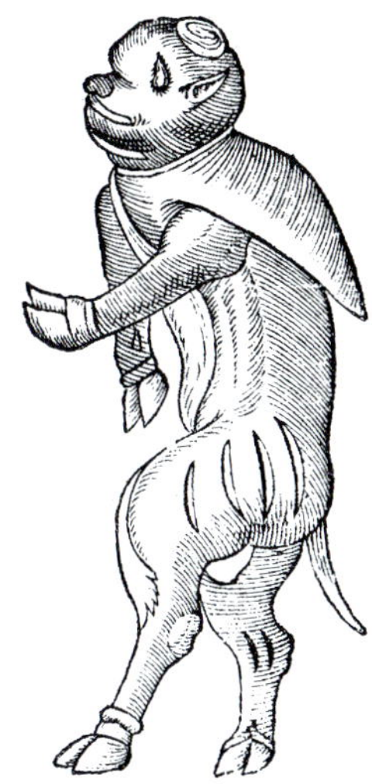

Le Veau-Moine, « monstre fort hideux, ayant les mains et pieds de bœuf, et autres choses fort monstrueuses », étudié par Ambroise Paré dans l'ouvrage *Des monstres et prodiges* (1573).

Pourtant, à partir des années 1540, en France, sous la double influence du platonisme florentin de M. Ficin et de l'aristotélisme padouan d'un Pomponazzi, on s'interroge intensément sur la nature du lien qui unit ces prodiges et les événements qu'ils sont censés présager. C'est, du reste, dans ce contexte que Rabelais emprunte au grec et introduit en français le mot de *catastrophe*. Selon Ficin, quand la mort d'un grand personnage est proche, il se produit des prodiges qui « nous signifient la majesté de l'âme qui s'en va et le dommage que va subir le monde ». Pantagruel, au *Quart Livre*, reprend cette thèse et souligne que les comètes qui alors apparaissent sont comme des « notes éthérées » signalant aux hommes que, sur le théâtre du monde, va s'achever cette pièce dont tel grand personnage était l'acteur principal, « car la fin et catastrophe de la comédie est proche ».

De l'ordinaire cours des choses, ou des avertissements du ciel ?

Ces lignes sont de 1552. La même année paraît en France un recueil significatif qui, sous des formes diverses, sera en quelques années plusieurs fois réédité. On y trouve successivement un catalogue de prodiges dû au compilateur antique Julius Obsequens et complété par un érudit moderne, C. Lycosthénès, puis, sous la plume de Polydore Vergile, une ferme réfutation de la croyance aux prodiges et, enfin, de la part de Joachim Camerarius, un chaleureux plaidoyer en leur faveur. Ce recueil est l'indice d'un large débat qui, au-delà du problème de la réalité et de la signification des prodiges, engage le problème de l'histoire et du rôle de Dieu et des hommes dans l'histoire. Faut-il penser avec P. Vergile que les prodiges ne sont guère que des effets naturels et détourner les hommes d'une attention inquiète à ces prétendus signes, qui ne saurait s'accorder avec la foi confiante requise du chrétien ? Ou faut-il, au contraire, comme le recommande Camerarius, épier intensément ces signes et y lire « un avertissement et comme une parole proclamant que ce que la volonté divine prépare contre nous est maintenant à nos portes » ? C'est de cette seconde thèse que Lycosthénès veut convaincre le lecteur ; pour la justifier, il fera paraître en 1557 une *Chronique des prodiges*, que les Français allaient lire avec passion et qui enseignait que tous ces événements « ne surviennent pas sans raison, mais ont pour fin d'annoncer aux hommes la sévérité et la colère de Dieu contre les crimes, ainsi que les grands changements affectant le monde ».

Ce n'est pas ici le lieu d'entrer dans l'examen des justifications philosophiques et théologiques de ces thèses, ni dans les discussions que leur publication provoqua. Observons seulement que le regain d'intérêt pour les prodiges que l'on constate en ces années semble correspondre à un pressentiment confus de sombres lendemains, mais que ceux-là même qui sont le plus profondément convaincus que les prodiges portent signification ne se lassent pas de dire qu'ils ont pour fonction non pas tant de nous avertir d'inévitables malheurs que de nous exhorter au repentir. Un livre populaire publié à Paris en 1556, qui veut informer les Français des « prodiges merveilleux advenus et vus en Allemagne », prend soin de dire qu'« ils signifient guerres, pestes, famines, trahisons, assauts des ennemis étrangers, meurtres, séditions et mutinations populaires par la volonté de Dieu, lequel toutefois nous aime tant, comme dit saint Augustin, qu'avant de nous perdre, nous veut admonester par ces moyens qu'il est prêt à nous punir au cas que nous ne voulions changer de vie ». De telles réflexions vont, au temps des troubles, devenir monnaie courante.

H. N. – J. C.

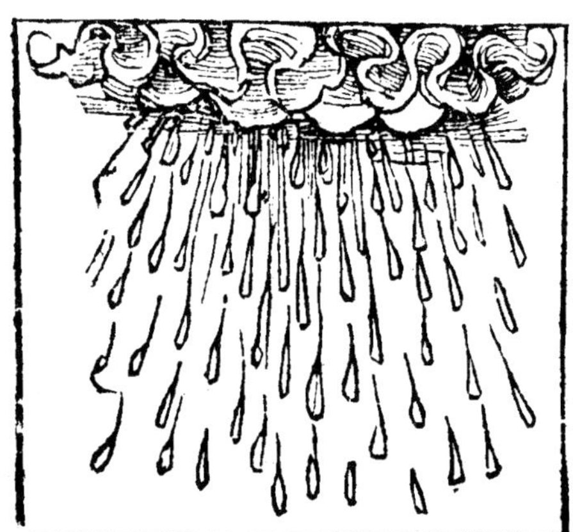

Pluie de sang tombant d'un nuage conventionnel.
(CHRONIQUE DE M. SCHEDEL, NUREMBERG, 1492 ; GRAVURE.)

XIV

le Monde à l'empire

Le dérèglement progressif des équilibres entre 1520 et 1560 avait alarmé les habitants du royaume. Ses surprenantes modalités – ces tribulations dernières constamment repoussées – avaient étonné, désarçonné, obligé aussi les contemporains à réfléchir. □

Brutalement, au début de la décennie 1560, voici qu'un ensemble de malheurs alliant tensions religieuses, violences populaires et campagnes militaires, sur fond de disettes et d'épidémies sans merci, se déchaîne sur un territoire maudit de Dieu, dont le prince était sinon toujours un enfant, du moins un adolescent chétif (François II, Charles IX) ou un chrétien contesté (Henri III, Henri IV), tandis qu'à maintes reprises la réalité du pouvoir parut « tomber en quenouille » italienne (Catherine de Médicis).

Le harcèlement du malheur

Pendant une quinzaine d'années, cependant, on espéra. On espéra à chaque détente, à chaque rémission, si courtes fussent-elles ; on espéra malgré les apparences. On voulut croire que la robe déchirée se réparait, se recousait, que l'ordre cosmique se reconstituait, que la concorde et la paix retrouvées allaient régner de nouveau. Mais bientôt, autour de 1572-1575, devant l'incessante avalanche de malheurs, face à leur virulence, que l'on imagina volontiers croissante, dans une situation en réalité « bloquée », se répandit l'idée que le monde se décomposait, éclatait, partait en lambeaux disparates et dérisoires ; ce monde allait « à l'empire ».

Pourtant, peu à peu, alors que le fond du désarroi était atteint, des appels à la pénitence, des courants religieux mieux définis et de plus d'audience, des regroupements autour d'hommes charismatiques, d'Henri de Guise à Henri de Navarre, enfin plusieurs méditations isolées, comme celle de Michel de Montaigne, fournirent quelques clés à des événements devenus un temps incompréhensibles et firent renaître l'espoir d'une possible action en ce royaume. Le plus curieux fut que ce revirement d'attitude, progressif et partiel, se dessina au plus fort de la tempête, entre 1580 et 1595, dates larges. Ces calamités, qui, quelques années auparavant, avaient paru insurmontables à presque tous, certains désormais estimaient pouvoir les apprivoiser et, dans une certaine mesure, ils y parvinrent. Ce qui caractérise cette période, néanmoins, ce n'est plus la simple multiplication des calamités, traditionnelles ou récentes, mais leur véritable foisonnement et, plus encore, leur interaction, qui les dote d'un surcroît de virulence.

Un pays maudit de Dieu ?

Calamités traditionnelles, calamités récentes, pendant une quarantaine d'années, furent toutes au rendez-vous. Et parmi les premières, les dominant, redoutables fléaux dont on cherche fébrilement la signification, dont on tente aussi de prévoir la venue, s'abattent une fois encore les disettes et les épidémies, frappant tantôt séparément, tantôt ensemble et toujours de façon meurtrière. Certes, elles ne sont pas caractéristiques de la seconde moitié du XVIe siècle, mais elles méritent ici une attention particulière pour deux raisons : parce que, grâce à des documents plus précis et plus nombreux, leurs contours s'affirment aux yeux de l'historien et parce que tout laisse entendre que leurs ravages atteignent à cette période un paroxysme.

Dans quelques régions précises comme les pays nantais et rennais, ou encore l'Île-de-France, il devient possible d'estimer approximativement l'impact réel de ces désastres sur la population. Trois traits qui se retrouveront au siècle suivant, parfois même au-delà, paraissent déjà en place. Ce qui frappe d'abord, et qui terrifiait d'ailleurs les contemporains, c'est la puissance de mort qu'ils recélaient, même si celle-ci était moins nocive qu'au XIVe siècle. Selon Alain Croix, la ponction démographique sur la Bretagne fut de 4 à 8 p. 100 de la population pour l'épidémie de 1583-1584 comme pour la crise frumentaire de 1591-1593. D'une paroisse à l'autre, ensuite, à plus forte raison d'une région à sa voisine, cette ponction subissait des écarts considérables, même en cas de ravages étendus à la presque totalité du royaume. En 1584, la maladie contagieuse aurait fauché de 23 à 30 p. 100 des habitants de Montreuil-sur-Ille, mais de 4 à 6 p. 100 de ceux de Châteaugiron. Cette inégalité géographique se doublait souvent, mais pas toujours, d'une inégalité sociale. Les « plus aisés », mieux nourris, ou moins sous-alimentés, résistaient davantage aux contrecoups des mauvaises récoltes. De plus, quand une contagion comme la peste semblait ignorer la hiérarchie sociale, ils fuyaient à l'annonce de son arrivée, au risque d'ailleurs de la répandre. Enfin, troisième trait, difficultés graves d'approvisionnement et irruptions d'infections mortelles s'accompagnaient d'une réduction des conceptions sans qu'il soit vraiment possible de distinguer ce qui découlait d'une restriction volontaire de ce qui était dû à une stérilité temporaire de la femme. Dans tous les cas, le niveau de la population se trouvait lourdement affecté.

Disettes et épidémies n'avaient pas seulement des conséquences démographiques : elles étaient également douées d'une forte puissante

« déstabilisatrice ». Elles perturbaient les circuits commerciaux au rythme de la disparition des partenaires habituels et des interdits qui pesaient sur les villes et les régions contagieuses. Surtout, elles brisaient les familles, cellules élémentaires de production, groupes sur lesquels reposait tout l'édifice social. Ainsi l'économie et la société à la fois se trouvaient ébranlées dans leurs fondements et menacées de désorganisation au moins momentanée. Ces effets « pernicieux », les contemporains n'en eurent sans doute pas une perception bien claire ; ils les ressentaient cependant à travers la conscience vague de malheurs mal définis entraînés par un ordre qui se désagrégeait.

Pestes et disettes, comme en un tourbillon de plus en plus rapide...

Il est malaisé de savoir si disettes et épidémies prises une à une se montrèrent plus virulentes entre 1560 et 1600 que dans la période précédente, faute de points de comparaison suffisamment nombreux et précis, et bien que leur nocivité se soit atténuée, cette fois incontestablement, dans le quart de siècle qui suivit, de 1600 à 1625. Un renforcement de leur intensité individuelle demeure une hypothèse vraisemblable, mais nullement une certitude. En revanche, leur fréquence s'accrut notablement et revint au niveau des années 1520-1535, non pas pour une quinzaine, mais pour une quarantaine d'années. Cette intensification durable du rythme, aux conséquences désastreuses, se traduisit d'abord par une multiplication des vagues de fond qui affectaient la plus grande partie du royaume. La peste, d'abord, après une flambée en 1563-1564, s'enfle à partir de 1578-1579, avec une pointe en 1582 et un sommet en 1586 et 1587 (42, puis 34 villes de l'échantillon étudié par Jean-Noël Biraben furent alors touchées). La brusque retombée de l'épidémie n'empêcha pas une troisième avancée en 1596-1598. L'alerte est ainsi quasi générale plus d'un an sur quatre ; encore la peste n'est-elle pas la seule épidémie, même si les autres sont moins faciles à étudier.

L'aggravation fut plus nette encore pour les disettes. Certes, celles-ci ne sont pas tout à fait mesurables par les tensions de prix sur les marchés : l'autoconsommation demeurait majoritaire et il n'y a pas étroite corrélation entre la gravité des déficits céréaliers et l'intensité de la hausse des prix. Pourtant, on sait que de très sérieuses difficultés d'approvisionnement affectèrent une large part du royaume vers 1561-1563, 1565-1566, 1572-1574, 1576-1577, 1585-1587, autour de 1590, ici plus tôt, là plus tard, enfin de nouveau vers 1596-1597, donc avec une périodicité d'environ cinq ans (contre dix ans de 1535 à 1560). Entre ces disettes et les épidémies, largement répandues, s'intercalèrent des crises locales et régionales, ici un « flux de ventre », là une moisson catastrophique, qu'il faut prendre en compte afin de ne pas fausser l'appréciation du phénomène.

REBVS SVR LES MISERES DE LA FRANCE.

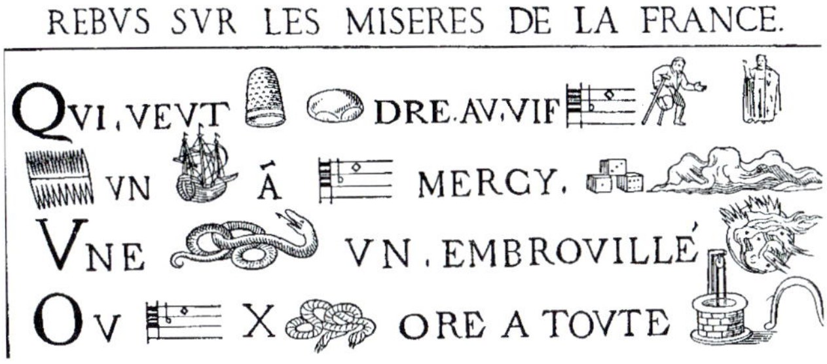

Il faut traduire :
Qui veut dépeindre au vif la pauvre France
peigne un navire à la mercy des flots.
Une vipère, un embrouillé chaos
où la discorde ore a toute puissance...
(À Paris, chez Jacques de la Carrière, dessous les charniers des saincts Innocents.)

De la violence populaire à la guerre civile

Pourtant, l'originalité de la période est ailleurs. Elle réside dans les effets de ce qui définit classiquement cette tranche d'histoire française : les guerres de Religion. De la violence de ces guerres, les Saint-Barthélemy de 1572, c'est-à-dire le massacre populaire des protestants dans plusieurs villes du royaume à l'instar de Paris, sont devenues le symbole, partout accepté, inlassablement repris, entré désormais dans l'imaginaire des générations suivantes. Non sans raison, bien sûr ; le nombre des victimes demeure incalculable au sens propre comme au figuré, puisqu'elles doivent certainement se compter par milliers. Il serait néanmoins faux d'y voir un événement monstrueux, l'aberration momentanée d'un fanatisme religieux manipulé par des factions politiques. Ces Saint-Barthélemy systématisent seulement des pratiques courantes, apparues très tôt. Dès 1562, à Sens, les corps de huguenots, ou supposés tels, flottèrent en masse sur l'Yonne, au point que certains observateurs prétendirent qu'à Paris la Seine se teinta en rouge. Ce qui singularise donc 1572, c'est l'ampleur exceptionnelle du déchaînement. D'ailleurs, une faction aurait-elle pu à elle seule déclencher pareil cataclysme s'il n'y avait eu réceptivité et accoutumance ?

Un royaume sillonné de gens armés

Mais, malgré leur virulence, les émeutes populaires, même les plus sanglantes, ne doivent pas cacher une autre source de mort : la guerre,

Le massacre de Vassy, le 1er mars 1562, déchaîne la violence religieuse, jusque-là contenue : elle va jeter les Français les uns contre les autres pendant trente-six ans.

(RECUEIL DE TORTOREL ET PERISSIN ; GRAVURE, XVIe S.)

maintenant à peu près générale et presque permanente. Certes, de temps à autre, dans telle ou telle région, se dessinait une précaire rémission. Encore, à partir de la décennie 1570, ne s'agissait-il plus de véritable paix, mais uniquement d'accalmies, car des formations armées, mal contrôlées, sillonnaient le territoire, vivant à ses dépens et donnant aux méfaits guerriers un double visage, celui des soldats « réguliers », celui des bandes errantes.

En devenant civiles, les guerres étendirent à l'ensemble du royaume une situation demeurée à sa périphérie dans la période précédente. Désormais, chaque parti levait ses propres troupes. Celles-ci mobilisaient, autour de chefs de faction momentanément ligués, leur clientèle de gentilshommes et de valets ; à ces noyaux, plus ou moins soudés entre eux, s'ajoutait, selon les besoins de l'heure, un nombre variable de corps de mercenaires, quelquefois français, la plupart recrutés au-delà des frontières (les « reîtres » et les « lansquenets »). Comme aucune de ces troupes plutôt disparates ne parvint à emporter la décision au fil des prises d'armes, on sollicita l'étranger ; les uns se tournèrent vers Philippe II d'Espagne, les autres regardèrent vers Élisabeth d'Angleterre ou les princes protestants allemands. Dès lors, ce furent de véritables armées qui parcoururent le royaume, qu'elles fussent « protestantes », « catholiques », « ligueuses », « royales », « anglaises » ou « espagnoles », commandées par un chef de guerre ou de parti, un roi, son lieutenant ou un capitaine étranger. Comme telles, elles entraînèrent les réquisitions et contributions levées sur le pays pour nourrir une volumineuse infanterie et pourvoir au transport d'une artillerie lourde ; les exactions des

Dans les deux camps, l'escalade de la violence est immédiate. Un huguenot, Sébastien Castellion, reconnaît, dans son *Conseil à la France désolée* (1562) : « ... sont tes propres enfants qui te désolent et affligent (...) en toy n'y a paix ne repos, jour ne nuyct... »

(« HORRIBLES CRUAUTÉS DES HUGUENOTS » ; GRAVURE B.N., DÉBUT XVIIIe S.)

soldats qui se livraient au chantage, presque toujours impunément ; parfois les destructions systématiques, effectuées dans un but tactique ou par simple vengeance ; enfin les sièges interminables qui laissaient la banlieue exsangue, affamaient les villes et se terminaient, en cas de reddition, sinon à tout coup par un sac en règle, au moins par une forte rançon et des dégâts importants. Ainsi, en 1562, pour l'armée royale en formation, Étampes dut fournir, en quelques semaines, autour de 600 hl de grains, 300 hl de vin, 80 000 pains de munition, sans compter 2 780 livres tournois à verser. Le dépôt de vivres attira les protestants, qui s'emparèrent de la ville. Leurs forces se montaient, outre quelques canons et 5 000 chevaux, à 8 000 hommes, soit plus que la population de Nancy (6 000 habitants), la moitié ou le tiers d'une bonne capitale provinciale (entre 15 000 et 25 000 âmes), plus de 2,5 p. 100 de la population parisienne, que Jean Jacquart estime à 300 000 personnes en 1565.

Le pain de Mme de Montpensier

Le siège de Paris par Henri IV de la fin d'avril au début de septembre 1590 reste encore de nos jours le meilleur symbole de ces malheurs, sinon l'épisode le plus célèbre. La capitale, d'où s'enfuirent quelques notables mais où se réfugièrent les habitants du voisinage, connut rapidement la pénurie, puis la disette. Dès le 31 mai, le blé disparut des halles. Les chevaux, suivis des chiens, des chats et des rats accommodés aux graisses et au suif, en firent aussitôt les frais. La famine s'installa. On broya les peaux et les os des animaux pour confectionner de la farine ; on déterra un jour les ossements du cimetière des Innocents afin de fabriquer le « pain de Mme de Montpensier » ; on en accrut d'autant le nombre des victimes. Pendant ce temps, des rumeurs se répandirent signalant des cas d'anthropophagie familiale, les survivants mangeant les décédés. Les autorités chassèrent les bouches inutiles, qu'habilement Henri IV laissa franchir les lignes, leur évitant les coups de mousquet ou la mort lente entre murailles fermées et assiégeants intraitables. En banlieue, les champs abandonnés et les vignes dévastées retournèrent à la friche et, comme les escarmouches et le maraudage des brigands y firent ensuite régner l'insécurité, ils restèrent en cet état jusqu'aux trêves de l'été 1593.

C'est que ces troupes, mal pourvues et dotées de soldes irrégulières, faute de ressources suffisantes pour soutenir un effort continu, se payèrent, et peut-être se vengèrent, sur le pays, qu'il fût allié ou ennemi, de la même confession ou d'une autre. De plus, on vit se multiplier les bandes armées, de petits effectifs, en général, qui pillèrent et rançonnèrent, attaquant ici un village, là se portant sur un bourg le jour du marché. Ces bandes étaient d'origines diverses : noyaux de gentilshommes insatisfaits, œuvrant pour leur propre compte ; mercenaires en congé incapables de rejoindre leurs foyers et ne le désirant peut-être pas ; paysans, parfois citadins, déracinés, désormais impuissants en raison des troubles à assurer pacifiquement leur survivance, ou trouvant ce moyen plus commode pour acquérir l'essentiel, voire un superflu qui posait son homme. Quoi qu'il en soit, l'absence de troupes régulières et les périodes de paix officielles ne signifièrent pas pour autant calme et tranquillité. De 1569 à 1588, le Hurepoix éloigné, pourtant du théâtre des opérations, supporta au moins une fois par an un coup de main certes local, mais désastreux. À chaque incident, il fallait verser une rançon, abandonner une part de récolte, accepter la violence ; encore était-on tout heureux que la grange ou la maison ne brûlât point et que l'on ne finît pas dans les frondaisons au bout d'une corde.

« J'envoie sur eux l'épée, la famine et la peste »

Pour apprécier les répercussions réelles de tous les maux que le royaume eut à subir lors des guerres de Religion, il ne suffit pas d'évoquer chacun d'eux l'un après l'autre et d'en examiner successivement les effets particuliers sur les populations ; on risquerait de n'en pas saisir l'exacte mesure. Car, ce qui est en jeu, ce n'est pas une juxtaposition éphémère, mais une combinaison durable de calamités.

Les troupes régulières et les brigands éparpillés accentuaient par leurs prélèvements et leurs déprédations les conséquences des mauvaises récoltes ; de médiocres, voire d'honnêtes, ils les rendaient catastrophiques. Ils répandaient également les épidémies au rythme de leurs déplacements, des malades qu'ils abandonnaient, des populations qu'ils pressuraient et condamnaient ainsi à une sous-alimentation propice à la prolifération des maladies. Par exemple, en haute Bretagne, royalistes et ligueurs – pillant et moissonnant successivement à leur profit les maigres épis de 1590, 1591 et 1592 – provoquèrent chez les indigènes l'une des pénuries alimentaires et des flambées de mortalité les plus graves du siècle. Mais disette et contagion, à leur tour, parce qu'elles étaient comprises comme des fléaux de Dieu déclenchés contre les « infidèles » ou les dépravés et qu'elles constituaient un « jugement » frappant un peuple dont la vigilance s'était relâchée, poussaient à l'émotion violente, aux massacres des impurs, aux expiations sanglantes, aux prises d'armes dévastatrices.

C'est à travers ce prisme, spécifique à l'époque, d'un christianisme divisé se refusant comme tel, même provisoirement, qu'il faut comprendre le jeu des calamités et leur extrême violence.

De forts convois d'approvisionnement envoyés par le duc de Parme convergent vers Paris le 19 août 1590. La ville est assiégée par Henri de Navarre depuis mai ; dès juin le pain manque. La ville dure et fermée préfère soutenir un siège de cinq mois, et mourir de faim, plutôt que d'ouvrir ses portes à un roi huguenot. Amère péripétie d'une interminable période de guerre ; Henri y met fin en levant le siège, le 29 août.
(GRAVURE DU XVIIe S. B.N.)

Marée démographique et retard de la production

Or, ces réactions, qui tout à la fois accentuaient et relançaient les calamités dans un mouvement en spirale s'aggravant sans cesse davantage, survenaient à contretemps, dans une conjoncture qui rendait moins supportables les déficits céréaliers et, partant, les hommes plus vulnérables aux épidémies, déjà fort virulentes en temps normal. En effet, les améliorations de la productivité liées à l'industrialisation des campagnes, aux esquisses plus généralisées de spécialisations agricoles, au développement des échanges à longue distance, ainsi que l'exploitation en plein essor de nouvelles aires d'approvisionnement (blé de la Baltique, bétail des steppes, poisson de Terre-Neuve, sucre brésilien), ne parvenaient plus à faire face à la marée démographique, à un déséquilibre global entre ressources et besoins. De plus, favorisant les gros producteurs et plus largement les détenteurs de capitaux et de terre (si petits fussent-ils), dans une période de prélèvements toujours élevés (dîmes, droits seigneuriaux, rente foncière, fiscalité de plus en plus exigeante), les mêmes améliorations qui, d'un côté, avaient freiné la détérioration économique accusaient, de l'autre, les disparités de revenus et diminuaient, pour peut-être une bonne majorité de chefs de famille, le volant de sécurité dont ils disposaient plus que proportionnellement au déséquilibre global, et parfois le faisaient totalement disparaître. En outre, les salaires horaires marquaient le pas devant une tendance longue à la hausse rapide des prix, en particulier des prix céréaliers. En conséquence, un déficit frumentaire faible, bien plus faible qu'auparavant, suffisait à provoquer une disette grave, souvent meurtrière.

Pour comble de malheur, l'évolution climatique, caractérisée par l'avènement du « petit âge glaciaire », plus froid et surtout plus humide, multipliait les médiocres moissons, contribuant de son côté à abaisser les volumes moyens de production. Dans ces conditions, les représentations que l'on pouvait se faire des calamités, bien loin d'aider à les dominer, accusaient au contraire leur nocivité.

L'impossible tolérance

Le mal eût peut-être été plus aisément circonscrit si l'un des partis avait promptement triomphé. Au début des années 1560, les huguenots, qui coup sur coup prirent le contrôle des principales villes, ne furent sans doute pas loin d'y parvenir. La reconquête partielle de ces places par les catholiques les tint en échec. Ceux-ci tentèrent de s'assurer l'avantage à leur tour. En vain. Les Saint-Barthélemy mirent en relief l'existence de pôles de résistance protestants imprenables, irréductibles. Face à ces deux blocs, les « politiques », les « malcontents », peu nombreux et souvent circonvenus par des ambitieux, ne purent pas imposer l'idée d'une « coexistence » au moins temporaire ; ils furent réduits au rôle d'appoint, alliés tantôt de l'un, tantôt de l'autre. À partir de 1572-1574, aucun parti ne se révéla capable de triompher des autres. Après chaque prise d'armes, le roi, par un « édit de pacification », transformait le rapport des forces du moment en un état d'équilibre durable que rien ne devait rompre. Il donna ainsi l'impression de vouloir contraindre à la tolérance des sujets qui, dans leur grande majorité, la refusaient encore. Il suscita la méfiance, d'autant que ses exigences fiscales croissaient sans cesse. L'idée d'une résistance au souverain se répandit, soutenue ici par la défense des privilèges locaux, là par un patriotisme municipal renaissant. Le royaume sombrait dans l'anarchie ; sa lente décomposition dans un imbroglio d'intrigues et de bruits de bottes atteignit son paroxysme à la fin de la décennie 1580, lors de la crise de la Ligue.

Pourtant, la détente était proche. En Europe, dans son ensemble, les saignées consécutives ne supprimèrent certes pas totalement les déséquilibres, mais les atténuèrent très sensiblement. Un répit s'offrait ; encore fallait-il que le royaume, en proie pendant quarante ans à la guerre civile, pût en profiter. Or, les désordres économiques reculèrent eux-mêmes lentement dans la décennie 1590, au moment où survenait la dernière vague de disettes et d'épidémies. Peu à peu, la situation se renversait, le pouvoir royal se raffermissait, l'idée d'une tolérance au moins provisoire progressait. On cessa de penser que la calamité des calamités, celle dont dépendaient toutes les autres, résidait dans l'existence de papistes idolâtres ou de « prétendus réformés », qui ne pouvaient que provoquer les foudres divines. On comprit en revanche que le malheur des malheurs provenait des campagnes militaires, des bandes insoumises, de la présence des Espagnols, en un mot du déchirement du royaume. Un autre état d'esprit, dont on pourrait d'ailleurs trouver quelques légères traces auparavant, se répandait. Triompha-t-il réellement ? Peut-être pas, mais il fut assez fort pour permettre à d'autres facteurs de jouer et faciliter ainsi l'apparition d'un répit de 1600 à 1630.

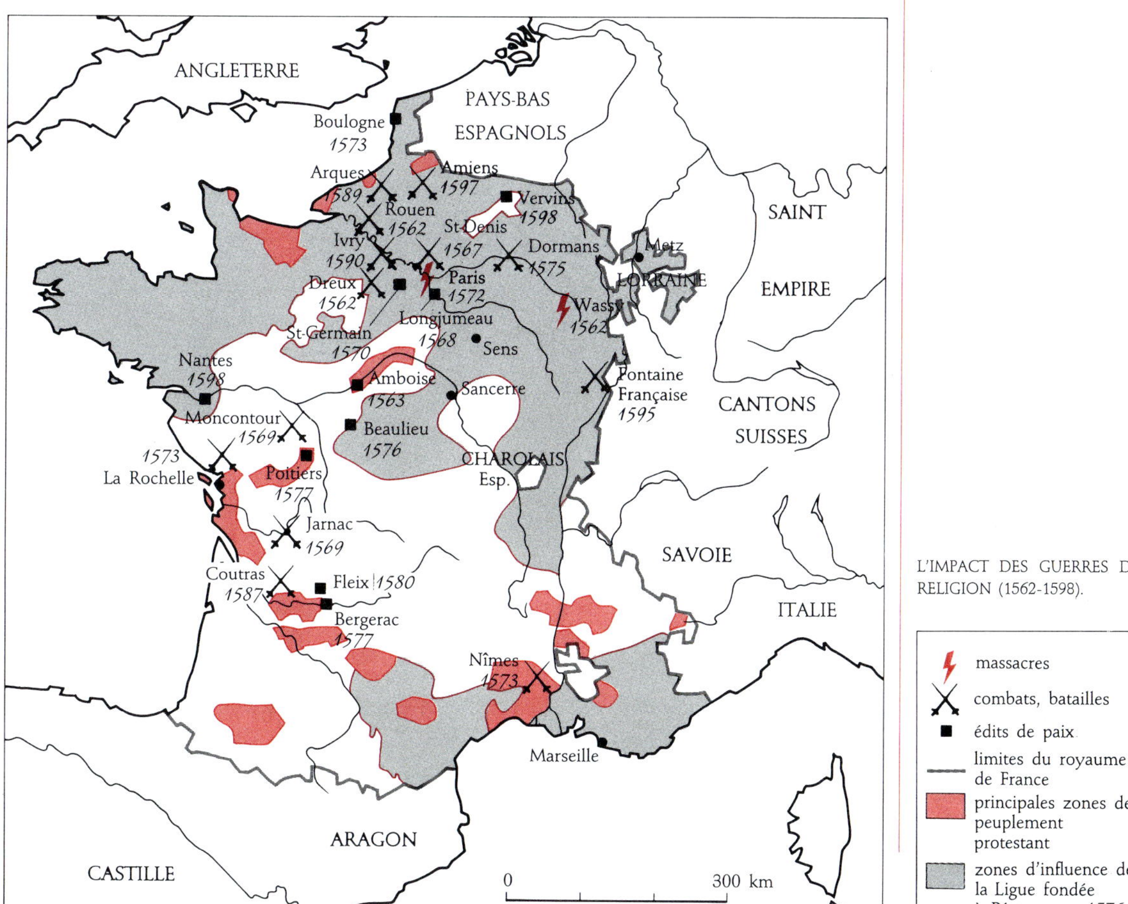

L'IMPACT DES GUERRES DE RELIGION (1562-1598).

Un pays meurtrier de soi-même

Ce nouvel état d'esprit, encore lent et timide à s'affirmer, contraste pourtant avec le sentiment qui prévalait au temps des troubles et qu'en 1568 François de Belleforest résumait d'une formule lapidaire : « Le temps présent est plus monstrueux que naturel. » L'historien pourrait sans doute recueillir auprès des chroniqueurs et des mémorialistes de ces années agitées nombre de détails précis, parfois chiffrés, qui lui permettraient de raconter les « misères du temps » : disettes, épidémies, faits de guerre ont assez fortement frappé, leurs conséquences ont été souvent assez rudes pour qu'il soit possible d'en proposer un récit circonstancié et haut en couleur. On ne rendrait pas compte pour autant de l'impression d'un dérèglement universel qui transparaît généralement. Pour les contemporains, la marque propre du temps qu'ils vivent, c'est que l'exceptionnel y est devenu ordinaire ; il n'y a pas de plus profond bouleversement.

« Les échantillons de l'ire de Dieu »

C'est, du reste, en ces années que se constituent, à l'usage des Français, des recueils de « merveilles ». Non plus reprise ou traduite d'auteurs antiques ou étrangers, mais due à la plume d'écrivains français, cette littérature « paradoxographique » revêt des formes très diverses. Le premier recueil d'*Histoires prodigieuses*, composé par Boaistuau et qui connaîtra un nombre considérable d'éditions et de continuations, paraît en 1560. C'est en 1564

La mort préside à ces temps de troubles.

En peine ay vescu longuement
Tant que n'ay plus de vivre envie,
Mais bien ie croy certainement,
meilleure la Mort que la vie.

(« LES SIMULACHRES ET HISTORIÉES FACES DE LA MORT », LYON, 1538.)

que Jean de Marconville publie un *Recueil mémorable d'aucuns cas merveilleux advenus de nos ans.* Arnaud Sorbin donne en 1570 son *Traité des monstres.* Un trait commun à tous ces ouvrages est leur souci d'inscrire les « cas merveilleux » d'aujourd'hui dans la suite de ceux qui ont ponctué l'histoire. Boaistuau commence à la naissance du Christ, Sorbin au temps de Constantin et Marconville ne cesse de faire appel à des témoignages anciens. Leur but est clair : ils cherchent à montrer que, si Dieu n'a cessé de nous prodiguer ses avertissements, le nombre de ceux-ci s'est aujourd'hui accru au point de nous contraindre à conclure que sa patience commence à se lasser ; l'enquête historique qu'ils conduisent doit à la fois nous apprendre à déchiffrer le présent et nous rendre sensibles à l'accumulation des signes qui se multiplient autour de nous. Ils mettent, en outre, le lecteur en garde contre la dangereuse séduction de l'anecdotique, qui, d'un mot, se nomme la curiosité ; Sorbin réprouve la « science ignorante » d'aujourd'hui qui s'attarde à détailler tel ou tel événement au lieu d'en scruter la signification et de se convaincre de l'urgence du repentir. Tel est aussi le dessein de Boaistuau, qui nous engage à ne lire les histoires qu'il nous raconte que pour « entrer en nous-mêmes, frapper au marteau de notre conscience, éplucher nos vies et avoir en horreur nos méfaits ». Marconville, à son tour, consacre tout le premier chapitre de son livre à décrire les horreurs de la guerre civile pour mieux nous pénétrer de la conscience de notre aveuglement ; car « nous n'avons été sans avertissements précédents, qui nous admonestaient de la calamité prochaine à venir, que Dieu nous a fait entendre par un infinité de plaies précédentes, comme la nielle qui depuis dix ans a gâté les blés », sans compter les grêles, les foudres, les tonnerres, les tempêtes, les pluies incessantes – « presque deux ans entiers » –, les orages monstrueux comme celui du 22 avril 1561 : ce sont les « présages et avant-coureurs de l'indignation divine [...], les échantillons de l'ire de Dieu ».

Ne voyons pas là simples propos de moralistes qui noirciraient la peinture de la réalité pour obtenir plus sûrement la réaction salutaire qu'ils cherchent à provoquer. Des médecins, des chirurgiens, des naturalistes parlent de même. Le *Traité de la peste* qu'Ambroise Paré publie en 1568 a souci d'exposer, avant les causes naturelles de la maladie, ses « causes divines », car « c'est une chose résolue entre les vrais chrétiens, auxquels l'Éternel a révélé les secrets de sa sapience, que la peste et autres maladies qui adviennent ordinairement aux hommes procèdent de la main de Dieu » ; et il en accumule les témoignages bibliques, sans omettre le verset d'Habacuc qui formule la classique trilogie : « Voici, j'envoie sur eux l'épée, la famine et la peste. » Nous convertir, continue-t-il, est « le principal antidote contre la peste ». Si la littérature médicale s'abstient de faire plus directement allusion à l'actualité, d'autres textes contemporains font voir que celle-ci concourt à l'inspirer : Henri Estienne, par exemple, estime qu'aux trois cents maladies connues d'autres sont aujourd'hui venues s'ajouter, car « ainsi qu'il y a en notre temps des méchancetés plus étranges que jamais, aussi Dieu les châtie par façons plus étranges ».

De ce point de vue – et c'est un des traits caractéristiques d'une telle littérature –, toute calamité apparaît à la fois comme un châtiment et comme un avertissement. En même temps qu'elle frappe, elle menace d'autres malheurs. Elle est, comme on disait alors, tout ensemble chose et signe et plus elle frappe rudement, plus grave est l'avertissement qu'elle dispense. Le témoignage de l'histoire passée a précisément pour fonction de mettre au jour la relation qu'a toujours entretenue tel ou tel malheur avec la suite de ceux dont il était à la fois l'annonce et la première manifestation. Souvent encore, la peinture du malheur présent conduit à reporter le regard vers les malheurs antérieurs dont nous aurions dû nous aviser qu'ils en étaient les signes. Quand Claude Haton, modeste prêtre de Provins, rédige sa chronique, il consacre plus de cent pages à l'année 1562 pour y faire notamment état de la remontrance adressée à la reine par Ronsard ; mais le résumé qu'il en propose prend en compte des textes postérieurs. Ce résumé est, d'ailleurs, un précieux témoignage sur l'état des esprits. La remontrance à la reine ne se contente pas de lui rappeler les exhortations des docteurs et des prédicateurs et de l'inviter à lire dans les guerres civiles la marque du courroux divin. Elle l'engage aussi à observer « la diminution des biens de la terre » et « la pestilence qui a envahi et assailli ce royaume quasi universellement », car « ce sont toutes menaces de Dieu pour notre châtiment ». Et si la reine n'est pas encore convaincue, qu'elle considère aussi « la mutation et changement des saisons de l'année, l'été en hiver et l'hiver en été, qui n'est autre chose qu'un augure ou signe pronostique de notre malheur proche » ; qu'elle regarde « le ciel qui pleure par chacun jour si abondamment, la terre qui soupire et les rivières qui s'enflent outre leur cours naturel, les étoiles qui en perdent leur clarté, le soleil qui est pâle et qui retire sa chaleur naturelle de dessus la terre et la lune obscurcie par les grosses nuées ombrageuses qui la rendent empêchée » !

La monstrueuse guerre

Le ciel qui pleure, la terre qui soupire : ce ne sont pas de simples métaphores. Ces images traduisent le sentiment profond que le bouleversement de la nature reflète et expriment le désordre du monde des hommes.

Pluies de croix ou de sang, comètes « esmerveillables », tous signes « avant-coureurs de famines, pestes, guerres, mutations de royaumes et autres semblables playes qui surviennent au genre humain ». Sachons les lire, répètent inlassablement, au XVIe siècle, les auteurs de recueils de prodiges.

(C. LYCOSTHÉNÈS, « HISTOIRES PRODIGIEUSES », BÂLE, 1557 ; BOIS GRAVÉ.)

Ce temps montre une remarquable ingéniosité à lire dans les réalités sensibles la traduction concrète des « choses de l'âme et de l'esprit ». Si nous voyons aujourd'hui naître tant de monstres, assure Sorbin, c'est qu'ils sont les images visibles des hérésies, ces monstruosités morales dont ils sont la dénonciation. Puisque, selon l'Évangile, nous sommes appelés à renaître dans l'Esprit, les hérésies sont à la génération spirituelle ce que les monstres sont à la génération charnelle. Le poète Jean Dorat en est assez convaincu pour interpréter de cette façon le monstre double né à Paris en 1570 ; les deux enfants étant soudés par le bassin, cette créature avait deux têtes distinctes mais un seul corps ; ainsi, au temps où se négociait la paix de Saint-Germain, ce monstre la dénonçait par avance : quelle valeur accorder à une paix qui, reconnaissant des droits aux réformés, institue deux lois dans le royaume, donne deux têtes à un même corps ?

En cette époque de dissensions, de tels événements, on s'en doute, sont appelés à témoigner : et catholiques et réformés se disputent les faveurs du ciel. Le jour de l'assassinat de Coligny, au cimetière des Saints-Innocents, une aubépine, autrefois sèche et à demi-morte, se mit, en plein mois d'août, à reverdir et à refleurir : pour le catholique Belleforest, l'événement prouvait que Dieu se réjouissait de la Saint-Barthélemy et signifiait aux hommes l'heureuse renaissance du catholicisme, pendant que les réformés assuraient que la véritable Église, à demi-morte depuis si longtemps, allait enfin être

En ce temps « plus monstrueux que naturel », le Diable représente le grand sujet des récits ou des caricatures, ce Diable à qui l'on impute tous les maux, et d'abord les horreurs des guerres de Religion. On lit en légende : Le Diable ayant rompu sa chaîne/Voycy comment il se pourmaine.

(CARICATURE ALLEMANDE, DÉTAIL ; GRAVURE, 1569.)

de nouveau florissante. À la mort du cardinal Charles de Lorraine, en décembre 1574, il souffla « quasi par toute la France, note Pierre de L'Estoile, un vent si grand et si impétueux, que de mémoire d'homme il n'avait été ouï un tel foudre et tempête » : signe, pour les catholiques lorrains, que Dieu, dans son courroux, privait la France d'un si sage prélat ; « les huguenots, au contraire, disaient que c'était le sabbat des diables qui s'assemblaient pour le venir quérir, et qu'il faisait bon mourir ce jour-là pour ce qu'ils étaient bien empêchés » ! Ce n'est pas seulement l'entraînement polémique qui suggère de telles interprétations ; leur force leur vient d'une ferme croyance en la valeur de ces signes ; et cette croyance, à son tour, exerce l'agilité interprétative de nos exégètes, les habituant à découvrir dans toute « merveille » une signification spirituelle, dans une épidémie de peste, par exemple, la peste morale qui nous ronge. De là vient la portée de certains propos où l'on aurait tort de ne voir que de méchants jeux de mots : quand, en octobre 1584, des demoiselles de la reine sont frappées de la peste et que la cour, terrifiée, s'enfuit de Blois et de Chenonceaux et se retire à Fontainebleau, Ruscellai, selon L'Estoile, « osa dire au roi que Sa Majesté ne devait point craindre cette maladie, pour ce que la cour était une plus forte peste, sur laquelle l'autre ne pouvait mordre ».

« Notre médecine porte infection »

Cette mentalité, certes, n'est pas propre au temps des troubles, et les âges précédents l'avaient souvent illustrée. Mais il semble qu'au moment où elle commençait à être çà et là contestée les guerres civiles soient venues la restaurer. Plusieurs bons esprits, un Belleforest par exemple, confessent avoir renoncé à leur « incrédulité » passée, comme si le spectacle de cette sorte de désagrégation à laquelle ils assistent les rendait de nouveau attentifs aux signes : ils quêtent le sens d'une histoire dont l'avenir est, à leurs yeux, enveloppé d'une profonde obscurité. La France leur semble proprement malade. Pierre de L'Estoile lui-même, qui se garde de trop croire aux signes, ne se dispense pas de les noter dans son journal, comme s'ils devaient bien avoir quelque part à ce qu'il appelle « les maux d'un État bien malade ». Agrippa d'Aubigné, pour sa part, hésite à croire que les monstres présagent quelque malheur, mais il note l'étoile nouvelle de 1572 avant de conclure en ces termes :

> Et sans chercher au ciel la menace incertaine,
> Nos péchés sont-ils pas des monstres à nos yeux ?

Ce poète a consacré un long passage des *Tragiques* à peindre le déchirement de la France qui montre « d'un corps divisé les funèbres moitiés » ; le mal dont elle souffre lui est intérieur : mère chargée de deux enfants qui se querellent et dont l'affrontement finira par l'épuiser, géant orgueilleux mais dyscrasique dont la tête et les membres sont privés de leur substance au profit d'un tronc dévorateur, la France offre le spectacle affligeant, « la tragédie horrible », du « meurtrier de soi-même ». Ces images de la désagrégation interne se retrouvent sous la plume de Montaigne peignant la « monstrueuse guerre » qui décompose la France : « Les autres agissent au dehors ; cette-cy encore contre soi se ronge et se défait par son propre venin. Elle est de nature si maligne et si ruineuse qu'elle se ruine quand et quand [= en même temps que] le reste, et se déchire et démembre de rage. Où en sommes-nous ? Notre médecine porte infection. » En un temps où l'image du corps humain inspire directement les représentations du corps politique, dont le roi est la tête et dont, comme le redit encore un sonnet anonyme qui circula dans Paris en décembre 1574, la justice est les yeux, la noblesse les reins et le peuple les membres, de telles peintures imposent l'évidence d'un désordre intime, d'un dérèglement intérieur, prélude d'une mort prochaine ; la France est en proie à une sorte de goût pervers du suicide ; de cette « tragédie », la mort sera la « catastrophe ».

L'homme est un loup pour l'homme

Au reste, comment ne pas lire comme un symptôme de cette course à la mort la désagrégation du tissu social, qui rompt les solidarités naturelles ? Aujourd'hui, écrit Agrippa d'Aubigné,

> L'homme est en proie à l'homme, un loup à son pareil.

L'auteur des *Tragiques* songe moins ici à une simple dégradation de la moralité qu'à une profonde métamorphose qui ramène l'homme à la bestialité. Significativement, il décrit les « peuples fuyards » qui, chassés des villages, vont vivre dans les forêts et s'y nourrissent comme les animaux :

> L'homme n'est plus un homme, il prend réfection
> Des herbes, de charogne et viandes non prêtes,
> Ravissant les repas apprêtés pour les bêtes.

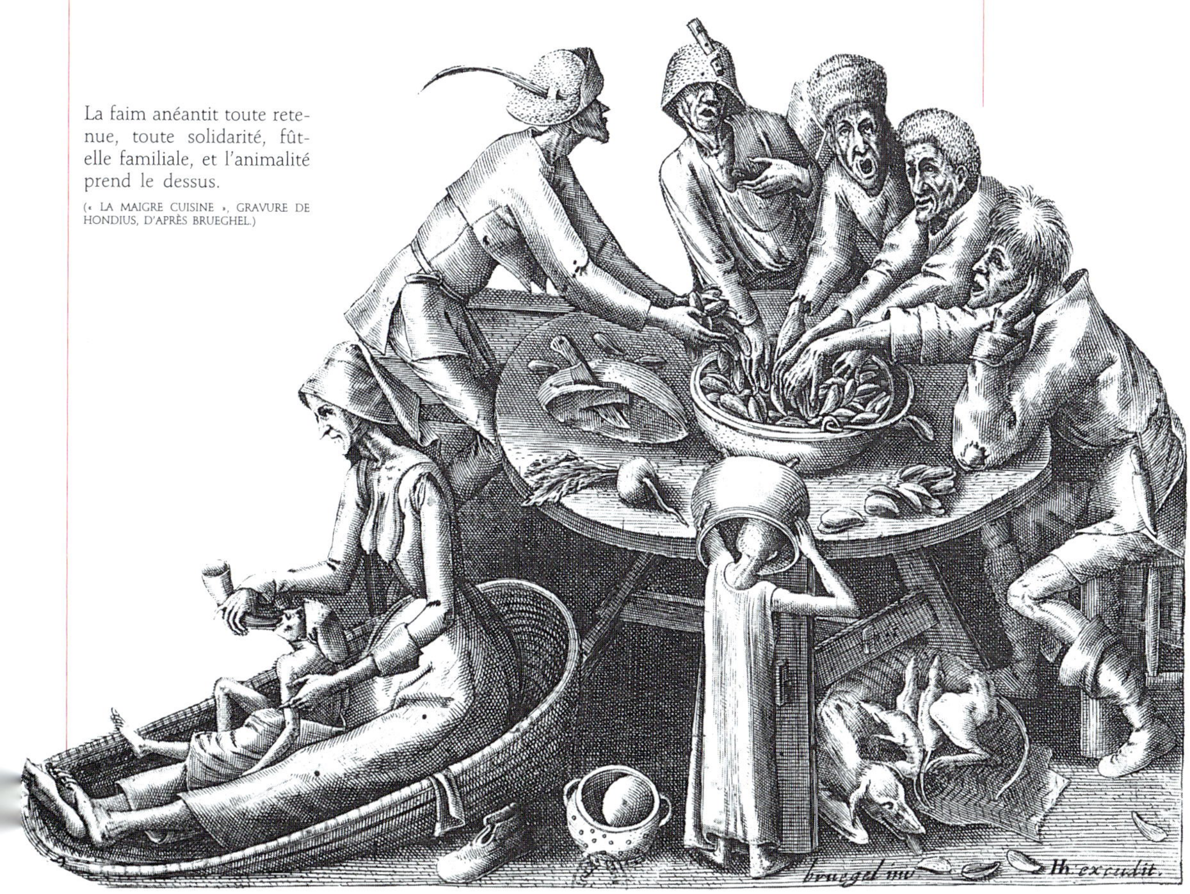

La faim anéantit toute retenue, toute solidarité, fût-elle familiale, et l'animalité prend le dessus.

(« LA MAIGRE CUISINE », GRAVURE DE HONDIUS, D'APRÈS BRUEGHEL.)

Cette déshumanisation, d'autres auteurs la font voir au cours des sièges où la disette puis la famine conduisent, par une inexorable dégradation, à manger du cuir et des peaux pour finir par consommer du fumier et des excréments. Jean de Léry, qui a vécu le terrible siège de Sancerre (1573), interrompt son récit pour relater, dans sa succession, cette « histoire tragique et prodigieuse » : après les ânes et les chevaux, on se met à dévorer les chats, les rats, les taupes, les souris et les chiens ; puis ce sont bientôt, après les cuirs et les peaux qui « se vendirent sur les bancs comme tripes », de vieux parchemins, des sabots de cheval, des cornes de bœuf, des licols, des harnais, des ceintures ; finalement on verra même des gens qui, « ayant rempli leurs écuelles de fiente de cheval, la mangeaient de si grande avidité qu'ils disaient la trouver aussi bonne qu'ils eussent fait du pain de son ».

Un pas encore, et grande sera la tentation de l'anthropophagie. Le siège de Sancerre – comme celui de Jérusalem, dont le souvenir hante Jean de Léry – en a offert un exemple : un vigneron, son épouse et une vieille femme qui vivait avec eux osèrent perpétrer « ce crime prodigieux, barbare et inhumain » et, leur petite fille étant morte de faim, en consommèrent « la tête, la cervelle, le foie et la fressure » et furent surpris alors qu'ils se disposaient à manger la langue déjà cuite et avaient apprêté le reste « dans une chaudière, avec vinaigre, épices et sel ». Ce récit vient comme fortifier le fantasme d'anthropophagie que d'autres textes laissent entrevoir. Pierre de L'Estoile, qui sait pourtant garder raison, cède lui-même à cet entraînement quand, racontant la famine d'août 1586, il semble prendre au pied de la lettre ce qui n'était peut-être qu'une menace hyperbolique : « En ce mois d'août, écrit-il, quasi par toute la France, les pauvres gens des champs, mourant de faim, allaient par troupes couper sur les terres les épis de blé à demi mûrs et les manger à l'instant pour assouvir leur faim effrénée, et ce, en dépit des laboureurs et autres auxquels les blés pouvaient appartenir ; si d'aventure ils se trouvaient les plus forts, même les menaçaient ces pauvres gens de les manger eux-mêmes s'ils ne leur permettaient de manger les épis de leur blé. »

De la nature et de l'universelle fragilité

Soumise à de telles violences, écrit encore A. d'Aubigné, « la nature, sans loi, folle, se dénature ». C'est en ce temps, en effet, que s'élaborent de singulières philosophies de la nature et de l'histoire, qui mettent l'accent sur la fragilité universelle. Le médecin Levinus Lemnius, dont l'ouvrage latin connaît deux traductions françaises, invite ses lecteurs à observer les si nombreux témoignages que la nature nous donne de son dérèglement : « Tant d'enfantements monstrueux, tant d'hommes si difformes, tant d'ulcérés, mutilés, contrefaits, ayant les jambes tortues et bossues, ayant tant d'hémorroïdes au fondement, tant de poulains et bosses chancreuses ès aines ; et quant à l'âme, tant de gens lourds, oublieux, étourdis, vils et ignaves, fols, transportés, insensés... »

« La nature, sans loi, folle, se dénature »

En 1584, Ronsard publie une pièce intitulée *Pronostiques sur les misères de notre temps,* qui expose une curieuse philosophie. Il signale d'abord que, bien avant les guerres civiles, on avait vu errer par la France des fous qui haranguaient les foules : l'un se prenait pour saint Jean, l'autre se disait César, un troisième assurait être le « Roi des Gaulois ». Or, observe Ronsard, quand un homme se met à délirer, c'est signe de maladie. Si donc aujourd'hui nous voyons tant de « sectes nouvelles » et tant de monstres (il faut une fois encore remarquer cette association),

C'est signe sûr qu'incontinent la terre
Doit soutenir la famine et la guerre,
Les fleaux de Dieu qui marchent les premiers,
Du changement certains avant-courriers.

Certains contemporains de Ronsard, poursuivant ce raisonnement, s'emploient même à constituer une discipline nouvelle, l'art cosmocritique, ou art des « signes critiques ou des événements précurseurs, qui précèdent ordinairement de terribles changements ». Cornelius Gemma, inventeur de cette discipline, travaille à sa façon à élaborer une science des catastrophes et un art de les prévenir. Pour ce faire, il se fonde sur l'ancienne idée de l'analogie structurelle du macrocosme, de la société et du corps humain (ou microcosme, petit monde). De la même façon que le médecin, observant le teint du patient ou remarquant une enflure ou une tumeur, conclut qu'une maladie le menace, de même il faut apprendre à lire les signes critiques des changements sociaux ; en effet, « la rosée, la pluie, les vents, les foudres, les tremblements de terre se produisent dans le grand monde comme naissent dans les sociétés les opinions très divergentes, ou schismes, les séditions populaires, la tyrannie, la paix et la guerre, etc., comme aussi dans les viscères de l'homme il s'émeut des tempêtes diverses ». Or, comme on sait soigner les maladies du corps pour les empêcher de dégénérer, on doit pouvoir, pour ce qui est de la société, élaborer une symptomatologie et définir une thérapeutique.

Embrasser d'un même regard la nature et la société

Le livre de Gemma est édité en 1575 ; c'est la même année que Louis Le Roy publie un ouvrage intitulé *De la vicissitude ou variété des choses en l'univers*. Ce platonicien place le désordre dans la matière même et il voit « l'univers approchant de sa fin par l'un ou l'autre dérèglement, emportant avec soi la confusion de toutes choses et les réduisant à leur ancien chaos ». L'univers ne subsiste, en effet, que par un fragile équilibre des contraires ; or, jamais le monde n'a connu une période aussi riche et novatrice que la Renaissance ; il faut donc s'attendre à un temps de désordre sans précédent : « Je prévois guerres de toutes parts sourdre, intestines et foraines [= étrangères] ; factions et hérésies s'émouvoir, qui profaneront tout ce qu'elles trouveront de divin et d'humain ; famines et pestes menacer les mortels ; l'ordre de nature, règlement des mouvements célestes et convenance des éléments se rompant, d'un côté advenir déluges, de l'autre ardeurs excessives et tremblements très violents. » Ces prévisions, du reste, sont autorisées par tous les signes précurseurs qui se multiplient autour de nous, à en croire Louis Le Roy : « Oncques le soleil et la lune n'éclipsèrent plus apparemment. Oncques ne furent vues tant de comètes et autres impressions en l'air. Oncques la mer et les rivières ne débordèrent si violemment. Oncques ne furent ouïs tels tremblements de terre. Oncques ne naquirent tant de monstres et si hideux. Aussi on n'a vu de mémoire humaine tant de mutations et si fréquentes, advenues ès pays, gens, mœurs, lois, polices, religions. » Comme Ronsard et Gemma, Le Roy embrasse d'un même regard la nature et la société et, comme eux, lit dans les changements qui affectent l'une et l'autre les signes conjoints d'un prochain bouleversement universel. Heureusement, il reste à Le Roy l'espérance : il veut croire que Dieu ne détruira pas son ouvrage et décidera d'arrêter le monde sur la pente qui, par une loi naturelle inexorable, le conduit vers l'anéantissement !

« En la cité où le loup entrera... »

D'aussi sombres réflexions expliquent peut-être l'intérêt avec lequel ce temps accueille les devins. Nostradamus est lu avec passion et, même si celui-ci semble reporter à un temps lointain l'accomplissement de ses prophéties, ses contemporains ne se privent pas d'en chercher autour d'eux la réalisation. Ronsard, qui refuse de se prononcer sur l'origine du pouvoir du devin, veut seulement noter que les événements actuels vérifient ses prédictions :

> Comme un oracle antique, il a dès mainte année
> Prédit la plus grand part de notre destinée.

Aux dires de Chavigny, commentateur de Nostradamus, le poète Jean Dorat, apprenant qu'un loup était entré dans Paris le 5 janvier 1567, se souvint

Le sombre règne de Catherine de Médicis est propice aux devins. Fascinée par cette aptitude à voir le temps à venir, la reine accueille à la cour Nostradamus, dont l'une au moins des prédictions se réalisa avec la mort de François II.
(LAVIS, FIN XVIIe S.?)

immédiatement des deux premiers vers d'un quatrain des *Centuries* et récita le second :

> En la cité où le loup entrera,
> Bien près de là les ennemis seront.

Pierre de l'Estoile, qui s'irrite de cet engouement, note avec humeur, à propos des événements de février 1587 : « Il n'y avait si petit pédant qui, comme un corbeau sur quelque clocher, n'annonçât les tempêtes et la calamité, en ce temps misérable. »

Démons et mauvais anges jetés à foule en la chrétienté

Émus par la troublante exactitude de diverses prédictions de Nostradamus, certains le soupçonnaient de tenir son inspiration du Diable. L'époque connaît, du reste, une recrudescence des poursuites pour fait de sorcellerie. Cette épidémie, pour reprendre le mot de Robert Mandrou, qui, de 1580 à 1610, multiplie les procès, se manifeste aussi par une abondante littérature : une trentaine de traités, dus à des juristes et à des théologiens, s'emploient à examiner les ruses du Diable et les méfaits de ses suppôts. Diverses calamités qui frappent le pays leur sont rapportées, même si, comme l'avoue Boguet, « l'on ne peut comprendre comment ils fabriquent la grêle et la tempête pour gâter les fruits de la terre, et comment ils rendent le bétail malade ». Plus profondément, on soupçonne le Diable d'orchestrer ce dérèglement dont l'époque donne le spectacle. Et, si « les démons et mauvais anges » se sont aujourd'hui « jetés à foule en la chrétienté », il ne faut pas s'en étonner, dit le magistrat bordelais Pierre de Lancre, chargé d'enquêter sur la sorcellerie dans le pays de Labourd : l'évangélisation du Nouveau Monde en a chassé

L'ouvrage de Boaistuau s'ouvre sur les « prodiges de Sathan », parmi lesquels il faut ranger les monstres. CI-DESSOUS, DE GAUCHE À DROITE : monstre de Cracovie, né en 1543, doté d'un mufle de bœuf portant une corne et monstre à tête de cheval, né en 1606. Et Sathan, coiffé d'une tiare, se fait adorer à Calicut ; toute l'Inde le révère.

(P. BOAISTUAU, « HISTOIRES PRODIGIEUSES », 1560.)

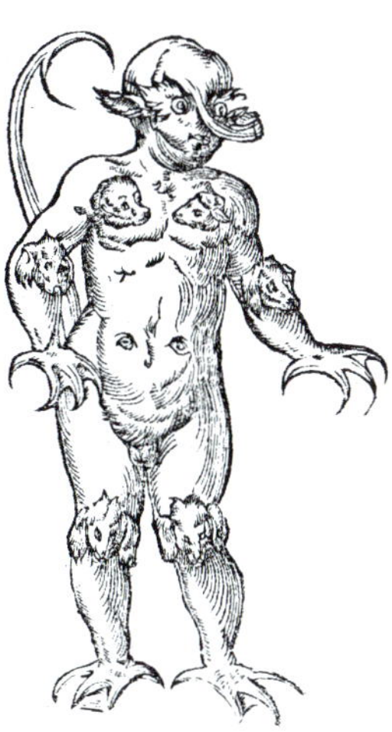

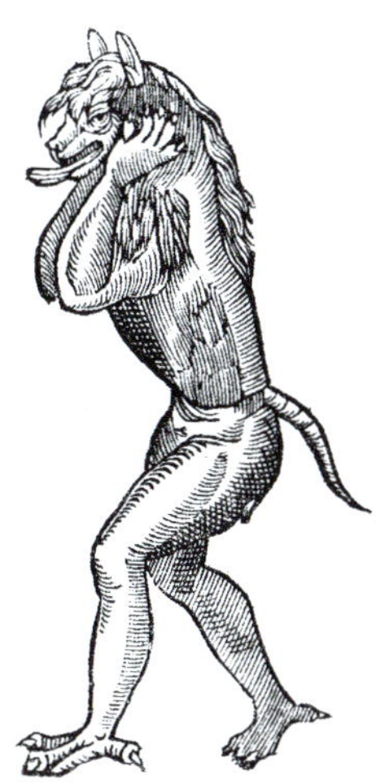

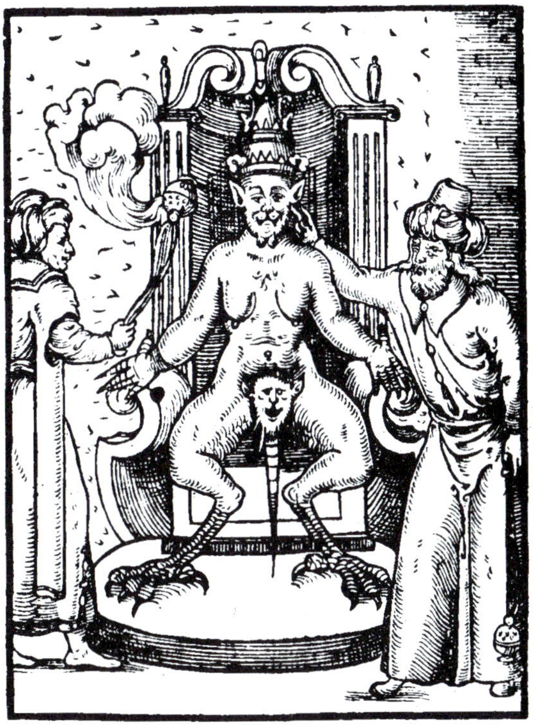

les diables ; sans emploi, ils ont dû regagner la vieille Europe. « Et, de fait, plusieurs Anglais, Écossais et autres voyageurs venant quérir des vins en cette ville de Bordeaux nous ont assuré avoir vu en leur voyage de grandes troupes de démons en forme d'hommes épouvantables passer en France. » Ils sont venus répandre parmi nous leur pernicieuse inconstance, leur ruineuse mobilité et exercer ici leur goût pervers du désordre. Ce sont eux encore qui ont aidé à diffuser le venin des maximes de Machiavel, lequel, en ce temps, passe souvent lui-même pour suppôt du Diable. Dès 1560, en ouvrant le premier recueil d'*Histoires prodigieuses* par un récit des « prodiges de Satan », Pierre Boaistuau avait donné le ton ; les continuations feront une grande place à des narrations de diableries et s'emploieront à montrer comment l'ennemi de Dieu vient « écumer sa rage contre ses créatures ».

L'éveil d'un nouvel esprit

Il faut pourtant souligner pour finir que ces continuations, à mesure que le siècle avance, semblent de plus en plus trouver en de tels sujets matière à récits piquants, de même que la littérature populaire des publications occasionnelles paraît progressivement, quoi qu'elle en dise, avoir moins souci de réformer que de séduire. Ce sont là les signes encore ténus des changements qui se préparent. Du reste, quelques voix, très peu nombreuses certes, s'élèvent pour contester des analyses et des interprétations qu'elles jugent non seulement téméraires, mais « fantastiques ». Les *Essais* de Montaigne ont fortement contribué à l'expression de ce nouvel état d'esprit. Sans nier du tout, on l'a vu, que ce siècle soit misérable, et « monstrueuse » la guerre qui le déchire, Montaigne n'est pas prêt à solliciter les jugements du ciel. Décrivant un enfant monstrueux, il prend malicieusement ses distances à l'égard des interprétations familières à ses contemporains : « Ce double corps et ces membres se rapportant à une seule tête pourraient bien fournir de favorable pronostique au roi de maintenir sous l'union de ses lois ces parts et pièces diverses de notre État ; mais, de peur que l'événement ne le démente, il vaut mieux le laisser passer devant, car il n'est que de deviner ès choses faites, comme on disait d'Epiménide qu'il devinait à reculons. » On dirait que Montaigne s'ingénie à contredire un Dorat, interprète du monstre de 1570. Ailleurs, Montaigne parle avec une moqueuse irrévérence de la propension de ses contemporains à attacher un sens à la moindre « merveille » et à croire que le sort du monde s'y joue : « Quand les vignes gèlent en mon village, mon prêtre en argumente l'ire de Dieu sur la race humaine et juge que la pépie en tient déjà les Cannibales. » Quant à la désagrégation, à l'effritement universel que chacun diagnostique, Montaigne veille à les réduire à de plus justes proportions : « À voir nos guerres civiles, qui ne croit que cette machine se bouleverse et que le jour du jugement nous prend au collet, sans s'aviser que plusieurs pires choses ne sont vues, et que les dix mille parts du monde ne laissent pas de galer le bon temps cependant ? » Ces lignes sont de 1580 ; elles préfigurent une nouvelle perception du monde, une nouvelle mentalité – mais qui ne s'imposera pas sans connaître des lenteurs et parfois des reculs.

H. N. – J. C.

XV

Permanence des fléaux, interprétations nouvelles

Les six décennies comprises entre 1600 et 1660 laissent une impression de banale répétition. D'emblée, on se trouve en présence d'un curieux cycle miniaturisé d'événements reprenant l'ample respiration qui anima la période 1450-1600. En effet, on note d'abord une accalmie marquée, un répit incomplet qui se détériore ensuite lentement. □

Les menaces s'amoncellent, les signes inquiétants se multiplient, puis on retrouve pour une trentaine d'années les malheurs pressentis, frappant à coups redoublés et additionnant leurs néfastes actions. Parvenu à ce stade, on conclurait volontiers qu'« il n'y a rien de nouveau sous le soleil » et que l'histoire des calamités avant le XIXe siècle n'est après tout qu'un éternel recommencement, le récit d'une humanité impuissante à les combattre et destinée à les subir. Mais ce serait s'en tenir à la surface des choses ; victime des apparences, l'historien deviendrait insensible ou indifférent à des transformations lourdes de conséquences.

Car ce serait oublier que, désormais, ces calamités passent moins souvent pour des fléaux, des « jugements » divins et méconnaître que des contemporains tenaient maintenant les causes naturelles pour suffisantes à en rendre compte. Ce nouveau regard sur le monde, considérablement fortifié par les épreuves de la période antérieure, se heurta certes très vite à des réticences ; en 1660, malgré des progrès, cette nouvelle vision du monde ne concernait vraisemblablement qu'une minorité et suscitait encore beaucoup de méfiances et d'oppositions systématiques. Elle n'en constituait pas moins une représentation susceptible de rendre l'homme plus apte à maîtriser les calamités récurrentes, représentation plus efficace donc que celles, toujours largement répandues, qui avaient eu cours auparavant. Ainsi voit-on paraître, derrière l'« éternel recommencement », une pensée capable de l'infléchir, sinon de le briser. D'ailleurs, s'agissait-il véritablement d'un recommencement, de nature identique à la grande séquence de 1450-1600 ? Se limiter, là encore, à l'aspect cyclique induirait en erreur, par ignorance de ce qui change et qui se révèle à l'observateur sous un autre angle. Car, à côté des similitudes, on rencontre des divergences, pour ne pas dire des différences significatives.

Le répit

Plus qu'une rémission, c'est une « détente » (Jean Jacquart), peut-être une simple « trêve » (Alain Croix) qui ouvrit la période. En réalité, le répit ne dura qu'une quinzaine d'années ; au mieux, il se prolongea jusque vers 1625-1630 ; encore faut-il alors y inclure la lente détérioration qui se dessina autour de 1620 mais n'affecta pas toutes les régions et ne toucha qu'épisodiquement celles qui en souffrirent. Au-delà de 1629-1630, les malheurs se succédèrent de nouveau à un rythme rapide.

Pourtant, l'originalité de cette pause ne provient pas seulement de sa brièveté ; elle découle également du fait que, à l'inverse de ce qui survint de 1450 à 1520, l'accalmie s'enracina avant tout à une époque d'affaiblissement des flambées de mortalité. Celles-ci subsistèrent, mais frappèrent moins longtemps et, surtout, s'espacèrent considérablement. De 1600 à 1625, en

La paix confirmée dans le Ciel. Tandis que le Courage terrasse la Rébellion, Marie de Médicis, appuyée par son fils, Louis XIII, fait régner la paix. Image d'une France qu'un bref répit fait aspirer à la paix, alors que les révoltes protestantes et la guerre « de la mère et du fils » assombrissent déjà l'horizon.

(DUCHAMPS, « LA PAIX CONFIRMÉE DANS LE CIEL », 1620.)

Bretagne, « aucune crise, nulle part, ne sévit plus de trois mois. Aucune paroisse ne subit plus de deux attaques, une bonne part même n'en subissent aucune ». Ces remarques d'Alain Croix, il semble bien qu'on puisse les appliquer pratiquement à tout le royaume. Sans doute, ponctuellement, de petits pays, comme autour de Harfleur et de Montivilliers, supportèrent-ils de dures épreuves. Toutefois, dans l'ensemble, du Hurepoix et de l'Anjou au Languedoc et à la Provence, les témoignages convergent : il y eut une éclaircie sur le modèle breton.

Cette amélioration a une origine complexe ; tout porte à croire qu'une cause unique, ou dominante, ne parviendrait pas à l'expliquer. Elle se situerait plutôt au point de convergence de facteurs variés cumulant leurs effets. L'un d'entre eux s'esquisse assez nettement : le recul d'une au moins des contagions les plus virulentes, la plus redoutée, la peste. De 1600 à 1623, elle ne toucha au pire que quatorze villes de l'échantillon analysé par Jean-Noël Biraben (en 1606 et 1607) ; mieux, elle n'en affecta que six au maximum, et par quatre fois une seule, de 1609 à 1618. Les mesures prophylactiques mises en place à partir du milieu du siècle précédent ne furent peut-être pas étrangères à ce recul, en particulier la quarantaine systématique imposée aux familles urbaines contaminées, dont les maisons étaient momentanément interdites aux autres membres de la communauté. Encore ne faudrait-il pas exagérer l'importance de ces mesures puisqu'elles n'empêchèrent nullement, après 1625, l'explosion de vagues successives particulièrement meurtrières. Mais le fait est qu'il y eut un repli de la peste ; et il contribua d'autant plus à la trêve qu'il survenait en grande partie indépendamment des crises céréalières, ce qui ne semble pas avoir été le cas de bien d'autres épidémies.

Une simple trêve

La disette, elle aussi, s'estompa. À en croire les prix, elle revint moins fréquemment et avec moins de sévérité. Les coefficients de dispersion décennaux des prix moyens du froment par année civile oscillèrent à Paris entre 15 et 18 p. 100 pour les trois décennies comprises entre 1601 et 1630 ; ils n'étaient jamais descendus en dessous de 27 p. 100 de 1451 à 1520 et tournaient alors autour de 30 p. 100. Par année-récolte, cette fois, aucune flambée n'accusa de hausse de plus de 72 p. 100, tandis qu'en 1586-87 celle-ci était montée à 249 p. 100... et à 400 p. 100 en 1590-1591, année du grand siège il est vrai. Dans le Midi, les prix se tinrent aussi bien. La détente fut donc générale.

Ce relâchement des tensions fut favorisé par un climat momentanément plus propice, moins frais, moins humide. Mais il est d'abord à mettre à l'actif d'une meilleure productivité agricole, sinon industrielle. En effet, d'un côté, la crise des guerres de Religion avait diminué le nombre des hommes et provoqué l'abandon provisoire des terres marginales. De l'autre, le calme, désormais mieux assuré, permettait la remise en route de la spécialisation – surtout viticole et herbagère, mais aussi maraîchère, aux abords des villes – et la pénétration progressive d'une industrie rurale travaillant pour le marché et autorisant une meilleure utilisation des saisons creuses par les paysans. Toutefois, l'équilibre demeurait fragile. Car, si les deux derniers phénomènes contribuaient à développer la productivité sur le long terme, la remise en valeur des terres marginales, parallèlement à la reprise démographique, agit dans l'autre sens. Il en résulta un amenuisement progressif du volant de sécurité partiellement reconstitué à la fin du règne de Henri IV. Comme la structure sociale et les prélèvements qu'elle suscitait, plutôt plus lourds qu'auparavant, interdisaient une large réallocation du revenu agricole (et peut-être accentuaient les disparités), le système s'enraya, et cela d'autant plus rapidement que la crise de la seconde moitié du XVIe siècle, si dévastatrice fût-elle, n'avait pas entraîné de chutes de population et de production comparables à celles de la guerre de Cent Ans. Le répit s'annihilait de lui-même bien qu'il contînt plus de germes de rénovation qu'au siècle précédent.

Survivance des troubles

Le court répit de 1600-1625/30 se différencie plus encore de la longue rémission de 1450-1520 par une plus faible régression des campagnes militaires. Même pendant la fin du règne d'Henri IV, les expéditions ne cessèrent qu'un bref instant, de la prise de Sedan en 1606 au rassemblement des armées au printemps de 1610. Néanmoins, elles demeurèrent alors momentanées et localisées. Elles reprirent vigueur sous Louis XIII avec les prises d'armes des Grands, les guerres de « la mère et du fils » et les révoltes protestantes de 1620 à 1622, de 1625 et, davantage encore, de 1627-1629. Surtout, elles s'intensifièrent progressivement ; elles immobilisèrent des troupes de plus en plus nombreuses ; à partir de 1621, elles renouèrent avec la tradition des sièges, qui culminèrent à La Rochelle de l'automne 1627 à l'automne 1628. Avec elles revenaient les prélèvements d'office, les destructions systématiques, les déprédations de la soldatesque. Elles touchèrent avant tout les régions huguenotes du Sud-Ouest, du Poitou au Béarn et au Languedoc. De plus, sauf en 1627-1629, elles durèrent peu de temps, les adversaires, démunis de moyens, préférant traiter le plus rapidement possible en extorquant le maximum de concessions. Ces campagnes furent

Grande place de sûreté des huguenots, La Rochelle entre en rébellion ouverte contre Louis XIII (août 1627). Richelieu viendra à bout de sa résistance, au terme d'un siège de douze mois. La ville perdra ses privilèges, mais le culte protestant restera autorisé jusqu'en 1685.

(JACQUES CALLOT, « LE SIÈGE DE LA ROCHELLE, 1628.)

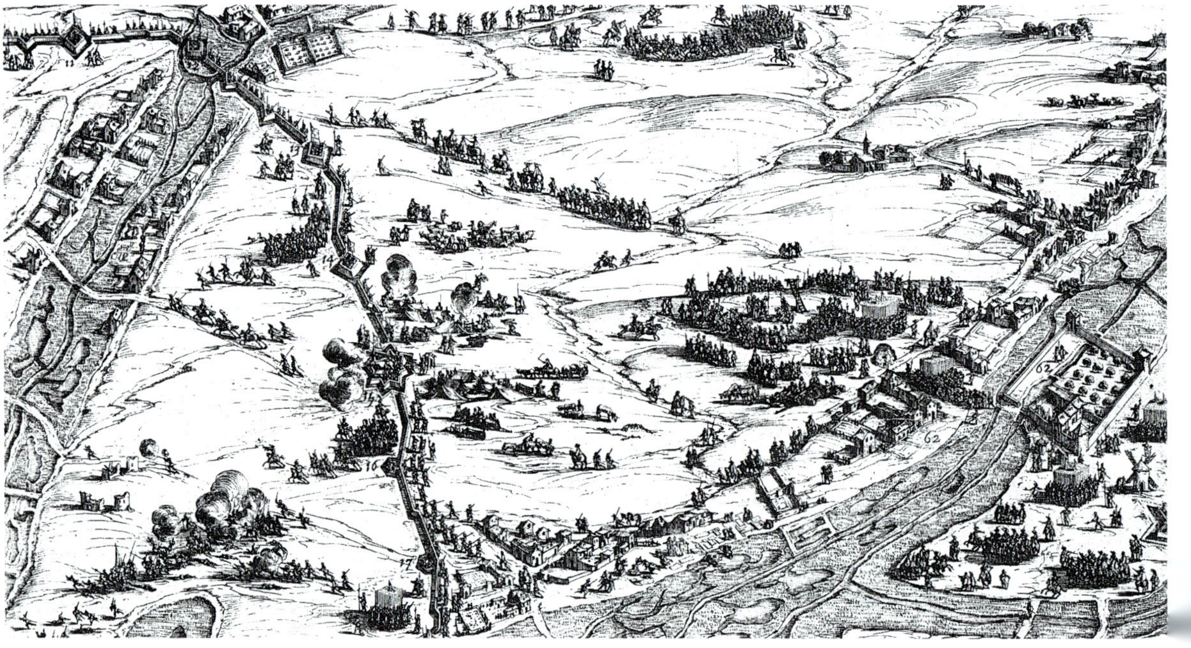

donc relativement circonscrites. Elles survécurent pourtant. Leur fréquence rapprochée contraste ainsi avec le rythme plus lâche des années 1450-1520 ; en outre, elles s'aggravèrent et s'accélérèrent. Elles contribuèrent de la sorte à une dégradation sensible, préparant le retour d'une nouvelle ère de calamités.

Nouveaux paroxysmes

De 1625-1630 à 1660-1663, en effet, les malheurs s'accumulèrent à nouveau dans le royaume de France. Mais, contrairement à ce qui s'était passé dans la seconde moitié du XVIe siècle, la violence religieuse n'intervint que de manière exceptionnelle, au point de devenir négligeable. De plus, un contraste s'établit entre des « zones rouges », particulièrement ravagées, et des régions plus modérément touchées. Enfin, ajoutée aux autres épreuves, et singulièrement rigoureuse, la pression fiscale, ressentie comme calamité majeure, provoqua à son tour rébellions et répressions.

Les épidémies redoublent

Épidémies et disettes agirent exactement comme autrefois ; de temps à autre, elles accentuèrent même notablement leurs effets. La vague de peste qui atteignit son paroxysme en 1629-1631 en est un bon exemple. Jamais autant de villes de l'échantillon étudié par Jean-Noël Biraben n'en furent victimes en même temps : 57 en 1628, 66 en 1629, 65 en 1630, encore 52 en 1631. Elle frappa partout durement. Toulouse y aurait perdu près de 50 p. 100 de sa population. Digne serait tombée de 10 000 à 1 500 ou 2 000 âmes. À Chartres, les sépultures augmentèrent d'environ 150 p. 100

Image tragique d'une Lorraine dévastée par le passage des troupes de Mansfeld au service des protestants. Tel est le spectacle qui va hanter Jacques Callot à son retour de Florence et lui inspirer ses *Gueux* en 1622.

(JACQUES CALLOT, « LES GUEUX », 1622, BIBLIOTHÈQUE DES ARTS DÉCORATIFS, PARIS.)

de 1626 à 1627, et quintuplèrent de 1628 à 1629. Les autres épidémies sévirent aussi cruellement. En pays rennais, la dysenterie aurait fauché 8 p. 100 de la population de septembre à novembre 1639, si bien que, cette année-là, au total 11 p. 100 de la population aurait disparu.

De sévères disettes

De graves disettes revinrent tous les dix ans et s'étendirent largement sur le royaume ; surtout, elles s'étalèrent sur deux à trois années consécutives. L'exemple de Paris dénonce des chertés presque un an sur trois de 1625 à 1663. À Béziers, on note de semblables difficultés d'approvisionnement. De plus, les hausses furent importantes (au minimum 80 p. 100 d'une soudure de récolte à l'autre, souvent beaucoup plus). Le prix *moyen* annuel du froment à Béziers se situa en 1643-1644 à plus du double de celui de 1641-1642. Plus spectaculaires encore, les flambées de prix à Paris portèrent le froment de 13 à 15 livres tournois au printemps 1660 à 27 ou 28 livres au printemps 1661 et à 40-44 livres au printemps 1662, tandis que le seigle grimpait de 8 livres à 12 livres puis à 27 ou 28 livres, soit en deux ans près du triple pour le froment et nettement plus pour le seigle. Déstabilisation et tendances au blocage économique contribuèrent largement à la gravité de ces crises. De plus, les conditions climatiques, redevenues défavorables, multiplièrent les récoltes médiocres et diminuèrent les possibilités de compensation d'une année sur l'autre, ce qui entretint le marasme. Des inondations périodiques détruisaient les immeubles, emportaient les réserves, interrompaient la circulation. La Seine déborda en janvier 1649 et en mars 1662. La première fois, elle recouvrit toute la plaine alluviale entre Choisy et Créteil, de Vitry à Villeneuve-Saint-Georges. Les eaux noyèrent le maître-autel de Choisy ; à Paris, place Maubert, elles montèrent jusqu'au premier étage des maisons.

Il arriva en outre que contagions et disettes additionnent leurs effets. Les fortes mortalités de 1630 et de 1631 le laissent entendre. L'une et l'autre se superposèrent souvent à des campagnes militaires qui en renforcèrent l'impact.

Les « malheurs de la guerre »

Jacques Callot a rendu célèbres les « malheurs de la guerre ». Son admirable talent de graveur a mis sous nos yeux la brutalité des soldats, les incendies, les pillages, les mises à mort. Il a retracé ce qui en résultait, le pullulement de vagabonds, de mendiants, de gueux. Cependant, son œuvre évoque non pas une calamité nouvelle, spécifique de l'époque, mais la réapparition d'une ancienne, tout au plus son paroxysme. Jacques Callot n'en a d'ailleurs montré que les aspects les plus spectaculaires, ceux qui apparaissaient de plus en plus comme anormaux à une sensibilité religieuse que symbolise Vincent de Paul. Il en a ainsi atténué des modalités plus courantes, peut-être aussi dévastatrices : les réquisitions pour nourrir les effectifs gonflés (30 000 à 40 000 soldats en Île-de-France, l'été 1652) ; les saisies de fourrages pour satisfaire les besoins de la cavalerie, plus encore de l'artillerie (et, faute d'herbe, le blé vert) ; surtout, les interminables sièges sur une banlieue vite anéantie, devant une ville bloquée derrière des fortifications renouvelées, difficiles à rompre autrement que par surprise, donc presque impossible à prendre, sauf par la faim, l'usure et la souffrance, comme à La Rochelle en 1628 ou à Arras en 1640.

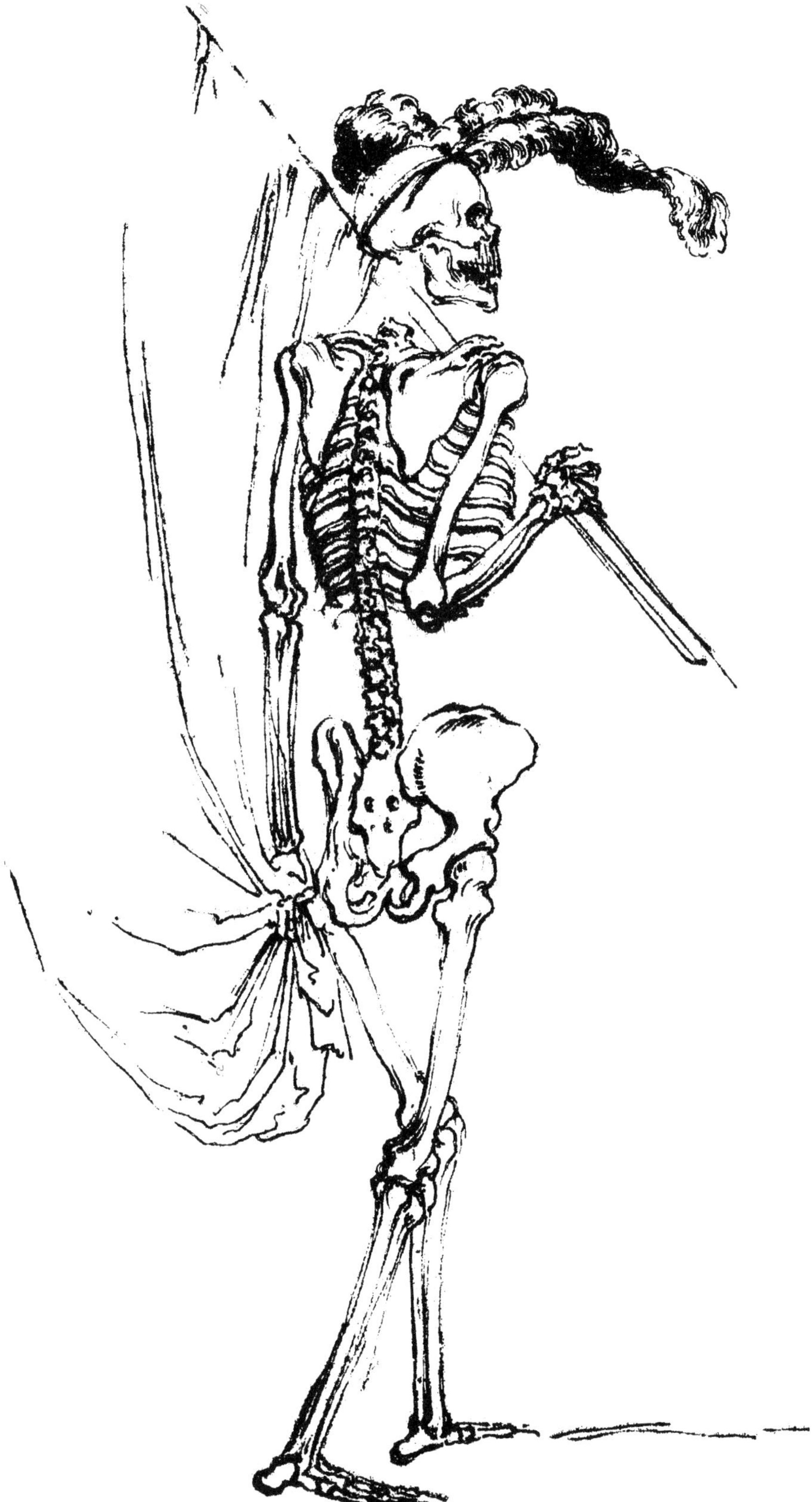

Insolence, arrogance de la Mort portant un drapeau, affublée des dépouilles d'un soldat tué. Ici, l'artiste insouciant a fait place à un homme dont l'esquisse grinçante exprime à la fois la cruauté et le dérisoire de la destinée humaine. (JACQUES CALLOT, « LA MORT PORTANT UN DRAPEAU », LIVRE D'ESQUISSES, COLL. ALBERTINA.)

Des provinces inégalement touchées

Dans ce domaine, le changement se situa dans l'intensité du fléau : là où il frappa, il frappa durement et souvent de manière continue. Dans certaines régions périphériques, il se répéta chaque année ou presque. Un certain équilibre des forces ramenait bon an mal an les armées aux mêmes endroits : Artois et Cambrésis, nord de la Champagne et de la Picardie, Lorraine et, par-delà les Vosges, Alsace. Dunkerque fut assiégée trois fois, Arras sérieusement au moins deux fois. Ainsi se dessina peu à peu une « zone rouge » au nord et à l'est du royaume, en bordure de ses frontières et immédiatement au-delà, dans des régions qui furent alors annexées (Artois, Alsace, Roussillon) ou qui le seront plus tard. Ici ou là apparurent des « déserts », qu'il fallut ensuite reconstruire et repeupler. Autour de Cambrai, la production céréalière s'écroula par paliers, fut pratiquement réduite à rien certaines années et se stabilisa à la moitié du niveau antérieur. Les campagnes militaires affectèrent également le sud-ouest et le nord de la France, pendant la guerre protestante de 1627-1629, lors de quelques prises d'armes nobiliaires et surtout de la Fronde, celle des princes en particulier (1648-1653). Elles durèrent certes moins longtemps que dans les « zones rouges ». Néanmoins, la région parisienne en souffrit dramatiquement pendant l'hiver 1648-1649, davantage encore en 1652, « année terrible » avant la lettre.

Ces abcès de fixation de la guerre attiraient des bandes de mercenaires, alors bien organisées, qui tentaient de se louer et, en attendant, vivaient sur le pays. En 1652, le duc de Lorraine, dépossédé de ses domaines, vint avec 5 000 à 7 000 hommes offrir ses services aux royalistes et aux frondeurs. Ces derniers, plus généreux, l'engagèrent. Les royalistes achetèrent alors son départ au-delà des frontières ; il partit, mais, ayant ainsi honoré son engagement, s'empressa de rentrer en France et marcha de nouveau sur Paris. En Île-de-France, 1652 devint l'« année des Lorrains ». Mais, justement parce que la guerre se portait régulièrement sur certaines régions, elle en épargna d'autres, au moins relativement, surtout dans le Midi. Ainsi se dessina, entre les différentes parties du royaume, un contraste bien plus net que pour les crises précédentes. Curieusement d'ailleurs, épidémies et disettes renforcèrent plutôt cette opposition. Après la rébellion d'Henri de Montmorency en 1632, à part le passage de troupes envoyées en Catalogne, les gens de guerre ne sillonnèrent plus le Languedoc. Or, à la même période, il ne subit plus de pénurie frumentaire, l'année 1653-1654 exceptée. Cette province ne connut donc pas les crises du début du règne de Louis XIV, en particulier la « paix des cimetières », qui s'abattit sur le Nord de 1661 à 1663.

Mais, indirectement, la guerre affecta l'ensemble du royaume par les contributions croissantes qu'elle impliqua. Pour distribuer d'importants subsides à des alliés impécunieux, puis pour rassembler et entretenir tant bien que mal des armées en campagne, à partir de 1630 environ, la royauté en exigea de ses sujets. Elle doubla, parfois tripla (comme dans le Cotentin), le montant des tailles en une dizaine d'années, par le biais de « crues » en principe provisoires, toujours reconduites et souvent augmentées. Elle quémanda aux villes non taillables des « dons gracieux » sollicités avec une insistance assortie de menaces à peine voilées. Elle imposa des livraisons en nature, qu'elle transformait, le cas échéant, en impositions pécuniaires. Dans la généralité (c'est-à-dire la circonscription financière) de Bordeaux, les tailles s'accrurent substantiellement à partir de 1634. En 1637, elles accusèrent un alourdissement d'un tiers pour le plat pays et de plus pour les villes. En outre, la même année, il fallut verser en sus une « crue pour l'armement de Guyenne ». Enfin, une levée de blés fut décrétée pour « les rations de l'armée de Bayonne ». Mais, comme les stocks villageois s'avérèrent insuffisants, les communautés durent racheter des grains prélevés par les décimateurs (propriétaires de dîmes) ou déjà vendus à des négociants qui les recédèrent au prix fort. Depuis le paiement de la rançon de Jean le Bon, la monarchie n'avait plus procédé à un tour de vis fiscal de cette envergure.

Or, il survenait en pleine recrudescence des épidémies et des disettes, à la fin de la crise violente de 1626-1631 et pendant celles qui suivirent. Il suffit à déséquilibrer des exploitations de paysans et des ateliers d'artisans modestes mais jusque-là apparemment solides et qui du jour au lendemain ne purent plus subvenir aux besoins d'une famille. La fiscalité devenait une véritable calamité et déclencha une multitude de petites émeutes et une série de révoltes sérieuses : dans le Sud-Ouest en 1636 et 1637, en Normandie en 1639, dans le Rouergue en 1643, en Sologne en 1658, dans le Boulonnais en 1662, pour ne citer que les plus graves et sans parler de celles qui accompagnèrent la Fronde. De plus, en rendant précaire une autosuffisance compromise par les diverses crises, les exigences royales obligèrent beaucoup d'individus, au mieux, à louer leurs bras pour s'assurer quelques compléments de ressources, au pire, à quémander leur pitance et celle de leurs proches. Ces infortunés devaient « se mettre sous autrui », ce qui, en les assimilant à des journaliers, ou même à des mendiants, consacrait une dégradation de leur position sociale dans un monde qui valorisait l'indépendance économi-

« La Maltôte en travail », ou comment financiers et gens d'affaires s'emploient à faire accoucher un impôt typiquement impopulaire, la maltôte, de maigres et problématiques sources de revenus pour l'État.

(GRAVURE B.N., 1624.)

que. Comme l'écrivait dès 1636 un observateur des événements de Saintonge et d'Angoumois cité par Yves-Marie Bercé, « les grandes impositions et charges nouvelles » ont « contraint plusieurs d'abandonner leurs propres héritages pour aller mendier leur pain ». À la limite, il devient légitime de se demander si épidémies et disettes, campagnes militaires et pression fiscale ne seraient, à cette époque, des calamités que parce qu'elles impliquaient pour tous, et en particulier pour les « classes moyennes », la probabilité d'une déchéance sociale, ou la peur de cette déchéance.

Un état d'esprit différent

« Qu'on lui rapporte que Paris doit bientôt abîmer (= s'effondrer), il s'enfuira. Que tout le monde doit être submergé, il bâtira des arches et des bateaux de bonne heure pour n'être pas surpris. Que la peste ou la tempête ruinent une province, il en accusera soudain des graisseurs ou magiciens. » L'homme du peuple, dans sa stupidité et son inculture, est prêt à recevoir toutes les impostures, assure Gabriel Naudé dans ses *Considérations politiques sur les coups d'État* (1639), et quiconque lui annonce une catastrophe ou lui suggère une explication « surnaturelle » d'une calamité est certain d'être écouté.

Opinion du peuple, vérité des doctes

On trouverait aisément, sous la plume des libertins du XVIIe siècle, d'autres témoignages d'une pensée qui refuse de faire du consentement universel un critère de la vérité, qui distingue de l'opinion du peuple l'avis, seul fondé, des doctes. Mais on doit aussi se demander si les faits confirment bien que la crédulité de l'un s'oppose à l'incrédulité des autres.

Il reste que c'est en cette première moitié du XVIIe siècle que l'historien enregistre des signes, certes ténus et parfois difficiles à interpréter, d'un changement profond de mentalité, changement qui, au demeurant, ne va pas sans reculs ni résistances. Si l'on excepte quelques esprits « déniaisés », le sentiment demeure, il est vrai, général que les malheurs qui nous frappent sont la dénonciation et le châtiment de nos péchés, mais les contemporains semblent moins avides d'en chercher les signes au ciel. Quand, par exemple, le médecin Nicolas Abraham de La Framboisière – qui n'a rien d'un novateur – récrit pour les lecteurs de son temps le *Traité de la peste* d'Ambroise Paré, il réduit à quelques lignes le long chapitre liminaire de son prédécesseur sur les « causes divines » de la maladie et il ne se soucie guère de garder trace des observations par lesquelles le chirurgien justifiait, en ce cas, le recours à la médecine.

Sonder sa conscience plutôt que les desseins de Dieu

Il n'est pas jusqu'aux prédicateurs qui ne semblent gagnés par ce nouvel état d'esprit : si, en 1627, Bourdoise, en mission dans le diocèse de Chartres, décida, malgré la menace de la peste, de poursuivre les prêches, ce fut parce que « la crainte de ce mal et la vue de la mort prochaine à laquelle chacun était exposé feraient de salutaires impressions sur tout le peuple et inspireraient les sentiments d'une véritable pénitence » ; aux yeux de Bourdoise, la peste apparaît donc moins comme un châtiment que comme le moyen de provoquer de « salutaires impressions », non que notre prédicateur doute qu'elle ne soit envoyée par Dieu, mais parce que le bon usage des calamités consiste non pas tant à s'interroger sur les jugements divins qu'à ressentir une utile crainte des effets prochains du mal, non pas tant à scruter les desseins de Dieu qu'à être incité par cette crainte même à sonder sa propre conscience.

Ceux que n'animent pas de telles préoccupations se trouvent encore plus libres pour dénier aux signes traditionnels le pouvoir de signifier les maux qui nous menacent et la responsabilité que nous en portons. La naissance d'un monstre à Paris en 1605 est l'occasion de toute une littérature qui permet à ce nouvel état d'esprit de se formuler et de s'expliciter. Le médecin Jean Riolan, par exemple, lui consacre un opuscule où il établit une distinction fondamentale et constitutive de l'idée de la nature qui est en train de s'élaborer : de même qu'une maison procède de l'architecte et n'est l'œuvre ni de Dieu ni de la nature, sinon d'une manière indirecte et indéterminée, en ce sens que Dieu a donné à l'architecte un esprit capable d'architecture et que la nature lui a fourni la matière qu'il a façonnée, de la même manière on ne peut dire qu'un effet survenant dans la nature procède de Dieu que s'il surpasse les forces naturelles ; si l'on peut expliquer un monstre par le seul jeu des forces et des causes naturelles, on est autorisé à dire que c'est de la nature qu'il procède et l'on ne peut le rapporter à Dieu de manière directe et déterminée.

« Portraict de l'Arbre qui porte des feuilles, lesquelles tombées sur terre se tournent en oyseaux volants, et celles qui tombent dans les eaux se muent en poissons », ou l'ébauche de l'idée de cycle de la nature.
(CLAUDE DURET, « HISTOIRE ADMIRABLE DES PLANTES, HERBES, ESMERVEILLABLES ET MIRACULEUSES EN NATURE », 1605.)

L'explication sans Dieu

Faut-il dire qu'une philosophie aussi déliée et rigoureuse n'est pas accessible à tous les esprits ? Cependant, ceux-là même qui ne la conçoivent pas trouvent dans une sorte de « naturalisme » une issue qui les dispense de rapporter directement à un jugement et à une volonté de Dieu certaines des « merveilles » qui, jusque-là, étaient couramment tenues pour « supernaturelles ». Ce naturalisme a de lointains ancêtres, qu'on ne peut ici étudier ; contentons-nous d'observer que, sous l'influence de la pensée italienne notamment, il semble alors se répandre largement en France. Des hommes qu'on ne saurait considérer comme des libertins se laissent aller à en reprendre les thèses, même quand ils s'abstiennent de les approuver explicitement et se contentent de s'en faire l'écho. Au lieu de rapporter simplement les calamités à la volonté de Dieu ou encore de poser que la Nature, servante de Dieu, par sa puissance obédientielle, lui apporte son concours, ils s'attachent à considérer les événements calamiteux comme des séries dont tel ou tel événement n'est signe que parce qu'il est lui-même un effet concomitant, un « coeffet ». Étudiant les comètes, La Framboisière, que nous avons déjà cité, expose ainsi cette conception : « Les comètes sont présages de famine et de peste, d'autant qu'elles ne se peuvent engendrer ni durer si longtemps sans une très grande quantité d'exhalaisons, de l'attraction desquelles la terre est extrêmement desséchée par des chaleurs extrêmes, de manière que les fruits se perdent la plupart, faute d'humidité, et encore le peu qu'il en reste ne vient-il point à perfection. De là s'ensuit la cherté, de la cherté la famine, et de la famine la mauvaise nourriture ; de la mauvaise nourriture, la corruption des humeurs avec l'infection de l'air, survenue par les exhalaisons puantes, dont s'ensuit la peste. Tout cela rend les hommes tristes, chagrins, fantasques, querelleurs et séditieux. Encore croit-on que les comètes particulièrement sont messagères de la mort prochaine de quelque grand roi ou capitaine, pour ce que les courages des plus grands sont plus susceptibles de toutes impressions, et, vivant plus délicatement, sont plus sujets aux maladies aiguës. » On le voit, c'est une « grande quantité d'exhalaisons » qui cause à la fois les comètes et la sécheresse avec ses diverses conséquences ; La Framboisière peut bien dire d'abord qu'« on tient que les comètes sont signes prodigieux de la vengeance divine », il devient malaisé de comprendre par quelles voies s'exerce cette vengeance, à moins que Dieu ne confie à quelque constellation maligne le soin de provoquer les exhalaisons qui, de proche en proche, produisent ces malheurs. De fait, une telle pensée s'accommode aisément de l'astrologie, et c'est souvent sur ce terrain que se livre alors le combat philosophique.

La comète de 1618

Les uns, pour sauver la réalité des signes, préfèrent les soustraire à l'astrologie et posent en principe que, parmi les « merveilles », certaines peuvent s'expliquer par elle mais que d'autres ont Dieu pour auteur immédiat ; les autres contestent ce trop facile partage, dont ils soulignent, en outre, la fragilité. Les débats suscités par la fameuse comète de 1618 fournissent un exemple de ces affrontements. Un occasionnel, qui la relate, s'efforce d'abord de la donner pour surnaturelle : « Mondains, ce n'est pas l'une de ces comètes

Il faut méditer l'Évangile de saint Marc, dit en substance la légende de ce document, reprenant la longue tradition de l'interprétation des signes et des prodiges. La conclusion est rassurante pour les lecteurs français : « Ceste Comète ne menace/Les Français, mais les Estrangers,/Sous nostre Roy, Dieu par sa grâce/Garde noz Lys de tous dangers. »

(BOIS GRAVÉ ILLUSTRANT UN CANARD DU XVIIe S.)

qui se produisent et proviennent d'une exhalaison terrestre grasse et glutineuse, laquelle attirée par parcelles en la région de l'air, par la faveur des astres, se conglutine et embrase par le moyen du feu qu'elle voisine.

Mondains contre diseurs de contes

Le Mercure françois, qui n'a souci de cette accusation de « mondanité » ou, si l'on veut, de naturalisme, récuse ces « diseurs de bonnes et mauvaises aventures, qui assurent que les comètes sont présages certains de troubles, guerres, changements d'États, ou de morts de quelques grands » : « voilà, ajoute-t-il, de beaux contes, qui néanmoins sont reçus de plusieurs pour articles de foi, bien que l'expérience ait montré souvent la vanité de ces prophéties ». D'autres penseurs encore admettent bien que les comètes puissent avoir quelque lien causal avec les mauvaises récoltes ou les maladies, mais ils répugnent à inclure dans la liste des maux qui se rapportent à elles les guerres, les séditions, les émeutes et autres événements humains, qui, dépendant de la volonté de l'homme, sont des actes libres et ne sauraient donc être tenus pour des effets de causes naturelles, même si celles-ci peuvent y incliner ; aucune prédiction des actes libres n'étant possible, ceux qui donnent les comètes pour les signes avant-coureurs de tels événements pratiquent une divination illicite et donc condamnable.

Soumise à de telles attaques – qui, sans être nouvelles, se multiplient en ces années –, la vénérable idée de prodige s'effrite. Au reste, après 1598, la veine des recueils d'*Histoires prodigieuses* semble épuisée, et il est piquant de constater que celui qui ruine le genre est en même temps le dernier continuateur de cette épaisse bibliothèque. Cet auteur anonyme consacre tout son premier chapitre à passer au crible la notion de prodige. Restaurant dans leur rigueur les miracles, « particulières œuvres qui ne dépendent pas de la nature, ains (= mais) surpassent totalement ses forces », mais excluant aussi tous les « miracles de nature », où la nature, même si elle produit des œuvres étonnantes, merveilleuses, n'use que de ses propres forces, notre anonyme parvient à vider presque de tout contenu l'idée de prodige. Il ne cherche pas à cacher qu'en continuant d'utiliser le titre reçu d'*Histoires prodigieuses* il abuse sciemment du mot : « Si je m'eusse voulu arrêter à la propre et naïve signification du mot de Prodige et Prodigieux, que ce livre porte en son front, ou il n'y aurait rien d'ajouté, ou vous n'y trouveriez que bien peu d'histoires des choses produites en nature extraordinairement pour prédire et faire connaître aux hommes quelque grand bien ou malheur à venir. » Voilà le mot rendu à son sens propre – mais, en même temps, voilà l'idée privée à peu près de tout objet ! Pourquoi donc continuer à conter illusions diaboliques, naissances monstrueuses ou accidents de fortune ? Parce que, confesse l'auteur avec une belle franchise, il sait qu'ainsi il ne donnera que « plus de plaisir aux lecteurs, pour la plupart plus curieux de choses admirables que d'une profonde et exquise spéculation ». On ne peut mieux dire que le goût de conter suppose d'abord le goût d'entendre de belles histoires, ni plus nettement assurer que, pour de tels récits, il existe désormais un public.

Le récit des occasionnels

Ces lecteurs, quels sont-ils ? Si les *Histoires prodigieuses* touchent encore un public limité, la relève est assurée par des ouvrages de beaucoup plus grande diffusion : les occasionnels – ou « canards » –, qui, de fait, voient alors leur nombre croître considérablement. Selon Jean-Pierre Seguin qui en a dressé la bibliographie (1964), on compte 57 pièces entre 1529 et 1575, 110 pièces entre 1575 et 1600, mais 320 pièces entre 1600 et 1631 ; certes, ces chiffres ne tiennent compte que des pièces répertoriées (la liste s'en est allongée depuis cet inventaire), mais ils sont néanmoins significatifs de l'intérêt croissant que rencontre la littérature consacrée à ce qu'on appelle, par un anachronisme certainement contestable, les faits divers. Ouvrages de colportage, ces canards portent vers un public populaire des récits qui sont des histoires prodigieuses. Leurs auteurs, généralement anonymes, se montrent fort conservateurs et se gardent bien d'entrer dans les vues des « naturalistes » ; ils répètent inlassablement que Dieu « nous visite par des signes et présages, afin de nous réveiller de notre profond sommeil et pour nous avertir qu'il ne faut croupir dans la fange de la chair » ; ils s'indignent vertueusement de l'impiété des « naturalistes » qui veulent rapporter à la seule nature de si hautes merveilles, ou, s'ils acceptent de donner un instant la parole à leurs adversaires, cette bienveillance passagère tourne inévitablement à la confusion de messieurs les philosophes. Enfin, ils n'oublient guère de convier à la méditation et à la pénitence. Pourtant, outre que de si constantes réfutations font deviner l'audience des adversaires, bien des indices laissent pressentir que les beaux discours que tiennent ceux qui les combattent ne semblent guère être que des développements obligés, sinon convenus, et ne paraissent pas inspirés par une forte et ferme conviction. La place faite au récit, un sens certain de la mise en scène, une nette indifférence à la signification précise qu'il faut attacher à des événements pourtant donnés pour des jugements de Dieu – nos auteurs se dispensent de les interpréter en assurant qu'ils n'osent « participer aux secrets du Souverain » (Dieu), mais qu'est-ce qu'un signe dont le sens reste inaccessible ? – : autant d'indices que le plaisir de conter est sans doute plus fort que la volonté d'édifier. Au demeurant, on ne se prive pas, comme on dit alors, de « réchauffer » ou de « regratter » d'anciens canards au prix de quelques menus changements de dates, de lieux et de circonstances destinés à les adapter à l'actualité. Les auteurs les plus entendus savent même dépecer un unique canard pour en produire deux nouveaux, et une narration d'inondations et de tempêtes survenues en Angleterre en 1607 nous vaut deux occasionnels en 1633 : l'un a encore pour théâtre l'Angleterre, l'autre ramène le lecteur sur les bords de Loire ; quelques précisions, très circonstanciées, suffisent à authentifier ces regrattages. Tout se passe comme si le lecteur à qui l'on s'adresse souhaitait de belles histoires propres à le faire frissonner, et comme si, en y impliquant les secrets de Dieu et l'histoire du monde, les auteurs étaient assurés d'en relever l'intérêt ; assurément, un cours sur la production physique des tremblements de terre ou des inondations, des tempêtes ou des comètes atteindrait moins sûrement ce résultat !

Le plaisir d'avoir peur

On se tromperait sans doute en supposant que les lecteurs lisaient en tremblant de telles publications. Si ces ouvrages prennent l'apparence d'une littérature d'édification, les auteurs connaissent assez bien leur public pour savoir que c'est cette apparence même qui grandit le propos et retient l'attention. Il leur arrive de l'avouer involontairement : l'un d'eux, après un trop long prologue, se résout à aborder le récit « pour en donner contentement au lecteur », dit-il en propres termes ; un autre interrompt une trop longue description du théâtre de l'événement afin de ne pas « attédier (= ennuyer) le lecteur, qui attend avec impatience la nouvelle d'un cas si étrange ». Ainsi, la conviction angoissée, le sentiment de l'urgence de la conversion qui marquent l'époque précédente sont en train de céder la place à une sorte de curiosité et même de plaisir d'avoir peur. Au demeurant, bien qu'il soit difficile d'en administrer la preuve, ces lecteurs n'avaient sans doute la même attitude dès lors que, simples hommes, ils se sentaient menacés par quelque mal prochain, même s'ils n'accordaient pas nécessairement aux événements calamiteux l'importance relative que les modernes seraient portés à supposer : on voit, par exemple, le sayetteur lillois Mahieu Manteau, auteur d'une chronique, s'affoler devant les incendies beaucoup plus que devant une épidémie de peste, pourtant ravageuse. L'intérêt que les lecteurs portent aux canards, autant qu'on puisse l'estimer en examinant les sujets auxquels cette littérature donne la priorité, semble refléter indirectement cette différence :

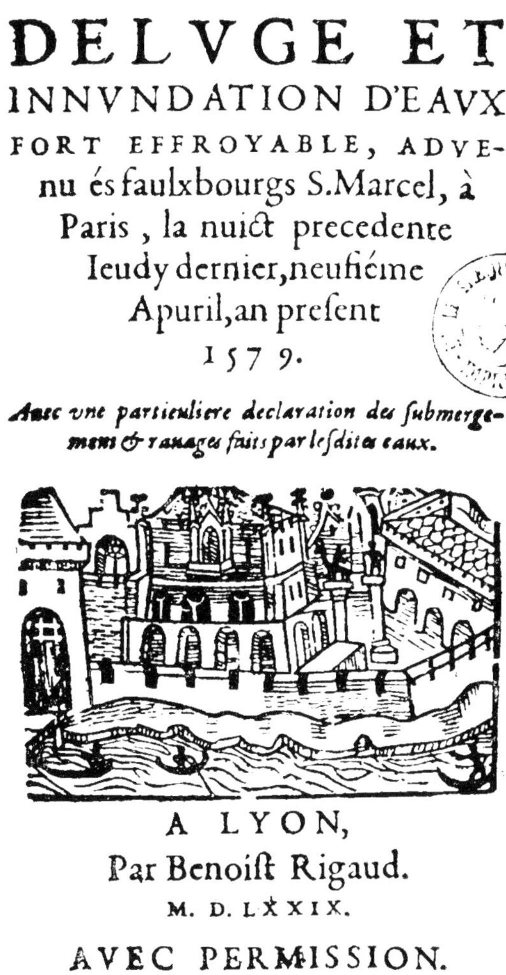
DELVGE ET
INNVNDATION D'EAVX
FORT EFFROYABLE, ADVE-
nu és faulxbourgs S.Marcel, à
Paris, la nuict precedente
Ieudy dernier, neufiéme
Apuril, an present
1579.

*Auec vne particuliere declaration des submerge-
mens & rauages faits par lesdites eaux.*

A LYON,
Par Benoist Rigaud.
M. D. LXXIX.
AVEC PERMISSION.

Monstres, « impressions célestes », inondations sont les sujets de prédilection des canards. Modestie du budget ? Cadence de tirage, délais sans appel ? Quelle que soit l'explication, l'inondation parisienne est illustrée ici par un document de réemploi figurant palais et gondoles de Venise.

(BOIS GRAVÉ, EN PAGE DE TITRE D'UN CANARD DU XVIe S.)

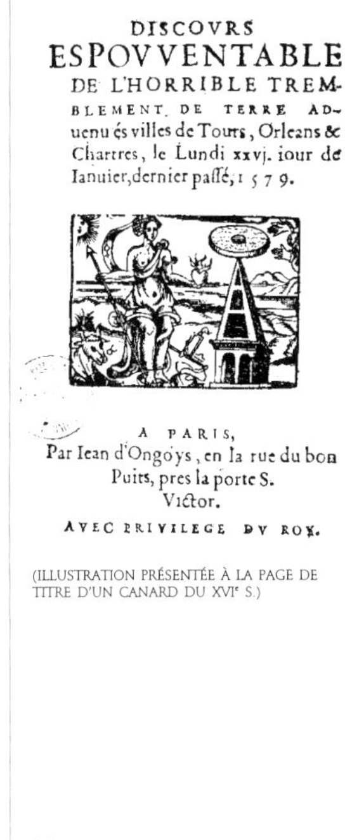
DISCOVRS
ESPOVVENTABLE
DE L'HORRIBLE TREM-
BLEMENT DE TERRE AD-
uenu és villes de Tours, Orleans &
Chartres, le Lundi xxvj. iour de
Ianuier, dernier passé, 1579.

A PARIS,
Par Iean d'Ongoys, en la rue du bon
Puits, pres la porte S.
Victor.
AVEC PRIVILEGE DV ROY.

(ILLUSTRATION PRÉSENTÉE À LA PAGE DE TITRE D'UN CANARD DU XVIe S.)

on lit plus volontiers des récits de combats aériens ou d'inondations, de tremblements de terre ou d'incendies, sujets qui ne manquent pas d'une spectaculaire grandeur, que, par exemple, des narrations de naissances monstrueuses, comme si les monstres suscitaient une curiosité un peu dégoûtée, propre à réveiller une sourde peur, à ranimer une insidieuse appréhension. Il est significatif que ce soit sur ce sujet que des doctes jugent bon d'utiliser la voie des canards pour combattre la « superstition ». Le monstre parisien de 1605 n'est pas seulement l'occasion de formuler, sous la plume de Jean Riolan, une nouvelle tératologie ; trois canards lui sont consacrés, dont l'un a certainement été inspiré, sinon rédigé, par ce même médecin : d'une philosophie moins technique, certes, que le petit traité que celui-ci signe de son nom, ce canard expose pourtant la même doctrine et dénie aux monstres le pouvoir de « présager rien de sinistre » ; simples « effets de nature », ils doivent être rapportés à cette seule nature, qui, pour des raisons tout à fait assignables, a été empêchée de produire un être parfait.

Résistances et interrogations

Rapporter de tels « accidents » à la seule nature suppose, soulignons-le, une intrépidité à laquelle on ne se résout que lentement. Un anonyme qui, en 1618, relate d'étranges événements survenus au pays des Grisons – des abîmes s'ouvrirent dans le sol et des feux s'en échappèrent – fait sentir avec une remarquable netteté l'importance de la révolution mentale que constitue ce changement d'attitude : « Rendre la nature si puissante, écrit-il, que l'on puisse avoir quelque sujet de dire que cet accident fut causé et provint par les vents, ce serait lui attribuer trop de force et de pouvoir ; de peur et de terreur aux hommes de se sentir sujets à toutes ses rigueurs. » Tant qu'on rapportait au jugement de Dieu les malheurs qui frappaient les hommes et qu'on percevait, derrière le jeu des causes naturelles, une volonté supérieure, on pouvait espérer obtenir, par la pénitence et la conversion, de faire fléchir sa rigueur, et, si l'on n'y réussissait pas, du moins ces malheurs continuaient-ils à garder un sens ; à partir du moment où on les attribue à la seule nature et où celle-ci se voit désertée de la grâce, l'homme risque de se trouver sans recours livré à ses coups.

Une éclipse de soleil et la panique qui s'ensuivit

Dans ces conditions, il n'est pas étonnant que cette inconfortable intrépidité puisse connaître de brusques reculs. L'un des plus curieux exemples en est fourni par l'émoi que provoqua l'attente de l'éclipse de Soleil du 12 août 1654. Le vieil astrologue padouan Andrea Argoli, la comparant à celle d'août 1652, la jugea particulièrement néfaste, en raison de la présence du Soleil dans le signe igné du Lion et de sa proximité avec les planètes malignes de Saturne et de Mars, et il prévit des suites catastrophiques. Entre d'autres mains, ce jugement ne tarda pas à s'accroître de développements particulièrement inquiétants : le Déluge s'étant produit en l'an 1656 de la Création, il fallait s'attendre à voir, en l'an 1656 de l'Incarnation, survenir un Déluge de feu et, avec lui, la consommation des siècles. C'est cet eschatologisme qui fit de l'éclipse du 12 août 1654 l'événement majeur dont Élisabeth Labrousse a reconstitué l'histoire. Même si l'abondante littérature qu'il provoqua intéressait surtout les doctes, par la prédication il atteignit les simples gens, semant la panique en France et ailleurs. Les témoignages ne manquent pas.

L'archevêque diffère la solennité de l'éclipse

Notons ce récit d'Honoré Bouché, docteur en théologie et historien de la Provence : « Quelques-uns ayant fait courir le bruit que quiconque se trouverait en la campagne au point de l'éclipse ne passerait pas la journée donnèrent occasion aux plus crédules de se tenir enfermés dans leurs chambres. Les médecins même autorisèrent ces fadaises, obligeant de tenir les portes et les fenêtres fermées et de n'avoir dans les chambres autre clarté que celle des chandelles. Sur le bruit qui courait qu'en ce jour-là tout le monde devait périr, on ne vit jamais tant de conversions, tant de confessions générales et tant d'actes de pénitence. » Un autre rapporte plaisamment qu'à Lyon, un curé, qui ne pouvait confesser tant de pénitents, monta en chaire pour avertir « qu'il n'y avait que faire de tant se presser parce que l'archevêque avait différé la solennité de l'éclipse jusques au dimanche suivant »...

Des paniques de cette importance, qui ne sont pas sans rappeler celle que provoqua l'annonce du Déluge de 1524, montrent bien la lenteur des changements de mentalité. Il faut pourtant noter que, chez ceux qui tâchèrent de combattre cette terreur, on voit mettre en œuvre des arguments conformes aux modes de pensée qu'à la même époque on observe ailleurs. Le pasteur Amyraut, dans un sermon, fait valoir que les changements politiques ont d'abord des causes humaines : ils résultent des conquêtes, elles-mêmes dues à la cupidité et à l'arrogance des conquérants, ou encore du mauvais gouvernement des princes, de l'ambition des grands, de l'« impatience » des peuples, même si ces causes obéissent aux desseins mystérieux de la Providence. Une telle analyse, qui met l'accent sur les facteurs humains, se retrouve constamment, par exemple, dans les *Relations* qui, au milieu du siècle, traitent de l'assistance des pauvres, comme aussi dans beaucoup d'autres documents.

Certes, cette thèse, en comptant parmi les facteurs du changement l'impatience des peuples, ne prépare guère à comprendre les révoltes populaires, celle des « nu-pieds » de Normandie (1639), celle des « sabotiers » de Sologne (1658) ou celles qu'a connues l'Aquitaine ; et Yves-Marie Bercé, leur historien, a bien montré que, dans sa grande majorité, l'opinion n'a guère alors que pitié ou mépris pour les auteurs de ces soulèvements. De la même manière, tout le monde inquiétant des « gens des grands chemins » suscite la méfiance, et l'assistance des pauvres prend bien soin de distinguer les « pauvres honteux » et les autres ; un document intitulé « Ordre à tenir pour la visite des pauvres honteux » invite à examiner d'abord « d'où vient la pauvreté, si par débauche, mauvais ménage, procès, faute de conduite, ou par le malheur du temps » ; divers textes, qui s'inscrivent dans le droit fil du vieux *Liber vagatorum,* enseignent à découvrir les impostures des gueux, simulations de diverses maladies et infirmités, récits controuvés, faux certificats, etc.

Pourtant, une fois faites ces distinctions, il reste que l'assistance des pauvres est présentée comme un devoir pour les chrétiens, qui doivent considérer que les calamités sont envoyées afin d'éprouver leur esprit de charité. Voici comment s'expriment les *Relations* pour les mois de mars et d'avril 1652 : « De loin, on pouvait nier pour excuser la dureté de son cœur ; mais enfin il ne faut plus chercher d'excuses. Les pauvres de nos faubourgs qui languissent de faim depuis des mois, ce nombre infini de réfugiés que l'approche des armées chasse de la campagne frappent nos regards, et leur voix retentit de tous côtés à nos oreilles. La désolation de nos villages est assez publique pour n'avoir plus besoin d'être annoncée. Il est temps de se réveiller du sommeil, puisque Dieu frappe à nos portes par une inondation de gens de guerre. Il se faut préparer aux mêmes fléaux dont les autres provinces ont été affligées. Nous ne pouvons détourner ce malheur que par

La Comète apprivoisée. Malgré une lente transformation des esprits et une profonde résistance de la classe intellectuelle elle-même, une nouvelle approche des phénomènes naturels se dégage, qui réconcilie l'homme et son univers.

(MALLET-A. MANESSON, « DESCRIPTION DE L'UNIVERS », GRAVURE, XVIIe S.)

un dernier effort, en soulageant par nos aumônes ceux qui sont chez nous et auprès de nous, et les continuant tout autant qu'il plaise à Dieu nous en donner les moyens pour ceux qui ne peuvent vivre que par nous. » On n'aurait pas de peine à multiplier les témoignages de cette sorte.

Faites, Madame, quelque sorte de réflexion sur cette misère publique...

Citons encore la remontrance que, lors du lit de justice du 15 janvier 1648, le magistrat Omer Talon, homme d'un parfait loyalisme, adresse à la reine : « Tout le royaume est languissant, affaibli par la fréquence des levées extraordinaires des deniers qui sont le sang du peuple et le nerf de l'État, et produisent une sorte d'inanition. Faites, Madame, quelque sorte de réflexion sur cette misère publique. Ce soir, dans la solitude de votre oratoire, considérez les calamités des provinces, dans lesquelles l'espérance de la paix, l'honneur des batailles gagnées, la gloire des provinces conquises ne peuvent nourrir ceux qui n'ont point de pain. » On ne peut plus clairement dire que les grandeurs du règne n'effacent pas les misères qui frappent les sujets et que la responsabilité des gouvernants est pleinement engagée ; remarquons aussi la façon dont est employée la vieille image du corps du royaume : l'état de maladie qui le rend languissant n'est pas interprété du tout comme un signe d'un dérèglement plus profond du monde, mais comme l'effet désastreux d'une mauvaise administration.

De salutaires épouvantails

Dans cette perspective, les calamités « naturelles » – qui ont durement frappé l'époque – tendent elles-mêmes à apparaître moins comme des châtiments ou des avertissements que comme des épreuves. Et c'est parfois avec un sens très aiguisé de l'occasion que les prédicateurs les utilisent : on a vu plus haut le missionnaire Bourdoise profiter d'une menace de peste qui lui semble capable de rendre les prêches plus efficaces. Il arrive même que de telles menaces soient sciemment considérées comme pouvant être de salutaires épouvantails ; le jésuite René de Ceriziers, auteur d'un « Examen de l'éclipse d'août 1654 », rejette totalement les prédictions des astrologues, mais ose écrire : « Si la crainte de l'éclipse ne produisait que de bonnes

La destruction des anciens préjugés passe par la pédagogie : cette planche explique comment, il y a peu encore, on assimilait le grisou au souffle d'un « dragon des mines ».

(PÈRE A. KIRCHER, « MUNDI SUBTERRANEI », AMSTERDAM, XVIIe S.)

confessions, je bénirais une erreur qui tromperait si heureusement les hommes. »

C'est bien une nouvelle représentation des calamités qui, en ces années, se forme et se met en place. La plupart des thèses qui la fondent ne sont pas nouvelles, mais une nouvelle idée de la nature en modifie profondément le sens et leur assure une large diffusion. Certes, on ne les perçoit pleinement que chez les doctes ; c'est ainsi qu'une comète ayant paru en décembre 1664 sur la Champagne, Rainssant, professeur à la faculté de médecine de Reims, fait prouver par un de ses élèves que l'humanité n'a rien à craindre de tels événements : *An cometa morborum prodromus ?* (Les comètes annoncent-elles des maladies ?), demande cette thèse, qui répond par la négative. Mais les exemples plus haut cités montrent aussi que des questions de cette sorte ne sont pas seulement académiques.

Un nouvel esprit scientifique ?

Pour s'affermir, cette nouvelle représentation a besoin d'un nouvel esprit scientifique qui cesse de considérer la physique comme une magie naturelle, ce qu'admet encore Mersenne en 1623. Renonçant à la quête des « singularités » (mot si cher à la Renaissance), tenant l'exceptionnel pour un cas particulier, cet esprit est en train de naître. Le *Recueil général des questions traitées ès conférences du bureau d'adresses* de Théophraste Renaudot (1655-1656) en formule fortement l'exigence, quand il rappelle que le savant ne doit se préoccuper que des « mouvements ordinaires » de la nature.

H. N. – J. C.

FIGVRE
D'VN LOVP
RAVISSANT TROVVE
en la Foreſt des Ardennes. Et de la deſtructió par luy faicte en plusieurs bourgs villages, & dependances d'icelle Foreſt. au moys de Decembre dernier paſſe.

A PARIS,
Par Michel Buffet, iouxte l'exemplaire imprimé à Troyes. 1587.

Pour éteindre la soif quand elle est bien ardente,
Demandons-nous à boire en un vase de prix ?
Et pour rassasier la faim qui nous tourmente,
Faut-il n'avoir recours qu'aux mets les plus exquis ?
(Horace, « *Satires* » I, 2, traduit par La Fontaine.)

Impitoyable Dieu, toi seul as tout conduit.

(J. Racine, « Athalie », V, 6.)

Grand Dieu ! dont la seule présence soutient la nature et maintient l'harmonie des lois de l'univers ; vous qui [...] voyez rouler [...] toutes les sphères célestes sans choc et sans ...

... confusion, et seul régissez dans une paix profonde ce nombre infini de cieux et de mondes ; rendez, rendez enfin le calme à la terre agitée ! (G.-L. de Buffon, « De la nature ».)

la protection du monarque

IVe PARTIE (1660-1800)

L'on voit certains animaux farouches, des mâles et des femelles [...], tout brûlés du soleil, attachés à la terre qu'ils fouillent [...]. Ils ont comme une voix articulée, et quand ils se lèvent sur leurs pieds, ils montrent une face humaine, et en effet ils sont des hommes. Ils se retirent la nuit dans des tanières, où ils vivent de pain noir, d'eau et de racines. [...] (J. de La Bruyère, « Caractères de l'homme ».)

page 313. – *« La Paix ramenant l'Abondance », É. Vigée-Lebrun, Louvre. – « Famille de paysans », L. Le Nain, Louvre.*
page 315. – *« La Peste à Marseille en 1721 », M. Serre, musée Atger, Montpellier. – Fontaine de l'Encelade, G. Marsy, Versailles.*
pages 316-317. – *De gauche à droite et de haut en bas : « L'Accident », H. Robert, musée Cognacq-Jay. – « L'Hiver, ou le Déluge », de la série des « Quatre Saisons », N. Poussin, Louvre. – « Incendie de la Chambre des comptes », peinture française du XVIIIe s. Musée Carnavalet, Paris. – « La Mort de Virginie », J. Vernet, l'Ermitage, Leningrad.*
page 319. – *« Les Quatre Éléments : l'Eau », C. Deruet, musée d'Orléans. – « Rixe de musiciens », détail , G. de La Tour, musée Paul-Getty, Malibu.*
page 320. – *Pavillon d'un régiment d'artillerie de Louis XIV, musée de l'Armée.*

Introduction

Les progrès de l'idée de Nature sont inséparables, avec les Lumières, du projet de la maîtriser et de se délivrer de ses atteintes : depuis le début du XVIIe siècle, donc, l'idée se fait jour que le monde matériel est plus une physique réglée qu'une magie naturelle. Il est vrai que, dès la seconde moitié du XVIIe siècle, les temps s'y prêtent, avec cet étonnant retournement du sens de l'État, cette mise en place d'un appareil monarchique dont l'emprise prétend s'étendre, aussi, sur la vie de l'économie. À compter de 1661, les intendants la réunissent, dans les mêmes mains, à la justice et à la police. Remarquables agents du pouvoir central, ils sont aussi les meilleurs défenseurs de leurs administrés. La volonté politique de la monarchie louis-quatorzienne ne peut pas se désintéresser des subsistances et de la santé de ses sujets, deux biais où passe encore l'essentiel des malheurs publics. C'en est aussi fini des méfaits des gens de guerre, d'une soldatesque éloignée aux confins du royaume : les dragonnades elles-mêmes démontrent combien leur potentiel de violence sur les civils est désormais calculé et maîtrisé. L'horreur ne réapparaît qu'à l'exception des – rares – invasions ; si le déserteur est si redouté, c'est justement parce qu'il déroge à la norme d'un appareil militaire qui encaserne et discipline.

La grande famine de l'Avènement (1661-1662), avec son cortège d'épidémies et de pluies torrentielles, est trop précoce pour ne pas, encore une fois, tourner à la catastrophe : toute l'économie atteinte, de 1 à 1,5 million de Français en moins en quatre ans. De bonnes conditions météorologiques aident à la rémission des trente années qui suivent. Mais c'est bien l'intervention résolue des autorités et de l'État, un zèle acharné, qui empêche que celle de 1693-1694, la plus grave du siècle, ait des effets pires. Errances, abandons d'enfants, émotions populaires : les signes sont encore là de l'insuffisance des résultats, et la généralisation du malheur à l'ensemble du royaume déborde un État déjà capable de juguler des crises plus localisées. Il le démontre pendant le grand hiver de 1709, et le

XVIIIe siècle voit s'étioler progressivement les crises de subsistances de la période classique. Si la mortalité explose en 1709-1710, c'est parce que les deux exercices s'intègrent dans un cycle épidémique qui va de 1706 à 1715, et cela dans des proportions moindres qu'au XVIIe siècle. La libre-circulation des grains, établie par les textes de 1763 et 1764, marque à la fois la victoire sur la famine et un nouveau moyen d'en empêcher les résurgences. Qu'on y ajoute le progrès des transports et de la conservation des grains : avec les Lumières, la France sort de l'âge, pluriséculaire, des grandes famines meurtrières.

Il n'est pas jusqu'à la peste qui ne soit cantonnée par les mesures de prophylaxie prises à l'initiative des villes et de certains parlements, dès les années 1630 ; la grande épidémie marseillaise de 1720-1721 ne s'étend pas, tant l'action des agents de la Régence est vigoureuse. Voilà qu'on distribue, au XVIIIe siècle, les « boîtes de remèdes » du roi, avec leur mode d'emploi ; et, à compter de 1750, chaque intendant est flanqué d'un « médecin correspondant des épidémies ». L'esquisse, déjà ancienne, d'une politique de santé publique s'épanouit en 1776-1778 avec la mise en place de la Société royale de médecine ; même si la dysenterie fait encore 175 000 morts en 1779 ; et si, partis à la recherche de la maladie, les enquêteurs royaux découvrent le rôle de la misère...

Même devant le climat, on est de moins en moins désarmé, et, à la campagne, on sait de mieux en mieux en contourner et en apprivoiser des effets qui s'accordent au rythme des saisons. Contre les eaux, dont les débordements continuent à frapper les imaginations, on use de l'accumulation des expériences, quais et digues commencent un peu partout à les contenir. Reste le feu, qui fait plus peur, et qui frappe les villes surtout, y entraînant d'énormes destructions, comme à Rennes, en décembre 1720. Que Dieu le veuille, l'idée demeure de sa malédiction. Mais le malheur lie les solidarités comme il ne l'avait jamais fait, en mobilisant les hommes : l'alliance des pouvoirs et du savoir fait reculer le malheur à un rythme jusque-là inconnu, qui annonce les délivrances du XIXe siècle.

Pour l'heure, en s'achevant le siècle des Lumières va encore connaître les effroyables effets de la guerre ; mais, à présent, le malheur ne vient que des hommes et non d'un incompréhensible destin : la lutte fratricide est devenue, si l'on ose dire, un signe de la rationalité.

XVI

la Maxime de l'ordre

L'année 1661 est d'une extrême importance dans l'histoire de la France. Non seulement la mort de Mazarin, le 9 mars, est l'occasion, patiemment attendue par le jeune Louis XIV, de faire connaître sa décision de gouverner désormais par lui-même, sans le secours d'un premier ministre, mais la disgrâce de Fouquet, quelques mois plus tard, le 5 septembre, a pour conséquence l'entrée au conseil d'en haut de Jean-Baptiste Colbert, grand artisan de la chute du surintendant. □

Nommé intendant des finances sur la recommandation de Mazarin, au lendemain de la mort du cardinal Colbert devient donc, en septembre, ministre d'État et membre du conseil des finances. Il dirige, en fait, toute l'administration financière puisque la charge de surintendant des finances a été supprimée par Louis XIV au moment de l'arrestation de Fouquet. Et ce titre de contrôleur général des finances, créé à son profit en 1665, ne fait que reconnaître un état de fait : désormais, et jusqu'à la fin de l'Ancien Régime, le contrôleur général des finances est un personnage essentiel ; son importance est supérieure à celle du chancelier, même si celui-ci, inamovible, reste, après le roi, le premier personnage du royaume en dignité – d'ailleurs l'inamovibilité du chancelier garde des sceaux est un leurre, puisque le roi peut à tout moment lui retirer les sceaux, c'est-à-dire la réalité de ses fonctions.

En effet, à partir de Colbert, les pouvoirs du contrôleur général des finances sont considérables et traduisent bien l'évolution du régime vers une monarchie administrative et financière. Il est non seulement à la tête de toute l'administration des finances, constituée par les puissants intendants des finances, mais il dirige aussi toute l'activité économique, agriculture, industrie, commerce. Sous Louis XIV, Colbert est, aux côtés du roi, le principal instrument du renforcement de l'État, dans le sens de l'absolutisme et de la centralisation. Et cela du fait même de l'étendue de ses fonctions, mais aussi parce que c'est à lui que revient de nommer les intendants des provinces de l'intérieur du royaume, le secrétaire d'État à la guerre étant chargé de nommer ceux des provinces frontières. C'est de lui que dépendent ensuite ces mêmes intendants (même si certains relèvent, en même temps, de tel ou tel secrétaire d'État) ; avec lui, ils entretiennent la correspondance la plus suivie, soit pour l'informer et rendre compte, soit pour obtenir de lui consignes et directives.

Le roi présent dans la province

En même temps qu'il donne à Colbert tout le pouvoir nécessaire pour reprendre en main l'administration du royaume et appliquer la « maxime de l'ordre », Louis XIV s'appuie sur Michel Le Tellier, secrétaire d'État à la guerre, et sur son fils Louvois, associé très jeune à son père et devenu dès 1662 le vrai chef du département de la guerre, en attendant son entrée au conseil en 1672 et la succession paternelle en 1677. Le roi attend de Le Tellier et de son fils qu'ils le dotent d'une armée royale plus nombreuse, plus disciplinée, mieux équipée. À Louvois revient le mérite de faire passer dans les faits, grâce à son énergie brutale, les importantes réformes préparées par son père.

Après la mort de Colbert (1683), dans la dernière partie du règne de Louis XIV comme au temps de Louis XV, les contrôleurs généraux des finances qui se succèdent tendent à renforcer encore leur emprise sur toute l'administration du royaume. À Versailles, dans l'« aile des ministres », le contrôle général est divisé en bureaux spécialisés et dotés d'un important personnel de grands commis et de secrétaires, qui prennent les grandes décisions et sont en relation constante avec les intendants. Par ailleurs, à la suite d'une lente évolution, l'organisation du conseil du roi en sections spécialisées, par les règlements de 1670 et de 1673, renforce considérablement l'efficacité de celui-ci. Désormais et jusqu'à la fin de l'Ancien Régime, quelles que soient les retouches ultérieures, les quatre conseils – conseil d'en haut, conseil des dépêches, conseil royal des finances, conseil d'État privé – fonctionnent séparément, à des jours différents, les trois premiers toujours présidés par le roi, le quatrième le plus souvent par le chancelier. Ainsi se mettent en place à partir de 1661, de par la volonté de Louis XIV, les divers instruments du renforcement de l'État monarchique au niveau du gouvernement central.

« Sachez que ce royaume est gouverné par trente intendants »

C'est également à partir de 1661 que l'évolution de l'institution des intendants s'accélère pour aboutir à faire de ceux-ci les meilleurs agents, en province, de l'absolutisme centralisateur. L'intendant tire son origine des commissions qu'au XVIe siècle le roi confie à des maîtres des requêtes ou à des conseillers d'État pour exercer des fonctions d'information et de surveillance dans les provinces ou aux armées. La lettre de commission définit avec précision ces fonctions, qui sont toujours limitées dans le temps, dans l'espace et dans la compétence. L'excessive indépendance des officiers royaux, propriétaires de leurs charges, l'autonomie des villes et de certaines provinces pourvues d'états provinciaux (assemblées des représentants des trois ordres, clergé, noblesse, tiers état), l'esprit d'insoumission d'une partie de la noblesse, le mécontentement populaire éclatant parfois en violentes révoltes, le plus souvent antifiscales, tout justifie cette utilisation des commissaires à partir du moment où le roi de France se donne pour tâche de renforcer son pouvoir sur l'ensemble de son royaume et de ses sujets. Henri II, notamment, use fréquemment du procédé : en 1552, on compte à travers le royaume une vingtaine de ces « commissaires départis pour l'exécution des ordres du roi ».

Plus nombreux à partir de 1580, ces commissaires portent, dans les années 1630, le titre d'intendant de justice, souvent aussi de police, plus rarement de finances. Mais leurs missions restent temporaires et leurs attributions, limitées. L'étape décisive se situe entre 1635 et 1648 du fait de la guerre contre les Habsbourg. En effet, les énormes besoins d'argent qu'elle entraîne et l'accroissement de la pression fiscale qui en résulte, joints à la nécessité de maintenir l'ordre, de plus en plus souvent troublé par des émotions populaires, expliquent que Richelieu, puis Mazarin utilisent au maximum ces agents du pouvoir royal, dont la fidélité et l'efficacité sont

Nec pluribus impar. Louis XIV dans la phase heureuse de son règne. En étendant son influence aux provinces, le jeune roi met en place l'appareil de la monarchie absolue.

(GRAVURE DE CHEVARDI, VERS 1669.)

garanties par le fait qu'à l'encontre des officiers ils sont nommés par le roi et révocables par lui. C'est alors que se situe l'évolution décisive : la réunion dans une même main des attributions de justice, de police et de finances, la succession désormais presque ininterrompue des intendants à la tête d'une province précise avec résidence fixe, enfin et surtout la substitution de fait de la fonction d'administrateur aux pouvoirs extrêmement étendus à celle de simple inspecteur réformateur aboutissent à une refonte profonde de l'institution, presque à la création d'une institution nouvelle. Certes, la Fronde, révolte des officiers contre le pouvoir royal, semble remettre en cause cette institution, puisque dès 1648 le parlement de Paris exige le rappel de tous les intendants. Mais, une fois la Fronde vaincue, Mazarin, à partir de 1652, et surtout Louis XIV et Colbert à partir de 1661 renvoient peu à peu, à la tête de chaque province, un intendant de justice, police et finances. En 1689, la Bretagne est la dernière province du royaume à être pourvue d'un intendant.

Désormais et jusqu'à la fin de l'Ancien Régime, l'intendant est, selon le mot célèbre de Lavisse, « le roi présent dans la province ». En effet, les pouvoirs qu'il détient et qu'énumère sa lettre de commission sont considérables. Intendant de justice, il surveille tous les magistrats de son ressort, il peut présider tous les tribunaux, il a le droit d'évocation, c'est-à-dire la possibilité d'enlever une cause à un tribunal au profit d'un autre, il peut instituer et présider des commissions extraordinaires formées de juges royaux, il doit veiller en toute circonstance à la bonne application de la justice du roi. Intendant de police, au sens où l'on entend le mot sous l'Ancien Régime, c'est-à-dire l'« administration des choses et le gouvernement des gens », il est chargé du maintien de l'ordre et du commandement de la maréchaussée, il surveille de très près les municipalités, il s'occupe de tous les problèmes

Si l'intendant jouit d'un grand pouvoir, sa tâche paraît sans limite : justice, police, finances sont sous son autorité. Il lui arrive même d'intervenir pour remettre un peu d'ordre entre plaideurs ou... à l'école, où les élèves rebelles se font fort châtier.
(ALMANACH POUR 1691 ; DESSIN.)

de subsistances, de santé publique, de ponts et chaussées et, de façon générale, de tout ce qui concerne le bien-être des peuples. Intendant de finances, il contrôle la répartition et la levée de la taille par les élus et les trésoriers de France en pays d'élections et soumet aux états provinciaux les exigences royales en pays d'états ; de plus, il a compétence en matière de ventes d'offices et d'emprunts royaux et a la tutelle financière des communautés urbaines et villageoises. Ses pouvoirs sont quasi illimités, puisque les lettres de commission se terminent par cette formule : « Et généralement faire, pour l'observation de nos ordonnances touchant la justice, police et finances, tout ce qui pourra dépendre de votre charge d'intendant. » Pour exercer des pouvoirs aussi considérables, les intendants sont aidés par des subdélégués, nommés et révoqués par eux, à qui ils délèguent une partie de leurs attributions. Au début du XVIIIe siècle, l'institution se généralise : toutes les intendances sont divisées en un certain nombre de subdélégations, avec un subdélégué à la tête de chacune d'elles. Souvent, l'un d'eux, le subdélégué général, assiste directement l'intendant et le remplace pendant ses absences.

Certes, dans les provinces pourvues d'états provinciaux et d'un parlement, l'intendant doit compter avec ces pouvoirs locaux, qui luttent pied à pied contre ses empiétements, parfois victorieusement, comme en Bretagne, où les états réussissent à imposer leur contrôle permanent sous la forme d'une Commission intermédiaire. Certes, partout, il est l'objet, au XVIIIe siècle, de critiques de plus en plus acerbes de la part de tous les adversaires du renforcement du pouvoir central, qui dénoncent leur « despotisme » et les cahiers de doléances de 1789 se feront l'écho de ces critiques. Mais n'est-ce pas la preuve même de l'efficacité de l'institution ? Même s'il est exagéré, le propos de John Law à d'Argenson en 1720 contient une grande part de vérité : « Jamais je n'aurais cru ce que j'ai vu quand j'étais contrôleur général des finances. Sachez que ce royaume de France est gouverné par trente intendants. Vous n'avez ni parlements, ni états, ni gouverneurs, je dirais presque ni roi ni ministres : ce sont trente maîtres des requêtes commis aux provinces, de qui dépendent le malheur ou le bonheur de ces provinces, leur abondance ou leur stérilité. »

Le plus souvent compétents et consciencieux, s'inspirant des principes de ce que l'on appellera plus tard le « despotisme éclairé », les intendants, de surcroît, restent généralement de longues années dans le même poste, ce qui leur permet une parfaite connaissance de la province dont ils ont la charge et des actions suivies et en profondeur. C'est ainsi que, de 1686 à 1787, huit commissaires départis seulement se succèdent à la tête de l'intendance d'Orléans, ce qui correspond à un séjour moyen de douze ans et demi, avec deux missions particulièrement longues, celle de Jubert de Bouville (dix-huit ans) et celle de Perrin de Cypierre (vingt-six ans). Autre exemple : de 1704 à 1789, cinq intendants seulement se succèdent en Provence, le dernier, Des Galois de La Tour, y étant en poste à deux reprises pendant trente-deux ans.

En relation étroite et permanente avec le contrôleur général des finances et le secrétaire d'État dont ils dépendent, les intendants sont non seulement de remarquables agents du pouvoir central, mais aussi les meilleurs défenseurs de leurs administrés. Le chancelier d'Aguesseau évoque en ces termes son père, Henri d'Aguesseau, intendant du Limousin au début du règne personnel de Louis XIV : « J'ai entendu dire à ceux qui en avaient été les témoins que c'était une chose admirable que de lui voir faire le département (répartition) de la taille [...] Il s'arrêtait longtemps dans le même lieu, attentif à écouter toutes les plaintes, encore plus à connaître et réformer les abus. Il entrait dans les moindres détails, non seulement sur ce qui regardait les impositions et la levée des droits du roi, mais sur tout ce qui pouvait contribuer à rétablir l'agriculture, à faire fleurir l'industrie, à faciliter et à perfectionner le commerce [...] On ne craignait point son arrivée : on l'attendait au contraire avec impatience, et les peuples regardaient le temps de son département comme la saison la plus favorable de l'année, où leurs maux allaient être soulagés autant qu'il était possible, ou du moins adoucis par l'espérance d'un avenir plus favorable. » Le tableau ne relève pas seulement de la piété filiale, il est l'écho d'une réalité, à savoir la conception que la plupart des intendants ont de leur rôle entre 1661 et 1789.

Cette prise en charge de la réalité du pouvoir en province est d'autant plus efficace que les intendants n'agissent pas seuls, chacun pour son compte dans sa circonscription, comme naguère les municipalités ou les autorités provinciales, mais en coordination étroite avec le contrôleur général, qui, régulièrement informé, est susceptible de se faire une idée d'ensemble et de proposer les solutions qu'il juge les meilleures au nom de l'intérêt général et non de l'intérêt particulier de telle province, de telle ville ou de telle coterie.

En province, états et parlements tentent de sauvegarder leur rôle et leur pouvoir. Toute initiative de l'intendant fait l'objet de critique. On parlera de son « despotisme ». Représentant du pouvoir central, il doit souvent mener une action dont l'inspiration dépasse le cadre restreint de la région.

(RÉUNION D'UN PARLEMENT DE PROVINCE. PEINTURE DE REINHARD ; ÉCOLE FRANÇAISE, V. 1700. CHÂTEAU D'AZAY-LE-FERRON, INDRE.)

Certes, les difficultés de l'information, la lenteur des communications, la pesanteur administrative, la mauvaise volonté de certains pouvoirs locaux constituent autant de freins à cette efficacité théorique. Il n'empêche que s'instaure, dès l'époque de Colbert et surtout au cours du XVIIIe siècle, une volonté de politique globale, notamment en matière de subsistances et de santé publique. Ce renforcement de l'État peut être jugé aujourd'hui négativement – comme il l'a été par certains dès le XVIIIe siècle – si l'on considère, à juste titre, qu'il s'est fait au détriment des autonomies provinciales et si l'on estime regrettable l'effritement irrémédiable de celles-ci. Mais, au-delà d'un tel jugement de valeur – qui ne relève pas de l'historien –, il apparaît incontestable que cette capacité accrue d'intervention de l'État a permis concrètement d'améliorer quelque peu le sort quotidien des plus démunis et d'atténuer pour le plus grand nombre les conséquences déplorables du malheur des temps et des grands fléaux mortifères.

Le contrôle de fer

L'un de ceux-ci avait été, aux périodes précédentes, les méfaits des gens de guerre. Entre 1635 et 1652, de nombreuses provinces françaises avaient connu, on l'a vu, le retour de la soldatesque et son cortège d'horreurs. Ce sont les provinces frontières, notamment la Picardie, la Champagne, la Bourgogne et, encore hors du royaume, l'Alsace, la Lorraine, la Franche-Comté, du fait de l'intervention directe de la France dans la guerre de Trente Ans, mais aussi, entre 1648 et 1652, de nombreuses provinces de l'intérieur, notamment l'Île-de-France au cours de l'été 1652, du fait des diverses Frondes. Avec le retour de la paix civile et la fin de la guerre avec l'Espagne (1652-1659), le fléau disparaît et deux grands facteurs contribuent, à partir de 1661, à sa disparition quasi définitive. D'une part, si, pendant un siècle et demi, la France est à maintes reprises en guerre avec ses voisins, les zones de combat sont, à quelques exceptions près, hors de son territoire. D'autre part, les progrès de la discipline et du casernement des troupes aboutissent à rendre exceptionnelles et limitées les exactions des soldats.

La guerre a besoin d'hommes

De 1661 à 1792, la France est en guerre, en moyenne, une année sur trois, mais ces conflits sont d'inégale importance. La guerre de Dévolution ou la guerre franco-espagnole de 1719 sont brèves et peu meurtrières. Par contre, les grandes guerres du temps de Louis XIV – de la guerre de Hollande à la guerre de la Succession d'Espagne – de même que, sous Louis XV, la guerre de la Succession d'Autriche et la guerre de Sept Ans sont des conflits longs et disputés, au cours desquels la France, souvent en mauvaise posture, doit mobiliser toutes ses forces, en hommes et en argent, pour tenir tête à ses adversaires. De ce double point de vue, ces grands conflits coûtent cher aux Français. Les besoins en soldats sont tels que le recrutement grâce au traditionnel racolage – engagements plus ou moins volontaires – ne suffit plus et qu'il faut recourir à partir de 1688 à la milice.

D'abord levée pour la durée de la guerre, la milice royale devient permanente en 1726 et le reste jusqu'à la fin de l'Ancien Régime. Chaque paroisse rurale, seule ou associée à une paroisse voisine, doit fournir un homme tiré au sort parmi les « miliciables », c'est-à-dire tous les hommes de la paroisse âgés de seize à quarante ans et hauts d'au moins cinq pieds (1,62 m), célibataires ou veufs sans enfant. En fait, l'existence de nombreuses exemptions, notamment les domestiques des nobles et du clergé, et la pratique, théoriquement interdite, du remplacement vénal rendent le système très arbitraire et expliquent son extrême impopularité. Le cahier de doléances de la petite paroisse rurale de Boulaur, en Armagnac, exprime, en 1789, un point de vue très général : « L'exemption du tirage au sort trop facilement accordée à cette foule de domestiques qui suivent les ecclésiastiques et nobles rend les campagnes désertes. On n'y trouve plus de bras pour la culture des terres. On doit demander que le tirage au sort ne se fasse plus que dans les villes, et que toute personne qui travaille la terre en soit exempte. » Derrière l'outrance des propos, on sent l'exaspération des travailleurs des campagnes devant une charge qui, comme la corvée royale, pèse presque exclusivement sur eux. Certains préconisent, à la veille de la Révolution, pour remplacer la milice et l'arbitraire du tirage, une armée nationale dans laquelle tous les hommes seraient astreints à servir sans exemption possible. Quoi qu'il en soit, racolage et milice permettent à la France, grâce à ses 20 millions d'habitants vers 1700, devenus 28 millions en 1790, d'avoir une armée permanente qui, au XVIIIe siècle, compte près de 200 000 hommes en temps de paix et presque le double en temps de guerre.

Sillonnées par les belligérants de la plupart des pays concernés, les routes d'Europe ont vu passer, pendant la guerre de Trente Ans, un nombre incalculable de fourgons et de troupes en marche. Une même impression de troupeau humain piétinant, poussant les bêtes, portant vaille que vaille étendards, piques ou faux, mais apeurant les populations sur leur passage. (GRAVURE DE PRENNER.)

LES HORREURS DE LA GUERRE EN VALENCIENNOIS EN 1709

Le 27 de juin, Bon Dieu ! quelle journée ! Le jugement dernier sera-t-il plus effroyable ? Seigneur, quand je me veux faire une idée du dernier avènement, je me le représente. La plus grande partie des paroissiens se sont retirés en la maison pastorale avec leurs bestiaux. Tous les meubles généralement étaient dans l'église. Plus de dix mille maraudeurs armés de pistolets de poche, de baïonnettes, d'épées, de grands bâtons sont venus fondre sur cette maison et sur l'église, et ils ont tout entièrement mis en ruine. Ils ont pris plus de cinquante vaches et bien trente chevaux ; et après avoir pillé, débiffé (molesté) hommes, femmes et filles, ils en ont violé plusieurs et tué à coups de bâton. Tous ces sacrilèges ont exercé leur rage sur l'église qu'ils ont forcée, pillée, profanée de la manière la plus outrageante qui se puisse imaginer [...] Nous fûmes avec toute la communauté tellement épouvantés que le lendemain nous avons tout abandonné à la rage de ces malheureux. Nous avons été entre leurs mains depuis huit heures du matin jusqu'à pareille heure du soir, pendant quoi ils ont commis toutes les inhumanités des nations étrangères, dont on n'entendait point le langage et qui avaient des visages qui ne respiraient que le carnage. Nous nous sommes enfuis les uns à Saint-Amand, les autres à Orchies, Marchiennes et Hasnon – et nous y fûmes jusqu'à la reddition de la citadelle de Tournai – où tout le pauvre peuple a bien souffert des misères, pauvreté et maladie [...] Dès que l'armée a décampé d'ici, toute la communauté est revenue, chacun chez soi ; mais nous n'y avons trouvé que les murailles : point de portes, point de fenêtres, point de vitres, point un morceau de fer et, qui pis est, point une botte de paille, ce qui a causé une mortalité de tous les bestiaux, qui sont presque tous morts l'hiver suivant. Je devrais bien parler des morts des hommes avant celles des bêtes, car depuis le mois de septembre jusqu'à Noël, le nombre est si grand que je renvoie au registre des morts [...], tous faute d'aliments, de linge, de soins, tout le monde étant malade et ne se pouvant secourir les uns les autres.

(1) Alexandre Dubois (1686-1739), curé de la petite paroisse de Rumegies, entre Saint-Amand-les-Eaux et Valenciennes, a tenu, en marge de ses registres paroissiaux, un précieux journal dans lequel il a consigné les événements dont il a été le témoin.

« *Journal d'un curé de campagne au XVIIe siècle* » (1), **présenté par H. Platelle, Paris, le Cerf, 1965.**

Messire Scaramouche recrute. À en juger par sa tenue, ses troupes seront en guenilles. Et... « servir sans argent promet un(e) povre fin », clame-t-il dans une pesante allusion à la solde qui tarde à venir... Louis XIV et Louvois mettent de l'ordre à cela : elle sera versée tous les dix jours. Dorénavant, entretien et logement des troupes sont prévus et organisés. (Bibliothèque Nationale.)

Mais, plus encore que des hommes, les longues guerres du temps de Louis XIV et de Louis XV exigent toujours plus d'argent. Cela a pour conséquence un constant accroissement de la fiscalité par augmentation des impôts existants et par création d'impôts nouveaux. Créée en 1695 pour la durée de la guerre, la capitation est effectivement abolie en 1698 après la paix de Ryswick, mais rétablie dès 1701 à la veille de la guerre de la Succession d'Espagne. Elle n'est pas supprimée en 1714 et subsiste jusqu'à la Révolution. Quant au dixième, créé en 1710 au moment le plus dramatique de la guerre, il est supprimé en 1714, reparaît à chaque nouveau conflit et n'est supprimé en 1749, à la fin de la guerre de la Succession d'Autriche, que pour faire place à un nouvel impôt, le vingtième. Par ailleurs, ces impôts nouveaux, universels et égalitaires dans leur principe, ne le sont nullement en réalité du fait d'exemptions et de rachats. Ainsi les guerres aggravent-elles considérablement le poids des impôts pesant sur les plus pauvres et les plus nombreux.

Du moins, les méfaits directs des gens de guerre, de l'un ou l'autre camp, à l'encontre des populations civiles disparaissent-ils presque complètement. Cela est dû d'abord au fait que la France est désormais bien protégée grâce à diverses annexions au nord (Flandre), à l'est (Alsace, Franche-Comté, Lorraine), au sud (Roussillon), grâce aussi à la mise en place par Vauban de sa fameuse « ceinture de fer », dont les forts entourent le royaume. C'est désormais hors de France que l'on se bat le plus souvent : aux Pays-Bas, en Europe centrale, sur mer. Les exceptions à cette règle sont peu nombreuses et limitées dans le temps : invasion de l'Alsace par les Impériaux en 1674, suivie de la contre-offensive de Turenne en janvier 1675 ; prise de Lille en 1708 et occupation hollandaise de la ville et de la région jusqu'en 1713 ; invasion de l'Alsace du Nord en juin 1744 par les Impériaux, qui se retirent quelques semaines plus tard ; tentative infructueuse d'invasion de la Provence par les Austro-Sardes en février 1747 ; quelques tentatives anglaises, également infructueuses, sur les côtes bretonnes au cours de la guerre de Sept Ans et occupation de Belle-Île de 1761 à 1763. Pour être exceptionnelles, ces invasions du territoire national s'accompagnent parfois encore des horreurs habituelles pour la population civile, comme le prouve le témoignage du curé de Rumegies, en Valenciennois, en 1709.

DE GAUCHE À DROITE :

Des fourrageurs à la besogne dans un champ pour nourrir les chevaux de la cavalerie.

(GRAVURE DE GUÉRARD, V. 1700.)

Le fort de Besançon, maillon de la « ceinture de fer » dont Vauban entoura le royaume. Conquise par Louis XIV, la Franche-Comté avait alors une position frontière.

Naissance d'une armée

Plus importants encore sont les progrès décisifs réalisés, dans l'armée française, en matière de discipline des soldats. Avec Louis XIV et Louvois, l'administration de l'armée échappe de plus en plus aux militaires eux-mêmes et passe sous le contrôle des civils, avec concentration des pouvoirs entre les mains du secrétaire d'État à la guerre, assisté par les intendants d'armée et les commissaires des guerres. L'une des premières manifestations de cette prise en main par l'administration monarchique est la généralisation du contrôle des troupes, destiné à la connaissance exacte des effectifs en vue du paiement de la solde. En 1670, ce type de document apparaît d'abord dans le régiment des gardes-françaises et l'ordonnance de 1716 le généralise pour l'ensemble de l'armée. Le contrôle est un registre à en-têtes et colonnes imprimés, sur lequel sont portés, compagnie par compagnie, tous les hommes d'un régiment présents lors de recensements renouvelés à intervalles irréguliers et sur lequel on ajoutera, outre les noms des nouvelles recrues, les indications concernant la carrière des soldats. Faire régner l'ordre dans un groupe quelconque, c'est d'abord bien connaître les membres de ce groupe. À cet égard, les contrôles de troupes – aujourd'hui si précieux pour l'historien – ont joué un rôle capital dans l'instauration de la discipline dans l'armée.

Le pillage et la maraude par les soldats du roi, en France même et en temps de paix, ayant souvent pour cause le non-paiement de la solde, un règlement de 1670 stipule que la solde – de six sols par jour pour un fantassin, quinze pour un cavalier qui a à entretenir son cheval – sera exactement versée par les capitaines tous les dix jours. En même temps, des mesures sont prises pour l'entretien des troupes. Il est créé dans les lieux d'étapes permanentes établies dans les villes, sur les routes habituelles des armées, des magasins administrés par les commissaires aux étapes sous l'autorité de directeurs généraux des fourrages et vivres. L'approvisionnement de ces magasins est assuré par des charrois sous la responsabilité des étapiers. Quant au logement des soldats, il reste à la charge des habitants, dans la mesure où les forteresses urbaines sont devenues insuffisantes ou sont mal entretenues. Toutefois, le plus souvent, les corps de ville se chargent eux-mêmes de loger les gens de guerre dans de vieilles maisons louées et aménagées pour la circonstance, en imposant aux habitants une taxe exceptionnelle équivalant aux frais

DE GAUCHE À DROITE : Pour faire régner l'ordre dans l'armée naissante, deux atouts : l'exercice et la justice militaire. « Ceux qui pour obéir à leur mauvais génie/Produisent dans le camp mille sanglans vacarmes/Sont ainsi chatiez et passez par les armes. » (GRAVURE ; CHEZ BASSET.)

entraînés par cette opération. Il n'en reste pas moins que, lorsque des effectifs importants arrivent dans une petite ville, a fortiori dans un village, il faut disperser les soldats chez les habitants, qui sont tenus de leur assurer le logement et l'ustensile, c'est-à-dire le feu, la chandelle, le sel et les instruments de cuisine. Cette charge est particulièrement lourde et détestée, surtout parce que beaucoup de Français en sont exemptés soit en droit, soit en fait (si l'on vit dans une paroisse à l'écart de tout mouvement de troupes). Elle tend à se transformer au XVIIIe siècle en impôt en argent, levé en supplément de la taille.

1726 : les troupes au casernement

Mais, là où il est effectif, le logement des gens de guerre, même s'il est impatiemment supporté par les civils, ne donne plus lieu qu'exceptionnellement à des excès regrettables, non seulement parce que les officiers veillent à ce que tout se passe dans l'ordre, mais surtout parce que la connaissance des plaintes et contestations en ce domaine appartient désormais aux intendants des provinces et que les châtiments contre les coupables éventuels sont d'une très grande sévérité. Il n'en reste pas moins que le logement chez l'habitant est considéré par Louvois et ses successeurs comme un pis-aller et que l'objectif fixé dès 1692 est le casernement des troupes. Mais il faut attendre l'ordonnance de 1719 pour que soit mis en place un plan général de construction de casernes dans tous les lieux d'étape. L'effondrement du système de Law en 1720 entraîne l'abandon du projet. Toutefois, des casernes commencent à être construites à Metz en 1726, puis autour de Paris et dans différentes villes de Flandre et du Midi. En 1753, d'après l'*État du royaume de France* de Doisy, il y aurait 320 localités ayant des bâtiments pour le logement des troupes, le plus souvent une simple maison mal adaptée à sa destination. Seule la mise à la disposition de la nation des biens du clergé, en 1790, en dotant l'armée d'un nombre appréciable de locaux monastiques assez facilement transformables en casernes, permettra de résoudre vraiment le problème.

Les progrès du casernement tout au long du XVIIIe siècle et la mise en place d'une discipline très stricte contribuent de façon décisive à faire cesser les atrocités que commettaient autrefois les gens de guerre sans que disparaissent totalement leurs méfaits et la terreur que longtemps encore ils inspireront. Mais ces méfaits sont maintenant le plus souvent l'œuvre de soldats isolés regagnant leur corps et surtout de déserteurs. La désertion est, en effet, une plaie de l'armée d'Ancien Régime : les conditions du recrutement des soldats réguliers, souvent enrôlés contre leur gré, et plus encore des miliciens, la sévérité de la discipline, le mal du pays et la nostalgie expliquent ce phénomène, en dépit des risques encourus, les galères et souvent la mort. Conséquence du souvenir des horreurs du passé plus que de la réalité des méfaits du présent, le soldat reste, dans l'imaginaire populaire, le personnage terrifiant par excellence. L'Angevin François-Yves Besnard rappelle dans ses *Souvenirs* ce que lui contait, quand il était enfant, sa bisaïeule, née en 1662 et morte en 1759 : « Je me rappelle surtout ce qu'elle nous racontait de la terreur causée par le passage des soldats, qu'elle appelait soudards, qui, retournant dans leurs foyers ou allant rejoindre leurs régiments, se conduisaient en vrais brigands sur la route qu'ils avaient à parcourir. »

L'exception tragique

Un épisode tragique de l'histoire de la France au XVIIe siècle, les dragonnades, témoigne que la brutalité de la soldatesque peut encore se déchaîner si, loin d'être solidement tenue en bride par ses supérieurs, elle y est ouvertement encouragée par ces derniers. Le procédé en soi n'est pas nouveau. Richelieu en a souvent usé soit pour faire payer des contribuables récalcitrants, soit pour punir une ville révoltée. Il consiste à envoyer une compagnie ou un régiment qui vit à discrétion chez l'habitant jusqu'à ce que les impôts en retard soient versés – ce qui ne tarde guère – ou que la punition ait été jugée suffisante. Après une sédition survenue à Rennes en 1636, le commissaire royal envoyé sur place écrit au chancelier Séguier : « Le seul expédient, Monseigneur, de venger cette offense, ce serait de mettre en cette ville une bonne garnison. Ils viendraient incontinent au pardon et après l'on ferait ce que l'on voudrait. » Quarante ans plus tard, en 1675, toujours à Rennes, cinq mille hommes prennent leurs quartiers aux frais des habitants à la suite des émeutes dites « du papier timbré ». Les consignes royales que Louvois transmet au duc de Chaulnes, gouverneur de Bretagne, le 30 octobre, montrent bien que la mesure est conçue comme un châtiment, non comme une solution à l'entretien des troupes : « Quant à leur subsistance, Sa Majesté entend que les fourrages soient fournis gratuitement aux archers et que tant lesdits archers que l'infanterie vivent aux dépens des habitants jusqu'au 15 du mois prochain, et qu'après cela lesdites troupes subsistent au moyen de la solde que Sa Majesté leur fera payer ponctuellement. » On imagine comment de telles consignes officielles et écrites se traduisent concrètement sur le terrain.

Des missionnaires bottés

Ce qui est nouveau dans le cas des dragonnades, c'est que le procédé classique du logement des troupes est utilisé pour faire pression sur les consciences. C'est en 1681 que Marillac, intendant du Poitou, commence à loger de façon systématique des dragons chez les protestants afin d'en obtenir la conversion. Les « garnisaires » dont chaque maison est surchargée – dix, quinze, vingt parfois – sont encouragés par leurs officiers à vivre à discrétion. Sûrs de l'impunité, ces « missionnaires bottés » se conduisent avec une telle brutalité que des milliers de conversions sont obtenues en quelques mois. Mais, en France et hors de France, l'opinion s'émeut, Louis XIV et Louvois désavouent Marillac, qui est rappelé. Pourtant, c'est son procédé qui est repris en mai 1685 et appliqué systématiquement dans tout le royaume aux sujets de la « religion prétendue réformée ». Louvois a réussi à vaincre les réticences de Louis XIV et tous les intendants reçoivent l'ordre de loger les soldats chez les « religionnaires » de leur province jusqu'à ce que ceux-ci acceptent d'abjurer. L'intendant Foucault en Béarn, dès le printemps de 1685, Lamoignon de Bâville en Languedoc se montrent particulièrement zélés.

Le témoignage d'un notable de Montauban, Samuel de Péchels, en dit long sur les pratiques des garnisaires : « Le 20 août 1685, les troupes entrèrent dans Montauban et furent logées par groupes nombreux chez les habitants protestants. La volonté de faire le mal était si grande que tous, officiers et soldats, par la permission expresse des autorités, rivalisèrent de violences et de désordres. Tous les habitants de la religion, sans distinction d'âge, ni de sexe, eurent tellement à souffrir des menaces, des coups et du pillage de leurs biens, que la ville fut aussi maltraitée que si elle eût été une ville rebelle prise d'assaut [...]. Ma maison fut remplie de soldats et de chevaux d'officiers. Ces hommes s'emparèrent de toutes les chambres avec si peu de réserve que je ne pus même pas en garder une seule pour ma famille. Il me fut également impossible de faire entendre à ces misérables que je leur offrais sans résistance tout ce que je possédais. Ils enfoncèrent toutes les portes, brisèrent les coffres et les armoires, préférant saccager mon bien de cette façon brutale que d'accepter les clés que ma femme et moi leur tendions. Ils convertirent en écuries mes granges pleines de blé et de farines qu'ils firent fouler aux pieds de leurs chevaux avec beaucoup de barbarie ; ils en firent autant du pain destiné à la nourriture de mes petits enfants, sans qu'il nous fût possible d'arrêter leur fureur. Je fus mis à la porte avec ma femme qui était sur le point d'accoucher et quatre petits enfants, et nous n'eûmes le droit de rien emporter sauf le berceau et quelques langes pour l'enfant qui allait naître. »

On conçoit, dans de telles conditions, l'efficacité du procédé : la seule rumeur de l'arrivée des troupes provoque l'abjuration de villages entiers, et d'interminables listes de « nouveaux convertis » arrivent à Versailles. En fait, le roi n'ignore ni dans quelles conditions ces conversions sont obtenues ni qu'il subsiste encore de nombreux protestants dans le royaume. Il n'en décide pas moins de signer, le 18 octobre 1685, l'édit de Fontainebleau portant révocation de l'édit de Nantes. Pendant toute l'année 1686, le logement des dragons continue à être utilisé comme moyen de pression sur les irréductibles. La violence calculée et ordonnée que constituent les dragonnades a peu de chose à voir avec les méfaits incontrôlés des soudards des âges antérieurs. Déchaînée sur ordre, arrêtée sur un ordre ultérieur dès le résultat obtenu, elle est un instrument de froide politique et n'en est que plus horrible. Du moins témoigne-t-elle, comme a contrario, des progrès de la discipline dans les armées du Grand Roi.

F. L.

Scène de dragonnade.

(F. SIMONINI, « PILLAGE D'UNE AUBERGE », D'APRÈS UN DESSIN DE J. CALLOT. MUSÉE HISTORIQUE DE LORRAINE, NANCY.)

XVII

la Circulation des blés

Si le règne personnel de Louis XIV marque une étape importante dans le premier recul des grands fléaux mortifères grâce à une meilleure efficacité de l'État, c'est pourtant par une catastrophe d'une ampleur exceptionnelle que s'ouvre, en 1661-1662, le règne du Roi-Soleil. □

Ce que Pierre Goubert a appelé la famine de l'Avènement est en fait une crise d'ampleur nationale, de nature complexe et qui eut de très graves conséquences démographiques et économiques. S'il existait une échelle d'intensité pour mesurer le malheur des temps, ces deux années se situeraient incontestablement en haut de cette échelle.

Certes, les provinces sont inégalement touchées. La Bretagne, où les récoltes de 1660, 1661 et 1662 sont légèrement inférieures à la moyenne, mais nullement catastrophiques, expédie des grains en 1662 vers les provinces les plus déficitaires et ne connaît pendant ces mêmes années aucune augmentation spectaculaire du nombre des décès : c'est vrai en Léon comme dans diverses paroisses de haute Bretagne. De même, l'Aquitaine, le Languedoc, la Provence, la plus grande partie de l'Auvergne sont très peu touchés. Mais, par ses répercussions en chaîne, par le marasme général des affaires qui en résulte, par les prélèvements de grains faits dans les régions épargnées, la crise a bien affligé tout le royaume et, là où elle a frappé directement, c'est-à-dire dans le nord, le centre et l'est du royaume, elle a été particulièrement dramatique.

Cela est dû d'abord à sa complexité. En effet, si la famine est la composante la plus importante, elle n'est ni la première ni la seule. Dans certaines régions, les épidémies sont responsables des premières « mortalités », qui, devançant de plusieurs mois la cherté due à la disette, ne peuvent résulter de celle-ci. Ainsi, en Anjou, dans de nombreuses paroisses, la surmortalité commence brusquement dans les derniers mois de 1660 ou les premiers mois de 1661. Or, le boisseau de seigle, qui vaut à Angers 26 sols en juin 1660, 20 en décembre, 20 encore en mars 1661, ne commence à monter qu'en juin : il vaut alors 24 sols, avant d'atteindre 60 sols en décembre 1661 et 70 en avril 1662. Les contemporains incriminent nommément les « grandes maladies », citant parfois le « pourpre » (la rougeole ?) ou la dysenterie ; quelle que soit la nature exacte de ces épidémies, il est certain que leurs effets ne doivent rien à la crise de subsistances résultant de l'été pourri de 1661. De même à Corbeil, en région parisienne, la hausse brutale des décès commence en juillet 1661 alors que le prix du blé ne fait qu'amorcer son processus de hausse. Il est évident que, ici comme en Anjou, c'est une épidémie, non la cherté, qui est responsable de l'accroissement de la mortalité. Peut-être s'agit-il à Corbeil – et éventuellement ailleurs – d'une maladie due à la mauvaise qualité du pain consommé en 1661 : en effet, la récolte de 1660, médiocre en quantité, l'a été surtout en qualité, les blés ayant été gâtés par la nielle.

La crise de l'Avènement

Mais, sur ce qui aurait été, en d'autres temps, un épisode banal, à savoir un ensemble de surmortalités épidémiques plus ou moins meurtrières et étroitement localisées, vient se greffer, dans la plus grande partie de la France du Nord, une terrible crise de subsistances, du fait des pluies continuelles du printemps et de l'été 1661 et de la récolte catastrophique qui en résulte. La situation est très vite d'autant plus grave que la récolte de 1660 a été elle-même médiocre dans les mêmes régions et n'a laissé pratiquement aucun excédent. C'est pourquoi, dès juin 1661, c'est-à-dire dès que se précisent les pires craintes concernant la future récolte, les prix commencent à monter. Ils vont vite quadrupler, parfois davantage, et se

Dans l'opulente décoration de la galerie des Glaces, on est surpris de découvrir l'évocation de la famine de 1662. Il s'agissait moins, en réalité, de parler de la misère du peuple que de célébrer le monarque par une allusion aux mesures, pourtant dérisoires, qu'il tenta de prendre.

(CH. LEBRUN, « LE SOULAGEMENT DU PEUPLE PENDANT LA FAMINE », GALERIE DES GLACES, VERSAILLES.)

maintiennent, avec quelques fluctuations, à ce niveau prohibitif jusqu'à la mise en place de la belle récolte de 1663, car, comble de malheur, celle de 1662 a été à son tour inférieure à la normale. C'est cette succession de trois mauvaises années qui explique la gravité de la famine de l'Avènement. Faire la part, dans la surmortalité postérieure à 1661, de la famine et des épidémies devient à l'évidence tout à fait vain. Là où les grandes maladies ont précédé la famine, celle-ci a certainement achevé des convalescents qui auraient pu en temps normal se remettre peu à peu, en même temps qu'elle tuait parmi ceux qui avaient échappé au fléau antérieur. Inversement, là où la crise de subsistances n'a pas été précédée par une quelconque épidémie, la faim a tué, parfois directement, mais plus souvent par le relais morbifique. Comment des troubles digestifs et toutes sortes de maux infectieux ne se seraient-ils pas développés de façon foudroyante parmi ces populations aux limites de l'inanition ou sustentées de nourritures immondes ? Faire la part des choses est un exercice d'école sans intérêt.

Reste le témoignage des registres paroissiaux – cet état civil ancien – là où ils sont exploitables et exploités. Tout bilan global est évidemment difficile. Tout au plus peut-on tenter une évaluation : alors que le nombre des décès est, en temps normal, de 600 000 à 700 000 par an, peut-être est-il de l'ordre du million pendant chacune des trois années 1661, 1662 et 1663. Si l'on tient compte du déficit corrélatif des naissances, lié à la rupture de nombreux couples, à la baisse du nombre des mariages et à des phénomènes d'aménorrhée de famine, la population du royaume a sans doute enregistré en 1664 une amputation de un million à un million et demi d'habitants par rapport à 1660.

Dans le même temps, la crise, comme toujours dans les structures anciennes, retentit sur toute l'économie. Les paysans sont les premières victimes de la disette et de la hausse brutale du prix des grains. Les plus pauvres se trouvent réduits à la mendicité, les plus nombreux se voient frustrés de ce qui est consacré d'ordinaire à la consommation familiale et contraints d'acheter leur blé ou leur pain au prix fort, le petit nombre de ceux qui ont généralement un excédent de récolte négociable s'en trouve privé, tous remettent à des jours meilleurs les dépenses autres qu'alimentaires. Seuls quelques accapareurs spéculent sur la misère commune. Dans ces conditions, les répercussions en ville sont rapides et tragiques : hausse du prix du pain, mévente générale, sous-production, chômage, misère, surmortalité et, ici ou là, des soulèvements populaires.

... les marchés vides de toutes sortes de grains...

Ce qui ajoute encore à la gravité de la crise de l'Avènement, c'est qu'elle survient trop tôt pour que le renforcement de l'autorité de l'État mené à bien par Louis XIV et Colbert ait pu produire ses effets en ce domaine. Le contrôle général n'existe pas encore, des intendants ne sont pas en poste dans toutes les provinces, et Colbert, dont l'autorité commence seulement à s'affirmer, doit négocier avec des pouvoirs locaux plus soucieux du sort de leurs administrés que de l'intérêt général : parlements, états provinciaux, municipalités. À cet égard, l'événement appartient encore au passé et l'analyse qu'en donne Louis XIV dans une page célèbre de ses *Mémoires pour l'année 1662*, dictées vers 1670, a besoin d'être singulièrement retouchée. Le roi évoque d'abord, avec beaucoup de pertinence, le mécanisme de la crise : la mauvaise récolte de 1661, les manœuvres spéculatives des accapareurs, « les marchés vides de toutes sortes de grains », l'exode des ruraux vers les villes, « les grandes maladies que la mauvaise nourriture mène après elle », la désorganisation de toute l'économie. Mais le tableau qu'il dresse ensuite de l'intervention royale renvoie bien davantage à ce qu'il aurait fallu faire qu'à ce qui a été fait. Il évoque l'envoi de blés des provinces les plus favorisées vers les autres ; l'achat de grains à l'étranger et leur répartition soit gratuite, soit à prix modique dans les grandes villes ; les distributions d'argent dans les campagnes.

LA CRISE DE L'AVÈNEMENT COMMENTÉE PAR LOUIS XIV

La stérilité de 1661, quoique grande, ne se fit proprement sentir qu'au commencement de l'année 1662, lorsqu'on eut consumé, pour la plus grande partie, les blés des précédentes ; mais alors elle affligea tout le royaume au milieu de ces premières prospérités, comme si Dieu qui prend soin de tempérer les biens et les maux eût voulu balancer les grandes et heureuses espérances de l'avenir par une infortune présente. Ceux qui en pareil cas ont accoutumé de profiter de la calamité publique ne manquèrent pas de fermer leurs magasins, se promettant dans les suites une plus grande cherté, et par conséquent un gain plus considérable.

On peut s'imaginer cependant quels effets produisaient dans le royaume les marchés vides de toutes sortes de grains, les laboureurs contraints de quitter le travail des terres pour aller chercher ailleurs la subsistance dont ils étaient pressés, ce qui faisait même appréhender que le malheur de cette année ne passât aux suivantes ; les artisans qui enchérissaient leurs ouvrages à proportion de ce qu'il leur fallait pour vivre ; les pauvres faisant entendre leurs plaintes et leurs murmures ; les familles médiocres qui retenaient leurs charités ordinaires par la crainte d'un besoin prochain ; les plus opulents chargés de leurs domestiques et ne pouvant suffire à tout ; tous les ordres de l'État enfin menacés des grandes maladies que la mauvaise nourriture mène après elle et qui, commençant par le peuple, s'étendent ensuite aux personnes de la plus haute qualité : tout cela ensemble causait par toute la France une désolation qu'il est difficile d'exprimer. Elle eût été sans comparaison plus grande, si je me fusse contenté de m'en affliger inutilement, ou si je me fusse reposé des remèdes qu'on y pouvait apporter, sur les magistrats ordinaires qui ne se rencontrent que trop souvent faibles et malhabiles, ou peu zélés, ou même corrompus.

J'entrai moi-même en une connaissance très particulière et très exacte du besoin des peuples et de l'état des choses. J'obligeai les provinces les plus abondantes à secourir les autres, les particuliers, à ouvrir leurs magasins et à exposer leurs denrées à un prix équitable. J'envoyai en diligence mes ordres de tous côtés, pour faire venir par mer, de Dantzig et des autres pays étrangers, le plus de blés qu'il me fut possible ; je les fis acheter de mon épargne ; j'en distribuai gratuitement la plus grande partie au petit peuple des meilleures villes, comme Paris, Rouen, Tours et autres ; je fis vendre le reste à ceux qui en pouvaient acheter, mais j'y mis un prix très modique et dont le profit, s'il y en avait, était employé aussitôt au soulagement des pauvres, qui tiraient des plus riches, par ce moyen, un secours volontaire, naturel et insensible. À la campagne, où les distributions de blés n'auraient pu se faire si promptement, je les fis en argent, dont chacun tâchait ensuite de soulager sa nécessité. Je parus enfin à tous mes sujets comme un véritable père de famille qui fait la provision de sa maison et partage équitablement les aliments avec ses enfants et ses domestiques. Je n'ai jamais trouvé de dépense mieux employée que celle-là. Car nos sujets sont nos véritables richesses.

Louis XIV, « Mémoires et divers écrits », éd. Bernard Champigneulles, Paris, 1960.

Mais, en marge de ce morceau d'éloquence et de ce brevet d'autosatisfaction, trop de témoignages divers nous disent l'ampleur de la catastrophe et l'impuissance des autorités à y faire face. L'exportation des blés des provinces épargnées ou peu touchées, comme la basse Bretagne ou la Guyenne, vers Paris et les Pays de Loire, totalement démunis, se heurte à l'hostilité des autorités locales ou des populations. C'est ainsi que, en juillet 1662, Colbert doit écrire au premier président du parlement de Rouen : « Le roi ayant été informé que le parlement de Rouen voulait s'opposer au passage des blés que l'on fait venir à Paris, Sa Majesté désire que vous fassiez connaître à votre compagnie que son intention est que ses ordres soient exécutés sans empêchement. » En fait, comme lors des famines précédentes, les pauvres des villes et des campagnes ne peuvent guère compter que sur des initiatives locales prises par les municipalités, les évêques ou des particuliers. Du moins, cette page des *Mémoires* de Louis XIV méritait-elle d'être citée, car elle traduit parfaitement les intentions d'une politique, même si celle-ci n'a pas encore, à cette date, les moyens de ses intentions.

Dans les trente années suivantes, aucune crise de subsistances, même de moindre ampleur, ne se produit. Certes, la cause est d'abord d'ordre météorologique. La conjoncture climatique est, en gros, favorable. Les printemps et les étés pourris, grands responsables des mauvaises récoltes, sont rares, ne se produisent jamais deux années consécutives et n'affectent que de petites régions. Mais le mérite en revient aussi incontestablement à l'intervention des autorités. En effet, les intendants, désormais partout, sont très attentifs à la prévision d'état des récoltes et tiennent constamment informé le contrôleur général de la situation de leur province, ce qui permet de prendre, le moment venu, les mesures nécessaires. L'exemple – parmi d'autres – de la famine qui survient en 1686 dans le Craonnais, petite région d'une trentaine de paroisses au nord-ouest de l'Anjou, est significatif. L'intendant de Tours, qui a alerté immédiatement Colbert, se rend sur place, distribue du blé et promet une diminution des impôts de l'année suivante. Une quête générale faite à Angers permet de faire des achats de blé et de farine, qui sont distribués aux habitants des paroisses les plus atteintes par un petit groupe de prêtres

L'œuvre organisatrice de Louis XIV et Colbert est encore trop récente, à l'époque de la grande famine de 1662, pour répondre efficacement aux besoins de la population. Une fois encore, les initiatives locales ou privées (distribution de pain par l'évêque, quête pour l'achat de blé) constituent les seuls palliatifs à la crise.

(DAVID TÉNIERS LE JEUNE, « LES SEPT ŒUVRES DE MISÉRICORDE », 1660. MUSÉE DU LOUVRE.)

angevins. Dès le mois d'août, la perspective d'une belle récolte entraîne une baisse des prix, cependant que des secours sont envoyés de toutes parts. Paris et la cour sont alertés et savent quel immonde pain de fougère les malheureux affamés mangent pour tromper leur faim. Un vaste mouvement de solidarité s'organise, les secours affluent et réussissent à conjurer la famine, qui, au total, n'a pas provoqué de grave surmortalité, même dans les paroisses les plus touchées. Cela est dû à l'intervention rapide de l'intendant, doublant les charités traditionnelles. Mais, si, de ce fait, l'aide extérieure a pu être importante et efficace, c'est aussi et surtout parce que la famine a été limitée à une petite région. Qu'en aurait-il été en cas de crise généralisée comme celle qui frappe le royaume dix ans plus tard ?

1693-1694 : la deuxième crise du règne

La crise de 1693-1694 touche, en effet, la majeure partie de la France. Elle est la plus grave de tout le règne de Louis XIV et, dans l'échelle d'intensité imaginée plus haut, elle se situerait avant la crise de l'Avènement. Elle témoigne à la fois de l'intervention résolue et concertée des autorités et des limites tragiques de celle-ci. L'origine en est, une fois de plus, la succession de deux récoltes déficitaires, l'une, très médiocre, en 1692, l'autre, catastrophique, en 1693, à la suite de deux étés pourris. Dès l'automne de 1692, les prix commencent à monter et ne cesseront de le faire jusqu'à la mise en place de la belle récolte de 1694, qui amènera un effondrement des cours. Deux exemples : à Rouen, le setier de froment, qui vaut douze sols au début de 1692, en vaut cinquante en juin 1694 et tombe à dix-huit en décembre de la même année ; à Clermont, en Auvergne, le setier de froment vaut vingt livres en novembre 1693, il en valait trois, quatre ans plus tôt. Que la cherté soit venue ici ou là se surajouter à un contexte épidémique déjà existant ou ait provoqué, comme toujours en pareil cas, des maladies meurtrières, cela est certain mais ne retire rien au caractère essentiellement frumentaire de la crise. Basse Bretagne et Provence exceptées, c'est toute la France qui est frappée, de la Flandre à l'Aquitaine et au Languedoc, de la Normandie à l'Auvergne et au Lyonnais, de l'Anjou à l'Alsace.

La correspondance que les intendants entretiennent pendant ces mois tragiques avec le contrôleur général Pontchartrain prouve l'ampleur des efforts déployés, à Versailles et en province, pour tenter de faire face à la situation par une action aussi coordonnée que possible. Cette coordination apparaît d'abord dans la multiplicité et la précision des informations que reçoit le contrôleur général et qui lui permettent de prendre les décisions qui s'imposent ou de donner les autorisations nécessaires. La guerre, dite « de la Ligue d'Augsbourg », dans laquelle la France est engagée contre une coalition européenne rendant problématique l'achat de blé à l'étranger, le problème clé est celui de l'approvisionnement des provinces particulièrement démunies par achat de blé dans les provinces un peu moins touchées. Dès juin 1693, un échevin de Lyon est envoyé en Provence et en bas Languedoc avec l'autorisation de l'intendant : « On a envoyé en toute diligence un échevin en Provence, écrit l'intendant Bérulle à Pontchartrain, pour faire remonter les blés qu'on avait achetés en Arles, et j'ai écrit à ce même échevin de se rendre, après qu'il aura fait partir les blés, auprès de M. de Bâville (intendant

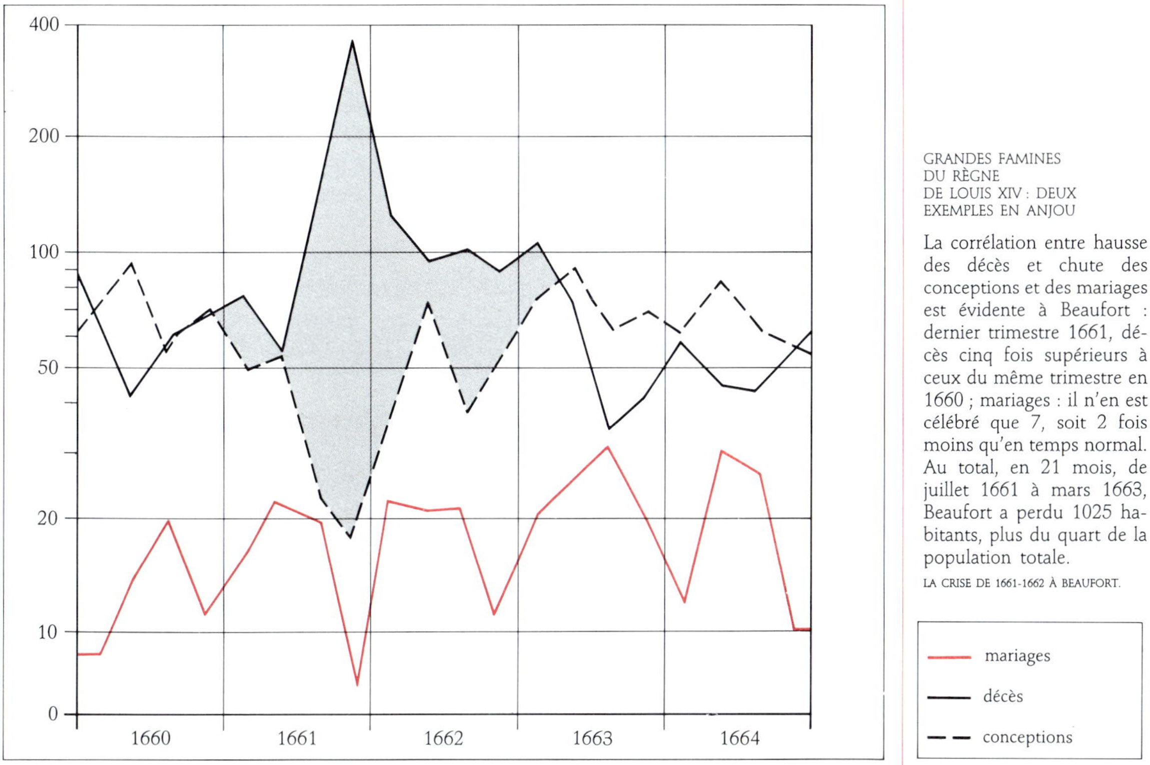

GRANDES FAMINES DU RÈGNE DE LOUIS XIV : DEUX EXEMPLES EN ANJOU

La corrélation entre hausse des décès et chute des conceptions et des mariages est évidente à Beaufort : dernier trimestre 1661, décès cinq fois supérieurs à ceux du même trimestre en 1660 ; mariages : il n'en est célébré que 7, soit 2 fois moins qu'en temps normal. Au total, en 21 mois, de juillet 1661 à mars 1663, Beaufort a perdu 1025 habitants, plus du quart de la population totale.

LA CRISE DE 1661-1662 À BEAUFORT.

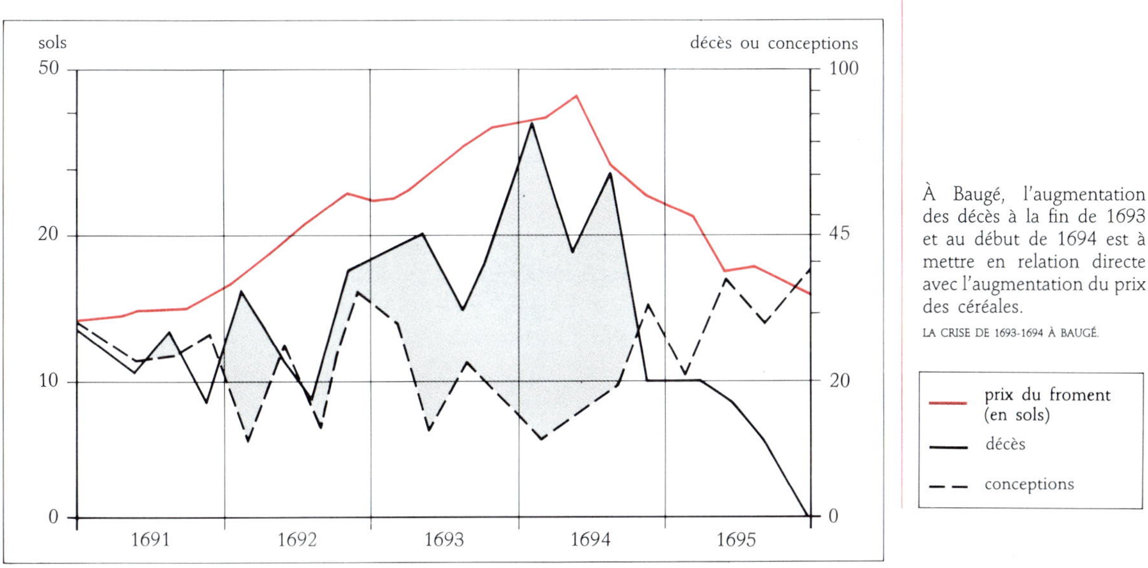

À Baugé, l'augmentation des décès à la fin de 1693 et au début de 1694 est à mettre en relation directe avec l'augmentation du prix des céréales.

LA CRISE DE 1693-1694 À BAUGÉ.

du Languedoc), sur l'avis qu'il m'a donné qu'il y avait beaucoup de blés dans le bas Languedoc, entre Nîmes et Montpellier, et qu'il y diminuait tous les jours. »

Du pain de racines

Mais de tels achats se heurtent à divers obstacles soit de droit, soit de fait. Théoriquement, la libre circulation des blés est interdite d'une intendance à une autre, sans autorisation. Mais les intendants, soucieux de défendre d'abord leurs administrés, se trouvent dans des situations contradictoires que seul peut arbitrer le contrôleur général. C'est ainsi que Bouville, intendant d'Orléans, écrit à Pontchartrain le 20 mai 1694 : « La misère de mon département augmente tous les jours, et principalement en plusieurs endroits qui sont réduits à manger du pain de racines qu'ils font broyer après les avoir fait sécher dans le four à plusieurs reprises. Je crois qu'il serait bien nécessaire de laisser la liberté du transport des blés et du pain de la généralité de Moulins pour secourir promptement la partie du Nivernais qui est de mon département. Vous verrez par l'extrait d'une lettre que je viens de recevoir

LE TÉMOIGNAGE D'UNE VEUVE CHARITABLE À ORLÉANS EN 1693-1694

En l'année 1693, par un effet de la colère de Dieu justement irrité, la France, déjà affaiblie par une longue guerre, fut affligée par la famine la plus grande et la plus universelle dont on ait encore entendu parler. On en sentit principalement les effets dans les provinces situées dans le cœur du royaume. Elle y fut si générale qu'il n'y eut aucune récolte de blé, de vin et de légumes, enfin de tous les fruits de la terre. Le blé, qui à Orléans avait valu dans les précédentes années quatorze à quinze livres, monta jusqu'à cent dix livres ; encore avait-on bien de la peine à en avoir. Les artisans qui avaient quelques réserves soutinrent les premiers chocs, mais ils se virent bientôt obligés de vendre leurs meubles ; car tous les bourgeois ne les faisaient plus travailler et pensaient au plus nécessaire. Enfin, ce fut une désolation générale lorsqu'ils se virent sans meubles, sans travail et sans pain. On voyait alors des familles entières qui avaient été fort accommodées (à l'aise), mendier leur pain de porte en porte. On n'entendait que des cris lugubres de pauvres enfants abandonnés par leurs parents, qui criaient jour et nuit qu'on leur donnât du pain. On ne voyait que des visages pâles et défigurés. Plusieurs tombaient en défaillance dans les rues et dans les places publiques, et quelques-uns expiraient sur le pavé. Les hôpitaux étaient si remplis qu'on fut contraint d'en faire un de la Maison des pestiférés, qui était vide. Enfin, il y avait à l'hôtel-Dieu un si grand nombre de pauvres malades que l'on était obligé d'en mettre six dans chaque lit, qui n'en contenait ordinairement que deux. Que si les pauvres de la ville où il y a tant de ressources étaient dans un état si déplorable, que l'on juge, si l'on peut, de celui où étaient ceux de la campagne et dans quel excès de douleur elle était plongée. Notre charitable veuve, lorsqu'elle voyait tant de pauvres familles abandonnées et dans une si grande misère qu'il s'en est trouvé de réduites à brouter l'herbe comme des bêtes et à se nourrir de choses dont les animaux immondes n'auraient pas voulu user, on peut dire qu'elle chercha tous les moyens de procurer aux pauvres des paroisses circonvoisines de la sienne tout le soulagement dont ils avaient besoin.

(1) Marie Rouet (1632-1694), épouse Poisson, veuve à 28 ans, fut célèbre à Orléans par ses charités.

« Éloge historique de Marie Poisson (1), de la paroisse de Saint-Marc d'Orléans, par un de ses contemporains », d'après P. Guillaume, « Documents sur la vie religieuse de 1600 à 1789 dans l'Orléanais », Orléans, 1957. B. M. Orléans, Ms. 1939.

de ma femme, qui est à Bourbon, que le pain n'est pas à près de moitié si cher en ce pays-là qu'en celui-ci. »

En revanche, deux mois plus tard, le 17 juillet, ce même intendant d'Orléans, aux prises avec une situation dramatique, écrit au contrôleur général : « Je suis persuadé que des défenses de vendre les grains ailleurs que dans les marchés de cette province seraient très utiles, parce que la quantité qui s'y trouvera en fera diminuer le prix, vu qu'on ne pourra les vendre ailleurs. » Spéculateurs et accapareurs profitent, en effet, de la situation et il convient de déjouer leurs calculs.

Mais les achats de blé provoquent aussi les vives réactions des habitants des provinces exportatrices, qui craignent de connaître à leur tour la disette s'ils laissent partir leurs grains. L'intendant de Montauban écrit ainsi, le 14 avril 1694 : « Le Rouergue, surtout le canton qui est depuis Villefranche jusqu'à Rodez, n'avait subsisté jusqu'à présent que par les grains qu'il tirait de l'Albigeois. Depuis peu, il s'est fait des attroupements en Albigeois pour empêcher ce transport des grains et on a pillé quelques charrettes qui y étaient employées, en sorte qu'à Rodez et aux environs, on est à la veille de manquer absolument de blés. J'en ai écrit à M. de Bâville, le priant instamment de donner des ordres très précis pour rétablir le commerce de ce côté-là. » De même, les intendants se plaignent des achats massifs faits pour les besoins de l'armée. Dès le 19 mai 1693, l'intendant de Lyon écrit : « J'appréhende que la populace, affamée et irritée comme je la vois, ne s'oppose aux passages des grains destinés pour l'armée de Piémont et le camp des Sablons. » Un an plus tard, l'évêque de Montauban écrit directement à Pontchartrain : « Il s'est répandu un bruit, et on commence à en voir les effets, que le commissaire des vivres de Piémont a permission d'enlever quatre mille setiers de blé de cette province, ce qui en a augmenté le prix si excessivement que les pauvres ne peuvent plus en acheter. »

La crise de subsistances de 1693-1694, qui touche l'ensemble du royaume, accuse l'errance et la misère. En dépit de l'effort du roi pour faire enfermer les vagabonds et les faire travailler, on continue à voir des pauvres tendre leur bonnet tant la mendicité est une donnée sociale admise à l'époque.

(J. BELLANGE, « MENDIANT AU BÂTON » ; DESSIN À LA PLUME, V. 1610. MUSÉE DE BESANÇON.)

L'échec des intendants

On ne peut nier à la lecture de cette correspondance l'extraordinaire activité des autorités et leur zèle acharné à trouver des solutions. Mais cette même correspondance apporte aussi maints témoignages de l'insuffisance des résultats obtenus : l'escalade de la cherté, l'affreuse misère, la surmortalité due à la famine ou aux épidémies, le brusque gonflement de l'errance et des abandons d'enfants, les émotions populaires, la désorganisation de toute l'économie. De leur côté, les registres paroissiaux disent, pendant une quinzaine ou une vingtaine de mois, les mariages retardés, les conceptions amputées de moitié, les décès multipliés par trois, quatre, voire cinq ou même six, soit quinze, vingt ou vingt-cinq pour cent de la population d'une paroisse disparaissant. Là encore, un bilan démographique global est difficile. Étant donné l'extension de la crise à presque tout le royaume, c'est sans doute dix à quinze pour cent des Français qui disparaissent en deux ans, ce qui, compte tenu du déficit non récupéré des conceptions, correspond à une chute brutale de la population de quelque deux millions à deux millions et demi d'habitants.

Voici deux témoignages, parmi d'autres, empruntés à la correspondance des intendants. Celui de Lyon écrit au contrôleur général, le 26 janvier 1694 : « Je ne puis me dispenser de vous représenter encore une fois l'état misérable des ouvriers de Saint-Étienne. La plupart quittent et désertent faute de travail et une infinité meurent de faim et de misère. Vous en serez persuadé quand je vous dirai que, de vingt-huit qui moururent en un jour la semaine passée, il n'y en a eu que deux qui soient morts de maladie, et les autres de misère, ce qui provient de la cessation entière du travail. » De son côté, l'intendant de Champagne écrit, le 6 mai suivant : « La calamité est encore plus affreuse dans les villages où la plupart des manouvriers ne trouvant presque plus de travail, ou du moins si peu qu'il ne suffit pas à leur gagner du pain pour eux et pour leurs familles, sont des jours entiers sans en manger un morceau, réduits à vivre de son et de racines qu'ils font cuire avec un peu de sel. »

Devant de tels témoignages qui confirment ce que laisse deviner la sécheresse des chiffres, force est de conclure que, trente ans après la mise en place du contrôle général et du réseau des intendants, l'État monarchique est capable de faire face à des crises étroitement localisées, mais reste encore dépassé devant une crise frappant presque tout le royaume. Du moins faut-il mettre à son actif les efforts déployés, sans lesquels la catastrophe aurait été incontestablement plus grande.

L'effacement de la faim

Peut-être est-ce le « grand hiver » de 1709 qui apporte la preuve, pour la première fois, de la relative efficacité des autorités pour limiter le malheur des temps. Une fois de plus, la crise est fort complexe et se décompose en une série de surmortalités aux causes diverses, les conséquences directes du terrible froid de janvier-février 1709 ne constituant pas l'élément le plus grave de cet ensemble.

Cela commence par des épidémies de dysenterie qui, à l'automne de 1706, puis à l'automne de 1707, frappent de nombreuses régions. Dix-huit mois plus tard, le froid terrible qui sévit du 6 janvier à la mi-février 1709 gèle les semences en terre et provoque dans tout le royaume, en dépit d'une très bonne récolte de céréales de printemps semées hâtivement en mars et avril, une cherté qui ne le cède en rien à celle de 1662 ou de 1694 : les prix quadruplent entre janvier et juillet 1709 et augmentent encore jusqu'à l'été de 1710. Pourtant, les conséquences démographiques d'une telle cherté ne sont en rien comparables à celles des deux grandes famines précédentes. Certes, en de nombreuses régions, les années 1709 et 1710 sont marquées par une surmortalité, mais on ne peut établir que rarement de lien direct entre cherté et augmentation des décès. Lorsque celle-ci date des premiers mois de 1709, elle ne peut à l'évidence être imputée à une hausse des prix des grains, qui ne fait que commencer, et elle ne s'accompagne d'aucun effondrement des conceptions. Lorsque la mortalité sévit en 1710, elle est dans beaucoup de cas imputable à des épidémies, notamment de fièvre

« Le Vomitif des marchands de blé », allégorie de la Justice et de l'Abondance trônant sur un amoncellement de sacs de blé et fustigeant les spéculateurs (boulangers, financiers, intermédiaires). En période de disette, la Justice s'efforce de réduire leurs manœuvres, mais on sait bien que seule l'Abondance peut en venir vraiment à bout.

(CARICATURE DE 1695.)

typhoïde. Des exemples précis – notamment celui de Bordeaux – permettent de conclure que, dans la plupart des cas, la crise de subsistances n'a joué qu'un rôle secondaire dans la surmortalité elle-même.

Briser la spéculation

La raison en est que, dans l'ensemble du royaume, les efforts traditionnellement déployés par les autorités pour pallier les conséquences de la disette ont été nettement plus efficaces que lors des épreuves précédentes, au moins dans les régions où la récolte des céréales de printemps a atténué la disette et où une relative répartition de la pénurie a pu améliorer le sort des plus misérables. Comme en 1693-1694, mais avec nettement plus de succès en dépit de la guerre, qui, cette fois encore, impose ses priorités pour les besoins de l'armée, diverses mesures coordonnées par le contrôle général sont prises pour briser la spéculation et approvisonner les marchés tant bien que mal, en attendant la soudure avec la récolte suivante : interdiction d'exportation des grains hors de chaque province sans autorisation, inventaire et réquisition des stocks existants, taxe sur les riches sous forme de prise en charge de familles pauvres, achat de blé dans les provinces les moins touchées ou à l'étranger. Certes, les intendants se heurtent de nouveau aux multiples difficultés liées aux conditions de conservation et de transport des grains, à l'hostilité des populations face aux achats massifs dans leur région, aux manœuvres spéculatives des accapareurs de toute nature. (Lors de la crise de 1738, un notable d'Evron, dans le bas Maine, écrira : « Il y a dans notre diocèse du Mans quantité de seigneurs, gros fermiers, bourgeois et autres, même jusqu'à des abbayes, cures et autres maisons religieuses, qui ont quantité de blés dans leurs greniers, qui ne veulent point vendre dans l'attente et l'espérance qu'ils ont qu'en les gardant il viendra un grand prix et une grande cherté sur l'arrière-saison. »)

Quoi qu'il en soit, les effets très limités de cette nouvelle crise sont là pour démontrer le succès relatif, mais évident, de la politique mise en œuvre. Dans beaucoup de paroisses de la France du Nord, la hausse du nombre des décès est à peine sensible. En Languedoc, en dépit de la gravité de la disette et de l'existence de diverses épidémies, la hausse des décès n'a été ni générale ni catastrophique : sur 27 villages du haut Languedoc pour lesquels un indice a pu être calculé, 12 sont totalement épargnés, notamment dans les régions à maïs. Dans la région de Roanne, alors que la hausse du prix des grains est presque deux fois plus forte qu'en 1693-1694, la surmortalité est moins grave et surtout moins généralisée. Enfin, nulle part, en France, on ne constate d'effondrements des conceptions et des mariages comparables à ceux provoqués par les grandes crises antérieures. Par rapport à celles-ci, la crise de 1709-1710, inséparable d'ailleurs du contexte épidémique plus large des années 1706-1715, est beaucoup moins meurtrière, quels que soient les souvenirs, tragiques, amplifiés et trompeurs, laissés par le « grand hiver » dans la mémoire collective.

Il faut rapprocher de cette relative victoire celle enregistrée lors de la crise de 1738-1742. Il s'agit, cette fois, de deux crises de subsistances distinctes, encadrant une épidémie, mais parfois aussi précédées ou suivies de maladies épidémiques. De mauvaises récoltes successives en 1737 et 1738 puis en 1740 et 1741 provoquent deux crises céréalières, l'une en 1739 (parfois dès 1738), l'autre, plus grave, en 1741-1742. Entre ces deux disettes sévit, dans de nombreuses régions, au printemps de 1740, à la suite d'un hiver très rigoureux, une grave épidémie de type pulmonaire. La hausse des décès, imputable, pour la plus grande part, aux épidémies, non à la disette, n'est en rien comparable aux hécatombes du siècle précédent. On relève, dans de nombreuses paroisses, une légère augmentation, atteignant très exceptionnellement le doublement. Pour l'ensemble de la France, les trois années 1740, 1741 et 1742 totalisent 2 228 400 décès, soit 742 800 en moyenne, contre une moyenne annuelle de 687 290 dans la décennie 1743-1752. Ainsi, cette crise, comme celle de 1709, relève d'un type nouveau par rapport aux grandes catastrophes du XVIIe siècle. D'une part, la cherté s'efface devant l'épidémie, qui, seule ou associée à une disette larvée, est responsable désormais des hausses de la mortalité. D'autre part, l'action des autorités a des effets de plus en plus tangibles : alors que des milliers de Français, de tous âges, étaient morts littéralement de faim aussi bien en 1661-1662 qu'en 1693-1694, le cas devient exceptionnel en 1709 comme en 1739.

Le libre jeu de l'échange

Mais ce n'est vraiment que dans la seconde moitié du XVIIIe siècle que sont marqués les points décisifs dans la lutte contre les effets des mauvaises récoltes. La déclaration de mai 1763 et l'édit de juillet 1764 autorisant la libre circulation des blés dans le royaume et même leur exportation en cas de belle récolte sont à cet égard des mesures d'une extrême importance, rompant avec la politique traditionnelle en ce domaine. En effet, la liberté de circulation des grains dans le royaume détruit le système de contrôles et d'autorisations existant jusque-là dans ce commerce de province à province. Il en est de même de la liberté d'exportation, qui, selon les termes du procureur général La Chalotais marque l'entrée de la France

La circulation des blés et leur distribution passent notamment par la mise en place d'un système de stockage et de conservation jusque-là inexistant. Les efforts réalisés dans ce domaine – ici, la construction d'une halle à blé –, liés à l'amélioration du réseau routier, permettront à la France de sortir de l'ère des grandes famines au milieu du XVIIIe siècle.

(P.A. DE MACHY, « CONSTRUCTION DE LA HALLE AU BLÉ EN 1765 ». MUSÉE CARNAVALET, PARIS.)

dans un « marché commun de l'Europe ». Cette libéralisation de la législation se donne surtout pour but le développement de l'agriculture en assurant un meilleur profit à ceux des cultivateurs qui disposent, bon an mal an, d'un excédent commercialisable et en les incitant de ce fait à produire davantage. Mais, en même temps qu'elle favorise une augmentation globale de la production, elle permet une meilleure distribution des grains disponibles à l'intérieur du royaume, non seulement en temps normal, mais surtout en cas de récolte déficitaire dans telle ou telle province.

Il est vrai que, dans cette dernière hypothèse, des difficultés risquent de se faire jour, puisque les intendants sont désormais privés de toute possibilité de réguler les marchés à coups d'interdictions, d'autorisations, de règlements de circonstance. Leur rôle se ramène maintenant à veiller à la stricte application de la loi, c'est-à-dire à la libre circulation des grains dans tout le royaume. C'est ce que rappelle le contrôleur général Terray à l'intendant de Tours en 1769 : « À l'égard de la cherté des grains et de la disette, il n'est possible d'y remédier que par la voie naturelle du commerce. Mais, pour appeler le commerce, il est indispensable de l'assurer qu'il jouira de la liberté et de la sécurité qui lui sont nécessaires. » Le langage est clair. Le libéralisme des Lumières a remplacé l'interventionnisme colbertiste, et les intendants n'ont qu'à faire respecter le libre jeu de l'offre et de la demande. Mais la chose n'est pas toujours facile, notamment lorsque l'offre risque de diminuer, même très légèrement, du fait d'une récolte médiocre. Alors, les vieux réflexes jouent à plein. La crainte viscérale suscitée par les accapareurs fait naître et se propager la rumeur du « pacte de famine ». (Les réserves de blé faites par le contrôleur général Laverdy pour assurer l'approvisionnement de la capitale en 1765 auraient, en fait, pour but d'affamer le royaume avec l'assentiment de Louis XV.) Les populations, dans la crainte de connaître elles-mêmes disette et cherté, sont promptes à s'émouvoir devant des achats trop importants dans leurs paroisses et s'opposent, éventuellement par la force, à l'enlèvement des blés. Terray en 1770, Turgot en 1775 sont obligés de faire face à des mouvements de ce genre et de revenir en partie sur le libéralisme officiel.

Sans doute la totale liberté frumentaire était-elle prématurée. Du moins, le fait qu'elle ait pu être envisagée et appliquée quelque temps prouve, s'il en était besoin, que la production globale des céréales est, en gros, suffisante pour les besoins d'une population en expansion continue depuis les années 1720, même si des problèmes de répartition se posent encore en période de mauvaise récolte, notamment dans les grandes villes, et d'abord à Paris. De notables progrès en matière de conservation et de transport de grains jouent dans le même sens. L'instauration de la corvée royale en 1738 et le développement de l'administration des Ponts et Chaussées permettent d'améliorer considérablement le réseau routier : cette amélioration ne porte que sur les routes reliant entre elles les grandes villes du royaume, mais assure précisément un meilleur approvisionnement de celles-ci. Ainsi, grâce à des grains en quantité globalement suffisante, mieux conservés et plus aisément transportés d'un lieu à un autre, la France de la seconde moitié du XVIIIe siècle est sortie définitivement sinon des difficultés frumentaires, du moins du temps des grandes famines meurtrières.

XVIII

le Temps de la santé publique ?

Si la famine de l'Avènement survint trop tôt pour que Louis XIV, qui vient de prendre le pouvoir en main, pût agir efficacement, quoi qu'il en dise lui-même dans ses « Mémoires », en revanche, la peste de 1667-1669 fournit la preuve de l'efficacité de mesures bien coordonnées au niveau le plus élevé et sévèrement appliquées sur place, pour enrayer « le mal qui répand la terreur ». □

La peste, on l'a vu plus haut, a multiplié ses ravages, en France comme dans les autres pays européens, entre le milieu du XIVe et le milieu du XVIIe siècle. Certes, au XVIe et dans la première moitié du siècle suivant, la lutte contre la peste s'est organisée. On a pris conscience du caractère épidémique de la maladie et cherché à s'en prémunir soit par l'isolement, soit par la fuite. C'est ce qui explique les diverses mesures prises par les villes dès qu'elle menace : fermeture des portes pour interdire l'accès de l'agglomération aux personnes en provenance des régions suspectes, expulsion des mendiants et vagabonds, isolement immédiat des premiers malades déclarés, ouverture d'un sanitat hors les murs pour recueillir tous les malades, sans parler de la fuite de la plupart des notables. Mais, si, à partir de 1630, presque toutes les villes adoptent des règlements de ce genre – qui ont fait leur preuve en limitant incontestablement l'extension et la gravité des épidémies –, une telle politique de défense reste strictement urbaine et étroitement égoïste. La lutte s'organise au niveau de chaque cité, qui se replie jalousement sur elle-même en cas de menace extérieure et expulse ses mendiants à la moindre alerte intérieure sans se soucier d'une éventuelle contamination des campagnes proches. Mis à part quelques rares prescriptions prises à l'échelon provincial et restées trop souvent inappliquées – sauf précisément par les grandes villes –, il n'y a pas encore de défense organisée par le pouvoir central à l'échelle du royaume.

Il n'en est plus de même en 1667-1669. Après un répit de dix ans, la peste réapparaît à Amsterdam à la fin de 1663, en dépit des précautions prises à l'encontre de tous les bateaux entrant dans le grand port. De là, elle gagne bientôt l'ensemble des Provinces-Unies, les Pays-Bas espagnols, puis les îles Britanniques.

Derniers soubresauts de la peste

En France, les parlements de Paris et de Rouen prennent immédiatement des mesures de contrôle. Pourtant, en novembre 1667, Lille, dont les troupes de Turenne se sont emparées en août, est touchée par l'épidémie. Après une certaine rémission hivernale, celle-ci gagne successivement, au printemps et à l'été de 1668, Amiens, Laon, Beauvais, Reims, Rouen, Le Havre, Dieppe et de nombreuses paroisses rurales au voisinage de chacune de ces villes. L'automne et l'hiver de 1668 voient un recul général de l'épidémie et sa disparition totale au début de 1670, après quelques nouvelles alertes au printemps et à l'été de 1669.

Si l'épidémie a pu ainsi être cantonnée aux provinces septentrionales du royaume et surtout si Paris a pu en être préservé, alors que Londres a été ravagée en 1665, le mérite en revient incontestablement à Colbert. En effet, celui-ci, rapidement informé, a pris conscience très vite du danger que court la capitale, point de convergence des routes venues du Nord, et l'exemple tragique de Londres est là pour lui rappeler les ravages que pourrait faire le fléau parmi le demi-million de Parisiens. Aussi ne se contente-t-il pas de faire remettre en vigueur les diverses dispositions préventives, traditionnelles en pareil cas ; il veille soigneusement à leur stricte application. La tâche n'est pas facile, car Turenne mène la guerre aux Pays-Bas entre mai et novembre 1667, dans le cadre de ce que l'on appelle la guerre de Dévolution, puis y prend ses quartiers d'hiver, ce qui entraîne des déplacements de troupes, toujours propices à la dissémination de l'épidémie. De plus, dans une région aussi manufacturière et marchande que la France du Nord – de la Picardie à l'Île-de-France, de la Haute-Normandie à la Champagne –, contrôles, interdictions de circulation, quarantaines concernant personnes et marchandises sont autant d'entraves à l'activité économique. Colbert lui-même est plus conscient que quiconque du problème et soucieux de rétablir très vite une situation normale. Mais, malgré les plaintes intéressées qu'il reçoit de toutes parts, il donne l'ordre aux intendants concernés de ne pas relâcher les efforts entrepris pour freiner l'extension du mal. Le fait que la capitale et le reste du royaume aient été épargnés est à mettre au crédit de cette politique menée par le pouvoir central.

La peste de Marseille

Cinquante ans plus tard, la peste qui, en 1720-1721, ravage Marseille et une partie de la Provence apporte une nouvelle preuve de l'efficacité des mesures préventives lorsqu'elles sont prises par le pouvoir central et rigoureusement appliquées. Seules, en effet, de telles mesures sont possibles, puisque la médecine est toujours aussi impuissante à guérir le mal. Le 27 mai 1720, le *Grand Saint-Antoine* arrive au large de Marseille en provenance du Levant ; au cours du voyage, plusieurs matelots sont morts de la peste. Or, dès le 14 juin, le capitaine est autorisé à débarquer hommes et ballots, contrairement à tous les règlements de police sanitaire. La responsabilité de cette lourde

Malgré l'arrêt du parlement d'Aix interdisant « tout commerce » avec les Marseillais, la peste, qui fait 50 000 morts dans le port méditerranéen, se propage en Provence. À Aix même, les cadavres s'amoncellent.

(F.M. GRANET, « ÉPISODE DE LA PESTE DE 1720 À AIX ». CABINET DES DESSINS, MUSÉE DU LOUVRE.)

faute, aux conséquences dramatiques, incombe à certains magistrats municipaux qui ont fait passer leurs intérêts de négociants concernés par la cargaison du navire avant leurs devoirs d'édiles. Le résultat ne se fait pas attendre. À la fin du mois de juin surviennent dans les quartiers proches du port les premiers décès dus à la peste, vite identifiée par les chirurgiens. Durant l'été, la situation devient tragique. En août et septembre, malades et mourants entassés dans les rues meurent à raison de plusieurs centaines par jour ; les cadavres s'amoncellent, les forçats, réquisitionnés, ne suffisent pas à les enlever. Les autorités locales, en dépit du dévouement de certains édiles et de l'évêque, Mgr de Belsunce, sont bientôt dépassées. En six mois, de juin à novembre, cinquante mille Marseillais meurent, sur les quelque cent mille habitants que compte la ville, cependant que la peste gagne la Basse-Provence.

DANS LES RUES DE MARSEILLE EN AOÛT 1720

Dès lors, on ne trouvait plus d'asile assuré et inutilement faisait-on des pas pour éviter le danger qu'on rencontrait partout ; il n'y eut pas d'autre parti à prendre que de crier miséricorde au Seigneur en se préparant à la mort [...]. D'un seul coup d'œil, on voyait la mort peinte sur cent visages différents et de cent couleurs différentes, l'un avec un visage pâle et cadavéreux, l'autre rouge et allumé, tantôt blême et livide, tantôt bleuâtre et violet, et de cent autres nuances qui les défiguraient. On entendait toutes sortes de plaintes, des douleurs de tête et dans toutes les parties du corps, de cruels vomissements, des tranchées dans le ventre, des charbons brûlants et toutes les autres suites de ce terrible mal. L'un était languissant sans dire mot, l'autre dans le délire ne cessait point de parler. Enfin, c'était un assemblage de toutes sortes de maux, qui devenaient plus violents et plus cruels par le froid qu'ils prenaient dans la nuit [...]. Le Cours qui est l'endroit le plus riant et la promenade la plus agréable, où nos femmes venaient étaler leur vanité et leur luxe, en est plus couvert que les autres places. Ils s'y mettent à l'ombre des arbres et sous les auvents des boutiques. Là, brûlés en dehors par la chaleur du soleil et en dedans par les ardeurs de la fièvre, ils ne demandent que le secours le plus commun, l'eau qui se perd dans les rues, et personne ne leur en donne [...]. (À l'hôpital des Convalescents), la plupart ne trouvaient pas de place et, n'ayant pas la force de s'en retourner, ils étaient obligés de se coucher dans la rue qui, longue de cent quatre-vingt toises et large de cinq, a été pourtant toute couverte de malades pendant un fort long temps, et le nombre des malades en était si grand qu'on ne pouvait pas sortir des maisons sans leur passer sur le corps. Couchés les uns auprès des autres, ils n'avaient pas, dans la rue même, autant de place que l'inquiétude du mal en demandait. Les uns mouraient avant que d'être reçus dans l'hôpital, les autres en y entrant. On en voyait tomber par défaillance près du ruisseau et n'avoir pas la force de s'en retirer. D'autres, pressés par la soif, s'en approchaient pour y tremper leur langue et rendaient l'âme au milieu des eaux [...]. Les vapeurs malignes qui sortaient des maisons où il y avait des cadavres pourris, celles qui s'élevaient de toutes les rues pleines de matelas, de couvertures, de linges, de haillons et de toutes sortes d'ordures qui croupissaient depuis quelque temps, l'odeur puante et cadavéreuse des morts et des malades qui remplissaient le pavé, donnaient lieu d'appréhender que l'air même ne devienne contagieux.

Témoignage d'un contemporain. D'après C. Carrière, M. Courdurie, F. Rebuffat, « Marseille, ville morte. La peste de 1720 », Maurice Garçon éd., Marseille, 1968.

La mort d'un fléau multiséculaire

Le 31 juillet, un arrêt du parlement d'Aix « ordonne que tout commerce soit interdit avec les habitants de la ville de Marseille, attendu le soupçon de peste, tant pour les habitants de cette ville d'Aix que pour toutes les autres villes et lieux de province ». Dans les semaines qui suivent, l'extension du fléau au-delà du grand port méditerranéen suscite la même réaction de repli égoïste de la part des parlements de Toulouse, de Perpignan, de Dijon, de Besançon. Mais, le 14 septembre, devant ces prises de position multiples, désordonnées et parfois contradictoires, devant surtout la gravité de la situation, le régent Philippe d'Orléans décide d'intervenir sous la forme d'un arrêt du conseil du roi, dont le préambule définit clairement les raisons de cette intervention du pouvoir central : « Le roi étant informé que, le bruit de la maladie contagieuse dont la ville de Marseille est affligée ayant répandu la crainte et l'inquiétude non seulement dans les provinces voisines, mais dans les lieux les plus éloignés, plusieurs parlements de ce royaume ont cru devoir rendre des arrêts où leur zèle pour la conservation des provinces de leur ressort les a portés à prendre des précautions surabondantes et capables non seulement d'augmenter l'alarme et la consternation dans le cœur des peuples, mais encore d'interrompre le cours ordinaire du commerce et de

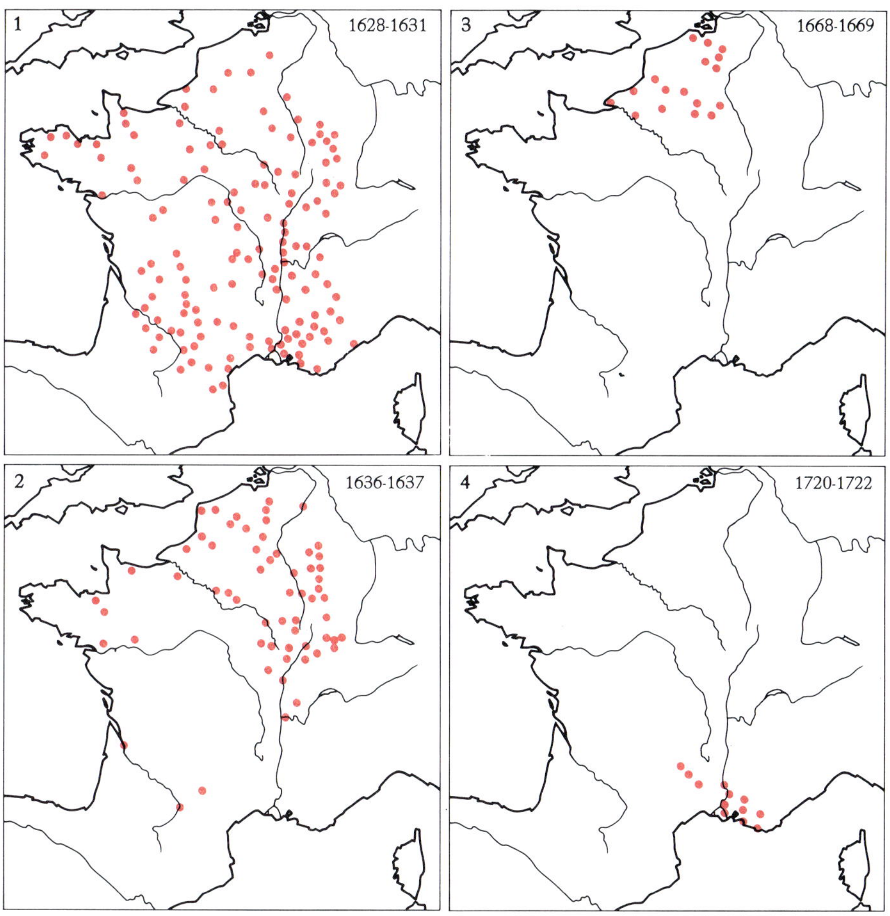

LA PESTE EN FRANCE AUX XVIIe ET XVIIIe SIÈCLES.
Cartes établies d'après la « liste nominative et chronologique des villes et régions de France touchées par l'épidémie », fournie par J.N. Biraben in « les Hommes et la Peste ».

priver leur pays même, par un excès de prévoyance, des secours qui leur sont le plus nécessaires, Sa Majesté, dont les vues s'étendent aux besoins de toutes les provinces de son royaume, a jugé à propos de renfermer dans un seul arrêt toutes les précautions qui ont paru nécessaires et suffisantes pour empêcher d'un côté la communication du mal dont elle espère que la ville de Marseille sera bientôt délivrée, pour conserver de l'autre la liberté du commerce entre les diverses provinces de son royaume et veiller également à leur santé et à leur abondance. »

L'arrêt lui-même prend deux séries de mesures. Les unes instituent le blocus de la ville de Marseille et crée un cordon sanitaire autour de la Provence, le long du Verdon, de la Durance et du Rhône, avec soldats chargés de tirer à vue sur quiconque voudrait franchir le barrage. D'autres mesures organisent la protection des ports français contre les dangers de contagion représentés par l'accueil éventuel de navires provençaux. Le dernier article précise que ces mesures sont prises par Sa Majesté, « ce sans avoir égard aux positions des arrêts rendus dans ses cours de parlements qui seraient contraires au présent arrêt ou qui établiraient d'autres et plus grandes précautions que celles qui sont ci-dessus marquées ». Cette prise en charge des mesures réglementaires par le pouvoir central et surtout la stricte application de celles-ci se révèlent efficaces : en dehors d'une incursion en Avignon et, de là, dans une partie du Vivarais (Mende et Alès), l'épidémie reste circonscrite à la Provence et disparaît définitivement au début de 1722. Le fléau multiséculaire ne reparaîtra plus en Europe occidentale. Or il semble bien que sa disparition s'explique en grande partie par l'efficacité croissante des mesures prises collectivement pour endiguer le fléau, notamment la quarantaine, surtout à partir du moment où, dans la seconde moitié du XVIIe siècle, c'est le gouvernement central lui-même qui organise la lutte.

Des remèdes du roi à la Société royale de médecine

Même avant 1722, la peste n'est pas, loin de là, la seule maladie épidémique qui frappe les populations françaises, et sa disparition ne signifie nullement celle de ces autres maux que sont la dysenterie, la variole, le typhus, les fièvres paludéennes, les affections pulmonaires, pour ne pas parler de ces « grandes maladies », « fièvres malignes » ou « maladies populaires » que les contemporains désignent sous ces formes vagues faute de les identifier avec précision. Certaines de ces épidémies, notamment la dysenterie et la variole, sont susceptibles de provoquer des ravages, surtout dans les campagnes. Depuis Louis XIV et Colbert, le pouvoir central prend de plus en plus conscience de ses responsabilités dans ce domaine, et la santé publique fait partie désormais des attributions des intendants. Or, si la lutte contre la peste ne pouvait être que de prévention et de cantonnement, il n'en est pas exactement de même des « maladies populaires ». Là, les médecins s'estiment, non sans outrecuidance, suffisamment armés pour tenter de lutter efficacement contre elles.

Ipécacuana, poudre de corail anodine et or potable

Adrien Helvétius, médecin hollandais installé à Paris depuis les années 1680 et introducteur en France de l'ipécacuana, remède spécifique contre la dysenterie, devient médecin de Louis XIV après avoir guéri le Grand Dauphin en 1700. En 1710, il propose au roi de lutter contre les maladies, épidémiques ou non, qui règnent dans les campagnes et qui sont d'autant plus meurtrières que leurs habitants, privés totalement de médecins, livrés à des empiriques ou à des chirurgiens sans véritable formation, ne disposent d'aucun remède efficace. Passionné de pharmacopée, Helvétius a mis au point tout un arsenal contre les maladies, quelles qu'elles soient. Il réussit à convaincre Louis XIV, qui, en 1710, « touché de compassion pour les pauvres malades de la campagne qui périssaient la plupart faute de secours », donne l'ordre qu'il soit « envoyé tous les ans à messieurs les intendants des provinces une quantité des remèdes de M. Helvétius pour être distribués sous les ordres desdits sieurs

Le XVIIIe siècle voit le développement de la pharmacopée. Désormais, les remèdes en vente dans les apothicaireries traditionnelles parviennent dans les campagnes grâce à l'idée d'Adrien Helvétius : il en fournit une sélection présentée dans les « boîtes d'Helvétius », assurant qu'ils « ne se gâteront point, pourvu qu'on les tienne dans un lieu sec et frais ».
(ALMANACH DE L'AN DE GRÂCE 1695.)

intendants à leurs subdélégués, et par leurs subdélégués aux sœurs grises, chirurgiens et autres personnes intelligentes, dans les villes, bourgs et villages de leurs départements ». Deux arrêts du conseil du roi, en 1721 et en 1722, confirmeront cette première mesure.

L'idée d'Adrien Helvétius consiste à regrouper dans de grandes boîtes, faciles à expédier en province, un ensemble très complet de trois cent cinquante-trois « prises », susceptibles de faire face à toutes les éventualités. Conformément à la notice imprimée jointe à la boîte, il faut d'abord saigner le malade deux ou trois fois, puis utiliser, selon le cas, les prises de poudre vomitive « dans le commencement de toutes les maladies où les vomitifs sont indiqués », celles de poudre fébrifuge purgative dans toutes les fièvres intermittentes, celles de pilules purgatives universelles « dans les fièvres continues, malignes, ardentes, pourpreuses, etc. », celles de pilules hydragogues purgatives dans les hydropisies, celles de poudre spécifique d'ipécacuana dans « les cours de ventre, flux de sang, dysenteries », celles de poudre de corail anodine dans les coliques bilieuses et douleurs néphrétiques, celles enfin de pâte sudorifique dans les vraies et fausses pleurésies. En outre, chaque boîte contient une fiole d'or potable pour les « apoplexies, léthargies, fièvres malignes et pestilentielles », une fiole d'élixir thériacal pour la petite vérole et la rougeole, une fiole de quintessence d'absinthe pour les vomissements et deux onces de thériaque. La notice fournit de plus les précisions suivantes : « On trouvera dans le nombre de ces remèdes de quoi combattre toutes les maladies qui surviennent le plus fréquemment. Ces remèdes sont en petit volume ; ils peuvent être aisément transportés et ne se gâteront point, pourvu qu'on les tienne dans un lieu sec et frais, et bien enveloppés. Chaque espèce de remède est étiquetée et accompagnée de plusieurs mémoires instructifs, pour guider le distributeur et le malade même.

Un préparateur en pharmacie... La taille du pilon et du mortier laisse à entendre l'importance croissante de l'usage des médicaments et de la clientèle des apothicaires au XVIIIe siècle.

(A. RIVALZ, « L'HOMME QUI PILE », MUSÉE DES AUGUSTINS, TOULOUSE.)

Les doses y sont exactement marquées suivant l'âge, les forces et le tempérament. Il ne s'agit que de recommander à ceux qui les distribueront, de lire exactement les mémoires pour faire une juste application des remèdes. »

Des boîtes de remèdes gratuites

À la mort d'Adrien Helvétius, en 1727, son fils Jean-Claude-Adrien, docteur-régent de la faculté de médecine de Paris et premier médecin de la reine, est chargé à son tour de la composition et de l'envoi aux intendants des « remèdes du roi ». Son cousin Diest lui succède en 1756, puis Lassone en 1762. En fait, l'initiative d'Helvétius connaît, à partir de 1740 environ, une importante limitation : les boîtes de remèdes ne seront distribuées gratuitement aux paroisses de la campagne que lorsque celles-ci seront victimes d'une maladie épidémique. Dans un tel cas, l'intendant réclame des boîtes d'Helvétius au contrôleur général, s'efforce de coordonner les efforts entrepris sur place, accorde des secours en aliments ou en argent, promet éventuellement des dégrèvements d'impôts. Cette intervention, inégale selon les provinces et le plus souvent sporadique et insuffisante, se renforce considérablement vers 1750 avec la nomination, dans chaque intendance, d'un « médecin correspondant des épidémies », chargé, sous l'autorité de l'intendant, de jouer le rôle que celui-ci tentait d'assumer jusque-là. Peu à peu l'institution se met en place dans toutes les provinces, et les attributions du médecin correspondant se précisent et se renforcent à la lumière de l'expérience.

Vers 1770, le système est au point et fonctionne presque partout de la même façon. Lorsque, dans une paroisse, la brutale augmentation des décès et les conditions dans lesquelles ils surviennent peuvent laisser penser qu'il s'agit du début d'une maladie épidémique, le curé de la paroisse doit immédiatement avertir par lettre le subdélégué, qui, éventuellement alerté par d'autres curés voisins, écrit sans tarder, par l'intermédiaire de l'intendant, au médecin correspondant. Celui-ci entre en relation avec le médecin le plus proche du lieu suspect et l'invite à s'y rendre afin d'attester de l'existence d'un mal réellement épidémique, de poser un diagnostic et de prescrire les remèdes appropriés. Le ou les chirurgiens résidant dans la paroisse ou dans les paroisses voisines sont chargés d'appliquer sur place ces prescriptions tout le temps qui sera nécessaire. Les frais engagés sont pris en charge par l'intendant, qui réclame, en contrepartie, de son médecin correspondant, des comptes exacts par paroisse : journées de médecin ou de chirurgien, remèdes et aliments distribués. Cette prise en charge ne s'étend théoriquement qu'aux malades pauvres. Mais, lorsqu'il s'agit de paroisses rurales, c'est le fait, nous le verrons, de la plus grande partie de la population.

Société royale contre faculté

La création de la Société royale de médecine en 1776-1778 marque une nouvelle étape dans l'intervention de l'État en matière de santé publique. Déjà, en 1730, Pierre Chirac, premier médecin de Louis XV, avait songé à créer une société médicale placée sous le patronage du roi. Elle aurait compté vingt-quatre membres chargés d'entretenir avec leurs confrères de province une correspondance leur permettant d'établir un véritable bilan sanitaire et de proposer éventuellement des mesures, d'autant plus efficaces qu'elle seraient coordonnées. Mais Chirac, docteur de Montpellier et toléré à Paris uniquement à cause de son appartenance à la cour, s'était heurté à l'opposition jalouse et inébranlable de la faculté de médecine de Paris. Fort de l'appui de Louis XV, il était sur le point de vaincre cette opposition lorsque sa mort soudaine, en 1732, avait fait abandonner le projet. Celui-ci n'est repris que quarante-quatre ans plus tard.

En 1775 et 1776, des épidémies sévissent dans plusieurs provinces du royaume, faisant de nombreuses victimes. Le gouvernement de Louis XVI, et notamment Turgot, contrôleur général des finances, et Malesherbes, secrétaire d'État à la Maison du roi, charge le célèbre anatomiste Vicq d'Azyr de mener une enquête dans les endroits les plus éprouvés et d'en communiquer les résultats à Lassone, premier médecin du roi. Dès qu'il est en possession des informations ainsi recueillies, celui-ci fait savoir à Turgot que les médecins, isolés les uns des autres, se trouvent dans l'impossibilité d'échanger leurs observations et d'unir efficacement leurs efforts pour s'opposer à la propagation des maladies épidémiques. Il importe donc, en dépit des inévitables difficultés et oppositions auxquelles un tel projet ne pourra manquer de se heurter, de reprendre, purement et simplement, le plan de Chirac et de le mener à son terme dans les délais les plus rapides. À la suite de ce rapport de Lassone, le conseil du roi décide, le 29 avril 1776, la création d'une commission de huit membres (portés à quatorze en juillet), qui recevra le titre de Société de correspondance royale de médecine et sera présidée par Lassone, assisté de Vicq d'Azyr comme commissaire général. Les membres, désignés par Lassone avec l'agrément du contrôleur général des finances, pourront être envoyés en mission dans les provinces particulièrement contaminées toutes les fois que leur présence sera demandée. Entre-temps, ils se réuniront chaque semaine pour échanger leurs informations et répondre aux demandes de renseignements qui leur seront adressées, tout le courrier passant « sous l'enveloppe de M. le contrôleur général des

finances », qui entend bien faire de la commission un véritable instrument gouvernemental.

La faculté de médecine de Paris manifeste immédiatement son hostilité et tente, durant de longs mois, par toutes sortes de manœuvres, de réduire la commission à l'impuissance. Mais la lutte est perdue d'avance. Les lettres patentes du 28 août 1778 y mettent fin en transformant la commission en une puissante Société royale de médecine, installée dans un local du palais du Louvre. Le roi est le protecteur de la Société, dont son premier médecin est le président et qui est composée de trente membres associés ordinaires, douze associés libres résidant à Paris, soixante associés régnicoles, c'est-à-dire Français habitant le royaume, soixante associés étrangers et un nombre indéterminé de membres correspondants, parmi lesquels pouvaient même figurer des chirurgiens. Dès la première séance, le 29 octobre 1778, Vicq d'Azyr est élu secrétaire perpétuel. La faculté parisienne essaie de mener un combat d'arrière-garde en ameutant les facultés de province. Mais la jeune Société a pour elle non seulement l'appui total du roi et de ses ministres, mais aussi l'adhésion enthousiaste de nombreux médecins soucieux de secouer le joug retardataire des vieilles facultés et conscients du caractère novateur et utile au « bien public » de l'institution ainsi créée. La Société royale de médecine joue désormais un rôle capital, mettant à l'étude les questions les plus diverses relatives à la santé et à l'hygiène publiques, collectant ainsi auprès de ses correspondants de multiples renseignements tant météorologiques que proprement médicaux, permettant aux praticiens jusque-là isolés de confronter leurs observations et leurs expériences et surtout coordonnant les efforts contre les épidémies en étroite collaboration avec les intendants. Ainsi, l'action de la Société royale de médecine et, au chef-lieu d'intendance, celle du médecin des épidémies – qui est presque toujours membre de la Société ou, au moins, son correspondant– expriment une volonté politique cohérente et dynamique en matière de santé publique.

L'anatomiste Vicq d'Azyr et le premier médecin du roi, Lassone, entourant Helvétius, premier médecin de la reine. Ils sont à l'origine de la « Société de correspondance royale de médecine », bientôt transformée en Société royale de médecine. La santé publique s'organise désormais selon une véritable ligne politique.

(DE GAUCHE À DROITE : LITHOGRAPHIE D'APRÈS SOUFFLOT, PEINTURE DE GARNERAY D'APRÈS VAN LOO, GRAVURE DE SAINT-AUBIN.)

Sous-alimentation, entassement, saleté : découverte de la misère

Les multiples lettres, rapports et mémoires des médecins provinciaux correspondants constituent un témoignage de premier ordre non seulement sur l'extraordinaire activité de la Société et de son réseau de correspondance, mais aussi sur la situation exacte des campagnes françaises à la veille de la Révolution. Les deux dernières décennies de l'Ancien Régime sont marquées par une série d'épidémies, dont la plus grave est la dysenterie qui, en 1779, frappe une partie du royaume, notamment les provinces de l'Ouest. Il est vrai que les chiffres des victimes de ces épidémies – qui affectent davantage les campagnes que les villes – sont très inférieurs à ceux des victimes des famines du temps de Louis XIV ou de la peste de 1720. La dysenterie de 1779 a fait 175 000 morts environ dans tout le royaume, qui compte alors quelque 27 millions d'habitants. Cette faiblesse, toute relative, des décès est déjà, en soi, le témoignage d'une certaine efficacité des interventions.

Sous une forme originale, Jacques Lagniet (1620-1672) tient la gazette de son temps : ses « proverbes dessinés » livrent sur l'état du menu peuple des images crues où l'information abonde. Le sort des plus démunis n'échappe pas à son observation ; il fait écho ici à la création de l'hôpital général de Paris en 1656 et à la mesure d'enfermement des pauvres.

(J. LAGNIET, « RECUEIL DES PLUS ILLUSTRES PROVERBES » ; BURIN, 1657.)

LA DYSENTERIE DE 1779 DANS L'OUEST : POINT DE VUE D'UN MÉDECIN DES ÉPIDÉMIES

La maladie régnant dans les treize paroisses du canton du Clos-Poulet (arrière-pays de Saint-Malo) que Monsieur Lorin, subdélégué de Monseigneur l'intendant de Bretagne à Saint-Malo, m'a fait l'honneur de me confier le 3 septembre, est une dysenterie putride, vermineuse, pestilentielle, de laquelle on a peu d'exemples. Elle s'est manifestée le 15 août dans les paroisses de Bonaban et La Gouénière, d'où elle a étendu ses miasmes léthifères dans les onze autres paroisses qu'elle a successivement ravagées jusqu'au 3 décembre 1779 que ce fléau s'est arrêté. Du 3 septembre au 3 décembre que ma mission a duré, j'ai compté six mille malades environ. Le relevé des registres de sépultures m'apprend qu'il est mort environ mille personnes, du nombre desquelles deux cents à peu près n'ont requis aucun secours, cinq cents autres étaient enfants, deux cents vieillards et le reste adultes, ce dont je me suis assuré en parcourant les journaux que j'ai fait tenir aux chirurgiens employés. Ces mêmes journaux me font voir que, de vingt malades dangereusement affectés, mais dociles à nos conseils, il en mourait un ou deux, tandis que sur trente autres qui prenaient quelques médicaments, écoutaient ensuite leur penchant à boire du vin ou prenaient des remèdes de bonne femme, il en périssait vingt au moins. L'indocilité du paysan, sa répugnance à prendre toute espèce de remède, son penchant à boire du vin et des liqueurs spiritueuses aussitôt qu'il est malade, l'impossibilité d'une bonne administration de secours par la grande misère et la propagation effrayante de ce fléau qui étouffait tout sentiment d'humanité et de reconnaissance, même l'amour filial, sont les principales causes de cette mortalité qui eût été plus considérable encore sans l'administration bienfaisante de Monseigneur l'intendant.

Chifoliau, docteur en médecine,
préposé pour l'épidémie.

Archives départementales d'Ille-et-Vilaine.

LES DÉCÈS EN 1779
PAR GÉNÉRALITÉS.

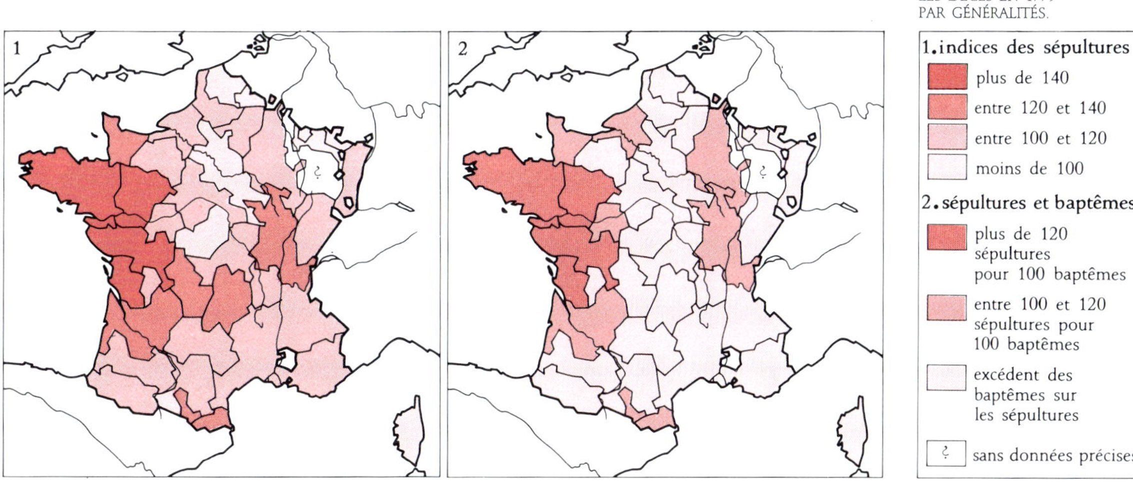

Toutefois, ce que les médecins envoyés sur place découvrent souvent avec effarement dans ces paroisses rurales, parfois proches d'un centre urbain, c'est une misère structurelle presque désespérante : alimentation insuffisante et mal équilibrée, hygiène lamentable, préjugés tenaces. Que peuvent-ils faire devant pareille situation ?

Certes, l'utilisation, depuis les années 1700, de la racine d'ipécacuana dans le traitement de la dysenterie constitue un incontestable progrès ; mais le remède est encore mal codifié dans sa préparation, et sa posologie se révèle souvent inefficace. Il en est ainsi, en 1779, de l'avis de la plupart des médecins qui doivent se rabattre sur vomitifs, purgatifs et saignées. Or, de tels remèdes ne peuvent être que de peu d'effet ; encore heureux si, appliqués à des malades affaiblis, ils ne hâtent pas leur fin. En fait, lors des épidémies de dysenterie, c'est en imposant aux malades les moins atteints une diète contrôlée que les médecins réussissent à en sauver un certain nombre, non en les saignant ou en les purgeant. D'une façon plus générale, c'est surtout au plan de la prévention que leur action tenace porte ses fruits : en prescrivant à tous de sévères mesures d'hygiène, en isolant les malades, en imposant aux convalescents un strict régime alimentaire, surtout en distribuant aux habitants encore indemnes bouillons, pain et viande, ils peuvent espérer limiter la contagion et éviter les récidives. Mais encore leur faut-il convaincre ceux-là mêmes qu'ils veulent sauver.

Or, à lire aujourd'hui leurs rapports, on a l'impression d'un dialogue de sourds. Hommes des « Lumières », venus de la ville, ils parlent un langage incompréhensible à ces paysans qui sont habitués à régler entre eux leurs

« C'est pitié que la guerre, on n'en rapporte que poux et misère », dit Lagniet dans un nouveau proverbe. Aux épidémies s'ajoutent, il est vrai, les effets de la guerre et de la crise : blessures, infirmités, dénuement, vermine.

(J. LAGNIET, « RECUEIL DES PLUS ILLUSTRES PROVERBES », 1657.)

problèmes et qui refusent, par méfiance invétérée, et parfois justifiée, les remèdes et les régimes proposés et s'en tiennent avec obstination à leurs manières de vivre et à leurs intermédiaires habituels. En 1779, dans les villages les plus gravement atteints, le nombre des malades est tel et la peur qu'inspire l'extrême contagiosité est si grande que les vieux réflexes des temps de peste reparaissent. Michel Vétillart du Ribert, médecin du Mans envoyé au début d'août dans les paroisses contaminées du haut Maine, décrit en ces termes le spectacle qu'il découvre : « Lors de mes premières visites, j'ai trouvé la plupart des malades sur la paille, plusieurs exposés aux injures de l'air. Hors d'état de se nettoyer eux-mêmes, ils étaient contraints de rester dans leur fange. L'air corrompu qu'ils respiraient ajoutait beaucoup au danger de la maladie et devenait une source d'infection pour ceux qui les approchaient. La contagion se propageait sensiblement. La crainte du mal éloignait les voisins, les parents. L'argent ne tentait pas ceux qui en avaient le plus besoin : j'ai offert dix fois plus que je n'aurais donné en toute autre circonstance pour secourir et pour nettoyer certaines maisons ; ni mes invitations ni mon offre n'ont tenté personne. » Confrontés à de telles situations, Vétillart et ses

« Aux uns par l'alembic je purge la cervelle,/Aux autres l'intestin par un gros robinet ». Ainsi palabre ce nouveau Diafoirus, tandis que son patient distille des fantasmes. Lagniet caricature une médecine mal perçue et largement impuissante devant la maladie, qu'elle soit mentale ou d'autre nature.

(J. LAGNIET, « RECUEIL DES PLUS ILLUSTRES PROVERBES », 1657.)

confrères font preuve d'un dévouement et d'un courage incontestables. Forts de leur science, pourtant balbutiante, ils ne donnent jamais l'impression de céder au doute ou de s'interroger sur l'efficacité des remèdes dont ils usent.

Le seuil de survie

Mais, au-delà de ces situations extrêmes, qu'ils trouvent surtout en 1779, ce qu'ils observent tous, lors d'épidémies moins graves et plus localisées, c'est le dénuement dans lequel vit une partie de la population paysanne. Dans la plupart des paroisses rurales, c'est une fraction importante de la population – parfois la majorité – qui vit ainsi à la limite de la survie. Certes, les circonstances qui justifient leur venue aggravent sûrement la situation normale ; aggravent, mais ne créent pas. On ne peut récuser leur témoignage sur ce qu'est le sort quotidien de tant de malheureux. Pour ceux-là – « bras nus », quatrième état, quart monde d'hier –, des distributions de bouillons et de viandes, des allégements d'impôts seraient les seuls moyens, notent-ils, pour endiguer les effets meurtriers de ces épidémies de la sous-alimentation, de l'entassement et de la saleté. Tels sont les nouveaux malheurs des temps. Le Seigneur semble avoir enfin entendu la prière séculaire et délivré les hommes de la peste, de la famine et de la guerre. Mais le fléau de la misère, hydre aux cent visages, est toujours présent.

F.L.

Pot à pharmacie,
musée des Hospices de Lyon.

XIX

le Feu, la terre et les eaux

Rousseau admet avec Maupertuis que « dans la vie ordinaire la somme des maux surpasse la somme des biens », mais rend les hommes, et non la nature, responsables de cette situation. □

Malgré les travaux des hommes, la nature, au XVIIIe siècle, pèse pourtant avec force sur leur destin. Les quatre éléments chers aux anciens : l'eau, le ciel, la terre, le feu, contiennent le bien et le mal tout autant que dans les périodes précédentes, mais les hommes tentent de plus en plus de les comprendre et de les maîtriser. Le développement des connaissances physico-mathématiques à l'époque est très théorique mais, sur le terrain, les individus ont une attitude pragmatique et tirent de l'expérience les moyens de lutter sinon contre les cataclysmes naturels, qu'ils ne peuvent prévenir, du moins contre leurs effets.

Sauvez-vous, la maison tombe !

Pendant notre période, le royaume de France connaît quelques manifestations sismiques d'importance variable. La plupart consistent en de simples secousses, notées par les curés des paroisses ou par des mémorialistes comme des événements extraordinaires dignes d'être remémorés. Des branches cassées, du mobilier déplacé, des animaux apeurés sont signalés à Sainte-Maure en Touraine en 1657, à l'embouchure de la Charente, dans les environs de Bordeaux, dans la région du Nord (à Calais, Maubeuge, Arras), à Lille le 18 septembre 1692, en Bretagne (à Auray en 1622, à Brest en 1756), à Saumur en 1799. Ces tremblements de faible intensité n'ont d'intérêt pour nous que par l'attitude des hommes, inhabitués à ces phénomènes. Ils les subissent dans la crainte diffuse de quelque chose qui s'apparente encore à une punition divine. Il n'en va pas de même des régions à haut risque : les Alpes, le Massif central, les Pyrénées, où la mémoire collective garde le souvenir de grands cataclysmes aux traces quelquefois spectaculaires, tels les chaos de Gavarnie, dont parla Grégoire de Tours.

En 1660, la région de Lourdes à Bagnères-de-Bigorre est frappée. D'après les témoins, les sources thermales cessent de couler, puis reprennent. Les tremblements durent trois semaines et touchent Bagnères, où le clocher de l'église des Jacobins se scinde en deux, Argelès, où les seuils de pierre des portes se brisent, Lourdes et même la lointaine Toulouse, dont une vingtaine de maisons s'effondrent tandis qu'une centaine d'autres sont plus ou moins détruites. Le roi et la reine se trouvent alors à Roquefort-de-Marsan. Mme de Montpensier conte dans ses Mémoires comment, à Saint-Justin, elle est tirée de sa chambre en chemise aux cris de « Sauvez-vous, la maison tombe ! ». Bien que ce désastre surprenne par son ampleur les gens du pays, dont beaucoup sont tués, leur calme devant les secousses contraste avec la crainte des gens de cour, peu familiarisés avec de tels phénomènes. D'autres secousses telluriques surviennent dans les Pyrénées – de Mauléon-Licharre à Bagnères-de-Bigorre – entre 1650 et 1750, touchant Lourdes et la cathédrale de Tarbes. Dans la vallée d'Héas, l'effondrement de la montagne, en 1750, crée un lac ; en 1788, un nouveau séisme crève le barrage, et les eaux envahissent la vallée de Luz, coupant les routes, détruisant les ponts et tous les bâtiments qu'elles rencontrent. En 1644, les Alpes autour de Digne, la haute Vésuline avaient été sujettes à des tremblements de terre, il est vrai moins importants que ceux de 1494 et surtout de 1564. De même pour la vallée du Rhône, entre la Durance et le fleuve, la haute Provence dans la région de Marignane, les Vosges en 1682, à Remiremont, et le nord du Jura.

En proie aux éléments

Désarmés devant ces événements qu'ils ne savent ni prévoir ni dominer, les hommes le sont également devant des phénomènes climatiques, dont ils connaissent d'une manière générale le calendrier et les effets mais dont ils ne peuvent pas toujours prévoir l'intensité.

Soigneusement, ils notent les phénomènes climatiques. Ils savent que des froids intenses peuvent entraîner la mort de ceux qui ne possèdent pas d'abris suffisants, qu'ils gênent la production en engourdissant, par exemple, les doigts des tisserands, qu'ils arrêtent les convois s'ils s'accompagnent de neige, qu'ils sont cause enfin d'un enchérissement de la vie par l'augmentation du prix des produits, dont le bois de chauffage. Le Lillois Chavatte en signale les effets, et plus encore Michel Forest, dans la méridionale Valence. Il voit le Rhône gelé en janvier 1755 et en 1758 ; il estime que l'hiver 1765-1766 surpasse même celui de 1709, où le vin gela dans les carafes. Mais ces froids extrêmes ne viennent que renforcer les effets d'une saison difficile aux hommes. Ils ne deviennent désastreux que si, précoces ou tardifs, ils gênent les cultivateurs. Ils sont alors ressentis comme des catastrophes et décrits comme tels.

Il en est de même des orages. Certes, le vent, la foudre ont toujours impressionné les hommes, mais, quand ils dépassent l'habituelle mesure, ils apparaissent comme châtiments terribles infligés par Dieu et signes de sa colère ; à moins qu'on ne parle de « temps diabolique », tel celui qui effraya tant la duchesse du Maine en 1747. La violence des éléments, les vents, la foudre s'acharnant sur une ville ou un village – tel Goudrecourt, où plusieurs maisons brûlent – font craindre la « fin du monde ». Le président Hénault décrit à Mme du Deffand les orages les plus violents qu'il ait connus à Paris : des grêlons gros comme des balles et l'inondation qui s'ensuivit obligeant à aller en bateau dans toute la maison et à se réfugier en haut ; toutes les cultures de la capitale : vignes, blés, cerisiers..., en sont ruinées.

La tempête qui déchaîne les flots est bien connue des marins. Elle eut parfois des conséquences que l'histoire retient, comme lorsqu'elle dispersa l'Invincible Armada. Nos chroniques maritimes en soulignent souvent les effets : elle disperse les escadres, les convois, abîme les bâtiments contre les rochers du rivage. Qui ne connaît la baie des Trépassés, ou le large d'Ouessant ? La Bretagne conserve la légende de cités englouties ; elle est de ces régions dont le littoral se trouva modifié à plusieurs reprises par de grandes tempêtes. À Saint-Malo, les eaux menacent les digues élevées sur le littoral du nord et le sillon reliant la ville à la terre. Plusieurs fois, au cours du XVIIIe siècle, les Malouins perdent ce seul passage vers le continent.

Crues et avalaisons

Plus pernicieuse, l'eau, indispensable, venant en trop grande quantité d'un seul coup avec de vifs débordements, ou s'éternisant, peut faire pourrir sur place – la Bretagne en offre de multiples exemples – les récoltes qu'elle a fait germer. Ou bien, sous la forme d'averses violentes ici, d'un ruissellement continu là, elle ne pénètre pas la terre trop sèche ou engorgée, ruisselle, grossit les eaux des ruisseaux, des rivières, des fleuves, inonde le pays. Beaucoup de zones sont menacées : la région méditerranéenne, aux crues violentes et soudaines, la vallée du Rhône depuis la confluence de l'Isère, les plaines de

Au-delà de la beauté d'un paysage hivernal se perçoit l'engourdissement de la vie. Dans le passé, des chutes de neige imprévisibles entraînaient un cycle de catastrophes : pas d'abri, pas de transports, pas de réserves, coûts trop élevés.

(P.A. PASTEL, « LE MOIS DE JANVIER : EFFET DE NEIGE », 1699. MUSÉE DU LOUVRE.)

l'Aude, de l'Hérault, d'autres encore. Ainsi, Michel Forest se souvient de l'inondation du 23 décembre 1740, qui submergea champs, villages, basses villes, de celle, plus grave encore, d'octobre et novembre 1778, qui causa des dégâts immenses. Il existe aussi de grands fleuves à crues plus paisibles mais tout aussi redoutables : la Seine et ses affluents (l'Oise, la Marne, l'Aube, l'Yonne), dont les crues sont bien connues, la Loire, la Garonne, le Rhin, l'Adour. Combien de rivières plus modestes qui, à l'échelle régionale, en Bretagne par exemple, viennent menacer les hommes ? Certaines inondations frappèrent l'imagination, dont celle – formidable – qui, en 1579, modifia le cours de l'Adour, perça la dune mais épargna en partie Bayonne. En Bretagne, les inondations sont très fortes : elles touchent Montfort en 1762, Guingamp, Saint-Brieuc en 1768, Rennes en 1772 et surtout en 1773, où, aux dires des Bretons, il n'en était pas d'exemple aussi grave depuis le déluge. Alors, les ponts sont emportés, les parties basses des villes recouvertes par les eaux. À Montfort, en 1773, 80 maisons avec jardins de la rue Saint-Nicolas furent presque entièrement ruinées ou emportées et 41 personnes périrent noyées ; à Clisson, la même année, 35 maisons s'effondrent. Les eaux, quand elles

L'homme en proie aux éléments déchaînés voit dans la tempête le signe d'un châtiment de Dieu. La coutume de l'ex-voto relève tout autant de la reconnaissance que de la tentative d'apaiser à jamais le courroux divin. Du moins l'homme du XVIIIe s. tentera-t-il, par la construction de digues et de quais élevés, de combattre la furie de l'océan.

(J. VERNET, « LA TEMPÊTE », 1777, MUSÉE CALVET, AVIGNON.)

n'ont pas des effets apparents aussi catastrophiques, sapent le fondement des bâtiments, gâtent tout ce que l'on ne peut enlever : le linge des lavandières, les pièces de toile, les fils entassés dans les salles basses, les provisions... Les déclarations de pertes de près de 500 Rennais habitant au sud de la Vilaine concernent marchandises et provisions détruites par des eaux qui submergent les rues des paroisses Toussaint et Saint-Hélier du 24 au 28 février 1772. Pourtant, les hommes s'installent, à leurs risques et périls, aux confluences, dans les parties basses, où ils trouvent plusieurs avantages : des relations plus faciles, des prix plus modestes que sur les terrains des vieilles villes hautes. Si leurs intérêts sont en jeu, ils assument des périls répétés, et Barèges n'aurait sans doute pas survécu aux crues du Bastou si elle n'avait possédé des eaux thermales renommées.

Il est des villes qui vivent dans la crainte permanente des inondations, ne connaissant que quelques années de calme relatif entre des crues redoutables. Valence en subit plusieurs : en 1740, en 1756, en 1770... La basse ville de Rennes vit sous leur perpétuelle menace.

Un accident considérable

Il existe d'après l'*Encyclopédie* une catégorie particulière de désastres, celle qui est liée au feu : « On donne ce nom à un accident considérable produit par le feu, et qui a réduit en cendres, totalement ou en partie, quelques maisons, bâtiments ou amas de matières combustibles, soit que la nature, le hasard, ou la méchanceté des hommes en sont la cause. » On reconnaît donc trois causes au déclenchement d'un incendie : la nature, c'est-à-dire la foudre qui frappe une église, une maison, une grange, mais aussi la

Calamité urbaine, l'incendie naît souvent d'une imprudence, et quoi de plus facile à renverser qu'une chandelle, aux époques d'avant l'électricité ? – L'intarissable Lagniet met en exergue de son dicton : « Il n'y a si petit saint qui ne veuille avoir sa chandelle. »)

(J. LAGNIET, « LE PROVERBE JOYEUX », XVIIe SIÈCLE.)

fermentation, qui entraîne des feux spontanés de gerbes, de meules ; la tourbe qui s'auto-allume à la suite d'un temps chaud et humide, comme ce fut le cas au quai Saint-Bernard à Paris ; les forêts de résineux qui s'enflamment. Le hasard ? Peut-être vaut-il mieux parler d'accidents : les feux de joie, les feux d'artifice, un pétard mal lancé, des mousqueteries intempestives, des poudres qui explosent, un homme soûl qui fait tomber une bougie, un feu mal éteint. On peut ajouter à cela la négligence des gens de service, la maladresse de domestiques, d'ouvriers. La nuit quand les chandelles s'allument, l'hiver avec ses feux de chauffage sont favorables aux brasiers, de même que les cuisines ou les tavernes quand l'alcool altère l'attention. Le plus souvent, l'imprudence a peu d'effets fâcheux, mais parfois aussi elle est cause de drame. Ainsi, l'intempérance fit éclater, une nuit de décembre 1720, le grand incendie de Rennes, rue Tristin, dont il est question plus loin. Quant à la méchanceté des hommes, elle est d'importance variable. Par vengeance, on brûle des biens, la maison, la grange de son ennemi, et le feu peut rester circonscrit à son objet, comme lors de l'embrasement par la foule parisienne des carrosses – sortis de leur remise – d'un patron qui avait fait condamner son cocher. À l'inverse, l'adversaire cherche à déclencher une catastrophe en période de guerre : il lance brûlots et machines infernales, bombarde les villes maritimes, par exemple Saint-Malo, cible des Anglais en 1692, 1693, 1695, pendant la guerre de la Ligue d'Augsbourg. Canonnades lors des sièges, incendies volontairement provoqués une fois les villes prises ; autant de catastrophes pouvant entraîner la destruction presque complète d'une cité et la fuite de la population.

Villes embrasées

Quelles qu'en soient les causes, le feu risque de s'étendre et de prendre des proportions considérables, surtout dans des villes aux rues étroites où les maisons à pans de bois présentent des façades en torchis et des toitures de chaume. L'hiver, l'entassement de provisions de toutes sortes – graisses, lard en particulier, bois et charbon accumulés pour le chauffage – transforme les maisons en véritables bûchers prêts à s'embraser à la moindre occasion. On constate en effet un très grand nombre de sinistres de plus ou moins grande importance. Les uns ont frappé par leur ampleur et leurs conséquences et ils restent dans le souvenir ; les autres, moins célèbres, remplissent des liasses d'archives – et ils sont loin d'être tous répertoriés. Parmi les premiers, rappelons le grand incendie de Londres qui, en 1666, détruisit une grande partie de la cité et auquel les auteurs font toujours référence. Nous connaissons ceux de Saint-Malo en 1661, de Briançon en 1692 , de Sainte-Menehould en 1719, de Rennes en 1720.

La fréquence, la répétition des incendies en milieu urbain doivent être soulignées, même si les chroniques insistent davantage sur les accidents les plus importants : à Strasbourg, l'incendie de 1298 ; à Toulouse, ceux de 1463 et de 1551 ; à Lille, celui de 1545... En Bretagne, Fougères connut quatre sinistres en une cinquantaine d'années : en 1710, 1734, 1751 et 1762. Rennes, marquée par celui de 1720, en vit de moindres, mais de préoccupants, en 1740, 1747 (quatre maisons), 1755 (neuf maisons), 1770, 1779, 1781, 1784, 1787. Il y en eut trois à Montfort entre 1760 et 1762, trois à Landerneau (en 1719, 1748, 1765), plusieurs à Dinan de 1661 à 1782. Peu de villes de cette province sont épargnées. Il en est sans doute de même ailleurs. À Paris, combien d'embrasements tragiques : destruction, le 6 avril 1763, de l'Opéra, ancienne salle de Molière, et le 3 juin 1781, de la nouvelle salle, au Palais-Royal, mise à la disposition des spectateurs depuis 1770 seulement. Beaucoup plus dramatiques, l'écroulement, « effroyable » aux yeux des témoins, du Petit Pont du Châtelet et des maisons qui l'encombraient ou l'incendie de l'Hôtel-Dieu, en 1772. Il y a dans tous ces événements un élément spectaculaire : l'eau et le feu pour le pont, les spectacles pour l'Opéra et le Palais-Royal, la misère et la détresse pour l'Hôtel-Dieu. Le feu attire aussi les foules en d'heureuses circonstances donnant lieu à des feux de joie ou des feux d'artifices. Mais, par une série malencontreuse de hasards, il s'ensuit parfois des paniques épouvantables. Qui ne se souvient des centaines de morts étouffés, foulés, le 30 mai 1770, quand des milliers de Parisiens assistaient aux réjouissances organisées sur la place Louis-XV pour célébrer le mariage de Marie-Antoinette et du Dauphin Louis.

Rennes en flammes

Imaginons l'affolement des habitants, surtout quand l'incendie éclate de nuit comme c'est le cas à Rennes. Réveillés en sursaut, les Rennais ne peuvent circonscrire l'incendie et s'enfuient épouvantés des logements menacés. Enfants, vieillards, grabataires, telle cette veuve emportée dans une couverture par trois hommes, sont sortis de leurs lits et transportés à l'abri . C'est une nuit de confusion ; et le vent attise le feu pendant plusieurs jours. Les habitants, cherchant à mettre leurs biens hors de portée des flammes, les retirent de leurs maisons, ce qui gêne les sauveteurs. Par les rues étroites, en plusieurs voyages, ils déménagent vers des places – à leur tour menacées – meubles, marchandises, provisions qu'une pluie, salvatrice pour les

Rennes « vomissant des tourbillons de flammes et dévorant ses infortunés habitants », en 1720. Au XVIIIe siècle, le feu urbain constitue encore un fléau, malgré les progrès de la lutte anti-incendie.

bâtiments épargnés, vient gâter définitivement. Les soldats du régiment d'Auvergne, appelés à la rescousse, ajoutent au désordre. Bientôt, on les soupçonne de profiter de l'occasion, et peut-être d'attiser le feu, pour piller les appartements abandonnés, concurrençant les voleurs professionnels ou d'occasion. Bien des habitants épargnés par les flammes sont intoxiqués ou blessés ; l'un d'eux perd un bras à la suite d'un coup de hache en tentant de pratiquer un coupe-feu.

Les augustins laissent un portrait tragique de leur ville : « On ne pouvait que difficilement peindre l'horreur du spectacle qu'offrait alors notre malheureuse cité vomissant des tourbillons de flammes et dévorant ses infortunés habitants, dont les uns blessés, les autres mourants, tous épouvantés, poussaient des cris confus et déchirants... »

La majeure partie de la ville haute est détruite – plus de 900 bâtiments. Ce sinistre eut d'autant plus de résonance que la tour de l'Horloge s'abattit, ce qui semblait vérifier l'une des prédictions de Nostradamus.

Le maire de Dinan décrit ce qui survint en 1781 dans sa ville : « Les flammes avaient gagné déjà la halle, entourée de petites rues bâties toutes en bois et en encorbellements sur les rues, au point de se donner la main d'un côté à l'autre des deuxième et troisième étages... Il n'y avait ni pompe ni instrument propre en semblable circonstance... La ville aurait pu brûler tout entière. » Le courage des sauveteurs limita ici les effets du sinistre. Les descriptions sont presque partout les mêmes, et les narrateurs insistent à la fois sur l'intensité du phénomène et sur les pertes qu'il cause. Le feu est bien ressenti comme un fléau urbain.

De Charybde en Scylla ?

On peut comparer le coût des dégâts causés par les incendies et par les inondations. De ce point de vue, les premiers paraissent pires que les seconds parce que leurs effets sont plus radicaux. À Rennes, l'incendie de 1720 coûte quelque 9 000 000 de livres aux particuliers : 2 500 000 livres en meubles et provisions, le reste en biens immobiliers. Après les inondations, pourtant redoutables, de 1773, les estimations ne montent qu'à 170 000 livres. À Dinan, les 130 ménages touchés par le feu en 1711 perdirent un peu moins de 500 000 livres. Le feu détruit ou endommage les maisons, les bâtiments publics et privés : 259 maisons à Briançon le 29 janvier 1691 ; 945, réparties en 32 rues, à Rennes ; on en avait répertorié 200 à Toulouse en 1551, 230 à Lille en 1545... Pendant des jours, les cendres restent fumantes ; elles présentent toujours un danger, mais cela n'empêche pas les malheureuses victimes d'aller y chercher, malgré les ordonnances l'interdisant, tout ce qui peut être récupéré. Les eaux emportent les ponts ou sapent des maisons, qui pour la plupart restent debout ; l'action du feu est plus radicale – seuls les séismes peuvent entraîner des destructions de semblable envergure.

Dans l'ensemble, les hommes souffraient du feu plus par la perte de leurs biens que par celle de leur vie. Mais l'imagination portait à multiplier au-delà du raisonnable les victimes des sinistres. N'a-t-on pas parlé de 6 000 à 7 000 victimes à Rennes en 1720 ? Certes, il y eut des morts, ceux, très peu nombreux, que les flammes surprirent ou qui furent victimes de chutes de matériaux, plus quelques voleurs cupides et imprudents. En quelques cas, l'asphyxie, plus sournoise, cause le décès de gens bloqués ou surpris dans leur sommeil. Les flammes tuent tous ceux qui ne peuvent fuir : soldats dont les paillasses flambent dans la caserne de Lille en 1676, malades, grabataires incapables de se déplacer seuls. Si, en 1737, deux sœurs seulement furent victimes du feu à l'Hôtel-Dieu, à Paris, en 1772 quelque 130 malades et sauveteurs furent retrouvés sous les décombres de cet hôpital. Dans la quasi-totalité des cas, cependant, les gens ont la possibilité de se mettre à l'abri, et il faut bien de l'insouciance de leur part pour attendre chez eux au risque de brûler avec leur maison. Les registres paroissiaux sont là pour témoigner qu'il n'y eut pas plus d'une dizaine de morts à Rennes, en comptant une octogénaire malade qui, déplacée plusieurs fois au fur et à mesure de l'avance des flammes, ne résista pas à la fatigue et au froid. Il n'en est évidemment pas de même lors d'une inondation, d'une crue soudaine survenant la nuit. Des séismes peuvent avoir les mêmes effets, mais ceux-ci sont rares et situés dans des régions montagneuses relativement peu peuplées.

Bien souvent, ces catastrophes ruinent leurs victimes. Elles entraînent toujours une perte en capital, et peu sont capables de reconstruire ce qui s'est abîmé, de reconstituer ce qui a disparu. Le hasard des héritages, des partages met de pauvres gens en possession de biens mobiliers modestes : un petit appartement, une chambre, un galetas qu'ils n'ont pas les moyens de remplacer après un désastre. Ne nous étonnons donc pas de certains transferts de propriété : à Rennes, 699 propriétés sont regroupées en 182 emplacements. Dès 1721, 70,33 p. 100 sont vendues par adjudication, leurs propriétaires se déclarant dans l'impossibilité de rebâtir et ne pouvant participer aux sociétés de copropriétés qui se mettent en place. À Quimper, des emplacements restent de longues années couverts de ruines pour les mêmes raisons, image, en pleine ville, du malheur qui frappa leurs propriétaires, sourds aux injonctions de la municipalité. Il est aussi des biens que la fortune ne peut remplacer : Chavatte déplore la perte irréparable du livre de saint Augustin, et de tant d'autres, dans l'incendie de la bibliothèque des Augustins, à Lille, en 1681.

Maîtriser le risque ?

De la nature du phénomène dépend l'attitude des hommes. Ils n'ont aucun moyen de modifier le climat, de produire ou d'empêcher la pluie, la foudre, les inondations, les tremblements de terre ; même les incendies – le feu n'est-il pas purificateur ? – leur semblent quelquefois ressortir à une malédiction ou à une punition.

La justice divine menace le pécheur obstiné

Ils continuent donc, en ce XVIIIe siècle, à donner à Dieu la responsabilité de ce qui leur arrive : Dieu a voulu que l'hiver 1676-1677 fût rigoureux. Dieu a voulu punir les gens des environs de Valence qui se plaignaient des bonnes vendanges parce qu'elles faisaient baisser les prix. Les Aquitains ressentent comme une punition les crues catastrophiques de la Garonne en 1765 et en 1777. Même l'incendie de Rennes, aux causes immédiates simples, passa pour le signe du mécontentement de la Providence, fâchée que Grignon de Montfort ait échoué, par la faute des jansénistes, dans sa tentative de mission, quelque six ans auparavant. Dieu, en épargnant le palais où les magistrats exercent leur fonction avec droiture, a montré son choix. La vue de leur cité qui se consume est, pour les augustins, « l'image sensible, vision d'horreur dont la justice divine menace le pécheur obstiné ». Et c'est Dieu que l'on remercie une fois le danger écarté. Deux tableaux conservés à Rennes, l'un dans l'église Saint-Aubin, l'autre à Saint-Sauveur, témoignent de cette croyance. Les hommes ont la possibilité de demander à Dieu tous moyens connus et reconnus depuis des siècles, en particulier pour combattre les épidémies. Ils obtiennent quelquefois satisfaction : c'est une « pluie providentielle » qui met fin à l'incendie de Rennes sur intervention de la Vierge Marie apparaissant dans une nuée ; c'est Dieu qui, dans les Pyrénées, à Bétharram, en 1616, redresse une croix (devenue miraculeuse) que le vent avait renversée, montrant sa volonté de voir les hommes cesser leurs errements et créer là un lieu de pèlerinage. Le danger écarté, on s'empresse de remercier Dieu de ce qu'il n'ait pas été pire. C'est le sens de la grand-messe ordonnée par le magistrat de Lille, en 1669.

Où le « cas fortuit » cesse d'être « imprévoyable » aux yeux d'une administration responsable

En cas de malheur, la solidarité prédomine. Des dizaines, des centaines de sauveteurs se pressent pour tenter d'épargner ce qui peut l'être. Que de témoignages de compassion ensuite : on plaint la mère qui s'est sacrifiée ou reste seule, le riche soudain ruiné. « J'en ai connus qui, nés dans une classe distinguée et habitués à l'opulence, étaient réduits à vivre de leur travail » s'émeuvent les augustines. Chavatte croit devoir signaler un receveur du roi qui fit faillite après un incendie.

Se tourner vers la Providence est une forme de lutte, en ces temps de foi. Cette attitude peut aider à l'acceptation, à la résignation devant ce qui dépasse les victimes. Les Pyrénéens affichent leur fatalisme quand la terre tremble, les Lillois habitués à leurs « avalaisons » (inondations permanentes), ou les habitants de la basse ville de Rennes vivent ces situations avec flegme. Quand les eaux se sont retirées, ils nettoient, ils réparent, sans plus. Attitude d'acceptation d'une sorte de fatalité naturelle, que certains combattent : si l'on ne peut prévoir une inondation, une forte chute de neige, un incendie causé par la foudre, si l'on est démuni devant ces « cas fortuits », l'expérience permet d'en limiter les conséquences, d'éviter les « désastres » liés aux « accidents naturels ». Car, ainsi que le souligne l'*Encyclopédie*, « pour qu'un accident soit "cas fortuit", il faut qu'il ne soit jamais arrivé auparavant dans une circonstance semblable ». Si un accident se « présente deux fois de suite, il doit cesser d'être imprévoyable aux yeux d'une administration chargée de le prévenir ». L'expérience, l'observation, le bons sens conduisent les hommes habitués à interroger le passé à prendre des mesures multiples, plus ou moins efficaces.

Comment lutter contre les éléments ? Contre le froid, la pluie et la neige, les hommes n'ont alors que l'habitude de constructions adaptées aux différents climats : toits plus ou moins en pente, charpentes renforcées en pays de neige, murs plus épais, baies mieux closes, chauffage plus efficace grâce à la multiplication des cheminées. L'invention du paratonnerre, expérimenté à Marly en 1752, perfectionné en 1753, seul moyen de contenir les effets de la foudre, ne concerne que quelques bâtiments.

Pour éviter les conséquences des inondations, on se réfère à l'expérience. On connaît l'époque de la fonte des neiges, les conséquences des fortes pluies. Les habitants des parties basses des villes ou des campagnes inondables mettent alors à l'abri ce qu'ils peuvent déplacer. Les Parisiens ont l'habitude de quitter les ponts menacés quand ils sentent l'approche d'une crue importante. Pendant l'inondation, on se contente de permettre le passage des gens, d'organiser les transports. Les eaux retirées, pour éviter la corruption de ce qui n'avait pu être enlevé, on vide les caves dans les deux jours (ordonnance du 18 janvier 1741), et leur contenu est exposé au dehors – au soleil si possible – pour sécher. En principe, on examine les murs, les fondations, les voûtes ; on prend des mesures pour les réparer si nécessaire.

Une esquisse de la prévention

Une autre mesure, plus efficace, consiste à organiser l'écoulement des eaux, à les canaliser, à nettoyer les chenaux. Beaucoup de communautés s'en préoccupent après les inondations, mais il leur arrive d'oublier de le faire. La régularisation des rives par la construction de quais élevés est une possibilité connue, mais elle touche peu de cités. On entreprend des travaux de ce type à Bordeaux, Toulouse, Nantes, Lyon. À Rennes, l'ingénieur Robelin puis Gabriel envisagent de transformer le cours de la Vilaine à travers la cité, de le border de quais en maçonnerie, de le franchir par des ponts en pierre. Le projet ne sera réalisé qu'un siècle plus tard. Le long des fleuves, des digues – sur la Loire en particulier – tentent de limiter les débordements. Il en est de même ici ou là pour la protection du littoral contre les effets des tempêtes. Les techniques sont connues, les exemples de leur utilisation aussi mais, si l'on constate au cours du XVIIIe siècle des travaux de ce type, ils restent limités à quelques villes maritimes (Dunkerque, Pornic, Le Croisic, Bayonne), aux points du littoral particulièrement menacés, sur la mer du Nord et l'Atlantique.

C'est contre le feu que l'on sait le mieux lutter. L'expérience a montré quelles sont les occasions les plus propices à un début d'incendie, les causes de son extension et on connaît les moyens d'y remédier. Ainsi, après chaque grand sinistre, les communautés de ville prennent-elles des mesures pour éviter qu'il ne se reproduise : à Strasbourg en 1298 et en 1358, à Lille en 1511, à Rennes après 1720...

Il faut d'abord éviter le risque d'incendie et pour cela réglementer l'installation des métiers à feu et empêcher les amas de matériaux combustibles. Dans les villes, les foins, les pailles prévus pour la nourriture des animaux doivent être enfermés dans des lieux clos et sûrs. Il est interdit de les entasser devant les portes. Il en est de même des fagots, des bois, des charbons. La tourbe, redoutable, doit être conservée hors murs, en des lieux isolés, en tout cas loin d'autres matériaux combustibles. Dans les campagnes, on prescrit de placer les meules de foin et de blé à l'écart, de séparer les granges des bâtiments où habitent hommes et animaux. La vente de marchandises particulièrement dangereuses – poudres, artifices – est réglementée, et même interdite à Paris et dans ses faubourgs.

Depuis 1781, il est obligatoire de faire ramoner les cheminées quatre fois par an.

(A. WATTEAU, « LE PETIT SAVOYARD À LA MARMOTTE » ; DESSIN. MUSÉE DU PETIT PALAIS, PARIS.)

Mais on ne peut éviter l'emploi du feu domestique ou professionnel. Le ramonage devient donc obligatoire, quatre fois par an d'après l'ordonnance de 1781, plus souvent encore une fois par mois, là où il y a de grandes cuisines ou des foyers utilisés par les fondeurs, les forgerons et tous les fourniers. Une discipline particulière est imposée à tous les utilisateurs de fours : aux boulangers, aux pâtissiers, qui doivent posséder des éteignoirs de fer ou de cuivre pour éteindre les braises. Des mesures sont prévues pour les aubergistes et les taverniers. Toutes les fois que cela est possible, les métiers dangereux sont éloignés du centre des villes et chassés des maisons non aménagées pour les recevoir. Ainsi, à Rennes, on interdit l'utilisation de foyers sous les combles. On défend à Paris l'utilisation d'armes à feu pour tirer dans les cheminées, pratique surprenante qui était censée arrêter les feux de cheminée. Les particuliers doivent cesser de brûler leurs ordures chez eux, dans les cours ou dans les rues.

La vie collective peut avoir des conséquences redoutables. Les salles de spectacle – où les gens s'entassent, où l'on se chauffe à l'aide de sortes de braseros, où l'on éclaire à la chandelle – sont dangereuses et l'on craint toujours l'accident. À l'extérieur, l'habitude des feux de joie, des feux d'artifice et autres mousqueteries, à quoi tout grand événement est prétexte, crée, chaque fois, un risque. Naissances royales, mariages, entrées triomphales, victoires s'accompagnent de festivités de ce type, où le danger s'augmente de libations nombreuses. En 1729, la naissance du Dauphin offre l'occasion d'une fête qui dure trois jours : des fagots sont enflammés devant l'Hôtel de Ville et en de nombreuses rues. Les illuminations des hôtels et des maisons, la suspension de lustres autour de la place Vendôme créent un spectacle féerique, joyeux, mais combien redoutable. Ces pratiques tendent à diminuer. L'on en vint à interdire, en 1781, tous les feux d'artifice sur les promenades publiques et même aux abords des villes. Mais une autorisation spéciale pouvait être accordée.

Quand le risque vient des hommes

Il est évident que l'ignorance, l'imprudence, toujours dénoncées, déplorées, le manque de connaissances « physiques » renforcent le rôle des magistrats, qui doivent « instruire » le peuple. Vaste programme qui tient du vœu, de l'espoir et qui conduit à rappeler que, partout où il y a des matières inflammables, l'utilisation de lumière doit être évitée, à moins de la tenir enfermée dans des lanternes. Mais l'on ne peut éviter l'imprudence : on lui doit l'incendie de l'hôpital Saint-Sauveur de Lille en 1669, avec l'embrasement d'une baraque causé par une vieille femme qui avait voulu réchauffer son lit. Que dire des imprudences liées à des coutumes, telle l'habitude de tirer des coups de feu de sa fenêtre, dans les rues, dans les cours. Cette pratique est interdite par un texte qui recommande d'autre part de fermer portes, fenêtres et lucarnes, ouvertures de greniers et de caves et pour les chandeliers, d'enlever, les jours de fête, les bottes de foin et de paille qu'ils mettent d'habitude devant chez eux. Le législateur doute-t-il donc à ce point de l'obéissance de ses concitoyens ? Et pourquoi serait-il plus obéi dans ses prescriptions que dans son interdiction ?

Pire encore, l'égoïsme peut causer de véritables catastrophes. Égoïsme des Rennais, qui refusent longtemps de pratiquer les coupe-feux indispensables, des maîtres de barque, des marchands du quai des Tourelles, qui, à Paris, pour éviter de perdre leurs bateaux, laissent filer tel un brûlot celui qui est enflammé et qui va mettre le feu aux maisons du Petit Pont du Châtelet. Gabriel, tenant compte de ce penchant, se prononce à Rennes contre les mansardes, qui non seulement sont coûteuses, mais encore abritent des gens du commun, des locataires peu soigneux qui multiplient les risques d'incendie.

Quant aux incendiaires plus ou moins volontaires, ceux qui écoutent plus leur passion que les édits, ils sont passibles d'une législation rigoureuse, maintes fois répétée.

Aussi les mesures qui consistent à assurer une meilleure protection contre le feu s'avèrent-elles plus efficaces que tous ces conseils, et plus faciles à vérifier. D'abord, lors de la reconstruction, on peut éviter de renouveler les erreurs anciennes. Le Petit Pont du Châtelet fut reconstruit sans maisons. Il fallut en revanche plus de temps pour libérer les autres ponts parisiens : ceux de Notre-Dame, de la Tournelle, de Marie le sont en 1789, et les nouveaux ponts (Neuilly) sont construits sans édifices, avec parapets et trottoirs. Quant aux habitations, on essaie de les rendre moins combustibles et d'empêcher le feu de sauter de l'une à l'autre. Après chaque grand incendie, nous trouvons une réglementation tendant à profiter de l'occasion pour imposer aux constructeurs de nouvelles normes. Rappelons les États généraux de 1560, qui étudièrent cette question et, à Paris, la réglementation de 1607, toujours valable au XVIIIe siècle. Parmi ces mesures, nous trouvons presque toujours l'obligation d'élever des murs de pourtour en maçonnerie et des murs de refend pour les corps de logis doubles, l'interdiction de couvrir les toits de paille ou de bardeau, tuiles ou ardoises étant préférables. On prévoit aussi l'installation de conduits de cheminées séparés, ennoyés dans la maçonnerie, les cheminées elles-mêmes ne devant pas être sur solives. Les propriétaires doivent abattre toutes celles qui ne sont pas conformes. L'aménagement interdit de placer des foyers dans les échoppes, d'avoir des soupentes à bois au-dessus des feux et oblige à séparer, par un mur d'au moins huit pieds de haut sans ouverture, les ateliers où l'on travaille le bois et des matières inflammables. Néanmoins, sachant que les provinciaux utilisent les pans de bois plus que les Parisiens, surtout sur les cours, on

Malgré tous les règlements émis, le feu continue de faire peser sa menace. Au XVIIIe siècle, il peut encore faire table rase de vastes secteurs en agglomération, et c'est, le plus souvent, l'occasion de remodeler le paysage urbain.

(P.A. DE MACHY, « LA FOIRE SAINT-GERMAIN APRÈS L'INCENDIE », 1763. MUSÉE CARNAVALET, PARIS.)

laisse quelquefois de tels murs s'élever, comme on laisse bâtir en bois appentis, cabanes et galeries de circulation ; tout cela atténue l'efficacité des mesures précédentes. De tels règlements existent à Lille dès 1567, Paris, Rouen, Rennes, partout, en fait, où de grands sinistres éclatèrent. Dans le même esprit, quelques municipalités avaient cherché à protéger chaque unité du danger que représente la proximité d'un incendie. L'étroitesse des rues, l'existence d'encorbellements facilitent le passage des flammes d'un côté à l'autre. Dans un premier temps, plusieurs ordonnances imposèrent de limiter les décrochements, par exemple à Strasbourg, dès le XIIIe siècle : on ne les autorisait que de 3 pieds 9 pouces (et une seule saillie), ce qui était considérable. Plus tard, l'évolution du goût s'ajoutant à la nécessité, on bâtit d'aplomb ; ce fut le cas aux XVIIe et XVIIIe siècles. Pour les bâtiments ouverts au public, on prévoit alors d'agrandir les issues des salles de spectacle, à Paris par exemple, et de placer une citerne remplie d'eau sur le dessus, afin d'inonder tout foyer qui s'allumerait. On conseille d'éviter les corridors exigus. Les halles aux blés élevées à Paris par Le Camus de Mézières sur l'emplacement de l'hôtel de Soissons entre 1763 et 1769 sont « couvertes et incombustibles ».

Au feu !

Quelque précaution que l'on prenne, les incendies ne sont pas toujours évitables et, quand ils se déclarent, encore faut-il avoir les moyens de les combattre. L'expérience montrait aux hommes que le plus grand désordre présidait généralement au combat du feu. Quelquefois même, le nombre des sauveteurs, au lieu de simplifier la tâche, venait la compliquer. On fit d'abord un gros effort pour mobiliser les hommes. Presque partout, on signalait le feu par des sonneries de cloches, voire par le tocsin, dont les effets entraînaient quelquefois la panique. On décida donc de limiter ce signal et de le subordonner à l'autorisation municipale ou paroissiale. L'alarme prévient les miliciens, les voituriers et les artisans du bâtiment (charpentiers et couvreurs), seuls citadins habilités – en principe – à combattre l'incendie. Ils doivent mettre leurs capacités et leur matériel à la disposition de ceux qui dirigent la lutte. Les ordonnances précisent souvent que, au cri « Au feu ! », « chacun est tenu d'y aller sans espoir de salaire ». Quand le feu se déclare de nuit,

Deux incendies parisiens, montrant le zèle des pompiers et leur pompe à incendie, qui fit son apparition au début du XVIIIe siècle : de gauche à droite, l'incendie de la Foire Saint-Germain (1762), et celui du pavillon de Flore (1774) dessiné par Desaubliaux Jeune.

ce qui rend la lutte plus difficile, les habitants prévenus doivent, à Paris, tenir une chandelle allumée à leur fenêtre et laisser le libre accès de leur maison aux sauveteurs. Il semble que, peu à peu, un rôle particulier ait été dévolu aux pompiers et aux puiseurs. Leur métier les prédisposait à l'utilisation de l'eau. Partout les propriétaires devaient posséder des seaux de cuir, disposer devant chaque porte des barriques remplies, entretenir leurs puits, les nettoyer, les curer, rendre utilisables poulies et cordes. Les communautés avaient la charge des points d'eau publics et leur politique consistait à maintenir les tuyaux en état et à multiplier les robinets. De plus en plus, l'achat de pompes foulantes et refoulantes, de pompes de Hollande nécessita l'intervention d'hommes entraînés par des exercices répétés. À Rennes, huit personnes les essayent quatre fois par an ; en échange, elles sont exemptées du logement des gens de guerre, du guet et de la garde. La municipalité de Rouen achète une pompe en 1701, une deuxième en 1720 ; en 1724, elle en possède trois et organise sa compagnie de pompiers en 1730. Nantes en acquiert en 1726, servies, en 1780, par une quarantaine d'hommes et dix puiseurs. Rennes en a quatre en 1721 ; à la veille de la Révolution, une douzaine de villes bretonnes en disposent. Elles sont entreposées, avec échelles, crocs, seaux sous les halles le plus souvent, parfois dans une remise au centre de la ville.

ZONES À RISQUES ET PRINCIPALES CATASTROPHES NATURELLES JUSQU'À LA FIN DU XIXe SIÈCLE.

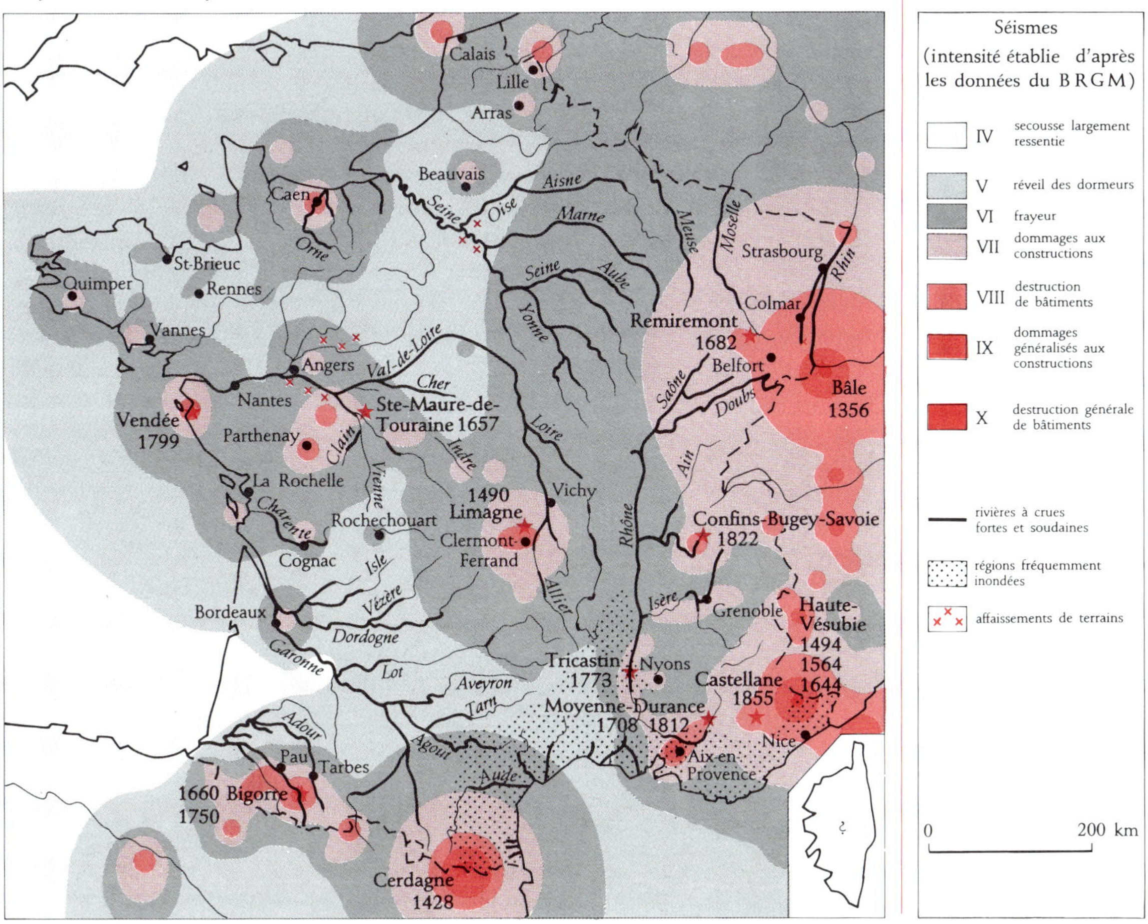

Au cours des derniers siècles de l'Ancien Régime, la lutte contre les incendies fait des progrès. De très nombreux édits et ordonnances témoignent de cette préoccupation constante et ancienne. On croit de plus en plus en la vertu des citoyens, que le magistrat est chargé d'« éclairer » davantage. De fait, un progrès sensible est perceptible dans les grandes villes : à Rouen, une lutte pluriséculaire fait que, depuis le XIIIe siècle, époque à laquelle est organisé le service des eaux, il n'y a plus d'incendie capable de détruire un quartier entier ; au XVIe siècle, on met en place les fontaines ; au XVIIe, on crée des réserves de matériel et, au XVIIIe siècle, on achète les pompes. À Rennes, tous les feux qui se déclarent au cours du XVIIIe siècle, et ils sont encore nombreux, frappent la périphérie des quartiers neufs, là où le tissu urbain est ancien, les maisons à pans de bois et, malgré toutes précautions, ce sont encore les maisons du Champ-Jaquet qui brûlent ces années-là.

Mais la multiplication des ordonnances et édits est aussi le signe que leur application ne correspond pas toujours au souci de ceux qui les publient. Une fois le danger passé – et un peu oublié –, l'intérêt pousse les hommes à prendre des distances avec les réglementations. À Rennes, on tente de construire les murs de refend, et quelquefois ceux sur les cours, en torchis et non en pierre maçonnée. Gabriel fulmine à maintes reprises contre ces contrevenants. On vit encore s'élever au cours du XVIIIe siècle des maisons à pans de bois, contrairement à toutes les règles d'urbanisme. Et il n'est de politique municipale en ces matières que continue. Prévenir les catastrophes, celles liées aux incendies surtout – mais pas seulement–, est une des principales tâches de la police des villes. Il y faut continuité et autorité. Cela dépend d'abord de la structure municipale, ou paroissiale dans une ville ne possédant pas de corps politique. L'inégale évolution politique des cités de la France moderne crée une distinction entre les régions à fortes traditions communales, où les échevins, leur maire en tête, ont depuis longtemps l'habitude de régler ces questions, et celles où l'organisation municipale est tardive, voire inachevée, comme en Bretagne. Dans tous les cas, l'intervention d'un pouvoir supérieur est nécessaire. On connaît le rôle des intendants urbanistes dont parlait Pierre Lavedan : ils aident les municipalités, se substituent à elles pour inculquer aux particuliers les normes de construction, pour faire appliquer les décisions d'alignement adoptées ; ils participent d'ailleurs à leur élaboration. D'eux, mais aussi des états, là où ils existent, dépendent les travaux publics, la construction des quais et des digues, leur financement.

La lutte contre les fléaux et catastrophes naturelles menée sous Louis XIV et ses successeurs consolida les pouvoirs réglementaires et politiques face aux intérêts particuliers. C'est la lutte contre le feu qui fait alors les plus grands progrès, entraînant les conséquences les plus importantes. Le feu détruit, mais la construction qui s'ensuit peut changer le paysage urbain. Peu, si l'on se contente d'élever les nouveaux bâtiments sur les emplacements anciens, davantage si les autorités se saisissent alors de l'occasion de remodeler la ville, d'en redessiner les places et les rues, d'élever de nouveaux édifices publics. L'incendie calamité urbaine est alors à l'origine d'une nouvelle naissance.

C.N.

XX

au Regard de la nature et de l'histoire

L'Encyclopédie' de d'Alembert et de Diderot, qui n'a pas d'entrée intitulée 'Catastrophe', consacre un article à 'fléau' ; désignant d'abord, dit-elle, le fléau à blé, « ce terme pris au figuré se dit de toutes les grandes calamités dont il plaît à la providence d'affliger le genre humain. Ainsi la peste, la famine, les inondations, les mauvais princes, etc., sont des 'fléaux de Dieu' ». □

Faut-il penser que les semences d'un esprit nouveau, que nous avons cru percevoir au milieu du XVIIe siècle, n'ont pas porté de fruits et que l'on continue communément à voir dans les catastrophes le doigt de Dieu ? Pourtant, si le lecteur va consulter les articles *peste*, qui la considèrent successivement du point de vue de la médecine et de celui de l'histoire ancienne et moderne, il constatera que les rédacteurs semblent avoir oublié l'article précédent : la peste est d'abord donnée pour « une maladie épidémique, contagieuse, très aiguë, causée par un venin subtil répandu dans l'air » ; des « causes divines » de la peste, auxquelles un Ambroise Paré s'était longuement arrêté, il n'est plus fait mention, même incidemment ; quant à l'article historique qui suit, il consacre de longs développements à trois événements d'importance, la peste d'Athènes, la Grande Peste médiévale, la récente peste de Marseille, dont il propose un récit tout occupé à en décrire les effets, sans autre considération ; après quoi, son auteur, le chevalier de Jaucourt, observe que nous savons peu de choses de cette « horrible maladie », sinon qu'elle se répand par contagion et « qu'elle marche quelquefois seule, mais qu'elle a plus communément pour compagnes deux autres fléaux, non moins redoutables, la guerre et la famine, et, dans ce cas, si elle n'attaque pas les hommes, les bestiaux en sont la victime ». La peste, la famine, la guerre : voilà la trilogie classique des fléaux de Dieu, mais Jaucourt omet de prononcer ce nom !

On dirait qu'après la prudence calculée de l'article *fléau*, le champ est libre pour une analyse des calamités qui ne se soucie pas de les rapporter au divin Juge.

L'esprit des Lumières

D'une manière exemplaire, ces articles illustrent, avec simplicité, la mentalité et l'esprit de l'âge des Lumières. L'expression convenue de thèses traditionnelles n'est bien souvent que le moyen d'ouvrir la voie à un examen des calamités qui les envisage du point de vue de la nature et de l'histoire. Même des esprits très religieux, comme Alexandre Dubois, curé de Rumegies, que nous avons plus haut entendu relater les horreurs de la guerre dans le Valenciennois, l'an 1709, sont plus attentifs à considérer les causes naturelles et humaines des malheurs du temps qu'à y déceler les hauts jugements du ciel. Sur ce point, pourtant, le doute n'effleure pas un instant ce modeste curé ; mais, s'il lui arrive – ce qui est chose rare – de faire état des jugements de Dieu, c'est toujours avec une discrétion qui semble s'interdire de les scruter, et encore faut-il que l'événement examiné ait quelque caractère exceptionnel.

De mémoire d'anciens...

Il s'arrête, par exemple, à la mauvaise récolte de 1697 et conclut : « On a fait partout des prières publiques pour apaiser la colère de Dieu, mais les péchés des hommes étaient apparemment en trop grande abondance » ; mais, outre que cet « apparemment » mérite d'être remarqué, Dubois a d'abord souligné qu'il ne relate un tel événement qu'en raison de sa rareté : « Si tous les anciens du village ne fussent point convenus que, de leur connaissance, on n'avait vu une moisson aussi pluvieuse que l'a été celle de cette année, on ne la rapporterait point ici. » Il faut encore les deuils répétés qui, en 1711, frappent la famille royale pour qu'il écrive enfin : « De quelque côté qu'on puisse regarder la France, le doigt de Dieu est sur elle », et il n'en dit pas davantage. Les « calamités de l'an 1709 » lui suggèrent de nombreuses pages, qu'il achève par ces mots : « Adieu, fatale année ! Que je ne me souvienne jamais de toi, si ce n'est pour me souvenir que c'est mes péchés qui ont attiré cette colère de Dieu ! » Mais tout son récit est consacré à décrire la désastreuse campagne de 1708, qu'il attribue à la médiocrité du commandement confié à de jeunes gens inexpérimentés, et les duretés de l'occupation hollandaise ; l'extrême mortalité qui décime les populations apparaît comme la suite de ces événements qui ont ruiné le pays, puisque, note-t-il, « la plupart de ceux qui sont morts n'avaient ni argent, ni linge, ni même de la paille pour se coucher », tandis qu'« on a vu visiblement que ceux qui ont eu des bouillons de bon vin de Bourgogne et le reste à proportion, il n'en est point mort un de ceux-là ». Dans ce contexte, le très rude hiver de 1709 n'est qu'une circonstance aggravante. Et, si l'occupation du village de Rumegies lui tire ce cri : « Le Jugement dernier sera-t-il plus effroyable ? », il n'exprime ainsi que son horreur de la violence des troupes d'occupation : une telle exclamation est une hyperbole et n'a aucune signification eschatologique. Au reste, Alexandre Dubois ne se préoccupe plus de recenser les prétendus prodiges ; une seule fois, dans ce journal qui couvre une période de plus de cinquante ans, et précisément à propos du « gros hiver » de 1709, il note : « Pendant ce cruel hiver, on voyait des terribles signes ou phénomènes au ciel » ; de leur nature, il ne dit rien ; il s'abstient aussi de tout commentaire ; et on observe, d'autre part, qu'en appelant ces événements « signes ou phénomènes », il se garde de se prononcer sur eux et n'exclut pas la possibilité d'une explication naturelle. Au demeurant, il se montre ailleurs très réservé sur la prétendue résurrection d'un mort à l'hôpital de Tournai et remarque que les religieuses « proclamèrent trop vite – selon leur habitude – que c'était un miracle » ; pour lui, il n'a rapporté la chose – il le répète deux fois – que « par manière d'exercice ». Ce nouvel état d'esprit, rien ne le fait mieux comprendre que son sentiment au sujet des discussions qui, en 1700, cherchent à établir le moment exact du début du nouveau siècle : « Tout ce qu'il y a à dire, écrit-il brièvement, c'est que, les siècles étant de l'institution des hommes, il dépend de savoir comme nos ancêtres les ont institués. » Voilà une observation qui, si elle avait été formulée moins de cinquante ans auparavant, au temps où l'on discutait de l'éclipse de 1654, aurait enlevé aux débats la plus grande part de leur intérêt.

... Cette manie des signes et des chiffres

Pourtant on ne peut douter de la foi profonde et solide du curé de Rumegies. Dans ses réactions, nulle trace d'incrédulité, aucun soupçon de libertinage intellectuel. Il est bon de s'en souvenir pour ne pas interpréter comme la simple conséquence du déisme ou de l'athéisme les remarques d'un Edmond-Jean-François Barbier qui, plus jeune d'une quarantaine d'années, va, de 1718 à 1763, tenir une passionnante chronique de la vie française. D'une famille d'avocats, reçu lui-même au barreau du parlement de Paris, notable de son quartier, en relation avec divers grands personnages, il est une figure représentative de la bonne bourgeoisie de la capitale. Il n'a nullement la foi d'un Alexandre Dubois, mais, pour le reste, il tient des propos que peut-être celui-ci n'eût pas toujours désavoués. Comme Dubois dénonce la vanité des débats sur la date du commencement du nouveau siècle, Barbier rapporte, au début de l'année 1745, qu'on se berce d'une espérance de paix

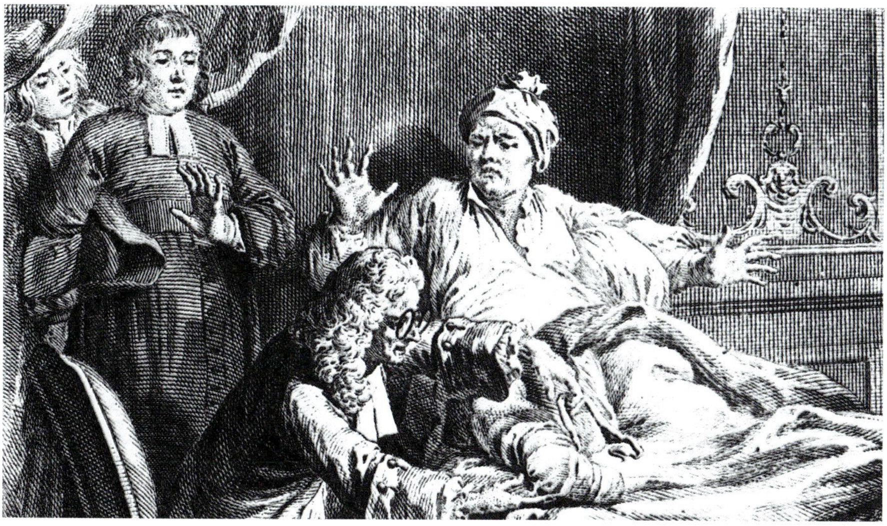

Si le prêtre est présent au chevet du patient, c'est en deuxième position, derrière le médecin, car la pratique médicale se répand. Et, désormais, le praticien recherche les causes naturelles de la maladie.

(« LA GOUTTE ET L'ARAIGNÉE », GRAVURE D'OUDRY. ASSISTANCE PUBLIQUE.)

depuis qu'on a découvert qu'en donnant une valeur chiffrée aux voyelles de l'hymne *Da pacem, Domine,* on y trouvait inscrite la date de 1745 : « Dieu veuille favoriser cette belle découverte ! », conclut-il ironiquement. En février 1745, il note : « On a trouvé une prophétie de Nostradamus qui inquiète un peu les trembleurs » ; et, après avoir résumé les diverses interprétations qui en sont proposées, il fait semblant d'entrer dans le jeu : « Il faut espérer que cette belle prophétie est pour quelque autre pays, ou n'est pas pour cette année. »

La procession de sainte Geneviève

À l'égard des miracles, ne nous étonnons pas de le trouver encore plus réservé que Dubois. Lui-même ne fait pas mystère de sa réticence : « Nous avons eu, note-t-il en juin 1725, un miracle dans Paris le dernier mai, à la procession de la grande Fête-Dieu, et il est si avéré que je suis moi-même obligé de le croire, ce qui n'est pas peu. » Une modeste femme à la foi profonde, qui était depuis longtemps paralytique, a retrouvé, lors de la procession, l'usage de ses jambes. Cet événement, Barbier en rapporte tout au long les circonstances ; la France est alors divisée par les suites de la querelle janséniste et l'évêque de Paris, partisan de la constitution Unigenitus, a dépêché auprès de la miraculée son grand vicaire pour la lui faire accepter officiellement, convaincu « qu'il n'y avait qu'une femme constitutionnaire sur qui Dieu pouvait faire des miracles ». Barbier s'amuse à noter que la brave femme a répondu au grand vicaire « qu'elle le remerciait et qu'elle n'entendait rien à cela ». Puis il ajoute : « Ce miracle ne porte pas à en attendre autant de sainte Geneviève, car depuis deux mois il pleut presque jour et nuit avec une obstination effroyable, et l'on ne parle non plus de la sainte que s'il n'y en avait pas. »

Témoignage sur l'indifférence religieuse des contemporains de Barbier,

Des archers du guet à Mgr l'archevêque de Paris, en chaise, tout Paris s'ébranle derrière la châsse de sa patronne : des pluies ravageuses ont déclenché l'ancien réflexe chez les Parisiens réputés libertins.

(PROCESSION DE LA CHÂSSE DE SAINTE GENEVIÈVE À PARIS, 11 JUIN 1652 ; GRAVURE. BIBLIOTHÈQUE SAINTE-GENEVIÈVE, PARIS.)

ou expression de sa propre incrédulité ? En tout cas, un mois après, les pluies n'ayant pas cessé, il observe qu'on s'est décidé à solliciter l'intervention de la sainte, « ce qui cause bien du mouvement, attendu qu'il y a seize ans que cela n'a été fait ». De là sans doute l'intérêt de Barbier pour le cérémonial compliqué qui règle la procession. Quant à son efficacité, laissons le chroniqueur formuler son sentiment : « Il faut convenir que le temps a changé complètement depuis la procession. À la vérité, il y avait changement de lune, mais il avait toujours plu malgré les changements de lune précédents. Néanmoins, le pain a augmenté considérablement. Il vaut encore ici quatre sous la livre. » Si donc Barbier ne dit pas expressément qu'il ne croit pas aux vertus de tels actes, du moins laisse-t-il entendre que les effets obtenus n'ont pas été aussi heureux qu'on l'escomptait. En août 1725, il remarquera, d'un ton goguenard, que sa prudente réserve était justifiée, car, entre-temps, le prix du pain a doublé et il a fallu prendre des mesures de rationnement : c'est qu'« il pleut continuellement, et peut-être plus vivement encore qu'avant la procession de sainte Geneviève. Elle n'a eu que le crédit de donner le temps de faire les foins ». Beaucoup d'autres textes aident à préciser la pensée de Barbier et celle de ses contemporains tels qu'il les représente : deux ans auparavant, une rude sécheresse de plus de deux mois fait craindre qu'il n'y ait plus de foin, très peu d'avoine et que vignes et blés en soient endommagés : « Il y a trois semaines, écrit Barbier, que l'on est venu de tous les côtés en procession à sainte Geneviève ; mais le temps est si fort déterminé à la sécheresse qu'on n'a pas osé descendre la châsse, crainte de commettre son crédit. » En 1752, le Dauphin contracte la variole ; l'alarme est si vive qu'on voit se multiplier les prières publiques. Voici le commentaire de Barbier : « On a beau faire, le fond de la religion reprend toujours le dessus. Dans les calamités, on a recours aux églises et aux prêtres. » Écoutons encore ses réflexions à l'occasion du jubilé de 1751 : celui-ci est célébré par des foules nombreuses, et pourtant, « malgré toutes ces bonnes prières, il a plu continuellement depuis près de deux mois. Cela serait bien honteux pour le jubilé s'il fallait, cette année, découvrir la châsse de sainte Geneviève pour les biens de la terre » ; c'est donc sous la pluie que marchent les processions, et les partisans « sont mouillés jusqu'aux os, ce qui est divertissant à voir promener dans les rues ».

Les dehors de la religion

On le voit, notre chroniqueur traite des choses de la religion avec une liberté doucement railleuse et parfois irrespectueuse. Quant à porter, à partir de ces indices, un jugement sur ses sentiments profonds, il serait imprudent de s'y risquer : Barbier n'en dit rien, tout comme il est très discret sur ses activités et sur sa vie intime. Il est pourtant plus qu'un simple témoin et, sans vouloir être le moins du monde théoricien de la chose publique, il exprime plusieurs fois sa conviction sur la fonction sociale de la religion. Il approuve la participation nombreuse des grands et des notables au jubilé : « Si l'intérieur n'est pas bien sincère, du moins les dehors de la religion sont remplis pour donner l'exemple au peuple. » Quand il apprend, en 1739, que Louis XV, indisposé, n'a ni touché les malades ni fait ses Pâques, il ne regarde que l'aspect politique de l'événement : « Il est dangereux pour un roi de donner pareil exemple à son peuple ; et, ajoute-t-il, nous sommes assez bien avec le pape pour que le Fils aîné de l'Église eût une dispense pour faire ses Pâques, en quelque état qu'il fût, sans sacrilège et en sûreté de conscience. » Empêcher le peuple de « se déranger », voilà ce qui le préoccupe. Il a, à ce sujet, un mot bien significatif. Rapportant que des enlèvements répétés d'enfants ont provoqué divers mouvements populaires, il souhaite qu'on fasse au moins un exemple, car « il est dangereux de laisser cela tout à fait impuni et de laisser connaître au peuple sa force qui peut être redoutable ». Même dans les années de pain cher, précise-t-il encore, les émotions qu'il y a eu ont été dissipées « en peu de temps et plus aisément ». Remarque qui fait saisir sur le vif cette sorte d'instabilité sociale qu'une calamité quelconque, quelle qu'en soit la gravité, peut faire dégénérer.

Causalité suffisante, responsabilité humaine

Quant aux calamités naturelles elles-mêmes, sous la plume de Barbier elles méritent enfin leur qualificatif de « naturelles », si l'on entend par là que les causes alléguées n'excèdent pas la nature. Mars 1743 : « Il règne, cet hiver, une maladie générale dans le royaume, qu'on appelle grippe, qui commence par un rhume et mal de tête : cela provient des brouillards et d'un mauvais air. » En mai 1733, la Loire déborde et la ville d'Orléans en est sérieusement affectée : « Ce malheur a été causé par un grand vent qui a jeté les neiges des montagnes d'Auvergne dans la Loire ; celle-ci a fait les mêmes ravages dans tout son cours. » Parmi les causes recensées, Barbier n'omet pas les causes humaines : la disette de 1739-1740 l'étonne, « n'y ayant point eu de stérilité entière depuis longtemps » ; et il se demande si elle ne vient pas « d'une mauvaise administration », d'autant qu'il ajoute : « Ce qui inquiète, en ceci, est l'indifférence du roi pour ces calamités. » En octobre, tout en approuvant les mesures prises pour y remédier, il écrit : « Ces opérations paraissent assez justes, mais faites un peu tard, parce qu'il y a trois mois que la cherté dure. » Il s'arrête longuement à l'inondation de 1740 qui, en décembre, ravage Paris : il ne note pas seulement le niveau des eaux, les dégâts qu'elles provoquent, les difficultés d'approvisionnement de la capitale ; il relate aussi les mesures prises, et notamment l'ordre donné aux pauvres qui ont afflué dans Paris d'en sortir rapidement, et il approuve cette décision qui remédiera à « deux inconvénients : la difficulté des provisions, à cause d'une trop grande consommation, et la crainte des maladies contagieuses par la mauvaise nourriture de cette multitude de pauvres ». Il craint seulement que la mesure ne vienne trop tard pour être aisée à exécuter : « Si cela l'avait été depuis trois ou quatre ans, on ne se trouverait pas dans l'embarras présent. » Voilà donc encore un cas où Barbier mesure la responsabilité que les hommes, par leur imprévoyance, prennent dans les calamités qui les frappent.

Au XVIIIe siècle, on scrute la nature, et le microscope, auxiliaire de la science, entre dans les salons.

(« LE MICROSCOPE », GRAVURE DE SOUBEYRAN, XVIIIe S. BIBLIOTHÈQUE DES ARTS DÉCORATIFS.)

Quant à se demander si cette inondation résulte de quelque jugement d'en haut, notre chroniqueur n'y songe pas : tout juste note-t-il, à son habitude, que, lorsque, le 30 décembre, on a découvert la châsse de sainte Geneviève, « l'eau avait déjà commencé à diminuer : la pleine lune y avait peut-être quelque part ». Observons d'ailleurs que la caractéristique de cette attitude ne consiste pas à prendre en considération les « causes secondes » – il y a beau temps qu'on le fait –, mais à estimer que celles-ci suffisent à rendre compte de l'événement. Et ce n'est pas là le fait de quelques esprits éclairés seulement. En janvier 1749, Barbier écrit : « Depuis le mois de novembre, il n'y a encore eu ni neige ni gelée, ce qui a fait dire dans le public, comme nouvelle venant de l'observatoire, qu'il n'y aurait pas d'hiver parce que la terre a fait un mouvement extraordinaire qui nous avait rapprochés du soleil de quelques degrés ; conte que Messieurs de l'observatoire désavouent très fort. » Si médiocre que soit la culture scientifique du « public », il reste que celui-ci cherche à l'événement surprenant qu'il constate des causes d'ordre physique et les juge suffisantes pour l'expliquer.

Sottes rumeurs et craintes mal définies

Il arrive que les vieilles hantises se réveillent. Le 7 mars 1749, puis, à nouveau, le 9 mars, plusieurs petites filles suivant le catéchisme dans les charniers de Saint-Eustache sont prises de maux de tête, de vomissements et de convulsions. Immédiatement se répand le bruit qu'une sorcière ou une empoisonneuse en est responsable, et la rumeur, non sans se modifier, gagne tout Paris. Barbier, en ce cas, fait remarquer que les médecins qui ont examiné les fillettes n'ont trouvé aucune marque de poison et que, de plus, on a fait récemment des travaux dans les charniers, remuant la terre et exhumant des cercueils de plomb ; or, « rien n'est plus dangereux que les effets de pareille terre et du plomb qui a été enterré longtemps ». Dans une autre circonstance, Barbier lui-même, exceptionnellement, se laisse gagner par des craintes mal définies. À la mort du Régent, pour qui il a des paroles fort élogieuses, on ouvre son corps pour l'embaumer et, suivant l'usage, on en sépare le cœur ; or, « pendant cette ouverture, il y avait dans la chambre un chien danois au prince, qui, sans que personne ait eu le temps de l'en empêcher, s'est jeté sur le cœur et en a mangé les trois quarts. Ceci semble marquer une certaine malédiction, car un chien comme celui-là ne doit pas être affamé, et pareille chose n'est jamais arrivée. Ce fait a été caché autant qu'on l'a pu, mais il est absolument vrai ». Précieux témoignage sur les réactions qu'on appréhende d'exciter dans le public, mais aussi sur l'état d'esprit de notre chroniqueur qui, en une circonstance si extraordinaire, se départ visiblement de la froide lucidité dont il a l'habitude.

Assurément, cet événement, pourtant sans conséquence, l'inquiète bien plus qu'une calamité aux effets largement nocifs. L'épizootie qui, en avril 1745, décime le cheptel de Paris l'arrête sans le troubler. Il rapporte en le raillant le « conte » qui s'est répandu parmi le peuple, « qu'un curé de village, en Allemagne, avait demandé à une femme de son lait, que le mari n'avait pas voulu que sa femme lui en envoyât et qu'ils y avaient substitué du lait d'une vache ; d'où l'on a dit que le dessein du curé était de jeter un sort qui aurait causé la mortalité sur les femmes, et que le sort n'est tombé heureusement que sur les vaches ». Plus attentif aux mesures efficaces de ségrégation des bêtes malades et d'approvisionnement des marchés que les autorités ont prises, Barbier écarte, sans prendre la peine de le discuter, le conte du curé sorcier, qui n'est qu'une sotte rumeur. On ne peut en retenir que l'indication de l'origine allemande de l'épizootie : « Comme il faut, suivant les lois du mouvement, que chaque pays se ressente à son tour de quelque calamité, la mortalité sur les bestiaux qui avait eu lieu dans les armées en Allemagne, il y a un an ou deux, a passé en France. » Et, après avoir affligé la Bourgogne, elle a naturellement gagné les environs de Paris.

La mécanique du Créateur

« Selon les lois du mouvement » : de la part d'un homme qui n'est nullement un savant, voilà pourtant un écho précis du nouvel esprit scientifique. En dépit de la diversité des doctrines, au-delà des débats et des affrontements qu'elles provoquent, ce nouvel esprit possède des traits caractéristiques.

L'un des plus marqués est une vive défiance à l'égard des « miracles » : non pas qu'on en conteste nécessairement la possibilité, mais parce que la nouvelle science s'intéresse davantage aux régularités immanentes de l'ordre du monde. Cet ordre n'est pas forcément conçu comme étranger à Dieu, puisqu'on peut même dire que l'ordre du monde est un témoignage plus certain de la sagesse de Dieu que ne saurait l'être le miracle ; rompant les régularités de la nature, celui-ci constitue en somme un désordre. De là ces livres nombreux qui, au XVIIIe siècle, invitent à contempler la sagesse de Dieu que révèle l'ordonnance quotidienne des choses, comme *l'Existence de Dieu démontrée par les merveilles de la Nature,* de Nieuwentyt, ou le célèbre *Spectacle de la Nature,* de l'abbé Pluche. Déjà Bayle disait : « Les ouvrages de la nature ne sont pas moins l'effet de la puissance de Dieu que les miracles, et supposent une aussi grande puissance que les miracles » ; et il niait qu'on fût fondé à dire que « tout ce qu'on donne à la nature est autant de pris sur les droits de Dieu, car, en bonne philosophie, la nature n'est autre chose que Dieu lui-même agissant ou selon certaines lois qu'il a établies très librement, ou par l'application des créatures qu'il a faites et qu'il conserve ».

Comme une montre géante

De telles réflexions s'accommodent très bien d'une pensée mécaniste, et l'émerveillement, soutient Fontenelle, est d'autant plus grand que la nature

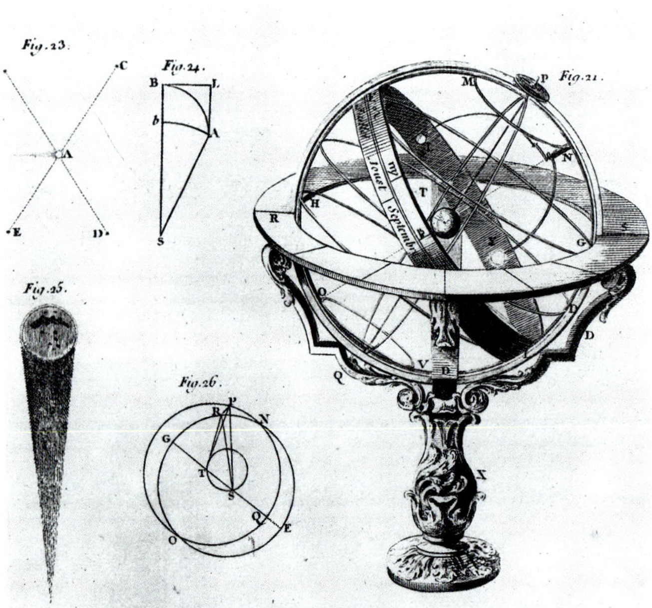

La vérité est perçue au travers des sciences exactes, et non plus au prisme du merveilleux. (DE GAUCHE À DROITE : PLANCHE ASTRONOMIE, « ENCYCLOPÉDIE » DE DIDEROT ; « LA VÉRITÉ DES MIRACLES », XVIIIe S. B.N.)

nous est ainsi plus intelligible. « Souvent, pour mépriser les choses naturelles, écrit-il en 1733, on se jette dans l'admiration de la nature, que l'on soutient absolument incompréhensible. La nature cependant n'est jamais si admirable et si admirée que quand elle est connue. » Déjà, en 1686, dans ses *Entretiens sur la pluralité des mondes,* remarquable ouvrage de vulgarisation scientifique, il proposait le célèbre apologue de l'Opéra : « Je me figure toujours que la Nature est un grand spectacle qui ressemble à celui de l'Opéra. Du lieu où vous êtes, à l'Opéra, vous ne voyez pas le théâtre tout à fait comme il est : on a disposé les décorations et les machines pour faire de loin un effet agréable, et on cache à votre vue ces roues et ces contrepoids qui font tous les mouvements. » On y voit, par exemple, Phaéton quitter la terre, enlevé par le vent, et s'envoler vers le ciel. Imaginons les « sages » anciens à l'Opéra : l'un dira que Phaéton « est composé de certains nombres qui le font monter » ; l'autre soutiendra que « c'est une certaine vertu secrète qui enlève Phaéton » ; un troisième prétendra que « Phaéton a une certaine amitié pour le haut du théâtre. » Voilà les inintelligibles explications dont l'Antiquité a prétendu longtemps satisfaire notre curiosité. « À la fin, Descartes et quelques autres modernes sont venus, qui ont dit : Phaéton monte, parce qu'il est tiré par des cordes, et qu'un poids plus pesant que lui descend. » Philosophie bien mécanique sans doute, comme le remarque l'interlocutrice des *Entretiens* – si mécanique, lui réplique-t-on, qu'on pourrait craindre qu'en voyant que l'univers n'est en grand que ce qu'une montre est en petit les hommes ne perdent pour lui toute admiration, car « on a vu des gens qui l'en estimaient moins depuis qu'ils l'avaient connu » ; mais l'interlocutrice proteste : « Et moi, je l'en estime beaucoup plus depuis que je sais qu'il ressemble à une montre. Il est surprenant que l'ordre de la nature, tout admirable qu'il est, ne roule que sur des choses si simples. »

Miracles de raison

Leibniz, qui lut les *Entretiens* de Fontenelle, n'en fut pas pleinement satisfait. S'il approuvait absolument le mécanisme, il jugeait que Fontenelle n'en avait pas la véritable idée, car, écrivait-il à Bossuet, le 18 avril 1692 : « Ce n'est pas comme dans les montres, où, l'analyse étant poussée jusqu'aux dents des roues, il n'y a plus rien à considérer. Les machines de la nature sont machines partout, quelque petite partie qu'on y prenne ; ou plutôt, la moindre partie est un monde infini à son tour. » C'est cette complexité et son intelligibilité qui, paradoxalement, défient notre intelligence. Après avoir si longtemps admiré la nature sans y rien entendre, nous devrions, à en croire les « nouveaux philosophes » – l'expression est de Leibniz –, la croire extrêmement aisée, au lieu de reconnaître que « plus on avance, plus on découvre de merveilleux, et que la grandeur et la beauté des raisons même est ce qu'il y a de plus étonnant et de moins compréhensible à la nôtre ». Ces réflexions conduisent à réhabiliter, mais en un sens tout nouveau, l'idée de miracle ; Leibniz n'y manque pas : « On peut dire que toute la nature est pleine de miracles, mais de miracles de raison, et qui deviennent miracles, à force d'être raisonnables, d'une manière qui nous étonne. »

Il faut pourtant noter que ce mécanisme à l'infini que soutient Leibniz constitue un dépassement considérable du mécanisme *a priori* qui, au XVIIIe siècle, se montre de plus en plus incapable de rendre compte des faits nouveaux que livre l'observation. Et la tentation est grande de laisser les mécaniciens à leurs mécaniques et de se contenter d'admirer la beauté du spectacle que le Grand Machiniste propose à nos yeux. Les apologistes du christianisme ne s'en privent pas, ajoutant, comme il se doit, que cet ordre du monde est au service de l'homme, pour qui Dieu a tout créé. Ne voit-on pas, comme dit l'un d'eux, l'abbé Flexier de Réval (Xavier de Feller), dans son *Catéchisme philosophique,* que « les planètes, de concert avec les étoiles, font la mesure du temps », si nécessaire à l'homme dans tous les actes de sa vie, que les petits insectes nourrissent de plus grands animaux qui, à leur tour, nourrissent l'homme, que les plantes les plus vénéneuses sont utiles à la médecine ? Cette inépuisable thématique est partout développée avec une ingéniosité jamais lasse, et les propositions bien connues de Bernardin de Saint-Pierre rencontrent mille échos.

Le désastre de Lisbonne

Ce finalisme à la fois enfantin et prétentieux irrite les déistes, qui le contestent avec vigueur. Voltaire croit de moins en moins que quelque bien que ce soit ait été destiné aux hommes, ces « mites philosophiques », ces « bipèdes sans plume ». S'il reste convaincu que Dieu a en toute sagesse créé la grande machine du monde, il ne partage pas l'optimisme providentialiste d'un abbé Pluche. En 1755, le désastre du tremblement de terre de Lisbonne vient lui apporter une confirmation de ce refus. On sait quelle émotion suscita ce tremblement de terre qui fit quarante mille victimes à Lisbonne. Voltaire y trouve l'occasion de dénoncer l'axiome selon lequel « tout est bien », comme le dit le sous-titre du poème philosophique qu'il consacre à l'événement :

> Philosophes trompés qui criez « Tout est bien »,
> Accourez, contemplez ces ruines affreuses,
> Ces débris, ces lambeaux, ces cendres malheureuses,
> Ces femmes, ces enfants l'un sur l'autre entassés,
> Sous ces marbres rompus ces membres dispersés.

Les propos que Voltaire prête à ces philosophes résument clairement les deux thèses qui, l'une et l'autre, s'efforcent de tempérer le scandale de l'événement :

> Direz-vous : C'est l'effet des éternelles lois
> Qui d'un Dieu libre et bon nécessite le choix ?
> Direz-vous, en voyant cet amas de victimes :
> Dieu s'est vengé, leur mort est le prix de leurs crimes ?

Quel crime ont commis ces enfants ?

Cette seconde thèse, on l'a vu, est fort ancienne et assez démodée au XVIIIe siècle ; mais il lui arrive, à la faveur de telle ou telle calamité, de reprendre quelque vigueur. Lors de la peste de Marseille, en 1720, Mgr de Belzunce, évêque du lieu, invite tous les fidèles à faire pénitence « pour arrêter le bras de Dieu irrité, qui est peut-être prêt à frapper de nouveaux et plus rudes coups ». Il les exhorte à se confesser, à communier et à jeûner « pour détourner à jamais de dessus les têtes le plus redoutable des fléaux » et pour apaiser « le Dieu terrible, le Dieu de justice qui châtie ». Mais les apologistes du christianisme n'usent pas volontiers de cette thèse qui laisse entière la question de Voltaire :

Quel crime, quelle faute ont commis ces enfants
Sur le sein maternel écrasés et sanglants ?
Lisbonne, qui n'est plus, eût-elle plus de vices
Que Londres, que Paris, plongés dans les délices ?

Et ils préfèrent répliquer, par exemple, comme l'abbé Flexier de Réval : « Les souffrances des justes sont souvent la suite d'un fléau général : faudra-t-il que Dieu fasse continuellement des miracles, pour leur procurer un sort différent de celui des autres hommes ? » Cet auteur développe cette réflexion dans une dissertation sur *les Tremblements de terre, la peste, les orages, etc.* (1771). Car ce sont bien les catastrophes, grandes ou petites, qui font voir sensiblement combien l'existence du mal est difficile à concilier avec les attributs de Dieu. Le tremblement de terre de Lisbonne est noté, dans le *Journal* de Barbier, en ces mots laconiques et éloquents : « Événement terrible dans la nature, embarrassant pour les physiciens, et humiliant pour les théologiens. »

Dans sa sagesse, Dieu permet le mal

Quant à la première thèse qui ne convainc pas Voltaire, on peut y voir un écho plus ou moins direct de la philosophie de Malebranche selon qui : « La simplicité des lois que Dieu a établies, et qu'il suit constamment, a nécessairement des suites fâcheuses à l'égard des hommes. Dieu a prévu ces suites, car il est sage. Mais, comme il est bon, il n'a pas établi ses lois pour de semblables effets. » En somme, Dieu fait le bien et permet le mal ; il veut le premier et ne veut pas le second. Mais, comme il veut que « sa manière d'agir soit simple, régulière, uniforme et constante » et qu'il n'agit pas par des volontés particulières, il se trouve qu'il y a des monstres dans la nature, que les fruits peuvent être brisés avant que d'être mûrs, qu'on voit « tomber les ruines d'une maison sur le juste qui va secourir un misérable ». Déjà Bossuet s'inquiétait d'une philosophie qui ne fait de Dieu que l'auteur « d'un certain ordre général d'où le reste se développe comme il peut ».

Il demeure que cette pensée fonde la légitimité de l'action humaine : l'homme a le droit d'aménager l'espace qu'il habite et, en un mot, de se le soumettre. « Si Dieu remuait les corps par des volontés particulières, souligne Malebranche, ce serait insulter à la sagesse de Dieu de corriger le cours des rivières et de les conduire dans des lieux qui manquent d'eau : il faudrait suivre la nature et demeurer en repos. Mais Dieu agissant en conséquence des lois générales qu'il a établies, on corrige son ouvrage sans blesser sa sagesse. » Voilà justifiée l'initiative technicienne. Au demeurant, toute la pensée des Lumières partage ce souci de mettre le savoir au service de l'homme : des chrétiens, comme l'abbé Pluche, estiment qu'il est conforme aux intentions de Dieu de construire des ruches et des vaisseaux ; les déistes encouragent l'homme à travailler pour améliorer son sort, à cultiver son jardin ; et le pouvoir soutient l'invention technique et l'organise en confiant à l'Académie des sciences la tâche de la régler et de la promouvoir. L'essai de Boyle sur *l'Utilité de la philosophie expérimentale* consacre toute une partie à montrer « les avantages de la philosophie pour la vie humaine » et s'occupe des moyens d'améliorer les sols, de perfectionner l'irrigation, de soigner les épizooties. Les catastrophes ne font que provoquer, de la part de tous, des mesures raisonnées et coordonnées de lutte contre les fléaux et, lors de la peste de Marseille, Mgr de Belzunce n'est pas le dernier à combattre l'épidémie.

Ruine de la théorie des comètes

Le temps est loin maintenant où, non content de donner les catastrophes pour des châtiments divins, on s'ingéniait à en recueillir les signes avant-coureurs. Toute une littérature achève de dépouiller de cette fonction divers phénomènes atmosphériques comme les éclipses et les comètes. La *Logique de Port-Royal* les donne en exemple du sophisme « non causa pro causa », qui consiste à « prendre pour cause ce qui n'est point cause », et elle n'oublie pas l'éclipse de 1654, qui avait provoqué l'émotion que l'on sait. Quelle sottise d'« épouvanter les peuples quand on voit paraître quelque comète, ou qu'il arrive quelque grande éclipse comme celle de l'an 1654, qui devait bouleverser le monde » ! Il n'y a pourtant « aucune raison, ni que les comètes et les éclipses puissent avoir aucun effet considérable sur la terre, ni que des causes générales comme celles-là agissent plutôt en un endroit qu'en un autre et menacent plutôt un roi ou un prince qu'un artisan ». La concomitance des événements ne fait rien à l'affaire : « S'il arrive des guerres, des mortalités, des pestes et la mort de quelque prince après des comètes ou des éclipses, il en arrive aussi sans comètes et sans éclipses. Et d'ailleurs ces effets sont si généraux et si communs qu'il est bien difficile qu'ils n'arrivent tous les ans en quelque endroit du monde, de sorte que ceux qui disent en l'air que cette comète menace quelque grand de la mort ne se hasardent pas beaucoup. » Voilà ruinée la théorie des comètes et des éclipses dans sa version ancienne comme dans sa version « naturaliste », et voilà les guerres, les pestes et les mortalités placées au rang des événements communs.

Pourtant ce combat contre les présages allait connaître, à l'occasion de la comète de 1680, un nouvel épisode. Le lundi 1er janvier 1681, le *Journal*

Une curiosité générale accueillit le retour de la comète de Halley. « [...] les comètes ne sont point le présage d'aucun malheur », affirmait Pierre Bayle, invitant ses contemporains à aborder les phénomènes célestes directement, par l'observation, plutôt que de les livrer à leur imagination.

(« LA FAMEUSE COMÈTE DE HALLEY » OBSERVÉE EN 1759 À L'OBSERVATOIRE DE PARIS PAR CASSINI ; GRAVURE, B.N.)

des savants notait : « Tout le monde parle de la comète, qui est sans doute la plus considérable nouveauté du commencement de cette année. Les astronomes en observent le cours et le peuple lui fait présager mille malheurs. » L'événement provoqua les célèbres *Pensées diverses sur les comètes* de Pierre Bayle, qui voulait prouver, « par plusieurs raisons tirées de la philosophie et de la théologie, que les comètes ne sont point le présage d'aucun malheur ». On connaît la plaisante et efficace comparaison de Bayle : même s'il était vrai que les comètes ont toujours été suivies de malheurs, on ne pourrait en conclure qu'elles en sont le signe ou la cause, « à moins qu'on ne veuille qu'il ne soit permis à une femme qui ne met jamais sa tête à la fenêtre, à la rue Saint-Honoré, sans voir passer des carrosses, de s'imaginer qu'elle est la cause pourquoi ces carrosses passent, ou du moins qu'elle doit être un présage à tout le quartier, en se montrant à sa fenêtre, qu'il passera bientôt des carrosses ». Le livre de Bayle agitait beaucoup d'autres questions plus graves encore ; on ne s'étonnera pas qu'il ait provoqué de vives réactions : il est l'une des plus fortes expressions de l'esprit nouveau.

L'histoire de la Terre

Voilà le ciel déchargé du soin de nous signifier les malheurs à venir. Les éclipses, les comètes ne sont plus que des objets particuliers dont les régularités sont justiciables de la science : c'est en 1705 que paraît le grand livre de Halley (1656-1742) où était annoncé pour 1758 le retour de la comète à laquelle il a donné son nom et qui avait suscité l'ouvrage de Bayle. Dans le même temps, médecins et naturalistes qui s'intéressent aux monstres invitent volontiers à les considérer comme de remarquables témoignages de la « richesse de la mécanique du créateur ».

Ce nouvel esprit atteint aussi ce qu'on appelle la théorie de la Terre. La représentation traditionnelle en proposait une histoire qui, après l'événement de la Création, était tout entière comprise entre deux catastrophes : celle du Déluge et celle de la « fin du monde ». Certes, Descartes s'était proposé d'en faire l'économie et de soutenir, dans son *Traité du monde*, qu'il était possible de montrer que, Dieu ayant créé une masse de matière inorganisée, celle-ci se disposait et s'arrangeait selon les lois établies par le Créateur, de façon à produire le monde que nous connaissons. Mais ce projet n'eut pas de lendemain et, à la fin du XVIIe siècle, un certain nombre de grandes fresques cosmogoniques s'efforcent encore de rendre physiquement compte d'une histoire qui reste ponctuée par les deux grandes catastrophes, initiale et terminale, de la vision traditionnelle. Ainsi Whiston publie en 1696 sa *Nouvelle Théorie de la Terre,* où il veut, selon le titre même, montrer que la raison et la philosophie peuvent accepter les données de l'Écriture sainte, c'est-à-dire « la création en six jours, le Déluge universel et la conflagration générale ». Cet ouvrage est animé par le même esprit qui inspire ceux de Burnet (1681) et de Woodward (1695) notamment.

Science contre mythologie biblique

C'est de ces livres que Buffon (1707-1788) propose un examen critique mordant et souvent moqueur dans sa *Théorie de la Terre* (1749), au premier tome de son *Histoire naturelle.* Ces « romans physiques que leurs auteurs appellent théorie de la terre » souffrent d'un défaut principal que Buffon, à propos de Whiston, formule en ces termes : « Il a pris les passages de l'Écriture sainte pour des faits de physique et pour des résultats d'observations astronomiques » et il a voulu « expliquer par des raisons physiques les vérités théologiques ». Et Buffon s'amuse à voir Whiston si complètement engagé dans ce système qu'il ne lui reste plus qu'une difficulté à résoudre : comprendre comment il se pouvait « que l'arche de Noé voguât avec sa nombreuse cargaison sur la cime des flots ». Buffon estime nécessaire que la théorie de la terre se débarrasse du fardeau du texte biblique et de l'hypothèse du Déluge ; mais, comme l'entreprise est dangereuse et que Buffon, comme il le dit dans une lettre, estime que « mieux vaut être plat que pendu », il n'hésite pas, après avoir bâti d'après les faits son propre système, à montrer que, convenablement interprété, le texte sacré n'y contredit pas. Quant aux fossiles, s'ils font bien, pour Buffon, partie intégrante et

Georges-Louis Le Clerc, comte de Buffon, reposant sa vue « sur l'immensité des êtres paisiblement soumis à des lois nécessaires ». *Majestati naturae par ingenium,* « Son génie égale la majesté de la nature », fut-il inscrit sur sa statue, à l'entrée du Muséum d'histoire naturelle.

(« MONSIEUR DE BUFFON », PAR LOUIS CARROGIS, DIT CARMONTELLE, 1769. MUSÉE CONDÉ, CHANTILLY.)

éminente des « archives du monde », selon sa belle expression, ce ne sont pas ces « médailles du déluge » qu'on prétend habituellement y reconnaître : « Cette supposition, que c'est le déluge universel qui a transporté les coquilles de la mer dans tous les climats de la Terre, est devenue l'opinion ou plutôt la superstition du commun des naturalistes. »

Buffon et la marche ordinaire de la nature

Plus généralement, pour expliquer les changements de la Terre, Buffon refuse de recourir aux causes exceptionnelles dont les naturalistes font à ses yeux un si commode usage : « Je ne parle point, tient-il à préciser, de ces causes éloignées qu'on prévoit moins qu'on ne les devine, de ces secousses de la Nature dont le moindre effet serait la catastrophe du monde : le choc ou l'approche d'une comète, l'absence de la lune, la présence d'une nouvelle planète, etc., sont des suppositions sur lesquelles il est aisé de donner carrière à son imagination. » Il ajoute : « Comme historien nous nous refusons à ces vaines spéculations, elles roulent sur des possibilités qui, pour se réduire à l'acte, supposent un bouleversement de l'univers. » On voit quel sens prend sous la plume de Buffon le mot *catastrophe,* défini, dès la fin du XVIIe siècle, par les lexicographes comme désignant, par métaphore, une issue fâcheuse ; Buffon en dramatise, pour ainsi dire, le sens en l'appliquant à un grand événement complètement destructeur. En niant la réalité et même la possibilité de tels événements, Buffon récuse, en somme, la thèse qu'au XIXe siècle l'historien des sciences William Whewell appellera le catastrophisme, théorie selon laquelle la surface de la Terre a subi de violentes révolutions, inondations presque universelles ou bouleversements volcaniques, qui ont pu entraîner le soulèvement soudain de continents entiers et en même temps la submersion de vastes étendues de terre ferme. Pour sa part, Buffon entend invoquer d'autres causes que celles-là : « Des causes dont l'effet est rare, violent et subit, écrit-il, ne doivent pas nous toucher, elles ne se trouvent pas dans la marche ordinaire de la Nature ; mais des effets qui arrivent tous les jours, des mouvements qui se succèdent et se renouvellent sans interruption, des opérations constantes et toujours réitérées, ce sont là nos causes et nos raisons. » Buffon formule ainsi la théorie qu'on appellera au XIXe siècle l'actualisme : les changements survenus dans le globe terrestre s'expliquent par l'action de causes lentes, de causes actuelles. Il est tentant de penser que ce choix n'est pas étranger aux options religieuses de Buffon, déjà perceptibles dans son refus de considérer l'Écriture comme un document scientifique : en ne faisant appel qu'à des causes ordinaires et toujours actuelles, Buffon se met en état de rendre compte de l'histoire de la Terre sans avoir besoin d'invoquer des causes qui pourraient supposer quelque intervention surnaturelle.

Cuvier contre le transformisme

Avant que cette conception ne retienne largement l'attention du monde scientifique, le catastrophisme pourtant, il vaut la peine de le remarquer, allait avoir encore un brillant défenseur en la personne de Cuvier (1769-1832). Certes, celui-ci se montre sévère à l'égard des catastrophistes antérieurs ; mais il leur reproche moins leur doctrine que d'avoir été trop spéculatifs. Son *Discours sur les révolutions de la surface du globe,* remarquable ouvrage de vulgarisation scientifique, dont la première version fut publiée en 1812, porte un titre dont il est peut-être imprudent de se demander s'il est tout à fait étranger aux récents bouleversements politiques de la France et de l'Europe. On doit néanmoins noter que, sous sa plume, la notion de *révolution,* en son acception scientifique, change résolument de signification : alors que les astronomes l'emploient couramment pour désigner le mouvement cyclique par lequel un astre fait retour au point d'où il est parti, de sorte qu'au terme d'une révolution un état initial se trouve restauré, Cuvier appelle révolutions ces changements « subits, instantanés, sans aucune gradation », qui ont bouleversé la surface de la Terre ; l'état qui leur succède n'a rien de commun avec celui qui les a précédés, et, d'autre part, à partir des causes actuelles, il est impossible de rendre compte des grands changements anciens qui ont ponctué l'histoire de la Terre. Cuvier le dit avec vigueur : « C'est en vain que l'on cherche, dans les forces qui agissent maintenant à la surface de la Terre, des causes suffisantes pour produire les révolutions et les catastrophes dont son enveloppe nous montre les traces. » Voilà le mot de catastrophe entendu en son sens moderne ; de grandes convulsions, sans commune mesure avec l'altération superficielle de la surface du globe, la sédimentation et les éruptions volcaniques aujourd'hui observables, ont saisi la Terre, disloquant et renversant d'énormes masses montagneuses, bouleversant le relief, déplaçant les eaux et anéantissant complètement les faunes successives.

Ce dernier point est, pour le paléontologiste Cuvier, particulièrement probant : à ses yeux, la paléontologie récuse l'hypothèse transformiste. Si les espèces s'étaient graduellement transformées, nous devrions trouver trace des formes intermédiaires ; or, l'étude des fossiles, loin d'autoriser l'idée de ces prétendues variations progressives, oblige à constater, par exemple, qu'il n'y a aucune affinité entre les reptiles contemporains des premiers mammifères et les reptiles plus anciens. Il faut donc conclure que les faunes successives ont été, au moins en certains cas, complètement effacées par de gigantesques catastrophes et poser la réalité de « créations successives », ou, pour parler comme Cuvier qui répugne à ce vocabulaire théologique, de « nouvelles productions d'êtres organisés ».

Établir la réalité et la chronologie de ces catastrophes et de ces « créations successives » et en décrire au mieux le processus : telle est la tâche que Cuvier s'assigne. Il n'appartient pas à l'homme de science d'aller plus loin. Pourtant ce chrétien convaincu n'hésite pas à identifier la plus récente de ces catastrophes avec la « dernière inondation universelle », autrement dit le Déluge biblique ; et il estime même que, sur cet événement, le document le plus sûr reste la Genèse. Mais le Déluge n'est plus que la dernière des grandes catastrophes de l'histoire de notre globe. Ainsi, le catastrophisme des prédécesseurs de Cuvier reçoit dans sa pensée un rôle et un développement qu'il n'avait, pour ainsi dire, jamais connus : Cuvier propose une vision heurtée, marquée de complètes ruptures, de l'histoire de la Terre, et il brise avec l'idée des « époques de la nature » qui avait donné son titre au dernier grand ouvrage de Buffon.

De l'actualisme à l'uniformitarisme

Ce sont là les deux visions contrastées qui, orientant la réflexion du XIXe siècle dans le domaine des sciences dites palétiologiques, vont inspirer des positions de plus en plus nuancées. De vifs débats – qui ne sont pas

Georges Cuvier, dernier défenseur du catastrophisme, explique l'aspect actuel des espèces animales par une série de « créations », succédant aux diverses convulsions du globe terrestre. (LITHOGRAPHIE DE LEMERCIER, 1836 ; B.N.)

encore apaisés – ont agité les spécialistes de ces sciences qui, tâchant de reconstituer les situations et les événements du passé du monde à partir des restes qui en subsistent, peuvent être définies comme des sciences naturelles « historiques ». Faut-il poser – c'est ce qu'on nomme l'actualisme – que les modalités du changement et la nature des causes de ce changement sont restées les mêmes au cours des âges ? Faut-il ajouter – cette théorie s'appelle l'uniformitarisme – qu'en outre ce changement s'est, au cours des âges, opéré à une allure constante ? Tels sont les problèmes discutés. Pourtant la leçon de Cuvier n'est pas tout à fait perdue. L'actualisme, en effet, n'exclut plus nécessairement le catastrophisme : ainsi, selon Élie de Beaumont (1798-1874), la Terre se refroidit lentement et graduellement ; mais, de même que l'eau, en se refroidissant, devient soudain solide, ce refroidissement de la Terre a pu entraîner des cataclysmes violents et soudains – « d'une très courte durée et, pour ainsi dire, instantanés » – ; les effets tectoniques violents et soudains du passé résultent, par conséquent, de la même cause que les effets lents et graduels d'aujourd'hui, et il se peut, puisque la cause fondamentale est toujours la même, qu'une nouvelle catastrophe frappe un jour la surface de la terre. De son côté, un uniformitarien comme Lyell (1797-1875) estime que, du moment que l'on constate, durant l'époque actuelle, des catastrophes en certains points du globe, on ne peut récuser la possibilité d'événements catastrophiques comparables dans le passé, pourvu qu'on leur suppose une nature semblable et une énergie équivalente et qu'on ne les croie pas plus fréquents et plus généraux. On peut même – sans être en mesure de le prévoir – admettre la possibilité d'un déluge à venir, du moment que, par le simple jeu des forces actuellement à l'œuvre, il se pourrait qu'il se produise un déversement soudain de masses d'eau retenues à haute altitude.

Forts de ces concessions au catastrophisme, les disciples de Lyell ne se priveront pas de poser des cataclysmes. Mais, du moins, faut-il remarquer que, dans de tels systèmes, la catastrophe n'est plus un événement total, inouï, unique, auquel il faudrait supposer une cause absolument exceptionnelle, mais seulement une sorte de crise, quelle qu'en soit l'ampleur ; telle est peut-être la féconde conséquence de l'esprit nouveau insufflé par l'âge des Lumières.

Ainsi, tout irait pour le mieux dans le meilleur des mondes...

(« PORTRAIT DE VOLTAIRE EN 1790 » ; GRAVURE DE VINCK SUR UN DESSIN D'HUBERT GENÈVE.)

Ô flots, que vous savez de lugubres histoires !
Flots profonds, redoutés des mères à genoux !

(Victor Hugo, Oceano Nox)

Voilà mille loups, mille graines sauvages / Qu'emporte, non sans aimer les liserons, / Cette religieuse après-midi d'orage / Sur l'Europe ancienne où cent hordes iront ! (Rimbaud, Michel et Christine)

Sois sage, ô ma douleur, et tiens-toi plus tranquille.
Tu réclamais le Soir ; il descend, le voici...

(Baudelaire, les Fleurs du mal, Recueillement)

Quelle chimère est-ce donc que l'homme ? Quelle nouveauté, quel monstre, quel chaos, quel sujet de contradiction, quel prodige ! Juge de toutes choses, imbécile ver de terre ; dépositaire du vrai, cloaque d'incertitude et d'erreur ; gloire et rebut de l'univers.

(Pascal, Entretien avec M. de Sacy)

Prométhée en question ?

Ve PARTIE XIXe — mi-XXe s.

page 401. – *A.-L. Girodet-Trioson, « le Déluge », 1806. – J. Geoffroy, « la Prière des humbles ».*
pages 402-403. – *Douanier Rousseau, « la Guerre », 1894. Musée d'Orsay, Paris. – V. Van Gogh, « Champs de blé aux corbeaux ». Musée Stedelijk, Amsterdam. – R. Humblot, « l'Enfant mort », 1936. Coll. particulière.*
pages 404-405. – *Chaim Soutine, « Village ». Coll. Walter-Guillaume. Musée de l'Orangerie, Paris. – J.-P. Antigna, « la Mort du pauvre », détail. Musée Charles de Bruyères, Remiremont. – Max Ernst, « Après moi le sommeil », 1958. Musée national d'Art moderne, Paris.*
pages 406-407. – *J. Fautrier, « le Fou et la Nuit », 1944. Musée Georges-Pompidou, Paris. – Mururoa, explosion.*
page 408. – *P. Klee, « Senecio », 1922. Musée national d'Art moderne, Paris.*

Introduction

« La crise révolutionnaire peut bien désorganiser pour un temps les mécanismes protecteurs de l'État : elle marque aussi une affirmation encore mieux maîtrisée de son rôle, sur la toile de fond des idéologies de la Raison, du Bonheur et du Progrès. Nonobstant sa volonté périodique de « réaction », au sens le plus fort du mot – de la Restauration au régime de Vichy –, il ne s'écartera plus de la volonté d'encadrer et en même temps de protéger du malheur ceux qui sont devenus des citoyens, jusqu'à la mise en place de ce « biopouvoir » contemporain dont parle Michel Foucault. La conjoncture démographique et économique y aide : même sur le long terme, les pertes des guerres révolutionnaires et impériales, qui se sont déroulées pour l'essentiel hors du pays et à ses périphéries, s'avèrent finalement minces ; et le bilan économique est balancé, où même les historiens d'aujourd'hui ne s'accordent pas. La malédiction malthusienne ne s'est pas réalisée, et la croissance qu'entraîne l'industrialisation, malgré quelques contractions périodiques brutales qui ne mettent plus jamais en cause la vie des hommes, fait définitivement sortir les Français de la longue ère des disettes. L'appareil administratif lui-même prolifère en se perfectionnant, finit par couvrir chaque instant de la vie, à tel point que l'histoire des calamités à l'époque contemporaine pourrait presque s'inscrire en creux d'une histoire de l'État, garant progressif de la sécurité individuelle et collective.

De tout cela, les observateurs sont conscients dès le début du XIXe siècle, bien avant les développements contemporains. Il y a bien le choc du choléra, au début de la monarchie de Juillet, pour brutalement ramener en arrière, dernier élément de la trilogie du malheur ; mais lui aussi rapidement archaïque, et vite maîtrisé. La peste est bien au XIXe siècle une simple figure de la rhétorique, et Chateaubriand ne s'y trompe pas ; la chronique de l'histoire biologique est bien, d'abord, celle des progrès de la médecine. Comme celle des inondations, la chronique fin de siècle des endiguements et des barrages, en un monde qui liquide la menace des éléments naturels, l'eau, le feu, les animaux... Un temps qui, surtout, ne baisse jamais les bras dans une religion sans partage du Progrès, donc dans la foi en l'aventure prométhéenne, qui ne se limite pas aux développements de l'économie : à partir du XIXe siècle se réalise peu à peu le rêve des Lumières, qui est la maîtrise de la nature par les hommes.

Comment la culture de la catastrophe ne se laïciserait-elle pas, dans le contexte global du recul de la foi ou de ses pratiques ? Les prodiges ont depuis longtemps disparu, et Dieu n'est plus dans la comète de Halley quand elle vient à réapparaître : compas en main, les astronomes expliquent pourquoi elle peut, quand même, tourner au malheur ; le « canard » lui-même disparaît peu à peu au profit du fait divers, strictement humain, trop humain. Mais si, en se rationalisant, la catastrophe ne faisait que se dissimuler pour mieux frapper ? Au fur et à mesure que la connaissance du monde progresse, elle découvre des abîmes d'inconnu : l'épidémie vaincue, voilà la maladie de société, qui naît des mutations de l'écosystème d'artifice de la modernité, où se multiplient les paramètres, physiques mais aussi sociaux et moraux ; la machine dérape, et le feu vaincu explose en catastrophes d'ampleur jamais vue : la mort industrielle est au cœur de la société nouvelle, directe ou indirecte, et c'est celle-ci qui est elle-même dangereuse quand on l'avait longtemps crue seulement salvatrice. L'angoisse renaît, qui retrouve même à l'occasion la colère de Dieu, dans cette Belle Époque qui prétend ne pas trouver l'âme sous le scalpel du chirurgien, mais fait tourner les tables et apparaître les démons. Plus largement, comment ne pas lire en termes d'irrationalité, donc d'angoisse et de peur, un Progrès dont les lignes restent inconnues du plus grand nombre et au cœur duquel renaît, sous d'autres visages, l'antique Fatalité ? Parce qu'elle est latente, la catastrophe est d'autant plus angoissante, en attendant que les progrès accélérés des sciences nucléaires puis biologiques, après la Seconde Guerre mondiale, n'entraînent la peur qu'on en conserve vers d'autres vastes horizons.

XXI

de la Bourrasque épidémique à l'infection microbienne

En 1823, un statisticien anonyme croit pouvoir annoncer qu'il en est fini des grandes mortalités épidémiques en France. □

Le typhus, la « fièvre des camps », s'est dissous avec la dispersion des armées napoléoniennes. La mystérieuse « suette » s'est évanouie ; elle ne reparaîtra qu'une fois, en 1833-34, à Lons-le-Saunier. Il suffit d'un cordon de troupes aux ports pyrénéens pour que la fièvre jaune ne déborde pas de Barcelone sur le Roussillon en 1821. Quant à la peste, on s'en alarme entre 1814 et 1816 quand elle fait plusieurs milliers de morts en Bosnie et en Dalmatie, quelques centaines dans les Pouilles : elle n'en demeure pas moins au large ; et ne s'approchera d'ailleurs plus de l'Europe occidentale. Bien plus tard dans le siècle, sa troisième pandémie la contournera, depuis Hongkong en 1894 vers l'Inde, l'Afrique du Sud et la Californie, avant de culminer en Mandchourie en 1911. Il y aura sans doute en 1920 une « peste des chiffonniers » pour frapper la « zone » de la banlieue parisienne, Clichy, Pantin, Saint-Ouen ; quelques centaines de malades, mais tout juste une trentaine de morts relèvent de l'anecdote et marquent l'archaïsme d'un mal depuis longtemps réfugié dans la mémoire au long cours de l'Occident et dans la métaphore littéraire. Quelles qu'en soient les raisons – encore mal connues –, les vieilles « pestes » semblent avoir regagné d'elles-mêmes leurs lointaines niches écologiques et reprennent les couleurs de l'exotisme. La nature devance l'effort des hommes, enfin efficace.

Le 28 mars 1800, en effet, on avait vacciné contre la variole, à Rochefort, le premier Français. L'Empire naissant s'est mobilisé dans la lancée, menaçant les uns, exhortant les autres, entraînant fonctionnaires, médecins et curés. Huit années plus tard, 2,5 millions de ses sujets ont reçu le coup de lancette protecteur, et le mouvement s'amplifie jusqu'en 1820. Les résultats ne vont-ils pas, tôt et vite, au-delà de tous les espoirs ? Les poussées varioliques qui nourrissaient tous les trois ou quatre ans les angoisses familiales du XVIIIe siècle finissant – en 1772, en 1796 encore... – ne tardent pas à s'estomper. La mortalité endémique s'effondre des neuf dixièmes à un étiage encore instable – de 2 000 à 12 000 morts selon l'exercice – dans la première moitié du XIXe siècle, affermi autour de 2 000 à 3 500 dans les décennies d'après. Le reflux général des « pestes » aidant, on croit même un moment à la découverte de la panacée. La vaccination est « un devoir pour tous les amis de l'Humanité », s'écrie un de ses zélateurs en 1819. De fait, elle participe de la religion ambiante du Progrès et de l'utopie révolutionnaire de l'Homme Nouveau, armé par la Science et l'action contre toutes les adversités.

Plus largement donc, une loi du 9 mai 1793 avait déjà organisé les lazarets méditerranéens contre la peste. Celle du 3 mars 1822 élargit les quarantaines à l'ensemble des « fièvres pestilentielles », accentue les modes de surveillance, punit lourdement les possibles transgressions. Ainsi s'esquissent à la fois une mobilisation des pouvoirs publics et une sensibilisation de l'opinion. Il s'agit désormais d'un nouveau venu, le « choléra morbus » de l'Inde, qui déborde, une première fois, son berceau originel du bas Bengale en 1817 ; mais ne s'essouffle-t-il pas aux marches de l'Europe ? Et, quand il réapparaît en 1831 du côté de la Pologne, c'est un véritable dispositif de guerre préventive qui se met en place. À l'initiative du ministre Casimir Perier, sous l'impulsion du Conseil supérieur de la santé, on quadrille le territoire de commissions calquées sur les divisions administratives. Médecins et fonctionnaires sont submergés d'informations sur sa clinique et sa thérapeutique. Et, si la presse suit tout au cours de l'année 1831 sa marche à travers l'Europe centrale, c'est pour mieux souligner l'idée que la France a toutes les chances d'être épargnée à cause de son climat tempéré, de l'hygiène de ses habitants... et de leur force d'âme ! C'est cette familiarité ambiguë avec le mal qui rend d'autant plus brutale l'arrivée du choléra.

Le choc du choléra

Ce début de 1832 est le temps du carnaval, qui invite à la dérision. Les enfants jouent à « Nicolas Morbus », à « Scélérat Morbus ». Des masques d'épouvante lui portent la santé... Jusqu'à cette mi-carême où, rapporte H. Heine, « le plus sémillant des arlequins sentit trop de fraîcheur dans ses jambes, ôta son masque et découvrit, à l'étonnement de tout le monde, un visage d'un bleu violet ». Un peu plus tard, en août, le préfet du Loiret a moins de talent pour rapporter « qu'avant-hier une jeune femme fort intéressante, fille du directeur de l'enregistrement, atteinte à 7 heures du matin, n'existait plus à 10 heures du soir, un jeune enfant qu'elle nourrissait était mort le lendemain, et son mari est tombé malade hier ». Une autre façon de dire, néanmoins, la stupeur devant ce retour inattendu d'une malédiction qu'on croyait écartée avec la peste, cette incarnation pluriséculaire du destin. C'est tout naturellement qu'on se tourne vers la longue tradition de ses chroniques, de l'Athènes antique à la Provence de 1720, et Chateaubriand de retrouver « cette grande mort noire armée de sa faux [...] venue nous écraser aux rives de la Seine sous les roues de son char ».

De l'impuissance de la médecine

Parce qu'elle est la première, cette épidémie de 1832 est la mieux connue ; mais aussi à cause de la place que ses formes d'un autre temps vont prendre dans le souvenir collectif. On avait oublié à quel point la mort peut aller vite. Apparu le 26 février à Paris, le choléra a gagné tous ses quartiers dès le 1er avril. C'est simultanément que les vomissements, la cyanose, les yeux caves, le regard halluciné signent le mal et annoncent la fin. Celle-ci survient, à Vervins, entre mai et octobre, en général dans les trois jours, neuf fois sur dix dans la semaine ; à Paris, dit-on, la moitié des cholériques ne passent pas la journée. L'effet est accru de ce que c'est au début de la vague épidémique que la survie est la plus brève, au plus fort de l'infection que la létalité – c'est-à-dire la part des cas fatals – est la plus élevée... Et puis comment se protéger d'un mal dont les itinéraires ne sont pas clairs ? Du Pas-de-Calais et de Paris, il gagne d'abord la grande couronne du Bassin parisien, les Ardennes, la Normandie, avant de sauter vers l'Ouest breton et la vallée du Rhône ; la proximité n'est donc pas seule en cause. Comment expliquer que quatre départements – il y en aura six en 1854 – fournissent à eux seuls la moitié des victimes ? Ailleurs, au contraire, pourquoi la maladie est-elle si timide ? À l'intérieur même des villes, il est des lieux d'horreur à côté de zones épargnées : à Rennes, deux rues concentrent la moitié de tous les morts ; et sur les 96 du quartier, il en est 46 dans la seule rue parisienne de Chaillot, dont 41 sur le même côté. La répartition dans le temps n'est pas moins surprenante : 75 p. 100 des Parisiens morts du choléra disparaissent dans le premier mois de l'épidémie. Et il est des journées noires, comme ce 25 juillet 1833 marseillais, avec ses 210 victimes, et 173 encore le lendemain. Ressurgit alors le spectacle des villes ravagées par la peste ; les cercueils empilés sous le porche des maisons ; les corbillards trop rares, remplacés par les fourgons

Déferlement du choléra sur une France stupéfaite. Plus efficace, parfois plus subversive que l'écrit, la presse satirique connaît en cette fin de siècle un franc succès.
(DELAPORTE, « LA BARBARIE ET LE CHOLÉRA MORBUS » LITHOGRAPHIE « JOURNAL DE LA CARICATURE », B.N.)

d'artillerie et les tapissières de déménagement ; les corps trop serrés, qui les font éclater, crèvent les sacs de grosse toile mal cousus, glissent sur le pavé en laissant échapper un liquide nauséabond ; les fossoyeurs qui se dérobent ; le glas que l'on ne sonne plus, des convois funèbres que personne ne suit. « On prétend que ces morts furent enterrés si vite qu'on n'a pas eu le temps de les dépouiller des livrées bariolées de la fête et qu'ils reposent dans la tombe gaiement comme ils ont vécu », témoigne encore H. Heine.

L'impuissance oubliée de la médecine ajoute au sentiment de fatalité ! Hors quelques intuitions – la réhydratation des malades –, on revient aux vieilles prescriptions passe-partout, le mercure, l'huile de cajeput, l'extrait d'aloès, la belladone, les sangsues et les inévitables saignées. Alors qu'elle semblait sûre d'elle-même – et avec d'autres bonnes raisons – la médecine s'effondre devant l'inconnue de la maladie, comme celle de la fin du Moyen Âge devant la Peste noire. On ne sait pas lire le sens de ses signes, la généralité de ses atteintes, la logique de ses dégâts. Et quand l'espoir renaît avec l'accalmie de l'épidémie, voilà que celle-ci peut repartir de plus belle : dans presque toutes les grandes villes, un second clocher de mortalité suit à quelque temps le répit qui succède au premier paroxysme. « Il est sur nous, le fléau dévastateur, le fléau inconnu devant lequel la vaine science des hommes reconnaît son impuissance. Que faire, ô mon Dieu ? » interroge un « canard » pour, il est vrai, une autre vague, celle de 1849.

Face à l'horreur de l'épidémie, le XIXe siècle commence à se figurer un recours : le médecin.
(« LE CHOLÉRA À PARIS, 1832 », GRAVURE, V. 1870-1880.)

Contre la ville de la Révolution

Une feuille légitimiste y avait répondu par avance en 1832, en évoquant « la colère du Dieu de justice » contre la ville de la Révolution, des désordres et des plaisirs, qui n'avait pas hésité à saccager l'archevêché. Car, comme autrefois, l'épidémie déborde des corps et des individus vers l'ensemble de la société dont, à la fois, elle révèle et provoque l'infection. La vie économique se dérobe, les grandes affaires comme les petites. Fermées les échoppes parisiennes du pont des Arts (et, avec elles, le péage !), désertés les foires et les marchés. Les boutiques sont closes, les compagnons renvoyés ; on reprend le chemin du pays, en y emportant d'ailleurs le choléra, comme ces maçons qui tombent le long des routes menant en Limousin ; il arrive même qu'on cesse de cultiver les champs. Le grand renfermement est spontané, et Marseille, en 1833, stoppe ses échanges, met les navires en quarantaine, abandonne les collèges et barricade ses quartiers. Soucieux de stopper les circulations de toutes sortes, les pouvoirs publics prêtent la main à un retour rapide au cloisonnement des marchés et ajoutent à la panique.

Il n'est pas jusqu'aux liens les plus naturels qui paraissent se dénouer : on refuse de soigner une épouse, un mari, des parents. Pourrait-il alors en être autrement des solidarités plus larges ? « Morbus » écarte en fractures les lignes latentes de partage ou d'opposition dans l'ensemble du corps social. Sans doute les grands ne sont-ils pas épargnés, Casimir Perier et le général Lamarque à Paris, le négociant Reymonet et Marius Olive, l'administrateur de *la Gazette du Midi* à Marseille, entre autres. Il n'empêche que leur part pèse peu face à celle des petites gens. Le choléra apparaît d'abord comme une sanction supplémentaire de la misère, à tel point que ses répartitions urbaines décalquent à peu près exactement la géographie sociale des villes. C'est dans les quartiers populaires que l'horreur est à son comble, et *l'Écho du Nord* s'apitoie en septembre 1832 à Lille sur « ces malheureux sans chemise couchés sur le plancher, plongés dans l'ordure ou la matière de leurs déjections ».

Clivage social et peur biologique

La réalité des facteurs épidémiologiques est plus complexe que ne le suggère la simple différence des conditions : sur le moment, c'est à travers elle qu'on lit l'injustice du destin. Les notables y aident qui, en fuyant dès qu'ils le peuvent, renoncent à leur plus élémentaire – et traditionnel – devoir de protection. Dès avril 1832, les parlementaires se pressent de quitter Paris pour leurs départements, les voitures de messageries sont assaillies ; dans le Var, il faut suspendre les congés des fonctionnaires en débandade ; à Aix et dans plusieurs villes du Midi, en 1833, on gagne vite sa maison des champs en abandonnant – symboliquement – l'hôtel en ville aux seuls domestiques. Les artisans, les ouvriers, les boutiquiers, tous obligés au travail, n'ont pas la disponibilité salvatrice des nantis. L'attitude des autorités n'est pas faite pour les rassurer : anxieux de ne pas ajouter au désordre et aux inquiétudes, souvent débordés par l'ampleur des prophylaxies à organiser, préfets et maires en arrivent à nier l'épidémie, pour « calmer les imaginations » et dissiper « les bruits exagérés ». Les médecins ne peuvent qu'y apporter leur caution : incertains de leur diagnostic, et découragés de leur inefficacité dans des hôpitaux bondés, ils se taisent, quand ils n'en viennent pas à ajourner ou à contrarier la prévention, tels ceux de Saint-Étienne qui en sont à vanter la fréquentation des cholériques pour se mieux garantir de la contagion. L'épidémie baigne dans un optimisme du discours officiel que le quotidien dément trop pour ne pas faire naître le soupçon.

Le choléra ne serait-il pas une forme ultime et radicale du règlement de comptes social ? Le prix des médicaments – celui du camphre surtout, réputé protecteur – flambe ; normalement ; on a pourtant tôt fait d'y voir la preuve d'un pacte de famine d'un autre genre. À Paris, on accuse les marchands de pervertir le vin, les liqueurs, les dragées... La non-linéarité et les caprices chronologiques de cette « mort fantasque » nourrissent les rumeurs ; dans la Meuse, dans l'Aisne, dans le Var, à Brest, on parle d'empoisonnements ; un peu partout, on surveille et les fontaines et les étrangers au pays : à Paris même, quelques suspects sont lynchés et, en 1854 encore, on parlera du choléra « semé par les riches ». La révolution de Juillet n'est pas si loin, et l'on a tôt noté la dérive insurrectionnelle qui accompagne l'épidémie de 1832, l'émeute des chiffonniers, le soulèvement des prisonniers de Sainte-Pélagie, la prise d'armes aux obsèques de Lamarque, qui surgit justement des quartiers que le choléra vient de quitter. À l'inverse, la peur est tout aussi intense qui naît désormais, du côté des dominants, de la simple familiarité des pauvres. Encadré par les révoltes lyonnaises de 1831 et 1834, en un temps où l'on découvre l'étendue du « paupérisme » et le danger des « Barbares » faubouriens, le choléra n'est-il pas le visage insidieux de la subversion, sœur de la misère, mais aussi de la criminalité et des mauvaises mœurs, surtout chez ceux qu'« une ambition coupable tourmente » ? Ainsi, d'un côté comme de l'autre, le clivage social se mue en peur biologique :

Socialisme et choléra : le complot ? Un frisson gagne les hommes d'ordre, légitimistes ou républicains : et si le socialisme, fruit dévoyé de la Révolution, sapait dans l'ombre les bases fragiles de la société louis-philipparde ?

(« FLÉAUX DU XIXe SIÈCLE. SOCIALISME ET CHOLÉRA », V. 1832, B.N.)

le choléra de 1832 est, aussi, un tournant des nouvelles oppositions de la France en voie d'industrialisation. Sous les pires couleurs, et pour longtemps. Est-ce un hasard, note J.-C. Chesnais, si un siècle et demi plus tard, d'autres angoisses collectives continuent à emprunter les figures du fléau épidémique – le danger de la contagion, l'omniprésence du danger, l'implacabilité du pire – quand celui-ci n'est plus qu'une réalité lointaine ? Le choléra de 1832 est bien un commencement, et sa marque ne se résume pas aux récits romanesques et aux complaintes populaires qui renvoient à lui pendant tout le XIXe siècle. « Et tes parents ? » demande le Rodolphe des *Mystères de Paris* à la Goualeuse. – « Le choléra les a mangés ! »

Le retour des infections épidémiques

Le pire est cependant à venir. L'épidémie finit bien par quitter Paris à la fin de 1832, puis le reste du pays l'année suivante, après avoir fait, selon des chiffres officiels à prendre par défaut, 100 000 morts environ. Moins de quinze ans plus tard, la « peur bleue » – comme le visage des mourants – réapparaît. Marseille, puis, en 1848-49, le Nord et les ports de la Manche, d'où elle se répand vers Paris, puis dans la France de l'Ouest et du Sud-Ouest. La revoilà surtout en 1853-54 dans la capitale encore une fois et en Normandie, pour la vague la plus meurtrière du siècle, 150 000 morts, dans l'ambiance d'incertitudes politiques qui suit un coup d'État récent. Comme si le choléra, désormais, s'était installé pour revenir régulièrement, ici ou là : en 1865-66 aux rivages méditerranéens, dans le Nord, en Normandie, en Bretagne ; en 1873, en 1884, en 1892 – il tue 532 des 1 365 malades du Havre –, et même en 1910-11. Si la peur s'est affadie de la familiarité, il n'en reste pas moins que les trois premiers quarts du XIXe siècle contredisent les illusions de ses débuts et prolongent, sous d'autres espèces, la tradition des grandes mortalités épidémiques.

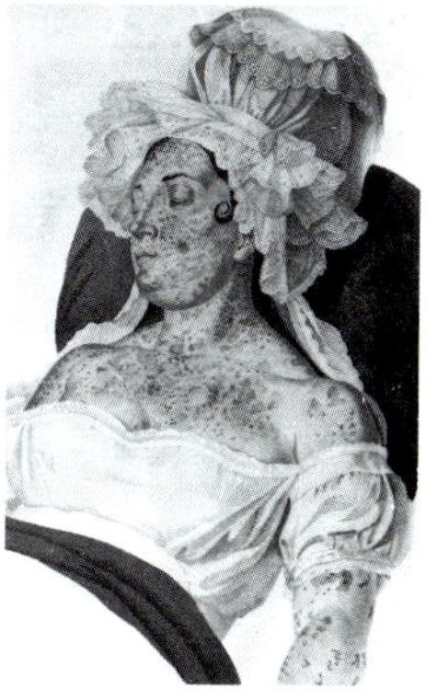

Une autre maladie contagieuse : la scarlatine.

(« SCARLATINE NORMALE », BIBLIOTHÈQUE DE LA FACULTÉ DE MÉDECINE, PARIS.)

D'autant plus que la variole, qu'on croyait vaincue, reprend de la hardiesse dans les années 1840-1850 en faisant fi de la vaccination. On s'en doutait depuis 1825-1829, où elle avait pris une forme épidémique à Paris, en Alsace, dans le Midi méditerranéen, à Marseille, où 438 habitants y ont succombé dans le seul mois de juin 1828, et 429 en juillet. On la retrouve à Bordeaux en 1847, en 1861 et, à Caen, elle provoque le record absolu de mortalité du siècle, 2 075 morts, contre 1 100 à 1 200 en année normale, en 1871. Il est vrai qu'on est alors en pleine vague épidémique et que, cette fois-ci, la variole balaie à nouveau la France entière. Le débordement des refuges endémiques, esquissé dès 1865, puis s'accélère au début de 1870, culmine dans l'automne et au début de l'hiver, pendant le siège de Paris, où le virus fait 15 000 morts, trois fois plus que les combats à venir de la Commune. De la Lorraine à la Bretagne par le Nord et l'Anjou, dans l'Est encombré des troupes de la guerre franco-prussienne, vers l'Aquitaine – plus de 2 000 victimes à Bordeaux en quelques mois –, il n'est guère de région indemne. En Normandie, estiment les médecins du temps, c'est sans doute la plus meurtrière des épidémies du siècle, à laquelle n'échappent ni les campagnes ni les petites villes, où le taux de mortalité double en neuf mois, à Cherbourg, Alençon, La Ferté-Macé... La peur réapparaît. Il arrive qu'on refuse de s'approcher des cadavres et de porter les cercueils ; on revient aux quarantaines aussi rigoureuses qu'inefficaces, dans le climat de crise nationale qui suit la défaite et accompagne l'occupation étrangère.

La grande tradition épidémique

À partir des mortalités normandes, G. Désert évalue à 400 000, peut-être 500 000, le nombre total des décès provoqués par la variole en 1870-71, alors que les estimations du moment oscillent entre 50 000 et 200 000. Les chiffres, à coup sûr, sont plus élevés que ceux du choléra de 1854. Peut-on d'ailleurs les préciser ? L'épidémie coïncide avec une brutale expansion de la typhoïde dans une vingtaine de départements, elle-même mal distinguée des dysenteries, et il y a aussi des foyers de rougeole et de scarlatine. Comme le choléra, la variole s'insère pendant tout le XIXe siècle dans un contexte

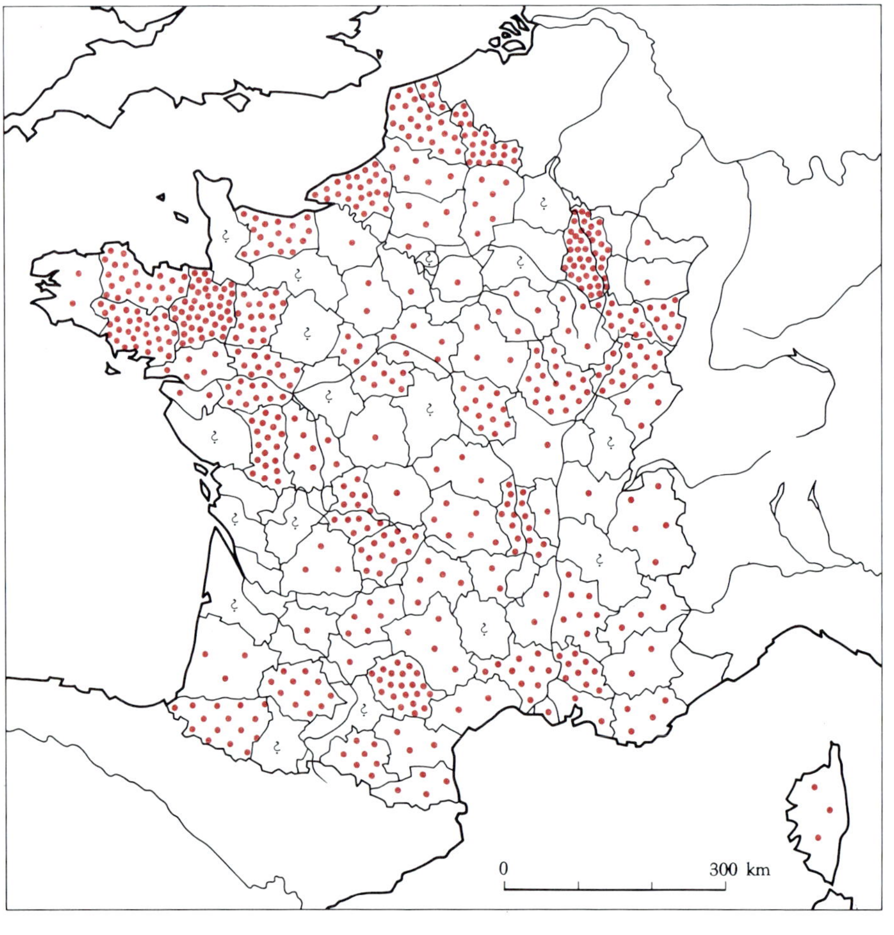

LA VARIOLE EN FRANCE, EN 1871.
La mortalité se situerait en réalité autour de 200 000 décès.
(IN « LA LONGUE TRAQUE DE LA VARIOLE », P. DARMON, 1986.)

cent décès
? sans données précises

d'épidémies infectieuses plus étalées dans le temps, moins concentrées dans l'espace ; elles n'ont donc pas suscité d'observations comparables à celles de l'hiver 1832, mais font peser leur menace jusqu'à l'aube du XXe siècle. Revoici la variole à Caen en 1881-82, en 1888, en 1894, après avoir fait dans toute la Basse-Normandie, dans la seule année 1870 donc, plus de morts que les cinq grandes vagues cholériques d'entre 1832 et 1873 ; à Paris, en 1875-76, en 1879-1881, en 1905 ; à Bordeaux en 1875-76 ; à Marseille en 1886 – sept fois plus de décès qu'à l'accoutumée ! –, en 1903, en 1906 ; à Nantes en 1894, où elle relaie une poussée typhoïdique, etc.

La grippe maligne

Enfin, le nouveau siècle est déjà largement entamé quand survient la grippe espagnole de 1918. Des symptômes difficiles à classer ; le caractère implacable des complications pulmonaires ; l'allure foudroyante de son évolution ; une létalité inhabituelle ; des malades « cyanosés, dyspnéiques, angoissés » qui souvent meurent « au bout de quelques heures de séjour à l'hôpital » ; 300 morts par jour à Paris dans l'automne, 1 263 dans la seule semaine du 10 au 17 octobre ; des noms connus, dont le convalescent Apollinaire dresse la liste avant de succomber à son tour ; les beaux quartiers de Passy et de l'Odéon plus touchés que les banlieues populeuses, même si les victimes sont plus nombreuses chez les domestiques et les petits employés ; la totalité de Bordeaux contaminée, bien que le quartier le plus atteint soit aussi le plus pauvre... Quelle est donc cette étrange grippe maligne d'été ? le typhus ? le choléra ? On s'y trompe un temps, quand tout renvoie à l'hiver de 1832 : il n'y manque même pas l'encombrement des hôpitaux, le manque de cercueils et de corbillards, les enterrements nocturnes et hâtifs, les voitures surchargées de cadavres aux portes des cimetières de Bagneux et de Montrouge.

Deux « lurons » sur les Grands Boulevards en 1918. Après les masques à gaz, les masques à grippe ?
(PHOTOGRAPHIE 1918, COLL. R. DAZY.)

Et pourtant... Sans doute les offices religieux de la Toussaint sont-ils peu fréquentés et les cortèges funéraires bien minces ; les pouvoirs publics ferment écoles et lycées, théâtres et cinémas, interdisent les réunions publiques. Mais la vie ne s'arrête pas. L'opinion publique ne s'émeut pas véritablement, et si la presse est discrète, ce n'est pas un simple effet de la censure. La mort se fait terriblement présente au quotidien, elle n'engendre ni terreur collective ni affolement des pouvoirs, et c'est notre lecture contemporaine qui cherche à reconnaître le vieil état de peste. À cause de la familiarité d'un mal dont on avait oublié les graves perversions nerveuses en 1859 ? Qu'il avait mis au lit la moitié de l'armée française en 1889-90, mais dont on a plus coutume de guérir que de mourir ? Elle était apparue dès le printemps 1918, on avait eu le temps de s'y faire avant son aggravation automnale... Parce que la France est relativement épargnée, si l'on regarde du côté de ses voisins méditerranéens et, surtout, vers les hécatombes extra-européennes ? Parce que la guerre qui s'achève a endurci à d'autres souffrances, et que la place des soldats – la moitié des 120 000 décès reconnus – entre dans une comptabilité plus générale de la mort ? L'épidémie encadre le 11 novembre : on ne va pas bouder la fin de la tuerie. Dans un tout autre contexte, l'indifférence relative renvoie à celle de 1870, où la presse et l'opinion, accaparées par les nouvelles du front, n'avaient que faiblement fait écho à la variole : charriée par les garnisons et les régiments en retraite, avait-elle un autre visage que celui, multiple, des malheurs de la guerre ? Au-delà de l'immédiat éclairage de l'événement, en réalité, cette sérénité traduit une mutation autrement profonde de la manière dont l'épidémie est redoutée, perçue, subie.

Les signes de la modernité

Ce n'est pas une simple affaire d'appréhension. À la fin du XIXe siècle, plus encore au début du XXe, les grandes vagues de mortalité peuvent bien encore parcourir, avec la même force, l'ensemble du pays. Sur le long terme, variole et choléra tendent depuis longtemps à se diluer dans une latence endémique de plus en plus réduite dans le temps comme dans l'espace, en soubresauts de moins en moins larges, de moins en moins dévastateurs. Sans doute l'effet de terreur s'impose plus longtemps pour telle ville d'infection persistante, pour tel groupe décimé. La variole demeure le « fléau des familles » : dans l'Yonne en 1819, l'une d'entre elles a perdu quatre enfants le même jour ; il n'y a qu'un survivant des quinze filles et garçons d'une autre, à Besançon, en 1825. L'étiologie du choléra le montre courant le long des fratries et des cousinages : en 1832, sur les 33 morts de deux petites communes de Seine-et-Marne, Courances et Damrémois, 25 au moins sont apparentés, comme l'étaient 43 des 199 enfants varioleux décédés dans une petite ville de Loire-Atlantique en 1810. En 1918, plusieurs décès par famille n'étaient pas chose rare ; telle malade venait de perdre son mari, sa mère, et avait encore plusieurs grippés chez elle. Jusqu'aux années de l'entre-deux-guerres, le croup demeurera l'épouvante des parents, en attendant la poliomyélite. Au plan local aussi, l'épidémie peut jouer un rôle dévastateur. En 1812, la petite ville savoyarde d'Ugine, qui ne comptait pas 2 500 âmes, a vu disparaître 200 enfants de la variole. Le choléra de 1832 ampute de 20 à 30 p. 100 la population de certains villages de la Meuse, de la Haute-Saône et de l'Ariège, qui ne s'en remettront jamais. G. Désert conclut que la variole de 1870 est une véritable catastrophe démographique pour le plat pays de Basse-Normandie, où la perte s'inscrit fortement d'un recensement à l'autre. Enfin, à Douarnenez, c'est une décimation au sens littéral du terme puisque, en 1887, tardivement donc, il meurt 844 habitants sur un total de 10 023 !

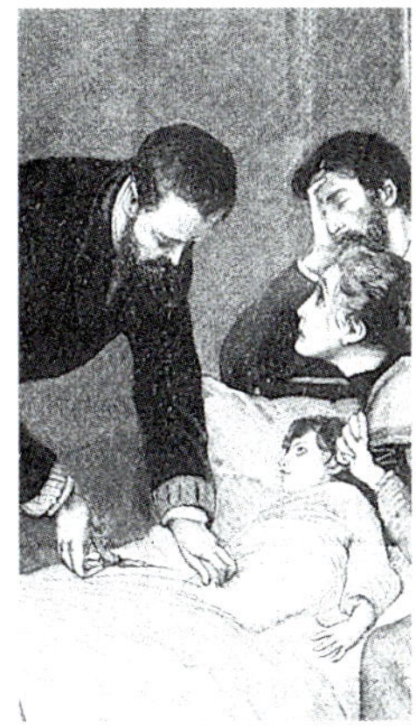

Le docteur Roux, l'un des initiateurs de la sérothérapie antidiphtérique, auscultant un malade.

(« LE CROUP GUÉRI PAR LE DOCTEUR ROUX », 1894, « LE PETIT JOURNAL ».)

Il en va tout autrement au niveau des agrégats nationaux. Les poussées cholériques de 1832-1834, 1846-1849 et 1854 sont bien visibles sur la courbe générale de la mortalité française ; mais elles la rident à peine. À plus forte raison n'ont-elles aucune incidence sur un trend général de baisse. Une monographie sur l'épidémie de 1832 en Seine-et-Oise la repère sur l'allure des décès, mais n'en trouve pas trace sur la ligne des naissances et celle des mariages. En fait, le phénomène épidémique, quelle que soit sa force, ne s'inscrit jamais dans la lignée de ces crises démographiques complexes de l'Ancien Régime où se déréglait l'ensemble des comportements devant la vie. C'est qu'il y manque le multiplicateur de la carence alimentaire. En 1802-03, évidemment, on peut encore repérer une certaine simultanéité entre la cherté des grains et une (médiocre) poussée épidémique ; en 1811, une « pleurésie gangréneuse » et une « fièvre catarrhale » ont coïncidé en Charente-Inférieure avec la crise des subsistances : le remarquerait-on si l'on ne regardait en arrière ? La corrélation est tout aussi aléatoire en 1845-1848, même s'il paraît logique que le choléra se soit nourri de la moindre résistance des victimes de la crise agricole : ainsi, dans le Loir-et-Cher, on peut tout juste noter la coïncidence – sans preuve de causalité – de la maladie, du haut prix des denrées et d'une angoisse qui fait repousser les noces. Et si la variole de 1870 a tant d'impact au long cours en Basse-Normandie, c'est parce qu'elle contribue à creuser le malaise d'une région en perte de vitesse démographique.

Le prix de la marginalité

La fin des disettes, puis l'amélioration générale du niveau de vie expliquent que, dans la seconde moitié du XIXe siècle, les débordements épidémiques se raréfient : c'est leur caractère d'exception, justement, en 1870, en 1918, qui en scelle le souvenir. Entre-temps, l'espace géographique du choléra comme de la variole et de bien d'autres infections ne cesse de se rétracter sur des foyers locaux ou régionaux, dans certaines catégories de la population. Dès la Restauration, la « petite vérole » s'était enkystée dans les grandes agglomérations misérables et lépreuses de Paris et du Nord, dans les villes portuaires, Toulon, Le Havre, Rouen et surtout Marseille, que ses relations lointaines entretiennent jusqu'au XXe siècle dans une situation d'archaïsme épidémique, renforcée de la mémoire entretenue des catastrophes de l'Ancien Régime. Puis, dans les grandes villes, c'est toujours des mêmes quartiers pourrissoirs ou des mêmes lieux, les lavoirs, les blanchisseries, les garnis et les hôtels de marine que surgissent les résurgences varioleuses et cholériques ; et des campagnes restées à l'écart du progrès économique, comme celles du Finistère, où mauvaise nourriture et manque d'hygiène facilitent l'infection. Quant à la typhoïde, elle ne tue plus vraiment dans les années 1900 qu'en Provence, en Languedoc et en Corse, même si elle demeure présente dans certaines grandes cités, à Lyon par exemple, en 1928. Pour toutes ces épidémies, ces mêmes groupes reviennent à la Belle Époque : les lavandières, les chiffonniers, ceux qui sont en contact avec le linge souillé. Et les travailleurs immigrés, à Lyon en 1899, à Marseille en 1907 : 318 morts français, 339 italiens, le long des chantiers de chemin de fer, entre Briey et Villerupt en 1904, à Pont-à-Mousson un peu plus tard. Le monde du risque épidémique se confond progressivement avec celui d'une certaine marginalité.

Mieux nourris, les Français sont aussi de mieux en mieux soignés, et la médecine a tôt surmonté son impuissance première. Si le vibrion cholérique, le « bacille virgule », n'est identifié par Koch qu'en 1884, on avait soupçonné dès 1832 et 1854 le rôle possible d'un micro-organisme et de la souillure des eaux dans la propagation du mal. D'intuition, on avait appris à s'en protéger à l'instar des paysans russes, en faisant bouillir boissons et légumes. Bien avant la mise au point d'un vaccin spécifique, en 1892, au milieu d'une cinquième pandémie (1881-1896) qui épargne d'ailleurs largement l'Europe. Quant à la variole, la vaccination en protégeait, en théorie, les trois quarts

Un groupe urbain à hauts risques : lavandières et chiffonniers ; ils sont un agent de transmission des maladies contagieuses, en raison des difficiles progrès de l'hygiène dans les milieux défavorisés.

(« LES CHIFFONNIERS DE PARIS », « LE PETIT JOURNAL ».)

des nouveau-nés dès les années 1860. Si son obligation, souhaitée dès 1847 par l'Académie de médecine mais repoussée en 1868 et en 1881 encore, n'est acquise qu'en 1902, il suffit ensuite de quelques années pour que la préparation industrielle de sérums plus efficaces annonce sa future éradication et fasse, en attendant, la preuve de son succès pendant la Première Guerre mondiale dans l'armée comme à l'arrière. Cette même année 1914, une loi l'impose pour la typhoïde, dont le germe avait été isolé dès 1880 et les conditions étiologiques repérées dans les années suivantes ; à compter de 1925, elle est à peu près générale dans un XXe siècle qui oublie, définitivement, les grandes fièvres épidémiques. Un retour de la variole en 1925-1927 n'a pas plus d'importance que la « peste des chiffonniers » en 1920 ; et quand, en 1955, un sous-officier la rapportera d'Indochine à Brest et à Vannes, elle sera devenue si étrangère qu'on aura du mal à en faire le diagnostic.

Fuites et ragots

Avec la mort ont naturellement reculé la peur et la panique collectives, si fortes encore dans la première moitié du XIXe siècle. Dès qu'on soupçonne le choléra, note le préfet de l'Aisne en 1832, « la frayeur s'empare des esprits ». Car il n'est pas besoin de l'avis des autorités pour repérer le mal : il suffit d'observer la brusque poussée de la mort dans le même groupe, la même famille, en un même lieu. D'un coup, c'est la stupeur, la paralysie, qui empêchent les pouvoirs publics d'organiser la défense. Puis c'est la fuite généralisée, comme à Marseille en 1835 : aux premières alertes, en janvier, ils sont 10 000 à suivre les notables hors de la ville, et 25 000 au pire de l'épidémie, en août, qui campent aux abords de l'agglomération ; 60 000, disent d'autres chroniqueurs, la moitié de la population ! À Lyon aussi, et dans les petites villes d'alentour, qui ne sont pourtant guère touchées, on

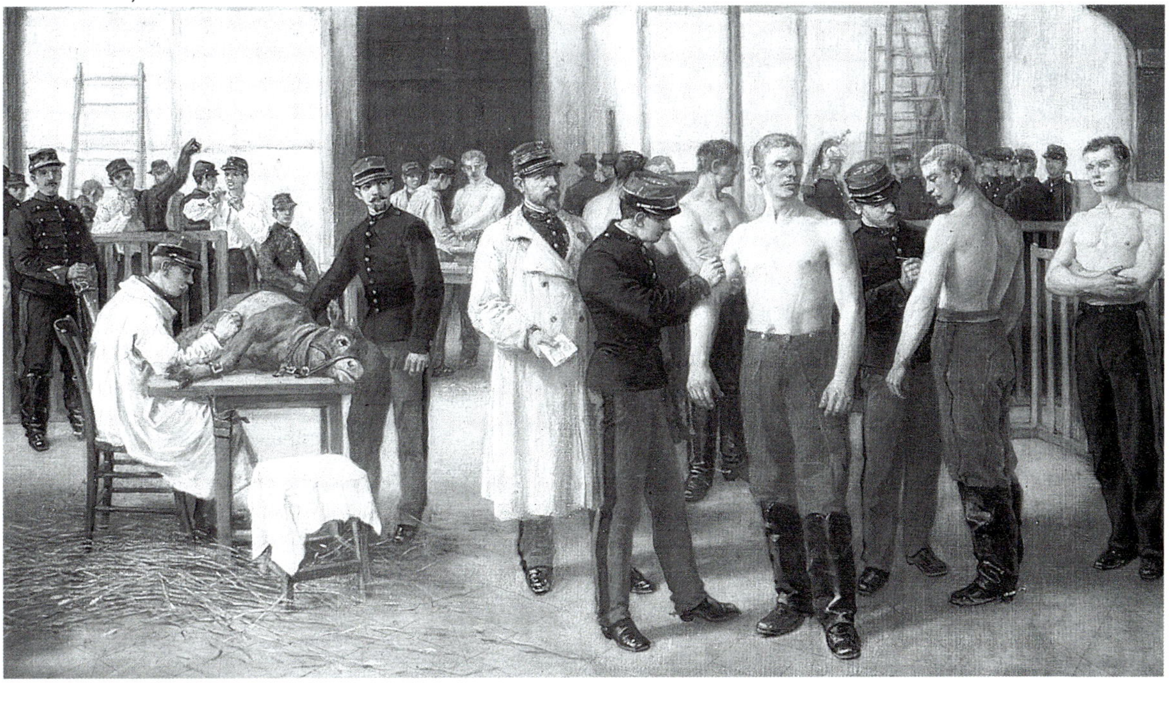

La vaccination devient un devoir de la République envers ses enfants, à commencer par les militaires.

(A. TOUCHEMOLIN, « SÉANCE DE VACCINATION AU VAL-DE-GRÂCE EN 1911 » ; MUSÉE DU VAL-DE-GRÂCE, PARIS.)

choisit la prévention par l'exode. Dans la lancée renaissent les craintes les plus irrationnelles : à Paris, en 1832, c'est tout naturellement les dissidents politiques, les carlistes, les républicains qu'on accuse d'empoisonner les eaux. La rumeur renaît à Lille et à Lyon en 1854, qui fait s'écarter des puits. Et même en 1918, après avoir incriminé quelque temps des conserves venues d'Espagne, il en est pour se persuader que la grippe a été envenimée par les germes pathogènes prodigués par des espions allemands. Pourquoi, au moins au XIXe siècle, mettrait-on le holà à des ragots qui ont le mérite d'occuper les esprits ?

LE « FLÉAU SANS IMAGINATION » DU CHOLÉRA

Qu'est-ce que le choléra ? [...] Qu'est-ce que cette grande mort noire armée de sa faux, qui, traversant les montagnes et les mers, est venue, comme une de ces terribles pagodes adorées aux bords du Gange, nous écraser aux rives de la Seine sous les roues de son char ? Si ce fléau fût tombé au milieu de nous dans un siècle religieux, qu'il se fût élargi dans la poésie des mœurs et des croyances populaires, il eût laissé un tableau frappant. Figurez-vous un drap mortuaire flottant en guise de drapeau au haut des tours de Notre-Dame, le canon faisant entendre par intervalles des coups solitaires pour avertir l'imprudent voyageur de s'éloigner ; un cordon de troupes cernant la ville et ne laissant entrer ni sortir personne, les églises remplies d'une foule gémissante, les prêtres psalmodiant jour et nuit les prières d'une agonie perpétuelle, le viatique porté de maison en maison avec des cierges et des sonnettes, les cloches ne cessant de faire entendre le glas funèbre, les moines, un crucifix à la main, appelant dans les carrefours le peuple à la pénitence, prêchant la colère et le jugement de Dieu, manifestés sur les cadavres déjà noircis par le feu de l'enfer.

Puis les boutiques fermées, le pontife entouré de son clergé, allant, avec chaque curé à la tête de sa paroisse, prendre la châsse de sainte Geneviève ; les saintes reliques descendues et promenées autour de la ville, précédées de la longue procession des divers ordres religieux, confréries, corps de métiers, congrégations de pénitents, théories de femmes voilées, écoliers de l'Université, desservants des hospices, soldats sans armes ou les piques renversées ; le *Miserere* chanté par les prêtres se mêlant aux cantiques des jeunes filles et des enfants ; tous, à certains signaux, se prosternant en silence et se relevant pour faire entendre de nouvelles plaintes.

Rien de tout cela : le choléra nous est arrivé dans un siècle de philanthropie, d'incrédulité, de journaux, d'administration matérielle. Ce fléau sans imagination n'a rencontré ni vieux cloîtres, ni religieux, ni caveaux, ni tombes gothiques ; comme la Terreur en 1793, il s'est promené d'un air moqueur, à la clarté du jour, dans un monde tout neuf, accompagné de son bulletin, qui racontait les remèdes qu'on avait employés contre lui, le nombre des victimes qu'il avait faites, où il en était, l'espoir qu'on avait de le voir bientôt finir, les précautions qu'on devait prendre pour se mettre à l'abri, ce qu'il fallait manger, comment il était bon de se vêtir. Et chacun continuait de vaquer à ses affaires, et les salles de spectacles étaient pleines. [...]

Le choléra avait pourtant sa terreur : un brillant soleil, l'indifférence de la foule, le train ordinaire de la vie, qui se continuait partout, donnaient à ces jours de peste un caractère nouveau et une autre sorte d'épouvante. [...]

Comment le fléau passa-t-il, étincelle électrique, de Londres à Paris. On ne le saurait expliquer. [...]

Chateaubriand, « Mémoires d'outre-tombe », Club français du Livre, 1969, t. IV.

Ce siècle de philanthropie

Peut-être est-il plus licite de faire, assez tôt, une lecture inversée des désordres. Du côté des pouvoirs, d'abord : le sang-froid dont ils se targuent n'est pas qu'une idée reçue des milieux officiels ; leur réponse est tôt impressionnante, qui mobilise, à contre-courant, les énergies et les ressources de l'Administration, à plus forte raison en 1870-71 et en 1918 où, si les besoins de la guerre ont rodé les pratiques de mobilisation, d'autres urgences s'imposent. Si les défaillances individuelles sont longtemps bien réelles, s'il arrive que des médecins en profitent, dans une situation de concurrence acharnée, pour affermir un pouvoir que ne justifie pas, longtemps, la compétence, le récit même que le XIXe siècle fait de leurs faiblesses atteste leur caractère grandissant d'exception. L'inversion du regard est encore plus significative quand elle s'applique à l'ensemble des populations. Quelle foi accorder à ces évaluations de fuyards qui ne s'appuient sur aucune comptabilité réelle ? Pourquoi exagérer une ferveur religieuse qui peut bien gonfler les processions et les messes, fait retrouver aux Marseillais le chemin de Notre-Dame-de-la-Garde – un peuple immense de 30 000 fidèles massés au centre de la ville en 1833 –, ravive le pouvoir des saints guérisseurs, répand les bruits de miracle, mais ne dégénère jamais ? Le récit contemporain se nourrit à la fois des traditions littéraires et des *topoï* de la peste, et du goût nouveau du sensationnel journalistique. Faut-il prendre à la lettre cet auteur marseillais de 1845 : « [...] les maisons ne donnaient signe de vie que pour rejeter les corps que le choléra y avait tués » ? Chateaubriand ne s'y trompait pas dès 1832, en opposant la « grande mort noire armée de sa faux » du choléra à « ce siècle de philanthropie, d'incrédulité, de journaux, d'administration matérielle ». Lui-même a beau « frissonner », sentir « des crampes dans les jambes » ; il ne veut point « sonner de peur » et une nuit à suer le tire d'affaire.

À l'encontre des exagérations littéraires, Olivier Faure met à juste titre l'accent sur la minceur des inquiétudes et des réactions d'une population dont le calme relatif contraste avec les paniques d'autrefois. L'abandon des malades n'est-il pas qu'exagération épisodique d'une précaution logique et salutaire ? Tout traduit une sensibilité nouvelle aux choses du corps, repérable dès la monarchie de Juillet. On apprend empiriquement à reconnaître les symptômes du mal, à distinguer leur spécificité, ceux de la variole depuis longtemps, ceux du choléra vers le milieu du XIXe siècle. Contre beaucoup de médecins, le petit peuple en vient à croire dès 1832 à la contagion épidémique, dont seule la révolution pasteurienne va venir prouver la validité. Il lui suffit de repérer les mobilités simultanées des hommes et de la mort, la coïncidence de leurs concentrations géographiques : au village, il n'est pas besoin de prescription pour isoler les mourants, en ville pour éviter l'hôpital et ses entassements.

Le droit aux soins

C'est bel et bien une exigeante demande de soins qui façonne peu à peu les prétendues émotions populaires. La ruée est générale (dans le Sud-Est du moins), donc forcément désordonnée, vers les drogues réputées protectrices ou curatives, et l'on se gorge d'alcools et d'élixirs supposés stimulants. Si l'on se détourne bien d'un médecin aussi cuistre qu'inefficace, et encore plus de l'hôpital, c'est pour se tourner vers le pharmacien et le médicament. Le

« véritable affolement » qui secoue Paris lors d'un regain de variole en 1907 et multiplie les scènes de désordre aux portes des infirmeries ? La foule ne se panique pas de la menace, elle se précipite vers la protection du vaccin. Le bouleversement thérapeutique qu'entraînent à la fin du siècle les découvertes de Pasteur naît sans doute du développement de la science médicale : il vient aussi répondre, à temps, aux exigences d'une population désormais médicalisée, moins par un encadrement compétent que par sa conversion à la cause de la santé. L'éloignement géographique des « pestes » du XIXe siècle s'ajoute à la nouvelle efficacité des prophylaxies et des soins pour que la bourrasque épidémique s'étiole en familiarité endémique : la mort devient une affaire de mauvaise chance statistique et de destinée singulière, pas de catastrophe collective.

« La triade des pestes contemporaines »

Pas de cimetières submergés, pas de villes bouleversées, pas de foules apeurées. En 1888 pourtant, le professeur Chauveau est formel, la tuberculose est « un véritable fléau ». Depuis 1880, en effet, les constats d'évidence se multiplient. Au total, 9 millions de Français en seraient morts en un siècle, vingt fois plus que du choléra. Pour le *Larousse du XXe siècle,* c'est la maladie la plus répandue, qui tue à la Belle Époque 150 000 personnes par an, en un perpétuel et accablant recommencement.

Hérode en France

Voilà que, à peu près dans le même temps, on découvre l'autre catastrophe biologique, celle de la syphilis. Les statisticiens ne sont pas moins assurés que pour la tuberculose : à l'aube du XXe siècle, elle expliquerait 15 à 17 p. 100 de la mortalité nationale, 13 à 15 p. 100 des Parisiens en sont gangrénés, et peut-être 4 millions de Français, un sur dix, en 1902. Une estimation qui sera reprise en 1925 par la très officielle Commission de prophylaxie des maladies vénériennes, pour lui attribuer 80 000 morts à l'année, dont 28 000 enfants : « Hérode règne en France. » Désormais la simple logique mathématique dérape, à moins que l'observation ne se perfectionne : en 1929, on affirme qu'en sont morts 1,5 million de Français en dix ans, qu'elle menace 8 millions de malades ; en 1943, c'est à la fois de 200 000 décès par an et d'un manque de 300 000 naissances qu'on l'accusera.

Dans un cas comme dans l'autre pourtant, le mal n'est pas une nouveauté du XIXe siècle à sa maturité. La « grande vérole » était bien connue en Europe depuis que les soudards de Charles VIII l'avaient ramenée de Naples. Dans les années 1840-1850, on avait d'ailleurs tendance à baisser les bras devant un mal encore difficile à repérer, dont les traitements mercuriels se révélaient finalement décevants, pour lequel on avait dû renoncer très vite à l'espoir (entre 1840 et 1852) d'une vaccination préventive, en France du moins.

Jusqu'aux années 1870-1875, les travaux médicaux ne font que se répéter sur l'épidémiologie de la syphilis et sur ses possibles thérapeutiques. De même pour la tuberculose, décrite et identifiée dès la fin du XVIIIe siècle, et dont le diagnostic est assuré depuis Laennec et l'auscultation au stéthoscope (1819). Mieux – ou pire –, l'indifférence française avait longtemps contrasté avec les inquiétudes de pays méditerranéens cependant encore accablés de récurrences pesteuses. Dès 1751, un édit espagnol avait ordonné de brûler le linge et les meubles de ses victimes, et, depuis 1752, le royaume des Deux-Siciles obligeait à l'hospitalisation. C'est en Allemagne que s'ouvre, en 1854, le premier sanatorium ; et les premières statistiques fiables, autour de 1900, révèlent l'avance prise par les pays anglo-saxons, scandinaves, et même l'Italie dans l'identification et la prise en compte de la tuberculose.

La mort chronique de la race humaine

N'est-ce pas parce que, longtemps, elle constitue un chapitre de l'histoire littéraire ou spirituelle plutôt qu'une page de la chronique médicale ? La liste est longue des « embêtements bleuâtres du lyrisme poitrinaire » pour parler comme Flaubert. La phtisie est une des composantes de ce mal de vivre où s'incarnent la sensibilité romantique et son sens du tragique. L'une et l'autre survivent longuement dans un certain catholicisme qui s'écœure de la prison de chair, corrompt de thaumaturgie l'espoir de la prière, va sanctifier le

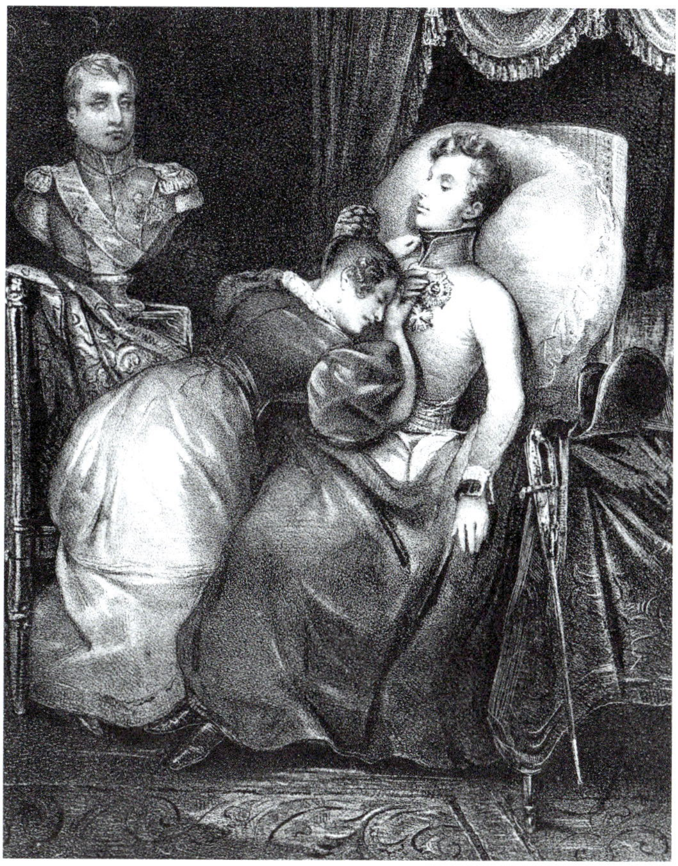

Phtisique, le jeune duc de Reichstadt, à qui l'histoire refuse une place digne de son nom, accède par sa mort au panthéon des héros romantiques.

(D'APRÈS TASSAERT, « LA MORT DU DUC DE REICHSTADT », LITHOGRAPHIE, MUSÉE CARNAVALET, PARIS.)

renoncement à la vie de ses vierges et de ses moniales. La tuberculose demeure, pendant tout le XIXe siècle, une maladie de l'innocence, c'est-à-dire de la jeunesse. Les premières statistiques confirment l'intuition : entre 1858 et 1866 à Bordeaux, c'est trois fois sur quatre avant 40 ans qu'on en meurt, plus d'une fois sur deux avant la trentaine ; et, à la veille de 1914, si l'on en croit les frères Bonneff, c'est entre 25 et 35 ans qu'y succombent les tisseuses de Lille et de Roubaix. L'étouffement dans la salle commune n'a pas le charme de la grande scène finale d'hémoptysie où meurent les héroïnes romantiques ; mais, si l'on mesure le nombre de ses victimes illustres, comment imaginer qu'elle n'est pas, aussi, le prix à payer du génie ou de la sainteté ? Jusqu'au XXe siècle, la tuberculose demeure, en même temps qu'une pathologie du corps, pour reprendre le titre d'I. Grellet et C. Kruse, une des « fièvres de l'âme ». Or, la syphilis suit les mêmes voies, même si sa fortune littéraire est plus tardive et si, à la fin du siècle, elle emprunte à la fois les voies de l'imagination alambiquée des symbolistes et celles de la sécheresse clinique du naturalisme. Peu présente ou allusive chez Balzac et chez Zola, elle éclate en forfanterie chez Théophile Gautier, et surtout chez Flaubert et Maupassant, l'un et l'autre portés à mêler les exploits priapiques et l'inspiration romanesque. L'« avarie », comme on dit, est à la mode « fin-de-siècle », qu'on la garde dans des écrits intimes qui tiennent le journal de ses dégâts progressifs – A. Daudet, J. de Goncourt – ou qu'elle nourrisse la fiction – avec un J.-K. Huysmans surtout. En elle aussi on soupçonne que le génie créateur se niche quelque part : « le tréponème propage l'intensité dramatique de la vie » (Léon Daudet), et il y aura même en 1929 un romancier médical pour mettre en garde contre son éradication !

Les contagions du libertinage

Le contexte moral de la syphilis explique qu'elle demeure une « maladie secrète ». Et mal connue jusqu'aux années 1880. Le tournant n'est pris qu'en 1879 – l'année même où Pasteur en distingue définitivement la blennoragie en identifiant son gonocoque –, avec la création d'une chaire de dermatologie et de syphiligraphie pour Alfred Fournier. Jusqu'à la Première Guerre mondiale, celui-ci fait de l'hôpital Saint-Louis le grand centre européen de vénérologie. On apprend à repérer la marche du mal, ses stades successifs, l'éloignement de ses accidents tertiaires. En 1905, c'est la découverte de son agent spécifique, le tréponème pâle, par des chercheurs allemands puis, bientôt (1906-1911), la mise au point du Bordet-Wassermann, un test de dépistage. Or, voilà qu'en même temps on soupçonne que la syphilis est partout. Très tôt, A. Fournier avait montré son rôle dans le tabès ; contre nombre de psychiatres, il l'affirme aussi dans la genèse de la paralysie générale : en 1910, le repérage du microbe dans l'écorce cérébrale des malades lui donne raison. Et les aliénistes, qui ne le voyaient nulle part, ont désormais tendance à ne considérer que lui ; dans les années 1930, c'est l'ensemble du corps médical qui va le traquer derrière toutes les affections qu'il ne parvient pas encore à expliquer. Or, à aucun moment, les succès thérapeutiques ne sont à la mesure des progrès de la clinique, les arsénobenzènes dans les années 1910, le bismuth à compter de 1921. On s'effraie surtout de ce que le blanchiment de « débuts bruyants » n'est pas la guérison, et que celle-ci ne se signe pas d'une sérologie négative. Voilà enfin les contagions « imméritées hors du monde de la galanterie », par la médiation d'un mari volage, par la négligence d'une faute de jeunesse : la syphilis, devenue l'obsession du XXe siècle naissant, révèle la complexité des chaînes de contamination, en même temps que l'impuissance à la guérir : elle demeure du domaine du non-dit malgré la terreur – voyez Julien Green – qu'elle suscite et se réfugie derrière les artifices des mots.

Le temps de survivre

Par là, elle rejoint l'univers clair-obscur de la tuberculose, dont on a les mêmes raisons de s'effrayer. Le « mal anglais », un « morbus viennensis », un état de « langueur », une incertaine « maladie de poitrine » : le vocabulaire laisse planer l'incertitude alors même que le diagnostic se fait plus sûr. À la longue ignorance des mécanismes du choléra, on peut opposer la reconnaissance précoce de la contagiosité de la tuberculose, évoquée dès 1865 par Villemin dans une note à l'Académie de médecine. En 1882, Koch a isolé son bacille, et l'application est presque immédiate de la découverte des rayons X par Roentgen en 1895 pour assurer son diagnostic pulmonaire. Mais le mal résiste à la connaissance qu'on en a : comme pour la syphilis, le flottement

« Voulez-vous monter chez moi, mon petit monsieur... ? » Mais, plus efficace que les recommandations des pères, la crainte de la syphilis, désormais démasquée, rend les jeunes prudents.

(J.-J. GRANDVILLE, V. 1840, MUSÉE CARNAVALET, PARIS.)

thérapeutique est moins le signe de charlatanisme qu'un désordre engendré par la minceur de l'efficacité. Après que le XIXe siècle a tâté du soufre, du quinquina, de l'ergot de seigle, des décoctions d'orge et du sulfate de quinine, hésité entre la suralimentation et la diète, le mouvement et la tranquillité, c'est dans les hôpitaux et les sanas qu'on expérimente les remèdes les plus étranges : l'espoir mis dans les sels d'or renvoie à celui de la panacée qu'incarnaient, un siècle auparavant, le lait d'ânesse, voire la vapeur des étables.

Entre-temps, les phtisiologues ont croisé les voies les plus neuves, la vaccination, la chirurgie thoracique, la psychanalyse. Les résultats ne sont pas minces, loin de là, pas plus qu'en syphiligraphie qui, elle aussi, continue à la Belle Époque à se mouvoir dans la publicité envahissante des remèdes miraculeux contre les « maladies secrètes ». Il n'en reste pas moins que, du coup, on n'ose pas toujours poser le diagnostic : parce que les symptômes sont polysémiques et trompeurs, parce que l'évolution s'arrête de rémissions inexplicables, peut s'accélérer de rechutes imprévues. Encore une fois, comme la syphilis. L'une et l'autre demeurent la maladie du voisin, de l'ami, du parent, dont on ne parle pas pour soi-même. La visite au médecin prend des allures d'entretien mondain ou de leçon de morale, qui invite aux précautions et au repos. Le terme, même s'il est fatal, est lointain : pourquoi ne pas laisser aux malades ce temps de vivre qui n'était pas accordé aux varioleux et aux cholériques ? Entre les deux guerres encore, la tuberculose va se dissimuler sous le langage hermétique des codages médicaux et, en 1932, A. Samy, qui s'en est sorti, évoque le mystérieux classement de la densité des bacilles qui joue de la taille des lettres et de la couleur des crayons qui les tracent. Il est vrai que les témoignages ne viennent guère du petit peuple, sans doute objet de moins de ménagement. Il est des ouvriers pour préférer à l'improbable guérison de l'hôpital la lente extinction d'une retraite au pays natal. Mais n'est-ce pas aussi la reconnaissance, d'une autre manière, de l'inexorable marche à la mort ?

La phtisie se prend sur le zinc

Le troisième fléau qui alarme la fin du siècle n'a pas, lui, ce long passé de la syphilis et de la tuberculose. Voilà qu'autour des années 1860 un certain docteur Lancereau écrit dans le *Dictionnaire des sciences médicales* qu'il est au moins une autre cause de « décimation de plusieurs provinces », et dont les effets « agissent à l'égal des épidémies » : c'est l'« absinthe morbus », qui a tué plus de Français que le choléra, et plus généralement l'alcoolisme, dont une remarquable école de cliniciens commence à étudier les effets. Personne ne doute d'ailleurs qu'il ne favorise ou n'aggrave les derniers éclats du choléra lui-même : sur les 17 morts d'Yvetot en 1873, 12 n'étaient-ils pas des ivrognes ? Déjà, on soupçonne son rôle dans la tuberculose, les observations se multiplient dès les années 1870, qui donnent autant de preuves. Le docteur Lancereau, toujours lui, se fonde sur quarante ans de pratique parisienne : sur 2 392 cas de tuberculose qu'il a soignés, 1 229 étaient dus à l'alcool ; et il estime, vite, qu'un alcoolique sur deux devient tuberculeux. « La phtisie se prend sur le zinc » : l'aphorisme est brutal, mais il n'est mis en doute par personne, les cartes superposées des deux maux ne démontrent-elles pas leur coïncidence ? Et comme l'alcool mène à tout, il conduit aussi, logiquement, à la syphilis. D'abord parce que le débit de boissons est l'occasion de la rencontre prostitutionnelle et qu'il contribue à inhiber le sens moral. Mais, surtout, parce que, comme pour le bacille de Koch, il prépare le terrain, accélère la marche du mal, atténue les rémissions, favorise les rechutes : « Un syphilitique qui ne boit pas [...] est un syphilitique à moitié sauvé ! »

Le plus vieux calmant du monde

Or, la seconde moitié du XIXe siècle est justement en train de noyer la France dans l'alcool et l'alcoolisme. Tout y concourt. La révolution de l'alambic moderne, une puissante industrie capable de transformer de nouvelles substances – dont le jus de betterave – en une production de masse. L'intensification des échanges : le wagon-foudre et le bateau-citerne. L'augmentation de la demande : longtemps un médicament, l'alcool profite du souci de santé ; ses vertus anesthésiques font place à son rôle d'antiseptique, que ce soit pour chasser le charbon des poumons au sortir de la mine, ou la poussière du coton aux portes des fabriques du Nord ; la fin du XIXe siècle offre des centaines de vins cuits, suralcoolisés, réputés préventifs, curatifs, ou simplement fortifiants. La montée du niveau de vie

L'absinthe, la « Muse verte » des écrivains, est en fait un alcool particulièrement nocif, responsable de véritables ravages sur le système nerveux.
(« L'ABSINTHE », B.N.)

enfin : plus que jamais, le bistrot est le lieu de la sociabilité populaire ; mais l'alcoolisme de la misère – celui de la compensation calorique – tend à s'estomper devant celui du mieux-être, où le vin, symbole des vertus de force, se démocratise en même temps qu'il progresse dans une France du Nord qui lui était restée étrangère.

Et puis, il y a surtout les boissons à essence, dont on vante les qualités apéritives et digestives, qui prennent la place des eaux-de-vie ; avant tout, l'absinthe. Rapportée d'Algérie par quelques officiers dans les années 1830, sa production triple (+ 280 p. 100) entre 1880 et 1900. En fait, en cette fin de siècle, tous les signaux de l'imprégnation alcoolique sont à la hausse accélérée. Entre 1831-1834 et 1895-1899, la consommation par tête d'habitant double et au-delà ; le nombre des débits progresse de 80 p. 100 – de 280 000 environ à 508 000 vers 1935 –, de 32 p. 100 dans les seules décennies de la Belle Époque (1881-1911). Et dans les pays à pommiers, les alambics domestiques fournissent douze fois plus d'alcool en 1913 qu'en 1869. Aucune statistique ne prend bien sûr en compte une fraude que l'on devine grandissante. Des grandes villes, l'alcoolisme passe aux petites, puis aux campagnes. Les habitudes vernaculaires se brouillent dans une poly-alcoolisation du pays qui efface nuances régionales et différenciations sociales. « Les Français sont le peuple le plus alcoolisé du monde », s'effraie-t-on en 1915. La nouvelle infection ne doit rien à la fatalité biologique ; mais elle vient la relancer sous d'autres espèces, en cette « triade des pestes contemporaines » que sont, pour E. Pierret, l'« avarie », l'alcoolisme et la tuberculose.

« Les monstres invisibles »

A coup sûr, leur fortune naît, aussi, de l'effacement des grandes maladies infectieuses. À l'inverse de ce qui s'était passé pour celles-ci, la connaissance clinique et les propositions thérapeutiques accompagnent, à peu près exactement, la chronologie de leurs dégâts. De là à n'y voir que l'invention d'une médecine prompte à se justifier par des fléaux de remplacement... à ces « calamités passagères qui surgiss(aient) à l'improviste et disparaiss(aient) d'elles-mêmes »... C'est que, justement, les nouveaux maux ont une stabilité et une permanence qui semblent se jouer des avancées médicales. Et, d'ailleurs, le progrès lui-même ne sue-t-il pas l'angoisse ? Au fur et à mesure qu'il se déployait, n'a-t-il pas en même temps révélé l'ampleur des ignorances et créé de nouvelles zones d'ombres et d'inconnues ? Le recul, de fait, de la variole et du choléra ne signifie pas, en effet, la maîtrise absolue de leur étiologie et de leur thérapeutique.

Le choléra ? On avait eu tôt fait de repérer qu'il était, aussi, enfant d'une certaine modernité, de la multiplication des déplacements, de l'accélération des voyages ; arrivé en 1832 avec les bateaux, il s'était propagé le long des cabotages ; son aggravation de 1854 reflétait la révolution des transports – des échanges quatre fois plus massifs qu'au début de la monarchie de Juillet – et l'irrigation plus dense du marché national, au fil des fleuves et, déjà, de Douai au Havre, des lignes de chemin de fer. Du côté de la variole, plusieurs décennies ont vécu sur l'absolu de la vaccination, et la consternation des années 1845-1865 a été à la mesure de l'espérance déçue. Au début du XXe siècle, ne croit-on pas un instant que la tuberculine va permettre une protection identique contre la tuberculose ? Quant au B.C.G., laborieusement mis au point en 1921, sa carrière sera bloquée net moins de dix ans plus tard par la catastrophe de Lübeck, qui fait 209 malades et 71 morts sur 252 enfants vaccinés ; il importera peu qu'après coup on ait su qu'était seul en cause un défaut accidentel de fabrication... Jusqu'au test de Bordet-Wasserman, dont on va s'apercevoir dès les années 1920 qu'il n'est pas totalement fiable !

Vers une hypocondrie fin-de-siècle

Chaque progrès de la médecine relance le doute, et l'inquiétude, au moins autant qu'il fait reculer la maladie. C'est l'autre visage de la révolution pasteurienne : elle révèle l'omniprésence des microbes – ils « pénètrent notre corps par milliards », écrit-on en 1886 –, mais ne sait guère expliquer leur perversion pathogène. Ainsi, à partir de 1895, on sait que le bacille de la typhoïde peut être présent dans les fèces hors des épisodes épidémiques, et Roux repère le germe de la diphtérie dans la bouche d'enfants bien portants. La notion de porteur sain paraît créer plus de dangers qu'elle n'en dissipe. Et la découverte de la primo-infection révèle que 90 p. 100 des gens ont rencontré le bacille de Koch. Pourquoi lui ont-ils résisté ? qu'en sera-t-il demain ? pourquoi ? comment ? Déjà, la découverte des « tubercules » avait éclairé la chronique du mal ; elle n'avait fait qu'aggraver le

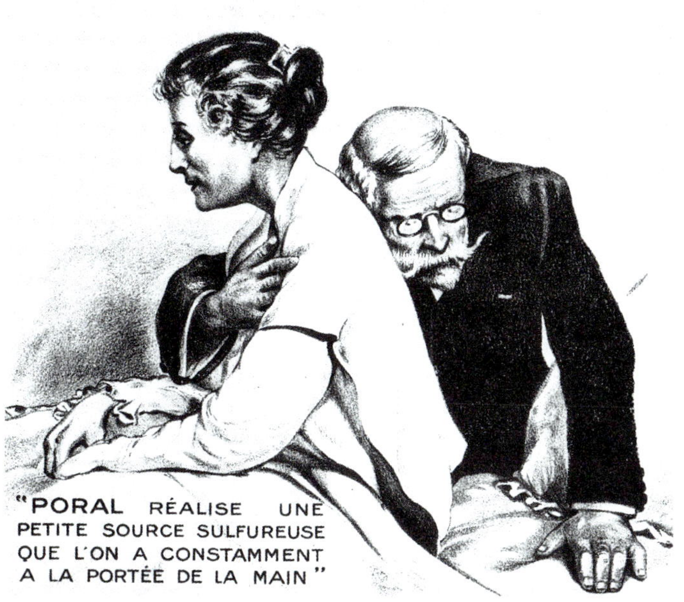

Une toux sèche, insistante, et aussitôt l'on y songe sans oser la nommer...

(PUBLICITÉ DES ÉTABLISSEMENTS CHATELAIN POUR LE PRODUIT PORAL, V. 1920, B. N.)

pronostic en montrant qu'il ne s'agissait pas d'un simple phénomène inflammatoire.

Voilà que les « Monstres invisibles » (titre d'un traité d'hygiène de 1891) sont partout sans que l'on sache très bien s'ils demeureront innocents ou s'ils deviendront virulents. Et lorsque, dans les années 1920, on réussira à guérir un certain nombre de tuberculeux, ce n'est pas sur un mode optimiste que sera vécue cette première victoire : les malades guéris (et ils seront de plus en plus nombreux, de plus en plus proches) ne vont-ils pas rechuter ? Le maître d'école qui a survécu au sana ne va-t-il pas infecter ses élèves ?

L'objet le plus familier devient une menace, le bec de la fontaine, le jouet d'enfant, le billet de banque, le siège des W.-C., le linge domestique, les draps d'hôtel, les ustensiles de bureau, qui peuvent véhiculer le redoutable tréponème. Et les mains du boucher, les ciseaux du coiffeur... Après Pasteur, le mal, qui peut être le pire, n'est plus cantonné dans l'espace et le temps de l'épidémie : il est au cœur du quotidien et du bonheur, celui de la maison, de la famille. Le voilà à l'hôpital, sur les mains du chirurgien. On se rend compte que la fièvre puerpérale naît de la maternité même, etc. Au fur et à mesure que la médecine répond à la demande des soins et à l'exigence de la santé surgissent les nouvelles causes du malheur. Il y a de quoi s'y perdre, et l'hypocondriaque fin-de-siècle peut bien être le nouveau malade imaginaire : la connaissance de soi entraîne l'autoauscultation et les fantasmes qu'elle peut provoquer. C'est, au niveau de l'individu, l'intériorisation de la nouvelle peur : le XIXe siècle, qui s'est débarrassé des fléaux épidémiques, tire des progrès mêmes de la science la certitude d'une latence de la catastrophe biologique.

« Le papa pochard, la maman pocharde, un tonnerre de Dieu de cambuse (...) qui empoisonnait la liqueur. » (Émile Zola, « l'Assommoir ».)

(J. DELPECK, « LA FÉLICITÉ PARFAITE », LITHOGRAPHIE, FIN XIXe SIÈCLE, B.N.)

XXII

au Péril de la race

On sait donc à la fin du XIXe siècle que la catastrophe biologique n'emprunte plus guère en France les voies de la propagation épidémique, mais qu'elle s'y insinue par le biais de « ces fléaux permanents frappant sans relâche sur l'espèce humaine et la décimant de manière continue » (professeur Chauveau)... « Le mal est en nous ». □

Car le caractère insidieux des nouvelles pestes n'est pas ce qu'elles ont de moins inquiétant. Au goutte à goutte de l'alcoolisme qui « infiltre peu à peu son venin dans le sang et le cerveau » (Levasseur, en 1907), pour tuer lentement, répond la douceur de l'incubation tuberculeuse, sournoise et patiente, et aussi trompeuse que le sommeil au long cours de la syphilis, toujours prête à réapparaître après une cautérisation sur laquelle on fonde un moment de grands espoirs dans les années 1870. La certitude de diagnostic ne naît que de l'irréversibilité des dégâts.

Le fumier de toutes les pourritures

Chacun de ces nouveaux maux n'en est pas moins identifié et défini par une spécificité clinique de plus en plus assurée. Or, au fur et à mesure que leur connaissance progresse, on a l'impression d'avoir affaire à un complexe où ils se croisent pour se relayer et se relancer les uns les autres. Les syphiligraphes ont eu tôt fait de déboucher sur la paralysie générale et l'affaiblissement mental. Ils ne sont pas au bout de leurs découvertes à propos d' « un fumier où végètent toutes les pourritures ». Un peu plus tard, on va soupçonner son rôle dans la cancérisation et, si son successeur Jeanselme est plus nuancé, un certain docteur Vernes posera à la fin des années 1930 l'équation, « sans syphilis antérieure, pas de cancer ». De même, Esquirol estimait dès 1831 que « la phtisie cause ou du moins précède l'aliénation mentale et alterne avec elle ». Puis des centaines d'observations notent la mélancolie, le caractère ombrageux, l'alternance d'abattement et d'excitation, voire la manie de la persécution de maints poitrinaires ; en 1939, une thèse finira par poser la notion de « folie tuberculeuse ». Il y avait bien longtemps qu'on savait que l'alcool rendait fou et criminel, et qu'il pouvait aussi entraîner l'épilepsie et la tuberculose. En fait, pour chacune des trois « pestes contemporaines », on peut lire dans tous les sens la chaîne des causalités ; mais aussi la dérive vers l'accusation de déranger la raison. L'idée se fait jour qu'on ne peut séparer l'infection des corps du désordre, multiple, des esprits.

Les ruines de la morale

Déjà les démographes du XVIIIe siècle, Moheau, Messance, étaient prompts à incriminer les « émotions de l'âme » et « l'excès des passions » parmi les facteurs de mortalité. Le choléra avait démontré, on n'en doutait point, que la débauche et l'incontinence y prédisposaient les libertins, que la propension à la colère y poussait les esprits vindicatifs. À la fin du XIXe siècle, on lit de même façon la marginalité sociologique de la variole : c'est aux individus les moins recommandables qu'elle s'attaque, l'esprit de bravade attire l'infection. Quant à la tuberculose, on a dès l'Ancien Régime soupçonné la masturbation et, en 1875, il en est pour placer les abus vénériens bien avant la détresse matérielle parmi les facteurs qui lui préparent le terrain. Ne sont-ils pas souvent la cause directe de l'hémoptysie, qui survient en pleine jouissance amoureuse ? Toute une littérature fonde l'unité de la double déchéance. De *la Fille aux yeux d'or* de Balzac à la *Germinie Lacerteux* des Goncourt en passant par la saga des Dames aux camélias, la tuberculose est la rançon biologique d'une déviance morale, saphisme ou prostitution. Ne parlons pas de la « faute de jeunesse », que le syphilitique expie pendant toute une vie. Au début même du XXe siècle, la mythologie des « Embrasés » et des orgies sanatoriales prend le relais. La maladie prolifère sur les ruines de la morale et de la raison.

Perversion des corps, perversion des âmes

La Belle Époque renverse le sens des causalités. C'est de l'invasion du bacille de Koch et du tréponème que naissent le désordre des esprits et la transgression des conduites, l'alcool aidant à croiser les maux puisqu'il est partout.

On ne meurt pas de la folie, et c'est pourquoi, longtemps, elle n'a intéressé qu'une minorité de spécialistes. Or, la fin du siècle s'aperçoit, avec quelque effroi, qu'elle a marché du même pas, et même plus vite, que les infections microbiennes. Entre 1835 et 1900, le nombre des malades mentaux a augmenté de 400 p. 100, 87 500 cette année-ci, 98 500 dix ans plus tard, une moyenne de 20 000 internements nouveaux par an. Le débat médical s'organise au moins autant autour des maladies nerveuses qu'à propos de la syphilis et de la tuberculose, et il suscite autant de brillantes vocations et d'interrogations ; un instant, on se demande même si elles ne seraient pas contagieuses... Les cartographies de la population asilaire collent à celles de l'excès alcoolique et de la tuberculose. Pourquoi ne pas soupçonner un système de corrélation généralisé ? Ce que n'hésitent pas à faire les talentueuses thèses de psychiatrie alcoolique qui se multiplient entre 1870 et 1890.

Et voilà que l'on franchit le pas qui mène du malade ou du fou au criminel. L'alcool fournit toujours la plus assurée des médiations. Il fait de l'homme « une bête féroce » et nourrit « l'armée du crime » dans un contexte général de « dépravation des sentiments ». De fait, dès 1858, les Comptes généraux de la justice l'ont mis en cause dans la crise de la violence et, à partir des années 1870, plus personne ne doute de son rôle. Ce qui valait pour démontrer les liens avec la folie vaut encore plus pour prouver les liaisons de l'infection biologique et de la criminalité. Encore une fois, les géographies sont semblables et la chronologie tout aussi angoissante. On sait, depuis Louis Chevalier, à quel point la monarchie bourgeoise s'était déjà alarmée de cette montée globale des périls ; mais elle la voyait à travers l'exagération parisienne. À la fin du siècle, c'est l'ensemble du pays qui paraît se pourrir. Dans les années 1890, le nombre des homicides a augmenté de 30 p. 100 par rapport au second Empire et celui des incendies criminels de moitié, celui des vols a doublé et celui des coups et blessures quadruplé ! Le président de l'académie de Rouen ne semblait pas s'être trompé, qui annonçait en 1860 que la perversion des mœurs était inséparable de celle des corps.

Menaces sur l'ordre social

Entre-temps, la défaite, l'invasion et surtout l'insurrection de 1871 ont révélé que la crainte n'était pas vaine, la menace encore plus large qu'on

L'alcoolique : « Il boit les larmes, le sang, la vie de sa femme et de ses enfants » aurait dit Lamennais, si l'on en croit une leçon destinée aux écoliers au tournant du siècle.

(ANDRÉ GIL, « L'HOMME IVRE », 1890, B.N.)

ne le croyait, et le pire vraisemblable. Dans l'atmosphère de crise nationale, de peur et de haines sociales qui suit la Commune de Paris, on ne se contente pas d'activer les conseils de guerre : l'Académie de médecine, elle aussi, réunit une commission spéciale. L'idée était ancienne que la dissidence allait de pair avec la maladie : on avait hasardé, ici et là, que le choléra louis-philippard marquait sa prédilection pour les carlistes et les républicains. Cette fois-ci il s'agit de tout autre chose, puisque c'est l'ordre social lui-même qui a été menacé de destruction. Les conclusions de l'Académie de médecine sont nettes : nombreux sont parmi les insurgés blessés ceux qui ont fait des crises de « délirium tremens », ce condensé violent de dérèglement physique et mental. La Commune s'est faite dans « une sorte d'ivresse permanente », une vaste « éruption d'alcoolisme ». On se souvient alors des « ouvriers

Derrière la prostitution se cache un réel danger pour l'armée française : la syphilis. La prostitution sera limitée en 1946, avec la loi dite Marthe Richard, qui supprime notamment les maisons de tolérance.

(« SOLDATS AU BORDEL », DÉTAIL ; GRAVURE ANONYME, FIN XIXe S.)

exaltés » de 1848, et l'on va dénoncer, à la fin du siècle, les « héréditaires de l'alcoolisme », les meneurs révolutionnaires ; groupes socialistes et syndicats ouvriers ne sont-ils pas domiciliés dans les débits de boissons ? Le premier projet répressif de l'ivresse publique, qui aboutit à la loi du 23 janvier 1873, entre en discussion dix jours après la fin de la Semaine sanglante. Ce qui est nouveau, c'est que l'enivrement alcoolique cesse d'être une simple métaphore et que les médecins prétendent établir sur la froideur des observations la filiation biologique de la subversion.

La fille du sixième

Impossible, alors, de séparer les tensions de la société des menaces sur la santé, comme on l'avait déjà imaginé lors des premières épidémies du choléra. Simplement, à autres temps, à autre médecine, autres analyses. La révolte brutale n'est qu'un signe, éphémère. Elle masque un danger permanent et insidieux, comme les nouvelles « pestes ». Ainsi, les modes de la contamination syphilitique révèlent qu'elle est souvent « une pourriture venue de la rue ou du sixième étage », c'est-à-dire de ces filles du peuple auprès desquelles vont se déniaiser les fils de la bourgeoisie. De là à soupçonner une volonté délibérée d'empoisonner les élites, une conspiration des bas-fonds de gangrener, au plus profond d'elles-mêmes, les classes supérieures, un projet plus ou moins conscient du peuple opprimé de riposter à l'oppression en gâtant le sang de ses oppresseurs... C'est cette idée d'une circulation sociale du mal de bas en haut qui inspire les projets réglementaristes de la prostitution à la Belle Époque. L'« avarie » relance la vieille peur sociale de la bourgeoisie, en lui donnant le visage effrayant d'une atteinte biologique contre laquelle on en est encore à tâtonner ; et le roman populaire est plein de filles séduites qui se vengent en répandant la vérole : « Jeunes ménagères et jeunes fermières, haranguera un conférencier de 1928, apprenez à dépister la syphilis chez vos cuisiniers, chez vos domestiques. » Et puis, la tuberculose aussi se révèle une maladie des miséreux ; lorsque, dans les années 1930, on décèlera l'étendue de ses atteintes auprès des travailleurs immigrés du Maghreb, on se préoccupera moins d'en faire apparaître et corriger les raisons que d'en endiguer les débordements.

L'opinion éclairée opère donc la démarche classique de l'idéologie : elle étend au corps social tout entier une menace qu'elle ressent d'abord, plus ou moins obscurément, pour elle. La « maladie de société » – la formule du docteur Héricourt, qui est de 1918, est heureuse – désigne bien la tuberculose, la syphilis, l'alcoolisme, etc. Mais ce qu'on appelle le « fléau social » ne sépare plus le biologique, qui est affaire d'individu, du social, qui concerne la collectivité ; et c'est *in fine* celle-ci, avec ses hiérarchies et ses valeurs, qu'il met en péril. La vieille idée de la correspondance entre le microcosme du corps humain et le macrocosme de l'humanité reprend vigueur dans la naissance de l'hygiénisme, qui prétend soigner et l'un et l'autre dans l'unité des compétences. Les médecins se prennent à devenir moralistes, députés ou ministres. En attendant, malgré le foisonnement des observations et l'accumulation des données où, de façon symptomatique, les statisticiens les ont rejoints, le syndrome du mal demeure flou. Raison de plus pour s'en alarmer, en cette fin de siècle où la France est, selon E. Todd, le pays le plus anxieux d'une Europe anxieuse.

Le sang maudit

L'angoisse devant la santé n'est qu'un des facteurs du sentiment d'inéluctable décadence qui serre la France de la Belle Époque. L'approche du siècle nouveau y aide et le vocable « fin-de-siècle » qui fait alors florès ne se sépare pas d'une connotation négative. L'esprit lui-même est atteint, dont naissent une littérature et un art qui semblent vivre, dit-on, sur les nerfs. Il en découle que l'épuisement a tôt fait de suivre la fragile tension d'artifice de l'imagination. Maints observateurs, inspirés par la découverte de l'entropie thermodynamique, laissent à penser qu'il en va de même pour l'énergie humaine et pour la création intellectuelle. Les Français s'abandonnent à la « tristesse moderne » (E. et J. de Goncourt), à cet « immense découragement » dont parlait déjà Baudelaire en 1857. L'ennui, source privilégiée de l'inspiration, illustre le découragement de tout un peuple, la neurasthénie devient une des maladies du siècle finissant.

Entre peur et fascination

Le Suicide, publié par Durkheim en 1897, n'est que l'ouvrage le plus connu, et le meilleur, d'une série sur un thème qui inspire des dizaines d'auteurs depuis 1880. Lui aussi constitue une « nouvelle grande peste ». N'a-t-il pas quintuplé en France entre 1825-1830 et les années 1890, pour culminer en 1911-1913 à des taux qui sont deux fois supérieurs à ceux de l'Angleterre, triples de ceux de l'Italie ¿ Il entretient le bruit fait autour de la violence et de la mort. La morgue est un lieu que l'on visite en famille, quand on est de passage à Paris, comme on irait au théâtre ou au music-hall. On se passionne pour la beauté des crimes et la personnalité des assassins ; on court aux exécutions capitales, et, quand il n'en est point sur place, on se jette sur les récits circonstanciés que font les journaux des pendaisons et des décapitations les plus exotiques ; quand Monsieur Deibler – un fin gastronome – vient officier en province, les chroniqueurs locaux ne le lâchent pas, de la gare à l'hôtel, puis à la prison et à la guillotine. Et la peur (délicieuse ¿) s'empare de la capitale quand elle découvre les exploits des rôdeurs de barrière et des « apaches » de banlieue. Il semble bien qu'aux années 1891-1895 corresponde un sommet de la criminalité dont, à un siècle de recul, on ne peut pas ne pas remarquer qu'il coïncide, à quelques années près, avec le maximum de la consommation d'alcool. Mais la réalité est sans commune mesure avec les représentations que s'en fait le goût du temps, entre peur et fascination. Le « canard » épisodique a fait place à une grande presse à sensation qui joue des émotions de l'image. Chaque dimanche, le supplément illustré du *Petit Journal* met à 800 000 exemplaires le sang à la une, et en couleurs ; et *le Petit Parisien,* qui n'est pas en reste, tire à 1,5 million à la veille de la guerre.

Faut-il voir dans l'ambiance d'angoisse le signe des craintes qu'engendre la reprise de l'expansion économique à partir de 1895 ¿ La modernisation bouscule alors trop d'habitudes pour qu'il en aille autrement. Mais il s'y mêle aussi le souvenir mal cicatrisé de la catastrophe militaire de 1870, l'instabilité ministérielle et les incertitudes politiques, les scandales publics, la violence des luttes sociales, et, de plus en plus prégnante, la crainte de l'Allemagne et de la guerre. On est au bord du gouffre, clame-t-on de partout. Les vieux fantasmes de conspiration universelle renaissent, jésuitique pour les uns, maçonnique pour les autres. Et, surtout, juive : les apôtres de l'antisémitisme ne séparent pas le complot de Sion de ce que le plus virulent d'entre eux, Édouard Drumont, appelle la « catastrophe finale » dans *la Fin du monde.* Lorsqu'en 1901 un certain Jean Rocray annonce, sur un mode différent, *la Fin du monde pour 1921 prouvée par l'Histoire,* il n'en vend pas moins de 20 000 exemplaires. Et le passage de la comète de Halley ressuscite dans toute l'Europe et en Amérique des terreurs oubliées ; celles-ci prennent en France une résonance toute particulière ; au village comme dans les grandes villes, la pluie n'empêche pas de passer la nuit du 18 au 19 mai 1910 dans les églises, près des mairies, sur les places publiques et sur les hauteurs voisines ; au matin, quand l'astre s'est éloigné, on s'embrasse et on danse dans les rues !

La une d'un numéro du « Petit Journal » de 1907 : « L'apache est la plaie de Paris. Plus de 30 000 rôdeurs contre 8 000 sergents de ville. » Un certain goût du sensationnel est volontiers entretenu par une presse à grand tirage, récemment apparue sur le marché.

La dénatalité, un mal français

Pour l'heure, les esprits sérieux ont d'autres soucis. Les dernières années du XIXe siècle ont en effet brutalement montré que c'est l'existence même de la race française qui est en cause. En effet, dès 1890, puis à nouveau en 1891, 1892, 1895, et encore en 1900, le solde des naissances sur les décès est négatif. C'est la première fois depuis 1870, dans un pays pourtant sans épidémie, sans disette, sans guerre et d'où, en plus, on n'émigre guère. Puis ce sont les recensements de 1901, de 1906 et de 1911 qui viennent confirmer l'aggravation du ralentissement démographique, alors même que, sur le long terme, on a fait passer l'espérance de vie de 32,3 ans vers 1800 à 47 ans à la fin du siècle. On découvre soudain cette « antériorité française » dans la baisse de la fécondité qui, à l'inverse des autres pays, a accompagné et même précédé, montrent aujourd'hui J.-P. Bardet et J. Dupâquier, celle de la mortalité. La révélation est d'autant plus traumatisante qu'elle s'inscrit dans le temps long. Assez pour que Waldeck-Rousseau crée, en 1902, une commission extraparlementaire destinée à proposer des mesures susceptibles de combattre la « dépopulation », un néologisme lourd de sens, qui rassemble toutes les forces vives du pays, députés, hauts fonctionnaires, médecins, éducateurs. Et, parmi ses animateurs, quelques-uns des plus remarquables statisticiens de l'époque, Lucien March, Levasseur, A. de Foville et, surtout, Jacques Bertillon, qui préside par ailleurs une Alliance nationale pour l'accroissement de la population française, créée en 1896, et qui, avec la Ligue populaire des pères et mères de familles nombreuses, atteste des alarmes d'une partie de l'opinion.

Les résultats des travaux sont cependant assez minces, et une seconde commission, à partir de 1908, est trop nombreuse – 300 membres – pour être efficace. L'une et l'autre n'en marquent pas moins une émotion qui transgresse largement les clivages politiques traditionnels. Avec des références idéologiques diverses, on en vient à y voir le renoncement de tout un peuple amolli par les facilités de la vie moderne, les calorifères et les salles de bains. L'érotisation des relations amoureuses accompagne l'amélioration du niveau et la mutation du mode de vie, l'espoir de mobilité sociale aussi, pour détourner la famille de sa fonction reproductrice. Charles Gide, qui n'est pas suspect de moralisme clérical, détaille les causes de la dénatalité : une recherche du plaisir, et non plus de la procréation, dans l'acte sexuel ; le refus ou le retard du mariage ; la suppression « du fruit par l'onanisme ou l'avortement, ou par la procréation d'enfants impropres à la vie ».

Les enfants du samedi soir

Le développement de l'anthropologie physique montre que ce n'est pas seulement une question de quantité : la qualité est elle aussi gâtée ; si l'on en croit les rapports des conseils de révision, la taille des conscrits est en constante régression et la part y grandit des simples d'esprit et des corps difformes. Voilà donc, bel et bien, le rabougrissement de la race et l'affaissement de ses dispositions intellectuelles qu'annonçait le président de l'académie de Rouen en 1860. L'obligation de l'école fait découvrir des légions d'enfants anormaux ou rachitiques, et le temps n'est pas loin où l'on va s'inquiéter des troubles psychologiques de l'enfance, voire des échecs scolaires, en termes de fatalité organique. Parmi eux, combien d'enfants prématurés, voués à devenir de pauvres êtres « déséquilibrés, arriérés, imbéciles, idiots » ?

Les adultes valent-ils mieux, minés par « l'anémie, les maladies d'épuisement », se plaint en 1893 un article du *Nouveau Dictionnaire d'économie politique* dirigé par Léon Say, et qui entraînent « la torpeur de la conscience et de la personnalité » ? Certains évoquent bien les effets débilitants du travail industriel déjà soupçonné dans les années 1830-1840 ; tels un Victor Mazars, responsable syndical de Decazeville, qui démarque en 1905 un texte revendicatif de 1883 pour démontrer que la race des mineurs, en apparence si vigoureuse, disparaîtrait en deux ou trois générations si elle n'était constamment renouvelée de nouveaux venus. Mais, pour la majorité des observateurs, c'est là une cause seconde.

Aux multiples raisons du renoncement à la vie, Charles Gide ajoute la stérilisation de « la puissance créatrice par les maladies vénériennes ». Nous revoilà aux « fléaux sociaux ». Depuis 1879, on sait que le gonocoque de la blennorragie, « l'autre avarie », est responsable d'un grand nombre de stérilités féminines. A. Fournier soupçonne la syphilis dans le risque de prématurité et dans les malformations physiques ou mentales des avortons qui s'en sortent. L'alcoolisme n'est d'ailleurs pas exclus : Zola évoque dans *Fécondité* ce « souffle d'alcool » qui sort des restaurants et des cafés pour émasculer les hommes, détraquer les femmes et empoisonner « l'enfant dans

« Il paraît que c'est parce que papa a fait la noce. » La syphilis ne s'attaque pas seulement aux adeptes de la galanterie ; elle frappe parfois aussi leur descendance.

(« LES AVARIÉS », « L'ASSIETTE AU BEURRE », 1903, COLL. BOUVET.)

l'œuf ». La Belle Époque dénonce les « enfants du samedi soir » et tire vers une interprétation génétique une citation de Lamennais, dont elle abuse et pour qui l'alcoolique « boit les larmes, le sang, la vie de sa femme et de ses enfants » ; plus prosaïques, les pétitionnaires anti-absinthe de 1907 font de la femme du buveur « une martyre, de l'enfant un dégénéré », accusant l'éthylique de « ruiner la famille et de menacer ainsi l'avenir du pays ». En 1928 encore, le *Larousse du XXe siècle* expliquera gravement que l'alcool lèse les glandes génitales, d'où ne peuvent naître que des handicapés mentaux, quand ce ne sont pas des criminels.

La sédimentation du mal

Le vent suffisait à disperser le choléra qu'il avait apporté ; les maladies de société, elles, non seulement s'installent, mais survivent à la mort du malade. L'idée est admise qu'il y a une transmission héréditaire du mal. Elle n'était pas tout à fait neuve pour la syphilis ; mais A. Fournier réactive le débat en certitude : c'est au moment même de la fécondation que l'œuf en est infecté ; entre les deux guerres, l'hérédité de la syphilis n'est plus mise en doute, et le personnage de l'« hérédo » devient une figure de la fiction romanesque. De même, c'est chez les enfants d'alcooliques plus que chez les buveurs eux-mêmes que les dégâts sont les plus évidents, ces « êtres au cerveau débile, névropathes et psychopathes, demi-fous et demi-responsables, dégénérés et déments » que décrit, en reflétant les écrits médicaux du temps, un conférencier normand de 1907. De la tuberculose, on discute plus vivement, on doute plus fréquemment ; le caractère non systématique de la contagion laisse imaginer que, peut-être, elle est « de nous, par nous », écrit encore Pidoux dix ans après Jean-Antoine Villemin ; une enquête parisienne de 1912 retrouvée par G. Jacquemet, qui relève la fréquence de la chlorose chez les enfants de poitrinaires, émet elle aussi l'hypothèse de l'hérédité.

L'invisible héritage

À la propagation horizontale de la contagion épidémique, qui demeure, les nouvelles « pestes » ajoutent donc celle, verticale, de la transmission intergénérationnelle. La maladie y acquiert une sorte de transcendance et renforce ses effets d'une redoutable sédimentation, d'un processus cumulatif d'autant plus dangereux que les « fléaux sociaux » se croisent et s'entraident. Les Français de la Belle Époque sont déjà, hélas ! pour eux, les héritiers de la malédiction biologique qu'on soupçonne, dans le cas de la syphilis, de remonter aux origines. Et J. K. Huysmans d'appeler à la rescousse les récentes découvertes de la paléontologie pour évoquer « une humanité sans cesse travaillée par le virus des anciens âges [...] L'invisible héritage, l'éternelle maladie qui a ravagé les ancêtres de l'homme, qui a creusé jusqu'aux os maintenant exhumés des vieux fossiles » (*À rebours,* 1884). L'abâtardissement n'est pas d'aujourd'hui, c'est le sang lui-même qui est maudit, et la rédemption, pour reprendre un titre d'Alain Corbin, est impossible. Toute une littérature populaire en répand les images et faut-il rappeler le cycle des *Rougon-Macquart,* l'histoire naturelle, justement, d'une lignée familiale, de la transmission de ses malédictions héréditaires et de ses infections acquises ? L'histoire est d'abord la chronique du lent et sans retour affaiblissement du capital somatique et mental. L'entropie biologique est la meilleure des preuves dans le débat très vif qui se développe parmi les médecins, les ethnologues, depuis la parution, en 1857, du célèbre *Traité des dégénérescences physiques, intellectuelles et morales de l'espèce humaine et des causes qui produisent ces variétés maladives* du docteur Morel. Flaubert, oubliant ses aventures bordelières, s'en moque encore dans le *Dictionnaire des idées reçues :* l'alcoolisme ? « La cause de toutes les maladies modernes » ; la syphilis ? « Plus ou moins, tout le monde en est affecté ». Mais un médecin anonyme clame, dès 1876, « Nous sommes dégénérés, nous sommes en décadence ! » et, en 1920, un certain M. Phusis affirme : « Oui, le tréponème menace d'anéantir l'espèce humaine ».

Les chemins de la peur

Etrange race que celle des hommes, la seule où la sélection naturelle paraisse se faire à rebours. Dès le début des années 1850, certains envisageaient même que l'État intervienne pour la corriger, empêcher la formation des couples où l'on trouverait trace de tuberculose, voire soumettre le mariage à la production d'une « patente nette de santé ». La montée de l'aliénisme et de la vénérologie amène ensuite des médecins de plus en plus nombreux à souhaiter le contrôle de l'union et de la procréation dans les lignées à risques. Et, en 1904, il y en a même pour estimer qu'ils doivent avoir le droit de les interdire, si l'on ne veut pas contribuer à peupler les hôpitaux, les asiles d'aliénés et les bagnes. Les succès de la sélection artificielle de la botanique et de la zootechnie concourent avec la diffusion du darwinisme pour qu'on trouve quelque séduction à l'eugénisme anglo-saxon, cette technique de correction de la nature humaine. Il déclenche l'enthousiasme de la jeune Société d'anthropologie de Paris, et au moins l'intérêt de personnalités aussi diverses que les savants Félicien Houssaye et Louis Landouzy, doyen de la faculté de médecine parisienne, les prix Nobel Charles Richet et, plus tard, Alexis Carrel, des hommes politiques comme Léon Bourgeois et Paul Doumer.

Casier sanitaire

En attendant, ne peut-on pas mettre les malades à l'écart pour les empêcher de contaminer les bien portants ? L'idée ne peut que trouver des oreilles complaisantes dans une fin de siècle qui se débarrasse de ses bagnards en les déportant outre-mer et cherche à cantonner ses vagabonds et ses bohémiens, justement parce qu'ils sont des malades. L'errance est en elle-même une pathologie, c'est Charcot qui parle, un « automatisme ambulatoire ». Médecins et juristes s'accordent pour les trouver petits, chétifs, sales, porteurs de germes, traînant l'épidémie après eux, comme cette variole que transportent les roulottes entre Orléans et Montargis en 1895. On commence à les parquer, et le carnet anthropométrique auquel on les astreint en 1912 comporte dès l'année suivante une rubrique sanitaire fournie, avec mention des interventions chirurgicales, des hospitalisations et des vaccinations dont on doit justifier le renouvellement périodique.

Or, dès 1850, un article de la très officielle *Gazette médicale* avait suggéré que l'on écarte les vénériens des écoles, de l'Administration et de la magistrature, qu'on leur interdise de recueillir des successions, de déposer à la Caisse d'épargne, de porter plainte en justice et, naturellement, de voter. La loi ne sanctionnera jamais ces excès, bien sûr, et il restera simplement l'idée d'un « casier médical », semblable au casier judiciaire, et lointain ancêtre du carnet de santé. Mais dans la pratique ? L'apparition des pavillons spécialisés pour les varioleux, puis les tuberculeux, s'explique d'abord par le souci de ne pas infecter le reste des hôpitaux : symbolique, ce lazaret de fortune qui, à Briey en 1904, enferme entre quelques planches de bois les varioleux de la cantine Belloti. Quant aux poitrinaires de la Belle Époque, il s'agit, comme l'avoue un phtisiologue, de les soulager souvent, de les guérir quelquefois, de les rendre inoffensifs toujours. La meilleure information pousse elle aussi à l'exclusion, et les premiers sanas ont du mal à se faire accepter. En 1907, le docteur Lagrive peut bien s'en prendre à *(De) la manière irraisonnée de comprendre la contagion de la tuberculose* : le malade sera bientôt « un objet d'épouvante pour la société. Le voir, l'approcher un instant suffira, dit-on, pour contracter son mal » ; sans travail, sans pain, il « s'en ira traqué comme un animal malfaisant » jusqu'à la mort qui seule le délivrera. C'est

À la fin du XIXe siècle, l'hôpital reste un pis-aller, réservé aux indigents. Mais une certaine spécialisation des services tend à s'y faire jour.

(« DORTOIR DES FEMMES, À LA SALPÊTRIÈRE », DESSIN DE D. VIERGE, BIBL. DES ARTS DÉCORATIFS, PARIS.)

la société tout entière qui isole le malade, tout comme l'est, longtemps, sans qu'il soit besoin de textes, le syphilitique : il lui est interdit de se marier, d'avoir des rapports sexuels, et l'on va même inviter à traquer le secret de son mal à travers les stigmates de son visage et les malformations de son corps. Si l'on continue à dissimuler – et même entre les deux guerres – sa tuberculose ou son « avarie », c'est parce qu'on sait qu'elle vous met définitivement à part. Et la longue réticence de l'Académie de médecine à recommander l'obligation de leur déclaration procède au moins autant du souci d'épargner les malades que de la préoccupation de sauvegarder le secret médical. En 1918 encore, n'y aura-t-il pas un médecin pour rêver de « tuberculoseries » destinées moins à soigner les incurables indigents qu'à les empêcher de nuire : quelques baraquements, sur la périphérie de Paris, pour 3 000 personnes, dont on peut estimer la survie à trois ans ! Et il y a bien longtemps que d'autres estimaient que la solution, ce n'était pas que les alcooliques s'amendent, mais qu'ils n'aient pas de descendance.

La dépopulation, c'est la guerre

En attendant, le Français se fait rare (Ch. Péguy). Or, la dépopulation, c'est la guerre. La conscience d'une menace sur la race ne se sépare pas du renouveau nationaliste du début du siècle, et c'est en termes de contingent militaire qu'on en déplore les conséquences. La patrie est en danger. La baisse de la fécondité coûte chaque année l'équivalent d'une ville-frontière et l'alcool fait perdre un corps d'armée. Plus encore que l'inconscience d'un peuple appelé à disparaître, dont les premières statistiques internationales montrent le retard à engager la lutte contre les fléaux sociaux, c'est le différentiel avec l'Allemagne qui angoisse : 510 morts de tuberculose pour 100 000 habitants à Paris en 1894, 251 seulement à Berlin ; guère plus de 800 000 naissances par an dans la France de 1900-1910, plus de 2 millions chez le Kaiser ; à peine 20 000 Français de plus chaque fois, 800 000 Allemands ! Y aura-t-il même un conflit ouvert ? Le simple effet de la mécanique des fluides migratoires va submerger le pays, et une carte postale montre, sur l'Europe

Dans l'esprit des contemporains, saleté, délinquance et vagabondage vont de pair. Ici, l'imagerie populaire, sous les traits bonhommes du gendarme en visite dans un camp de bohémiens, entretient insidieusement le soupçon.

(DAMBLAS, « LA GENDARMERIE CHEZ LES BOHÉMIENS », « LE PÈLERIN », AVR. 1907.)

de 1905, une France réduite à 40 millions d'habitants face à un Empire germanique de 250 millions. Il est logique que les médecins militaires prennent de l'avance dans le dépistage, dès la fin des années 1880, de la tuberculose, puis dans la propagande antivénérienne.

Ils ne font pourtant qu'annoncer une mobilisation des énergies qui accompagne le discours de la dégénérescence, se nourrit en partie de lui, et va entraîner – c'est là la différence essentielle avec l'émotion épidémique – médecins, pouvoirs publics et groupes de pression hygiénistes ou moralisants. C'est de cette conjonction que va naître l'idée que la santé est affaire d'État. La croisade part des milieux médicaux. En 1886, le docteur Verneuil crée l'Œuvre de la tuberculose, puis le docteur Armaingaud et sa Ligue française contre la tuberculose font de Bordeaux un des centres pionniers du combat. Contre les maladies vénériennes, A. Fournier dresse dans les années 1880 tout un programme prophylactique, encourage les recherches, crée à l'hôpital Saint-Louis un étonnant musée de cires dermatologiques, qui visualise les effets de la syphilis pour mieux les faire reconnaître des praticiens avant qu'ils ne soient tenus en éveil par des revues spécialisées comme *la Syphilis* (1903) et les *Annales des maladies vénériennes* (1906).

Le coq gaulois

Le premier rôle passe à un mouvement associatif qui, pour partir des notables, voudrait entraîner l'ensemble de la population. La ligue du docteur Armaingaud s'élargit au-delà des élites – c'est du moins son souhait –, en 1901, en une large Société de préservation contre la tuberculose. Et, en 1903, la Ligue nationale contre l'alcool réussit, à l'initiative de Cheysson, à unifier les efforts de toute une constellation de sociétés abstinentes ou prohibitionnistes parfois anciennes (l'Association française contre l'abus des boissons alcoolisées de Jules Bergeron, devenu secrétaire perpétuel de l'Académie de médecine, date de 1872), souvent d'origine confessionnelle (la plus connue étant la Croix-Bleue, protestante). Elle aussi réunit alors un grand Congrès national antialcoolique, avant de concentrer son action contre l'absinthe, déjà interdite en Belgique en 1906 et en Suisse en 1910. Enfin, la lutte contre la syphilis prend un ton nouveau. Non pas qu'elle soit récente ; de 1840 à 1875, il était paru sur ses dangers plus de 150 ouvrages, dont le tirage avait été considérable : un *Traité pour les gens du monde* s'était vendu à 7 000 exemplaires par an entre 1853 et 1862, et une *Hygiène et physiologie du mariage* avait été rééditée 172 fois entre 1848 et 1883. Le discours, à l'image du mal, éclate, en toutes occasions, conférences en Sorbonne, affiches dans les vespasiennes, brochures, articles de presse. Le roman populaire s'en empare, de *l'Infâmant* (1891) de Paul Verola *(sic)* aux *Mancenilles* d'André Couvreur (1901). La pièce d'E. Brieux, *les Avariés* (1901), plus nuancée, plus complexe, est un des grands succès du théâtre de la Belle Époque. Quant à la tuberculose, elle est quotidiennement dans toute la grande presse, et, en décembre 1926, Léon Daudet ne croira pas déroger en consacrant deux articles dans *l'Action française* aux présumées vertus du sérum à l'ail.

Il en résulte un vaste effort pédagogique, qui joue de tous les ressorts, se coule dans les comptines – « va-t-en, va-t-en microbe... ! » – et dans les jeux enfantins : le « coq gaulois » est une version hygiéniste et patriotique du jeu de l'oie, où l'on pénalise le joueur qui boit, ne se protège pas du bacille de Koch, crache par terre. On ne sépare pas le combat médical de la moralisation de la société – une circulaire ministérielle proclame d'ailleurs, en 1902, que les sciences sont les sœurs cadettes de la morale, et que le manque d'hygiène est un « vice abominable ». Voici venu un temps où les mains sales, les ongles en deuil sont autant de péchés contre la patrie. Il inaugure l'univers obsessionnel du savon, de la serpillière et du bicarbonate de soude, des grands lessivages et du chaulage des murs. Entre les deux guerres, la désinfection antituberculeuse va prendre des allures de rituel purificatoire : on fera arracher les vieux papiers, brûler les matelas, les restes de nourriture, les balayures ; et contrôler l'intimité des familles, gronder les enfants, empêcher les filles d'aller au bal. L'univers aseptisé, carrelé et blafard du dispensaire et de l'hôpital renvoie à la nécessaire ascèse des conduites.

L'abomination des corps

Il s'oppose aussi, trait pour trait, à l'univers de la maladie, qui tourne à une imagerie de cauchemar. L'hygiénisme triomphant joue de la nouvelle sensibilité aux horreurs du corps malade, même si celles-ci sont vieilles comme la lèpre. La littérature du choléra l'annonçait, mais en jouant encore sur le registre d'une souffrance immatérielle et intériorisée, comme ce médecin de Seine-et-Oise plaignant en 1832 « les insomnies, les terreurs, des sanglots

Pour le « triomphe d'une France saine », voici un jeu contre la tuberculose.

(« LE COQ GAULOIS », V. 1930, COLL. DAZY.)

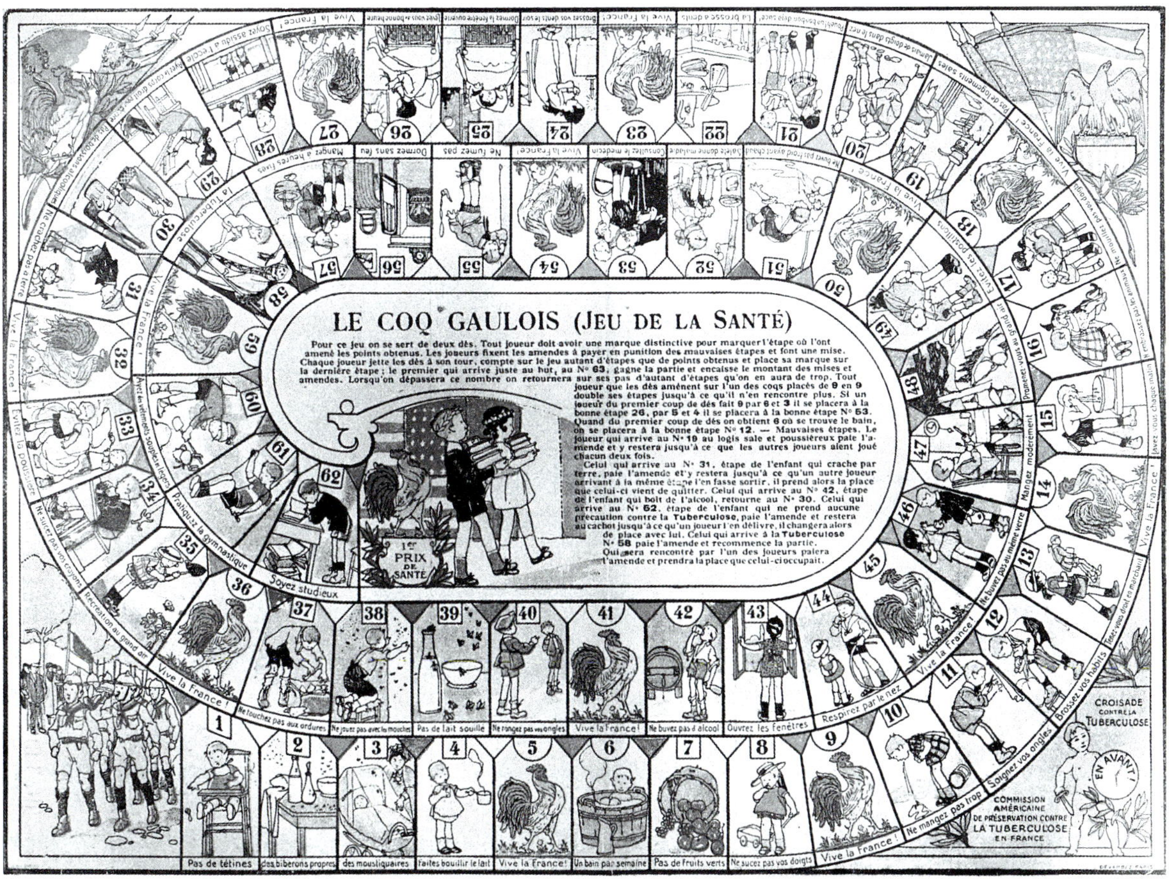

redoublés, des convulsions effrayantes » et « la chaleur brûlante qui dévore les malades » malgré « leurs membres glacés » ; c'est l'environnement du moribond qui souffle l'horreur. Une abondante iconographie restait fidèle aux traditions de la mort-squelette, tendant plutôt à dériver vers les à-côtés sociaux et satiriques de l'épidémie. Le changement s'est esquissé avec la variole, peut-être parce qu'on y voyait d'abord un « fléau de la Beauté », comme le dit un *Dictionnaire des sciences médicales* du XIXe siècle, frappant au visage, « violacé et bleuâtre », couvert d'une « couche de matière [...] noire comme de la suie », et de « vastes cicatrices [...] excavations et [...] excroissances repoussantes ». Avec les nouvelles « pestes », mettre en relief l'abomination des corps est d'autant plus nécessaire qu'elles sont sournoises, qu'elles invitent à l'indifférence ou à la négligence, que l'horreur se dissimule. Raison de plus pour mettre l'accent sur l'épouvante de la mort tuberculeuse, les étouffements, les terreurs de la nuit, l'anonymat des salles communes. Le pire est évidemment atteint avec la syphilis : le *Bubu de Montparnasse* de Charles-Louis Philippe se voit déjà, quand il sait, avec le corps « vert et complètement pourri », rongé de « plaies rouges et suintantes », comme il est advenu d'un des ses amis, « mort comme un vrai fumier » ; aujourd'hui encore, un Cavanna se souvient des hantises ambiguës des gamins d'Italiens dans la banlieue parisienne des années 1930. Et, des célèbres tableaux éducatifs du docteur Galtier-Boissière qui opposent pour les écoliers l'image des organes sains à celle des viscères nécrosés jusqu'à l'iconographie de cauchemar des livres de médecine et des encyclopédies, les progrès de l'illustration et de l'édition contribuent consciemment à fonder la prophylaxie sur la peur. Toute une imagerie remplace par les dégâts de la maladie la traditionnelle illustration des malheurs de la guerre.

La nécessaire croisade

Dans l'été 1914, c'est pourtant de celle-ci que vient la catastrophe. Mais que, dans l'enthousiasme de la revanche espérée, on ne reçoit pas comme telle. Plus que jamais, il s'agit de fortifier et de multiplier une race qui est celle des combattants pour la patrie, et les années 1914-1918 marquent un tournant décisif dans l'engagement des pouvoirs publics. Il n'est pas nouveau, loin de là. C'est une commission parlementaire qui avait fait, pour la première fois, sous la direction du sénateur vosgien Claude, en 1887, le bilan de l'alcoolisme, et invité à une « courageuse croisade » grâce à des « moyens énergiques ». Lointain écho à l'enquête demandée par le pouvoir politique après le choléra de 1832 pour rassembler les faits, les comptes et en tirer des principes d'action, et dont Villermé et Parent-Duchatelet avaient été les rédacteurs les plus connus. À compter de 1896, l'Assistance publique de Paris a animé un Comité d'études sur la tuberculose, après que les bureaux d'hygiène municipaux de Lyon, de Grenoble, de Saint-Étienne et du Havre eurent demandé que sa déclaration soit obligatoire. Waldeck-Rousseau réunit en 1900 une commission extraparlementaire *ad hoc,* et Léon Bourgeois le dit avec force : la santé est une affaire d'État. Il n'en reste pas moins qu'avant 1914 l'État se contente d'encourager la mise en place d'un appareil de soins spécifiques : à compter de 1893, un pavillon spécialisé dans les soins aux tuberculeux à l'hôpital Lariboisière, puis à Boucicaut, Laennec et Saint-Antoine. Le sanatorium, qui regroupe à la fois une thérapeutique particulière et un corps de phtisiologues, venu d'Allemagne, s'acclimate dans les premières années du siècle ; quelques dispensaires commencent, à l'exemple premier du Danemark (1887), à s'adapter aux conditions de la thérapeutique, qui nécessite d'aller au-devant de la maladie et de l'accompagner une fois qu'elle est identifiée ; et, à Paris au moins, l'Assistance publique crée des organismes semblables pour le dépistage antivénérien, qui inaugurent, en ce domaine aussi, les traitements ambulatoires.

Plus dangereux que l'Aigle boche

Ce sont pourtant certains chefs militaires qui, dès 1914, prennent l'initiative d'interdire l'absinthe et qui, à compter de 1916, installent des « services annexes » pour repérer les accidents vénériens et offrir des visites quotidiennes et gratuites. Le discours reprend de plus belle pour assimiler, cette fois-ci clairement, la menace des « maladies de société » et le danger germanique. Sans les dégâts passés de l'alcoolisme, affirme Louis Barthou en 1915, on disposerait peut-être d'autres armées pour renforcer « le mur d'héroïsme auquel se heurte la Barbarie ». « La syphilis », elle aussi, « constitue

C'est l'expression d'un sentiment ambigu des Français, fait de haine « revancharde », mais aussi de fascination pour une Allemagne qui passe pour saine et vigoureuse.

(GÉO DORIVAL, « 2 FLÉAUX : LE BOCHE, LA TUBERCULOSE », AFFICHE, 1917, MUSÉE DES DEUX GUERRES MONDIALES.)

pour l'armée française un danger plus grand que les mitrailleuses ennemies », ajoute un médecin aspirant. « La dénatalité nous tue... » Des brochures opposent l'image des chétifs bébés français à celle de joufflus nourrissons allemands ; les cartes postales exaltent la « graine de poilus » qui doit naître du retour périodique des permissionnaires. « L'Aigle boche sera vaincu, la tuberculose aussi », proclame une affiche de 1917.

La santé, une affaire d'État

Entre-temps, l'État s'est installé au sein du dispositif de combat. Un décret a validé l'interdiction de l'absinthe, la loi de mars 1915 la généralise ; un autre texte limite l'ouverture des débits de boissons. Contre les maladies vénériennes est créé à Paris un Institut prophylactique, autour d'un dispensaire central et de laboratoires d'analyse, et le modèle même de ce que doit être le dispensaire antituberculeux est soigneusement précisé par la loi du 16 avril 1916. L'élan est donné ; on ne s'arrêtera plus de légiférer pour concrétiser juridiquement la mise en place de ce biopouvoir dont parle Michel Foucault. Le 7 septembre 1919, c'est la loi sur l'organisation des sanas et, en 1922, une taxe est imposée aux cercles de jeux, puis au P.M.U. pour financer la lutte ; la première campagne du Timbre antituberculeux est expérimentée en Meurthe-et-Moselle, puis généralisée deux années plus tard à l'ensemble du pays. Contre la syphilis, l'effort est aussi impressionnant : n'avait-on pas recensé entre 700 000 et 800 000 malades nouveaux au lendemain de la guerre et de ses désordres ? En 1923 déjà, une Commission de prophylaxie des maladies vénériennes, qui n'a pas un an, a déjà ouvert 200 « services annexes » sur le modèle de ceux de l'armée. À Paris, l'Institut prophylactique a assuré 800 000 consultations entre 1916 et 1925, dans la capitale et dans sa banlieue. Un Service central de prophylaxie et un Office national d'hygiène sociale coordonnent l'action, dont la figure centrale est désormais celle du professeur Jeanselme, qui a hérité de la chaire d'A. Fournier. De 1916 à 1926, le montant des crédits publics consacrés au dépistage et aux soins de la syphilis et de ses annexes bondit de 200 000 francs à 9,65 millions de francs ; il continue à progresser dans les années suivantes.

La bienveillance des pouvoirs dynamise l'action des multiples initiatives et associations privées. Pour être d'origine étrangère, la mission Rockefeller, à cheval sur l'armistice, marque une étape décisive, dans une ambiance de croisade où s'enrôle, entre autres, un certain docteur Destouches, qui appliquera plus tard à d'autres infections les ardeurs de Louis-Ferdinand Céline. 65 départements et 1 338 villes reçoivent la visite de ses équipes, et quand celles-ci se dispersent, en 1923, elles laissent derrière elles 17 écoles de visiteuses quand il n'y en avait qu'une à leur arrivée et 350 dispensaires au lieu d'une dizaine. Un grand Comité national de défense contre la tuberculose est devenu l'interlocuteur unique de l'État, et son réseau se calque, comme jadis celui des commissions contre le choléra de la monarchie de Juillet, sur celui des départements et des communes. De même, tout un monde associatif gravite autour de la syphilis, lui aussi maillé de branches régionales et de comités locaux. Et, en 1930, dans *l'Hygiène publique en France,* A. Landry peut dresser un bulletin de victoire : 640 dispensaires antituberculeux, 1 157 services antivénériens ; bientôt, il y aura – en 1933 – 34 000 lits dans les sanas et dans les hôpitaux spécialisés.

Un tel progrès ne serait pas possible si l'opinion publique n'était pas tout entière entraînée. La mission Rockefeller montre la voie, elle agrémente ses milliers de conférences de films instructifs ; si l'ensemble des écoliers français diffuse le Timbre antituberculeux, c'est grâce à l'aide de la T.S.F. La vieille Société française de prophylaxie et le Comité d'éducation féminine qui en naît en 1925 diffusent par milliers tracts, affiches et brochures, animent des centaines de réunions et d'émissions de radio, font poser des plaques dans les toilettes publiques et les lavabos des usines : dans la seule année 1926, 15 000 articles paraissent sur les maladies vénériennes dans la grande presse, donc sans compter les études médicales. L'année suivante, c'est un film qui est présenté en première à la Sorbonne devant 3 000 personnes, en attendant *le Mortel baiser* et *le Baiser qui tue* des années 1930, qui mettent l'intrigue romanesque au service de la bonne cause. Il y a même un nouvel et dernier chapitre dans le Malet-Isaac. Et l'on joue, plus que jamais, sur une obsession, on abuse de l'iconographie de la terreur, des têtes de squelette et des corbeaux du malheur, dans une ambiance morbide d'association de la mort et de la sexualité !

La contagion du bien

De même, la mission Rockefeller prétendait aussi répandre la contagion du bien, et la morale demeure plus que jamais la compagne obligée de la médecine. Elle y est aidée par le rôle que jouent les catholiques dans une croisade dont le succès est relativement neuf après 1914, et qu'annonçait

Croisade contre l'alcoolisme : la mobilisation commence dès l'école, sous la houlette des instituteurs.

(COURS CONTRE L'ALCOOLISME DANS LE NORD, V. 1900, MUSÉE NATIONAL DE L'ÉDUCATION, ROUEN.)

l'Alliance nationale pour l'accroissement de la population française de J. Bertillon. Il ne fait point de doute pour eux que les causes du mal sont au moins autant éthiques que biologiques, et que c'est d'abord en restaurant les valeurs religieuses qu'on parviendra à en renverser les effets. Or, la guerre lui a donné un nouvel élan, avec la création, en 1916, par Paul Bureau, de la Ligue pour la vie et de La Plus Grande Famille, présidée par l'industriel et ancien ministre lyonnais Auguste Isaac, et qui veut mobiliser les familles influentes de plus de cinq enfants. En 1917, tous se regroupent en un Comité central des familles nombreuses, un formidable groupe de pression dont une des composantes, la Ligue populaire, compte à elle seule plus d'un million d'adhérents ; sur un programme nataliste précis, déjà esquissé en 1913, d'une adaptation de la fiscalité, de l'attribution d'allocations de maternité, de politique du logement et de réforme du Code civil ; on y ajoute la revendication du vote familial, et le Comité soutient de toutes ses forces la lutte contre les fléaux sociaux en même temps que contre l'avortement, popularisant une mentalité nataliste qui s'appuie sur la loi répressive de 1921.

La gloire du pinard

Il n'empêche : manque à la panoplie le troisième volet, celui de la lutte antialcoolique. Et la mobilisation contre les deux autres fléaux de la triade masque mal que l'on a tôt fait de baisser les bras devant l'alcool. Les textes réglementaires n'empêchent pas, en effet, que la consommation d'alcool demeure : les tranchées achèvent la nationalisation du vin, et leurs chansons exaltent le « Pinard », cet autre « Père la Victoire » que les producteurs du Midi ont d'ailleurs offert gratuitement dès le début des hostilités pour payer à leur manière « l'impôt du sang ». Si la prohibition de l'absinthe n'est pas levée, l'autorisation en 1922 des apéritifs anisés entraîne dès 1926 une consommation de 220 000 hectolitres, égale à celle de 1898, année record du prestige de la « fée verte ». En fait, entre 1922 et 1925, la consommation d'alcool repart, sous toutes ses formes, favorisée par le nouvel élan d'un appareil productif pour un produit qui est, aussi, l'un des fondements de l'industrie moderne ; et la distillation devient le mode ordinaire de résorption des excédents viticoles, métropolitains et algériens. L'État oublie vite ses résolutions de la guerre ; la raréfaction des statistiques officielles dit le désintérêt progressif des pouvoirs publics, comme celle des thèses de médecine la retombée de la lutte antialcoolique des praticiens. Il en est même pour douter de son rôle dans l'étiologie de la tuberculose... Les ligues abolitionnistes ou tempérantes se lassent à leur tour. Comment en irait-il autrement dans un pays où l'alcool est aussi une affaire politique, relayée par les puissants lobbies des milieux producteurs ?

Le retard français continue à se marquer dans les statistiques de la morbidité tuberculeuse : encore étales jusqu'à la Grande Guerre, elles ne sont pas moins désormais fortement orientées à la baisse, et son taux brut de mortalité s'effondre de moitié ! À son tour, comme jadis ceux du choléra puis de la variole, le bacille de Koch commence à se cantonner dans les quartiers les plus déshérités et n'atteint plus, massivement, que certaines catégories de la population, les paysans fraîchement transplantés (à moins que ceux-ci ne fassent que déplacer sous le regard des observateurs un mal du plat pays resté jusque-là en dehors de leur champ), et les immigrés maghrébins, qui alarment le 8e Congrès national de la tuberculose, tenu à Marseille en 1935. Apparaît alors la notion de groupes à risques, qui disent à la fois la contraction de la contagion et les chances de la contenir ; et que l'on commence aussi à cerner pour la syphilis : les cheminots, les marins, les manœuvres étrangers et, bien sûr, les prostituées, tous désormais sous haute surveillance.

Vivre la maladie

Pour elle, il est plus difficile d'apprécier les progrès de la thérapeutique, d'autant que, logiquement, l'expansion de l'appareil de soins peut donner l'illusion de l'extension du mal. Entre 1920 et 1930, le nombre des injections de produits mercuriels, arsenicaux et de bismuth passe de 100 000 environ

« ... IL Y A DEUX... TERREURS DANS NOS VIES... »

Il y a deux grandes terreurs dans nos vies, deux menaces d'autant plus épouvantables qu'elles sont invisibles, sournoises, capricieuses, qu'elles frappent tout à fait au hasard, sans souci de la morale, et qu'enfin elles sont répugnantes : la tuberculose et la vérole.

Quinze ans, c'est pas vieux, pourtant j'en ai déjà vu partir, des gars de mon âge, pour le sana. Des tas. « Il s'en va de la poitrine », disent les femmes, en baissant la voix, soudain blêmes. Ça commence toujours pareil : un gros rhume, qui n'en finit pas de finir, qui se traîne en petite toux sèche, en fatigue, en sueurs bizarres. Et voilà les crachements de sang, signe terrible. « Surtout, si tu vois du sang dans tes crachats, dis-le moi tout de suite, dis ! Jure-moi que tu le diras ! »

Il y en a qui l'attrapent, d'autres pas, on ne sait trop pourquoi. [...]

En tout cas, quand une fois elle t'a chopé, la saloperie, c'est pour de bon. Plus rien à faire. Te voilà embarqué sur la longue route des sanas, des pneumothorax, des quartiers de poumon découpés avec leurs cavernes, de la suralimentation, des années et des années à te faire chier et à servir de cobaye, avec, recta, la mort au bout dans un vomissement de sang. Comme la sœur à Fousse, qui se traînait, se traînait, jusqu'au jour où c'est brusquement devenu galopant. Rien que ce mot, phtisie galopante... C'est à te dresser les cheveux sur la tête. Et Schaeffer, dix-huit berges, un grand maigre intrépide, toujours à faire le con à l'U.S.M., la société de nage : emporté comme une crêpe...

[...] Autre fascination morbide : la vérole. Mais combien plus excitante ! Ça oui, c'est un sujet de conversation !... On apprend l'existence des maladies honteuses pas longtemps après avoir eu la révélation orale de la vraie nature des plaisirs amoureux, et ça tombe à pic pour confirmer et renforcer l'impression satanique qu'ils vous ont faite... Dans ces conversations passionnées, la vérole, sa vie, ses mœurs, tiennent au moins autant de place que les activités lubriques... Je dis « la vérole », comme s'il n'y avait qu'elle...

La vérole, tu deviens comme de la bougie. Tes os deviennent tout gris, tout mous, tu te mets à couler comme du camembert trop fait... Pendant ce temps-là, les microbes de la vérole te dévorent l'intérieur, l'estomac, le foie, les tripes, tout, et quand ils ont tout bouffé, ce que tu manges tombe au fond tout droit et ressort comme c'est entré, et naturellement ça ne profite pas, et alors tu meurs, et les asticots que tu as dans le corps te finissent en moins de deux et il reste rien de toi, rien de rien, même pas les os. Voilà ce que c'est que la vérole, qu'on appelle aussi la syphilis, mais c'est la même saloperie.

Cavanna, « les Ritals », Paris, Pierre Belfond, 1978.

à plus d'un million ; pas plus que celui des consultations spécialisées – de 350 000 à 3 millions –, il ne peut être tenu à preuve : il signifie, plus simplement, la progression de l'accompagnement du malade. Car l'idée est neuve, mais de plus en plus présente, que la syphilis est curable, même si l'on sait mal prouver la guérison. « Confesser le malade », le déculpabiliser, le soutenir moralement : convaincre à la consultation pour formuler le diagnostic, suivre le traitement, encourager à se prendre en main deviennent des éléments essentiels de la thérapeutique. L'explosion du nombre des consultants – y compris ceux qui se révèlent sains – va bien au-delà de celle des seuls actes médicaux, de 11 000 à plus de 300 000 en dix ans, et révèle un nouveau comportement face à la santé, déjà appréciable au XIXe siècle pour d'autres menaces. Bien sûr, on continue de s'alarmer et Cavanna dit, dans *les Ritals,* l'angoisse qui peut étreindre d'une toux trop sèche ; de même, il court encore, dans les années 1930, une « rumeur de Broussais », un « étrange et sinistre établissement » où les poitrinaires seraient envoyés « par représailles » (A. Samy). Mais il faut faire la part de l'imagerie littéraire dans les souvenirs de Cavanna sur la peur de la « vérole » ; et une autre femme du peuple, Lise Van der Wielen – elle tousse, elle maigrit, mais elle remet la visite au médecin, bien que son père soit « mort des poumons », après la communion de sa fille ! – se souvient de son hospitalisation comme d'un entracte dans une vie d'épouse mal aimée, l'occasion du long repos d'une femme débordée, embellie des visites familiales et de l'amitié de ses compagnes. Et d'où elle sort guérie, sans retour. « Si la phtisie est contagieuse », estimait-on au XIXe siècle, « il faut le dire tout bas. » Cent ans plus tard, ni elle ni la syphilis ne sont plus, pour des raisons différentes, des maladies que l'on tait. La maladie, même la pire, a cessé d'être, pour reprendre une formule de C. Herzlich et J. Pierret, une figure de la mort pour devenir une des manières de vivre.

Le bistrot, l'usine, le taudis

Le projet d'une anthropotechnie a fait long feu, et avec lui les tentations de l'eugénisme, malgré la parution, en 1918, de l'ouvrage du docteur Ch. Binet-Sanglé, *le Haras humain.* La Société d'anthropologie n'est plus guère vivace et, hors de quelques extrémistes, on s'indigne maintenant que Paul Robin, un néomalthusien en l'occurrence égaré, ait pu proposer en 1902 de stériliser les parents coupables « d'encombrer l'humanité de dégénérés ». Les hordes de la banlieue rouge ont bien remplacé dans l'imaginaire les barbares des faubourgs ; mais bien que le bistrot soit, après l'usine et le taudis, le troisième cercle de l'enfer des ouvriers selon Jacques Valdour, on craint moins d'en être infecté que de les voir faire flamber Notre-Dame et le Louvre, comme l'écrit en 1927 le père Lhante, S.J., ou de bloquer les chemins de fer et les centrales thermiques. Le péril rouge peut bien remplacer la menace boche d'avant 1914, le péril jaune aussi, la Chine et les bolcheviks sont loin et les redoutables visiteuses de dispensaire, comme Marthe Hébert, qui nous a laissé ses souvenirs, se font fort de ramener à la raison l'éternelle jérémiade des malades trop portés sur la boisson et les idées avancées, et de glisser les médailles bénites sous les gilets de flanelle. Quand l'Alliance nationale pour l'accroissement de la population française commande en 1932, puis en 1936, un rapport de projection démographique à Alfred Sauvy, un statisticien, et qu'il annonce la catastrophe pour 1985 : 35 millions seulement de Français si les taux de fécondité féminine et de mortalité générale restent étales, 30 millions si la répartition par groupes d'âge continue à évoluer au rythme de 1930-1935, l'une et l'autre prêchent dans l'indifférence. L'idée de dégénérescence demeure dans l'air, pour laquelle le juif est plus que jamais le vecteur de la fin prochaine ; mais si Drieu La Rochelle a une meilleure plume, et Doriot plus de talent tribunicien que Drumont, ils n'emportent qu'une adhésion limitée.

Il leur faut une autre guerre, et cette fois-ci une défaite qui laisse loin derrière elle celle de 1870, pour qu'il en aille autrement, au moment même où, bientôt, on ne mourra plus ni de la tuberculose, ni de la syphilis. Contre celle-ci, le régime de Vichy tend la prophylaxie au maximum, inspiré par une étrange inversion de l'image de l'ennemi, devenu le vainqueur. Si les Allemands ont gagné, c'est parce qu'ils ont su s'en préserver, et l'éradication s'inscrit dans la régénération du pays entreprise par le Maréchal. Une loi spécifique du 31 décembre 1942 aggrave les dispositions d'un texte de novembre 1939, déjà, obligeant à avertir le malade et les autorités sanitaires, imposant un éventuel certificat de « non-contagiosité », punissant le refus

Dès 1918, consciente de son déclin démographique, la France développe une véritable propagande nataliste où la famille nombreuse représente la gaieté, la richesse, la sécurité de la vieillesse, la prospérité du pays et aussi... un rempart contre la guerre.

(ALLIANCE NATIONALE POUR L'ACCROISSEMENT DE LA POPULATION FRANÇAISE, AFFICHE CONTRE LA DÉNATALITÉ, V. 1925, MUSÉE DES DEUX GUERRES MONDIALES.)

de se soigner ; désormais la déclaration et le traitement sont obligatoires, tout comme la recherche des chaînes de contamination, au-delà du secret médical. En 1948, la république ne revient pas en arrière, mais réglemente au contraire son application pour fonder une meilleure épidémiologie. Le salut vient cependant d'ailleurs : en 1951, l'usage de la pénicilline donne ses premiers résultats positifs, mettant fin, notamment, par les soins prodigués aux femmes enceintes, au mythe de l'hérédosyphilis. En quinze années, le nombre des atteintes primaires et secondaires tombe des sept huitièmes : on parle même de disparition, et si le retour de 1964-65 marque la fin de cet espoir, c'est une autre histoire, qui dépasse largement le cas français. À ce moment, la tuberculose, elle non plus, n'a pas résisté à des antibiotiques spécifiques, largement employés dès les lendemains de la Libération, et à la vaccination par B.C.G. imposée aux groupes à risques en 1950. Sa déclaration, facultative depuis 1903, est rendue obligatoire en 1964 : elle participe alors, comme le développement, sur sa lancée, d'un appareil de soins qui compte en 1959 un maximum de 76 000 lits dans les sanas, d'un archaïsme où ne se retrouvent guère les inquiétudes de l'après-guerre, qui vont avoir, bientôt, d'autres objets. Symboliquement, le test de Bordet-Wasserman et l'examen radiologique imposés aux futurs mariés par Vichy servent surtout à constater la raréfaction progressive de la syphilis et de la tuberculose.

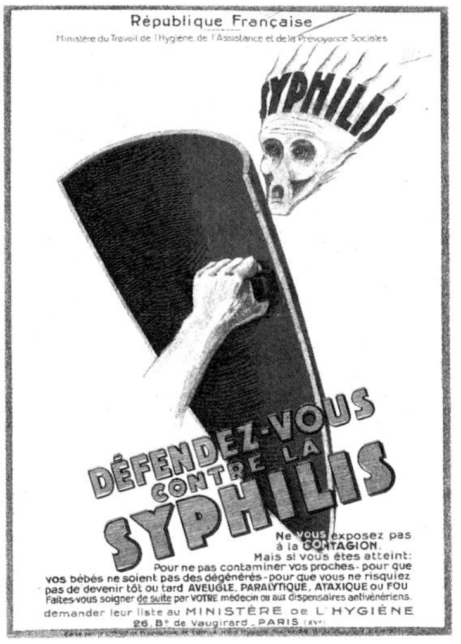

Affiche contre la syphilis diffusée
par le ministère du Travail, v. 1900, B.N.

XXIII

l'Effacement du risque naturel

Au remplacement progressif de la réalité épidémique par les fantasmes des « maladies de société » correspondent un affadissement de la catastrophe en même temps qu'une mutation de son essence qui, l'un et l'autre, contribuent à en intérioriser et à en pervertir la peur. □

Le choléra peut ramener pour un temps les terreurs de la peste. C'est moins de l'ampleur de ses ravages que du sentiment diffus d'anachronisme qu'on en a qu'il tire justement son éclat ; c'est à sa concentration dans le seul domaine de la maladie qu'il doit une visibilité d'exception, quand l'épidémie ancienne s'inscrivait presque toujours dans une multiplicité des malheurs où s'estompaient ses contours propres. Au long cours, la découverte des rôles microbiens et les représentations qu'elle finit par engendrer, l'empoisonnement du sang, l'hérédité de l'infection laissent à penser que le mal est à l'intérieur même de la race et des corps. Du coup, c'est exempter le reste de la nature de ses responsabilités traditionnelles dans le malheur collectif, ou dans sa probabilité ! À juste titre : F. Ewald, reprenant Voltaire, montre à quel point elle incarnait dans la pensée de l'Occident l'absolu du mal, à travers, par exemple, la réflexion qui avait suivi le tremblement de terre et la destruction de Lisbonne en 1755. Or, le XIXe siècle marque précisément l'éloignement de ce halo d'hostilité périodique ou permanente dont la nature avait toujours entouré les hommes. Le monde animal est domestiqué ; ses espèces les plus dangereuses sont en passe d'être exterminées, ou cantonnées. L'effacement de la faim, c'est aussi le signe que les dégâts du climat et du temps, s'ils demeurent, ne peuvent plus tourner à la calamité. La terre a toujours été, en France, relativement silencieuse, et elle le reste. Quant à l'eau, elle cesse peu à peu de ravager les biens et les existences pour devenir même un des moyens du progrès. Car le siècle des médecins est aussi celui des ingénieurs, et l'historien qui part à la recherche des fléaux naturels ne rencontre souvent désormais que les technologies qui visent à limiter leurs effets ou à mettre fin à leurs maux. Même si, encore une fois, le danger réapparaît là où on l'ignorait et si, au fur et à mesure que le siècle avance, l'inquiétude change de sens.

De la peur du loup aux dégâts des insectes

La cruauté des hommes à l'égard des animaux demeure, sous la Restauration et la monarchie de Juillet, à la mesure de la crainte qu'ils suscitent. À la campagne, il arrive qu'on brûle tout vifs les rats, les serpents, les crapauds ou les chats ; on cloue les chouettes aux portes des granges ; la médecine populaire continue d'éventrer les coqs et les pies ; et c'est jeu d'enfants que de tourmenter les oiseaux et les insectes. C'est aussi jeu d'adultes : aux barrières de Paris, on crucifie les rats dans les tournois de fléchettes ; ailleurs, on rivalise pour décapiter les lapins et les canards ; à Pantin, en 1833, on se presse aux assauts d'énormes molosses contre des mulets, des sangliers et des taureaux ; et, dans le Nord, il faut attendre 1852 pour que cessent les combats de coq. On sait aussi la brutalité légendaire des muletiers, le martyre des chevaux battus, la cruauté de l'abattage des animaux de boucherie en pleine rue, qui fait des quartiers d'abattoir des cloaques de sang. La maîtrise du monde animal prend des allures de rites propitiatoires même si, par la force des choses, ils s'appliquent justement aux plus inoffensives des bêtes ; la naissance, en 1846, d'une Société protectrice des animaux, puis la loi Grammont, qui organise leur défense à compter de 1850, n'en esquissent pas moins un revirement d'attitude, logiquement calqué sur l'effacement de la menace, réelle ou non, qu'ils faisaient peser. Il n'en reste, finalement, que la peur des loups.

La mort du loup

Elle-même tient d'ailleurs largement de la métaphore. Car, quand le XIXe siècle commence, il y a bien longtemps que leur extermination a commencé. De 1818 à 1829, on en tue sans doute chaque année plus de 2 000 dans l'espace du royaume. Un état de la faune dressé en 1838 pour *la France pittoresque* conclut qu'il n'y en a déjà plus, ou fort peu, dans les grandes plaines du Nord et de l'Île-de-France, en Normandie et dans la vallée de la Garonne. La contraction de leur domaine est donc fortement engagée, autour des régions montagneuses des Pyrénées et du Massif central, dans les aires forestières du Jura, des Vosges et des Ardennes. Surtout, à aucun moment, ceux qui survivent ne paraissent s'en prendre aux hommes, et si l'un d'eux enlève un enfant dans la Sarthe en 1826 – il y aura encore en 1914 une vieille femme pour se faire dévorer en Haute-Vienne –, on s'en frappe parce que l'incident est devenu exceptionnel. Dans le bas Berry, notamment, où il n'est pas rare qu'on en aperçoive des meutes de cinq ou six jusqu'aux années 1880, ils ne s'attaquent jamais vraiment qu'aux bergeries et aux basses-cours. Sur le long terme, le loup sort rarement du bois, sauf quand l'y pousse une autre calamité : la guerre, en 1807, en Beauvaisis, en 1812 où, la disette générale aidant, on en surprend à rôder aux portes des villes ; ou le froid : dans l'hiver 1870-71, dans celui de 1879-80, où l'on en aperçoit près des abattoirs d'Argenton-sur-Creuse ; en 1913-14 encore, où l'on en débusque en Charente, en Limousin, dans la Dordogne, près de

Château-Thierry. Sans que toujours, d'ailleurs, on puisse s'assurer de la crédibilité des témoignages.

La réalité, c'est bien l'extermination, facilitée par le perfectionnement des armes à feu et leur diffusion dans la paysannerie. Dans le seul bas Berry, on tue 4 500 loups entre 1800 et 1905. Et, dans l'ensemble du pays, les années 1880 annoncent l'assaut final, stimulé par l'augmentation des primes de louveterie. De 400 à 500 par an entre 1873 et 1882, le nombre des bêtes abattues augmente à plus de 1 300 en 1883, un millier en 1885 et, au total, sans doute 10 000 jusqu'en 1900. Malgré le renouvellement des populations indigènes par des arrivées d'Europe centrale, en dépit de la résistance exceptionnelle de l'espèce, le loup s'efface de France avec le début du XXe siècle et se réfugie dans le seul domaine des légendes enfantines : les instituteurs retardent qui en sont encore, dans les années 1880, à demander des battues sur les chemins de l'école. Avec lui disparaît le succès populaire des images pieuses, des « feuilles bénites » et des « étoles de saint Hubert », toutes réputées protectrices contre sa voracité. Et aussi la fascination pour les bêtes fantastiques, de préférence marines, dont s'était longtemps nourri le premier XIXe siècle, telle cette étrange créature qui aurait fait 250 victimes sur les rivages de Cette (Sète) en 1817, avant que d'autres, tout aussi effrayantes, ne soient signalées ici ou là en 1836, 1849 et 1851. Il n'en reste que la fascination de l'exotisme, qui avait fait se précipiter en 1827 sur le chemin de la girafe offerte à Charles X, en 1836 pour voir le premier orang-outan apporté en

Disparu des campagnes, le loup se réfugiera peu à peu... dans les contes pour enfants et l'imagerie d'Épinal. On en repéra pour la dernière fois en France en 1952, en Haute-Savoie.

(« LOUPS POURSUIVIS DANS LE VILLAGE DE SALLIERS, EN CAMARGUE, LE 31 DÉCEMBRE 1860. » GRAVURE DE POUGET, SUR CROQUIS DE RAVOIRE. COLL. ARLINGUE.)

Europe. En attendant que le parc zoologique ne mette définitivement à sa place dans la cité la bête féroce : encagée et inoffensive. Ne reste qu'un bestiaire d'imagination, qui renvoie la nouvelle civilisation urbaine à la vieille homologie qu'offrait la sagesse des proverbes entre l'univers des animaux et celui des hommes. Et c'est à ceux-ci qu'il s'applique désormais : aux bohémiens, par exemple, longtemps marginaux entre les marginaux, « race de loups », « race de renards », écrit Jean Aicard à la fin du siècle, dont les enfants « se faufilent comme des rats » ; plus généralement, à tous les ennemis des honnêtes gens, la prostituée, l'avorteuse ; et naturellement, à l'occasion, le juif. Toutes bêtes de proie qui déchirent, qui broient, qui engloutissent. Mais qui surtout se tapissent, rampent et s'infiltrent, familières de la souillure et de l'infection – rats, serpents, sangsues, insectes. C'est de ces bêtes immondes que joue, note Raoul Girardet, l'imaginaire fin de siècle de la conspiration universelle : celles des égouts et des entrailles de la ville, pas celle des forêts et des montagnes.

C'est que la menace traditionnelle du monde animal s'est éloignée, et qu'elle emprunte d'autres chemins, inquiétants mais, finalement, moins dangereux. Dès les années 1830 d'ailleurs, la peur du loup avait elle-même changé de nature. « Horribles détails de malheurs occasionnés par des animaux enragés », clame un des « canards » les plus largement répandus. En 1839, si plusieurs villages du Puy-de-Dôme en sont terrorisés, c'est à cause du mal que risque de transmettre le loup enragé qu'on y a repéré. De même dans la région d'Ussel, en 1868, où 9 personnes en sont infectées sans recours ; et surtout dans l'Indre en 1878-79, secoué par une panique collective qui n'est pas sans évoquer la psychose provoquée, un siècle auparavant, par la Bête du Gévaudan. C'est que, depuis la guerre de 1870-71, l'épizootie s'est répandue un peu partout dans les campagnes, où elle culminera entre 1878 et 1885. On craint moins une cruauté et une voracité largement légendaires que la maladie véhiculée par les loups, tout comme l'image du rat s'est dégradée de celle de pillards de greniers en vecteur de la peste et d'autres infections innommables. Et ce n'est pas un hasard si la grande offensive fin de siècle coïncide avec la diffusion de la vaccination antirabique que Pasteur expérimente à partir de 1885.

Les maladies de la vigne

C'est du côté des insectes et autres animalcules que l'on commence à regarder. Telles ces « simulies » qui s'attaquent aux bestiaux dans le Lyonnais en 1863, et entraînent la mort de 80 p. 100 du cheptel bovin à Condrieu. On s'inquiète du coup, en 1871, d'une invasion généralisée de mouches noires, qu'on dit même lâchées par l'armée prussienne. Et les toutes dernières années du XIXe siècle mèneront à reconnaître le rôle d'intermédiaire des anophèles dans les zones à malaria. Il est vrai que, depuis 1820, la quinine permet d'en soigner les hommes, et que ceux-ci paraissent moins menacés que leurs animaux domestiques et, surtout, les récoltes. Entre 1845 et 1847 c'est la première alerte, quand le phytoptora s'attaque à la pomme de terre. Ses dégâts ne sont pas minces dans un pays où sa production est égale depuis la fin de la Restauration à celle du froment : au total, les tonnages reculent de 25 p. 100, et de beaucoup plus ici ou là – des deux tiers dans le Calvados, par exemple, en 1846. Mais le mal s'éloigne aussi vite qu'il était venu. Puis c'est le tour des zones séricicoles : à la pébrine, provoquée par une algue parasite, succède la flacherie, une affection microbienne de l'appareil digestif dont les vers à soie commencent à crever dans les magnaneries méridionales à compter de 1853-54. L'épizootie atteint de plein fouet les régions du Rhône moyen où les élevages, en plein essor, venaient de produire – un record – 26 millions de tonnes de cocons en 1853. Dès 1856-57, on n'en livre pas plus de 7,5 millions, puis 5 millions en 1865, qui est la pire des années. Jusqu'en 1875, où le mal est vaincu, l'irrégularité s'installe d'un exercice à l'autre, mais aucun ne se hausse à la moitié d'une année « normale » d'avant l'épizootie ; et, encore une fois, on retrouve la trace de Pasteur, venu sur place en repérer les causes et proposer les traitements.

D'une tout autre ampleur apparaissent les maladies de la vigne. Le siècle tout entier est traversé de vagues successives qui vont finir par en modifier la géographie. C'est d'abord celle que provoque la pyrale, un papillon dont la chenille est friande des feuilles et des bourgeons de printemps. Elle est signalée pour la première fois en 1808, avant de nouvelles poussées en 1810, en 1818 et surtout en 1837, où ses effets sont d'une « intensité [si] effrayante » qu'ils réduisent des trois quarts la récolte en Beaujolais et en Mâconnais. Mais le mal ne s'étend guère en dehors d'eux et, malgré quelques rechutes dans la décennie suivante, il s'étiole à partir de 1846 grâce à l'échaudage mis au point par Benoît Raclet. Lui succède alors l'oïdium, une pourriture venue des États-Unis et qui, en quatre années, envahit l'ensemble du territoire : la vendange s'en effondre en valeur de 43 p. 100. Les destructions sont particulièrement importantes en Provence, en Beaujolais encore, et sur les côtes du Rhône, et elles achèvent de liquider le vignoble d'Île-de-France ; puis la généralisation du sulfatage après 1855 les réduit peu à peu.

Fils des plaines et du Midi : le phylloxéra

La place est nette pour le phylloxéra. Toutes proportions gardées, puisqu'il ne s'en prend pas aux hommes, il entraîne des conduites et suscite des inquiétudes qui ne sont pas sans rappeler celles de l'épidémie cholérique. Par la lenteur de son expansion, qui provoque à la fois la peur d'en être touché et l'espoir d'y échapper. On le repère, sans bien le reconnaître, pour la première fois à Pujaut, dans le Gard, en 1863 : le vignoble français n'en continuera pas moins de se développer sans trop y prendre garde pendant une bonne décennie, d'autant que sa marche reste lente, des taches du Midi, qui s'élargissent sans bruit jusqu'en 1869-70, à la vallée du Rhône que le phylloxéra remonte pas à pas, avant de sauter en Gironde (1870) et dans la région de Cognac (1872). Pourquoi dépasserait-il Lyon ? Le Beaujolais se rassure d'échapper à une maladie qui serait fille des plaines et du Midi. Et pourquoi ne pas profiter des malheurs du voisin et du délaissement de sa clientèle ? Le diagnostic lui-même n'est pas véritablement assuré, le mal est fréquemment confondu avec des atteintes plus familières, causées par le ver blanc des racines, ou le « gribouri » des années d'humidité. Longtemps après qu'ait été trouvé le rôle du *Phylloxera vastatrix,* l'« insecte de la mort », dit-on en Roussillon, on doute de sa responsabilité, et on lui garde sa part de mystère en se jetant sur les remèdes les plus incongrus, l'urine de cheval (et celle des hommes !), le goudron, la bave d'escargot, le jus de tabac ; dans le Midi, on tente par le tintamarre des casseroles, d'éloigner le puceron malfaisant et de le fléchir par des prières publiques, ordonnées pour les villages les plus indifférents en matière de religion. Et quand la maladie est là – les feuilles jaunissent, les sarments s'amaigrissent –, elle est sans retour puisque le parasite a déjà achevé son travail souterrain. Quant aux moyens de lutte, ils déconcertent en terrifiant par leur caractère drastique ou leur étrangeté : le remède n'est-il pas pire que le mal quand il faut détruire la vigne elle-même, arracher et brûler les ceps dans un rayon de cinq mètres puis miner le terrain ? L'émotion des viticulteurs en redouble, et, en Bourgogne, des incidents éclatent avec les spécialistes venus traiter la vigne ; la justice condamne les récalcitrants, la rumeur du complot n'est pas loin dont, dans ces années 1870, on accuse les bonapartistes.

À quoi bon ces conférences, ces études savantes, ces brochures de vulgarisation, puisqu'elles n'empêchent pas la marche inexorable du phylloxéra ? En 1874, une commission suprême peut bien coiffer et coordonner la résistance : l'année d'avant, le mal a pris un nouvel élan vers les côtes du Rhône septentrionales, la Dordogne et les pays du Rhône. En 1875, il est en Beaujolais, en Mâconnais et en Médoc, puis en Orléanais en 1878 ; 39 départements sont alors touchés, et ce n'est pas fini : au plus fort de son extension géographique, en 1897, il y en a 72, après que la Bourgogne a été contaminée dans les années 1880, puis la Champagne, après 1890. À ce moment-là, il y a bien longtemps que le phylloxéra a viré à la catastrophe : dès 1884, 1 million d'hectares étaient perdus, près de 700 000 en passe de l'être. La production recule jusqu'en 1889, les surfaces jusqu'en 1897.

Sans doute, s'il continue d'avancer ici, le mal a déjà commencé à s'atténuer là, grâce, dès la fin des années 1870, à l'hybridation par les plants américains. Le combat n'en reste pas moins difficile, et ses résultats sont longs à venir. Les petits propriétaires ont du mal à mettre en œuvre les premiers traitements – chimiques – efficaces, par manque de formation et d'information. La submersion ne peut se faire qu'en plaine ; le sulfure de carbone est coûteux, délicat à utiliser, lent à agir ; et il n'empêche pas les rechutes, qui découragent les vignerons, prompts à se demander, comme en Roussillon, si la « fatale malchance » n'est pas une forme de « courroux de Dieu ». Et voilà que l'humidité des saisons ramène périodiquement l'oïdium ; un autre nouveau venu d'Amérique, le « black-rot », se manifeste à Ganges, dans l'Hérault, en 1885, avant de se propager un peu partout et d'être vaincu, à partir de 1904, par la bouillie bordelaise ; qu'enfin le mildiou, une affection cryptogamique, s'installe de façon endémique à partir de 1880-1882, pour s'ajouter aux destructions du phylloxéra, en 1886, en 1889, en 1895, en 1903 – et lui survivre largement –, en 1910, où il fait perdre la totalité de la récolte bourguignonne et compromet celle de 1911, en 1917, en 1921, en 1927, en 1930 et en 1932 encore.

Le XXe siècle naît pour les pays de vignoble sur un inconnu plein d'angoisse, estime R. Laurent. De fait, l'étiologie du phylloxéra n'est pas sans rappeler celle de la tuberculose, la clandestinité de sa marche, l'inexorabilité de ses effets. Comme elle, elle participe de la découverte d'un autre danger du monde animal, celui de l'animalcule, insecte ou microbe, qui fait tourner à la peur la longue familiarité des hommes avec d'autres parasites, tant que ceux-ci étaient réputés inoffensifs. Pour une partie de l'opinion, n'y a-t-il pas là le signe d'une perversion acquise de la nature, lassée ou corrompue du succès même de la domestication des espèces, qui préfigure la découverte, bien plus tard, des mutations génétiques des souches bactériennes ? En attendant, ne s'agit-il pas tout simplement d'une fragilisation de la nature, homologue de l'appauvrissement du sang et de la résistance des hommes ? Pour l'heure, il n'en faut pas exagérer les conséquences. L'invasion du phytoptora n'a fait que creuser la dépression agricole des années 1846-1847, elle n'a à aucun moment provoqué le retour de la disette ; et l'on aura tôt fait d'organiser la défense contre le doryphore quand il apparaîtra entre les deux guerres ; les maladies du ver à soie et de la vigne ne s'en prennent pas, quant à elles, aux indispensables cultures vivrières.

Sans doute près de 2 300 communes où travaillent 300 000 à 350 000 personnes sont-elles, en moins de deux décennies, ravagées par la pébrine et en amorcent-elles une décadence économique et démographique qui ne s'arrêtera pas ; mais, dans l'immédiat, la multiplicité des activités permet de traverser la crise. De même, quand le phylloxéra s'éloigne, la superficie de la vigne a reculé de 30 p. 100 de sa valeur.

Dans le Midi, le malthusianisme paysan en est relancé et, d'un peu partout, c'est une nouvelle raison de partir pour les éléments les plus entreprenants, pour maints petits propriétaires. Ainsi des Corbières et du Roussillon, entre autres : parce que tout le monde y est finalement appauvri, parce que, aussi, cultiver la vigne est en train de devenir une science, bien au-delà des savoir-faire traditionnels, parce qu'il y faut des disponibilités financières qui ont justement fondu avec le phylloxéra. Néanmoins, c'est d'autres facteurs, qui ne doivent rien à une nature marâtre, que s'accélérera l'exode des vignerons. Mieux, l'ampleur de l'expansion géographique du mal achève d'effacer les vignobles marginaux de la France du Nord ; elle oriente les autres vers une recherche de la qualité qui, comme en Beaujolais, fera leur fortune contemporaine ; et c'est l'occasion pour les viticulteurs d'expérimenter une solidarité qui constituera une des clés de leurs futurs succès commerciaux.

Goudron, bave d'escargot, jus de tabac, urine s'avèrent aussi impuissants contre le phylloxéra que le sérum à l'ail contre la tuberculose. Une campagne d'information s'organise donc pour armer les viticulteurs contre le fléau ; mais elle restera impuissante à l'endiguer.
(« LE PHYLLOXÉRA », DESSIN DE P. KAUFFMANN ; « JOURNAL ILLUSTRÉ ».)

La fureur des eaux

Plus encore que la crainte des animaux sauvages, les menaces multiples de l'eau renvoient à des terreurs et à des réalités pluriséculaires. La tradition d'Occident ne fait-elle pas de l'immensité et des fureurs de l'Océan l'incarnation même des assauts du Malin ? Son instabilité et l'infini de ses horizons, c'est l'image du chaos originel, et ses abysses dessinent les profondeurs de l'Enfer. L'inquiétude des gens de mer est largement partagée à l'intérieur des terres, l'évidence de l'intervention satanique – que tentent de détourner les saints noms des bateaux et leur bénédiction – est encore très vivante au début du XIXe siècle. Les ex-voto marins reposent toujours sur l'opposition triptyque du déchaînement des flots, du désarroi de l'homme suppliant et de l'aide céleste. Sur un registre mineur, le récit de naufrage est l'un des thèmes préférés des « canards » du premier XIXe siècle, qui se délectent de l'horreur du désastre, de la qualité et de l'âge des noyés, des actes d'héroïsme de ceux qui tentent de les arracher à la mort, bref, de détails qui prétendent garantir, avec l'émotion des lecteurs, l'authenticité des récits ; même si ceux-ci demeurent les mêmes, d'année en année, quitte à changer le nom du bateau.

L'affaire de la *Méduse,* même si elle se passe loin des côtes françaises, en juillet 1816, a un immense retentissement. Moins que de ses 132 victimes

« Oh ! combien de marins, combien de capitaines !... » Et, au-delà de l'exaltation romantique, des faits bien réels, dont le naufrage du « Saint-Philibert » et ses victimes.

(NAUFRAGE ; GRAVURE DU XIXe S. COLL. PART ; 1931, COLL. DAZY.)

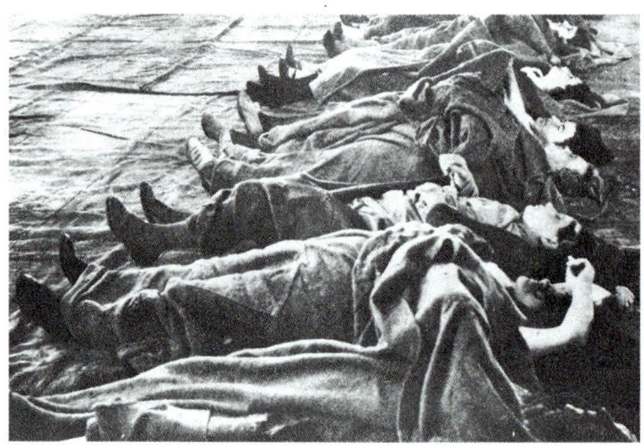

– sur 147 marins et passagers –, celui-ci se nourrit de l'horreur de la longue agonie, où ne manquent ni le soupçon de cannibalisme – les lanières salées prélevées sur les cadavres et pendues aux cordages du radeau ! – ni le procès des émigrés : sorti de prison en 1820, le commandant restera l'opprobre des gens de son pays et son fils s'en suicidera. L'épisode, pourtant, occulte la fréquence du naufrage pendant toute la durée du siècle. Autour de 1900 encore, pour 100 000 morts en France, il en est 300 par noyade, et il disparaît en mer un marin pour 300 qui s'embarquent : c'est alors le métier le plus dangereux, bien pire que celui de la mine. Il est des années terribles de naufrages en séries, comme en 1888 où 14 des 90 bateaux de pêche partis de Dunkerque et de Gravelines ne rentrent pas et 170 hommes disparaissent avec eux. Il n'empêche que le début du XXe siècle voit se raréfier les grandes catastrophes, avec les progrès de la navigation, et qu'il est désormais plus de gabiers emportés au coup par coup, par la chute d'un mât, le dérapage d'un filin ou un paquet de mer que d'équipages engloutis. À plus de cent années de distance, le naufrage du *Saint-Philibert,* au large de Nantes, le 14 juin 1931, dit à la fois le changement des temps et la persistance des représentations : le vapeur coule près du rivage, où il ramenait des coopérateurs socialistes en promenade dominicale ; il n'y a que huit rescapés sur plus de 500 personnes embarquées, et, jusqu'au mois de septembre, chaque marée dépose des cadavres sur les plages. C'est, au-delà de l'émotion, l'occasion d'une violente polémique déclenchée par une presse catholique prompte à y voir, contre le matérialisme, l'intervention directe de la Providence. Pendant tout le XIXe siècle, la noyade en mer ou en rivière n'est-elle pas entrée pour plus de moitié dans l'ensemble des morts accidentelles en France, encore 3 000 à 5 000 chaque année à la Belle Époque ?

Et puis il y a aussi, à l'intérieur des terres, les 30 personnes emportées par un gardon cévenol en 1827, les 50 autres, en septembre 1890 ; les 300 morts engloutis par la Garonne en crue en juin 1875, et encore 200 au confluent du Tarn en mars 1907 ; les 100 curistes de Saint-Gervais-les-Bains, avec les 24 paysans du village de Bionnay, entraînés le 12 juillet 1892 par les 200 000 mètres cubes d'eau lâchés à la suite d'une rupture sous le glacier de la Tête-Rousse, dans le massif du Mont-Blanc, charriant 90 000 mètres cubes de glaçons et 800 000 mètres carrés de sédiments qui s'étalent en une monstrueuse « lave » glaciaire dans la plaine du Fayet. Il n'y a même pas manqué la violence du déplacement d'air et la trépidation du sol qui, d'ordinaire, accompagnent les séismes. Et c'est encore l'eau qui est en cause lorsque, le 12 novembre 1930, la colline lyonnaise de Fourvière glisse, à la manière des « franes » de Méditerranée, en écrasant plusieurs dizaines de maisons et leurs habitants.

La colère du fleuve

La chronique, parcellaire, ne retient que le souvenir des morts. Jusqu'aux années 1880 pourtant, l'inondation est une catastrophe familière, qui détruit les récoltes, quand elle a le malheur de débuter au printemps, et menace les villes. Voici la Loire, sortie de son lit en 1804, en 1823, en 1825, en 1835, en 1841 ; et, surtout, en 1846, 1856 et 1866 : une périodicité trop bien dessinée pour qu'on n'y voit pas le signe du destin. À chaque fois, les terres riveraines sont noyées à l'infini sous deux à cinq mètres d'eau, qui détruisent les ouvrages d'art, coupent les routes, font s'effondrer les édifices et arrachent les chemins de fer. Aucune « levée » n'est assez forte pour s'y opposer, et, le mercredi 4 juin 1856, c'est la double catastrophe d'Écures et du bourg de La Chapelle. Là, 24 maisons et la caserne de gendarmerie s'effondrent ; ici, un torrent de 12 mètres de large taraude les murs, ne laissant debout, après quelques heures, que l'église et une poignée d'édifices ; un château récemment construit disparaît dans un trou de 10 mètres de profondeur ; le cimetière est défoncé, les cadavres s'accrochent aux branches des arbres, où le flot les a laissés, tandis que les habitants se réfugient sur le toit des rares immeubles épargnés, au milieu du bruit et de la fureur des eaux tourbillonnantes. Les faubourgs de Tours sont submergés, les ardoisières de Trélazé noyées parmi « ... les clameurs de tout un peuple en larmes... », se lamente un poème de circonstance qui ne vaut guère mieux que toute une littérature larmoyante autour des « nouvelles accablantes » et des « effroyables ravages des eaux... ». Car c'est à ceux-ci que continue de s'appliquer tout un prophétisme d'autres temps, plein de signes annonciateurs, de lettres tombées du ciel, d'inscriptions venues de nulle part en lettres d'or ou de sang, d'étrangers mystérieux. On comprend alors l'inquiétude qui s'empare des populations ligériennes en 1879-1880 lorsque se forme, face à Saumur, une énorme embâcle de glace, 8 kilomètres de long, 500 mètres de large, 5 mètres de haut, 9 millions de mètres cubes au total, qui contraint le fleuve à se frayer un nouveau lit sur sa rive gauche ; et l'angoisse renaît, pour les mêmes raisons, en amont d'Orléans.

Dans l'Est, c'est la Saône qui, en 1840, envahit les petites villes riveraines de la Dombes, dont Châtillon-sur-Chalaronne, et met à bas 1 200 maisons. Puis c'est au tour du faubourg lyonnais de Vaise, où s'affaissent, gorgés d'eau, plus de 200 édifices en pisé laissant 3 000 personnes sans abri. À l'intérieur même de la ville de Lyon, elle emporte le pont Saint-Vincent, ceux du Palais de Justice et de la Mulatière, avant de se joindre à un Rhône lui-même démesuré et qui a rompu ses digues d'amont : à la chronique locale de la catastrophe, il ne manque ni les signes du mystère, ni l'horreur des dégâts,

À la fougue de l'océan répond, à l'intérieur des terres, l'action insidieuse des eaux fluviales, témoin la Loire en 1856 ; de 3 200 habitants le bourg de La Chapelle passe à 249.

(« INONDATIONS DE LA LOIRE : 2 JUIN 1856. » FABRIQUE D'IMAGES DE GANGEL, METZ.)

ni l'héroïsme des conduites. En aval, Givors, Tournon et Tain-l'Hermitage sont envahis, puis Avignon. Dans la plupart des cas, l'eau dépasse fréquemment le premier étage ; à Tarascon, il faut y monter le bétail, et Aigues-Mortes est, sur le bas Rhône, la seule cité à émerger d'un immense lac d'eau douce de 40 kilomètres de long, où la Camargue a disparu. Puis, en 1856, c'est encore aux portes septentrionales de Lyon que se brise la digue de la Tête-d'Or ; cette fois-ci, c'est toute la rive gauche de la métropole – les quartiers des Charpennes, des Brotteaux et de La Guillotière – qui est mise en quelques heures au ras de l'eau : un document primitif du reportage photographique a conservé les images de la ville, où il ne reste que les pans de mur d'un bon millier d'immeubles. Encore une fois, Avignon est inondée,

LES INONDATIONS DE LYON EN 1840

Malgré l'incrédulité qui accueille ordinairement les prophéties, on est parfois obligé de reconnaître une coïncidence singulière entre les faits prédits et leur réalisation.

Dans le courant de l'été 1840, il n'était bruit à Lyon que d'une pierre prophétique située près d'une des arches du pont de La Guillotière. De nombreux curieux allaient la visiter ; et, comme une barque était nécessaire, les mariniers rendaient grâce à la présence du silex miraculeux et renchérissaient sur les on-dit de la crédulité publique, dans le seul but de rendre les recettes plus abondantes.

Sur cette pierre, qui, depuis 1711, était restée dans l'oubli, c'est-à-dire au fond de l'eau, se lisait (avec les yeux de la foi) la sinistre prédiction qui suit :

Qui m'a vu a pleuré,
Qui me verra pleurera.

Aux mois de mai, juin, juillet, époque où la pierre jouissait d'un grand crédit, les incrédules riaient, attendant dans la plus parfaite sécurité la réalisation de la sinistre prophétie.

Cette réalisation ne s'est malheureusement pas fait attendre : un débordement du Rhône et de la Saône, comme l'histoire en cite à peine un exemple, est venu jeter la consternation dans la seconde ville de France, si souvent éprouvée par de grands désastres.

Le 30 octobre, le Rhône, enflé par tous ses affluents, depuis la Valserine jusqu'à la rivière d'Ain, s'éleva à une hauteur extraordinaire...

Le même jour, vers deux heures du matin, la digue de la Tête-d'Or avait été emportée sur une longueur d'environ 100 mètres, et le Rhône se précipitait par cette large brèche. On a répandu le bruit qu'un officier du génie, faisant sa ronde dans la nuit du 30 au 31, avait vu des hommes travaillant, à l'aide de pioches et de pelles, à rompre cette digue ; que ces travailleurs nocturnes étaient des habitants de la commune de Vaux, située plus en amont, qui, voyant leurs habitations inondées, avaient voulu donner une large issue au fleuve...

De nombreuses scènes de désolation se succédèrent. Là, une mère fuyait dans l'eau, emportant son enfant et n'osant s'avancer aussi rapidement qu'elle l'eût désiré, dans la crainte de trouver la mort dans quelque bas-fond. Plus loin, des malheureux, grimpés sur les toits, appelaient des secours que personne n'osait porter... Chacun fuyait. Neuf personnes se réfugièrent sur un arbre ; les eaux en minaient le pied, la position était horrible : déjà l'arbre, par des mouvements plus fréquents, annonçait qu'il allait être entraîné, lorsque des personnes dévouées arrivèrent avec des barques et sauvèrent ces malheureux.

Le jour vint éclairer cette scène de désolation. Le Rhône montait toujours...

« Inondations de 1840 sur le littoral de la Saône et du Rhône. »
Recensé par le Dr P.-C. Ordinaire, Mâcon 1840.

seule émergea l'île du rocher des Doms, après que le flot eut emporté, sur le Rhône moyen, les ponts du Pouzin, de Rochemaure, de Donzère et d'Arles, avant de s'étaler, au-delà de Beaucaire et de Tarascon, sur 120 000 hectares, dont 30 000 de terres cultivées.

Les fureurs du Rhône ne font que grossir les caprices de toute une hydrographie de la France du Sud, dont les pulsions brutales sont autrement redoutables. En 1843, c'est la Durance qui démolit tous ses ponts, et ce sont les éclats des rivières cévenoles qui gonflent de nouvelles crues rhodaniennes en 1872, 1882, 1886, 1906, 1907 et 1924. Givors, une petite ville qui cherche pourtant depuis longtemps à se protéger, ne peut éviter l'inondation en décembre 1882, en janvier 1910, à la fin de 1918 et en 1923, avec, à chaque fois, des dommages qui ne sont pas négligeables. Quant aux « gardons » qui dévalent les Cévennes, il ne tient qu'à la raréfaction des hommes et des villages sur leurs berges – on a appris à s'en méfier – pour que leurs crues ne dégénèrent pas. Il n'empêche : le flot monte si vite qu'on a tout juste le temps de se mettre à l'abri ; et pas toujours : il y a encore 2 morts en septembre 1846, 7 en septembre 1857, 10 en octobre 1859, 4 en 1878. Chaque épisode est en lui-même médiocre, mais à la longue... Le 22 septembre 1890, c'est seulement parce que la montée des eaux se fait en plein jour qu'elle n'entraîne pas une hécatombe, et Le Pouzin, en aval, est encore totalement mis sens dessus dessous en octobre 1907. Le danger est aussi fort du côté de la Garonne et des gaves pyrénéens qui y affluent : en juin 1875, leur conjonction submerge le quartier Saint-Cyprien de Toulouse, puis les localités d'aval, avec les morts que l'on sait. En mars 1907, 3 000 maisons et 11 grands ponts sont emportés par le flot.

Le corset des digues

En plein XIXe siècle, on retrouve, sur place, la trace démographique de la fureur des eaux. Après les ravages de 1840, Vaise ne sera plus jamais la même, et ses tisseurs de soie – un bon millier – vont se mettre sans retour à l'abri sur la colline de la Croix-Rousse ; la population de La Chapelle, sur

Le Paris organisé du baron Haussmann n'est pas à l'abri des aléas climatiques.

(L'INONDATION DE 1910 À PARIS, AVENUE LEDRU-ROLLIN ; PHOTO, 1910. COLL. ANGEL-SIROT.)

la Loire, s'effondre, après 1856, de 3 200 à 249 habitants. Mais chacune de ces catastrophes demeure, in fine, réduite à une ville, une bourgade, au pire un « pays ». Ce siècle des comptables dénombre bien toujours les morts ; le voilà surtout qui s'essaie à évaluer les biens perdus, 72 millions sur la Saône et le Rhône en 1840, 50 millions en 1856. Le recul est en lui-même significatif. Après 1866, les « levées » de la Loire apprennent à résister à toutes les pressions et la technique des déversoirs pour canaliser le trop-plein des eaux se déploie tout au long du fleuve entre 1870 et 1891. Toutes les grandes villes riveraines de la Garonne, de la Saône, du Rhône, de la Seine achèvent avec la fin du siècle le corsetage de leurs digues et de leurs quais. Dans les Alpes, Grenoble s'est équipée pour échapper aux divagations séculaires du Drac, et les torrents montagnards, l'Arve, le Fier, les Usses, l'Arc, n'emportent plus que des routes et des chemins de fer – souvent coupés du côté de Modane – comme ceux des Cévennes quelques filatures de soie et, au pire, quelques milliers d'arbres fruitiers. Après 1856, le Rhône lyonnais se contente d'entraîner les « plattes » et les bateaux-lavoirs amarrés aux quais, et, dans la plaine de la Saône, il n'y a plus pratiquement que les foins et les blés à être gâtés. À Saumur, l'armée a tôt fait d'écarter à coups de dynamite la menace de l'embâcle de 1880. Les rives n'ont bientôt plus à souffrir que des immenses bourbiers que laissent les eaux en se retirant : à Besançon, par exemple, en décembre 1892 et en janvier 1910, après une poussée du Doubs ; à Paris, surtout, où la Seine a encore emporté le pont des Invalides en 1880 et, dans l'hiver 1910, englué en une vase puante ses bas quartiers, caves et calorifères étant noyés. L'inondation commence à faire la joie des photographes amateurs de Parisiens en barque, sur fond de gare de Lyon, où la Tour prend, du coup, des allures de campanile vénitien. La crue a, au début du XXe siècle, cessé d'être une catastrophe pour devenir un simple accroc climatique.

L'eau pure

De tradition, les dangers de l'eau ne se bornaient pourtant pas à ces destructions massives. Jusqu'au XVIIIe siècle, l'idée était ancrée qu'en s'infiltrant dans les béances de la peau elle y faisait pénétrer les « venins de l'air », en particulier les miasmes de la peste. Or, la fin de l'Ancien Régime et le début du XIXe siècle marquent un tournant. Voilà que l'eau inverse ses signes pour devenir bénéfique. Avec le bain, les Lumières avaient découvert le plaisir de la propreté, et les hygiénistes ne vont pas tarder à exalter le rôle astringent de l'eau froide qui fortifie les corps en les fouettant, stimule les résistances et apaise les nerfs. Les dernières années du XVIIIe siècle ont vu édifier les premiers établissements publics de bains, à Paris, sur la Seine, entre 1780 et 1800 – il y en a une quinzaine dès 1816, près de 80 en 1831 –, à Dijon, à Caen, etc. Même si le coût élevé de leurs tarifs les réserve à une élite, c'est à l'ensemble de la population qu'ils s'adressent. Le choléra, qui fait soupçonner le rôle joué par la saleté, les multiplie entre 1831 et 1839 : pris à température moyenne, le bain est considéré comme une des possibles prophylaxies, et plus de cent millions de francs sont votés dans la lancée de l'épidémie pour édifier des canaux d'adduction urbaine, laver les rues et implanter des bornes-fontaines. Comme le note G. Vigarello, l'eau n'expose plus aux risques, elle les écarte. Et on rejoint ainsi une culture populaire rurale qui, si elle

La fin du siècle apprivoise l'eau. Mais douches et tubs restent de l'ordre du phénomène de mode.

(L'HYGIÈNE EN IMAGE, AFFICHETTE SCOLAIRE, DÉBUT XXe S. MUSÉE NATIONAL DE L'ÉDUCATION, ROUEN.)

s'accommode du manque réel d'hygiène, n'en associe pas moins la propreté du corps à celle de l'âme.

Celle qui coule

Plus importante encore est la conquête de l'eau pure, qui s'identifie longtemps à celle qui coule. De la fin du XVIIIe siècle aux années 1880, l'accord se fait entre science et bon sens populaire pour estimer que les eaux stagnantes se chargent facilement de pourriture et qu'elles sont suspectes et dangereuses. Il suffit, bien avant qu'on connaisse les mécanismes du paludisme, de repérer le surcroît de mortalité dans les zones marécageuses, en Dombes, en Languedoc... Dans une enquête inédite, Villermé les lie directement aux flux et au reflux du niveau des étangs, dans un vaste système d'échanges atmosphériques où l'humidité méphitique joue un rôle essentiel. Un rapport officiel de 1815 notait déjà que, quand elle est gâtée, l'eau est « une des causes les plus ordinaires de la stérilité des femmes, des maladies endémiques, des fièvres d'automne et des épizooties ». À l'occasion du choléra, son rôle est tout aussi ambigu : le mal peut bien en être chassé, il semble aussi suivre le cours du fleuve et des rivières ; c'est des fontaines que l'on craint de voir surgir l'empoisonnement, que l'on tente d'éviter en faisant bouillir l'eau, à moins qu'on espère l'épurer par des pastilles odoriférantes.

On n'avait cependant pas attendu l'épidémie pour le faire : celle-ci ne fait que renforcer une conviction surgie à la fin du XVIIIe siècle et fondée sur la distinction fondamentale des eaux « potables » et des eaux « usées ». À défaut de toujours pouvoir la faire couler pour emporter, avec les impuretés, les causes du mal, on la filtre. Dès 1771, à Vitry, on la fait passer à travers des couches de sable et de gravier, et les « usines des eaux », qui annoncent les modernes stations d'épuration, se multiplient jusqu'en 1840 : à Paris, sur le quai des Célestins, en 1806 ; à Rouen, à Toulouse ; etc. On y emploie, tour à tour, le charbon pulvérisé, l'alun, la laine comprimée, avant de revenir au sable à la fin du siècle. Plutôt que l'eau des rivières, qui charrie mille débris, on tente de s'approprier les sources : le Paris de la Restauration se creuse de puits artésiens, et, par la suite, l'usage des tuyaux de fonte lance toutes les grandes villes dans la construction de conduites forcées, de longs aqueducs pour aller la chercher au loin. À la maison, à partir de 1840 jusqu'à la fin du siècle, on use de fontaines filtrantes familiales, où le précieux liquide traverse du charbon animal ou de grosses pierres poreuses, tandis que chlore et soude purifient l'eau des lessives.

Depuis Lavoisier, on sait faire l'analyse chimique, qui rassure à l'occasion. La révolution pasteurienne relance les alarmes, puisque l'odeur, la couleur, la consistance de l'eau se révèlent insuffisantes, voire fallacieuses, pour attester de sa qualité. Et il faut attendre 1892 pour qu'une épidémie de typhoïde conduise à faire, à Paris, des analyses bactériologiques systématiques. Il n'empêche : ce n'est que l'occasion d'accélérer la séparation systématique des eaux neuves et des eaux usées, annoncée par des textes locaux qui, dès 1809 ici, en 1819 là, obligeraient à l'étanchéité des fosses d'aisance. Les budgets municipaux peuvent s'y épuiser, les hygiénistes ne se lamentent pas moins du retard français – encore sensible vers 1950. Le tout-à-l'égout gagne au cours du XIXe siècle les grandes puis les petites villes, et une loi en fait une obligation en 1894. Que l'on continue à soupçonner – à juste titre –

les eaux dans la survivance, entre les deux guerres, des dysenteries et des gastro-entérites est une raison supplémentaire de s'en protéger : la législation se fait plus sévère, plus précise entre 1902 et 1925, poussant à la périodicité des analyses et imposant des cubages minimaux par habitant. Le XXe siècle est bel et bien libéré de la double menace de l'eau : un texte ministériel de 1922 ne fait-il pas de sa maîtrise et de la sécurité qu'elle apporte une des priorités de chaque municipalité dans « ... le combat patriotique contre la dépopulation française... » ?

Contre la corruption de l'air

Reste l'air du temps, qui n'est pas particulièrement clément, au moins jusqu'aux années 1860, époque où les glaciers des Alpes, qui ont avancé jusqu'en 1820, commencent à reculer. En 1794, il y a eu 42 jours de gelée consécutifs à Paris ; en 1829-1830, les oliviers crèvent dans le Midi, le vin est pris dans les caves. L'hiver de 1870-1871 est terrible : on vit périr une partie de l'armée de Bourbaki, en retraite vers la Suisse. Pendant l'hiver 1879-1880, la Seine reste gelée 75 jours et, en décembre, une retraite aux flambeaux peut la traverser ! Pendant tout le XIXe siècle, on continue à mourir de froid dans les campagnes, si l'on n'y meurt plus de faim. Mais comment mesurer l'impact, et le recul, d'une mort dispersée ? Plus redoutables paraissent les mouvements de l'air lui-même, et les charges occultes qu'il

Avec les progrès de l'information se répand l'obsession des microbes. La moindre goutte d'eau, le moindre souffle d'air deviennent suspects. On redoute ces milliards d'êtres invisibles, vecteurs de toutes les maladies, qui grouillent autour de soi.

(DESSIN DE ROBIDA, DANS « LE VINGTIÈME SIÈCLE, LA VIE ÉLECTRIQUE », FIN XIXe S. BIBL. DES ARTS DÉCORATIFS, PARIS.)

transporte : « Est-ce un vent mortel ? » se demande Chateaubriand à propos du choléra ? N'a-t-on pas remarqué que l'épidémie a été précédée d'un vent du nord sec, froid et desséchant qui a répandu une « certaine saveur métallique » ? Legrand, un professeur de chimie, incrimine plutôt l'épais brouillard qui a enveloppé Paris le 22 février 1832 : pour lui, le mal naît d'une lente retombée de « germes » qui se déposent en chacun des habitants, d'où ils éclosent ou restent inertes ; pour un autre, il faut chercher du côté d'une altération chimique de l'air, semblable à celle du sang. En 1840, Littré traduit Hippocrate, et redonne vie à l'aérisme et à ses théories infectionnistes : c'est l'air qui, en se chargeant d'émanations venant de la décomposition des matières organiques – des poisons gazeux microscopiques, écrira en 1856 un certain Dr Dehaut –, provoque épidémies et endémies ; tel air, tel sang.

Le « souffle empoisonné » du choléra s'inscrit, en fait, dans un discours médical ancien, renouvelé au XVIIe siècle, où l'on évite les cimetières, les dépôts de matières fécales et les fosses mal drainées, toutes sources de « brouillards purulents ». Les démographes élaborent toute une météorologie médicale qui tient compte des saisons, de l'humidité, des brouillards, des caprices de la température et se méfie par-dessus tout des vents qui traversent les marais. Villermé, dans les années 1830, intègre les effets de l'atmosphère, les nuages, les vapeurs dans son essai d'explication de la malaria. Et les centaines de topographies médicales du XIXe siècle naissant n'oublient pas le rôle des « vapeurs putrides » qui éclosent de l'entassement des hommes : comment s'étonner que la phtisie naisse dans l'air confiné des ateliers ? Que l'odeur du cadavre des varioliques soit si vive ? Dieu merci, les images du nauséabond sont là pour signaler le danger et A. Corbin montre l'établissement significatif de leurs taxinomies : est-ce le signe d'un « poison volatil » diffus ? Un complexe de groupuscules qui volent avec le vent ? Des « sels de différentes figures » en suspension ? La « théorie des miasmes » constitue une étonnante prescience de la microbiologie, une façon d'intuition bactériologique qui est largement partagée par l'ensemble de la population et lui fait bien recevoir, jusqu'en 1880, les mesures de désinfection.

Peu importent en effet les errances de la théorie médicale. Ce qui compte, c'est l'obsession de l'air pur qui parcourt tout le XIXe siècle. À juste titre, la découverte des microbes ne va pas contredire la sagesse populaire, sinon qu'ils sont inodores. Après tout, en 1890, l'*Encyclopédie d'hygiène* conclut bel et bien que l'atmosphère est l'agent principal de la contamination, ouvrant l'ère d'obsession de la poussière. Dès la fin du XVIIIe siècle, il y eut des médecins pour conseiller la thérapeutique des atmosphères artificielles et repérer dans le milieu naturel les microclimats les plus favorables : ceux des labours, des étables... Le traitement par « stabulation » garde plus tard la faveur de certains phtisiologues, avec les vapeurs de soufre, les plantes aromatiques que l'on fait bouillir ou brûler, le goudron des vaisseaux – peut-être confondus avec l'effet vivifiant de l'air marin... Laennec (René) jonche les salles de l'hôpital de varech, remplacé ensuite par des bocaux de brome ou d'iode. Puis on place tous les espoirs dans l'hydrogène et dans les multiples gaz ou substances que permettent d'isoler et de répandre les progrès de la chimie, le chlore, l'acide nitrique... À chacun ses modes de purgation. En 1832, on allume des feux de paille, de bois ou de houille dans les villages pour éloigner le choléra, et, dans la Meuse, on tire même au fusil dans les rues, en espérant que l'odeur de la poudre... Près de Commercy, c'est du genièvre que l'on fait flamber, et, en 1854, des fumigations de paille et de soufre, on attend à la fois l'épaisseur de la fumée et un pouvoir odoriférant. Si tout un siècle s'obsède des parfums en cassolettes, en sachets, sur les gants et les mouchoirs, ce n'est pas seulement pour masquer les senteurs âcres des « antiputrides », connus dès le XVIIIe siècle, mais qui se répandent surtout après 1840 : dérivés du phénol, Crésyl, huiles de goudron, eau de Javel, chlorure de chaux, en attendant le formol et la liqueur de Labarraque. C'est aussi, comme le note J. Léonard, l'âge d'or du jujube et des sirops antitussifs, des pâtes pectorales et des révulsifs de tout poil, qui illustrent la phobie de la toux et de ses expectorations, le temps du crachoir de poche.

Ouvrir les portes et les fenêtres

Au moins, qu'on fasse circuler l'air, comme on doit laisser couler l'eau : l'urbanisme hérité des Lumières n'a pas d'autre finalité que cette liberté des fluides de toutes sortes. À Marseille, en 1835, on compte beaucoup sur le mistral pour purifier l'atmosphère et chasser le choléra ; on est d'autant plus déconcerté quand il paraît le ranimer... Bénéfiques deviennent les tempêtes

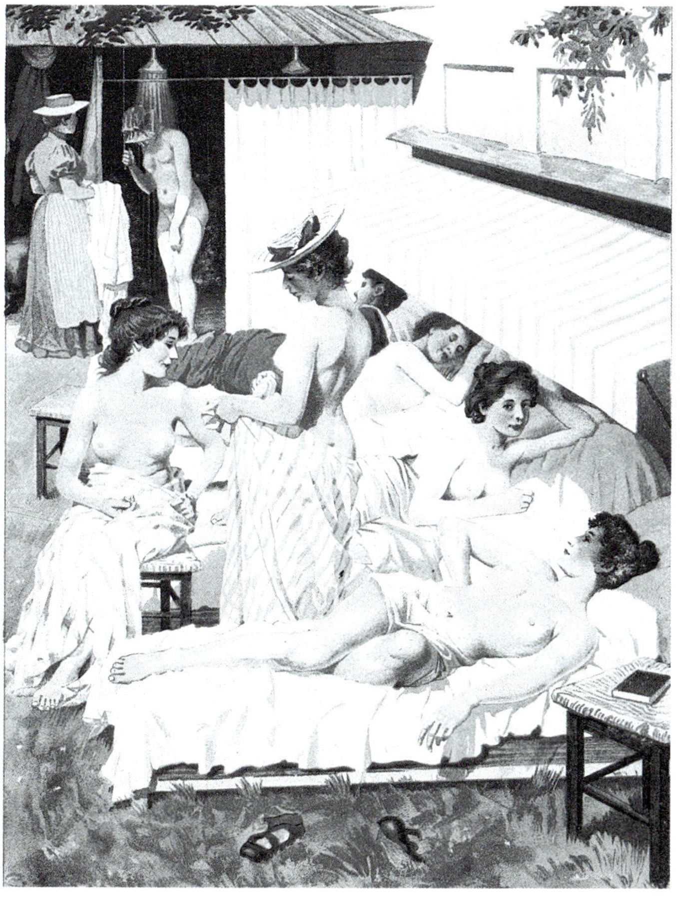

Début de la vogue du plein-air : les femmes découvrent les bienfaits du soleil et du grand air. Mais on prend soin de protéger son visage, car on craint les rougeurs.

(« CURE D'AIR ET DE SOLEIL », GRAVURE D'UN OUVRAGE DE MÉDECINE POPULAIRE, FIN XIXe S., COLL. PART.)

et les grands vents, pour lesquels on élargit bientôt les portes et les fenêtres, en les opposant, pour faciliter les courants, en les relayant de draps et de voiles agités. On recherche les effluves de térébenthine pour les malades à Arcachon, ceux de l'air marin à Berck et à Hyères. Le Club alpin français, né en 1874, illustre la tentation d'une aérothérapie multiforme : en 1885, cinq établissements proposent des cures d'air condensé, « sous cloches », avec des masques, et c'est un commerce fructueux que d'en apporter en ville par tout un appareillage de caissons et de soufflets. Plus simplement, il est recommandé de dormir la fenêtre ouverte, de changer d'air, de respirer à fond... On peut sourire de ce rousseauisme, rebouilli d'une religion des sommets, de la « montagne magique », où, dit-on, la respiration s'accélère, devient plus profonde, dégage le poumon pour renvoyer le sang à la périphérie. Mais, dans le même temps, on élabore dans les villes et les usines toute une technologie d'évacuation des poussières, et la loi du 12 juin 1893, qui sera étendue aux bureaux et aux magasins en juillet 1903, oblige à ouvrir régulièrement les fenêtres, à balayer à l'humide, à fournir un cubage d'air minimal par travailleurs. Un comptage de 1913, retrouvé par J. Léonard, ne révèle-t-il pas que, s'il y a 4 bactéries au centimètre cube à Chamonix et 12 à la pointe du Raz, on en compte de 10 000 à 50 000 rue du Sentier et de 300 000 à 5 millions dans les grands magasins parisiens ? La longue lutte pour la pureté de l'air n'obtient pas les mêmes succès que celle pour la qualité de l'eau : parce qu'elle s'épuise à ne pas rattraper l'écosystème d'artifice que mettent en place l'industrie et la ville, et qui est, on va le voir, une autre histoire, autrement complexe.

Mais les nouveaux risques n'ont pas d'odeur : existent-ils vraiment ? Le XIXe siècle français est bien le siècle où l'on se délivre des dangers de la nature, et l'on en est si conscient que c'est du désastre des autres que l'opinion s'émeut. L'explosion de la montagne Pelée, le 8 mai 1902 (30 000 morts, deux survivants) ; le tremblement de terre de San Francisco, suivi d'incendies et de pillages, en 1906 ; la destruction de Messine et ses 160 000 victimes, en 1906... Tout cela est si loin cependant : comme les 20 000 personnes emportées par des avalanches dans les Dolomites, entre 1916 et 1918, les 200 000 noyés du Kan-sou, en 1920... Le risque naturel accentue son caractère d'exotisme, tout juste bon à susciter une commisération un peu lointaine : plus que jamais, les Français se félicitent de vivre dans un climat modéré, à mi-chemin entre le pôle et l'équateur !

XXIV

la Mort industrielle

À partir du début du XIXe siècle, remarque Louis Chevalier, les récits d'orages qui renversent les cheminées se font rares, comme ceux des vents qui déracinent les arbres, des grands hivers qui ramènent les loups... □

Il ne faut certes pas trop presser le changement : ce n'est guère qu'à la fin du siècle que les eaux se font moins furibondes et le froid moins mordant. Le fléau naturel tient encore une grande place dans la littérature populaire de circonstance. Mais le récit des « canards » se fait plus répétitif, il n'en est plus qu'à broder, avec de moins en moins de talent et de crédibilité, sur des thèmes qui s'essoufflent. Il y demeure bien la croyance dans les mystères de la nature, le lien de ses caprices avec les desseins de la Providence. Le ton ne s'en teinte pas moins, y compris dans l'excès, d'une manière de distanciation qui laisse la liberté d'être dupe ou de n'y pas croire.

Voici, plus concrètement, les paysans du Calvados en crise frumentaire, entre 1845 et 1848. Les observateurs ne manquent pas de mettre l'accent, en priorité, sur les phénomènes météorologiques : les pluies d'orage pendant la floraison de 1846 ; puis les rigueurs de l'hiver qui suit, au cours duquel le thermomètre descend à – 6 °C, ce qui est rarissime près de la Manche ; un début pourri pour le printemps de 1847, et les rivières qui débordent de la fonte instantanée des neiges ; enfin la canicule, plus de 30 °C, dès le mois de mai, avant des orages d'été qui hachent le colza. Mais ce n'est finalement que le détour obligé et formel de la classique analyse causale. L'opinion publique, elle, n'y croit guère ; ou, plutôt, elle privilégie dans l'ordre des raisons qui provoquent la flambée des prix, l'accaparement, le marché noir, l'incurie des autorités et, pourquoi pas, des manœuvres légitimistes. Tous éléments empruntés, eux, à la sphère du social, au sens large, et dont se nourrissent d'ailleurs les classiques émeutes de subsistance.

Sur un mode mineur, à travers le langage d'une civilisation rurale, les Normands découvrent, comme d'autres, que le monde est en train de changer et que, si l'on apprend à s'y mieux protéger des éléments, le malheur peut venir des nouvelles directions de l'économie et des relations que les hommes établissent entre eux. Depuis quelques années déjà, toute une école d'observateurs philanthropes, souvent catholiques et traditionalistes, s'épouvantaient de la société qu'ils étaient en train de découvrir : pour eux, nul doute que l'industrialisation ne débouchât sur la catastrophe. Les crises nouvelles de l'économie qui vont secouer la France – et l'Europe – de plus en plus fort jusqu'au début du XXe siècle, le risque permanent que ne se déchire en troubles sanglants le tissu social ne leur donnent pas tort, et la peur collective qui amène les uns à se jeter contre les autres en 1848, en 1871, etc., contribue, au moins autant que la crainte de l'épidémie ou de la maladie, à façonner une certaine culture nationale, au XIXe siècle et après. Après tout, Voltaire avait déjà noté que le malheur vient aussi souvent des hommes que de la nature.

Là n'est pas notre propos, s'il convient de ne pas l'oublier. Dans l'immédiat, ce qui frappe les contemporains – et va contribuer à façonner notre vision d'aujourd'hui –, c'est l'apparition de la mort industrielle : par de grandes catastrophes ponctuelles et ravageuses, où, entre autres, le déraillement de chemin de fer et le coup de grisou prennent la place de l'inondation ou du tremblement de terre ; par la transformation de l'écosystème où vit la majorité des Français, celui des villes, lieux d'un complexe d'artifice des éléments naturels. Comme la machine qui libère et asservit à la fois les hommes, les technologies assurent mieux leur sécurité et leur emprise sur le monde mais, dans le même temps, elles libèrent des menaces jusque-là ignorées, ou médiocres.

De la vapeur au grisou

« Un malheur terrible est venu jetter (sic) l'effroi dans les esprits... » clame un libelle de 1842. Il ne s'agit ni d'une épidémie, ni d'un naufrage, ni d'une meute de loups. « L'inquiétude générale » qu'elle suscite fait « maudire cette création due à une civilisation plus avancée ». En l'occurrence, le chemin de fer, responsable d'une « horrible catastrophe ». Sur le long terme, nul ne signale mieux le changement que la statistique des morts accidentelles tenue par les Comptes généraux de la justice. D'emblée frappe le contraste entre leur progression et le recul de la mortalité générale. De la fin de la Restauration au milieu du second Empire, leur taux est multiplié par 2,5. Bien que l'on y confonde les causes les plus diverses, J.-C. Chesnais n'hésite pas à conclure que leur augmentation accompagne le mouvement des affaires, la mécanisation, l'ouverture des grands chantiers, l'accélération et la densification des circulations. Sans qu'il y ait, dans le même temps, retrait des facteurs traditionnels d'accidents : entre 1891 et 1913, il y a autant de gens tués – un millier en moyenne par an – par des chevaux ou des voitures qu'ils tirent qu'entre 1861 et 1875. Depuis le début du XXe siècle, il est vrai, on y intègre les victimes des tramways : « Voilà qu'elle tue », dénonce la pressse stéphanoise en 1908, accusant la Compagnie locale de transports en commun de provoquer 5 ou 6 accidents par semaine !

L'apocalypse du rail

Le chemin de fer est cependant le principal responsable et longtemps l'accusé prioritaire. On ne comptabilise ses victimes qu'à partir de 1866 : leur nombre double entre 1866-1870 et 1891-1895, passant de 250 environ par an à plus de 500 ; puis il se hausse encore de moitié jusqu'en 1920-1925 – un quinquennat record –, 986 morts en moyenne par an, mais qu'atteignaient presque déjà les années 1911-1913. Il y a notamment 1 118 morts à la suite de déraillements, d'incendies, de collisions pendant la seule année 1919, alors que le matériel, mal entretenu à cause de la guerre, cède de partout, et que marquent notamment les grandes catastrophes ferroviaires de Douai, de Dijon, de Pont-sur-Yonne, etc., qui font plusieurs dizaines de victimes ; en 1925, il y a encore 1 057 morts ! Là aussi, le danger s'est étendu avec l'extension géographique du réseau et a suivi le progrès. Le reflux ne s'amorce qu'avec les années 1930 (un peu plus de 500 décès par an) avec une stagnation entre 1940 et 1950 (un peu moins de 500). La banalisation de l'émotion naît-elle de l'aggravation progressive des dégâts ? Les premiers accidents suscitent une émotion considérable, et l'on sait que toute une littérature d'apocalypse accompagne la « railway mania » du milieu du XIXe siècle. Tel le déraillement du 8 mai 1842, l'un des premiers, sur la ligne Versailles-Meudon, lorsque cinq voitures culbutent en bas du remblai et prennent feu : 55 voyageurs y laissent la vie, « dévorés par l'incendie » ; « un spectacle effroyable ». Parmi eux, l'amiral Dumont d'Urville. Le débat est passionné dans la presse, et les chanteurs des rues rivalisent, sur des airs de rengaine populaire, avec les journalistes des « canards » pour diffuser les mêmes détails horribles, où ne manque jamais cette jeune femme dont on

On prédisait fluxions de poitrine et catarrhes, si faciles à prendre sous les tunnels... ce fut un déraillement, suivi d'un incendie mortel : 55 victimes, le 8 mai 1842, sur la ligne de Versailles-Meudon.

(A. PROVOST, « L'ACCIDENT DE BELLEVUE », DÉTAIL, MUSÉE DE L'ÎLE-DE-FRANCE, SCEAUX.)

ne retrouve qu'une « cuisse bien entière », un gant et un bout de ruban. Par la suite, l'habitude va tuer l'angoisse, et les lobbies du rail sont aussi là pour feutrer le malheur : en plein milieu du XXe siècle, Henri Vincent, qui affirme avoir pourtant bien cherché, ne trouve guère que le déraillement de 1842... Il ne reste d'une certaine peur populaire que les ex-voto des églises, tel celui des ouvrières de Jujurieux, dans l'Ain, sorties indemnes d'un accident au cours d'un pèlerinage et qui en remercient le saint curé d'Ars.

Le profit qui tue

De plus en plus souvent, c'est au cœur même de l'exploitation industrielle que la mort frappe : à la fin du XIXe siècle 700 à 800 travailleurs meurent chaque année sur les chantiers de terrassements et de constructions, 10 p. 100 du total des victimes d'accidents. Et une monographie bordelaise lie directement mécanisation et lésions traumatiques : en 1882, celles-ci constituent la quasi-totalité des actes de la grande chirurgie hospitalière. Le plus grand des dangers vient cependant des explosions de machines à vapeur : 45 blessés, 15 morts, à Bordeaux, dans cette seule année, et le même rapport témoigne des « tortures affreuses endurées par les malheureux qui en sont victimes... ». Avec, en ce domaine aussi, quelques moments forts, sur toute l'étendue d'un siècle, de la monarchie de Juillet à l'entre-deux-guerres. Parmi

Un seul instant de distraction, et c'est la chute. S'il en réchappe, l'ouvrier devra, jusqu'en 1898, assumer les frais médicaux, à moins qu'il ne parvienne à prouver qu'il y a faute de l'employeur.

(OUVRIERS DU BÂTIMENT, DÉTAIL ; « GIL BLAS ILLUSTRÉ », 1895. BIBLIOTHÈQUE HISTORIQUE DE PARIS.)

des centaines de cas : Fourchambault, août 1846, une chaudière éclate, 4 morts, 12 blessés ; Lille, le 24 novembre 1856, 5 heures et demie du matin, à la filature de coton Verstraete : l'usine incendiée, 4 morts ; Lille toujours, en avril 1868 : on recense 8 morts à la filature Dequoy, 3 chez les Frères Wallaert, filateurs de lin ; chez Renault, en février 1933, la chaudière de la centrale thermique saute : 8 morts, 200 blessés. L'émotion est considérable. *L'Humanité* sort une édition spéciale, à 20 000 exemplaires diffusés par la vente militante, dont 6 000 aux portes même de l'entreprise ; la fédération unitaire des métaux dénonce « un nouveau crime capitaliste » ; 68 000 tracts sont répandus en banlieue et le député communiste Lucien Monjauvis interpelle le gouvernement. 20 000 personnes assistent aux obsèques des victimes au cri de « Assassins ! Assassins ! », et l'on se bat aux portes du cimetière. Mais le summum de la douleur, et du nombre des victimes, est bien sûr atteint à l'occasion des grandes catastrophes minières qui concentrent, dans l'espace et le temps, tout l'effet des nouvelles menaces.

Mort sans sépulture

La mort collective au fond de la mine n'est pas vraiment une nouveauté de la France industrielle. En 1812 déjà, deux graves accidents avaient suscité un tel trouble que le gouvernement impérial avait esquissé une inspection officielle des travaux souterrains. À partir du milieu du XIXe siècle pourtant, l'accroissement des profondeurs, l'intensification de l'extraction charbonnière, l'augmentation des effectifs multiplient les risques et, en même temps, le nombre des victimes. Dès les années 1850, les explosions du grisou tournent au massacre, inaugurant un long cycle du malheur, jusqu'à la Première Guerre mondiale.

Logiquement, elles dévastent les bassins de la France méridionale bordiers du Massif central, qui se développent dès la monarchie de Juillet. Ainsi, on dénombre 151 morts à Blanzy-Montceau-les-Mines entre 1842 et 1858, et 6 grandes explosions entre 1851 et 1866, dont 3 dans un même puits, particulièrement mal aéré (deux pour la seule année 1853, à quinze jours d'intervalle, puis un autre en 1855, qui fait 29 morts). Le pire se produit cependant le 12 septembre 1866, au puits Cinq-Sous : 89 morts, 17 brûlés graves, 28 blessés plus légers. On a beau, par une illusoire précaution, changer le nom du puits : le grisou y tue à nouveau 41 fois le 8 novembre 1872, et il faudra qu'il fasse 207 victimes en 1889 pour qu'on se décide à le combler.

Dans l'aire de Saint-Étienne, on recense 23 explosions d'importance entre 1840 et 1890, avec une inexorable progression du nombre des morts : 37 à Villars en octobre 1867 ; 70 au puits Jabin, le 8 novembre 1871 ; 116 au puits Pélissier le 29 juillet 1890. Et, à deux reprises, on dépasse le chiffre de 200 : au puits Jabin, encore une fois, le 4 février 1876 – 216 victimes –, et le 3 juillet 1889, au puits Verpilleux, dont ne remontent pas 210 mineurs. Si le trend s'inverse, semble-t-il, à la Belle Époque, ils ne sont cependant pas moins de 62 à perdre la vie au puits de la Manufacture le 6 décembre 1891, et 27 à celui des Flaches en 1911. Ailleurs, il y a les 9 tués de Bessèges, dans le Gard, en juillet 1869 ; les 55 de Graissessac, en 1877 ; les 49 d'Aubin en 1888 ; les 24 de Rochebelle, en 1896.

La catastrophe minière, pourtant, ne se laisse pas enfermer dans le simple dénombrement de ses morts. Une enquête sur la mémoire du quartier stéphanois du Soleil, menée par Jean-Paul Burdy au milieu des années 1980, y retrouve la trace des cinq grandes explosions qui avaient décimé ses habitants entre 1872 et 1911. Ces morts, « on les connaissait tous », affirme-t-on aujourd'hui encore et si les témoins bousculent le temps, ils appréhendent toujours l'espace par les références au malheur, autour d'une église, autour d'un cimetière où, cinq fois en trente ans... Le grisou est pour la communauté minière l'occasion de se reconnaître dans le deuil et d'être reconnue d'une opinion nationale elle aussi bouleversée : les envoyés spéciaux de la presse parisienne accourent en nuées, avec les gendarmes et les soldats venus contenir l'émotion ; d'autres arrivent pour organiser le sauvetage des survivants, l'assistance matérielle aux familles. Puis c'est la toujours grandiose cérémonie des funérailles collectives, en présence des plus hautes autorités civiles et religieuses, où les discours ne manquent pas d'évoquer la fatalité et « le lourd tribut payé à la mine ». De plus en plus pourtant, c'est la colère qui l'emporte, et on la vit comme un détournement de la douleur et un dessaisissement des morts : quand le délégué syndical prend la parole, c'est sur un tout autre ton que celui du préfet ou de l'ingénieur en chef ; et, comme en 1889 après l'explosion du puits Verpilleux, il arrive que tout le bassin se mette spontanément en grève : Michelle Perrot note que c'est le grisou qui a le plus contribué à colorer de radicalisme révolutionnaire le syndicalisme houiller du Massif central à la Belle Époque.

Enfin, la catastrophe ne s'efface pas au lendemain de l'enterrement. Il reste les brûlés, qui peuvent mettre longtemps à mourir ; la part des veuves et des orphelins, pour lesquels on ouvre des souscriptions ; et la place laissée par les morts eux-mêmes, puisque la concentration de l'habitat minier entraîne celle des victimes – 216 au Soleil en 1876, des adultes en pleine force de l'âge, pour 4 220 habitants. En attendant le prochain accident, le souvenir se perpétue par les cartes postales, les photographies et la gloire des plus courageux sauveteurs, dûment médaillés et diplômés. Et aussi par les

Au célèbre « Enrichissez-vous ! » de Guizot répond, comme en écho, le grondement qui accompagne le coup de grisou. Aussitôt, on accourt de toutes parts pour reconnaître les siens parmi les victimes. L'explosion du puits Chatelus fera 68 morts et 11 blessés.

(« LA CATASTROPHE DE SAINT-ÉTIENNE : EXPLOSION DE FEU GRISOU DANS LE PUITS CHATELUS », DESSIN DE MEYER ET FICHOT, GRAVURE DE MEAULLE.)

inconnues des disparitions : comme le naufrage, la catastrophe minière est une mort sans sépulture obligée, même si, périodiquement, on découvre ici et là, dans une taille nouvellement ouverte, les restes des morts d'hier : en 1891, à Saint-Étienne, on met au jour les ossements de ceux de Verpilleux, tués deux ans auparavant. Combien de familles soupçonnent que le cercueil qu'on leur a rendu n'est plein que d'une pelletée de charbon ? Et il y a toujours la hantise des enterrés vivants, condamnés par le seul abandon trop précoce des recherches : en décembre 1855, à Montceau-les-Mines, ne mure-t-on pas, pour stopper le feu, une galerie dont 14 mineurs ne sont pas encore ressortis ? Et, en janvier 1868, quand on renonce, au puits Cinq-Sous, un mois après l'explosion, que sont devenus les 16 mineurs et le petit charretier qui manquent à l'appel ?

Courrières

Dans ces séries du malheur, la catastrophe de Courrières, le 10 mars 1906, atteint d'autant plus les sommets de l'horreur que, partout ailleurs, le danger du grisou est en recul, et qu'elle survient dans une région relativement épargnée. Et ses 1 101 morts, sur les 1 665 de l'équipe du matin, constituent un record qui ne sera dépassé qu'en 1942, et dans une lointaine houillère mandchoue. L'explosion est si forte qu'elle emprunte les figures du séisme, mais d'un séisme qui est le résultat de l'activité des hommes : un bruit sourd s'échappe soudain des puits en roulant, une épaisse fumée noire s'en dégage avant une projection de poussières et de flammes ; le site lui-même en est bouleversé puisque au puits n° 11, l'un des trois touchés, la cage expulsée vers le haut va se ficher dans le chevalement et la machine d'extraction. En bas, c'est l'enfer, d'autant plus effrayant qu'il n'est que deviné, avec ses 110 kilomètres de galeries transformées en fournaise. Et, le premier choc passé, la mine ne paraît pas rassasiée : elle engloutit aussi les sauveteurs, comme l'ingénieur Birraux, aussitôt descendu, l'ex-porion Sylvestre, parti en vain, à son tour happé après avoir aidé à remonter 18 mineurs sains et saufs.

La nouvelle court avec autant de rapidité que la catastrophe elle-même dans les villages voisins et les cités campagnardes d'où viennent les mineurs. Des centaines de parents et d'amis se collent aux grilles de la fosse, raccrochés à l'espoir de reconnaître les leurs parmi les survivants qui remontent hébétés des premières cages. La gendarmerie et la cavalerie ont du mal à contenir une anxiété qui éclate en évanouissements et en crises de nerfs, et s'accroît d'autant plus qu'on tient les familles à l'écart de la lampisterie où arrivent, bientôt, les premiers cadavres défigurés. Le correspondant du *Gaulois* a laissé un tableau saisissant de leurs corps nus et « enduits d'une suie gluante... », déchiquetés, aux membres broyés et aux poitrines défoncées, qu'on entasse et empile, et qui s'effritent comme braise quand on y touche. La pluie qui tombe à torrents ajoute au caractère lugubre de la scène.

Les difficultés du sauvetage prolongent, plus qu'en aucun autre cas semblable, les effets de la catastrophe et contribuent à soutenir l'émotion longtemps après l'identification des premières victimes. Le feu, les gaz, les éboulements ralentissent l'avance des sauveteurs, dans l'épouvantable odeur des cadavres en putréfaction qui se mêlent au charbon. Au bout de trois semaines, on n'en a encore remonté que 189, et l'on continue à chercher pendant tout le printemps et tout l'été. En novembre 1906, il en manquera

Courrières : après l'angoisse, la colère s'empare des familles des victimes. La grève générale qui gagne alors tout le bassin minier du Nord se heurte à la fermeté du « premier flic de France », Clemenceau.

(CATASTROPHE DE COURRIÈRES, 1906. DE HAUT EN BAS : « LES FAMILLES ATTENDENT LES NOUVELLES DES RECHERCHES » ; « VERS LE CIMETIÈRE, SOUS L'OURAGAN DE NEIGE ».)

encore une dizaine. Sans qu'un fol espoir eût jamais disparu : trois semaines après la catastrophe, 13 survivants n'émergent-ils pas du puits n° 2, après avoir erré au fond, en se nourrissant... de quoi au juste ? On se posera la question plus tard : dans l'immédiat, ils relancent l'émotion, et, au milieu d'un grand déploiement de troupes, 10 000 personnes assistent à leur sortie de la fosse. Après eux, il faut bien se résigner, dans des villages qui sont, au sens littéral du mot, décimés par la catastrophe, à des niveaux supérieurs à ceux qu'atteignaient jadis les pestes. Certains y ont perdu la totalité de leurs mineurs : 275 à Méricourt-Corons et 126 à Méricourt-Village ; 270 à Sallaumines ; 118 à Billy-Montigny ; 104 à Noyelle-sous-Lens... Bien plus que dans le quartier stéphanois du Soleil, où le coup de grisou du puits Jabin, en 1876, avait suffi à doubler la part des veuves d'un dénombrement à l'autre. Des familles entières sont détruites, et l'on cite le cas de cette femme remariée qui a vu disparaître, avec son mari, les 13 enfants de ses deux lits ; ou celui d'une autre qui a perdu 5 de ses fils et les 4 ouvriers qu'elle logeait. En tout, Courrières fait 548 veuves ; des 546 célibataires tués, 72 ont, en outre, emporté un père avec eux ; et 218 des hommes mariés avaient au moins trois enfants !

On en oublie du coup la crise ministérielle et l'affaire d'Algésiras. Au-delà de l'opinion française, c'est l'Europe tout entière qui en est secouée : nonobstant la tension, des spécialistes allemands arrivent de Westphalie avec un matériel de sauvetage perfectionné et une souscription internationale rapporte 7 millions de francs. Il demeure, surtout, la terrible interrogation sur les causes de la catastrophe, malgré cinq enquêtes successives : si elles déroulent bien les mécanismes de l'explosion, elles ne savent pas l'expliquer. Le grisou ? Il était absent de prélèvements effectués la veille. Un « coup de poussière » ? C'est aller à l'encontre d'une expérience trentenaire des ingénieurs français, qui, en niant l'éventualité, avaient autorisé les lampes à feu nu, et négligé de faire arroser les tailles pour faire tomber la poussière. Et, comme toujours, n'y avait-il pas d'autres survivants ? Le sauvetage avait-il été bien mené ? La grève générale des mineurs français qui suit la catastrophe est d'abord une mise en cause de la politique des compagnies houillères, promptes à sacrifier les hommes à la recherche de leur bénéfice. Sur un registre autrement douloureux que celui des paysans normands de 1848, les mineurs n'en disent pas moins, avec force et colère, que ce n'est plus de la nature que vient le malheur collectif.

Incendies

A l'occasion de la tragédie de Courrières, les chroniqueurs ne manquent pas d'évoquer un autre événement récent qui, même s'il apparaît d'une ampleur bien moindre, n'en avait pas moins soulevé une émotion comparable, l'incendie du Bazar de la Charité, à Paris, le 4 mai 1897 : 121 morts –

seulement –, mais avec la même aura d'insupportable scandale, en un temps où le feu, comme l'eau et les autres éléments, avait cessé ses menaces. Avec des images populaires moins ambiguës. En effet, parce que, associé aux bienfaits supposés de la chaleur et du soleil (de la maturation des moissons au réchauffement des corps et du cœur par les boissons fortes), le feu, une fois maîtrisé, paraissait le moins redouté des éléments naturels, au moins au XIXe siècle. Depuis longtemps, les architectures paysannes savaient au mieux capter le bénéfice du soleil et s'organiser autour du foyer. La chaleur n'est-elle pas la meilleure des protections contre l'infection épidémique ? Dès le XVIIIe siècle, on brûle les vaisseaux et les lazarets infectés. La cautérisation – au fer rouge ou par des substances caustiques – devient au XIXe siècle une des thérapeutiques privilégiées des blessures ou des désordres dermatologiques, et il arrive que l'on purifie les eaux au moyen de braises rouges ou de fer incandescent. Les années 1880 voient se développer un mouvement crématiste qui prolonge le vieux projet de débarrasser les villes de leurs cimetières ; et, dans la lignée de Pasteur, la chaleur et le feu se révèlent l'arme absolue contre les microbes : J. Léonard le note, c'est l'étuve sèche puis l'autoclave qui permettent de gagner, en 1887 et 1893, la bataille de l'asepsie. Enfin, et surtout, la maîtrise du feu n'est-elle pas, au cœur d'une révolution industrielle fondée sur la machine à vapeur, dans le droit-fil du vieux rêve prométhéen ?

L'incident ordinaire

Sans doute le feu continue-t-il à beaucoup tuer dans la France du XIXe siècle. Ainsi, de 1861 à 1875, il brûle ou contribue à asphyxier 1 876 hommes et 1 752 femmes, et sur mille morts d'accidents, il est en cause une fois sur cinq. Jusqu'aux années 1850-1860, l'incendie reste une hantise des campagnes, un des crimes agraires les plus redoutés, surtout en période de crise agricole, qui charrie toutes les peurs. En Côte-d'Or, par exemple, entre octobre 1846 et décembre 1851, et qui connaît bel et bien une poussée de feux entre février 1850 et novembre 1851. Le Morvan voisin est secoué de la même grande peur, partie d'une anormale recrudescence des incendies dans les années 1840 – en 1843, par exemple, 9 maisons brûlent ensemble dans un hameau de la commune de Préporché ; en 1846, on y est persuadé de la malveillance de mystérieux « metteurs de feu ». Dans l'Yonne, c'est la panique, et l'envoi des dragons n'y empêche pas la formation de milices d'autodéfense. Plus de peur que de mal, pourtant : il n'y a guère que des bois et des taillis à flamber. Tout comme en Côte-d'Or, où le feu s'en prend plus aux récoltes, aux meules de paille et aux granges à foin qu'aux fermes elles-mêmes et qu'aux bâtiments d'exploitation. On accuse la malveillance, les vagabonds. La vague d'incendies s'apparente, à l'évidence, à l'agrégation d'incidents ordinaires, dont la visibilité se renforce des inquiétudes sociales et des incertitudes politiques qui prolongent en aval la dépression de l'économie.

Du côté des villes, le changement est aussi net. On ne peut que noter la raréfaction de ces grands incendies urbains qui, au dernier siècle de l'Ancien Régime encore, pouvaient réduire en cendres des quartiers entiers. Dans la mesure où les techniques de construction, les cheminées en brique ou en pierre suppriment une de leurs causes principales, et où, progressivement, chaque cité, chaque bourgade se dote d'un corps de sapeurs-pompiers volontaires, une des grandes formes de la sociabilité populaire à la fin du

XIXe siècle. À tel point que l'incendie disparaît de l'historiographie, se réfugie dans la chronique et l'érudition locales. Et c'est au hasard d'une monographie qu'on retrouve la trace du grand feu qui ravage Limoges le 15 août 1864, à partir de la chandelle mal mouchée d'un artisan chapelier. Il dure toute la nuit, il faut faire venir des renforts de Périgueux et de Châteauroux. Au petit matin, 109 maisons ont brûlé dans le quartier des Arènes, 2 000 personnes sont à la rue. Dans les semaines qui suivent, la sécheresse fait bien surgir quelques alertes nouvelles et déclenche les habituelles rumeurs. Mais, *in fine,* l'incendie du 15 août n'entraîne aucune mort d'homme, et s'il se distingue, c'est parce qu'il détruit à lui seul autant d'édifices que les 600 autres feux recensés à Limoges de 1793 à 1864 : un chiffre qui dit la fréquence, la banalité du danger, et surtout la maîtrise qu'on en a acquise.

Voici d'autre part, en plein XXe siècle, la ville industrielle de Vienne sur le Rhône. De 1919 à 1938, il n'y éclate pas moins de 37 incendies dans ses usines de laine, soit par échauffement d'une machine, soit par autocombustion des matières premières. Mais une seule fabrique – la filature Simon Balegno –, en mai 1930, est complètement détruite, et l'on ne recense aucun dommage corporel autre que ceux de deux hommes superficiellement atteints par des éclats de matériau – outre une crise de nerfs chez une ouvrière. Et il n'en est guère résulté, à huit reprises, qu'un chômage limité pour quelques dizaines d'ouvriers. À chaque fois, le feu est combattu et vaincu par les salariés de l'usine elle-même, si l'on excepte le cas de la manufacture Gaudin où, en décembre 1935, la rapidité du sinistre entraîne un début de panique. Du

Si l'incendie du Bazar de la Charité émeut l'opinion publique, une certaine presse ricane. Est-ce la satisfaction de savoir que les catastrophes n'épargnent pas le « beau monde » ?

(« LES GARDÉNIAS DE LA RUE JEAN-GOUJON », DANS « LA SILHOUETTE » DE 1897.)

second Empire à l'entre-deux-guerres, même si exemple n'a pas valeur de loi, les deux monographies vont dans le même sens.

4 mai 1897 : le bûcher

L'incendie du Bazar de la Charité tient donc son exemplarité de son caractère d'exception ; et, comme le coup de grisou, il joue de la concentration d'un danger qui, lui, a disparu, dans l'espace et dans le temps. Au-delà du nombre des victimes, il y a surtout leur qualité : des femmes – 110 –, presque toutes de grande bourgeoisie ou de haute aristocratie ; leur jeunesse et leur beauté, au moins supposées : « les têtes les plus charmantes et les plus nobles », se lamente un chroniqueur. La presse accumule les détails morbides, l'horreur des mutilations, le répertoire des objets calcinés (ce qui reste des dessous féminins !), le pathétique des identifications. Il n'y manque même pas la lâcheté des « petits messieurs » piétinant leurs compagnes et les sacrifiant pour sauver leur propre vie. Comme le remarque M. Winock, c'est le bruit qui fait l'événement, en un débat qui cristallise par l'horreur le partage des opinions, et auquel se mêlent les plus grands noms de l'époque, G. Clemenceau, E. Drumont, Furetière ; et Léon Bloy, sur un autre ton d'ailleurs, pour dénoncer l'alliance de Dieu et de Mammon.

À gauche donc, voici l'héroïsme des sauveteurs, enfants du peuple : le plombier Piquet, revenu tranquillement à son atelier après avoir sauvé 20 personnes ; le cocher Eugène Georges, rentrant plus de dix fois dans le brasier. Héroïsme qui contraste si fortement avec la férocité des « chevaliers de la frousse », incarnation de la déchéance des classes supérieures. Pourquoi n'y pas voir aussi la preuve de l'inexistence de Dieu, puisque ce sont les siens qu'a frappés la catastrophe ? À droite, au contraire, on incrimine le relâchement général des mœurs, la promiscuité des sexes qui en arrivent à effacer le respect de la femme chez les gens les mieux nés. Que le feu ait frappé, et avec quelle force, une œuvre catholique de charité, n'est-ce pas justement la preuve qu'il procède de la colère de Dieu, un avertissement à l'apostasie des Français ? Voilà que l'on retrouve son image purificatrice, celle du bûcher, nécessaire, écrit *la Croix,* au retour à la foi et à la vie chrétiennes.

Plus généralement, l'événement s'inscrit dans l'interrogation fin de siècle sur les perversions du progrès : le Bazar s'est enflammé d'une de ses dernières innovations, la flamme est partie de la cabine de projection du cinématographe – et il en restera une longue hantise : aller au cinéma sera longtemps, aussi, un risque. Le père Ollivier, un dominicain, s'interroge sur une science qui ne s'associe pas à la connaissance et à l'amour de Dieu. Et, au débat, il ne manque pas non plus la référence à Prométhée, au retournement de cette flamme que l'homme prétend avoir arrachée aux mains du Seigneur et qui devient l'instrument de ses représailles.

L'opinion publique ne s'élève pas, quant à elle, au niveau du débat philosophique. Elle ne doute pas qu'une voyante ait prédit le désastre et, par là, sauvé ses pratiques ; ou qu'une sœur de l'orphelinat des jeunes aveugles ait choisi sciemment le sacrifice dont elle avait eu le matin même la prémonition. On va aller en pèlerinage rue Jean-Goujon, on jouera un « mystère », Paul Morand écrira une nouvelle de circonstance. Mais, dès la fin du mois de mai 1897, la foule des dimanches commence à s'éclaircir. Il faudra attendre 1938 pour retrouver un aussi bel incendie, celui des

Nouvelles Galeries de Marseille, le 28 octobre, sur la Canebière, qui a tôt fait de s'étendre aux hôtels d'en face où logent, notamment, les participants au Congrès national du parti radical. Mais les 73 morts illustrent, justement, l'insuffisance d'exception des services de pompiers phocéens.

Du fait divers à la familiarité du risque

Revenons au Bazar de la Charité et au débat qui s'ensuivit à la Chambre : un très vif incident avait éclaté entre Albert de Mun et le socialiste Pascal Grousset, où l'on se jeta au visage la Commune de Paris et sa répression. La référence n'est pas fortuite : l'incendie de l'Hôtel de Ville et des monuments emblématiques du pouvoir ne devait rien à la fatalité, au-delà de la mythologie des « pétroleuses ». Il était l'un des signes de la crise de société, la catastrophe prenant naissance au cœur même de celle-ci et de ses tensions. Entre les deux guerres encore, c'est à travers la métaphore de l'incendie qu'on sent peser, par exemple, la menace de la « banlieue rouge » sur Paris.

Retour à la nature

La corruption des éléments au milieu desquels vivent les hommes n'est qu'un signe parmi d'autres. Important, premier même, parce que aisément repérable. Par exemple, tout simplement dans l'idée qu'on se fait maintenant des usages de l'air : provoquer ses circulations, les accélérer, marque une rupture avec l'idée qu'en avait la sagesse proverbiale, qui liait sa qualité à une inertie exclusive du transport des poisons. Il n'en reste, à la fin du XIXe siècle, que les figures de l'air pur des sommets, qui en font une essence. Mais comment faire autrement quand on sait ce qu'il est devenu dans les villes et autour des usines ? De même, froid, chaleur, intempéries étaient moins mauvais en eux-mêmes que lorsqu'ils survenaient « hors de saison », en décalage avec l'ordre du climat : si l'on se méfiait plus de l'automne et du printemps que de l'hiver et de l'été, c'est parce que le temps y hésite. On reconnaît là les termes d'une vieille culture paysanne qui, remarquent F. Loux et J. Richard, accordaient la vie des hommes au rythme de la nature. Une bonne vie qui ne peut que se dérégler puisque les pratiques de la ville, même si elles n'en sont pas encore au chauffage urbain et à l'air conditionné, font naître un microclimat (multiplié) d'artifice.

Le contrepoint, c'est, sur deux siècles, la latence d'un certain discours « naturiste », même s'il se farde. Les hygiénistes qui, dans la lancée de Villermé, esquissent entre 1815 et 1848 les lignes d'une première « santé publique » prétendent en fait, par leurs observations empiriques, repérer les fréquences d'une déviation à un certain ordre naturel des éléments. Nettoyer les villes de leurs taudis, faire entrer l'air et le soleil dans les ateliers, ce n'est rien d'autre que ramener à ce « temps d'avant » dont va parler plus tard Frédéric Mistral. La théorie de la dégénérescence du Dr Morel repose sur un postulat semblable, celui de la perfection de la création. Et, jusqu'au XXe siècle, toute une pensée se veut fermement « réactionnaire » (au sens étymologique du mot) pour prêcher un Paradis perdu qui est d'abord un état de nature en voie d'oblitération. Même si ses références idéologiques et partisanes peuvent s'opposer. Ainsi de ces « naturistes » d'obédience anarchiste, dont le manifeste, autour du périodique *l'Âge d'or,* affirme en pleine Belle Époque que « les maux physiques (épidémies, difformités) sont l'œuvre de la civilisation » et que les « fléaux dits naturels (avalanches, éboulements, inondations, sécheresses) sont la conséquence des atteintes portées par l'homme à la Nature ». Cinquante années avant la naissance du mouvement écologique... Ainsi, également, d'un Charles Maurras, dont l'un des derniers textes s'en prendra, bien plus tard, aux raffineries de l'étang de Berre...

Un écosystème d'artifice

Revenons à moins de philosophie catastrophiste. On a beau chasser des villes les tueries et les abattoirs, avant les bassins de rouissage du chanvre – c'est chose faite après 1880 dans la plupart des grandes cités –, l'air, désormais, s'empuantit des tanneries, des papeteries, des amidonneries, des teintureries et, à la fin du XIXe siècle, des industries chimiques. Même quand celles-ci s'installent hors des faubourgs, le tissu urbain a tôt fait de les rejoindre et de les engloutir. Les eaux se chargent, outre les matières organiques, des acides et des résidus les plus toxiques, qui transforment les cours d'eau en égouts – où les poissons disparaissent –, vastes foyers de fermentations et d'infections, comme la Seine au débouché des collecteurs de Saint-Denis et

Entassement des humains à la ville, chômage, faim, soulagés à grand-peine par une Assistance encore privée, le plus souvent... Visage non triomphant de l'ère industrielle, qui sécrète, aussi, la misère.

(LA SOUPE, AUX HALLES CENTRALES DE PARIS ; 1893.)

d'Asnières dans les années 1870. La législation s'épuise à chasser les odeurs, les poussières et les bruits : du premier décret, le 15 octobre 1810, sur les établissements insalubres jusqu'au commencement d'analyses de l'air urbain hors de l'usine qui dosent, dans les années 1890-1900, les charges de carbone et d'acide sulfureux, on ne repère pas moins de dix textes successifs, tant l'aggravation va vite, bien plus vite que la protection fournie par les pouvoirs publics. L'empoisonnement de l'air des ateliers n'est plus un secret depuis Villermé – chaleur et humidité excessives, suspension des poussières et des produits colorants –, qui demeure tel quel, cinquante ans après, dans les fabriques de Lille et de Roubaix ; plus tard, usines de la guerre de 1914, monde du bruit et du mouvement, noyées dans le feu, et où le métal en fusion entretient « une atmosphère brumeuse et frémissante ». Et puis il y a le méphitisme des taudis, l'air raréfié par l'éclairage au gaz des cafés et des théâtres, l'odeur de rance des bureaux et des internats... Il n'est pas besoin que la machine dérape pour que la santé, sournoisement, soit atteinte. On peut bien se rassurer en affirmant que la forte senteur des graisses, des huiles et des couleurs ne les empêche pas d'être inoffensives. Il reste que le XIXe siècle voit se multiplier ce qu'on n'appelle pas encore les maladies professionnelles : la phtisie cotonneuse des fabriques du Nord, la phtisie noire des houillères – bien avant la silicose –, la sidérose des tailleurs de limes, et, plus redoutables encore, les ravages occultes des substances chimiques qui arrachent ou corrompent la peau des dévideuses de soie, qui secouent et anémient de coliques saturniennes les utilisateurs de plomb, typographes ou tuyautiers.

Les californies de Marseille

À la fin du XIXe siècle, on en vient à mettre, après les usines, les maisons elles-mêmes en « casiers sanitaires », comme si le danger se tapissait dans les pierres mêmes de la ville. Le mal est-il bien dans les murs ? Parlant des pourrissoirs que sont les « californies » de Marseille, V. Gelu y dénonce « le produit abortif d'une civilisation malsaine » ; et, au XXe siècle, quand le sordide se transfère aux banlieues, toute une littérature – Céline, Cendrars, Dabit... – y prend l'infection comme un tout, une « très grave menace politique, sociale et économique », affirme un candidat aux législatives de 1936. Depuis longtemps déjà, le paysage urbain ne peut plus se décrire en termes seuls de nature, même déformée. Dès 1832, la géographie parisienne du choléra ne renvoie pas seulement à celle des taudis : elle s'inscrit, aussi, dans celle des différenciations sociales. Ce qui est en cause, c'est un syndrome général de pauvreté, une formule polysémique qu'emploie le rapport de Villermé. Tout peut être mis en cause, l'entassement, la malnutrition, etc., et la maladie se situe au carrefour complexe de l'agent pathogène, des dispositions de l'hôte, de l'environnement. C'est la société tout entière qui est pathogène ; et, en 1882, quand le Dr Durand-Claye cherche à expliquer une épidémie parisienne de typhoïde, c'est surtout à elle qu'il s'en prend. L'étiologie de la tuberculose force bien sûr le trait : on débat seulement, selon sa sensibilité, du facteur premier, ou dirimant. N'en va-t-il pas de même du malthusianisme ? « L'homme naît fécond, la société le stérilise », se plaint Arsène Dumont. Du suicide, aussi ? Il cesse d'être une conduite personnelle, une monomanie comme disait encore Esquirol sous la monarchie de Juillet, pour devenir, avec

Durkheim, un phénomène social, l'envers d'une intégration insuffisante dans le corps de la société et de ses valeurs ? Du crime enfin, qui fait si peur à la Belle Époque ? Lui aussi est devenu, apparemment, un des comportements normaux, puisqu'il en arrive à se professionnaliser !

Après Courrières et le Bazar de la Charité, la mort collective provoque donc l'émotion dans la mesure où elle s'inscrit dans une problématique de la société tout entière – ainsi de l'explosion des usines Renault et du naufrage du *Saint-Philibert* –, à replacer dans l'inquiétude et les questions des années 1930. Combien d'autres accidents du même genre sont mieux acceptés parce que l'angoisse est ailleurs ? Pendant la Grande Guerre, surtout, et logiquement : l'explosion d'une usine de grenades à Saint-Denis fait, le 7 mars 1916, 81 blessés, d'énormes dégâts matériels et 33 morts – dont 14 soldats ; celles d'autres établissements de la Défense nationale, à Bordeaux le 21 avril 1916 – 20 morts, 21 disparus –, à Paris, rue de Tolbiac, le 14 décembre 1916, à La Courneuve, le 15 mars 1918, où le nombre des victimes est si élevé que le gouvernement le censure. Deux jours après que 66 personnes, dont beaucoup de femmes et d'enfants, ont péri étouffées contre les grilles fermées du métro Bolivar dans l'affolement d'une attaque aérienne. Et puis il y a un premier accident chez Renault, justement, où un bâtiment écrase 26 ouvriers le 13 juin 1917 : encore une interpellation à la Chambre, des pamphlets..., mais l'affaire se perdra dans une bataille judiciaire close seulement en 1929.

Plutôt que dans l'instantané de l'accident, n'est-il pas plus licite d'aller voir, de part et d'autre de la Belle Époque, du côté de la mort au quotidien que connaît l'industrie ? Les plus dramatiques des coups de grisou, cumulés, font au total moins de victimes que le danger de tous les jours : 300 morts par an pour 100 000 mineurs dans les houillères au milieu du XIXe siècle,

Les accidents de transports de 1866 à 1983.

(D'APRÈS J.C. CHESNAIS, IN « LES MORTS VIOLENTES EN FRANCE DEPUIS 1826 », PARIS, 1976.)

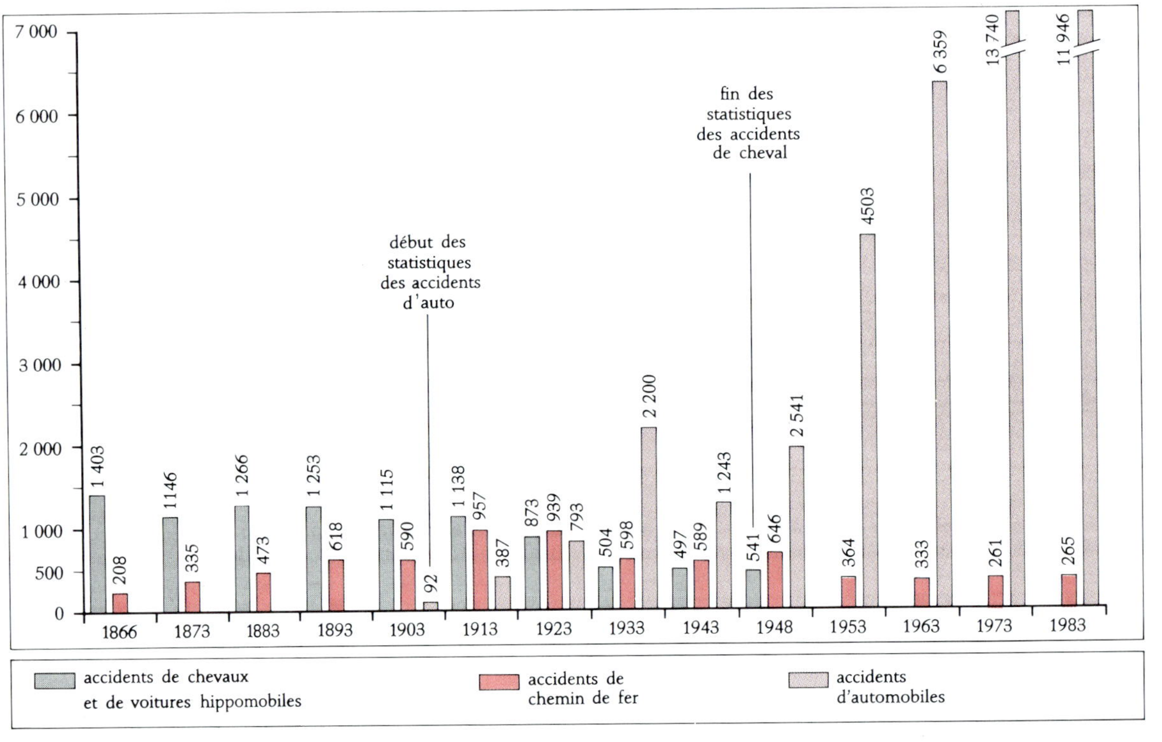

plus d'une centaine encore vers 1900. Les brûlés de Courrières ne représentent guère que la moitié des morts en année normale entre 1906 et 1910 ; et il faut attendre les années 1920 pour que leur nombre commence à s'orienter à la baisse. Et les mines de fer, sans gaz ni poussière, ni explosions ? Entre les deux guerres, 1 ouvrier sur 2 y est chaque année touché par une chute de bloc, ou par mille autres dangers, dans le bassin de Lorraine. Et la sidérurgie ? Dans les seules aciéries de Longwy, entre 1920 et 1927, 32 métallurgistes laissent leur vie dans les 81 accidents de ponts roulants recensés, une dizaine par an ; on comprend le rite de la bénédiction des nouveaux hauts-fourneaux, comme jadis celui des bateaux. Au-delà, comment ne pas incriminer aussi l'asphyxie à petit feu des ouvriers qui servent les fours ? Pire, le travail tue de plus en plus en dehors même de l'usine, sur le trajet qui y mène (deux fois plus en 1970-1971 qu'en 1950-1951), et, à compter de 1930, élargit la condition sociale de ses victimes à d'autres catégories que les travailleurs eux-mêmes, aux femmes et aux enfants aussi.

La civilisation de la menace

F. Ewald retrace la genèse de la menace, au fur et à mesure que mûrit la civilisation industrielle où il n'est plus possible de distinguer les lieux et les activités à haut risque des autres. C'est ce que dessine ce qu'il nomme, dans *l'État providence,* la « société assurantielle », liée aux progrès du calcul des probabilités. L'« accident du travail » a émergé de l'« accident industriel » dès les années 1839-1840, quand la jurisprudence commence à écarter le rôle

Une jeune fille scalpée dans une filature de Lille (1898), 8 morts et 100 blessés à Billancourt, suite à l'explosion d'une chaudière (1933) : avec la mort industrielle et l'accident apparaît la notion de responsabilité humaine, peu à peu prise en compte par les sociétés d'assurances.

(DOCUMENT B.N. ; « L'ILLUSTRÉ DU PETIT JOURNAL » DU 19 FÉVRIER 1933.)

du risque naturel pour personnaliser la responsabilité des ouvriers, et surtout des patrons. Puis, à la fin du XIXe siècle, l'idée reprend que le danger est inhérent à l'activité industrielle, comme si celle-ci dépassait le pouvoir des hommes qui l'ont mise en place et en œuvre, à travers ce concept de « cause inconnue » apparu avec les premières explosions de machines à vapeur. Il s'ensuit logiquement, après 1890, une dépersonnalisation des responsabilités, et le sentiment que le désordre, la « dénaturation » (au sens le plus fort), est au cœur de la civilisation : « l'expérience neuve et singulière du mal qui est l'accident... », pour reprendre une des formules. Une acceptation qui n'est pas résignation : on ne se lamente plus sur l'éloignement de l'homme et de la nature, on se prépare à en corriger les inévitables dégâts, à évaluer et à compenser, autant que faire se peut, les dommages provoqués par le développement obligé de l'univers technologique. Comment raisonner autrement quand, à l'inverse des résultats qu'il avait obtenus dans la lutte contre les éléments naturels, chaque contre-feu mis en place est rendu obsolète par la marche même du monde industriel et urbain ¿ Puisque la prudence individuelle elle-même n'y peut rien, que la mort devient cyclique, elle ne ressort plus que de la science des statistiques.

Dans le même temps, l'opinion publique banalise une mort collective que lui répète, à l'identique, et de façon de plus en plus immédiate, la grande presse, en attendant d'autres médias : la catastrophe se dégrade en fait divers, à moins que de nouveaux records dans le nombre des morts ou des dégâts matériels ne la tirent, pour un temps, vers l'exceptionnel, le sensationnel. En 1939, la route n'entraîne vers la mort que 2 à 3 p. 100 des victimes d'accidents ; en 1960, déjà plus de 20 p. 100. En 1952, on se frappe pourtant moins des 4 148 décès qu'elle entraîne que des 412 dus au chemin de fer et des 113 provoqués par des catastrophes aériennes. Elle n'en est pas moins, affirme Philippe Saint-Marc, plus menaçante que la guerre atomique. Plus encore qu'à la fin du XIXe siècle et qu'au temps des « menaces sur la race », la catastrophe prend les formes de la peur. Pour un temps, le progrès au visage de Janus fait reculer la peur, mais est-il plus rassurant de penser que les hasards de la nature ont été remplacés par les innovations du genre humain ¿ L'irrationnel revient alors par d'autres chemins, les plus contemporains : la croyance au progrès demeure intacte, note Serge Bonnet, mais elle n'empêche pas, peut-être suscite-t-elle même, le « retour de Nostradamus », à un point tel que, pour la grande majorité des gens, les Français comme les autres, le merveilleux « est le seul mode d'appropriation des techniques en cours ».

Y.L.

Une technique que l'on maîtrise encore mal...

(« CATASTROPHE DE LA GARE MONTPARNASSE », 22 OCTOBRE 1895 ; PHOTO, B.N.)

Conclusion

On ne peut imaginer l'avenir des catastrophes, l'avenir *comme* catastrophe, sur le modèle du passé, même récent. Des changements de climat philosophique, de paradigmes scientifiques, d'organisation sociale et industrielle, de moyens technologiques affectent la manière dont nous appréhendons la menace ou le danger qui guette. On signale que nous sommes entrés dans l'ère du *risque,* notamment technologique. C'est une manière de débaptiser ce malheur ponctuel, qui frappe fort mais brièvement : l'accident. C'est aussi conjurer, au prix de nouvelles ambiguïtés, l'angoisse mortelle de la fin des temps, cet accident qui frappe une fois pour toutes et interrompt non l'histoire individuelle de ses victimes mais ce suspens qui nous sépare de l'origine et nous oriente vers un avenir inconnu.

Courir un risque, ce n'est pas obligatoirement le prendre, mais c'est savoir qu'on vit à ses conditions, sans grand moyen de renverser ce rapport de forces défavorable. Pour aller tout de suite au plus spectaculaire, à cet emblème des temps modernes, nous n'ignorons pas que nos jours sont suspendus au bon fonctionnement, tout aléatoire, des centrales d'énergie atomique, à vocation pourtant pacifique. Mais ce risque permanent (qui est pris dans une série d'autres, liés au traitement, au stockage, au transport et à l'usage d'autres sources ou réserves d'énergie) n'est pas apparenté au danger d'un conflit nucléaire. Ce dernier relève quant à lui d'un moralisme qui présente la folie des hommes comme source mondaine de leur perte, de même que la catastrophe naturelle comme sa réplique céleste. Qu'un homme et un seul (ou deux, symétriques face au mortel bouton rouge) puisse déclencher l'apocalypse thermonucléaire, et la preuve est faite que c'est l'humanité qui perd la tête. Elle seule accumule la puissance destructrice, la concentre, automatise à l'absurde les mécanismes de son déclenchement pour faire du « presse-bouton » le symbole de la fragilité de nos défenses face à notre propre méchanceté. On retrouve dans la hantise encore récente du geste fatal la critique traditionaliste de la facilité. N'est-ce pas aussi fou d'avoir mis à la place du labeur séculaire, ordonné par un dieu courroucé, l'esclave-robot, qu'une simple manette met à la tâche dans les usines comme dans les cuisines, les salons ou sur les routes ?

L'utilisation pacifique de l'énergie nucléaire, à l'inverse, ne présente, ne *constitue* un « risque technologique majeur » que parce que le rêve d'une énergie absolument domptée n'est plus qu'un souvenir. À ce titre, c'est le passé le plus récent qui témoigne de nos illusions, y compris dans la crainte de l'apocalypse finale. Ce n'est pas par un accident ou un coup de folie des hommes que la fin « risque » le plus d'advenir ; aucun bon sens, aucune concertation fraternelle n'a de chances d'exorciser la fatalité atomique. L'accident se passe de ces circonstances exceptionnelles pour menacer puisqu'il *s'est déjà produit* au milieu des routines et en raison des pesanteurs bureaucratiques. Avec la fissure du réacteur de Three Miles Island, comme avec le malheureux concours de circonstances de l'exercice raté de Tchernobyl, un échantillon a été donné de la non-fiabilité des dispositifs de contrôle éprouvés, au milieu d'un personnel certes maladroit et dépassé, mais aux antipodes de la folie destructrice. Il faut bien admettre que l'accident constitue un risque *chronique* que toute installation de centrale doit prendre en compte, et qui est effectivement intégré dans tout projet de mise en service à titre de possible.

Il est remarquable que ce soit précisément dans le nucléaire, à cause de l'ampleur des destructions prévisibles, que la pratique du *scénario,* cette notion de fiction cinématographique, s'est introduite dans le projet industriel. Du simplement possible (*hazard analysis :* analyse des hasards) au plus probable (défaillances, cheminements accidentels), l'histoire de la catastrophe, au lieu de constituer un après-coup aléatoire, est intégrée a priori comme éventualité dans les paramètres de la réalisation. C'est dire qu'il n'y a plus à opposer sommairement la vie qui va et l'accident qui l'interrompt : c'est en permanence qu'il faut « vivre » avec l'accident et dans sa hantise, ce qui constitue une dimension supplémentaire et décisive de l'histoire.

Ce qui est vrai du nucléaire, source d'énergie maîtresse du jeu parce que absolu de la destruction possible, l'est a fortiori des autres sources d'énergie, qui constituent une variante mineure du risque majeur. Dans le temps comme dans l'espace, la technologie moderne confère à l'accident et à la destruction un statut permanent, omniprésent en même temps qu'analysable et quantifiable ; elle nous confronte au risque réglé.

Le risque technologique a pu se distinguer du risque « naturel » lorsque l'artifice technique faisait encore figure d'exception dans le décor quotidien. *Dès lors qu'il se généralise pour constituer un élément décisif du milieu de vie,* le danger qui lui est inhérent doit lui-même s'y fondre, avec le sentiment de familiarité qui en émousse la pointe.

Le risque technologique ne peut être conjuré à volonté comme certaines aventures techniques spectaculaires du passé qui rencontraient avec l'accident leur verdict de bannissement. L'énergie nucléaire n'est pas condamnable tant qu'aucune solution de rechange énergétique ne sera là pour en prendre le relais, assumer ses fonctions dans la vie collective. Le retour aux formes anciennes (bois, charbon), impliquant la disparition d'éléments décisifs du cadre de vie, n'est pas un élément sérieux du débat sur les risques du nucléaire, y compris après des alertes brûlantes qui forcent la réflexion. À l'opposé, il fut un temps, encore proche, où l'insuccès technologique rendait la cause entendue, condamnait dans l'opinion une innovation dont on envisageait sans dommage de se passer. L'incendie du *Hindenburg*, ce zeppelin géant, Super-Concorde du temps, met fin à de séculaires rêveries autour du plus léger que l'air. L'attrait spectaculaire qu'exerce une technique isolée ne résiste pas à l'accident. Malgré qu'on en ait, le nucléaire résiste à l'épreuve de ses déficiences catastrophiques, puisque c'est tout le tissu du confort industriel et domestique qui tient à ses performances contrariées. Le cinématographe a été, un temps, abandonné de l'opinion, comme foyer d'incendie possible. En témoigne cette formule de Georges Sadoul analysant les retombées de la catastrophe du Bazar de la Charité : « À la fin de 1897, le discrédit où est tombé le cinéma est si total qu'on peut le croire définitif. » C'est que cette technique, devenue essentiellement foraine, dépend de conditions locales précaires (obligation de recourir à des lampes à éther, décors de pacotille très inflammables, conditions d'accès et de sortie rendues difficiles par la foule et le caractère provisoire des installations). En pensée comme en fait, la technique à risque est amovible : on s'en passe à volonté. Si le naufrage du *Titanic* ne met pas fin à l'expérience des grands paquebots, il atteint durablement le rêve de vie mondaine et luxueuse au milieu des océans, le mythe de la croisière spectacle.

L'accident mettait un terme à ces technologies trop risquées : aujourd'hui, intégré dans un scénario, il inaugure, sous forme de risque calculé, l'histoire critique d'une technologie acceptée comme moindre mal. C'est que de l'une à l'autre, en moins d'un siècle, le tissu s'est étendu et resserré, liant des aspects de la vie des hommes qui forment un tout trop organique pour qu'on puisse envisager une si conséquente mutilation.

La technologie débutante était locale : elle occupait un lieu et un seul. C'est le cas des performances spectaculaires des aérostats, paquebots géants et sous-marins, qui défient les éléments et donc en dépendent ; on peut même considérer que les sources d'énergie typiques de la grande industrie, liées au sol (bois et charbon), ne peuvent engendrer que des catastrophes elles-mêmes locales ou si l'on préfère *territorialisées.* L'effondrement d'une galerie de mine, dont le *Germinal* de Zola fait le paradigme de la catastrophe industrielle, donnant le coup d'envoi d'une révolution mentale et sociale, est physiquement un phénomène circonscrit. L'usure, le pourrissement de tout l'ensemble minier résulte de l'abandon du travail au cours de la grève de Montsou et non de sa poursuite.

Au contraire, le risque technologique majeur (plus grave, ainsi que plus mûr) prend en compte un espace délocalisé, d'extension indéfinie, en tout cas délié de toute solidarité avec le site même de la catastrophe. On a beaucoup ironisé, au lendemain de Tchernobyl, sur le respect des frontières françaises par le nuage radioactif : par miracle, à en croire les autorités intéressées à la poursuite de l'effort nucléaire, le territoire français aurait été épargné. C'était reconnaître le caractère transterritorial d'un phénomène dont la propagation ne dépend plus que des hasards des courants atmosphériques. Avec la technologie naissante, l'histoire risquait de finir avec l'accident ; avec la technologie mûre, elle commence seulement, puisque les effets se font sentir ailleurs et plus tard.

Ce régime de déplacement et de délai n'est pas propre au nucléaire, il est caractéristique de nouvelles sources d'énergie. Le désastre de Minamata pousse jusqu'à distinguer les causes et les effets à l'échelle de plusieurs générations : c'est l'héritage génétique qui témoigne de la nocivité d'un empoisonnement au mercure. Le naufrage du *Torrey Canion,* celui de l'*Amoco Cadiz* entraînent des conséquences immédiates sur la faune et la flore, mais aussi des séquelles indéfinies dans le temps, en modifiant ou en supprimant le repeuplement à venir. Le réchauffement des eaux au sortir des centrales nucléaires entraîne l'extinction de certaines espèces, la mutation (grossissement, monstruosités) d'autres, un remplacement global des espèces dominantes du milieu.

C'est encore en un autre sens que la catastrophe technologique déborde le local ou le circonscrit. Liés à de fortes concentrations urbaines, en général à la quantité de population à servir, les moyens technologiques modernes, en retour, les affectent non en détail, mais en masse, en menaçant la totalité des populations d'un territoire. La catastrophe chimique de Seveso, la pollution récente du Rhin affectent un nombre considérable de personnes puisqu'elles constituent le soubassement matériel de la vie des grandes cités et des régions les plus peuplées. Dépassant le cadre rural, la pollution menace les grandes villes (Milan, Strasbourg) et défait les conditions de l'agglomération humaine que les industries correspondantes permettaient par leur importance. Une dialectique du peuplement et du dépeuplement s'instaure dans l'équilibre précaire des avantages et des nuisances, des services et des pollutions.

La technologie même joue le rôle d'un révélateur. Là où on croyait voir une simple juxtaposition dans l'espace de lieux bien différenciés, elle montre le réseau dense des échanges de matières et d'énergies, l'interaction du naturel et du culturel, des éléments et des bâtiments. Traverser routes, fleuves et océans pour transporter des matières premières nocives (gaz, pétrole) dessine une carte qui coïncide avec celle des peuplements, non seulement humains, mais encore ceux des espèces végétales et animales, marines, terrestres et aériennes, qui font depuis toujours partie du milieu humain, composent la base de son alimentation, de l'air qu'il respire, de l'eau qu'il boit. Des chaînes invisibles relient la vie de l'homme à celle du milieu ; comme des marqueurs, les pollutions, les prises de matières et d'énergies les rendent visibles. En montrant la dépendance mutuelle des formes de vie, elles relativisent ce qui pour nous est un absolu : l'existence et la pérennité des sociétés humaines.

La déterritorialisation technologique dissipe l'impression trompeuse qu'il existe des lieux de refuge, vierges, inviolés, où paradoxalement l'homme moderne en dissidence imagine pouvoir habiter. Se retirer du monde devient une utopie, s'il n'y a plus de lieux. « Faire la route » a été l'utopie des années 70, comme si l'Orient pouvait se définir comme un lieu à part, épargné par le « progrès ». À la même époque, la planétarisation du phénomène technologique engendrait simultanément des réactions indifférenciées, de la Chine à l'Allemagne et à la France.

L'impossibilité de trouver un « lieu » séparé, coupé des lignes de force et des réseaux d'échange et de circulation, se manifeste encore dans l'insoluble problème des déchets polluants, en particulier nucléaires. Il ne suffit plus de « jeter » à la mer ou d'enterrer, il faut retraiter, et c'est la base d'une industrie qui ne peut imaginer se trouver « en bout de chaîne » sans altérer, en retour, les chaînes dont dépend l'ensemble du système. Le mythe d'un dedans et d'un dehors du système technologique se défait avec l'interaction des déchets polluants et de l'environnement vital, ce cadavre qu'on veut engloutir et qui remonte à la surface, hypothéquant les millénaires à venir.

La technologie nous met ainsi en face d'un dilemme ; d'un côté, recouvrant la planète, épousant sa morphologie, investissant en profondeur les éléments et les réseaux de communication qui organisent leurs échanges, elle clôt notre monde sur lui-même. Créant sans cesse déchets et pollutions, elle risque alors de contaminer ses forces vives, d'épuiser ses ressources par un empoisonnement général. Les airs et les eaux contaminés renvoient au cercle vicieux de la production et de la consommation, s'il est vrai qu'au terme du cycle les déchets, ces matières dernières, interagissent avec les matières premières des futures consommations : manger, boire et respirer deviennent alors autant de menaces pour leur propre avenir.

D'un autre côté, cette clôture est toute relative. C'est seulement dans la mesure où la vie terrestre dépend du maintien de certaines conditions physiques et chimiques que la planète peut sembler close, en ce sens que les cycles vitaux interagissent sur les conditions mêmes de leur perpétuation. En réalité, la biosphère, une fois considérée non comme l'élément providentiel et supposé immuable de nos formes de vie, mais comme un arrangement fortuit et temporaire, est plutôt un système ouvert qui interagit avec les énergies cosmiques et l'ensemble du système solaire. Mais cette dépendance ne crée une ouverture, et donc une possibilité de recyclage, qu'en faisant apparaître la précarité des conditions qui, ayant permis la vie, la maintiennent en se maintenant, la supprimeraient en se modifiant.

Ainsi de la température : on étudie la Terre comme « machine thermique », recevant et rendant la chaleur solaire de manière inégale et irrégulière suivant les points de la surface terrestre considérés, les saisons, les variations de l'inclinaison du globe sur le plan de son orbite. À partir de ces paramètres, il est permis de « modéliser » et de périodiser les climats, de reconstituer l'alternance passée, voire future, des glaciations et des périodes interglaciaires tempérées. Ainsi est mise en évidence une précarité dans les conditions climatiques d'une vie pleinement civilisée, liée aux températures douces. La probabilité que la période actuelle, interglaciaire, doive s'achever dans un avenir chiffrable en milliers d'années se précise – en un million d'années passées, on compte à présent vingt-cinq alternances de chaud et de froid, tandis que les méthodes de calcul antérieures n'en laissaient apparaître que sept ou huit, la dernière ayant duré soixante mille ans pour s'achever il y a seulement onze mille ans. Loin des philosophies providentielles, téléologiques, de l'histoire humaine comme réalisation de la Raison, comme à l'écart des modèles astronomiques et mécaniques envisageant la régularité mathématique des cycles planétaires, la Terre apparaît sous ce nouvel éclairage comme un système traversé de courants et d'interactions : elle apparaît dépendante, en son état global, de fonctions élémentaires dont la relation au tout est si détournée qu'on ne peut l'apercevoir sans avoir remonté toute la chaîne, analysé toutes les articulations.

Il y a plus : la Terre, machine thermique, dépend du Soleil, source d'énergie et de vie. Ce qui influe sur cette source, divinisée dans les temps anciens, restaurée dans son rôle de centre chez Giordano Bruno ou Galilée, constitue une menace latente pour l'avenir de la vie sur terre. Or, la connaissance fine des interactions au sein du système solaire met en évidence des risques de perturbation, voire d'interruption, que l'homme connaissant ne peut conjurer et subit, de ce fait, à découvert. Une classification des objets massifs dans l'Univers, à partir des hypothèses d'Einstein sur les ondes gravitationnelles, fait apparaître un double phénomène : l'extinction des étoiles et leur accroissement fantastique de densité, une fois consumé l'hydrogène qui les constitue. Selon la masse initiale de l'étoile, elle devient, par ordre croissant : une naine blanche, une étoile à neutrons ou un trou noir. La masse des étoiles qui deviennent « naines blanches » par effondrement sur elles-mêmes est de l'ordre de grandeur de celle du Soleil lui-même (1,4 fois sa masse au maximum). Le sort du Soleil semble donc défini, et ses « jours » comptés.

Plus encore, la connaissance des perturbations ou séismes qui affectent la masse du Soleil, en surface et en profondeur, prend sans cesse de l'ampleur. L'héliosismologie, science jeune où coopèrent Français, Anglais et Soviétiques, permet de mettre en évidence les oscillations solaires, leur périodicité, la corrélation de leurs phases avec celles qui affectent des masses voisines. Comme un cœur qui bat, le Soleil suit un rythme, bat une mesure, et des microséismes terrestres semblent lui faire écho. Le bouleversement des esprits lorsqu'il a été possible d'observer pour la première fois la surface de l'astre du jour tenait à leur stupéfaction devant les stigmates de la corruptibilité des corps célestes : le Soleil portait des taches. Le monde éternel et incorruptible des astres supralunaires entrait dans le régime de la mortalité. À présent, les observateurs et théoriciens du ciel sont comme des médecins qui prendraient une mesure toujours plus fine des mécanismes vitaux du système qui nous contient ; mais ils ne disposent d'aucun moyen thérapeutique de remédier ni à leur défaillance ni à leur inéluctable course vers la « mort », définie comme transformation énergétique échangeant l'émission d'énergie lumineuse contre le ramassement de la matière sur soi. De l'éclatant, notre astre éternel irait vers le blanc (naine blanche), vers le noir (trou noir).

On peut relever un paradoxe : des progrès hyperboliques dans les techniques d'investigation, dans la sophistication des modèles physiques et mathématiques ne conduisent pas à une prise en main de l'objet de la connaissance.

Des institutions riches et complexes prennent en charge la tâche de savoir, mais l'espoir de pouvoir plus, voire de toute-puissance, recule comme un horizon, laissant la connaissance voisiner avec l'incertitude et la crainte. Philosophiquement parlant, une des motivations de l'entreprise même d'une connaissance scientifique de la nature par les vraies causes était de réduire et le doute et la crainte. Épicure en faisait une des conditions de réalisation de la liberté : éliminer les vaines craintes en remplaçant les puissances fictives par des causes matérielles clairement concevables, les dieux par la matière même. Le siècle des Lumières faisait des avancées de la connaissance et du savoir-faire le fer de lance de cette entreprise de salut public.

Encore programmatique et philosophique, ce courant de pensée tourné vers un avenir plus léger, où vivre serait une conquête du bonheur en même temps que de la liberté, trouvait une confirmation pratique dans l'entreprise médicale et la série de batailles victorieuses qui marque le XIXe siècle contre épidémies, fléaux et maladies. De la thérapeutique à la prévention, à une politique de santé coïncidant avec l'effort de contrôle des modes de vie au niveau de populations entières, la médecine devenait cette alternative éclairée, puissant rayon dissipant les ténèbres de la superstition et du vice. En un temps, l'enquête sur le terrain même où naissent les maux (malnutrition, alcoolisme, épidémies) a connu, avec Villermé en France, les inspecteurs de fabriques en Angleterre, une période héroïque, coïncidant avec la dénonciation de l'inhumanité pratique des conditions de vie en site industriel, qu'Engels inaugurait avec *la Situation de la classe laborieuse en Angleterre*.

L'idée naissait d'une historicité des maux, liés à des conditions heureusement transitoires de vie et de santé. Extrapolant à partir du succès mondial des campagnes de vaccination et de prévention, on pouvait envisager la fin prochaine de l'idée de l'homme malade, la levée d'une condamnation à mort de populations entières par l'injustice du sort social. L'histoire de la médecine confirme-t-elle ces espoirs, ces rêves de fin du mal pour le corps ? Plus généralement, si l'espoir de la fin des maux trouvait son fondement dans d'incontestables succès médicaux, les temps récents ont-ils su confirmer l'optimisme des pionniers de l'hygiène publique ?

Il est certain que savoir plus et mieux n'est pas automatiquement synonyme de pouvoir, ni de tout pouvoir. La connaissance des mécanismes se complète de la révélation des zones d'incertitude, des marges d'aléatoire. Plus l'édifice des institutions savantes s'étend et se consolide, plus l'ignorance et l'impuissance font scandale. L'impossibilité de prévenir des maux dont on sait pourtant décrire l'évolution jusqu'au niveau microscopique leur confère le caractère superstitieux d'une malédiction, que l'idéologie laïque et conquérante du siècle passé semblait avoir su conjurer pour toujours. Après le cancer, cette punition du corps où le moral est en cause, le SIDA prend de plus en plus la dimension d'un tribunal des mœurs qui punit de mort vice et corruption. Les vieux réflexes de mise à l'écart des lépreux et pestiférés se réveilleraient-ils après des siècles de somnolence ? Un curieux aller et retour est en passe de s'établir : un corps malade se voit refuser l'accès au corps social et souffre alors d'une double exclusion, physique et morale.

Ceux qui souffrent du mal dans leur corps entrent dans cette zone équivoque qu'habitaient jadis les morts-vivants, errant aux frontières des cités humaines, expiant par ce malheur le mal qu'ils avaient contracté et que dès lors ils incarnaient.

Ce scénario est anticipé. Il ignore les résultats de contre-enquêtes menées par la presse américaine, notamment le *Wall Street Journal.* Le Dr J. Anthony Morris montre l'étonnante coïncidence de deux faits : l'apparition du virus du SIDA chez les homosexuels de New York et de San Francisco vers 1979 et les premiers essais d'un vaccin contre l'hépatite virale, testé sur ces mêmes populations. On montre également que sous le sigle menaçant de SIDA se cache un syndrome multiple, regroupant les symptômes d'une bonne douzaine de maladies différentes ; le service américain de l'hygiène publique nomme « virus immunodéficitaire » le virus du SIDA, laissant entendre que toute déficience immunitaire d'origine virale pourrait alors se confondre avec la maladie maudite. On suggère qu'il s'agit autant d'une créature maléfique construite et mise en scène par les médias que d'un mal nouveau lié à la décadence des mœurs.

Mais l'ambiguïté troublante, dans cette hantise du SIDA, tient à ses résonances irrationnelles mêmes ; le phénomène déborde le cadre médical, montre que le mal ne saurait être seulement objet de connaissance et de prévention par des mesures techniques appropriées. Avec la médicalisation du mal s'est approfondi le fossé qui sépare depuis la Réforme l'ici-bas et l'au-delà, le naturel et le supranaturel. Pour une part, le mal est objectif et extérieur, il relève de la sphère des pouvoirs humains sur la nature ; pour une autre, intérieure à l'homme même, il concerne ses chances de salut, le gouvernement de soi et la relation à la Loi.

L'effort technique et social pour circonscrire le mal dans les frontières naturelles de la maladie trouve ses limites dans cette relation plus intime qui fait comparaître l'homme moderne devant le tribunal de sa conscience. Tout événement d'importance affectant la sphère industrielle y trouve un écho et se traduit en bonne ou mauvaise conscience. Or, sur ce point, le siècle finissant n'a pas manqué d'affaiblir ces capacités d'optimisme et de bonne conscience qui ont accompagné l'expansion territoriale et culturelle de l'Occident au siècle dernier. Le XXe siècle est fendu en deux : une image acceptable de l'humanité se reforme laborieusement depuis la victoire des Alliés ; elle repose sur un mélange instable d'amnésie et d'hypermnésie, soit deux maladies symétriques de la mémoire. Il faut oublier que l'optimisme technologique a pu aboutir à la double horreur de la « solution finale » sous forme d'une manufacture de la mort de l'autre homme et de la fin précipitée du conflit armé par l'usage dissuasif de la puissance atomique sur la population civile de deux villes du Japon encore en guerre. Il faut oublier que, de part et d'autre, c'était *nous*, membres de la communauté culturelle d'Occident, qui dispensions la mort technologique, l'une archaïque (manufacture chimique reposant sur l'usage mortel des gaz et la crémation par le feu), l'autre moderniste (fission du noyau de l'atome, élimination de toute vie dans un périmètre défini avec effets à retardement sur l'héritage génétique et l'environnement). Il faut encore rendre inoubliable l'alliance provisoire de la rationalité technique et de la fureur irrationnelle, la criminalité technologique des superpuissances transformant les forces de la nature en armes contre l'homme et sa descendance.

La nouvelle alliance des technologies et de la paix en sort fragilisée, d'autant que cette voie étroite est la seule possible pour conjurer la coalition des forces qui réagissent à la civilisation et se libèrent dans la haine destructrice. À cet égard, tous les symptômes de faiblesse des puissances technologiques pacifiques et constructives sont guettés avec passion. Un procès de la Raison, des origines à nos jours, est intenté à tout propos ; c'est sur le terrain même des institutions que le Mal semble surgir naturellement, témoignage de leur discrédit : une crise de confiance affecte en permanence les usages de l'énergie, la prévention et la thérapeutique médicales, les structures de la recherche scientifique.

Si bien que la terreur du retour du Mal diminue les énergies qui se consacrent à le canaliser, le contrôler et le réduire. Cette fin de siècle, passéiste, sécrète une hantise de fin du monde où convergent toutes les forces de déliaison, toutes les énergies de réaction. C'est la preuve que, à vouloir cantonner mal et malheur dans la sphère d'une nature facile à connaître et à dominer, on se prive des moyens de contrôler en soi les ravages qu'exercent les passions destructrices. Plus profond que le malheur des temps, c'est le goût du malheur qu'il faudrait saisir et faire passer : nous faisons notre malheur.

F.G.

Bibliographie

1re partie

L'Apocalypse de Jean, traditions exégétiques et iconographiques, IIIe-XIIIe siècle (Actes du colloque de la Fondation Hardt, Droz, Genève, 1979).

C. CAROZZI, *la Fin des temps. Terreurs et prophéties au Moyen Âge* (Stock, Paris, 1982).

N. COHN, *les Fanatiques de l'Apocalypse* (trad. française, Julliard, Paris, 1962).

P. COURCELLE, *Histoire littéraire des grandes invasions germaniques* (Études augustiniennes, Paris, 3e éd., 1964).

F. CURSCHMANN, *Hungersnöte im Mittelalter (VIII-XIII J.)* [Druck von B.G. Teubner, Leipzig, 1900].

H. DESROCHE, *Dieux d'hommes. Dictionnaire des messianismes et millénarismes de l'ère chrétienne* (E.H.E.S.S., Paris, 1969).

J. DHONDT et M. ROUCHE, *le Haut Moyen Âge (VIIIe-XVe siècle)* [Bordas, Paris, 1976].

G. DUBY, *l'An mil* (Gallimard, Paris, 1967).

R. FOLZ, *le Couronnement impérial de Charlemagne* (Gallimard, Paris, 1964).

R. FOSSIER et alii, *le Moyen Âge* (Armand Colin, Paris, t. 1, 1981).

G. FOURNIER, *les Mérovingiens* (P.U.F., Paris, 2e éd., 1969).

J. LE GOFF, *la Naissance du purgatoire* (Gallimard, Paris, 1981).

C. LELONG, *la Vie quotidienne en Gaule à l'époque carolingienne* (Hachette, Paris, 1963).

L. MUSSET, *les Invasions. Les vagues germaniques* (P.U.F., Paris, 2e éd., 1969).

L. MUSSET, *les Invasions. Le second assaut contre l'Europe chrétienne (VIIe-XIe siècle)* [P.U.F., Paris, 2e éd., 1971].

E. POGNON (éd. et trad.), *l'An mille,* œuvres de Liutprand, Raoul Glaber, Ademar de Chabannes, Adalbéron et Helgaud (Gallimard, Paris, 1947).

E. POGNON, *la Vie quotidienne en l'an mille* (Hachette, Paris, 1983).

F. RAPHAËL, F. DUNAND, J.G. HEINTZ, J. SCHWARTZ et alii, *l'Apocalyptique* (P. Geuthner, Paris, 1977).

P. RICHÉ, *la Vie quotidienne dans l'Empire carolingien* (Hachette, Paris, 1973).

P. RICHÉ et Ph. LE MAÎTRE, *les Invasions barbares* (P.U.F., Paris, 5e éd., 1983).

M. ROUCHE, *l'Aquitaine des Wisigoths aux Arabes, 418-781 : naissance d'une région* (E.H.E.S.S., Paris, 1979).

M. ROUCHE, *Histoire générale de l'enseignement et de l'éducation,* t. 1, *Des Gaulois à Gutenberg* (Nouvelle Librairie de France, Paris, 1981).

G. TESSIER, *le Baptême de Clovis* (Gallimard, Paris, 1964).

Visions médiévales de la fin du monde (congrès de l'université de Louvain 1984, à paraître).

2e partie

W. ABEL, *Crises agraires en Europe (XIIIe-XXe siècle)* [trad. française, Flammarion, Paris, 1973].

Ph. ARIÈS, *l'Homme devant la mort* (Le Seuil, Paris, 1977).

Les Arts mécaniques au Moyen Âge (éd. par G. H. Allard et S. Lusignan, Bellarmin et Vrin, Montréal-Paris, 1982).

« Assistance et charité » (*Cahiers de Fanjeaux,* n° 13, Privat, Toulouse, 1978).

F. AUTRAND, *Charles VI. La folie du roi* (Fayard, Paris, 1986).

F. AVRIL, X. BARRAL, I ALTET, D. GABORIT-CHOPIN, *le Monde roman,* vol. 1, *le Temps des croisades,* et vol. 2, *les Royaumes d'Occident* (Gallimard, Paris, 1982-83).

E. BARATIER, *la Démographie provençale du XIIIe au XVIe siècle* (S.E.V.P.E.N., Paris, 1961).

C. BEAUNE, *Naissance de la nation France* (Gallimard, Paris, 1985).

J.-N. BIRABEN, « Le recensement de la châtellenie de Belvès en 1351 » (*Annales de démographie historique,* Mouton, Paris, 1971, p. 421-454).

J.-N. BIRABEN, *les Hommes et la Peste en France et dans les pays méditerranéens* (Mouton, Paris-La Haye, 1975-76, 2 vol.).

M. BLOCH, *les Rois thaumaturges* (Gallimard, Paris, rééd. 1983).

G. BOIS, *Crise du féodalisme* (Presses de la Fondation nationale des sciences politiques, Paris, 1976).

R. BOUTRUCHE, *la Crise d'une société. Seigneurs et paysans du Bordelais pendant la guerre de Cent Ans* (Assoc. publ. univ. de Strasbourg, Strasbourg, 1963).

R. BULTOT, *la Doctrine du mépris du monde,* t. IV, *le XIe Siècle* (Nauwelaerts, Louvain-Paris, 1963-64).

E. CARPENTIER, *Une ville devant la peste : Orvieto et la Peste noire de 1348* (S.E.V.P.E.N., Paris, 1962).

A. CHEREST, *l'Archiprêtre* (A. Claudin, Paris, 1979).

M. D. CHENU, *l'Éveil de la conscience dans la civilisation médiévale* (Vrin, Paris-Montréal, 1969).

B. CHEVALIER, *les Bonnes Villes de France du XIVe au XVIe siècle* (Aubier, Paris, 1982).

J. CHIFFOLEAU, *la Comptabilité de l'au-delà. Les hommes, la mort et la religion dans la région d'Avignon à la fin du Moyen Âge* (École française de Rome, Rome, 1980).

N. COHN, *Démonolâtrie et Sorcellerie au Moyen Âge* (trad. française, Payot, Paris, 1982).

PH. CONTAMINE, *Guerre, État et Société à la fin du Moyen Âge ...1337-1494* (Mouton, Paris-La Haye, 1972).

Ph. CONTAMINE, *la Guerre au Moyen Âge* (P.U.F., Paris, 1980).

E. DELARUELLE, *la Piété populaire au Moyen Âge* (La Bottega d'Erasmo, Turin, 1975).

J. DELUMEAU, *la Peur en Occident (XIVe-XVIIIe siècle)* [Fayard, Paris, 1978].

J. DELUMEAU, *le Péché et la Peur. La culpabilisation en Occident, XIIIe-XVIIIe siècle* (Fayard, Paris, 1981).

G. DUBY, *les Trois Ordres ou l'Imaginaire du féodalisme* (Gallimard, Paris, 1978).

M. DURLIAT, *l'Art roman* (Mazenod, Paris, 1982).

R. FAVIER, *la Guerre de Cent Ans* (Fayard, Paris, 1980).

R. et L. FOSSIER, « Aspects de la crise frumentaire du XIVe siècle en Artois et Flandre gallicante » (*Recueil de travaux offerts à Clovis Brunel,* Paris, 1955, p. 436-447).

R. FOSSIER, *la Terre et les Hommes en Picardie jusqu'à la fin du XIIIe siècle* (Nauwelaerts, Paris-Louvain, 1968, 2 vol.).

R. FOSSIER, *Enfance de l'Europe. Aspects économiques et sociaux* (P.U.F., Paris, 1982).

E. FOURNIAL, *les Villes et l'Économie d'échanges en Forez aux XIIIe et XIVe siècles* (thèse, Klincksieck, Paris, 1967).

G. FOURQUIN, *les Campagnes de la région parisienne à la fin du Moyen Âge* (P.U.F., Paris, 1963).

J. GLENISSON, « la Seconde Peste : l'épidémie de 1360-1362 en France et en Europe » (*Annuaire-Bulletin de la Société d'histoire de France,* 1968-69, Paris, 1971).

GUIBERT DE NOGENT, *Autobiographie* (édit. et trad. E.R. Labande, Les Belles Lettres, Paris, 1981).

Ch. HIGOUNET (sous la dir. de), *Documents de l'histoire de l'Aquitaine* (Privat, Toulouse, 1973).

J. HUIZINGA, *l'Automne du Moyen Âge* (trad. française, Payot, Paris, rééd. 1975).

J. IMBERT (sous la dir. de), *Histoire des hôpitaux en France* (Privat, Toulouse, 1982).

D. LE BLEVEC, « Un médecin vivarois à la cour pontificale d'Avignon » (*Revue du Vivarais,* Largentière, janvier-mars 1986).

J. LE GOFF, *la Civilisation de l'Occident médiéval* (Arthaud, Paris, 1964).

E. LE ROY LADURIE, *Histoire du climat depuis l'an mil* (Flammarion, Paris, 1967).

D.E. LUSCOMBE (éd. et trad. anglaises), *Peter Abélard's Ethics* (Oxford University Press, Oxford, 1971).

M.-Th. LORCIN, *les Campagnes de la région lyonnaise aux XIVe et XVe siècles* (Les Belles-Lettres, Lyon, 1974).

R. MANSELLI, *l'Eresia del Male* (Morano, Naples, 1963).

J. MAUBOURGUET, *Seguin de Badefol, le roi des Grandes Compagnies* (Ribes, Périgueux, 1938).

H. MOLLARET et J. BROSSOLET, « La peste, source méconnue d'inspiration artistique » (*Koninklijk Museum voor Schone Kunsten,* Jaarboek, Anvers, 1965).

M. MOLLAT, *la Mort au Moyen Âge* (Istra, Strasbourg, 1977)).

M. MOLLAT, *les Pauvres au Moyen Âge, étude sociale* (Hachette, Paris, 1978).

M. MOLLAT et Ph. WOLFF, *Ongles Bleus, Jacques et Ciompi : les révolutions populaires en Europe aux XIVe et XVe siècles* (Calmann-Lévy, Paris, 1970).

D. POIRION, *le Merveilleux dans la littérature française du Moyen Âge* (P.U.F., Paris, 1982).

M. REEVES, *The Influence of Prophecy in the Later Middle Ages* (Oxford University Press, Oxford, 1969).

P. REZEAU, *les Prières aux saints en français à la fin du Moyen Âge* (Droz, Genève, 1982-83, 2 vol).

J.-Y. ROYER, « Forcalquier au temps de la peste. Délibérations du conseil municipal 1478-1479 » (*les Alpes de lumière,* n° 62, 4e trim. 1977).

R. RUSCONI, *L'attesa della fine : crisi della società, profezia ed Apocalisse in Italia al tempo del grande scisma d'Occidente (1378-1417)* [I. S. per il Medio Evo, Rome, 1979].

M. SENDRAIL (sous la dir. de), *Histoire culturelle de la maladie* (Privat, Toulouse, 1980).

P.A. SIGAL, *les Marcheurs de Dieu. Pèlerinages et pèlerins au Moyen Âge* (Armand Colin, Paris, 1974).

P.A. SIGAL, *l'Homme et le Miracle dans la France médiévale (XIe-XIIe siècle)* [Le Cerf, Paris, 1985].

J. SIGALA, *Cadouin en Périgord* (Delmas, Bordeaux, 1950).

G. SIVERY, *Structures agraires et Vie rurale dans le Hainaut à la fin du Moyen Âge* (Service de reproduction des thèses de l'université, Lille, 1973, 2 vol.).

A. TENENTI, *la Vie et la Mort à travers l'art du XVe siècle* (Armand Colin, Paris, 1952).

A. VAUCHEZ, *la Spiritualité du Moyen Âge occidental, VIIIe-XIIe siècle* (P.U.F., Paris, 1975).

A. VAUCHEZ, *la Sainteté en Occident aux derniers siècles du Moyen Âge* (École française de Rome, Rome, 1981).

3e partie

Y.M. BERCE, *Croquants et Nu-Pieds* (Julliard-Gallimard, Paris, 1974).

J. CEARD, *la Nature et les Prodiges. L'insolite au XVIe siècle en France* (Droz, Genève, 1977).

P. CHAUNU, *la Civilisation de l'Europe classique* (Arthaud, Paris, 1966).

P. CHAUNU, *la Mort à Paris (XVIe, XVIIe, XVIIIe siècles)* [Fayard, Paris, 1978].

A. CROIX, *la Bretagne aux XVIe et XVIIe siècles. La vie, la mort, la foi* (Maloine, Paris, 1981).

N. Z. DAVIS, *les Cultures du peuple. Rituels, savoirs et résistances au XVIe siècle* (trad. française, Aubier, Paris, 1979).

J. DELUMEAU, *la Civilisation de la Renaissance* (Arthaud, Paris, 1967).

P. DEYON, *Amiens, capitale provinciale* (Mouton, Paris-La Haye, 1967).

P. DRIART, *Chronique parisienne* (*Mém. de la Soc. d'hist. de Paris,* vol. 22, éd. F. Bournon, 1895).

Pierre de L'ESTOILE, *Journal pour le règne de Henri III, Journal pour le règne de Henri IV* (éd. J.R. Lefèvre, Gallimard, Paris, 1943 et 1948).

P. GOUBERT, *Beauvais et le Beauvaisis de 1600 à 1730. Contribution à l'histoire sociale de la France au XVIIe siècle* (S.E.V.P.E.N., Paris, 1960).

J.R. HALE, *War and Society in Renaissance Europe, 1450-1620* (Leicester University Press, Leicester, 1985).

G. HUPPERT, *After the Black Death. A Social History of Early Modern Europe* (Indiana University Press, Bloomington, 1986).

J. JACQUART, *la Crise rurale en Île-de-France (1550-1670)* [Armand Colin, Paris, 1974].

E. LABROUSSE, *l'Entrée de Saturne au Lion. L'éclipse de soleil du 12 août 1654* (M. Nijhoff, La Haye, 1974).

F. LEBRUN, *les Hommes et la Mort en Anjou aux XVIIe et XVIIIe siècles* (Mouton, Paris-La Haye, 1971).

Guillaume LE DOYEN, *Chronique* (éd. Louis Le Beauluère, Laval, 1858).

R. LENOBLE, *Mersenne ou la Naissance du mécanisme* (Vrin, Paris, 1971).

E. LE ROY LADURIE, *les Paysans du Languedoc* (Mouton, Paris-La Haye, 1966, 2 vol.).

E. LE ROY LADURIE, *le Carnaval de Romans* (Gallimard, Paris, 1979).

J.H. MARIEJOL, *la Réforme, la Ligue, l'Édit de Nantes, 1559-1598* (E. Lavisse, *Histoire générale de France,* t. 6, Hachette, Paris, 1904).

J. MEUVRET, « Les crises de subsistances et la démographie de la France d'Ancien Régime » (*Population,* I, p. 643-650).

Nicolas VERSORIS, *Livre de raison* (éd. G. Fagniez, Paris, 1885 ; éd. Ph. Joutard, U.G.E., Paris, 1963).

Philippe de VIGNEULLES, *Chronique* (éd. Ch. Bruneau, Metz, 1929-1933, 4 vol.).

P. ZAMBELLI, « Fine del mondo o inizio della propaganda ¿ » (*Scienze, credenze occulte, livelli di cultura,* Florence, 1982).

4e partie

F. BRAUDEL, *Civilisation matérielle, Économie et Capitalisme, XVe-XVIIIe siècle* (Armand Colin, Paris, 1979, 3 vol.).

Ch. CARRIERE, M. COURDURIÉ, F. REBUFFAT, *Marseille ville morte, la peste de 1720* (Maurice Garçon, Marseille, 1968).

P. CHAUNU, *la Mort à Paris, XVIe, XVIIe, XVIIIe siècles* (Fayard, Paris, 1978).

R. FAVRE, *la Mort au siècle des Lumières* (P.U.L., Lyon, 1978).

M. FROSTIER, *Chronique d'un bourgeois de Valence au temps de Mandrin* (Corbière et Jugain, Alençon, 1980).

P. GOUBERT et D. ROCHE, *les Français et l'Ancien Régime* (Armand Colin, Paris, 1984, 2 vol.).

G. GUSDORF, *les Sciences humaines et la Pensée occidentale,* t. 3 et 4 (Payot, Paris, 1969).

P. HAZARD, *la Crise de la conscience européenne* (Fayard, Paris, 1961).

R. HOOYKAAS, *Continuité et Discontinuité en géologie et en biologie* (trad. française, Le Seuil, Paris, 1970).

F. LEBRUN, *Se soigner autrefois. Médecins, saints et sorciers aux XVIIe et XVIIIe siècles* (Messidor-Temps actuels, Paris, 1983).

A. LOTTIN, *Vie et Mentalité d'un Lillois sous Louis XIV* (Émile Raoust, Lille, 1968).

H. METHIVIER, *l'Ancien Régime en France* (P.U.F., Paris, 1981).

R. MUCHEMBLED, *Culture populaire et Culture des élites dans la France moderne (XVe-XVIIIe siècle)* [Flammarion, Paris, 1978].

C. NIERES, *la Reconstruction d'une ville au XVIIIe siècle, Rennes 1720-1760* (Klincksieck, Paris, 1972).

J. ROGER, *les Sciences de la vie dans la pensée française au XVIIIe siècle* (Armand Colin, Paris, 1963).

M. VOVELLE, *Mourir autrefois. Attitudes collectives devant la mort aux XVIIe et XVIIIe siècles* (Gallimard, Paris, 1974).

5e partie

Deux revues :

l'Histoire (Le Seuil, Paris, depuis 1977), notamment nos 2, 1978 (M. Winock, « Le Bazar de la Charité) ; 3, 1978 (M. Perrot, « Vagabonds ») ; 8, 1979 (R. Pech, « Phylloxéra ») ; 27, 1980 (M. Georger, « Suicides ») ; 34, 1981 (R. Delort, « Tremblements de terre ») ; 51, 1982 (J. Héritier, « Peste ») ; 52, 1983 (J.-P. Panouillé, « Absinthe ») ; 53, 1983 (R. Delort, « Loups ») ; 65, 1984 (J.-P. Homet, « Comètes ») ; 74, 1983 (R. Delort, « Rail »), etc.

Histoire des accidents du travail (C.R.H.E.S., Nantes, depuis 1976).

J.-P. ARON, « Histoire et biologie : alimentation et épidémies au XIXe siècle » (*Bulletin Soc. hist. mod.,* 13e série, n° 1, 1965, p. 3-9).

Y.M. BERCE, *le Chaudron et la Lancette. Croyances populaires et médecine préventive, 1798-1830* (Presses de la Renaissance, Paris, 1984).

D. BERNARD, *la Fin des loups en bas Berry, XIXe-XXe siècle, histoire et traditions populaires* (impr. Badel, Châteauroux, 1977).

J.-P. BARDET et J. DUPÂQUIER (éd.), « Dénatalité : l'antériorité française, 1800-1914 » (*Communications,* n° 44, 1986).

P. BOURDELAIS, *Une peur bleue. Histoire du choléra* (Payot, Paris, sous presse).

J.-P. BURDY, *le Soleil noir, formation sociale et mémoire ouvrière dans un quartier de Saint-Étienne* (Presses universitaires de Lyon, Lyon, à paraître).

CAVANNA, *les Ritals* (Belfond, Paris, 1978).

J.-C. CHESNAIS, « Les Morts violentes en France depuis 1826. Comparaisons internationales » (*Cahiers de l'INED,* travaux et documents, n° 75, P.U.F., Paris, 1976).

J.-C. CHESNAIS, *Histoire de la violence,* (Robert Laffont, Paris, 2e éd., 1981).

L. CHEVALIER, *Classes laborieuses et Classes dangereuses pendant la première moitié du XIXe siècle* (Plon, Paris, 1958).

L. CHEVALIER (éd.), « Le choléra, la première épidémie du XIXe siècle » (*Bibliothèque de la révolution de 1848,* t. 20, La Roche-sur-Yon, 1958).

W. COLEMAN, *Death is a Social Disease. Public Health and Political Economy in Early industrial France* (The University of Wisconsin Press, Madison, 1982).

« Conjurer le malheur » (*le Monde alpin et rhodanien,* nos 2-4, Grenoble, 1986).

A. CORBIN, « Le péril vénérien au début du siècle : prophylaxie sanitaire et prophylaxie morale » (*Recherches,* n° 29, 1977).

A. CORBIN, « L'hérédosyphilis ou l'impossible rédemption. Contribution à l'histoire de l'hérédité morbide » (*Romantisme,* n° 31, 1981).

A. CORBIN, *le Miasme et la Jonquille. L'odorat*

et l'imaginaire social, XVIIIe-XIXe siècle (Aubier, Paris, 1982).

P. DARMON, *la Longue Traque de la variole. Les pionniers de la médecine préventive* (Librairie Académique Perrin, Paris, 1986).

G. DESERT, « Une catastrophe démographique : la variole en Basse-Normandie » (*Annales de Normandie,* Caen, n° spécial, 1982).

J. DEVLIN, *The Superstitious Mind. French Peasants and the Supernatural in the Nineteenth-Century* (Yale University Press, Londres-New York, 1987).

F. EWALD, *l'État providence* (Grasset, Paris, 1986).

O. FAURE, « De la peur aux soins : les attitudes face aux maladies épidémiques dans la région lyonnaise au XIXe siècle » (*Bulletin du Centre d'histoire économique et sociale de la région lyonnaise,* n°s 1-2, 1984).

R. GIRARDET, *Mythes et Mythologies politiques* (Le Seuil, Paris, 1986).

J.-P. GOUBERT, *la Conquête de l'eau. L'avènement de la santé à l'âge industriel* (Robert Laffont, Paris, 1986).

I. GRELLET et C. KRUSE, *Histoires de la tuberculose. Les fièvres de l'âme, 1800-1940* (Ramsay, Paris, 1983).

P. GUILLAUME, *Du désespoir au salut. Les tuberculeux aux XIXe et XXe siècles* (Aubier, Paris, 1986).

C. HERZLICH et J. PIERRET, *Malades d'hier, malades d'aujourd'hui* (Payot, Paris, 1984).

E. LABROUSSE (éd.), « Aspects de la crise et de la dépression de l'économie française au milieu du XIXe siècle, 1846-1851 » (*Bibliothèque de la révolution de 1848,* t. 19, La Roche-sur-Yon, 1956).

J. LÉONARD, « Les origines et les conséquences de l'eugénique en France » (*Annales de démographie historique,* 1985).

J. LÉONARD, *Archives du corps. La santé au XIXe siècle* (Ouest-France, Rennes, 1986).

R. A. NYE, *Crime, Madness and Politics in France* (Princeton University Press, Princeton, 1984).

Cl. QUETEL, *le Mal de Naples. Histoire de la syphilis* (Seghers, Paris, 1986).

Cl., C. et G. RAGACHE, *les Loups en France. Légendes et réalité* (Aubier, Paris, 1981).

« Santé, médecine et politiques de santé » (*Histoire, Économie et Société,* n° 4, 1984).

J.-P. SEGUIN, *Nouvelles à sensation. Canards du XIXe siècle* (Armand Colin, Paris, 1959).

F. THEBAUD, *Quand nos grands'mères donnaient la vie. La maternité en France dans l'entre-deux-guerres* (P.U.L., Lyon, 1986).

G. VIGARELLO, *le Propre et le Sale. L'hygiène du corps depuis le Moyen Âge* (Le Seuil, Paris, 1985).

M. VOVELLE, *la Mort et l'Occident de 1300 à nos jours* (Gallimard, Paris, 1983).

E. WEBER, *Fin-de-Siècle. La France à la fin du XIXe siècle* (Fayard, Paris, 1986).

Enfin, sur les catastrophes agricoles, on pourra consulter les grandes thèses d'histoire agraire (G. Garrier, R. Laurent, Y. Rinaudo, R. Pech...) et celles de géographie (J. Bethemont, R. Dion, M. Pardé...) sur les dégâts des eaux et les cataclysmes naturels.

Index

LES CHIFFRES EN GRAS RENVOIENT AUX CARTES

a

b

C

d

e

f

g

h

i

j, k

l

m

n, o

p, q

r

s

t

U, V, W, Z

Les cartes et les schémas de cet ouvrage ont été établis d'après les données suivantes :

Les invasions au Ve siècle, 31 : extrait de *l'Atlas historique* Larousse, 1987, complété par Michel Rouche.
La peste aux VIe-VIIIe siècles, 36 : d'après les données fournies par Michel Rouche.
Raids barbares sur l'Hexagone, 70 : extrait de *l'Atlas historique* Larousse, 1978, complété par Michel Rouche.
La Peste noire en France, 179 : d'après les données fournies par Jean-Noël Biraben.
Raids, chevauchées et soulèvements populaires dans la France de la deuxième moitié du XIVe siècle, 194 : extrait de *l'Atlas historique* Larousse, 1987.
L'impact des guerres de Religion, 281 : d'après *l'Atlas historique* Larousse, 1987.
Les grandes famines du règne de Louis XIV, deux exemples en Anjou, 355 : d'après François Lebrun in *Les hommes et la mort en Anjou*, Paris 1971.
La peste en France aux XVIIe-XVIIIe siècles, 355 : d'après J.-N. Biraben in *Les hommes et la peste,* Paris, 1975.
La dysenterie de 1779 : décès par généralités, 363 : d'après François Lebrun in « Une grande épidémie en France au XVIIIe siècle », *Hommage à Marcel Reinhard,* Paris, 1979.
Zones à risques et principales catastrophes naturelles jusqu'à la fin du XIXe siècle, 381 : données fournies par le B.R.G.M.
La variole en 1871, 418 : d'après P. Darmon in *La longue traque de la variole,* Paris, 1976.
Les accidents de transport aux XIXe-XXe siècle, 492 : tableau établi d'après certaines données de J.-C. Chesnais in *Les morts violentes en France depuis 1820,* Paris, 1976.

Sommaire

Direction éditoriale
Anne Leclerc
Secrétariat de rédaction
Mireille de Monts
Secrétariat d'édition
Nicole Rigaudeau
Correction-révision
Bernard Dauphin, Claude Dhorbais, Christine Lavergne, Annick Valade

Direction artistique
Henri Serres-Cousiné
Conception graphique
Frédérique Longuépée
Mise en pages
Juan Cousiño
Documentation iconographique
Nane Dujour, Brigitte Richon
Cartographie
Léonie Schlosser
Documentation
Marie-Christine Marquat

crédits photos

A., 56 ; coll. Angel-Sirot, 466 g. ; Artephot, 29 ; Assistance publique, Paris, 385 ; Bibliothèque nationale, 34, 40, 44, 53, 62, 72, 81, 87, 89, 91 g., 97, 100, 102, 104, 123, 134, 136, 141, 149, 162, 164, 166, 170, 172, 183, 185 g., 199 dr., 200, 204, 213, 215, 218, 238, 241, 248, 249 dr., 252, 256, 257 dr., 264, 267, 271, 279, 285, 287, 291 c. et dr., 294, 296, 299, 301, 304, 307, 312, 347, 357, 360 dr., 361, 362, 364, 380 dr., 390 dr., 400, 413, 416, 431, 433, 484 b., 493 g., 494 ; Bibliothèque royale de Bruxelles, 146 ; Bildarchiv foto, Marburg, 32 ; British Museum, Londres, 203 ; Bulloz, 176, 341, 377 ; Caisse nationale des Monuments historiques, Paris, 144 ; J.-L. Charmet, 181, 185 dr., 187, 217, 239, 249 g., 251, 257 g., 259, 260, 261 dr., 263, 270, 272, 284, 297, 303, 310, 311, 388, 399, 414, 427, 437, 438, 443, 446, 447, 453, 468, 471, 473, 475, 487 ; S. Chirol, 130 ; G. Dagli Orti, 55, 147, 189, 192, 256 dr., 276, 336, 370, 490 ; R. Dazy, 419, 449, 466 dr. ; Edimédia, 48, 50, 95, 101, 153, 155, 156, 197 g., 199 g., 261 g., 275, 365 ; Explorer, 422, 429, 434 ; J. Feuillie, 121 ; Giraudon, 31, 59, 66, 91 dr., 129, 138 g., 210, 223, 243, 345, 349, 358, 396 ; Lauros-Giraudon, 82, 132, 143, 151, 195, 208, 220, 237, 247, 254, 277, 290, 338, 390 g., 479 ; Hachette, 371 ; J. Brossolette-Institut Pasteur, 366 ; E. Janet-Lecaisne, 120 ; H. Josse, 423, 451, 457 ; S. Knecht, 328 ; R. Lalance, 379, 380 g., 417 ; Larousse, 42, 51, 76, 83, 125, 168, 282, 394 ; musée de l'Armée, Paris, 330, 332 g. ; G. Gaud-Pix, 65 ; Réunion des Musées nationaux, Paris, 353, 369 ; H. Roger-Viollet, 291 g., 332 dr., 360 g., 373, 386, 461, 465, 482, 484 h. ; M. Rol, 470 ; J. Roubier, 138 dr., 158 ; J. Six, 119 ; Steinlein, 480 ; Tallandier, 61, 68 b. ; Tapabor, 458 ; Kharbine-Tapabor, 421, 441, 493 dr., ; M. Desjardins-Top, 161 ; Université Oldsaksamling, Oslo, 68 h. ; Babey-Ziolo, 46.

Hors-texte couleur

Artephot, 17 ; Faillet-Artephot, 22, 23 h. ; Held-Artephot, C1, 318 h. ; Bibliothèque nationale, 106-107, 108, 228 ; Bulloz, 313 h., 316 h. à g., 318-319 ; J.-L. Charmet, 231 ; G. Dagli Orti, 19 dr., 20, 21, 23 b., 226, 229, 230, 313 b., 314-315 ; Edimédia, 110 h., 404-405 b. ; Vioujard-Gamma, 406-407 ; Lauros-Giraudon, 18-19, 225 b., 232, 317 h., 402 h., 403, 405 ; B. Hatala, 406 c. ; H. Josse, 401 b. ; J.-L. Labat, 225 h. ; L.L., 404-405 h., 408 ; E. Lessing-Magnum, 24, 105 h., 108-109, 316-317 b., 320 ; musée Stedelijk, Amsterdam, 402-403 ; Réunion des musées nationaux, Paris, 316-317 h., 401 h. ; Scala (Italie), 110 b., 226-227 ; J.-D. Sudres-Scope, 105 b. ; b. Annebicque-Sygma, 111 ; R. Mazin-Top, 106, 315 ; J.-N. Reichel-Top, 112.

Photocomposition, Maury
Photogravure, Offset Publicité

Aubin Imprimeur
LIGUGÉ, POITIERS

Achevé d'imprimer en octobre 1987
N° d'édition 14295 / N° d'impression P 25760
Dépôt légal octobre 1987 / Imprimé en France

(Printed in France) — 523109 A décembre 1987